『한청문감』 근대중국어 어음 연구

『한청문감』
근대중국어 어음 연구

漢淸文鑑 近代中國語 語音 硏究

최희수崔羲秀

추천사

홍윤표

전 연세대학교 교수

최희수 교수는 전 연변대학교 교수로서 조선 한자음 연구와 한어 연구의 권위자입니다. 그의 대표적인 저서 『朝鮮漢字音硏究』(1986년 흑룡강민족출판사), 『漢語音韻學通論』(공저, 1990년 중문출판사)가 그것을 증명해 줍니다.

최희수 교수는 중국의 우리 동포 중에서 제일 먼저 조선어 정보화를 위하여 공부하고 실현한 학자입니다. 한국에 와서 1년 동안 한국어 전산화와 한국어 정보화를 연구하고, 각종의 국어 정보화 사업 결과물들을 중국으로 가져가 교수들과 학생들에게 배포하고 조선어 정보화를 추진시키기도 한 학자입니다.

최희수 교수는 한중 수교가 이루어지면서 가장 앞장서서 중국인들에게 한국어를 교육하는데 선구적인 역할을 해 왔습니다. 그래서 초급한국어(2001년, 연변대학출판사), 중급한국어(2002년, 요녕성출판사), 고급한국어(2003년, 요녕성출판사), 한국어실용문법(2003년, 연변대학출판사), 한국어어휘등급표준(2001년, 길림성출판사), 한국어 열독과 습작(2003년, 연변대학출판사) 등의 저서를 내었습니다. 이 저서들은 중국에서 한국어 말뭉치를 처음으로 활용하고, 또한 중국인들의 한국어 오류말뭉치를 이용하여 편찬된 책들입니다.

최희수 교수는 남한의 국어학자와 북한의 국어학자들이 교류할 수 있는 가교를 만들어 준 큰 공로자입니다. 그래서 저와 북한의 사회과학원 언어학연구소장인 문영호 교수와 연변대학 교수였던 최희수 교수가 남한과 북한과

중국을 대표하여서 함께 한글 자모순 통일안을 합의할 때, 그 합의안을 도출할 수 있도록 진력을 다해 준 학자입니다. 이 세 사람이 모두 1942년생이어서 세 사람이 대표로 집중논의를 하러 회의장에 들어갈 때 "42년생끼리 사이(42)좋게 잘 해 보라"는 격려의 말을 듣고, 결국 남과 북, 그리고 중국의 한글 자모순 배열 통일안을 만들었습니다. 이때의 합의안은 오늘날 남북의 한글 자모순 통일안을 논의할 때마다 그대로 적용되고 있을 정도로 합리적인 안입니다. 그래서 그때 이를 기념하기 위해 42년생끼리 의형제를 맺으라고 하여 남과 북 그리고 중국의 국어학자들 앞에서 형식적인 의식을 갖춘 적이 있습니다. 그 결과 생일이 제일 먼저인 제가 맏형이 되고, 문영호 교수가 중형이 되고, 최희수 교수가 막내가 되어 삼형제라는 별명을 받았습니다. 그래서 최희수 교수는 아직도 저를 부를 때 '형님'이라는 호칭을 쓰고 있습니다.

이처럼 최희수 교수는 중국의 우리 동포 중 훌륭한 조선어학자이며 한국어 교육자이며, 조선어 정보화 실현자이며, 남북 어문 관련 통일의 주역으로 우리 민족을 위해 계속 활동해 온 분입니다. 이러한 공로로 최희수 교수는 2008년도에는 동숭공로상을, 그리고 이어서 한국 정부로부터 문화상을 수상하였습니다.

최희수 교수는 우리 동포의 제2세대 국어학자입니다. 1세대 국어학자는 최윤갑 선생님이고 2대의 국어학자는 최희수 교수를 비롯하여 고 이득춘 교수, 고 전학석 교수, 류은종 교수 등입니다. 모두 연구 분야를 달리하여 이득춘 교수는 한자음 연구에, 전학석 교수는 방언 연구에, 류은종 교수는 의미론과 어휘론 연구에 매진하여 왔고 여기에 최희수 교수는 중국어 연구와 중국의 한자음과 한국의 한자음 비교 연구에 집중하여 왔습니다. 따라서 이분들은 우리 민족의 국어학사를 기술한다면 외국에서 활동한 국어학자로서 한 분도 빠짐없이 기술되어야 할 중요한 분들이라고 생각합니다.

다른 분들은 연세 탓으로 이제는 학술 연구를 거의 중단한 상태이지만 최희수 교수는 나이가 80대에 접어들어서도 정력적으로 연구를 계속하고 있습니다. 최근에는 특히 『한청문감』의 한자음 연구에 집중하여 '한청문감의 중국어 치음 표기법' 등의 논문을 쓰다가 이들을 집대성하여 『한청문감 근대중국어 어음 연구』라는 대저를 집필하였습니다.

『漢淸文鑑』은 주지하는 바와 같이 우리나라의 사역원에서 중국 청나라 시대에 편찬한 『御製增訂淸文鑑』을 저본으로 하여 중국어와 만주어와 한국어의 세 가지 언어를 한글로 표기하여 놓은 자료입니다. 『方言類釋』과 함께 그 당시의 중국어를 고찰할 수 있는 중요한 자료입니다. 그러나 한청문감에 대한 연구는 여기에 쓰인 한국어에 대한 연구가 대부분입니다. 이 문헌에 기록되어 있는 중국어나 만주어에 대한 연구 성과는 거의 없다고 할 수 있습니다.

한국어를 연구하기 위해서는 중국에서 쓰인 한국어 자료가 매우 중요하듯, 중국어 연구를 위해서는 한국에서 쓰인 중국어 자료가 매우 요긴하게 사용될 수 있습니다. 그러나 중국인들은 한국에서 쓰인 중국어 자료에 대한 정보를 잘 알지 못합니다. 한국어를 잘 알지 못하면 한국의 사역원 역학서에 보이는 중국어 자료를 통해 그 당시의 중국어에 대한 연구를 할 수가 없습니다. 그래서 이러한 연구자로서의 적격자는 중국어와 한국어에 다 정통한 우리 동포 학자들이라고 생각합니다.

그래서 최희수 교수는 이러한 장점을 이용하여 한국에서 쓰인 중국어 자료 중 한청문감을 통하여 그 시대의 중국어, 곧 근대중국어의 어음에 대한 연구를 하였습니다. 이 책이 바로 그 연구 결과입니다.

이 연구를 위해 최희수 교수는 한청문감을 샅샅이 뒤져가면서 여기에 쓰인 모든 한자와 그 한자음의 중국어 발음을 모두 정리하였습니다. 방대한 자료들을 이렇게 빠짐없이 검토한다는 것은 웬만한 끈기와 노력이 아니고서는 가능하지 않다는 사실은 그러한 연구를 해 본 사람은 잘 알 것입니다.

한청문감에 수록된 모든 한자의 성모와 운모에 대해 정확한 분석을 하였습니다. 이러한 자료들을 중국에 전하는 음운 자료들과 대조하여 중국어 음운의 역사적 변천 과정과 그 변화의 원칙을 밝혀놓고 있습니다. 이를 입증하기 위해서 최희수 교수는 한국의 자료로서는 한청문감은 물론이고 方言類釋, 華音啓蒙諺解, 華語類抄 등까지도 검토하였습니다. 중국의 만주 자료인 圓音正考, 音韻逢源 등도 검토하였습니다. 뿐만 아니라 연구 결과를 확증하기 위해 통계자료까지도 이용하는 치밀함을 보이고 있습니다.

이렇게 한 문헌에 대해 치밀하고 정밀하게 연구하는 방법은 역사언어학자들이 반드시 지켜야 할 자세입니다. 그래서 최희수 교수는 이 저서를 통해 진실한 역사언어학자임을 증명해 보이고 있습니다.

그래서 최희수 교수의 이 저서는 우리나라와 중국의 언어학 연구에 크게 기여할 것이 틀림없습니다.

최희수 교수는 아직도 학문에 대한 열정이 대단합니다. 아무쪼록 더욱 건강하셔서 아직도 최 교수의 연구를 기다리고 있는 많은 연구 자료들에 대한 깊이 있는 저서가 계속 간행되기를 기원합니다. 코로나 시대에 더욱 강건하시기를 기원합니다.

 근대중국어 어음 연구는 중국어 어음역사 연구에서 매우 중요한 위치에 놓여있는 과제의 하나입니다. 왜냐하면 근대중국어가 중고중국어와 현대중국어를 이어주는 교량이기 때문이며, 또한 이 시기의 연구를 통하여 근대중국어가 현대중국어에로의 변화과정과 변화법칙 및 현대중국어의 형성과정과 특성을 밝혀낼 수 있기 때문입니다.

 근대중국어의 참다운 모습은 한자로 기록된 중국 문헌자료들에서도 볼 수 있겠지만 한글이나 만문으로 기록해 놓은 타민족들의 문헌자료들에서 더 잘 볼 수도 있습니다. 왜냐하면 한글이나 만문은 표음문자이므로 한자보다 어음을 보다 더 정밀히 표기해낼 수 있기 때문입니다. 그러한 까닭으로 본 연구에서는 한국의 문헌자료 『한청문감』에서 기록해 놓은 한자의 중국어 발음 자료를 위주로 하여 근대중국어 어음을 연구하게 됩니다.

 『한청문감』은 18세기 70년대 후기에 한국 사역원에서 중국 청나라에서 편찬한 『어제증정 청문감』을 저본으로 하여 중국어, 만주어, 한국어 세 가지 언어로 편찬한 사전입니다. 『한청문감』 편찬의 주요 목적은 한국인들로 하여금 중국어를 잘 배우게 하면서 동시에 겸하여 만주어도 배우게 하려는 데 있습니다. 그리고 한글로의 새로운 중국어 표기법을 모색하려는 의도도 있었던 것으로 보입니다.

 『한청문감』에는 몇 가지 특색이 있습니다. 첫째, 한글로 매개 한자의 중국어 발음과 만주어 발음을 표기해 놓았습니다. 둘째, 한글이나 한문으로 매개 중국어 단어의 뜻을 해석해 놓았고, 한글로 만주어 뜻풀이를 표기해 놓았습니다. 셋째, 한글로의 새로운 어음표기 방법으로 당시의 중국어, 만주어 발음을 정확히 표기해 놓았습니다. 그러므로『한청문감』은 18세기 중국어, 만주어, 한국어 세 언어의 이음, 이휘 연구의 귀중한 자료입니다.

그러나 지금까지의『한청문감』연구에서 거둔 성과가 많지 않습니다. 돌이켜보면 이미 발표된 30여 편의 논문과 저작 가운데에서 언어 본체에 대한 연구 성과가 적습니다. 특히 만주어와 중국어에 대한 연구가 희소합니다. 본 연구에서는『한청문감』의 중국어 표음 자료를 위주로 하여 18세기 근대 중국어 어음을 다각적으로 전면적으로 분석하고 연구한 기초 위에서『한청문감』의 중국어 어음체계를 구성해내고 현대중국어 어음의 내원을 밝히게 됩니다.

본 연구의 주요 방법은 아래와 같습니다.

첫째, 자료의 수집과 정리입니다.

자료의 수집과 정리는 본 연구의 가장 주요한 방법인 동시에 기초 작업입니다.『한청문감』에 실려 있는 매개 한자의 중국어 발음 자료는 개개의 단어 속에 흩어져 있습니다. 그러므로 우선 이들을 수집하고 정리하는 작업을 완수하지 않으면 연구를 전개할 수 없습니다. 이를 위해『한청문감』본문의 첫 페이지부터 마지막 페이지까지 샅샅이 훑으면서 소유의 한자와 그들의 중국어 발음을 정리하였습니다.

둘째, 자료의 분석입니다.

자료의 분석은 두개 방면으로 진행됩니다. 그 하나는 문헌자료에 대한 분석입니다. 즉『한청문감』범례의 표음설명에 대한 분석입니다. 범례의 표음설명에 대한 정확한 이해와 해석이 이루어지지 않으면 한글로 표기한 한자들의 중국어 발음을 정확히 전사할 수 없습니다. 예를 들면 한글로 기록해 놓은 중국어 치두음, 정치음, 설면음 세 가지 음의 구별적 표기 방법을 정확히 이해하기 위해서는 범례 표음설명의 여러 조목들을 종합적으로 전면적으로 분석해야 합니다. 다른 하나는 매개 한자에 대한 분석입니다. 즉 매개 한자의 성모와 운모에 대한 정확한 분석이 없이는 한자의 발음을 정확히 밝힐 수 없습니다. 예를 들어 범례에서 『사성통해』에서는 한자 "商"과 "相"을 꼭 같은 "샹"으로 표기하였으나 『한청문감』에서는 "商"자는 "샹"자 하나의 글자로 표음하고, "相"자는 "시앙" 두 글자를 절음하여 표음한다고 하였습니다. 이 두 글자의 성모를 분석하지 않고서는 표음에서 나타나는 차이의 원인을 이해할 수 없습니다. 분석 결과 "商"자가 정치음어서 구개음으로 변할 수 없으니 "샹" 하나의 글자로 표음하고, "相"자는 치두음이니 구개음으로 변하였기에 "시앙" 두 글자의 절음으로 표음하였다는 결론을 내리게 되었습니다.

셋째, 통시적 비교입니다.

통시적 비교에서는 한자가 나타내는 부동한 시기의 부동한 발음을 비교합니다. 즉 위로는 중고중국어 『광운』의 발음과 비교하고, 아래로는 현대중국어 표준어의 발음과 비교합니다. 비교의 목적은 어음의 역사적 변화과정과 변화법칙을 밝히려는데 있습니다. 예를 들면 본 연구에서 진행한 성모의 대비, 운모의 대비 및 "견정 두 계열 성모의 구개음화와 첨단음의 특징", "현대중국어 운모 "ü"[y]의 형성", "근대중국어 모음 [a], [ə]의 앞 모음화" 등 논문들에서 통시적 비교 방법으로 어음들의 역사적 변화과정과 법칙을 고찰하였습니다.

넷째, 공시적 인증입니다.

공시적 인증에서는 18-20세기 초 한국의 한글자료, 중국의 만문과 한문자료에 표기된 중국어 발음을 인용하여 증거로 삼았습니다. 본 연구에서 인용한 한국문헌 자료로는 『한청문감』, 『방언유석』, 『화음계몽언해』, 『화어유초』이고 중국의 만문문헌 자료로는 『원음정고』, 『음운봉원』이며 한문문헌자료로는 『경음자휘』입니다.

다섯째, 자료의 통계입니다.

자료의 통계에서는 정리해낸 한자의 수량으로 제기한 관점을 증명하였습니다. 본 연구의 각종 대비와 내원 분석에서는 통계방법으로 해당 조목에 쓰인 한자의 수량과 구체적인 한자들을 제시함으로써 설득력을 높이었습니다.

중국에는 근대중국어를 연구하는 인원이 많기에 훌륭한 성과들도 많이 나오고 있습니다. 그러나 학자들 사이에 학술 문제에 대한 견해의 차이가 있으며, 일부 문제에서는 부동한 견해가 첨예하게 대립되기도 합니다. 예를 들면 근대중국어 구개음의 형성문제를 둘러싸고 다수의 학자들은 아음의 견모(见母)계열 한자가 먼저 구개음화되고 치두음 정모(精母)계열 한자가 뒤늦게 구개음화 되었다고 합니다. 그러나 소수의 학자들은 정치음 지조(知照)계열 한자가 먼저 구개음화되고 아음의 견모계열 한자가 뒤늦게 구개음화되었다고 합니다. 본 연구에서는 『한청문감』 등의 한국문헌 자료를 주요 증거로 하고, 『원음정고』 등의 만문 자료를 방증으로 하여, 근대중국어에서 치두음 정모계열 한자가 먼저 구개음화되고 아음의 견모계열 한자가 뒤늦게 구개음화되었음을 논증하였습니다. 뿐만 아니라 여타의 문제들에서도 기존의 견해와 다른 관점들을 제기하였습니다. 이러한 연구 성과들이 근대중국어 어음 연구에 도움이 되리라 믿습니다.

근대의 한국 사역원과 학자들이 많은 중국어 운서, 사서, 교과서 등을 편찬하였습니다. 이것들은 근대중국어 어음, 어휘, 문법 연구의 귀중한 자료들입니다. 이같이 소중한 자료들을 잘 이용하면 남들보다 못하지 않은 연구 성과들을 걷을 수 있음은 의심의 여지가 없습니다. 그런데 우리민족 학계에서 이럴 듯 훌륭한 자료들을 이용한 연구 성과들이 많이 나오지 못하고 있음이 안타깝습니다. 여기에는 여러 가지 원인이 있겠지만 우리민족의 훌륭한 문헌자료들을 이용한 연구의 필요성과 중요성에 대한 인식의 결핍이 주요한 것이 아닌가 싶습니다. 물론 이러한 연구에는 여러 가지 난관들이 있기는 하지만 우리민족에게는 그것들을 이겨낼 수 있는 지혜와 능력이 있고 기질이 있기에 하면 꼭 성공하리라 믿으면서 귀중한 우리민족 문화유산들을 이용한 훌륭한 연구 성과들이 하루 빨리 많이 나오기를 바랍니다.

끝으로 이 책의 추천사를 써주시고 책의 출판을 위해 힘써 주신 홍윤표 교수님께 진심으로 감사를 드립니다. 그리고 역락 출판사의 이대현 사장님과 책의 편집을 맡아주신 이태곤 편집이사님과 강윤경 대리님께 감사를 드립니다.

2022년 8월

최희수

차례

제3장 『한청문감』 성모

제7장 『한청문감』 한자의 중국어 독음자료 휘집

제1장
『한청문감』 소개

조선왕조는 주변 나라들의 언어와 문자를 배우고 연구하기 위하여 외국어 연구기관인 사역원(司译院)을 세웠다. 사역원에서는 주로 중국어, 만주어, 몽골어, 일본어 등 언어를 연구하고 이들 언어와 관계되는 운서(韵书), 사서(词书) 및 교과서를 편집하고 출판하였다. 『한청문감(汉清文鉴)』은 사역원의 중국어학자 이잠(李潜), 만주어 학자 김진하(金振夏) 등이 청나라 건륭(乾隆) 36년(1771년)에 편찬한 『어제증정 청문감(御制增订清文鉴)』을 저본으로 하여 중국어, 만주어, 한국어 세 가지 언어로 편찬한 사전이다.

『한청문감』의 출판 연대가 명확히 밝혀지지 않았다. 일본학자 오꾸라신편은 대개 1775년에 편찬되었다고 하고 한국학자 민영규(闵泳珪)는 1779년경에 편찬되었다고 하였다. 두 학자가 추측한 시간이 4년간의 차이가 있음을 보면 대개 18세기 70년대 후반기에 편찬되었다고 볼 수 있을 것 같다.

중국 고궁박물관 인터넷에서는 『어제증정 청문감』에 대해 아래와 같이 소개하였다.

"이 책은 제일 처음 황제의 칙명으로 편찬된 만한(满汉) 합벽(合璧) 사전으로, 『어제 청문감(御制清文鉴)』을 번역(翻译)하고, 증보(增补)하고 수정(修订)함과 동시에 주음(注音)을 증가하였다. 이 책은 『어제 청문감』에 기초하여 12류(类)를 증가하고, 새로 정한 단어 4700개와 1636개의 보기 드문 고대단어를 증보하였으나 주해 밑에 인증한 고서의 예문은 삭제하였다. 수정의 중점은 만주어 단어로 『어제 청문감』에 쓰인 중국어음역 단어를 대체하는 것이었다. 이리하여 만문 어휘의 수량이 증가되었다. 이 책은 청나라시기 만주어 규범의 가장 직접적인 의거로 되었다."

그 이후 이 사전에 기초하여 기타의 언어들을 증가하여 여러 문자의 대조 분류 사전을 편찬하였는데 『어제 오체 청문감(御制五体淸文鉴)』이 그 일례이다.

『한청문감』은 범례와 본문 두 부분으로 구성되었다. 범례의 첫 두 조목에서는 저본의 체제 개변과 단어 조항 삭감의 이유를 밝히고 나머지 19개 조목에서는 석음방법에 대하여 상세히 설명하였다. 본문은 목록과 단어 조항으로 구성되었다. 단어 조항은 저본의 부(部), 류(类), 측(则) 세 개 급의 분류에 따라 배열하였다.

『한청문감』의 범례에서는 "책은 15권 36부 287류로 되었다"고 하였다. 그러나 책의 목록을 검사한 결과 이 책은 15권 36부 292류로 구성되었다. 이는 범례의 설명과 부합되지 않는다. 목록의 292류는 고궁박물관 인터넷에서 소개한 『어제증정 청문감』의 실제와 부합된다. 왜냐하면 『어제증정 청문감』 소개에서는 『어제 청문감』에 기초하여 12류(类)를 증가시키었다고 하였기 때문이다. 그렇다면 『어제 청문감』이 몇 개 류로 분류되었는가? 중국 민족 도서관 인터넷에서 소개한 『어제 청문감』에서는 아래와 같이 밝히었다.

"이 사전은 명나라 때 미응조(眉鹰祚)가 편찬한 『자회(字汇)』에 기초하여 단어 조항을 제정하였다. 본 문 제일 첫 항열에 만문 단어를 나열하고, 두 번째 항열에 만문 주석을 하고, 세 번째인 제일 마지막 항열에 고서의 예문을 달았다. 이 사전은 '부(部)', '류(类)', '측(则)' 3급 분류 체계를 채용하여 도합 天, 时令, 地, 君, 谕旨, 设官, 政, 礼仪, 乐, 文学, 武功, 人, 僧道, 奇异, 医巫, 技艺, 居处, 产业, 火, 布帛, 衣饰, 器皿, 营造, 船, 车轿, 食物, 杂粮, 杂果, 草, 树木, 花, 鸟雀, 兽, 牲畜, 鳞甲, 虫部 등 36부를 설치하고 부를 또 280류로 나누었으며, 매 류를 몇 개의 측으로 나누었다."

위의 소개에서 『어제 청문감』이 280개 류로 나뉘었음을 알 수 있다. 여기에 『어제증정 청문감』에서 증가한 12개 류를 더하면 292개 류가 된다. 그러므로 『한청문감』 범례의 설명은 실제와 부합되지 않으니 범례의 설명이 잘 못되었다고 보아야 할 것이다.

一. 『한청문감』 체제

『어제증정 청문감』의 체제는 만문 단어를 표제어로 하였다. 그리고 중국 어로 만문 발음을 석음하고 만주어로 중국어 발음을 석음하였으며, 중국어 로 만주어 뜻을 번역하고 만주어로 만주어 단어의 뜻을 해석한 사전이다.

그러나 『한청문감』의 체제는 중국어 단어를 표제어로 하고 한글로 한자 밑에 중국어 발음을 석음하고 그 아래에 한글이나 한문(汉文)으로 중국어 단 어의 뜻을 해석했다. 그 다음 중국어 단어와 대응되는 만주어 단어를 만문으 로 표기하고 그 밑에 한글로 만주어 해석을 표기하였다. 사전에서는 부분적 만주어 해석 뒤에 "일운(一云)" 혹은 "우(又)"로 만주어 표제어 동의어를 부 (副)표제어로 표기하였는데 만주어 부 표제어는 만문으로 표기하지 않고 한 글로 석음하였다. 일부 중국어 단어도 부표제어가 나타나는데 이들도 단어 해석의 마지막에 놓였다. 예를 들면 아래와 같다.

1) 天 턘 하늘 abka(원문은 만문으로 된 것을 로마자로 전사하였음) 압카 우머 시던투먼쟈카버얼버헝 (권(卷) 1-1-a)

2) 光 광 耀 요 凡光彩之照耀者 eldeke(원문은 만문으로 된 것을 로마자로 전사 하였음)얼더커 야야얼던더겅견오호 (권(卷) 1-2-a)

예1은 한글로 단어 뜻을 해석한 것이고, 예2는 한문으로 단어 뜻을 해석한 것이다.

아래의 예 1)은 만주어 부표제어 표기이고, 예 2)는 중국어 부표제어 표기 이다.

1) 偏護 …………○ 一云 할샴비 又 하림비 (권(卷) 8-40-a)

2) 巧 ……………○ 弄巧 박시담비 (권(卷) 8-39-a)

『한청문감』 체제의 개변에 대한 범례의 설명은 아래와 같다.

"청문감은 원래 청어(淸语)를 교정하기 위하여 지은 책이므로 오직 청어를 위주로 하였다. 무릇 사물과 관련되는 것은 다 갖추어져 있다. 뿐만 아니라 주석이 상세하고 의미가 분명하니 진정 청어의 연수(渊薮)라 하겠다. 중국어에 대해 말하면 덧붙여놓은 광고에 불과하니 참조로 할 따름이다. 그러나 중국어가 해야 할 문구의 쓰임이 적시에 쓰기에 충분하므로 후학들의 지름길로 되며 사이사이에 나타난 장정(章程), 사례(事例)들이 많아 가히 볼 만하지만 결함은 주석이 없는 것이다. 만약 한문으로 주석을 달지 않고 한글로 풀이를 하지 않으면 그 뜻을 이해하지 못할까 걱정된다. 그러므로 책을 더 잘 편집하기 위하여 체제를 개정(改订)하였다. 앞에 중국어를 놓고 새로 주석을 한 다음 그 아래에 청어를 첨부하고 원래의 해석을 그대로 썼다. 다행히 한청(汉淸) 두 언어의 상세함과 간략함이 적절하고 열람하기에 아주 편리하기에 책의 이름을 한청문감이라고 고치었다. 책은 15권 36부 287류이다."

("淸文鉴本为较订满语而作, 故专以满语为主。凡係事物无不備载, 有註释纤悉, 该畅, 实满语之渊薮。至若汉语则不过附揭而傍照。肰其所为语率适时用亦足, 为後学蹊迳, 且章程事例间多可观, 而所欠者无註释耳。若不文以註之谚以释之, 则恐无以晓解。故更加编摩改订体制, 首著汉语而击以新註, 下附满语而仍用原释。庶汉淸二语详略得中览阅俱偆, 逐更名曰汉淸文鉴。书凡十五卷三十六部二百八十七类。")

상기의 설명에서 아래의 몇 가지 사실을 알아낼 수 있다.

1)『어제증정 청문감』은 만주어를 위주로 하여 편집한 사전으로 만주어의 정수라 할 수 있다.

2)『어제증정 청문감』의 중국어는 주석이 없어 이해하기 어려운 결함이 있다.

3) 상기의 결함을 극복하기 위하여 『어제증정 청문감』의 체제를 개정하여 중국어를 표제어로 하고 주석을 한 다음 그 아래에 만주어를 표기하고 만주

어로 해석하였다.

　4) 한청(汉清) 두 언어의 상략이 잘되고 열람이 편리하여 책 이름『청문감(清文鉴)』을『한청문감(汉清文鉴)』으로 고쳤다.

　이로부터『한청문감』은 독자들로 하여금 중국어를 잘 배우고 겸하여 만주어도 배우게 하려는 목적에서 편찬된 사전임을 알 수 있다. 즉『한청문감』은 중국어 공부를 주요 목적으로 한 사전이다. 그런데 일부 학자들이『한청문감』이 만주어를 위주로 한 사전이라고 하는데 이는 납득하기 어려운 주장이다.

二.『한청문감』 판본

　『한청문감』원본은 거의 모두가 유실되고 지금까지 보존되어 있는 것은 두 부(部)뿐이다. 그 가운데의 한 부가 프랑스 파리 동양어학교 도서관에 보존되어 있고, 다른 한 부가 일본 도교대학 부속 도서관에 보존되어 있다.

　한국 연세대학 국어학 연구원에서 일본 도교대학 부속도서관의 장서를 저본으로 하여 선후 두 차례 영인하였다. 첫 번째는 1956년 연희대학 동방학연구소의 이름으로 영인하면서 책 이름을『한한청문감(韩汉清文鉴)』으로 고치었다. 이 책은 모두 1권 471쪽으로 되었다. 두 번째는 1998년 연세대학 국어학연구원의 이름으로 영인하였는데 책 이름을 원본의 이름대로『한청문감』이라 하였다. 이 책은 원문 5권 1944쪽, 색인 2권, 도합 7권으로 되었다. 두 번째 영인에서는 첫 번째 영인 때에 잘못된 부분들을 고치었다.

　본 연구에서는 1956년 영인 본『한한청문감』을 이용하였다. 정리된 자료에 표기된 쪽수와 판면은『한한청문감』의 쪽수와 판면이다.

三. 『한청문감』 단어 수량

『한청문감』은 입본인『어제증정 청문감』단어의 일부를 삭감하고 필요한 단어들을 선택하였다. 『한청문감』범례에서는 단어 삭감의 원인과 원칙에 대해 아래와 같이 밝히었다.

"단어의 분류는 원본대로 하였다. 그러나 원본의 권질(卷帙)이 심대(甚大)하기에 부득불 줄이었다. 그러므로 어투가 쓸데없이 자질구레한 것은 삭제되고 흩어져 있는 것은 요약되었다."("门类分排一从原书而, 但卷帙甚大不可不节删。故语套之冗琐者删之, 支離者节之。")

지금까지 『한청문감』에 수록된 단어의 수량이 구경 얼마인가에 대한 정확한 통계 숫자가 나오지 못하고 있다. 중국학자 최재우(崔宰宇)가 그의 논문 『"汉清文鉴"与"御制增订清文鉴"的比较』("民族语文"2003年2期)에서 『한청문감』에 수록된 만주어 단어가 13673개라고 하였다. 한국학자 성백인(成百仁)은 1998년 판본『한청문감』"해제(解題)"에서『한청문감』에 수록된 만주어 단어가 13640개로 그 가운데의 부표제어가 600개라고 하였다. 한국 학자 안상병(安相炳)도 그의 논문 "『汉清文鉴』의 国语에 对한 表記法, 音韵 研究"(1997)에서『한청문감』에 수록된 만주어 단어 총수가 13640개인데 그중 표제어가 12840개이고 부표제어가 600개라고 하였다.

상술한 통계 숫자는『한청문감』에 수록된 단어 통계에서 차이가 있음을 의미한다. 주지하다시피 사전에 수록된 단어의 수량통계가 쉬운 일이 아니다. 특히 『한청문감』과 같이 표제어와 부표제어가 있는 사전의 단어숫자 통계의 정확성을 확보하기가 더 어려운 것이다.

우리가 먼저『어제증정 청문감』에 수록된 만주어 단어 수가 얼마인가를 보기로 하자. 중국 고궁박물관의 소개 자료에서『어제증정 청문감』에 수록된 단어의 수량이 얼마인지는 밝히지 않았으나 그 이전 강희(康熙) 황제가 편찬한『어제 청문감(御制清文鑒)』을 기초로 단어 6336개를 증보(增補)하였다고 하였다. 그렇다면 『어제 청문감』에 수록된 단어의 총수는 얼마인가? 강교(江桥)가 그의 저서 『康熙〈御制淸文鉴〉硏究』(北京燕山出版社 2009年)에서 『어제 청문감』에 수록된 단어 총수가 1만 2천여 개라고 하였다. 여기에 6336 개를 더하면 『어제증정 청문감』에 수록된 단어의 총수는 18336여 개가 된다. 또 손문량(孙文良)이 주편한 『满族大词典』(辽宁大学出版社 1990年)에서는 『어제증정 청문감』에 수록된 단어의 총수가 18000개라고 하였다.

총적으로 아직까지 강희의 『어제 청문감』, 건륭의 『어제증정 청문감』, 『한청문감』 등에 수록된 단어의 총수가 명확히 밝혀지지 않고 있다. 지금까지의 통계 자료에 의하면 대략 『어제 청문감』에 단어 12000여 개가 수록되고, 『어제증정 청문감』에 단어 18400여 개가 수록되고, 『한청문감』에 13600여 개가 수록되었다고 할 수 있다. 이에 따르면 『한청문감』이 『어제증정 청문감』 어휘의 26%가량 삭감한 것으로 된다.

四. 『한청문감』 한자 수량

지금까지 『한청문감』에 수록된 한자의 숫자를 통계한 연구결과는 보지 못하였다. 필자가 정리해낸 『한청문감』 한자의 총수량은 4124개이다. 그 가운데에서 하나의 한자가 하나의 독음으로 표기된 단음자(单音字)가 3884자이고, 하나의 한자가 두 개 이상의 독음으로 표기된 다음자(多音字)가 240자이다.

240개의 다음자 가운데에서 하나의 한자가 3개의 독음으로 표기된 것이 4개이고, 하나의 한자가 두 개의 독음으로 표기된 것이 114개이다. 두 개의 독음으로 표기된 한자 114개 가운데에 현대중국어의 두 가지 독음으로 표기된 한자가 8개이고, 『한청문감』 중국어의 두 가지 독음으로 표기된 한자가 106개이다.

그러니 『한청문감』에 수록된 한자의 실제 수량은 4002개이다. 이번 정리에서 최선을 다 하였으나 누락된 한자가 전혀 없다고 단언하기 어려움을 밝혀 둔다. 『한청문감』에 수록된 다음자들의 독음 상황은 아래와 같다.

(1) 하나의 한자가 3가지 『한청문감』 중국어 발음으로 표기된 것

降 걍[kiaŋ](14下), 컁[kʻiaŋ](57上), 햔[xiaŋ](113上)

裹 고[ko](341下), 궈[kuə](326上), 과[kua](130上)

薄 버[pə](182下), 보[po](346上), 부[pu](322上)

解 걔[kiai](70下), 걔[kiəi](23上), 해[xiəi](233上)

(2) 하나의 한자가 2가지 현대중국어 발음으로 표기된 것

凹: 현대어 발음: āo, wā　『한청문감』 발음: 와[wa](129下)

嗒: 현대어 발음: dā, tà　『한청문감』 발음: 다[ta](439上/381下)

檻: 현대어 발음: jiàn, kǎn　『한청문감』 발음: 캰[kʻian](287上)

铊: 현대어 발음: tā, tuó　『한청문감』 발음: 토[tʻo](300下)

弄: 현대어 발음: lòng, nòng　『한청문감』 발음: 룽[luŋ](333下/365下)

鹘: 현대어 발음: gǔ, hú　『한청문감』 발음: 후[xu](415下/416上)

遰: 현대어 발음: dì, tí　『한청문감』 발음: 디[ti](282上/153下)

蕩: 현대어 발음: dàng, táng　『한청문감』 발음: 탕[tʻaŋ](98下/115下)

(3) 하나의 한자가 2가지 『한청문감』 중국어 발음으로 표기된 것

阿 아[a](106上), 어[ə](106上)

埃 애[ai](302上), 얘[iai](24下)

脖 버[pə](441上), 보[po](436下)

剥(剝) 보[po](365下), 밫[pao](372上)

琶 바[pa](92上), 파[pʻa](149上)

罢(罷) 바[pa](245上), 피[pʻi](225上)

宝(寶) 봐[pao](381上), 보[po](312上)

报(報) 봐[pao](60하), 보[po](271上)

拨(撥) 버[pə](70下), 보[po](326上)

差 채[tʂʻai](136上), 챠[tʂʻa](163上)

跄(蹌) 창[tsʻaŋ](201上), 챵[tɕʻiaŋ](23下)

磁 츠[tsʻ1](355下), 쓰[s1](27下)

从(從) 중[tsuŋ](140下), 충[tsʻuŋ](160上)

策 처[tsʻə](95上), 쳐[tʂʻə](158上)

拆 처[tsʻə](365下), 쳐[tʂʻə](341下)

唇 순[ʂun](146下), 춘[tʂʻun](154上)

册(冊) 처[tsʻə](36下), 쳐[tʂʻə](62下)

纯(純) 순[ʂun](324下), 춘[tʂʻun](251上)

车(車) 귀[kiui](270下), 쳐[tʂʻə](370下)

长(長) 쟝[tʂaŋ](34上), 챵[tʂʻaŋ](137上)

大 다[ta](155上), 대[tai](454上)

棣 디[ti](410上), 레[li](393下)

疸 다[ta](222下), 단[tan](294上)

读 두[tu](45下), 듀[təu](100上)

调 땨[tiao](56下), 탸[tʻiao](121上)

弹(彈) 탄[tʻan](89上), 단[tan](124上)

蛾 어[ə](449上), 오[o](219上)

恶(惡) 어[ə](209下), 우[u](209下)

分 분[fun](21上), 븐[fən](225上)

缝(縫) 붕[fuŋ](27下), 븡[fəŋ](339下)

补(補) 부[pu](322上), 부[fu](56下)

更 긍[kəŋ](65下), 깅[kiŋ](136下)

果 고[ko](163下), 귀[kuə](344下)

过(過) 고[kɔ](200上), 귀[kuə](159上)

锅(鍋) 고[ko](345上), 구[ku](348上)

蛤 거[kə](444下), 하[xa](444下)

哈 하[xa](42下), 허[xə](386下)

核 허[xə](392下), 후[xu](149下)

火 호[xo](316下), 훠[xuə](456下)

劃 화[xua](221下), 호[xo](386上)

画(畫) 화[xua](128上), 호[xo](98下)

嫁 갸[kʻia](19下), 갸[kia](213下)

戒 걔[kiai](212上), 계[kiəi](70上)

旌 깅[kiŋ](412上), 징[tɕiŋ](75上)

匀(勻) 꺈[kiun](300下), 윤[iun](175上)

锞(錁) 커[kʻə](86下), 코[kʻo](312上)

颏(頦) 커[kʻə](333下), 해[xai](147上)

烙 로[lo](340上), 랃[lao](309下)

累 뤼[lui](63上), 릭[ləi](212上)

乐(樂) 로[lo](179下), 요[io](87下)

伦(倫) 룬[lun](34下), 뤈[luən](162上)

纶(綸) 뤈[luən](163下), 관[kuan](455下)

廪(廩) 린[lin](52下), 링[liŋ](374下)

恋(戀) ⁰롼[luan](180下), 쾐[liuan](206下)

络(絡) 로[lo](307下), 랃[lao](348上)

末 머[mə](106下), 모[mo](18下)

沫 머[mə](188上), 모[mo](151上)

抹 머[mə](98上), 모[mo](87上)

模 모[mo](366上), 무[mu](152上)

懣(㦖) 믄[mən](231下), 만[man](155下)

沒(没) 모[mo](239上), 무[mu](231上)

蘑 머[mə](310下), 모[mo](376上)

尿 냗[niao](439下), 쉬[sui](150下)

嫩 눈[nun](404下), 뉜[nuin](452下)

僻 비[pi](290上), 피[pʻi](234下)

捧 방[paŋ](311上), 픙[pʻəŋ](208上)

屛 핑[pʻiŋ](363下), 빙[piŋ](206下)

碰 풍[pʻuŋ](208上), 픙[pʻəŋ](114上)

拳 칸[kʻiuan](66下), 관[kiuan](432上)

寄 기[ki](98下), 키[kʻi](170上)

騎(騎) 키[kʻi](438上), 기[ki](438下)

鵲(鵲) 챤[tɕʻiao](196下), 쵸[tɕʻio](417下)

蓉 융[iuŋ](409上), 슝[ʐuŋ](420下)

石 단[tan](301上), 쌔[ʂʅ](28上)

盛 셩[ʂəŋ](457上), 쳥[tʂʻəŋ](302上)

疎 수[su](404上), 슈[ʂu](232下)

灼 쇼[ʂo](11下), 죠[tʂo](403上)

撣(撣) 단[tan](344上), 탄[tʻan](181下)

頹(頽) 투[tʻu](414下), 튀[tʻui](155上)

窩(窩) 오[o](341下), 워[uə](148上)

隙 시[ɕi](9上), 히[xi](214上)

削 쌰[ɕiao](334下), 쇼[ɕio](360上)

貉 호[xo](307下), 햔[xao](433下)

熊 흉[xiuŋ](424下), 횽[xiuŋ](424下)

习(習) 시[ɕi](100上), 에[ʂๅ](47上)

行 힝[xiŋ](165上), 항[xaŋ](164上)

夐 흉[xiuŋ](134上), 횽[xiuŋ](134上)

胸 흉[xiuŋ](372下), 횽[xiuŋ](372下)

戏(戲) 히[xi](181下), 후[xu](169上)

轩(軒) 원[ɕiuan](156上), 햔[xian](286上)

锁(鎖) 소[so](290下), 쇼[ɕiao](77下)

於 위[iui](18上), 우[u](169上)

融 융[iuŋ](23上), 숭[ʐuŋ](101上)

叶(葉) 여[iə](28上), 이[i](379下)

蔫 얀[ian](294上), 냔[nian](413上)

撞 좡[tsuaŋ], 쫭[tʂuaŋ](67上)

橡 쫜[tʂuan](266上), 찬[tʂʻuan](286下)

黏 쟌[tʂan](128下), 냔[nian](384下)

粘 쟌[tʂan](303下), 냔[nian](24下)

辗 쟌[tʂan](186上), 냔[nian](297下)

争(爭) 졍[tsəŋ](66上), 증[tʂɐŋ](237上)

徵 졍[tsəŋ](38上), 지ᵒ[tʂๅ](88上)

朝 쟈[tsao](21上), 챤[tʂʻao](37下)

追 줴[tsuəi](383上), 쥐[tʂui](112上)

重 즁[tsuŋ](70上), 츙[tʂʻuŋ](355下)

传 쫜[tʂuan](96上), 촨[tʂʻuan](101上)

위의 다음자 가운데에는 표기에서의 오기로 하여 생긴 것들도 보인다.

五. 『한청문감』 표음방법

1444년에 창제된 한글은 표음문자이다. 사역원에서는 그것으로 주변의 중국어, 몽골어, 만주어, 일본어 등 언어의 발음을 표기하였다. 그러나 한글은 한국어를 표기하기 위하여 만든 문자이기에 그것으로 다른 언어들의 어음을 완전히 정확하게 표기할 수는 없는 것이다.

한글로의 중국어 표기에서 제일 어려웠던 것이 중국어 치음(齒音)의 치두음(齒头音)과 정치음(正齒音)의 구별 표기였다. 하여 『훈민정음』 창제자들이 중국어 치두음을 표기할 자모 "ᅎ, ᅔ, ᅏ, ᄼ"와 정치음을 표기할 자모 "ᅐ, ᅕ, ᅑ, ᄾ, ᄽ"를 새로 만들어 놓았다. 이것으로 그 시기의 중국어의 치두음 "z, c, s"와 정치음 "zh, ch, sh"를 구별하여 표기를 할 수 있었다. 그러나 중국어가 근대어 후기에 설면음 "j, q, x"가 새로 생기어 나면서 한글로의 중국어 치음 표기가 어려움에 부딪치게 되었고 중국어 치음표기에서 혼란이 나타나게 되었다. 『한청문감』은 중국어 치음 표기에서의 혼란을 극복하기 위하여 만주어에서의 중국어 표기법을 참조하여 중국어 치두음, 정치음, 설면음 세 가지 음을 구별하여 표기하는 방법을 고안해 내었다. 『한청문감』에서의 중국어 표음 원칙과 구체 방법은 아래와 같다.

1. 표음 원칙

『한청문감』 범례에서는 아래와 같이 지적하였다.

"우리나라 사람들이 중국어를 잘 다루지 못한다. 살펴보면 중국어를 잘한다는 사람도 글자의 발음부터가 완전히 다르다. 왜냐하면 우리나라 사람들이 배운 중국어 발음이 줄곧 『사성통해』를 따랐기 때문이다. 그런데 사성통해의 발음과 한청문감의 발음은 이미 많이 달라지었고 석음(釋音) 방법도 차이가 있다. 『한청문감』의 석음은 모두 만주문자의 석음을 따랐기에 혹은 하나의 글자로 석음하고, 혹은 두 글자로 절음(切音)하여 석음하고, 혹은 세 글자로 절음하여 석음하였다. '상(商)', '상(相)' 두 글자를 예로 들어 말하면 사성통해에서는 모두 하나의 '샹'자로 석음하였다. 그러나 한청문감에시는 '상(商)'자의 발음은 곧바로 '샹'자 하나의 글자로 석음하고, '상(相)'의 발음은 '시양' 두 글자의 절음(切音)으로 석음하였다. 이 방법을 알면 거의 모든 글자의 음을 발음할 수 있다. 그러므로 이 책의 석음은 모두 원(原) 책의 방법을 따랐다.(我人之酬酢汉语不善, 相晓者專由字音之未恊耳。盖我人所习汉音一从四声通解, 肰通解之音与文鉴已多不同, 而释音之法亦有異焉。文鉴则汉字释音皆以清字, 而或用一字, 或用二合切音, 或用三合切音。就以商, 相二字論之, 通解释音则俱一샹字, 而文鉴则商字音直以샹之一字释之, 相之音以시양二合切音释之。知此法则庶乎字得其音。故此, 书释音一从原书之法。)"

우리는 상기의 해석에서 아래의 몇 가지 사실을 알아낼 수 있다.

1) 우리나라 사람들의 중국어 발음이 정확하지 못하다. 그 까닭은 우리나라 사람들의 중국어 발음이 줄곧 『사성통해』의 발음을 따랐기 때문이다.

2) 『사성통해』의 중국어 발음과 한청문감의 중국어 발음이 다르고 석음 방법도 다르다.

3) 『한청문감』의 석음은 만주문자의 석음 방법에 따라 절음(切音) 방법으로 석음하였다.

4) 『한청문감』의 석음은 『어제증정 청문감』의 석음을 기준으로 하였다.

1517년에 편찬된 『사성통해』와 1770년대 후기에 편찬된 『한청문감』은 250여년의 차이가 있다. 이 사이 중국어에서 많은 변화가 나타나 재래의 중국어 표기법으로는 변화된 중국어 발음을 정확히 표기할 수 없게 되었다. 그리하여 고안해 낸 것이 『한청문감』식 중국어 표음 방법이다.

2. 표음 방법

『한청문감』 범례 21개 조목 가운데의 19개 조목이 표음방법에 대한 설명이다. 그 중 17개 조목이 한자 표음 설명이고, 한 개 조목이 만주어 표음 설명이며, 한 개 조목이 한글로 한자와 만주어를 표음할 때의 표음설명이다.

이미 앞에서 밝힌 바와 같이 『한청문감』 중국어 표음의 기본은 한글로 절음(切音)하는 방법이다. 『한청문감』 범례의 표음 설명에서는 구체적인 절음 방법들을 소개하였다. 『한청문감』에서 사용된 중국어 성모와 운모의 표기방법을 귀납하면 아래와 같다.

(1) 성모(声母)의 표음
① 순음(脣音)
ㅂ→[p], ㅍ→[pʻ], ㅁ→[m], ㅸ→[f]
② 설음(舌音)
ㄷ→[t], ㅌ→[tʻ], ㄴ→[n], ㄹ→[l]
③ 치음(齒音)
가. 치두음(齒头音):
ㅈ→[ts], ㅊ→[tsʻ], ㅅ/ᄼ→[s]
ᅎ→[tsɿ], ᅔ→[tsʻɿ], ᄽ→[sɿ]
자[tsa], 재[tsai], 잔[tsan], 장[tsaŋ], 좌[tsao], 저[tsə], 즤[tsəi],
증[tsəŋ], 쥬[tsəu], 주[tsu], 중[tsuŋ], 쥰[tsuan], 쥐[tsui],
준[tsun], 조[tso]
차[tsʻa], 채[tsʻai], 찬[tsʻan], 창[tsʻaŋ], 촤[tsʻao], 처[tsʻə],
츄[tsʻəu], 추[tsʻu], 충[tsʻuŋ], 촨[tsʻuan], 취[tsʻui], 춘[tsʻun],
초[tsʻo]
사[sa], 새[sai], 산[san], 상[saŋ], 솨[sao], 서[sə], 승[səŋ],

슈[səu], 수[su], 슝[suŋ], 솬[suan], 쉬[sui], 순[sun], 소[so]

나. 정치음(正齒音):

ㅈ+[j]→[tʂ], ㅊ+[j]→[tʂʻ], ㅅ+[j]→[ʂ], ㅿ→[ʐ]

지º→[tʂๅ], 치º→[tʂʻๅ], 씨→[ʂๅ]

쟈[tʂa], 쟤[tʂai], 쟌[tʂan], 쟝[tʂaŋ], 좌[tʂao], 져[tʂə], 젼[tʂən],

졍[tʂəŋ], 쥭[tʂəu], 쥬[tʂu], 즁[tʂuŋ], 쥬[tʂua], 쟝[tʂuaŋ],

줴[tʂuəi], 죠[tʂo]

챠[tʂʻa], 채[tʂʻai], 챤[tʂʻan], 챵[tʂʻaŋ], 챠[tʂʻao], 쳐[tʂʻə],

쳔[tʂʻən], 쳥[tʂʻəŋ], 츄[tʂʻəu], 츄[tʂʻu], 즁[tʂʻuŋ], 췌[tʂʻuai],

촨[tʂʻuan], 챵[tʂʻuaŋ], 취[tʂʻui], 춘[tʂʻun], 쵸[tʂʻo]

샤[ʂa], 새[ʂai], 샨[ʂan], 샹[ʂaŋ], 샤[ʂao], 셔[ʂə], 션[ʂən],

셩[ʂəŋ], 셕[ʂəu], 슈[ʂu], 쉬[ʂua], 쉐[ʂuai], 샹[ʂuaŋ], 쉬[ʂui],

쇼[ʂo]

④ 설면음(舌面前音)

ㅈ+ㅣ→[tɕ](j), ㅊ+ㅣ→[tɕʻ](q), ㅅ+ㅣ→[ɕ](x)

ºㅈ→[tɕ](j), ºㅊ→[tɕʻ](q), ºㅅ→[ɕ](x)

쟌[tɕian], 쟝[tɕiaŋ], 좌[tɕiao], 쟤[tɕiəi], 진[tɕin], 징[tɕiŋ],

쥬[tɕiu], 워[tɕiui], 좌[tɕiao], 웨[tɕiuəi], 죠[tɕio],

쥰[tɕiun],

챤[tɕʻian], 챵[tɕʻiaŋ], 챠[tɕʻiao], 채[tɕʻiəi], 친[tɕʻin], 칭[tɕʻiŋ],

츄[tɕʻiu], 춰[tɕʻiui], 촨[tɕʻiuan], 최[tɕʻio],

샨[ɕian], 샹[ɕiaŋ], 샤[ɕiao], 새[ɕiəi], 신[ɕin], 싱[ɕiŋ],

쉬[ɕiu], 워[ɕiui], 원[ɕiuan], 슌[ɕiun],

⑤ 설근음(舌根音)

ㄱ→[k], ㅋ→[kʻ], ㅎ→[x]

⑥ 반모음(半元音) [w]

음절자(音节字) "와/왜/완/왕/워" 가운데의 "오/우"

와[wa], 왜[wai], 완[wan], 왕[waŋ], 워[wə]

⑦ 제로성모(零声母) [ø]

"와/왜/완/왕/워" 음절 이외 음절의 자모 "ㅇ"

아[a], 애[ai], 안[an], 앙[aŋ], 어[ə], 언[ən], 엉[əŋ] ……

　주지하다시피 중국어에는 치두음, 정치음, 설면음 세 가지 소리가 구분되어 있으나 한국어에는 이러한 구분이 없으므로 한글 자모로 이 세 가지 소리를 구별하여 표기하기 어려웠다.

　앞에서 밝힌 바와 같이 『한청문감』에서는 한글자모 "ㅈ, ㅊ, ㅅ"에 부동한 모음 음소거나 권점 "°"을 첨가하는 방법으로 중국어의 세 가지 소리를 구별하였다. 이는 재래의 표기법에 없던 새로운 중국어 표기법으로 중국어 어음 표기에서의 혼란을 극복하게 하였다.

(2) 운모(韵母)의 표음

① ㅏ → [a]

ㅏ → [an]

ㅏ → [aŋ]

ㅐ → [ai]

ㅗ→ [ao]

② ㅑ(제로성모 뒤에서) → [ia]

ㅑ(정치음 뒤에서) → [a]

ㅑ(제로성모 뒤에서) → [ian]

ㅑ(정치음 뒤에서) → [an]

ㅑ(제로성모 뒤에서) → [iaŋ]

ㅑ(정치음 뒤에서) → [aŋ]

ㅒ(제로성모 뒤에서) → [iai]

ㅒ(정치음 뒤에서) → [ai]

ㅛ(제로성모 뒤에서) → [iao]

ㅛ(정치음 뒤에서) → [ao]

③ ㅓ → [ə]

④ ㅕ(제로성모 뒤에서) → [iə]

　 ㅕ(정치음 뒤에서) → [ə]

　 ㅕㄴ(제로성모 뒤에서) → [iən]

　 ㅕㄴ(정치음 뒤에서) → [ən]

　 ㅕㅇ(정치음 뒤에서) → [əŋ]

　 ㅠ(정치음 뒤에서) → [əu]

⑤ ㅗ(제로성모 뒤에서) → [o]

　 ㅗ(성모 뒤에서) → [o]

　 ㅛ(제로성모 뒤에서) → [io]

　 ㅛ(정치음 뒤에서) → [o]

⑥ ㅜ → [u]

　 ㅜㄴ(제로성모 뒤에서) → [un]

　 ㅜㄴ(부분적 성모 뒤에서) → [un]

　 ㅎ → [uŋ]

　 ㅘ(성모 뒤에서) → [ua]

　 ㅘㄴ(성모 뒤에서) → [uan]

　 ㅘㅇ(성모 뒤에서) → [uaŋ]

　 ㅙ(성모 뒤에서) → [uai]

　 ㅝ → [uə]/[wə]

　 ㅝㄴ(성모 "ㄹ[l]" 뒤에서) → [uən]

ᆔ → [ui]

ᆔᆫ→ [uin]

⑦ ᅲ(정치음 뒤에서) → [u]

ᅲᆫ(제로성모 뒤에서) → [iun]

ᅲᆫ(정치음 뒤에서) → [un]

ᅲᆼ(제로성모 뒤에서) → [iuŋ]

ᅲᆼ(정치음 뒤에서) → [uŋ]

ᆎ(정치음 뒤에서) → [ua]

ᆎᆫ("ㅈ, ㅊ, ㅅ"에 부가된 부호 "⁰" 뒤에서) → [iuan]

ᆎᆫ(정치음 뒤에서) → [uan]

ᆎᆼ(정치음 뒤에서) → [uaŋ]

ᆎᅵ(정치음 뒤에서) → [uai]

ᆎᅵ(제로성모 뒤에서) → [iuai]

ᆐ("ㅈ, ㅊ, ㅅ"에 부가된 부호 "⁰" 뒤에서) → [iuəi]

ᆐ(정치음 뒤에서) → [uəi]

ᆔ("ㅈ, ㅊ, ㅅ"에 부가된 부호 "⁰" 뒤에서) → [iui]

ᆔ(정치음 뒤에서) → [ui]

⑧ ㅡ → [ɿ]

ᅳᆫ → [ən]

ᅳᆯ → [ɚ]

ᅳᆼ → [əŋ]

ᅮ → [əu]

ㅢ → [əi]

⑨ ㅣ → [i]

ㅣ⁰ → [ʅ]

ᅵᆼ → [iŋ]

ㅠ → [iu]

⑩ ㅑ(부분적 성모 뒤에서) → [ia]

ㅒ(부분적 성모 뒤에서) → [ian]

ㅑ(부분적 성모 뒤에서) → [iaŋ]

ㅒ(설근음 뒤에서) → [iai]

ㅛ(부분적 성모 뒤에서) → [iao]

ㅖ(부분적 성모 뒤에서) → [iəi]

ㅛ(부분적 성모 뒤에서) → [io]

ㅠ(설근음, 설면음 뒤에서) → [iun]

ㅠ(부분적 성모 뒤에서) → [iuŋ]

ㅖ → [i]

위의 자료들에서 알 수 있듯이 한글로의 절음 결과 과거에 쓰이지 않던 새로운 모음자들의 조합과 음절자들이 나타났다. 『한청문감』식 중국어 표기법의 보급을 위해서는 많은 수량의 새로운 한글 음절자들을 만들어내야 하는 새로운 임무가 제기된다.

六. 『한청문감』 실수

『한청문감』은 한국 일류의 중국어 학자와 만주어 학자들이 합심하여 만든 사전으로 근대의 중국어, 만주어, 한국어 연구의 귀중한 자료이다. 뿐만 아니라 이 책은 사역원에서 편찬한 책으로 판각이 잘 된 책이다. 하지만 각자(刻字), 검사(檢查), 교정(校正) 과정에서의 실수를 피면하지 못하였다. 우리가 자료 정리 과정에서 발견한 실수는 아래와 같은 것들이다.

1. 잘못 새긴 글자

『한청문감』에서 잘못 새겨놓은 오자들이 보이는데 거기에는 한자도 있고 한글도 있다. 예를 들면 아래와 같은 글자들이다.

① "塔"(252쪽, 하)
만주어 해석이 "subarhan"이니 중국어의 뜻은 "塔"이다. 그런데 『한청문감』에서는 "塔(da)"자로 잘못 새기었다.

② "(木+甫)(木+卦)"(328쪽, 하)
만주어 해석이 "sabirgikurume"이니 중국어의 뜻은 "補褂"(예복의 명칭)이다. 그러니 『한청문감』에서는 "補褂"를 "(木+甫)(木+卦)"로 잘못 새기었다.

③ "(月+多)"(237쪽, 하)
단어결합 "面垢带(月+多)"로 되어 있는데 한국어 해석은 "ㅊ 더럽고 눈쑵씨이다."이다. 한국어 "눈쑵"이 중국어로는 "眵"이다. 그러니 『한청문감』의 "(月+多)"자는 "眵"자의 오자이다.

④ "(月+畾)"(222쪽, 하)
중국어 어구 "疙疸(月+畾)住了"에 나타난 글자이다. "(月+畾)"이 "한어대자전(汉语大字典)"에 실리지 않은 글자로 "殭"를 잘못 새긴 것으로 판단된다.

⑤ "증"(237쪽, 상)
한자 "爭"자의 표음에 쓰인 한글 글자이다. 이 글자의 아래 "ㆍ"가 15-16세기에는 한글에서 널리 쓰였으나 점차 드물게 쓰였다. 『한청문감』 표음에서는 오직 여기에서만 쓰였으니 "정[tʂən]"을 잘못 새긴 것이라 인정된다.

⑥ "레"(393쪽, 하)

이 글자는 한자 "棣"의 표음으로 쓰였다. 『한청문감』에 "棣"자가 두 가지 음으로 표음되었다. 하나는 "레"(393쪽, 하)이고 다른 히나는 "디"(410쪽, 상)이다. "棣"자가 중국어 "정모(定母)"에 속한 글자이니 발음 "디"로 되고 "레"로 될 수 없으니 "레"음 표기는 잘못된 것으로 보인다.

⑦ "깅"(412쪽, 상)

이 글자가 한자 "旌"자의 표음에 쓰였다. "旌"자의 성모가 "정모(精母)"이니 자음"ㄱ(k)"음이 날 수 없다. 그러니 "깅"은 "징"의 오기로 보인다.

2. 만주어 표기법의 영향

중국어와 만주어는 음절 구조가 다르고 발음 방법도 다르며 한글로 두 언어의 발음을 표기하는 방법도 같지 않다. 그런데 우리는 자료 정리 과정에서 한글로의 중국어 발음 표기에서 만주어 발음 표기 방법을 쓴 흔적을 발견하였다. 비록 두 곳에서 발견되지만 이는 중국어 발음 표기에 만주어의 표기 방법이 오용되었음을 의미한다.

1) 한글 받침 "ㄴ" 왼쪽에 방점을 찍은 표기

『한청문감』 중국어 발음 표기에서 한글 받침 "ㄴ" 왼쪽에 아래와 같이 방점을 찍은 글자 57자가 발견된다.

"슘": ".한[xan]"(383쪽, 하)("슘" 등 10개 글자)

"善": ".샨[ṣan]"(164쪽, 상)("善" 등 15개 글자)

"烟": ".얀[ian]"(15쪽, 상)("烟" 등 2개 글자)

"針": ".젼[tʂən]"(124쪽, 하)("針" 등 19개 글자)

"磚": ".쥔[tʂuan]"(200쪽, 상)("磚" 등 5개 글자)
"站": ".쟌[tʂan]"(199, 상)("站" 등 6개 글자)

이들 음절자 가운데에서 음절 ".젼[tʂən]"이 제일 많아 33%를 차지한다. 한글 밭침 "ㄴ" 왼쪽에 방점을 찍은 것에 대해 민영규(閔泳珪)가 1956년 출판된 『한한청문감(韓汉清文鉴)』 "해제"에서 이는 만주어 표기방법을 그대로 옮겨놓은 것이라고 하였다. 즉 만주어의 표기 원칙을 기계적으로 모방한 것이다.

2) 만주어 음절 표기법의 사용
우리는 『한청문감』에서 만주어 표음방법으로 중국어 한자음을 표기한 흔적을 발견하였다. 예를 들면 한자 "报"자와 "宝"자의 중국어 발음 표기에 아래의 두 가지가 있다.

"报": "뽀[poo]"(271쪽, 상)과 "뱓[pao]"(60쪽, 하)
"宝": "뽀[poo]"(312쪽, 상)과 "뱓[pao]"(381쪽, 상)

이 가운데의 "뽀"는 한글로의 만주어 표음에 쓰는 글자이다. 예를 들면 『한청문감』 285쪽, 하에 "房, 빵(한글로 표기한 "房"의 발음), boo(로마자로 전사한 만주어 발음), 뽀(한글로 표음한 만주어 발음)"라는 기록이 있다. 여기에서 쓰인 "뽀[poo]"는 "房"의 뜻을 나타내는 만주어 단어 "boo"음의 한글표음이다. 그러니 "报"와 "宝"에 쓰인 "뽀[poo]"는 한글로의 만주어 표음 방법이다. 즉 한글로의 만주어 표음 방법을 한자의 중국어 발음 표기에 잘못 쓴 것이다.

위의 두 가지 실례는 『한청문감』의 중국어 발음 표기에서 한글로의 만주어 표음법의 영향을 받았음을 의미한다.

七. 『한청문감』 연구 개황

『한청문감』이 출판된 지 240여 년이 지났다. 그러나 지금까지 전개된 이 책에 대한 연구 성과는 대체로 아래와 같다.

閔泳珪(1956), "韓漢淸文鑒解題", 『韓漢淸文鑒』延禧大学 東方学研究所 影印本.

유창돈(1957), "한청문감(漢淸文鑑) 어휘고(語彙考)", 국어국문학.

今西春秋(1958), "漢淸文鑒解说", 『朝鮮学报』12.

朴昌海, 刘昌惇(1960), 『韓漢淸文鑒索引』延世大学出版部.

崔鶴根(1969), "影印本『漢淸文鑒』에 대해서", 文湖 5집.

朴恩用(1971), "初刊『漢淸文鑒』에 对하여", 『晓星女子大学研究论文集』8, 9.

成百仁(1983), "『漢淸文鑒』에 대하여", 『金哲埈博士华甲纪念 史学论丛』, 知识产业社.

成百仁(1988), "『同文类解』와 『漢淸文鑒』", 『제5회 국제학술회의 세계한국학대회 논문집』, 한국정신문화연구원.

朴恩用(1989, 1990), "韓漢淸文鑒语汇索引 滿韓篇", 『韓国传统文化研究』5, 6.

최재우(1990), "『한청문감』의 문헌적 가치에 대하여", 어문연구.

黃俊泰(1993), "『韓漢淸文鑒』의 한어 한글 전사에 대한 음운론적 연구", 성균관대 석사학위논문.

黃善峰(1993), "『韓漢淸文鑒』语汇研究", 博士学位论文 晓星女子大学.

崔宰宇(1993), 『漢淸文鑒 分类词典』, 도서출판 리을.

崔宰宇(1997), "『漢淸文鑒』简论", 『民族语文』, 1997年05期.

崔宰宇(1997), "『漢淸文鑒』的编排体例和语音转写", 『中央民族大学学报』.

安相炳(1997), "『漢淸文鑒』의 国语에 对한 表记法, 音韵 研究", 檀国大学 석사학위논문.

成百仁(1998), "汉清文鉴 解题", 『汉清文鉴』延世大学 国学研究院 影印本.

成百仁 等(1998), "『汉清文鉴汉语, 满语索引』", 延世大学 国学研究院.

安相炳整理, 洪允杓再编(1998), "『汉清文鉴韩国语索引』", 延世大学 国学研究院.

리득춘(1999), "『한청문감』 범례 고찰", 『한글』(245).

김영일(2001), 〈한청문감(漢清文鑑)〉 속의 우리말 표기 문제", 한국학논집.

김영일(2001), "한청문감 속의 우리말 난해어(구) 연구", 어문학.

崔宰宇(2003), "『汉清文鉴』与『御制增订清文鉴』的比较", 『民族语文』, 2003年02期.

崔宰宇(2005), 『汉清文鉴简编』, 民族出版社.

林毅(2012), "朝鲜王朝司译院类解书『汉清文鉴』研究"—北方语言论丛.

김명주(2012), "『한청문감』에 나타난, 표기와 그 변화 양상", 한글.

邵磊(2015), "清-朝鲜时期汉·满·韩文字对音之互通—『汉清文鉴』满文的韩文表记法为例", 中国语言研究(第61辑).

박상철(2016), "'『汉清文鉴』의 뜻풀이 유형'에 대한 토론문", 한국사전학회 학술대회 발표논문집.

정윤자(2016), "장서각 소장『한청문감』의 필사 방식과 국어학적 특징고찰", 東洋古典研究第64輯.

최계영(2016), "『汉清文鉴』의 뜻풀이 유형", 한국사전학회 학술대회 발표논문집.

최계영(2016), "『汉清文鉴』체재의 사전학적 연구", 한국언어학회 학술대회지.

林苹(2017), "『汉清文鉴』双音节词浅析", 『韩国语教学与研究』, 2017年01期.

慎鏞权, "『汉清文鉴』의 汉字音 표기(『朴通事新释谚解』와의 비교를 중심으로)".

최희수(2021), 《한청문감(漢清文鑑)》의 중국어 치음 표기법, 한국어사 연구 7권.

이상의 연구 성과 목록을 통하여 아래 몇 가지의 사실을 알아낼 수 있다.

1. 『한청문감』에 대한 연구 성과가 많지 않다.
2. 지금까지의 연구 성과를 아래의 세 가지 유형으로 귀납할 수 있다.
   첫째, 『한청문감』 해제와 문헌 자료 소개
   둘째, 문헌 자료 정리와 색인 편집
   셋째, 한국어 본체에 대한 연구
3. 『한청문감』 자료를 이용한 중국어와 만주어에 대한 연구는 거의 이루어지지 않았다.

본 연구에서는 『한청문감』에 나타난 한자의 중국어 발음을 정리하고, 이를 기초로 근대중국어 어음 체계를 구성해내고, 근대중국어의 어음변화들에 대해 논의하게 된다. 이러한 연구 결과들이 근대중국어 어음 연구에 참고로 되리라 믿는다.

제2장

근대중국어 어음 연구

근대중국어 어음 변화의 역사 연구는 중국어 어음역사 연구의 중요한 구성부분이다. 그것이 근대중국어로부터 현대중국어에로의 변화법칙을 밝혀주게 되므로 중요한 학술적 가치를 갖게 된다.

　근대중국어 어음역사 연구도 여러 학자들의 노력으로 훌륭한 성과들이 많이 나왔으나 부분적 문제에서는 견해의 차이가 의연히 뚜렷하다. 이는 매우 정상적인 현상으로 학술연구의 동력으로 된다.

　본 장에서는『한청문감』,『원음정고(圓音正考)』,『음운봉원(音韵逢源)』,『화어유초(华语类抄)』등에서 한글이나 만문으로 표기된 근대중국어 표음 자료들을 근거로 하여 근대중국어 어음 연구에서 쟁론되는 일부 문제에 대한 필자의 졸견을 피력하게 된다. 이것들이 일부 난제의 해결에 약간의 도움이라도 되기를 바란다.

一. 견정(见精) 두 계열 성모의 구개음화와 첨단음(尖团音)의 특징

1. 문제의 제기

　중국 학계에서 견정(见精) 두 계열 성모의 구개음화와 첨단음(尖团音)의 특징 문제를 둘러싸고 부동한 견해가 대립되고 있다.

왕력(王力)은 『한어어음사(汉语语音史)』(中国社会科学出版社 1985) 419쪽에서 아래와 같이 지적하였다.

"현대 북경말 성모(声母)에서 나타난 가장 큰 특점은 정모(精母) 계열의 제치호(齐齿呼)와 촬구호(撮口呼) 글자가 [tɕi, tɕʻi, ɕi]로 변하여 견모(见母) 계열의 제치호, 촬구호 글자와 합류한 것이다. 이 정황은 대략 청나라 말기에 시작되었다. 경극(京剧)의 창법(唱法)에서 첨단음의 구별을 중시한다. 소위의 첨음(尖音)은 [tsi], [tsʻi], [si] 등을 가리키고, 소위의 단음(团音)은 [tɕi], [tɕʻi], [ɕi] 등을 가리킨다. 대개 견모 계열의 제치호와 촬구호 글자가 먼저 [tɕi], [tɕʻi], [ɕi]로 변하였다. 이른바 첨단음(尖团音)의 구별이란 견모 계열의 [ki], [kʻi], [xi]를 보존하는 것이 아니라 정모 계열의 [tsi], [tsʻi], [si]를 보존하는 것이다."

향희(向熹)는 『간명한어사(简明汉语史)(修订本)』(商务印书馆 2010) 329-330쪽에서 아래와 같이 지적하였다.

"정(精) [ts], 청(清) [tsʻ], 심(心) [s]의 3,4등 글자와 견(见) [k], 계(溪) [kʻ], 효(晓) [x]의 2등 개구와 3,4등 글자가 [tɕ], [tɕʻ], [ɕ]로의 변화는 언제부터 시작되었는가? ……정(精), 견(见) 두 개 조(组)의 성모에서 설면음 [tɕ], [tɕʻ], [ɕ]가 분화되어 나온 것은 17세기 이후의 일이다.

청나라 건륭 계해년(기원 1743년) 존지당(存之堂)에서 편찬한 『원음정고(圆音正考)』에서 단음과 첨음을 구분하였다. 이 책의 서문에서 이르기를 '36자모로 분석하면 견(见), 계(溪), 군(群), 효(晓), 갑(匣) 다섯 성모에 속하는 글자들이 단음(团音)이고 , 정(精), 청(清), 종(從), 심(心), 사(邪) 다섯 성모에 속하는 글자들이 첨음(尖音)이니 경위(泾渭)와 같이 구별이 뚜렷하다.(试取三十六字母审之, 隶见, 溪, 群, 晓, 匣五母者属团, 隶精, 清, 從, 心, 邪五母者属尖, 判若泾渭。)'고 하였다. 첨음은 정모 계열의 세음(细音), 즉 [ts], [tsʻ], [s]와 [i], [y]가 어울린 소리를 가리키고, 단음은 [k], [kʻ], [x]가 구개화된 음, 즉 설면음 [tɕ], [tɕʻ], [ɕ]이다.

건륭년간에 [ts], [ts'], [s]가 이미 [i], [y]와 어울려 [tɕ], [tɕ'], [ɕ]로 변하여 [k], [k'], [x]의 구개화음과 합치어 하나로 되면서 첨단음의 구별이 사라지었다. 그러므로 『원음정고』의 저자는 자모 내원의 각도에서 고증한 것이다. 이것은 늦어도 18세기 초엽에 성모 [tɕ], [tɕ'], [ɕ]가 이미 산생되었음을 표명한다."

　사존직(史存直)은 『한어어음사강요(汉语语音史纲要)』(商务印书馆 1981) 132-144쪽에서 아래와 같이 지적하였다.

　"'견(见), 계(溪), 군(群), 효(晓), 갑(匣)'으로 말하면 그들이 바로 현대 북방방언 어음체계의 'g, k, h'와 일부분 'j, q, x'에 해당한다. …… 이 분화가 언제 생기었는가? 주덕청(周德清)의 『중원음운(中原音韵)』 및 명나라 란무(蘭茂)의 『음운역통(音韵易通)』이 밝혀주는 바에 의하면 그 시기에 이 성모들이 아직 분화되지 않았다. 만약 우리들이 조음당(赵荫棠) 선생의 『등운원류(等韵源流)』 가운데의 '명청등운화탁입청계통성모표(明清等韵化浊入清系统声母表)'로 검사하여 보면 이 분화가 늦어도 이여진(李汝珍)의 『음감(音鉴)』 시대(1805)에 이미 발생하였음을 볼 수 있다. 가능하게 더 이른 시기일 수도 있다. 그러나 이는 모두 북방 보통화(普通话) 구역의 일반 상황을 이를 따름이다. 남방 내지 북방의 개별 지역은 지금도 분화가 이루어지지 않았을 수 있다." ……

　"치음 '정(精), 청(清), 종(從), 심(心), 사(邪)' 다섯 성모에 속한 글자들이 현대중국어에서 그 뒤의 운모가 홍음(洪音)이냐 세음(细音)이냐에 따라 각기 z, c, s와 j, q, x 두 가지 소리로 읽히고 있다. …… 이러한 분화는 언제 생기었는가? 『중원음운』과 『음운역통』에서는 구개음화된 'j, q, x'가 아직 독립적인 성모의 유형으로 되지 못하였으니 당시에는 분화되지 않았음을 알 수 있다. 우리들이 조음당(赵荫棠) 선생의 『등운원류(等韵源流)』 가운데의 '명청등운화탁입청계통성모표(明清等韵化浊入清系统声母表)'로 검사하여 보면 '정(精), 청(清), 종(從), 심(心), 사(邪)'의 분화가 줄곧 이여진(李汝珍)의 『음감(音鉴)』 이전에 이루어지지 않았음을 알게 된다. …… 이씨의 친구 허계림(许桂林)의 저작

『설음(說音)』에서도 의연히 치음의 여섯 성모1)가 세 성모2)로 합쳐졌다. 화장충(华长忠)의 『운뢰(韵籟)』(1889年)에 이르러서야 치음이 진정으로 갈리었다. 치음 이름 아래에 홍음만 보류하고 치음의 세음과 아음의 세음을 한곳에 놓았다. …… 어떤 사람은 무명씨가 1743년 좌우에 편집한 『원음정고』에 근거하여 당시에 첨단음(尖团音)이 이미 뒤섞이었다고 하지만 북방말의 일반 상황을 확실히 대표한다고 단언하기 어렵다."

이신괴(李新魁)가 『한어등운학(汉语等韵学)』(中华书局 1983) 제9장 제2절에서 『오방원음(五方元音)』(1654-1664년)의 성모를 재구하면서 이 시기에 정(精) 계열의 [ts], [ts'], [s]와 견(见)계열의 [k], [k'], [x]가 아직 [tɕ], [tɕ'], [ɕ]로 분화되지 않았다고 하였다.

이청환(李清桓)은 『〈오방원음(五方元音)〉 음계연구(音系研究)』(武汉大学出版社 2008) 80쪽에서 아래와 같이 지적하였다.

"총적으로 말하면 『오방원음』의 견(见), 정(精) 두 계열 성모에 전면적이고 선명하게 분조(分组)한 흔적이 있다. 이러한 분조는 견(见), 정(精) 두 계열 성모가 완전히 구개음화되기보다 좀 더 이른 시기의 내원이다. 비록 이러한 분조가 견(见), 정(精) 두 계열 성모로 하여금 완전히 분화되게 하지는 않았지만 그들의 전면적인 구개음화를 위하여 조건을 창조한 것이다. 다시 말하면 『오방원음』의 견(见), 정(精) 두 계열 성모가 아직 뒷날의 두 갈래 성모로 분화되지는 않았지만 그 글자들이 매우 규칙적이고 전면적이며 현저하게 두 개 소조의 취합(聚合)이 이루어졌다. 이같이 취합된 성모는 각자의 조건에 따라 뒷날 두 가지로 변화되었다. 이 과정의 철저한 완성이 『원음정고』 시대에 이르게 되는데 이 시기에 첨단음이 서로 뒤섞이게 되었다."

이상 몇몇 학자들의 논의가 중국 학계 주류파들의 견해로 이들의 관점을 아래의 몇 가지로 귀납할 수 있다.

---

1) z, c, s와 j, q, x를 가리킨다.
2) z, c, s를 가리킨다.

1) 현대 중국 북경말 성모의 최대 특점은 견(見), 정(精) 두 계열 성모에서 구개음화된 성모 [tɕ], [tɕʻ], [ɕ]가 분화되어 나온 것이다.

2) 견모(見母) 계열의 성모 [k], [kʻ], [x]가 정모(精母) 계열의 성모 [ts], [tsʻ], [s]보다 먼저 [tɕ], [tɕʻ], [ɕ]로 구개음화 되었다.

3) 견모(見母) 계열의 성모 [k], [kʻ], [x]에서 구개음 [tɕ], [tɕʻ], [ɕ]가 생겨난 시기는 『오방원음』(1654-1664년)부터 『원음정고』(1743년)까지 사이이다. 즉 17세기의 중기부터 18세기 중기까지 사이이다.

4) 정모(精母) 계열의 성모 [ts], [tsʻ], [s]에서 구개음 [tɕ], [tɕʻ], [ɕ]가 생겨난 시기는 『원음정고』(1743년) 시기이다. 즉 18세기 중기이다.

5) 첨음(尖音)이란 성모 [ts], [tsʻ], [s]와 운모 [i]가 결합된 음 [tsi], [tsʻi], [si] 등이고, 단음(團音)이란 성모 [tɕ], [tɕʻ], [ɕ]와 운모 [i]가 결합된 음 [tɕi], [tɕʻi], [ɕi] 등이다.

6) 이른바 첨단음의 구별이란 견모 계통의 소리 [ki], [kʻi], [xi]의 보존이 아니라 정모계통의 소리 [tsi], [tsʻi], [si]의 보존이다.

그러나 중국의 지류파(支流派) 학자들은 부동한 관점을 제기하고 있는데 아래의 두 가지로 귀납할 수 있다.

1) 치음의 구개음화가 아음의 구개음화보다 먼저 이루어졌다는 관점

이 관점을 제기한 대표적인 학자는 육지위(陸志韋)이다. 자료에 의하면 육지위가 일찍 20세기 40년대에 발표한 논문 『기란무운략역통(記兰茂韻略易通)』(『燕京学报』, 第32期)에서 1442년에 출판된 『운략역통(韻略易通)』에 이미 구개음 [tɕ], [tɕʻ], [ɕ]가 나타났다고 하였다. 그리고 『오방원음』에서도 치음의 구개음화가 이루어졌다고 보았다.[3]

육지위의 주장에 대해 왕력의 저서 『한어어음사』 394쪽의 주석에서도 "육지위가 이르기를 『운략역통(韻略易通)』과 『오방원음(五方元音)』 지조(知照)

---

3) 李清桓『〈五方元音〉音系研究』(武漢大学出版社 2008) 81쪽.

계열 글자에 모두 [tɕ, tɕʻ, ɕ]와 [tʂ, tʂʻ, ʂ] 두 가지 성모가 있었다고 하였는데 취할 바가 못 된다."라고 하였다.

그리고 **왕평**(土平)이 그의 논문 『〈오방원음(五方元音)〉음계연구(音系研究)』(山东师大学报(社会科学版) 1989年 第一期)에서 아래와 같이 지적하였다.

"우리가 『오방원음』의 운도(韵图)와 내용을 분석하면서 '금(金)', '전(剪)' 두 개 소조가 이미 구개음화된 현상을 발견하였다. …… 『오방원음』이 17세기 중엽에 편집되었는데 바로 첨단음이 합류될 시기이다. 그것이 반영하고 있는 이러한 현상이 우리가 진행하고 있는 중국어어음 역사 발전 선색 탐구에 매우 중요한 의의가 있는 것이다."

상기의 논술에서 우리는 왕평이 『오방원음』 시기에 견모(见母)와 정모(精母) 계열의 성모에서 구개음화 현상이 이미 나타났다고 하면서 『오방원음』을 구개음이 산생된 역사 시기로 보았음을 알 수 있다.

2) 『중원음운』 시기에 이미 견모(见母) 계열의 성모에서 구개음이 나타났다는 관점

이 관점을 제기한 학자는 조음당(赵荫棠)이다. 이청환의 『〈오방원음〉음계연구』 82쪽의 소개에 의하면 조음당이 『중원음운연구(中原音韵研究)』(商务印书馆 1936)에서 견모(见母) 계열의 성모를 [k], [kʻ], [x]와 [tɕ], [tɕʻ], [ɕ] 두 계열로 추정하였다고 하였다. 사존직(史存直)도 『한어음운사강요』 133쪽 주해에서 "조음당 선생의 의견에 의하면 후아음(喉牙音)의 분화가 『중원음운』 시기에 이미 발생하였다."고 하였다.

상술한 중국학자들의 논술에서 견모(见母) 계열의 성모 [k], [kʻ], [x]와 정모(精母) 계열의 성모 [ts], [tsʻ], [s]에서 분화된 성모 [tɕ], [tɕʻ], [ɕ]가 언제 분화되었고, 어느 계열의 성모가 먼저 분화되었는가를 놓고 견해가 첨예하게 대립되고 있음을 쉽게 알아낼 수 있다.

우리는 한국문헌 『한청문감』과 『화어유초』, 중국문헌 『원음정고』와 『음운봉원』 등에서 한글과 만문으로 표기한 근대중국어 어음자료를 통하여 중국

주류파 학자들의 견해와 어긋나는 현상들을 발견하게 되었다. 그리하여 본고에서는 이 자료들을 이용하여 견모(见母)와 정모(精母) 계열에서 나타난 구개음화의 시기 및 첨단음(尖团音)의 특징 등에 대한 졸견을 피력하고자 한다.

2. 한국문헌에서 나타난 견모(见母) 계열 성모의 분화

견모(见母) 계열 성모의 분화란 중국어 견모(见母) 계열에서 성모 [k], [kʻ], [x]로 발음되던 일부분 한자가 성모 [tɕ], [tɕʻ], [ɕ]로 발음되는 어음변화 현상을 의미한다. 근대중국어 견모(见母) 계열 성모의 분화 연구를 위하여 이용한 한국어 문헌 자료로는 『한청문감』과 『방언유석(方言类释)』, 『화어유초(华语类抄)』이고 중국어 문헌 자료로는 『경음자휘(京音字彙)』이다.

『방언유석』은 18세기 70년대에 홍명복(洪命福) 등이 중국어, 한국어, 만주어, 몽골어, 일본어 등 언어의 학습을 위하여 편찬한 어휘집으로 5000여 개의 단어가 수록되어 있고 한글로 상기언어들의 실제 발음을 표기하여 놓아 18세기 해당언어들의 어음과 어휘 연구의 귀중한 자료이다.

『화어유초』는 저자가 미상의 한한(汉韩) 대역 어휘집으로 한국학계에서는 1883년에 간행된 것으로 보고 있다. 책에서는 2100개 어휘를 63개의 부문으로 분류하고 한글로 한자의 중국어 발음을 표기해 놓아 19세기 말의 중국어 어음연구에 이용될 수 있는 귀중한 자료이다.

『경음자휘(京音字彙)』는 왕박(王璞)이 1912년에 편찬한 동음자전(同音字典)이다. 『경음자휘』는 말 그대로 북경말을 기준으로 하여 편찬한 자전이므로 20세기 초 북경말 연구의 귀중한 자료이다.

『한청문감』에는 590개의 견모(见母) 계열 한자가 수록되어 있다. 그 가운데에 성모 [k]로 발음된 한자가 395개이고, 성모 [kʻ]로 발음된 한자가 195개이다. 그러니 『한청문감』에서 견모 계열 한자는 하나도 구개음화되지 않고 모두 다 [k], [kʻ]로 발음되었다. 이들 전체 글자는 아래와 같다.

(1) 『한청문감』에서 [k]로 발음된 한자

① 중고의 견모(見母) [k]로 발음된 한자

　가. 현대중국어에서 구개음으로 변화되지 않은 견모의 한자(156개)

該, 陔, 垓, 改, 丐, 盖, 概, 槩, 甘, 肝, 泔, 柑, 竿, 杆, 桿, 敢, 感, 橄, 干,
幹, 乾, 冈, 剛, 纲, 钢, 高, 羔, 皐, 膏, 篙, 糕, 稿, 告, 诰, 戈, 肐, 哥, 胳,
鸽, 割, 歌, 挌, 革, 苔, 阁, 格, 隔, 槅, 膈, 葛, 各, 個, 箇, 蛤, 根, 跟, 艮,
茛, 庚, 耕, 羹, 梗, 更, 工, 弓, 公, 功, 攻, 宫, 恭, 蚣, 躬, 拱, 贡, 供, 沟,
钩, 苟, 狗, 垢, 彀, 估, 孤, 姑, 鸪, 菰, 菇, 蛄, 辜, 篐, 古, 谷, 股, 骨, 罟,
钴, 鼓, 毂, 固, 故, 顾, 僱, 鹄, 瓜, 刮, 騧, 剐, 寡, 卦, 挂, 掛, 罣, 乖, 怪,
恠, 关, 观, 官, 棺, 鳏, 馆, 管, 贯, 冠, 惯, 灌, 鹳, 礶, 罐, 纶, 光, 广, 归,
圭, 龟, 规, 瑰, 鬼, 癸, 晷, 簋, 贵, 桂, 滚, 郭, 啯, 聒, 锅, 蝈, 国, 果, 菓,
槨, 裹, 过, 矿

　나. 현대중국어에서 구개음으로 변한 견모의 한자(191개)

给, 讥, 击, 叽, 饥, 玑, 机, 矶, 鸡, 箕, 稽, 激, 羁, 雞, 饑, 吉, 级, 急, 棘, 几,
己, 虮, 戟, 幾, 麂, 计, 记, 纪, 季, 既, 继, 寄, 髻, 骥, 其, 奇, 加, 枷, 痂, 家,
珈, 笳, 傢, 袷, 嘉, 夾, 荚, 甲, 假, 价, 驾, 架, 嫁, 奸, 坚, 间, 肩, 艰, 监, 鹣,
拣, 茧, 捡, 检, 减, 简, 塞, 鹸, 见, 建, 剑, 涧, 谏, 剑, 韂, 鐧, 鑑, 江, 豇, 僵,
薑, 殭, 礓, 疆, 韁, 讲, 膙, 降, 绛, 交, 郊, 浇, 娇, 骄, 蛟, 膠, 角, 狡, 饺, 绞,
脚, 搅, 叫, 觉, 较, 教, 窖, 酵, 鹪, 校, 佼, 阶, 揭, 街, 稭, 劫, 拮, 结, 潔, 觧,
解, 介, 戒, 芥, 界, 疥, 诫, 桔, 巾, 斤, 今, 矜, 筋, 襟, 堇, 紧, 锦, 谨, 槿,
禁, 京, 经, 荆, 惊, 粳, 兢, 颈, 景, 警, 徑, 竞, 敬, 獍, 镜, 鸠, 究, 九, 久, 灸,
韭, 救, 车, 拘, 居, 驹, 锔, 鞠, 菊, 橘, 矩, 举, 句, 锯, 據, 鹃, 卷, 捲, 绢, 撅,
决, 駃, 蕨, 懯, 镢, 蹶, 军, 均, 君, 麇, 匀

② 중고의 군모(群母) [g]로 발음된 한자

　가. 현대중국어에서 구개음으로 변화되지 않은 군모의 한자(3개)

　共, 拐, 柜

나. 현대중국어에서 구개음으로 변한 군모의 한자(38개)

屐, 畿, 及, 極, 伎, 技, 忌, 妓, 悸, 俭, 件, 健, 轿, 碣, 竭, 仅, 近, 妗, 噤,

窘, 旧, 臼, 咎, 舅, 局, 巨, 拒, 苣, 具, 距, 惧, 驱, 倦, 掘, 橛, 郡, 骑, 拳

③ 중고의 계모(溪母) [kʻ]로 발음된 한자(7개)

坩, 槁, 橐, 跪, 跤, 诘, 蛄

(2) 『한청문감』에서 [kʻ]로 발음된 한자
① 중고의 계모(溪母) [kʻ]로 발음된 한자
　가. 현대중국어에서 구개음으로 변하지 않은 계모의 한자(75개)

喀, 开, 凯, 慨, 楷, 勘, 龛, 堪, 坎, 看, 康, 慷, 糠, 亢, 抗, 炕, 考, 靠, 科,

稞, 磕, 蝌, 壳, 可, 渴, 刻, 客, 课, 铜, 肯, 垦, 恳, 坑, 空, 涳, 孔, 恐, 乱,

口, 叩, 扣, 寇, 筘, 刳, 枯, 哭, 窟, 苦, 库, 袴, 酷, 夸, 侉, 胯, 跨, 块, 快,

宽, 款, 筐, 纩, 溪, 旷, 框, 眶, 亏, 盔, 窥, 奎, 坤, 髡, 捆, 綑, 困, 阃

　나. 현대중국어에서 구개음으로 변한 계모의 한자(57개)

欺, 崎, 乞, 岂, 杞, 起, 啓, 气, 契, 弃, 器, 磎, 掐, 袷, 恰, 牵, 谦, 慊, 遣,

欠, 纤, 嗛, 臁, 腔, 蜣, 敲, 撬, 蹻, 巧, 窍, 撬, 慊, 怯, 挈, 钦, 轻, 倾, 卿,

顷, 罄, 庆, 磬, 穹, 丘, 邱, 岖, 驱, 屈, 敺, 麴, 曲, 去, 圈, 犬, 劝, 券, 缺

② 중고의 군모(群母) [g]로 발음된 한자
　가. 현대중국어에서 구개음으로 변하지 않은 군모의 한자(5개)

诓, 狂, 揆, 葵, 夔

　나. 현대중국어에서 구개음으로 변한 군모의 한자(48개)

芰, 期, 祁, 其, 奇, 祈, 祇, 骐, 骑, 琪, 棋, 碁, 旗, 麒, 钤, 钳, 乾, 强, 乔,

荞, 桥, 翘, 茄, 芹, 琴, 禽, 勤, 檎, 擎, 穷, 琼, 求, 虬, 述, 球, 毬, 渠, 磲,

权, 拳, 颧, 瘸, 裙, 羣, 群, 距, 痊, 倔

③ 중고의 견모[k]로 발음된 한자(10개)

寄, 柯, 颏, 浍, 脍, 愦, 愧, 崑, 眍, 降

이 밖에 "갑모(匣母) [ɣ]"의 한자 "缸, 茎, 胫, 逈", "효모(曉母) [x]"의 한자 "瓠", "운모(雲母) [ø]"의 한자 "籑", "이모(以母) [j]"의 한자 "捐" 등이 성모 [k]로 빌음되었고, "효모(曉母) [x]"의 한자 "扛, 蔻, 况", "갑모(匣母) [ɣ]"의 한자 "苛, 睚, 檻", "이모(以母) [j]"의 한자 "铅" 등이 성모 [kʻ]로 발음되었다.

상기의 자료는 18세기 70년대 근대중국어 견모 계열의 한자들이 모두 [k], [kʻ]로 발음되고 한 글자도 [tɕ], [tɕʻ]로 변화되지 않았음을 말해준다.

같은 시기의 다른 중국어 학습서『방언유석』의 중국어 발음 표기도 마찬가지로 견모 계열의 한자들이 하나도 구개음으로 변하지 않고 모두 [k], [kʻ]로 발음되었다.

그러나 우리가『한청문감』에서 효모[x]에 속한 한자 "轩, 萱, 喧, 楦"과 갑모 [ɣ]에 속한 한자 "悬, 眩" 등 여섯 글자가 [ɕ]로 구개음화된 사실을 발견하였다. 이러한 사실은 근대중국어 견모 계열의 구개음화가 후음(喉音) [x]로부터 시작되었음을 말해주고 있다.

19세기 80년대의『화어유초』에서는 견모 2,3,4등 한자의 대다수가 구개음 [tɕ], [tɕʻ]로 변하였는데 예를 들면 아래와 같다.[4]

(1) [tɕ]로 구개음화된 견모 계열의 한자
① 중고의 견모[k]로 발음된 한자(67개)
击, 鷄, 機, 箕, 急, 吉, 计, 季, 夹, 家, 枷, 甲, 袈, 架, 价, 嫁, 肩, 姦, 繭, 監, 建, 见, 剑, 江, 畺, 讲, 交, 蛟, 膠, 脚, 角, 絞, 挍, 教, 叫, 界, 楷, 街, 结, 拮, 戒, 芥, 金, 今, 襟, 筋, 禁, 湝, 經, 荆, 粳, 京, 敬, 镜, 九, 灸, 韭, 驹, 橘, 句, 捲, 眷, 绢, 决, 蹶, 军, 若
② 중고의 군모[g]로 발음된 한자(5개)
件, 糨, 舅, 舊, 钜

4) 아래의 자료는 김철준의『〈화어유초(华语类抄)〉근대한어연구(近代汉语研究)』, 延边大学出版社, 2015년에서 인용하였다.

(2) [tɕʻ]로 구개음화된 계모 계열의 한자

① 중고의 계모[kʻ]로 발음된 한자(15개)

起, 气, 器, 契, 欠, 轎, 钦, 轻, 卿, 庆, 曲, 麴, 去, 圈, 劝

② 중고의 군모[g]로 발음된 한자(12개)

骑, 旗, 某, 麒, 强, 桥, 芹, 禽, 毬, 拳, 癞, 裙

③ 중고의 견모[k]로 발음된 한자(2개)

荞, 茄

(3) [tɕ], [tɕʻ]로 구개음화되지 않은 한자

① 중고의 견모[k]로 발음된 한자(4개)

笕[kiən], 缰[kiaŋ], 菊[kui], 谲[kuəi]

② 중고의 계모[kʻ]로 발음된 한자(2개)

蚯[kʻəu], 闕[kuə]

③ 중고의 군모[g]로 발음된 한자(1개)

苣[kiu]

위의 『화어유초』 자료는 우리들에게 19세기 말에 이르러 견모 계열의 2,3,4 등 한자 총수 108자 가운데의 93.5%인 101개의 한자가 이미 [tɕ], [tɕʻ]로 구개음화되고, 6.5%인 7개의 한자가 아직 구개음화되지 않았음을 말해준다.

그러나 1912년에 편찬된 『경음자휘(京音字彙)』(首都师范大学出版社 2015)에 서는 견모 계열 2,3,4등 한자의 성모 [k], [kʻ], [x]가 완전히 구개음 [tɕ], [tɕʻ], [ɕ]로 변하였다. 예를 들면 아래와 같다.

[tɕi](191쪽): 擊, 饑, 璣, 機, 磯, 鷄, 屐, 箕, 稽, 畿, 激, 羈

[tɕʻi](188쪽): 期, 欺, 器, 磧, 祁, 其, 奇, 祈, 畦, 崎, 騏, 騎, 琪

[ɕi](196쪽): 吸, 希, 犠, 稀, 嘻, 瀷, 喜, 戲, 系, 隙, 戱, 繋

이 밖에『한청문감』의 운모 [ia], [ian], [iaŋ], [iao], [iəi], [in], [iŋ], [iu], [iuan], [iuəi], [iun], [iuŋ] 앞에 놓인 성모 [k], [kʻ], [x]가『경음자휘』에서 모두 성모 [tɕ], [tɕʻ], [ɕ]로 변하였다. 이는『경음자휘』에서 견모 계열 한자의 구개음화가 완성되었음을 의미한다.

상기의『한청문감』,『화어유초』,『경음자휘』의 표음 자료로부터 우리는 아래의 몇 가지 결론을 내리게 된다.

1) 18세기 70년대까지 근대중국어 견모 계열의 성모 [k], [kʻ]가 [tɕ], [tɕʻ]로 구개음화되지 않았다.

2) 근대중국어 견모 계열의 구개음화는 18세기 70년대 이후에 생겨난 어음변화이다.

3) 근대중국어 견모 계열의 구개음화가 19세기 80년대에 기본상 이루어졌으나 완전히 끝나지 않았고 20세기 초의『경음자휘』에서 완성되었다.

상술한 사실들로부터 우리는 근대중국어 견모 계열의 구개음화가 18세기 중기에 편찬된『원음정고』이전에 이루어졌다는 견해는 성립될 수 없다고 하게 된다.

3. 한국문헌에 나타난 정모(精母) 계열 성모의 분화

정모(精母) 계열 성모의 분화란 중국어 정모(精母) 계열에서 성모 [ts], [tsʻ], [s]로 발음되던 일부분 한자가 성모 [tɕ], [tɕʻ], [ɕ]로 발음되는 어음변화 현상을 의미한다. 이미 앞에서 밝힌 바와 같이 이에 대한 중국학계의 견해는 모순되고 있다. 즉 근대중국어 치음의 분화가 이미 15세기에 나타났다는 견해와 17세기 이후에 나타났다는 견해가 대립되고 있다. 그렇다면 한국문헌에서 나타난 정모(精母) 계열의 분화는 어떠한가?

분석에 앞서『한청문감』에서 나타난 중국어 치음 표기 방법의 변화에 대해 보기로 하자.

한글에서 쓰이는 치음 표기 자모는 "ㅈ, ㅊ, ㅅ" 세 글자로 한국어 자음 [tʃ], [tʃʻ], [ʃ]를 적기 위해 만들어진 글자이므로 중국어의 다양한 치음을 적을 수 없었다. 이리하여 일찍 15세기에 중국어의 치두음(평설음) "[ts], [tsʻ], [s]"를 표기하기 위한 자모 "ᅎ, ᅔ, ᅐ"와 정치음(권설음) "[tʂ], [tʂʻ], [ʂ]"를 표기하기 위한 자모 "ᅐ, ᅕ, ᄾ"를 따로 만들었다. 그러나 그 이후 중국어에 구개음 [tɕ], [tɕʻ], [ɕ]가 생기면서 한글로의 중국어어음 표기에 혼란이 생기게 되었다.

　『한청문감』의 편자들은 만문으로의 중국어 어음 표기의 방법을 따라 배워 한글로의 중국어 어음표기의 새로운 방법을 모색해 내었는데 한글로의 중국어 치음 표기 방법은 아래와 같다.

　총적 원칙은 한글 자모 "ㅈ, ㅊ, ㅅ" 세 개 자모를 이용하면서 거기에 부동한 모음 음소를 첨가하거나 권점 "ᵒ"을 첨가하는 방법으로 [ts, tsʻ, s], [tʂ, tʂʻ, ʂ], [tɕ, tɕʻ, ɕ] 세 개 계열의 성모를 구별하였다. 그 구체 방법은 아래와 같다.

1) 한글자모 "ㅈ, ㅊ, ㅅ"로 중국어 성모 [ts, tsʻ, s]를 표기하였다.

　자[tsa], 저[tsə], 조[tso], 차[tsʻa], 처[tsʻə], 초[tsʻo], 사[sa], 서[sə], 소[so]

2) 한글자모 "ㅈ, ㅊ, ㅅ"+반모음 "[j]"로 중국어 성모 [tʂ, tʂʻ, ʂ]를 표기하였다. 때문에 한글자모 "ㅈ, ㅊ, ㅅ" 뒤의 한글 단모음은 겹모음으로 표기된다.

　쟈[tʂa], 져[tʂə], 죠[tʂo], 쥬[tʂu], 챠[tʂʻa], 쳐[tʂʻə], 쵸[tʂʻo], 츄[tʂʻu], 샤[ʂa], 셔[ʂə], 쇼[ʂo], 슈[tʂu]

3) 한글자모 "ㅈ, ㅊ, ㅅ"+모음 자모 "ㅣ [i]"로 중국어 성모 [tɕ, tɕʻ, ɕ]를

표기하였다. 때문에 한글자모 "ㅈ, ㅊ, ㅅ" 뒤의 단모음은 겹모음으로 표기된다. 모음 "ㅣ[i]"를 첨가할 수 없는 음절은 자모 "ㅈ, ㅊ, ㅅ"의 왼쪽에 권점 "⁰"을 첨가하여 성모 [tɕ, tɕʻ, ɕ]를 표시하였다.

쟌[tɕian], 챤[tɕʻian], 샨[ɕian], 쮜[tɕiui], 쮜[tɕʻiui], 쉬[ɕiui]

4) 한글자모 "ㅡ"로 중국어 혀끝 앞 모음 [ɿ]를 표기하였다([sɿ]음은 자모 "ㅅ" 오른쪽에 권점을 첨가했다).

즈[tsɿ], 츠[tsʻɿ], 쓰[sɿ]

5) 한글자모 "ㅣ"+권점 "⁰"로 혀끝 뒤 모음 [ʅ]를 표기하였다([ʂʅ]음은 자모 "ㅅ" 왼쪽에 권점을 첨가했다).

지⁰[tʂʅ], 치⁰[tʂʻʅ], 에[ʂʅ]

『한청문감』에서는 위의 표음 방법으로 중국어의 치두음, 정치음, 설면음의 발음을 아주 정확히 구별하였다.

『한청문감』의 중국어 표음 자료로 보면 18세기 70년대에 중국어 정모 계열 한자의 대부분이 이미 설첨음(舌尖音) [ts, tsʻ, s]와 설면음(舌面音) [tɕ, tɕʻ, ɕ]로 구분되었다. 즉 정모 계열의 구개음화가 이루어진 것이다.

『한청문감』에 나타난 정모 계열의 성모, 즉 정모(精母), 청모(淸母), 종모(從母), 심모(心母), 사모(邪母) 다섯 성모에 속하는 한자의 총수는 501개이다. 그 가운데의 51%인 255자가 [ts, tsʻ, s]로 표기되고, 49%인 246자가 [tɕ, tɕʻ, ɕ]로 표기되었으니 18세기 70년대에 이미 정모 계열 한자의 절반이 구개음으로 변한 것이다. 이는 근대중국어 정모의 분화가 이미 18세기 70년대에 완성되었음을 의미한다.

『한청문감』에 나타난 중국어 정모 계열 한자의 분화 상황은 아래와 같다.

(1) 『한청문감』에서 [ts]로 표기된 한자

① 중고의 정모 [ts]에 속한 한자(65개)

拶, 灾(災), 栽, 载(載), 宰, 再, 椊, 簪, 赞(贊), 赃(贓), 牂, 髒, 葬, 槽, 遭, 糟, 早, 枣(棗), 蚤, 澡, 藻, 躁, 竈, 则(則), 曾, 增, 憎, 罾, 咨, 资(資), 谘(諮), 孳, 滋, 子, 秭, 紫, 榟, 總, 宗, 椶, 椶, 踪, 总(總), 纵(縱), 糭, 䯖, 走, 奏, 租, 足, 祖, 揝, 攢(攢), 缵(纘), 纂, 鑽, 觜, 嘴, 醉, 尊, 遵, 撙, 左, 佐, 作

② 중고의 종모 [dz]에 속한 한자(28개)

曹, 漕, 琮, 悴, 杂(雜), 在, 趱(趲), 鏨(鏨), 暫, 脏(臟), 凿(鑿), 皂, 贼(賊), 蠶, 缯(繒), 自, 字, 从(從), 鬃, 族, 蹟, 罪, 柞, 昨, 坐, 胙, 祚, 座

③ 중고의 청모 [tsʻ]에 속한 한자(4개)

蹭, 揰, 莝, 造

(2) 『한청문감』에서 [tsʻ]로 표기된 한자

① 중고의 청모 [tsʻ]에 속한 한자(42개)

猜, 采, 採, 彩, 綵(綵), 菜, 粲, 灿(燦), 仓(倉), 苍(蒼), 糙, 草, (曾+刂), 疵, 雌, 此, 跐, 次, 刺, 葱(蔥), 璁(驄), 聪(聰), 凑(湊), 促, 猝, 趣, 醋, 簇, 鏰, 窜(竄), 催, 脆, 翠, 村, 皴, 寸, 搓, 磋, 撮, 蹉, 错(錯), 蹌(蹌)

② 중고의 종모 [dz]에 속한 한자(27개)

才, 材, 财(財), 裁, 纔, 残(殘), 惭(慚), 蠶, 藏, 藏, (曹+少), 槽, 蟧, 层(層), 呲, 鴜, 慈, 鹚(鶿), 鷀, 从(從), 丛(叢), 粗, 攒(攢), 萃, 存, 莝, 磁

③ 중고의 정모 [ts]에 속한 한자(2개)

蹵[tsʻu], 挫[tsʻo]

④ 중고의 사모 [z]에 속한 한자(4개)

词(詞), 祠, 辞(辭), 嗣

⑤ 중고의 심모 [s]에 속한 한자(1개)

赐(賜)

(3) 『한청문감』에서 [s]로 표기된 한자

① 중고의 심모 [s]에 속한 한자(70개)

噪, 燥, 撒, 萨(薩), 腮, 塞, 赛(賽), 三, 伞(傘), 馓, 散, 桑, 嗓, 丧(喪), 骚(騷), 扫(掃), 嫂, 埽, 臊, 僧, 莎, 司, 丝(絲), 私, 思, 鸶(鷥), 斯, 撕, 澌, 死, 四, 泗, 驷(駟), 鬆, 耸(聳), 送, 擞(擻), 薮(藪), 嗽, 苏(蘇), 酥, 诉(訴), 肃(肅), 素, 速, 粟, 嗉, 宿, 狻, 酸, 蒜, 虽(雖), 髓, 岁(歲), 祟, 碎, 孙(孫), 狲(猻), 损(損), 笋, 筍, 榫, 唆, 梭, 簑, 索, 琐(瑣), 锁(鎖)

② 중고의 사모 [z]에 속한 한자(11개)

似, 巳, 寺, 兕, 祀, 松, 讼(訟), 俗, 随(隨), 穗, 彗

③ 중고의 종모 [dz]에 속한 한자(1개)

磁

(4) 『한청문감』에서 [tɕ]로 표기된 한자

① 중고의 정모 [ts]에 속한 한자(50개)

积(積), 即, 鹡(鶺), 挤(擠), 脊, 际(際), 济(濟), 祭, 绩(績), 跡, 稷, 鲫(鯽), 蹟, 尖, 笺(箋), 煎, 剪, 荐(薦), 溅(濺), 箭, 借, 将(將), 浆(漿), 桨(槳), 酱(醬), 椒, 焦, 鹪(鷦), 剿, 疖(癤), 接, 嗟, 节(節), 睫, 姐, 借, 津, 进(進), 晋(晉), 浸, 旌, 晶, 睛, 精, 井, 鹐(鶺), 酒, 爵, 俊, 骏(駿)

② 중고의 종모 [dz]에 속한 한자(19개)

集, 蒺, 嫉, 耤, 籍, 荠(薺), 贱(賤), 渐(漸), 匠, 捷, 截, 盡, 净(淨), 静(靜), 就, 鹫(鷲), 聚, 嚼, 绝(絕)

③ 중고의 청모 [ʦʻ]에 속한 한자(3개)

疽, 窃(竊), 逡

④ 중고의 심모 [s]에 속한 한자(1개)

峻

⑤ 중고의 사모 [z]에 속한 한자(1개)

烬(燼)

(5) 『한청문감』에서 [tɕʻ]로 표기된 한자

① 중고의 청모 [ʦʻ]에 속한 한자(41개)

七, 妻, 戚, 漆, 砌, 千, 阡, 迁(遷), 杄, 佥(僉), 签(簽), 韂, 浅(淺), 枪(槍), 抢(搶), 呛(嗆), 跄(蹌), 悄, 俏, 峭, 切, 且, 妾, 侵, 亲(親), 寝(寢), 沁, 青, 清, 鲭(鯖), 请(請), 秋, 楸, 鹙(鶖), 鳅(鰍), 鞦, 蛆, 趋(趨), 取, 趣, 鹊(鵲)

② 중고의 종모 [dz]에 속한 한자(13개)

齐(齊), 脐(臍), 蛴(蠐), 前, 钱(錢), 墙(墻), 蔷(薔), 樯(檣), 憔, 樵, 诮(誚), 秦, 情

③ 중고의 정모 [ʦ]에 속한 한자(4개)

缉(緝), 籤, 雀, 菁

④ 중고의 심모 [s]에 속한 한자(3개)

棲, 鞘, 跐

(6) 『한청문감』에서 [ɕ]로 표기된 한자

① 중고의 심모 [s]에 속한 한자(76개)

西, 昔, 析, 息, 惜, 犀, 锡(錫), 膝, 洗, 细(細), 仙, 先, 纤(纖), 枲, 鲜(鮮), 狝(獮), 線, 相, 厢, 箱, 镶(鑲), 想, 肖, 消, 宵, 绡(綃), 萧(蕭), 硝, 销(銷), 箫(簫), 潇(瀟), 霄, 小, 笑, 些, 楔, 写(寫), 泻(瀉), 卸, 泄, 屑, 心, 辛, 新, 信, 颎, 星, 腥, 醒, 性, 姓, 修, 羞, 馐(饈), 秀, 绣(繡), 锈(銹), 繡, 戌, 须(須),

需, 鬚, 絮, 婿, 蓿, 宣, 揎, 选(選), 癣(癬), 削, 雪, 讯(訊), 逊(遜), 巽

② 중고의 사모 [z]에 속한 한자(30개)

夕, 习(習), 席, 袭(襲), 蓆, 拇(㝷), 详(詳), 祥, 翔, 象, 像, 橡, 邪, 斜, 谢(謝), 袖, 徐, 序, 敍, 绪(緒), 续(續), 旋, 漩, 璿, 鏇, 寻(尋), 巡, 循, 驯(馴), 狥

이 밖에 중고의 철모(徹母) [t'], 등모(澄母) [ɖ], 숭모(崇母) [ʤ], 초모(初母) [ʧ'], 정모(定母) [d], 생모(生母) [ʃ], 계모(溪母) [k'], 갑모(匣母) [ɣ], 효모(曉母) [x], 의모(疑母) [ŋ], 이모(以母) [j], 장모(莊母) [ʧ] 등 성모의 개별 한자들이 [ts, ts', s]거나 [tɕ, tɕ', ɕ]로 발음되었다.

정모 계열 3,4등 한자의 대다수가 『화어유초』에서 [tɕ], [tɕ']로 표기되었는데 예를 들면 아래와 같다.

[tɕ]로 표기된 한자

蒺, 籍, 疾, 脊, 祭, 寂, 荠, 鲫, 挟, 尖, 检, 箭, 将, 蒋, 桨, 匠, 酱, 燋, 嚼, 截, 节, 姐, 盡, 菁, 晶, 睛, 静, 酒, 就

[tɕ']로 표기된 한자

七, 脐, 齐, 蛴, 千, 韆, 前, 钱, 浅, 欠, 枪, 鎗, 抢, 锵, 墙, 蔷, 锹, 雀, 瞧, 亲, 清, 蜻, 请, 秋, 鞦, 囚, 蛆, 聚, 取, 鹊

위에서 밝힌 『화어유초』의 글자들이 『경음자휘』에서도 모두 [tɕ], [tɕ']로 표기되었다.

상기의 자료들에 근거하여 우리는 아래의 몇 가지 결론을 내리게 된다.

1) 18세기 70년대에 근대중국어 정모 계열 한자의 분화는 이미 기본상 완성되었다. 근 절반에 달하는 정모 계열 한자의 성모가 [tɕ, tɕ', ɕ]로 변하였다는 사실은 정모 계열의 구개음화가 이미 오래 전부터 진행되었음을 말해

준다.

2) 근대중국어 정모 계열의 구개음화가 견모 계열의 구개음화보다 먼저 이루어졌다.

이로부터 우리는 견모 계열 성모의 구개음화가 정모 계열 성모의 구개음화보다 먼저 이루어졌다는 견해, 18세기 중엽 『원음정고』의 편찬 시기가 견모 계열의 구개음과 정모 계열의 구개음이 합류된 시기라는 견해는 성립될 수 없는 그릇된 견해라고 단언하게 된다.

4. 『원음정고』의 첨단음(尖團音)

중국 학계의 다수가 아래의 두 가지 견해를 공론으로 따르고 있다. 그 하나는 1743년의 『원음정고』를 견모 계열의 구개음과 정모 계열의 구개음이 합류된 시기라는 견해이고, 다른 하나는 [tsi, tsʻi, si] 등이 "첨음(尖音)"이고 [tɕi, tɕʻi, ɕi] 등이 "단음(團音)"이라는 견해이다. 과연 이럴까?

여기에서는 주로 『원음정고』의 자료를 이용하여 근대중국어 첨단음(尖團音)의 본질적 특징에 대해 고찰하게 된다.

우리가 이용한 『원음정고』 자료는 출판 단위와 년대가 미상의 영인본이다. 이 책은 오찰라씨(烏扎拉氏)의 서문, 존지당(存之堂)의 서문, 범례, 본문, 몽향거사(夢鄕居士)의 발문 등 다섯 개 부문으로 구성되었다. 첨단음의 특징 문제에 대한 논의에 앞서 아래의 몇 가지 문제에 대해 명확히 할 필요가 있다.

1) 『원음정고』의 편집 목적

오찰라씨의 서문에서 이르기를 "대저 첨단음이 한문에서는 쓸데없다. 그러므로 글을 쓰는 사람들이 많이는 내버려두고 상관하지 않는다. …… 그러나 번역하는 사람들은 첨단음을 절대 포기할 수 없다. 대개 만문 속에는 첨단 두 가지 글자가 있다. 무릇 국명, 지명, 인명에 봉착하여 원음대로 표기해야 할 때에는 반드시 상세하게 헤아려야 한다. 존지당(存之堂)에서 집록한 이 한 권의 책은 번역을 위해 지은 것이지 음운학을 위해 지은 것이 아님은 명백하다. 매번 어느 음을 따라야 할지 의심스러울 때 이 책을 펼쳐보면 그 진실을 알 수 있어 운서를 찾아볼 필요가 없으니 초학자들에게는 큰 도움이 된다.(夫尖团之音, 汉文无所用, 故操觚家多置而不讲, …… 而尖团之音, 翻译家绝不可废。盖清文中, 既有尖团二字。凡遇国名, 地名, 人名, 当还音处, 必须详辨。存之堂集此一册, 盖为翻译而作, 非为韵学而作也, 明矣。每遇遵音疑似之间, 一展卷而即得其真, 不必捡查韵书, 是大有裨益于初学也。)"라고 하였다.

서문에서는 『원음정고』가 번역 인원, 특히 첨단음 글자를 헤아리기 어려워하는 번역가들을 위하여 편찬한 책임을 명확히 밝히었다. 그러므로 이 책은 첨단음 합류의 표지로 편집한 책이 아니라 번역가들로 하여금 첨단음을 똑똑히 구별하도록 하기 위하여 편집한 책이다.

2) 음절 수량과 표음방법

존지당의 서문에서는 아래와 같이 지적하였다.

"무릇 48음에 쓰인 글자는 1600자 남짓하다. 매개의 음은 각기 만문 표기 글자를 첫머리에 놓았는데 단음을 앞에 놓고 첨음을 뒤에 놓았다. 대체로 살펴보면 일목요연하다.(凡四十八音, 为字一千六百有奇。每音各标国书一字于首, 团音居前, 尖音在后。庶参观之下, 举目瞭然。")

상기의 "48음"은 성모 외의 운모의 발음을 가리킨다. 즉 48쌍의 첨단음 음절의 수량을 가리킨다. 그러니 책은 48개의 단음과 48개의 첨음으로 구성되고, 음절의 총수는 96개이다. 그런데 제33조(组) 65번째 "단음" 음절 항목에 아래와 같은 기록이 있다.

"단음, siowan(만문을 로마자로 전사함). 이 단음 글자는 삼가 피하고 모두 첨음 글자를 쓴다.(团音, siowan。此团音字敬避, 俱用尖音。)"

그리고 그 아래에 열거한 한자는 모두 "泫, 炫, 泫, 鉉, 眩, 衒, 暄, 煊, 喧, 萱, 萱, 楦, 諠, 儇……" 등의 첨음 글자들이다. 그 결과 책에서 적어놓은 단음 음절의 실제 수량은 47개이고, 첨음 음절의 실제 수량은 49개이다.

여기에서 주목되는 것은 제65번째에 열거된 첨음 글자들이 원래는 단음에 속한 효모(曉母), 갑모(匣母) 두 성모에서 구개음 [ɕ]로 변한 후음(喉音)의 한자들이라는 사실이다. 제66번째 음절에 열거된 첨음 한자는 그대로 첨음에 속한 정모 계열의 한자들이다.

서문에서는 수록된 한자가 1600여 개라고 하였다. 우리의 조사에 의하면 책에 나타난 한자가 모두 1634개이다. 그 가운데에서 "澱, 輯, 憔, 篠" 등 4개 글자가 중복되었으므로 실제 쓰인 한자의 수량은 1630개이다.

오찰라씨의 서문에서 "경인년 봄 삼괴당(三槐堂) 책방의 공씨(龔氏) 선고(宜古)가 『원음정고』 책을 갖고 와서 인쇄하고자 한다면서 나에게 서문을 써주고 그릇된 것들을 교정해 달라고 하였다. …… 지금 인쇄하게 되었는데 시간이 오래 지나 그릇 전해지는 것을 피면하고 또 음에 따라 검사하는 수고를 덜기 위하여 내가 자모를 자세히 교정하면서 그릇된 것들을 고쳐놓았다.(庚寅春, 三槐堂书坊龔氏宜古持『圓音正考』一冊, 欲付诸梓, 请序於余, 兼请校正其讹 …… 今付诸枣梨, 既免日久传写之讹, 又省遵音捡查之苦; 余细为之校其字母, 正其讹谬。)"라고 하였다. 이는 오찰라씨가 『원음정고』를 참답게 교정하였음을 말해준다. 그러니 우리는 이 책이 당시의 만문과 한자의 발음을 정확하게 표기한 책이라고 인정한다.

책에서는 먼저 만문으로 단음과 첨음을 표기한 다음 그 아래에 앞의 만문 음절의 발음을 표기할 수 있는 한자들을 열거하였다. 만약 당시의 중국어에 앞의 만문 음절 발음을 표기할 수 있는 한자가 없을 경우에는 만문 음절자 뒤에 "한자가 없음(汉字无)"이라고 표기하여 당시의 중국어에 그 앞의 만문 음절 발음을 표기할 수 있는 한자가 없었음을 밝혀놓았다.

그러니 이 책의 만문은 당시 첨단음의 발음을 정확하게 기록해 놓은 것이

고, 한자 1634개는 만문 첨단음의 발음을 표기할 수 있는 한자들임을 명확히
밝혀놓은 것이다.

3) 첨음과 단음 명칭의 내원

중국 인터넷에 실린 완동선생(宛东先生)의 글 "区分尖团音, 才能说好中国
话"에서 첨음과 단음 이름의 내원에 대해 아래와 같이 해석하였다. "첨음(尖
音)"이란 이름은 뾰족한 끝이 달린 만문의 특수자모 "dz, ts, sy"의 모양을
본 따 생긴 것이고, "단음(團音)"이란 이름은 둥근 권점을 가진 만문의 특수
자모 "jy, cy, h"의 모양을 본 따 "원음(圓音)"이라 부르던 것이 원(圓)자와
단(團)자의 모양이 비슷하기에 점차 "단음(團音)"이라 부르게 되었다고 하였
다. 그런데『원음정고』의 만문 표기에서는 만문 특수문자가 하나도 쓰이지
않았다. 그러니 완동선생의 해석과 모순된다.

이상에서 먼저『원음정고』의 편집목적, 첨단음 음절수와 한자의 수량 및
첨단음 명칭의 내원 등을 살펴보았다.

아래에서『원음정고』첨단음(尖团音)의 발음 특징에 대해 고찰하게 된다.
『원음정고』존지당의 서문에서는 "36자모로 분석하면 견(见), 계(溪), 군
(群), 효(晓), 갑(匣) 다섯 성모에 속하는 글자들이 단음(团音)이고, 정(精), 청
(清), 종(從), 심(心), 사(邪) 다섯 성모에 속하는 글자들이 첨음(尖音)이니 경위
(泾渭)와 같이 구별이 뚜렷하다.(试取三十六母字审之, 隶见, 溪, 群, 晓, 匣五母者属
團音, 隶精, 清, 从, 心, 邪五母者属尖, 判若泾渭。)"라고 하였다.

오찰라씨의 서문에서도 "이른바 견(见), 계(溪), 군(群), 효(晓), 갑(匣) 다섯
성모에 속하는 한자가 단음이고 정(精), 청(清), 종(從), 심(心), 사(邪) 다섯 성
모에 속하는 한자가 첨음이니 음운학의 변두리이다.(而所谓见, 溪, 群, 晓, 匣五
母下字为团音, 精, 清, 从, 心, 邪五母下字为尖音, 乃韵学中之一隅。)"라고 하였다.

두 서문의 상기 논술은 첨단음과 중국어 중고음의 관계에 대해 밝힌 것이
다. 즉 중고의 아후음(牙喉音)에 속한 글자들이 단음이고, 치두음(齿头音)에

속한 글자들이 첨음임을 의미한다.

그렇다면 첨단음이 『원음정고』에서의 실제 발음이 어떠했는가?

『원음정고』 원문에서 만문으로 기록한 47개 단음과 49개 첨음의 발음을 로마자로 전사하고 그 뒤에 국제음성기호로 실제 발음을 표기하면 아래와 같다.

(1) 团音 ki[kʻi]: 其, 欺, 期, 旗, 棋, 麒, 騏, 祺, 淇, 綦……

(2) 尖音 ci[tɕʻi]: 齊, 憒, 脐, 蛴, 妻, 棲, 萋, 凄, 悽, 戚……

(3) 团音 gi[ki]: 及, 级, 伋, 岌, 笈, 芨, 汲, 己, 记, 纪……

(4) 尖音 ji[tɕi]: 即, 堲, 鲫, 唧, 育, 瘠, 鶺, 積, 蹟, 绩……

(5) 团音 hi[xi]: 奚, 蹊, 傒, 鼷, 希, 俙, 稀, 俙, 欷, 唏……

(6) 尖音 si[ɕi]: 析, 晳, 晰, 蜥, 淅, 西, 恓, 昔, 惜, 腊……

(7) 团音 kiya[kʻia]: 恰, 帢, 卡, 掐, 菨

(8) 尖音 ciya[tɕʻia]: 汉字无

(9) 团音 giya[kia]: 家, 嫁, 稼, 加, 珈, 嘉, 駕, 枷, 架, 痂……

(10) 尖音 jiya[tɕia]: 汉字无

(11) 团音 hiya[xia]: 暇, 遐, 霞, 蝦, 鰕, 騢, 蕸, 瘕, 椵, 碬……

(12) 尖音 siya[ɕia]: 斜

(13) 团音 kiyo[kʻiao]: 殻, 愨, 却, 卻, 刻, 躩, 恪, 碻, 跤……

(14) 尖音 ciyo[tɕʻiao]: 鵲, 雀, 碏

(15) 团音 giyo[kiao]: 矍, 钁, 攫, 玃, 角, 桷, 确, 珏, 觳, 榷……

(16) 尖音 jiyo[tɕiao]: 爵, 嚼, ○(在电脑字符里没有的字), 皭

(17) 团音 hiyo[xiao]: 學, 謔

(18) 尖音 siyo[ɕiao]: 削

(19) 团音 kioi[kʻiui]: 区, 躯, 驱, 岖, 敺, 去, 祛, 詓, 呿, 胠……

(20) 尖音 cioi[tɕʻiui]: 趨, 趣, 取, 娶, 蛆, 覻, 狙

(21) 团音 gioi[kiui]: 居, 踞, 锯, 倨, 据, 椐, 裾, 琚, 腒, 鶋……

(22) 尖音 jioi[tɕiui]: 疽, 雎, 咀, 苴, 沮, 龃, 趄, 聚, 娵, ○

(23) 团音 hioi[xiui]: 虚, 嘘, 歔, 墟, 驢, 畜, 蓄, 憴, 吁, 旴……

(24) 尖音 sioi[ɕiui]: 胥, 湑, 壻, 醑, 糈, 諝, 稰, 怴, 卹, 须……

(25) 团音 kiyai[kʻiai]: 楷, 揩, 鍇

(26) 尖音 ciyai[tɕʻiai]: 汉字无

(27) 团音 giyai[kiai]: 皆, 階, 借, 介, 价, 芥, 玠, 疥, 蚧, 界……

(28) 尖音 jiyai[tɕiai]: 汉字无

(29) 团音 hiyai[xiai]: 解, 懈, 蠏, 澥, 獬, 邂, 繲, 瀣, 薢, 骸……

(30) 尖音 siyai[ɕiai]: 汉字无

(31) 团音 kiyei[kʻiəi]: 茄, 伽, 箧, 惬, 怯, 慊, 挈

(32) 尖音 ciyei[tɕʻiəi]: 且, 妾, 切, 竊

(33) 团音 giyei[kiəi]: 结, 拮, 桔, 詰, 桀, 傑, 揭, 碣, 竭, 偈……

(34) 尖音 jiyei[tɕiəi]: 節, 櫛, 擳, 偮, 捷, 睫, 婕, 楫, 截, 巀……

(35) 团音 hiyei[xiəi]: 頡, 纈, 擷, 襭, 挾, 俠, 恊, 脅, 憿, 勰……

(36) 尖音 siyei[ɕiəi]: 渫, 絏, 屑, 揳, 泄, 绁, 緤, 渫, 屧, 邪……

(37) 团音 kiowei[kʻiuəi]: 缺, 瘸, 闋, 関

(38) 尖音 ciowei[tɕʻiuəi]: 汉字无

(39) 团音 giowei[kiuəi]: 决, 诀, 块, 玦, 抉, 趹, 觖, 鴂, 厥, 蕨……

(40) 尖音 jiowei[tɕiuəi]: 绝, ○(在电脑字符里没有的字), 嗟

(41) 团音 hiowei[xiuəi]: 穴, 泬, 血, 靴

(42) 尖音 siowei[ɕiuəi]: 雪, 薛, 鱈

(43) 团音 kin[kʻin]: 钦, 嶔, 捦, 衾, 掐, 琴, 芩, 吟, 禽, 擒……

(44) 尖音 cin[tɕʻin]: 侵, 寝, 駸, 祲, 綅, 鋟, 亲, 秦, 沁……

(45) 团音 gin[kin]: 堇, 谨, 僅, 靳, 槿, 饉, 覲, 墐, 瑾, 厪……

(46) 尖音 jin[tɕin]: 盡, 儘, 蓋, 燼, 贐, 賮, 晋, 搢, 瑨, 进……

(47) 团音 hin[xin]: 欣, 忻, 訢, 昕, 炘, 焮, 歆, 釁, 芔

(48) 尖音 sin[ɕin]: 辛, 新, 薪, 莘, 駸, 伈, 洗, 汛, 讯, 心……

(49) 团音 kiyan[kʻian]: 谦, 歉, 嗛, 鶼, 搴, 褰, 攓, 騫, 钳, 箝……

(50) 尖音 ciyan[tɕʻian]: 千, 芊, 阡, 仟, 遷, 韆, 浅, 錢, 俴, 金……

(51) 团音 giyan[kian]: 间, 简, 鋼, 涧, 睍, 覸, 建, 健, 鋻, 犍……

(52) 尖音 jiyan[tɕian]: 剪, 煎, 譾, 箭, 揃, 湔, 鬋, 戔, 餞, 笺……

(53) 团音 hiyan[xian]: 閒, 僩, 嫻, 莧, 癇, 鷳, 闲, 现, 苋, 睍……

(54) 尖音 siyan[ɕian]: 先, 跣, 铣, 洗, 鲜, 薛, 線, 线, 纤, 殲……

(55) 团音 kiyūn[kʻiun]: 裙, 群

(56) 尖音 ciyūn[tɕʻiun]: 汉字无

(57) 团音 giyūn[kiun]: 君, 捃, 箘, 郡, 均, 鈞, 困, 菌, 麕, 麇……

(58) 尖音 jiyūn[tɕiun]: 俊, 峻, 駿, 踆, 逡, 浚, 畯, 睃, 竣, 趏……

(59) 团音 hiyūn[xiun]: 熏, 薰, 嘛, 壎, 纁, 臐, 勳, 焄, 勛, 塤……

(60) 尖音 siyūn[ɕiun]: 旬, 殉, 荀, 狥, 詢, 恂, 洵, 郇, 尋, 浔……

(61) 团音 kiowan[kʻiuan]: 縓, 踡, 蜷, 鬈, 棬, 悛, 桊, 拳, 权, 劝……

(62) 尖音 ciowan[tɕʻiuan]: 全, 痊, 佺, 荃, 詮, 銓, 筌, 踆, 牷, 泉……

(63) 团音 giowan[kiuan]: 涓, 绢, 捐, 娟, 悁, 睊, 狷, 蜎, 鵑, 卷……

(64) 尖音 jiowan[tɕiuan]: 汉字无

(65) 团音 siowan[ɕiuan] 此团音字敬避, 俱用尖音。: 玆, 炫, 泫, 铉, 眩, 衒, 暄, 煊, 喧, 萱……

(66) 尖音 siowan[ɕiuan]: 宣, 瑄, 揎, 旋, 漩, 璇, 鏇, 選, 璿, 朘

(67) 团音 king[kʻiŋ]: 檠, 擎, 罄, 磬, 勍, 剠, 黥, 顷, 倾, 卿……

(68) 尖音 cing[tɕʻiŋ]: 青, 清, 情, 请, 晴, 鯖, 倩, 艵

(69) 团音 ging[kiŋ]: 經, 劲, 颈, 泾, 刭, 径, 迳, 胫, 痙, 敬……

(70) 尖音 jing[tɕiŋ]: 静, 精, 靖, 睛, 靓, 菁, 箐, 蜻, 鶄, 井……

(71) 团音 hing[xiŋ]: 幸, 倖, 悻, 荇, 婞, 形, 刑, 型, 俐, 硎……

(72) 尖音 sing[ɕiŋ]: 星, 醒, 腥, 惺, 猩, 鯹, 省, 箵, 姓, 性……

(73) 团音 kiong[kʻiuŋ]: 邛, 筇, 蛩, 藭, 穹, 敻, 瓊, 瑶, 煢, 惸……

(74) 尖音 ciong[tɕʻiuŋ]: 汉字无

(75) 团音 giong[kiuŋ]: 絅, 扃, 迥, 泂, 坰, 炯, 駉, 褧, 憬, 熲……

(76) 尖音 jiong[tɕiuŋ]: 汉字无

(77) 团音 hiong[xiuŋ]: 匈, 胷, 洶, 恟, 詾, 兇, 兄, 芎, 雄, 熊……

(78) 尖音 siong[ɕiuŋ]: 汉字无

(79) 团音 kiyang[kʻiaŋ]: 羌, 蜣, 强, 鏹, 彊, 腔, 矼

(80) 尖音 ciyang[tɕʻiaŋ]: 墙, 檣, 嬙, 艢, 蘠, 抢, 跄, 枪, 玱, 锵……

(81) 团音 giyang[kiaŋ]: 畺, 薑, 僵, 韁, 疆, 礓, 绛, 袶, 降, 江……

(82) 尖音 jiyang[tɕiaŋ]: 将, 奖, 蒋, 奖, 桨, 酱, 螀, 匠

(83) 团音 hiyang[xiaŋ]: 乡, 芗, 鱻, 飨, 嚮, 膷, 曏, 香, 巷, 向……

(84) 尖音 siyang[ɕiaŋ]: 相, 箱, 緗, 湘, 廂, 想, 襄, 镶, 勷, 骧……

(85) 团音 kiyeo[kʻiəu] 此团音字敬避, 用此切音字。: 求, 裘, 毬, 俅, 球, 絿……
○(原文标记)邱蚯: 凡遇○邱蚯等字俱避音"ki[kʻi]"。

(86) 尖音 cio[tɕʻiu]: 秋, 鞦, 鶖, 酋, 遒, 崷, 楸, 鰌, 囚, 泅……

(87) 团音 gio[kiu]: 久, 玖, 疚, 柩, 灸, 九, 宄, 臼, 柏, 舅……

(88) 尖音 jio[tɕiu]: 就, 僦, 鹫, 揪, 酒

(89) 团音 hio[xiu]: 休, 咻, 庥, 貅, 髹, 鵂, 嗅, 齅, 糗, 朽……

(90) 尖音 sio[ɕiu]: 脩, 滫, 修, 羞, 馐, 繡, 岫, 袖, 秀, 锈……

(91) 团音 kiyoo[kʻiau]: 乔, 桥, 荞, 侨, 蹻, 峤, 趫, 跷, 翘, 硗……

(92) 尖音 ciyoo[tɕʻiau]: 俏, 悄, 诮, 睄, 峭, 鞘, 樵, 憔, 谯, 瞧……

(93) 团音 giyoo[kiau]: 交, 郊, 姣, 鲛, 蛟, 皎, 校, 较, 佼, 绞……

(94) 尖音 jiyoo[tɕiau]: 焦, 醮, 嚼, 燋, 蕉, 僬, 鷦, 灂, 劋, 醮……

(95) 团音 hiyoo[xiau]: 效, 劾, 校, 傚, 曉, 膮, 驍, 浇, 髐, 嘐……

(96) 尖音 siyoo[ɕiau]: 肖, 逍, 消, 宵, 霄, 销, 硝, 箭, 綃, 蛸……

우리는 위에서 기록한 단음과 첨음 음절의 표음 자료를 통하여 아래의 몇 가지 사실을 알아낼 수 있다.

1) 이른바 단음이란 자음 [k', k, x]와 모음 [i]가 결합된(혹은 아후음 성모 [k', k, x]와 운모 [i] 혹은 운두(韵头) [i]가 결합된) [k'i, ki, xi]이다. 이들이 홀로거나 운모 [a], [ao], [ui], [ai], [əi], [uəi], [an], [un], [uan], [uŋ], [aŋ], [əu], [u], [au] 및 운미 [n], [ŋ] 등과 결합되어 음절을 이루면서 발음되는 소리가 단음이다.

2) 이른바 첨음이란 자음 [tɕ', tɕ, ɕ]와 모음 [i]가 결합된 (혹은 정모계열의 성모가 구개음화된 소리 [tɕ', tɕ, ɕ]와 운모 [i] 혹은 운두 [i]가 결합된) [tɕ'i, tɕi, ɕi]이다. 이들이 홀로거나 운모 [ao], [ui], [əi], [uəi], [an], [un], [uan], [aŋ], [əu], [u], [au] 및 운미 [n], [ŋ]과 결합되어 음절을 이루면서 발음되는 소리가 첨음이다.

3) 『원음정고』 단음 발음 표기는 우리들에게 당시에 견모 계열의 성모 [k', k]가 하나도 구개음 [tɕ', tɕ]로 변하지 않았고 다만 후음의 효모, 갑모에 속한 개별 한자의 성모 [x]가 설면음 [ɕ]로 구개음화되었음을 말해준다(65번째 발음 표기를 보라). 이들이 『한청문감』에서 구개음화된 후음 한자들과 기본상 일치하다는 것은 매우 의례적인 현상이다. 이는 근대중국어 아후음의 구개음화가 후음으로부터 시작되었음을 증명한다.

4) 『원음정고』의 첨음 표기가 이 시기에 대량의 정모 계열 한자의 [ts', ts, s]가 이미 설면음 [tɕ', tɕ, ɕ]로 구개음화되었음을 말해준다.

5) 1743년의 『원음정고』에서 "한자가 없음"이라고 한 표기는 18세기 중기에 견모 계열 한자들이 구개음화되지 않았다는 유력한 증거이다. 『원음정고』에서 "한자가 없음"이라고 한 음절은 모두 아래의 11개 첨음 음절이다.

8) 尖音 ciya[tɕ'ia]: 汉字无	56) 尖音 ciyūn[tɕ'iun]: 汉字无
10) 尖音 jiya[tɕia]: 汉字无	64) 尖音 jiowan[tɕiuan]: 汉字无

26) 尖音 ciyai[tɕʻiai]: 汉字无	74) 尖音 ciong[tɕʻiuŋ]: 汉字无
28) 尖音 jiyai[tɕiai]: 汉字无	76) 尖音 jiong[tɕiuŋ]: 汉字无
30) 尖音 siyai[ɕiai]: 汉字无	78) 尖音 siong[ɕiuŋ]: 汉字无
38) 尖音 ciowei[tɕʻiuəi]: 汉字无	

이 가운데에서 현대중국어에도 존재하지 않는 3개음절 [tɕʻiai], [tɕiai], [ɕiai] 이외의 8개음절은 현대중국어에 존재하니 아래와 같다(화살표 왼쪽의 국제음성기호는 『원음정고』의 발음이고 오른쪽은 현대중국어 발음이다. 그리고 한자 뒤 괄호안의 한자는 앞의 한자의 성모를 표시하고, 국제음성기호는 『한청문감』에서 의 발음이다).

(1) [tɕʻia]→[tɕʻia]: 揢(溪, [kʻia]), 帢(溪, [kʻia]), 洽(匣, [xia]), 恰(溪, [kʻia])

(2) [tɕia]→[tɕia]: 加(見, [kia]), 枷(見, [kia]), 痂(見, [kia]), 家(見, [kia]), 枷(見, [kia]), 笳(見, [kia]), 傢(見, [kia]), 嘉(見, [kia]), 夾(見, [kia]), 郟 (見, [kia]), 袷(見, [kia]), 甲(見, [kia]), 假(見, [kia]), 价(見, [kia]), 驾(見, [kia]), 架(見, [kia]), 嫁(見, [kia])

(3) [tɕʻiuəi]→[tɕʻye]: 缺(溪, [kʻiuəi]), 瘸(群, [kʻiuəi])

(4) [tɕʻiun]→[tɕʻyn]: 裙(群, [kʻiun]), 羣(群, [kʻiun]), 群(群, [kʻiun])

(5) [tɕiuan]→[tɕyæn]: 捐(以, [kiuan]), 鵑(見, [kiuan]), 卷(見, [kiuan]), 捲 (見, [kiuan]), 倦(群, [kiuan]), 绢(見, [kiuan])

(6) [tɕʻiuŋ]→[tɕʻiuŋ]: 穷(群, [kʻiuŋ]), 穹(溪, [kʻiuŋ]), 琼(群, [kʻiuŋ])

(7) [tɕiuŋ]→[tɕiuŋ]: 迥(匣, [kiuŋ]), 窘(群, [kiuŋ])

(8) [ɕiuŋ]→[ɕiuŋ]: 凶(曉, [xiuŋ]), 兄(曉, [xiuŋ]), 兇(曉, [xiuŋ]), 雄(云, [xiuŋ]), 熊(匣, [xiuŋ]), 胸([xiuŋ]), 胷([xiuŋ])

만약 일부 학자들이 말하는 것처럼 『원음정고』에서 중국어 견모계열의 한자들이 구개음으로 변하였다면 『원음정고』에 "한자가 없음"이라는 기록이 나타날 수 없다. 왜냐하면 상기의 현대중국어 음절들은 모두가 견모계열의 글자들이 구개음으로 변하면서 생겨난 첨음 음절들이기 때문이다.

그러니 『원음정고』에서 "한자가 없음"이라고 한 기록은 이 시기에 견모에 속한 한자들이 구개음으로 변하지 않았다는 사실을 증명해주며 더 나아가 『원음정고』가 첨음과 단음 합류의 표식으로 될 수 없다는 명확한 증거로 된다.

상술한 사실들로부터 우리는 아래의 몇 가지 결론을 내리게 된다.

1) 『원음정고』는 견모계열 성모의 구개음과 정모계열 성모의 구개음이 합류를 나타내는 문헌이 아니다. 반대로 단음과 첨음의 구별을 명확히 밝혀준 문헌이다.

2) 근대중국어의 단음은 [tɕi], [tɕʻi], [ɕi] 등이 아니고 [ki], [kʻi], [xi] 등이며, 첨음은 [tsi], [tsʻi], [si] 등이 아니고 [tɕi], [tɕʻi], [ɕi] 등이다.

3) 『원음정고』 견모계열 한자들의 발음과 『한청문감』 견모계열 한자들의 발음이 기본상 같다. 즉 18세기 중엽의 근대중국어에서 견모 계열의 성모 [k], [kʻ]가 [tɕ], [tɕʻ]로 분화되지 않았다.

4) 『원음정고』 정모계열 한자들의 발음과 『한청문감』 정모계열 한자들의 발음이 기본상 같다. 즉 18세기 중엽의 근대중국어에서 정모 계열의 성모 [ts], [tsʻ], [s]가 이미 [tɕ], [tɕʻ], [ɕ]로 분화되었다.

그런데 양역명(杨亦鸣)과 왕위민(王为民)은 논문 『〈圓音正考〉与〈音韵逢源〉所记尖团音分合之比较研究』(『中国语文』 2003年 第2期)에서 『원음정고』 시기에 단음과 첨음이 이미 합류되었다고 하면서 여러 차례 『원음정고』에서 [kʻ, k, x]로 단음을 표시하고 [tɕʻ, tɕ, ɕ]로 첨음을 표시한 것은 "만한(满汉) 번역을 위한 인위적인 설치"라고 주장하였다. 그 까닭은 만문으로 [ts-], [tsʻ-], [s-] 음을 표기할 방법이 없기에 부득이 인위적으로 [kʻ, k, x]로 단음을 표기하고 [tɕ‘, tɕ, ɕ]로 첨음을 표기하게 되었다는 것이다. 이는 근본적으로 성립될 수 없는 궤변이다. 그 원인을 밝히면 아래와 같다.

1) 논문은 누차 『원음정고』시기를 단음과 첨음이 합쳐진 시기라고 하였다. 단음과 첨음의 합류는 견모 계열의 구개음과 정모 계열의 구개음의 발음이 같아짐을 의미한다. 즉 단음의 글자 "其"와 첨음의 글자 "齊"의 발음이 완전히 일치한 [tɕ‘i]로 된다. 그러나 『원음정고』의 발음 표기는 완전히 다른 [k‘i]와 [tɕ‘i]로 되어있다. 이는 『원음정고』 시기에 단음과 첨음이 합류되지 않고 구별이 명확하였음을 의미한다.

논문의 저자들이 『원음정고』에서 단음을 [k‘, k, x]로 표기하고 첨음을 [tɕ‘, tɕ, ɕ]로 표기하였음을 보고 자기들의 착오적인 합류론을 견지하기 위해 고안해낸 궤변이 이른바 "인위론"이다.

2) 우리가 특수한 표기 방법으로 상대방 언어의 어음을 표기한 문헌자료들을 볼 수 있다. 이러한 문헌들에서는 그 원인과 구체적인 표기 방법들을 명확히 밝혀놓는다. 만약 『원음정고』에서의 중국어 발음 표기에 인위적인 방법을 쓰게 되었다면 꼭 구체적인 설명을 하게 된다. 그러나 우리는 두 편의 서문에서 인위적인 표기 방법을 썼다는 기록을 볼 수 없다. 반대로 교정을 맡은 오찰라씨가 표기에 오류가 생길까 염려되어 참답게 교정을 하였다고 하였다. 이는 이른바 "인위론"은 억측에 불과함을 말해준다.

3) 논문에서는 "만문 자체의 제한으로 정모의 세음 [ts-], [ts‘-], [s-]가 없고 [tɕ], [tɕ‘], [ɕ]만 있을 뿐이다. 중국어에서 이미 합류된 첨단음을 구분해 내려면 정모계의 세음 [tɕ, tɕ‘, ɕ]와 견모계의 세음 [k, k‘, x]를 채용하는 모식(模式)이 유일한 선택이다." 라고 하였는데 이것 역시 성립될 수 없는 주장이다. 왜냐하면 만문에서는 중국어 어음을 표기하기 위하여 이미 10개의 특정 자모를 만들어 놓았다. 만문 문헌『음운봉원(音韵逢源)』에서는 만문으로 중국어 성모 [ts, ts‘, s], [tʂ, tʂ‘, ʂ], [tɕ, tɕ‘, ɕ]를 아주 명백히 구분하였다.

4) 우리는 어음표기가 결코 어느 한 "모식"을 채용하는 문제가 아니라

어음의 원형을 여실하게 표기하는 문제라고 인정한다. 또한 이 자모로 다른 자모의 발음을 표기해서는 절대로 아니 될 일로 만약 아무런 설명도 없이 이렇게 하였다면 독자들을 오도(誤導)할 뿐이다.

5) 우리가 한 발짝 물러서 [k, kʻ, x]로의 단음 표기가 만문의 부득이한 인위적인 소위라고 하자. 그렇다면 이미 앞에서 제시한 한국문헌『한청문감』 등에서 표기한 견모 성모의 발음도 인위적인 표기라고 보아야 할까? 또 만문 으로 당시 한자의 중국어 독음을 기록해 놓은『음운봉원』에서도 견모 계열 의 성모를 [k, kʻ]로 표기하였는데 이것 역시 인위적인 표기일까?

총적으로『원음정고』에서의 단음과 첨음의 표기를 인위적인 소위라고 하 는 것은 그릇된 합류론을 견지하기 위해 고안해낸 논조로 전혀 성립될 수 없는 궤변이다.

5. 결론

견모와 정모 두 계열 성모의 분화 및 첨단음의 합류 문제는 근대중국어 어음변화 연구에서 참답게 연구되어야 할 중요한 과제의 하나이다.

이 글에서는『한청문감』, 『방언유석』, 『화어유초』, 『원음정고』, 『음운봉 원』등 한글과 만문 자료들에 대한 분석을 통하여 아래와 같은 결론을 내리 게 되었다.

1) 18세기 중엽 근대중국어 견모 계열의 성모 [k, kʻ]가 [tɕ, tɕʻ]로 분화되 지 않았다. 그러나 정모 계열의 성모의 절반가량이 이미 [tɕi, tɕʻi, ɕi]로 분화 되었다. 그러므로 근대중국어의 견모 계열 성모가 정모 계열 성모보다 먼저 구개음화하였다는 견해는 성립될 수 없는 그릇된 견해이다.

2)『원음정고』의 표음 자료는 우리들에게 이른바 [tsi], [tsʻi], [si]가 첨음 이고 [tɕi], [tɕʻi], [ɕi]가 단음이라는 관점은 그릇된 논단임을 말해준다. 반면 에 근대중국어의 [tɕi], [tɕʻi], [ɕi]가 첨음이고 [ki], [kʻi], [xi]가 단음이다.

3) 『한청문감』과 『원음정고』의 표음 자료는 근대중국어 단음의 구개음화는 후음으로부터 시작되었고 18세기 중엽에 개별적인 한자 "軒, 萱, 喧, 楦, 懸, 眩" 등의 [x]가 [ɕ]로 구개음화되었음을 말해주고 있다.

4) 『원음정고』는 단음과 첨음 합류의 표지가 아니라 이들을 분명하게 구분해 놓은 문헌이다. 근대중국어 단음과 첨음의 구개음화는 정모 계열의 성모로부터 시작되어 견모 계열의 성모에로 파급되었다. 그리고 근대중국어 단음과 첨음의 합류는 18세기 중엽부터 시작되어 20세기 초에 완성되었다.

『한청문감』, 『방언유석』, 『화어유초』, 『원음정고』, 『음운봉원』 등 문헌에서 한글이나 만문으로 표기한 18세기 근대중국어 발음이 기본상 일치함을 보게 되는데 이는 한국의 학자나 만주민족 학자들이 각기 자기의 표음문자로 해당시기 중국어의 발음을 정확히 표기하였음을 의미한다. 이는 더 나아가 중국어 어음역사 연구에서 주변의 언어들로 표기한 중국어 자료의 발굴과 이용의 필요성을 말해주고 있다.

본 연구에서 내린 결론은 중국 주류파 학자들의 견해와 대립된다. 학술연구에서 부동한 견해의 제기는 매우 정상적이며 필요한 일이다. 왜냐하면 모든 사물의 시비는 오직 논쟁을 거쳐야 밝혀낼 수 있기 때문이다. 그러므로 본 논문에 대한 날카로운 질정이 있어주기를 바란다.

二. 근대중국어 제로성모 음절의 분화

음절이란 음운들이 결합되어 이루어진 최소의 어음단위이다. 중국어 음절의 다수는 성모와 운모가 결합되어 형성되고 부분적 음절은 운모로만 구성되며 문자로는 하나의 한자가 하나의 음절로 된다.

중국어음절은 성모의 유무에 따라 성모 음절과 제로성모 음절로 구분된다. 예를 들면 班(ban), 參(can), 干(gan) 등은 성모가 있기에 성모 음절이고

安(an), 万(wan), 音(yin) 등은 성모가 없기에 제로성모 음절이다.

음절의 변화 역시 어음변화의 일부분이다. 예를 들면 성모 음절이 제로성모 음절로의 변화는 어음변화에서 참답게 연구될 과제이다. 이 글에서는 근대중국어 제로성모 음절의 구조적 유형과 그들이 현대중국어로의 변화법칙에 대해 분석하게 된다.

『한청문감』에서 제로성모로 되어 있는 중국어 중고『광운(廣韵)』의 성모로는 미모(微母) [m̩], 의모(疑母) [ŋ], 영모(影母) [ø], 운모(云母)/유삼(喻三) [ø], 이모(以母)/유사(喻四) [j], 일모(日母) [n̠z] 등 여섯 성모이다. 중국학술계에서 이들 성모가 중고로부터 15세기까지 사이의 변화에 대한 분석이 일치하지 않다.

왕력은『한어음운사(汉语语音史)』(中国社会科学出版社 1985) 390쪽에서 아래와 같이 분석하였다.

微母[m̩]→[v]　　日母[n̠z]→[ɽ]
疑母[ŋ], 影母[ø], 云母[ø], 以母[j]→반모음 [w], [j]

향희는『간명한어사(简明汉语史)』(商务印书馆 2010年) 270쪽에서 아래와 같이 분석하였다.

微母[m̩]→[v]　　日母[n̠z]→[z]　　疑母[ŋ]→[n]/[ø]
影母[ø], 云母, 以母[j]→[ø]

위의 두 학자의 분석에서『광운』"의모 [ŋ], 영모 [ø], 운모 [ø], 이모 [j]" 등 네 개 성모의 변화에 대한 분석이 다름을 볼 수 있다. 즉 왕력은 이들이 반모음 [w], [j]로 분화되었다고 하고, 향희는 이들이 제로성모로 변하였다고 하였다. 광의적으로 해석할 때에는 반모음 [w], [j]를 제로성모로도 볼 수 있다. 왜냐하면 반모음 자체가 자음성질과 모음성질을 다 갖고 있기 때문이다. 협의적으로 해석할 때에는 반모음을 갈라내는 것이 합리적이다. 왜냐하면 현대 언어학 이론에서 반모음을 자음으로 구분하고 발음부위도 자음과 같게 보기 때문이다.

그러나 왕력의 구분에서의 문제점은 반모음은 구분해 놓았으나 순 모음으로 시작된 제로성모 음절에 대한 해석이 없다는 것이다. 왜냐하면 "의모(疑母) [ŋ], 영모(影母) [ø]" 가운데에는 순 모음으로 시작된 阿[a](영모), 安[an](영모), 岸[an](의모), 俄[ə](의모), 恩[ən](영모) 등이 있기 때문이다. 그러므로 음절 분석에서는 반모음으로 시작된 음절뿐만 아니라 순 모음으로 시작된 음절도 구분해 내는 것이 합리적이라고 본다.

이 글에서는 상기의 세분의 원칙에 따라 『한청문감』에 나타난 제로성모 음절을 분류하고 이들이 현대중국어에로의 변화 과정을 밝히게 된다.

『한청문감』에 나타난 제로성모 음절의 유형은 아래와 같다(독자들이 참고로 하도록 1840년에 편찬된 만문 운서 『음운봉원(音韵逢源)』(首都师范大学出版社 2015)에서 만문으로 표음된 중국어 발음도 병기하였다. 괄호 안 앞의 라틴자모는 만문표기의 전사이고, 꺾쇠 괄호 안의 국제음성기호는 만주어 발음 표기이며, 그 뒤의 아라비아 숫자는 『음운봉원』의 쪽수이다).

[a]
影母: 阿 (a[a]392)
[ai]
影母: 靄 (ai[ai]281)
影母: 哀, 埃, 矮, 爱 (ai[ai]284)
疑母: 艾, 碍 (ai[ai]281)
[an]
疑母: 岸, 豻 (an[an]189)

影母: 安, 鞍, 按, 案, 暗 (an[an]193)

[aŋ]

疑母: 昂, 仰 (ang[aŋ]169)

[ao]

疑母: 敖, 獒, 熬, 鳌, 傲 (ao[au]257)

影母: 凹, 鏖, 袄, 奥, 懊 (ao[au]261)

[ə]

疑母: 吪, 囮, 蛾, 额 (e[ə]331)

影母: 阿, 厄, 扼｡恶 (e[ə]335)

[ən]

影母: 恩 (en[ən]238)

[ɚ]

日母: 而, 儿, 尔, 耳, 饵, 洱, 珥, 二, 刵, 贰 (ei[əi]315)

[əu]

疑母: 偶, 藕 (eo[əu]295)

影母: 讴, 瓯, 殴, 熰, 呕 (eo[əu]298)

[o]

疑母: 我, 卧, 俄, 鹅, 饿, 鼍, 哦, 芮 (o[o]325/330)

影母: 阏, 恶 (e[ə]335)

[wa]

微母: 袜 (wa[wa]393)

疑母: 瓦 (wa[wa]385)

影母: 凹, 穵, 洼, 搲, 窪 (wa[wa]388)

[wai]

疑母: 外 (oi[oi]277)

[wan]

微母: 蔓, 挽, 晚, 万 (uwan/wan[wan]187)

疑母: 玩, 頑 (ɔn[ɔn]183)

影母: 弯, 剜, 湾, 豌, 盌, 椀, 碗 (on[on]186)

[waŋ]

微母: 亡, 网, 辋, 妄, 望 (wang[waŋ]173)

影母: 汪, 枉 (ong[oŋ]168)

雲母: 王, 往, 旺 (ong[oŋ]168)

[wə]

影母: 倭, 窝 (o[o]330)

[i]

疑母: 仪, 宜, 疑, 蚁, 义, 艺, 议, 呓, 劓 (i[i]370)

影母: 噎, 犄, 一, 伊, 衣, 医, 依, 揖, 乙, 倚, 椅, 亿, 益, 意, 瞖, 翳 (i[i]370)

以母: 夷, 姨, 栘, 胰, 移, 遗, 彝, 已, 以, 役, 译, 易, 驿, 疫, 肔, 異, 逸, 溢,
     絏, 镒, 翼 (i[i]376)

[iŋ]

疑母: 迎, 硬 (ing[iŋ]219)

影母: 英, 罂, 缨, 瓔, 樱, 鹦, 鹰, 影, 瘿, 应, 映 (yeng[jəŋ]222)

以母: 盈, 营, 蝇, 颖 (yeng[jəŋ]222)

[ja]

疑母: 牙, 芽, 衙, 雅, 讶, 砑, 呀 (ya[ja]395)

影母: 丫, 压, 押, 鸦, 桠, 鸭, 哑, 轧 (ya[ja]398)

[jai]

疑母: 厓, 崖, 涯 (yai[jai]285)

影母: 挨, 隘 (yai[jai]287)

[jan]

疑母: 严, 言, 研, 颜, 巖, 眼, 砚, 验, 酽, 鳫 (yan[jan]195)

影母: 咽, 胭, 烟, 淹, 偃, 魇, 鷗, 厌, 宴, 餍, 燕, 嘸 (yan[jan]199)

雲母: 炎 (yan[jan]199)

以母: 涎, 延, 沿, 盐, 阎, 筵, 簷, 艳, 焰 (yan[jan]199)

[jaŋ]

影母: 央, 殃, 鸯, 秧 (yang[jaŋ]178)

以母: 扬, 羊, 阳, 杨, 旸, 佯, 洋, 飏, 养, 痒, 样, 漾 (yang[jaŋ]178)

[jao]

疑母: 咬, 齩 (yao[jau]263)

影母: 吆, 妖, 腰, 要, 鞠, 约 (yao[jau]271)

以母: 谣, 摇, 遥, 瑶, 舀, 药, 鹞, 耀 (yo[jo]342)

[jə]

疑母: 业 (ye[jə]343)

以母: 射, 掖, 椰, 野, 叶, 頁, 夜, 液 (ye[jə]347)

[jən]

疑母: 吟, 银 (yen[jən]241)

影母: 窨, 因, 阴, 茵, 荫, 音, 饮, 隐, 瘾, 印, 馨 (yen[jən]244)

以母: 淫, 寅, 霪, 尹, 引 (yen[jən]244)

[jo]

疑母: 岳, 嶽, 窑, 鑰 (yo[jo]339/342)

[ju]

影母: 优, 幽, 憂 (yeo[jou]304)

雲母: 友, 有, 又, 右, 佑, 宥 (yeo[jou]304)

以母: 悠, 由, 犹, 油, 遊, 游, 酉, 莠, 柚, 诱, 釉 (yeo[jou]304)

[jun]

影母: 熨 (yūn[jun]250)

雲母: 晕, 云, 芸, 秐, 蕓, 陨, 运, 韵 (yūn[jun]250)

以母: 匀, 允 (yūn[jun]250)

[juŋ]

影母: 拥, 痈, 雍, 壅 (yūŋ[juŋ]228)

以母: 庸, 甬, 勇, 涌, 踊, 用, 蓉, 镕, 融 (yūŋ[juŋ]228)

[juan]

疑母: 元, 原, 鼋, 源, 愿, 願 (yuwan[juan]201)

影母: 冤, 渊, 怨 (iowan/yon[juan]204)

雲母: 园, 员, 圆, 援, 猿, 辕, 远, 院 (iowan/yon[juan]204)

以母: 缘, 橼 (iowan/yon[juan]204)

[juəi]

疑母: 乐, 月, 刖 (yuye[jujə]349)

影母: 哕 (yuye[jujə]352)

雲母: 钺, 越 (yuye[jujə]352)

以母: 阅, 悦, 跃, 禴 (yuye[jujə]352)

[jui]

疑母: 鱼, 渔, 隅, 虞, 愚, 语, 敔, 玉, 狱, 遇, 御, 璵, 禦 (ioi[iui]380)

影母: 於, 淤, 瘀, 妪, 欝 (yu[ju]383)

雲母: 迂, 于, 盂, 雩, 宇, 羽, 雨, 芋 (yu[ju]383)

以母: 余, 臾, 逾, 榆, 舆, 餘, 踰, 與, 育, 浴, 预, 欲, 谕, 鹆, 裕, 愈, 豫, 鹬,
鸢 (yu[ju]383)

[u]

微母: 诬, 无, 毋, 武, 鹉, 舞, 务, 物, 雾, 鹜 (u[u]359)

疑母: 吾, 梧, 蜈, 五, 午, 伍, 仵, 杌, 误, 悟, 悮 (u[u]353)

影母: 乌, 污, 呜, 屋, 於, 汙 (u[u]358)

[un]

微母: 文, 纹, 闻, 蚊, 吻, 紊, 问 (wen[wən]234)

影母: 温, 榲, 瘟, 稳 (un[un]233)

[uŋ]

影母: 翁, 甕, (ung[uŋ]211)

[ui]

微母: 微, 薇, 尾, 未, 味 (wei[wəi]318)

疑母: 危, 桅 (ui[ui]310)

影母: 威, 隈, 煨, 委, 猥, 畏, 尉, 慰 (ui[ui]313)

雲母: 为, 违, 围, 帏, 帷, 苇, 纬, 卫, 位, 胃, 蝟 (ui[ui]313)

以母: 惟 ([ui]313)

상술한 자료들로부터 아래 몇 가지를 알아낼 수 있다.

1. 근대중국어 제로성모의 내원

『한청문감』에 나타난 『광운』의 미모 [m], 의모 [ŋ], 영모 [ø], 운모 [ø], 이모 [j], 일모 [nʐ] 등 여섯 개 성모가 제로성모였음은 이미 앞에서 밝히었다. 그 가운데의 미모와 일모는 15세기까지 성모가 있었으니 제로성모로의 변화는 15세기 이후의 일이다. 17세기 중엽에 편찬된 『오방원음(五方元音)』에서 미모가 이미 제로성모로 변하였다. 그러나 일모가 제로성모로 변화된 시기는 아직 명확하지 않다.

왕력이 『한어어음사』 394쪽에서 "儿, 而, 耳, 尔, 二, 贰' 등이 원래는 일모에 속한 한자로 원(元)나라 때에는 [ɹ]로 발음되었으나 명청(明清) 시대에 이르러 영모(影母)에 들어가 [ɚ]로 읽히었다. 『등운도경(等韵图經)』에서 '尔, 二,

而' 등을 영모 아래에 놓은 것이 그 증거이다"라고 하였다. 『등운도경』은 기원 1606년에 서효(徐孝)가 편찬한 책이다. 그러니 17세기 초에 일부분 일모의 한자들이 제로성모로 되었다는 것이다. 그런데 17세기 중엽에 편찬된 『오방원음』에서는 "儿, 而, 耳, 尔, 二, 貳" 등을 의연히 일모에 귀속시키었다. 이에 대해 왕력은 『한어어음사』 395쪽의 주해에서 "이면에서는 『오방원음』이 북경음을 대표하지 않는다"고 하였다.

『오방원음』에서 "儿, 而, 耳, 尔, 二, 貳" 등을 일모에 귀속시킨 것에 대해 이청환(李清桓)은 『〈오방원음〉 음계연구』(武汉大学出版社 2008) 49쪽에서 "필자가 보기에 이것은 옛것의 보존 현상이거나 『운략역통(韵略易通)』의 영향으로 당시의 방음(方音)이 아니다"라고 하였다.

향희는 『간명한어사』 338쪽에서 『등운도경』 외의 프랑스 선교사 금니각 (金尼阁)의 『서유이목자(西儒耳目资)』(1626年), 방이지(方以智)의 『절운성원(切韵声原)』(1641年) 등의 자료를 이용하여 "총적으로 17세기에 이르러 권설모음 [ə]의 형성이 시작되었다"라고 하였다.

상술한 사실은 일모의 일부분 한자가 [ə]로 변화된 구체적인 시기 문제는 진일보의 연구가 기대됨을 의미한다.

『한청문감』의 일모 이외의 미모, 의모, 영모, 운모, 이모 등 다섯 개 제로성모에 음절 [ui]가 모두 존재함은 이들이 제로성모로의 합류 시기가 이를 수 있음을 시사한다. 17세기 초의 『등운도경』에서 미모가 영모로 되었다고 하니 이들의 합류가 16세기 말에는 이루어졌다고 보아도 무방할 것 같다.

2. 근대중국어 제로성모 음절의 유형

『한청문감』에 나타난 근대중국어 제로성모 음절의 종류는 35가지이다. 이들을 첫소리에 따라 분류하면 아래의 세 가지 유형으로 분류된다.

(1) 순 모음으로 시작된 음절

순 모음으로 시작된 음절은 아래의 16가지이다.

[a], [ai], [an], [aŋ], [ao], [ə], [ən], [ə˞], [əu], [o], [u], [un], [uŋ], [ui], [i], [iŋ]

(2) 반모음 [j]로 시작된 음절

반모음 [j]로 시작된 음절은 아래의 14가지이다.

[ja], [jai], [jan], [jaŋ], [jao], [jə], [jən], [jo], [ju], [jun], [juŋ], [juan], [juəi], [jui]

(3) 반모음 [w]로 시작된 음절

반모음 [w]로 시작된 음절은 아래의 5가지이다.

[wa], [wai], [wan], [waŋ], [wə]

이상의 『한청문감』의 중국어 제로성모 음절의 종류와 현대중국어 제로성모 음절의 종류는 같다. 이는 현대중국어 제로성모 음절의 종류가 이미 『한청문감』 시기에 형성되었음을 말해준다.

상기의 음절 유형으로부터 볼 때, 중국어 제로성모 음절을 순 모음 음절과 반모음 음절로 구분하고 반모음 음절을 다시 반모음 [j]음절과 반모음 [w]음절로 구분할 수 있다고 인정된다.

3. 근대중국어 제로성모 음절 유형과 현대중국어 제로성모 음절 유형의 대비

근대중국어 제로성모 음절 유형과 현대중국어 제로성모 음절 유형을 대비하면 완전히 일치한 음절과 일치하지 않은 음절을 발견하게 된다.

(1) 완전히 일치한 음절

① 순 모음으로 시작된 음절

   [a], [ai], [an], [aŋ], [aʊ], [ə], [ən], [ɚ], [u], [i], [iŋ]

② 반모음 [j]로 시작된 음절

   [ja], [jaŋ], [jao], [juŋ]

③ 반모음 [w]로 시작된 음절

   [wa], [wai], [wan], [waŋ], [wə]

(2) 일치하지 않은 음절(화살표 왼쪽은 『한청문감』 음절이고, 오른쪽은 현
   대중국어 음절이다.)

① 순모음으로 시작된 음절

   [əu]→[ou], [o]→[wə], [un]→[wən], [uŋ]→[wəŋ], [ui]→[wəi]

② 반모음 [j]로 시작된 음절

   [jai]→[ai], [jan]→[jæn], [jə]→[je], [jən]→[in], [jo]→[ye], [ju]→[jou],
   [jun]→[yn], [juan]→[yæn], [juəi]→[ye], [jui]→[y]

위의 대비에서 아래의 몇 가지 문제가 참답게 연구되어야 할 과제임을
알 수 있다.

1) 현대중국어의 운모와 개음 [y]의 형성문제

왕력이 『한어어음사』 395쪽에서 명청 시기에 촬구호(撮口呼) 운모 [y]가
있었다고 하였으나 『한청문감』에서는 아직 형성되지 않았고 [jui], [ju]로
표기되었다.

이들이 19세기 말의 『화어유초』에서도 대다수가 [jui]로 표음되고, 만문
자료 『음운봉원』에서도 [jui]와 [ju] 두 가지로 표음되었다. 그러나 20세기
초의 『경음자휘』에는 운모와 개음 [y]가 나타난다. 이러한 사실은 현대중국

어 촬구호 운모와 개음 [y]가 19세기 중기부터 20세기 초 사이에 형성되었음을 말해준다.

2) 모음 [u]가 [wə]로의 변화문제

음절 대비에서 근대중국어 모음 [u]가 [wə]로의 변화를 발견하게 되는데 이 역시 참답게 연구되어야 할 어음변화이다.

현대중국어 반모음 [w]의 내원은 아래와 같다(현대중국어 "wu"는 제외한다. 화살표 왼쪽의 국제음성기호는 『한청문감』의 표음이고 오른쪽 라틴문자는 현대중국어 병음표기이다).

[wa]→wa: 瓦, 洼, 袜, 窪, 搲, 竵, 凹

[wai]→wai: 外, 歪

[wan]→wan: 万, 湾, 弯, 碗, 椀, 晚, 盌, 挽, 顽, 玩, 完, 豌, 剜, 蔓

[waŋ]→wang: 王, 往, 亡, 网, 望, 旺, 妄, 辋, 枉, 汪

[wə]→wo: 窝, 倭

[o]→wo: 我, 卧, 硪, 苋, 蜗(见母字)

[uŋ]→weng: 翁, 甕

[un]→wen: 文, 问, 温, 榅, 瘟, 纹, 闻, 蚊, 吻, 紊, 稳

[ui]→wei: 为, 危, 威, 隈, 微, 煨, 薇, 违, 围, 帏, 桅, 帷, 惟, 苇, 尾, 纬, 委, 猥, 卫, 未, 位, 味, 畏, 胃, 喂, 蝟, 慰

[iui]→wei: 尉

상기 81개 한자 가운데에서 이미 근대중국어에서 반모음 [w]로 발음된 한자가 35자로 총수의 43.2%를 차지하고 나머지 46자(총수의 56.8%)의 반모음 [w]는 『한청문감』 이후에 형성된 것으로 주요하게는 [u]가 [wə]로 변하면서 이루어졌다.

『한청문감』의 [un], [ui]의 다수가 『화어유초』에서는 의연히 [un], [ui]로 표기되었으나 『음운봉원』에서의 표기에는 구별이 있다. 즉 미모(微母)에 속한 한자는 [wən], [wɔi]로 표기되고 영모(影母), 의모(疑母), 운모(云母)에 속한 한자는 [un], [ui]로 표기되었다. 이 상황은 근대중국어의 [u]가 [wə]로 변한 것은 미모로부터 시작되었고 19세기 중엽에 이루어졌음을 의미한다. 그 나머지의 [u]가 [wə]로 변화된 것은 19세기 중엽 이후에 일어난 변화이다.

3) 근대중국어 모음 [a], [ə]의 앞 모음화 문제

모음 [a], [ə]의 앞 모음화란 현대중국어에서 겹모음 가운데의 모음 [a], [ə]가 앞 모음 [æ], [e]로 발음되는 어음변화를 가리킨다. 예를 들면 [ian]이 근대중국어에서는 "얀[ian]"으로 발음되었으나 현대중국어에서는 "얜[iæn]"으로 발음되어 가운데 모음 [a]가 앞 모음 [æ]로 변하고, 근대중국어 겹모음 "여[iə]"가 현대중국어에서 "예[ie]"로 발음되어 가운데 모음 [ə]가 앞 모음 [e]로 변하였다. 이러한 변화의 산생 원인과 시기도 참답게 연구되어야 할 과제이다.

三. 근대중국어 운모 "o[o]"의 분화

『한청문감』에서 운모 "o"[o]로 발음된 한자가 모두 194개이다. 이들의 내원은 『광운(广韵)』의 "과섭(果攝) [a], 가섭(假攝) [a], 우섭(遇攝) [uo], 해섭(蟹攝) [ai], 유섭(流攝) [əu], 함섭(咸攝) [am], 산섭(山攝) [an], 진섭(臻攝) [ien], 탕섭(宕攝) [aŋ], 강섭(江攝) [oŋ], 曾攝(증섭) [iəŋ], 경섭(梗攝) [ɐŋ], 통섭(通攝) [uŋ]" 등 13개 섭의 34개 운모이다. 그 가운데의 과섭의 한자가 45%, 탕섭의 한자가 20%, 산섭의 한자가 10.4%, 강섭의 한자가 6%, 우섭의 한자가 4.4%, 경섭의 한자가 3%, 진섭의 한자가 2.7%를 차지한다.

상술한 상황은『광운』에서 모음 [a]를 가진 운모의 다수가 근대중국어에서 운모 [o]로 변하였음을 말해주고 있다. 이는 또한『광운』의 모음 [a]가『한청문감』의 모음 [o]로 변하는 과정에서 아래의 두 가지 변화, 즉 가운데 모음 [a]가 뒤 모음 [o]로, 낮은 모음 [a]가 반 높은 모음 [o]로의 변화가 나타났음을 의미한다. 그러므로 이러한 변화가 나타난 까닭은 무엇인가를 밝혀야 하는 과제가 남아있다.

『한청문감』에서 운모 [o]와 결합되어 음절을 구성한 성모는 아래와 같다.

(1) 순음(脣音)

[p]: 波, 玻, 钵, 饽, 剥, 菠 ……

[pʻ]: 陂, 簸, 坡, 泼, 婆, 破 ……

[m]: 模, 摩, 磨, 糢, 末, 莫 ……

[f]: 佛

(2) 설음(舌音)

[t]: 多, 哆, 掇, 夺, 朵, 躲 ……

[tʻ]: 托, 拖, 託, 脱, 陀, 沱 ……

[n]: 挪, 懦

[l]: 硌, 烙, 啰, 罗, 萝, 逻 ……

(3) 치음(齒音)

[ts]: 左, 佐, 作, 坐, 座, 做 ……

[tsʻ]: 撮, 蹉, 矬, 挫, 莝, 错 ……

[s]: 馊, 搜, 蒐, 瘦, 擞, 薮 ……

[tʂ]: 勺, 棹, 着, 拙, 捉, 桌 ……

[tʂʻ]: 戳

[ʂ]: 说, 烁, 朔, 硕, 莎, 桨

[ʐ]: 若, 弱, 箬

(4) 설근음(舌根音)

[k]: 锅, 蝈, 果, 椰, 裹, 过 ……

[k‘]: 科, 蝌, 课, 骒, 锞

(5) 후음(喉音)

[x]: 活, 火, 伙, 夥, 或, 货 ……

(6) 제로성모(零声母)

[ø]: 莴, 蜗, 我, 卧, 硪

위의 자료는 『한청문감』의 22개 성모(제로성모도 포함됨) 가운데에서 설면음 [tɕ], [tɕʻ], [ɕ] 이외의 모든 성모가 다 운모 [o]와 결합되어 음절을 이루었음을 말해준다. 그 가운데에서 성모 [f], [n], [tsʻ], [ʂ], [ʐ] 등이 [o]와 결합된 음절이 상대적으로 적다.

『한청문감』의 운모 [o]가 현대중국어에 이르러 "uo"[uo], "o"[o], "e"[ə], "u"[u], "ao"[au], "a"[a], "ua"[ua], "ei"[ei], "ou"[ou] 등 9개의 운모로 분화되었는데 구체적인 분화의 상황은 아래와 같다.

(1) "uo"[uo]로 변한 것(114개)

① 설음(舌音): 多, 掇, 剁, 哆, 驮, 舵, 惰, 驮, 垛, 夺, 朵, 躲, 陀, 驮, 沱, 妥, 拖, 唾, 柁, 託, 托, 驮, 庹, 砣, 脱, 铊, 驼, 鼍, 挪, 懦, 螺, 瘰, 烙, 珞, 落, 儸, 啰, 硌, 箩, 络, 罗, 萝, 逻, 锣, 骆, 骡

② 치음(齿音): 昨, 柞, 作, 左, 坐, 座, 佐, 做, 莝, 挫, 磋, 蹉, 撮, 搓, 矬, 错,

莎, 梭, 索, 所, 琐, 簑, 缩, 锁

棹, 灼, 勺, 拙, 捉, 着, 啄, 濯, 桌, 浊, 镯, 戳, 朔, 烁, 硕, 说

弱, 若, 箬

③ 아후음(牙喉音): 果, 裹, 槨, 郭, 聒, 啯, 蝈, 过, 锅, 濄, 伙, 夥, 惑, 或, 火, 活, 豁, 祸, 获, 货

④ 제로성모(零声母): 我, 卧, 硪, 萵, 蜗

(2) "o"[o]로 변한 것(40개)

① 순음(唇音): 拨, 波, (孛+頁), 玻, 钵, 饽, 剥, 菠, 蹬, 驳, 钹, 脖, 博, 搏, 膊, 镈, 駮, 簸, 陂, 箥, 坡, 泼, 婆, 破, 麼, 没, 谟, 模, 摩, 磨, 糢, 蘑, 抹, 末, 茉, 沫, 莫, 漠, 貘

② 순치음(唇齿音): 佛

(3) "e"[ə]로 변한 것(20개)

① 아음(牙音): 阁, 科, 蝌, 课, 骒, 锞

② 후음(喉音): 何, 和, 河, 盒, 鹤, 貉

③ 제로성모(零声母): 俄, 鹅, 蛾, 饿, 阏, 噩, 哦

④ 설음(舌音): 乐

(4) "ao"[au]로 변한 것(6개)

薄, 宝, 报, 芍, 凿, 棹

(5) "u"[u]로 변한 것(6개)

芦, 掳, 幞, 劚, 著, 醋

(6) "a"[a]로 변한 것(4개)

蟆, 莎, 桨, 铊

(7) "ua"[ua]로 변한 것(2개)

画, 劃

(8) "ei"[ei]로 변한 것(1개)

沫

(9) "ou"[ou]로 변한 것(1개)

谋

위의 자료는 『한청문감』의 운모 [o]가 주요하게 "uo"[uo], "o"[o], "e"[ə] 세 개로 분화되었음을 말해준다. 이러한 분화가 대체로 성모와 관계되는데 그 구체 상황은 아래와 같다.

1. "uo"[uo]로 분화된 것

『한청문감』의 운모 [o]가 현대어 "uo"[uo]로 된 것이 제일 많다. 모두 114 개로 총수의 60%를 차지한다. 이들의 성모는 설음(舌音), 치음(齒音), 아음(牙音), 후음(喉音)이다.

우리가 『한청문감』에서 발견한 운모 [uə](현대중국어의 "uo"[uo])의 존재는 모두 "果, 菓, 裹, 火, 过, 国, 倭, 窝" 등 여덟 개뿐이다. 그 가운데의 "果, 裹, 火, 过" 네 글자는 [o]와 [uə] 두 가지 소리로 표기되었다. 이는 당시에 두 가지 소리가 병존해 있었음을 의미한다. 예를 들어 "火"자가 "堆火", "荒火", "火石", "打火", "火把"에서는 [xo]로 표기되고 "火树"에서는 [xuə]로 표기되었다.

이러한 상황은 현대중국어의 운모 "uo"[uo]가 이미 18세기에 형성되었음을 의미하며, 『한청문감』에서 [uə]로 발음된 8자가 후아음(喉牙音)이라는 사실은 근대중국어 [o]가 [uo]로의 변화가 후아음으로부터 시작되었음을 설명한다.

이 밖에 단모음 [o]가 겹모음 [uo]로의 변화로부터 아래의 두 가지 사실을 발견할 수 있다. 그 하나는 근대중국어 모음 [o]는 원순(圓脣) 정도가 높은 원순모음이었는데 점차 원순 정도가 낮은 모음으로 변하면서 [o]와 [ɤ] 사이의 소리를 내게 되었다. 다른 하나는 모음 [uo]의 음가는 사실상 반모음 [w]와 모음 [ɤ]가 결합된 겹모음 [wɤ]이다. 반모음 [w]의 생성은 모음 [o]의 원순도의 변화와 관계되는 것으로 보인다.

2. "o"[o]로 분화된 것

『한청문감』의 운모 [o]가 현대중국어에서 "o"[o]로 된 글자가 40개로 총수의 20%를 차지하는데 그 앞의 성모는 모두 순음이다. 현대중국어 "o"를 원순모음으로 다루지만 사실상 원순 정도가 높지 않은 [o]와 [ɤ] 사이의 소리이다.

[o]의 원순성이 낮아지는 변화가 이미 『한청문감』에서 시작된 것으로 보인다. 왜냐하면 "抹"[mo]/[mə], "末"[mo]/[mə], "沫"[mo]/[mə], "脖"[po]/[pə], "撥"[po]/[pə] 등 글자들이 『한청문감』에서 운모 [o]와 [ə] 두 가지로 표기되었기 때문이다. 여기에서 운모 [ə]로의 표기는 사실상 원순성이 높은 운모 [o]가 원순성이 낮은 운모 [o]로 변하고 있음을 의미한다.

운모 [o]의 발음에 대해 왕력은 『한어어음사』 430쪽에서 아래와 같이 서술하였다.

"波, 婆, 磨 등 글자를 …… 오늘날의 병음방안에서 bo, po, mo로의 표기는 편리를 위했을 뿐이다. 실제 독음은 마땅히 [puo, p'uo, muo]로 되어야 한다."라고 하였다.

이는 현대중국어 모음 [o]의 발음이 [ə]나 [ɤ]에 가까운 소리임을 의미한다.

3. "e"[ə]로 분화된 것

『한청문감』의 운모 [o]가 "e"[ə]로 분화된 한자가 20개로 총수의 10%를 차지하며 이에 속한 글자는 "閣, 科, 蝌, 課, 騍, 鈋, 何, 和, 河, 盒, 貉, 鶴, 俄, 鵝, 蛾, 餓, 闶, 噩, 哦, 乐" 등이다. [o]가 "e"[ə]로의 변화는 원순모음이 비원순모음으로의 변화로 [o]의 원순 정도가 낮아지면서 생긴 결과이다.

상기의 서술을 종합하면 근대중국어 [o]의 다수가 현대중국어에 이르러 운모 [uo], [o], [ə]로 분화된 주요 원인은 근대중국어 모음 [o]의 원순 정도가 낮아진데 있다. 이러한 변화의 산생원인은 참답게 연구되어야 할 과제이다.

중국의 일부 학자들이 근대중국어 모음 [o]의 변화에 대해 언급하기도 하였다. 예를 들면 향희가 『간명한어사』340-342쪽에서 근대중국어 [o]음의 변화 원인은 밝히지 않고 변화의 추세를 아래의 4가지라고 하였다. 첫째는 단모음의 겹모음화, 둘째는 겹모음의 단모음화, 셋째는 원순모음의 비원순모음화, 넷째는 고모음의 저모음화라고 하였다. 이어서 모음 [ɤ]가 이미 17세기에 생겼다고 하였다.

이상의 사실들로부터 우리는 아래의 몇 가지 결론을 내리게 된다.

1. 『한청문감』의 운모 [o]는 『광운』의 13개 섭 34개 운모에서 왔는데 많이는 『광운』의 모음 [a]가 『한청문감』에서 모음 [o]로 변하였다.

2. 근대중국어 운모 [o]의 분화는 [o]의 원순 정도의 하강으로 인기된 어음변화로 이러한 변화를 초래한 원인에 대해서는 참답게 연구되어야 할 과제이다.

3. 현대중국어 운모 "uo"[uo]는 근대중국어의 운모 [o]에서 분화된 운모이고 이 분화는 18세기 중엽으로부터 시작되었으나 20세기 초에도 지속되었다.

四. 현대중국어 운모 "ü"[y]의 형성

현대중국어 운모와 개음 "ü"[y]의 형성은 현대중국어 운모체계의 형성 및 중국어 어음변화 역사 연구에서 홀시할 수 없는 중요한 과제이다. 중국 학술계에서 이 문제에 대한 연구가 전개되었는데 지금까지의 주요성과는 아래와 같다.

왕력은 『한어어음사』 395쪽에서 명청 시기 중국어의 운모를 15개 운부(韻部)로 나누고 그 가운데의 "거어(居鱼)" 운부의 운모가 [y]라고 하였다. 그러니 왕력은 명청 시기에 운모 [y]가 형성되었다고 본 것이다.

향희는 『간명한어사』 342쪽 주해에서 다음과 같이 지적하였다.

"『중원음운(中原音韵)』의 여섯 개 촬구호 운모는 [iu], [iuɛ], [iuɛn], [iuən], [iuən], [iuŋ]이고 개음(介音)은 [iu]로 현대중국어의 개음 [y]와 달랐다. 박은자(朴隐子)의 『시경통운(诗經通韵)』(기원 1685년)에서는 『중원음운』의 어모(鱼摸) 운모를 [u]와 [y] 두 개 운모로 나누었는데 촬구호가 정식으로 [iu]로부터 [y]로 변하였다. 여기에서 잠시 [iu]를 촬구호로 보고자 한다."

이신괴(李新魁)는 논문 "근대한어개음의 발전(近代汉语介音的发展)"(『李新魁语言学论集』 中华书局 1994年) 197쪽에서 개음 [iu-]의 발전에 대해 아래와 같이 지적하였다.

"원나라 때의 어우(鱼虞) 운모의 글자를 [iu]로 읽었는데 이 독음은 줄곧 17세기 중엽까지 유지되었다. 대개 17세기 말기에 이르러 이 [iu]가 비로소 단일화하여 [y]로 되었다. 1674년에 지어진 『졸암운오(拙菴韵悟)』에서 '여섯 독운(六独韻)'을 갈라놓았다. '거(居)'운이 여섯 독운 가운데의 하나로 되어 다른 단모음 '고(姑)'[u], '격(格)'[ɛ], '기(基)'[i], '지(支)'[ʅ], '자(齊)'[ɿ] 등과 병렬되었으니 이 시기에 [y]음이 이미 나타났음을 알 수 있다."

아울러 [iu]가 [y]로의 변화 원인을 이야기하면서 아래와 같이 지적하였다.

"[iu-]음이 [y-]로의 변화는 원순모음 [u]의 합구(合口) 작용이 앞당겨 완성되었기 때문이다. [i-]의 혀의 위치가 [y]와 꼭 같은 앞 모음 높은 모음이다. 차이라면 [i]는 비원순 모음(기실 [iu]의 [i]가 뒤의 원순모음 [u]의 영향을 받아 약간의 원순성을 갖는다)이고 [y]는 원순모음이라는 것이다. 원순모음 [u]가 [i]에게 원순성을 부여하면서 [i]가 [y]로 변하게 된다. [i]가 [y]로 변한 다음 [y]로부터 [u]에 이르는 혀의 위치 이동의 과정이 진일보 소실되고, —이 사이에 가능하게 [u]의 혀의 위치가 뒤 부위로부터 가운데 부위로 이동하는 단계를 경과하였을 수 있다— [iu]가 [y]로 변하였다. 변화의 전반 과정을 공식으로 표시하면 아래와 같다. iu→yu→yʉ→y ……

[iu]음이 [y]로 변하면서 [iu-]를 개모로 한 많은 운모들이 모두 개음 [y-]를 가진 운모로 변하였다. …… 이리하여 현대 보통말의 운모 계통에 촬구호 개음을 가진 4개의 운모가 존재하게 되었다. 이들 운모의 모두가 명나라 중엽 이후에 비로소 현대의 모양으로 변한 것이다."

이상 세 분 학자의 논술에서 아래의 세 가지 관점을 귀납해 낼 수 있다.

첫째, 현대 중국어 운모와 개음 [y]는 『중원음운』의 [iu]가 변하여 된 것이다.

둘째, 현대중국어 운모와 개음 [y]는 17세기 80년대에 형성되었다.

셋째, [iu]음이 [y]음으로의 변화는 이중모음 [iu]의 두 모음의 상호 영향에 의하여 형성된 것이다.

현대중국어의 [y]가 과연 17세기 80년대에 형성되었다고 할 수 있을까? 이에 대한 『한청문감』 표음 자료의 대답은 부정적이다.

『한청문감』에는 현대중국어에서 운모 [y]로 된 한자 112개가 수록되어 있다. 그 가운데의 "绿"자 하나가 『한청문감』에서 [u]로 표기되고 나머지 111자는 모두 겹모음 [iui]로 표기되었다. 이러한 사실은 18세기 70년대까지 중국어에서 단모음 [y]가 형성되지 않았음을 말해주고 있다.

『한청문감』에서 운모 [iui]로 되어 있는 한자는 아래와 같다(화살표 왼쪽의 국제음성기호는 『한청문감』의 운모이고 오른쪽은 현대중국어의 운모이다. 내원은 『광운』의 섭, 운으로 나누었다).

[iui]→“ü”[y]:

遇摄魚韵: 车, 居, 驴, 榈, 渠, 磲, 虛, 虗, 驢, 於, 淤, 余, 鱼, 渔, 舆, 餘, 疽, 蛆, 徐

遇摄語韵: 举, 巨, 拒, 苣, 距, 駏, 吕, 侣, 女, 许, 语, 敔, 與, 禦, 序, 敍, 绪

遇摄御韵: 锯, 㩴, 虑, 去, 瘀, 预, 御, 豫, 絮

遇摄虞韵: 拘, 驹, 岖, 驱, 敺, 迂, 于, 盂, 臾, 雩, 隅, 逾, 榆, 虞, 愚, 踰, 趋, 须, 需, 鬚

遇摄麌韵: 矩, 缕, 咠, 宇, 羽, 雨, 愈, 聚, 取

遇摄遇韵: 句, 具, 惧, 屡, 芋, 妪, 谕, 遇, 裕, 趣

蟹摄霽韵: 婿

止攝旨韵: 履

流攝侯韵): 褛(褸)

臻摄術韵: 橘, 律, 鹬, 戌

臻摄物韵: 屈, 欝

通摄屋韵: 鞠, 菊, 麴, 蓄, 育, 蓿

通摄燭韵: 锔, 局, 菉, 曲, 玉, 狱, 浴, 欲, 鹆, 瑦, 蓿, 续

상기의 한자들이 만문으로 근대중국어 발음을 표기한 『음운봉원(音韵逢源)』(首都师范大学出版社 2015) 379-382쪽의 표음도 절대다수가 『한청문감』과 마찬가지의 [iui]로 표기되었는데 예를 들면 아래와 같다.

[kiui]: 居, 举, 句, 菊, 车, 俱 ……

[kʻiui]: 区, 去, 曲, 蛐, 渠, 麴 ……

[xiui]: 虚, 许, 畜, 吁, 煦, 恤 ……

[niui]: 女

[liui]: 吕, 慮, 旅, 驴, 律, 绿 ……

[tɕiui]: 聚, 趄, 沮, 狙, 疽, 苴 ……

[tɕʻiui]: 取, 趣, 娶, 趋, 黢 ……

[ɕiui]: 须, 胥, 序, 絮, 徐, 需 ……

[øiui]: 语, 御, 鱼, 寓, 渔, 郁 ……

[øiu]: 余, 雨, 与, 于, 羽, 宇 ……

그런데 19세기의 말에 이르러 운모 [iui]에 변화가 나타났다. 19세기 80년대 한국에서 편집한 『화음계몽언해(華音啓蒙諺解)』, 『화어유초(華語類抄)』에 현대중국어에서 "ü"[y]로 표음된 한자 47개가 나타나는데 이들의 표음 상황은 아래와 같다.

(1) [iui]로 표기된 한자

拘[tɕiui], 举[tɕiui], 聚[tɕiui], 驹[tɕiui], 女[niui], 去[tɕʻiui], 取[tɕʻiui], 曲[tɕʻiui], 虚[ɕiui], 徐[ɕiui], 绪[ɕiui], 鱼[iui], 与[iui], 雨[iui], 语[iui], 舆[iui], 玉[iui], 遇[iui], 御[iui], 渔[iui], 芋[iui], 狱[iui], 谕[iui], 吁[iui], 禦[iui]

(2) [ui]로 표기된 한자

矩[tɕui], 菊[kui], 橘[tɕui], 聚[tɕui], 菉[lui], 驴[lu/lui], 绿[lu/lui], 麴[tɕʻui], 蛐[tɕʻui], 取[tɕʻui], 许[ɕui], 婿[ɕui], 尉[ui]

(3) [iu]로 표기된 한자

句[tɕiu], 钜[tɕiu], 苣kiu], 蛆[tɕiu], 序[ɕiu], 絮[ɕiu], 豫[iu], 狲[iu], 楡[iu]

위에서 열거한 47개 한자 가운데에서 의연히 [iui]음으로 발음된 한자가 25자로 53%를 차지하고, [ui]로 발음된 한자가 13개로 27%를 차지하며, [iu]로 표기된 한자가 12个개로 20%를 차지한다. 이는『한청문감』시기의 운모 [iui]가 19세기 말에 이르러 변화가 나타났음을 말해준다. 즉 절반 이상이 의연히 [iui]로 발음되고 1/4이 앞모음 [i]가 탈락되어 [ui]로 발음되고 근 1/4이 뒤모음 [i]가 탈락되어 [iu]로 발음되는 변화가 나타났다.

상술한 사실에 근거하여 우리는 근대중국어의 운모 [iui]가 아래의 두 가지 도경을 통하여 현대중국어의 운모 "ü"[y]로 변하였다고 보게 된다. 그 하나는 [iui]→[ui]→[y]이고, 다른 하나는 [iui]→[iu]→[y]이다. [ui]가 [y]로의 변화는 모음 축약의 결과로 쉽게 이해될 수 있는 변화이고, [iu]가 [y]로의 변화는 이미 이신괴가 설명한 바와 같다.

『한청문감』시기에 운모 [y]가 형성되지 않았을 뿐만 아니라 개음 [y]도 형성되지 않고 [iu], [io]로 표기되었는데 예를 들면 아래와 같다(화살표 왼쪽은 『한청문감』의 운모이고, 오른쪽은 현대중국어 운모이다. 내원은『광운』의 섭, 운으로 나누었다).

(1) [iuan]→"üan"[yæn]

山摄仙韵: 捐, 权, 拳, 颧, 鸢, 员, 圆, 椽, 全, 泉, 宣, 揎, 旋, 漩, 璿

山摄獮韵: 卷, 捲, 选

山摄線韵: 倦, 绢, 缘, 院, 镟

山摄元韵: 圈, 冤, 元, 园, 原, 鼋, 援, 猿, 源, 辕, 轩, 萱, 喧

山摄阮韵: 远

山摄願韵: 劝, 券, 怨, 愿, 願, 楦

山摄先韵: 鹃, 鋗, 玄, 渊, 悬
山摄铣韵: 犬, 畎

(2) [iuəi]→"üe"[ye]
山摄 薛韵: 绝, 雪, 阅, 悦
山摄 月韵: 撅, 掘, 蕨, 橛, 懯, 蹶, 哕, 月, 刖, 钺, 越
山摄 屑韵: 决, 駃, 穴, 血
果摄 戈韵: 靴, 瘸
宕摄 藥韵: 镢

(3) [io]→"üe"[ye]
宕摄藥韵: 爵, 掠, 略, 虐, 雀, 鹊, 谑, 跃, 龠
江摄覺韵: 学, 乐, 岳, 嶽

(4) [iun]→"ün"[yn]
深摄侵韵: 寻
臻摄慁韵: 逊, 巽
臻摄真韵: 麕
臻摄軫韵: 陨
臻摄諄韵: 均, 匀, 逡, 巡, 循, 驯, 匀
臻摄準韵: 允
臻摄稕韵: 俊, 峻, 骏, 狗
臻摄文韵: 军, 君, 裙, 羣, 群, 熏, 勲, 薰, 燻, 云, 芸, 耘, 蒕
臻摄問韵: 郡, 训, 晕, 运, 韵
臻摄物韵: 熨
山摄元韵: 壎

이 밖에 개별적인 운모 [ian](癬)이 "üan"[yæn]으로 변하고, [iao](嚼, 鹊), [iui](簒, 倔), [i](疟)가 "üe"[ye]로 변하고, 운모 [in](讯), [uan](勋)이 ün"[yn] 으로 변하였다.

상술한 상황은 『한청문감』에서 개음 [iu]가 아직 [y]로 변하지 않았음을 말해준다.

『한청문감』에서 [iuan], [iuəi], [io], [iun]으로 발음되던 운모가 『화음계 몽언해』, 『화어유초』에서의 발음이 아래와 같은 변화가 나타났다.

(1) [iuan]→[iuən]

眷[tɕiuən], 绢[tɕiuən], 捲[tɕiuən], 拳[tɕˈiuən], 全[tɕˈiuən], 圈[tɕˈiuən], 劝[tɕˈiuən], 旋[ɕiuən], 癣[ɕiən], 镟[ɕiuən], 昡[ɕiuən], 元[iuən], 员[iuən], 原[iuən], 圆[iuən], 远[iuən], 院[iuən], 鸳[iuən], 冤[iuən], 辕[iuən]

(2) [iuəi]→[iuiə]

瘸[tɕˈiuiə], 靴[ɕiuiə], 雪[ɕiuiə], 月[iuiə], 阅[iuiə]

(3) [io]→[iao]

略[liao], 学[ɕiao], 乐[iao]

(4) [iun]→[iun]

军[tɕiun], 菌[tɕiun], 裙[tɕˈiun], 羣[tɕˈiun], 薰[ɕiun], 巡[ɕiun], 训[ɕiun], 云[iun], 运[iun]

그러나 1912년에 출판된 『경음자휘(京音字彙)』(首都师范大学出版社 2015)에 이 르러 현대중국어 운모 [y]와 개음 [y]가 산생되었다. 예를 들면 아래와 같다.

(1) 운모 [y]

① [y]

[y](184쪽): 於, 与, 語, 宇, 雨, 圡, 育, 御, 喻, 羽, 域

[ly](161쪽): 侶, 律, 旅, 绿, 屡, 慮, 滤, 褛, 滤, 菉

[ny](161쪽): 女

[tɕʻy](179쪽): 区, 去, 曲, 趣, 娶, 趨, 瞿, 麯, 蛐

[tɕy](181쪽): 居, 俱, 巨, 据, 举, 句, 菊, 鞠, 聚, 剧

[ɕy](183쪽): 许, 序, 徐, 绪, 叙, 吁, 俗, 胥, 煦, 需

② [yn]

[yn](419쪽): 云, 韵, 运, 孕, 陨, 允, 氲, 員, 勻, 醖

[lyn](327쪽): 掄, 淋

[tɕʻyn](408쪽): 群, 裙, 菌, 困, 羣

[tɕyn](408쪽): 均, 军, 菌, 俊, 峻, 君, 郡, 駿, 鈞

[ɕyn](414쪽): 熏, 旬, 迅, 驯, 恂, 寻, 洵, 纁, 训

(2) 개음 [y]

① [yan]

[yan](416쪽): 原, 元, 圆, 院, 远, 苑, 袁, 冤, 源, 愿, 願

[lyan](327쪽): 孿, 變, 巒

[tɕʻyan](405쪽): 圈, 全, 拳, 权, 泉, 夯, 銓, 犬, 荃

[tɕyan](406쪽): 卷, 娟, 眷, 捐, 倦, 绢, 捲, 蠲, 鵑

[ɕyan](412쪽): 选, 宣, 軒, 玄, 旋, 諠, 璇, 瑄, 炫

② [yəi]

[yəi](420쪽): 月, 曰, 约, 越, 躍, 悅, 乐, 阅, 岳, 刖, 粤

[lyəi](328쪽): 掠, 略, 畧

[tɕʻyəi](409쪽): 缺, 却, 确, 鹊, 瘸, 雀, 卻, 阙

[tɕyəi](410쪽): 决, 绝, 掘, 厥, 角, 倔, 撅, 桷, 蹶

[ɕyəi](416쪽): 学, 雪, 血, 穴, 靴, 削, 薛, 汄, 峏

상술한 자료에 근거하여 아래의 몇 가지 결론을 내리게 된다.

1. 현대 중국어 운모 [y]는 근대중국어 운모 [iui]에서 변화된 것이다.

2. 현대중국어 개음 [y]는 근대중국어 개음 [iu]가 변화된 것이다.

3. 근대중국어 운모 [iuan]이 [iuan]→[iuən]→[yan]/[yæn]의 변화를 하였다.

4. 근대중국어 운모 [iuəi]가 [iuəi]→[yəi]→[ye]의 변화를 하였다.

5. 근대중국어 운모 [io]가 [io]→[iao/io]→[ye]의 변화를 하였다.

6. 근대중국어 운모 [iun]이 [iun]→[yn]의 변화를 하였다.

7. 19세기 중엽부터 20세기 10년대 사이에 중국어의 운모와 개음 [y]가 형성되었다.

총적으로 『한청문감』, 『음운봉원』, 『화음계몽언해』, 『화어유초』 등 한글과 만문으로 표기된 근대중국어 표음 자료들은 19세기 후기에 이르기까지 중국어 운모와 개음 [y]가 형성되지 않았음을 말해주고 있다. 이신괴가 1674년에 편집된 『졸암운오』에서 독운 [y]로 되었다는 한자 "거(居)"가 『한청문감』에서 "귀[kiui](161 상)"로 표음되어 있고, 『음운봉원』 379쪽에서 만문으로도 "gioi[kiui]"로 표음되어 있다. 이러한 사실은 17세기 중엽에 중국어의 운모 [y]가 형성되었다는 견해가 성립될 수 없음을 입증한다.

『한청문감』의 [iui]가 19세기 후기에 [iui], [ui], [iu]로 분화되고 이것들이 20세기 초의 『경음자휘』에 이르러 [y]로 변하였다. 이러한 사실은 현대중국어의 촬구호 운모와 개음 [y], [yæn], [ye], [yn] 등이 중국어가 20세기에 진입한 이후에야 형성된 것들임을 말해준다.

五. 근대중국어 모음 [a], [ə]의 앞 모음화

근대중국어 모음 [a], [ə]의 앞 보음화란 근대중국어 복합운모 [ian], [iuan]의 가운데 모음 [a]가 현대중국어에 이르러 모음 [æ]로 변하고, 근대 중국어 복합운모 [əi], [iə], [iəi], [iuəi]의 모음 [ə]가 현대중국어에 이르러 모음 [e]로 변화되는 어음변화를 가리킨다.

1. 모음 [a]가 [æ]에로의 어음변화

근대중국어 운모 [ian], [iuan]의 주요모음 [a]는 저모음이었다. 그러나 이들이 현대중국어에 이르러 [ian]이 제치호(齐齿呼) [iæn]으로 되고, [iuan]이 찰구호(撮口呼) [yæn]으로 되면서 낮은 가운데 모음 [a]가 반 높은 앞 모음 [æ]로 변하였다.

『한청문감』에서 운모 [ian], [iuan]이 아래의 성모들과 결합되었다.

(1) 순음(唇音) [p], [pʻ], [m]

[pian]: 边, 编, 蝙, 鳊, 鞭, 变 ……

[pʻian]: 偏, 篇, 翩, 片, 骗, 蹁 ……

[mian]: 眠, 绵, 棉, 勉, 娩, 面 ……

(2) 설음(舌音) [t], [tʻ], [n], [l]

[tian]: 颠, 典, 点, 电, 甸, 店 ……

[tʻian]: 天, 添, 田, 甜, 填, 餂 ……

[nian]: 年, 鲇, 黏, 捻, 辇, 念 ……

[lian]: 连, 莲, 联, 廉, 怜, 脸 ……

(3) 설면음(舌面前音) [tɕ], [tɕʻ], [ɕ]

[tɕian]: 尖, 笺, 贱, 奸, 坚, 见 ……

[tɕʻian]: 千, 迁, 前, 遣, 欠, 慾 ……

[ɕian]: 仙, 先, 鲜, 贤, 弦, 闲 ……

[tɕiuan]: 捐, 卷, 捲, 倦, 绢, 鹃 ……

[tɕʻiuan]: 全, 泉, 权, 圈, 拳, 劝 ……

[ɕiuan]: 旋, 选, 宣, 玄, 悬, 献 ……

(4) 제로성모(零声母)

[ian]: 咽, 烟, 延, 严, 言, 研 ……

[iuan]: 元, 园, 冤, 渊, 员, 原 ……

상술한 상황은 근대중국어 운모 [ian], [iuan]이 제한된 성모들과 결합하여 음절을 이룸을 말해준다.

왕력은 『한어어음사』 430쪽에서 현대중국어 "언전(言前)" 운부(韵部)의 발음을 이야기하면서 아래와 같이 지적하였다.

"언전에 개구호, 제치호, 합구호, 촬구호 네 가지 호가 있는데 모음의 실제 독음이 다르다. 제치호는 운두(韵头) [i]의 영향을 받아 모음이 앞으로 움직이면서 실제로는 [ian]을 [iɛn]으로 읽는다. 합구호와 촬구호는 운두 [u], [y]의 영향을 받아 모음이 뒤로 움직이면서 실제로는 [uan], [yan]을 [uɑn], [yɑn]으로 읽는다. 그러나 음운의 관점으로 볼 때 모두 [an, ian, uan, yan]으로 적을 수 있다."

왕력의 상기 논술에서 현대중국어 제치호의 모음 [a]가 운두 [i]의 영향을 받아 앞 모음 [æ]로 발음된다고 한 설명은 합리적인 해석이다. 그런데 왕력의 해석에서 제일 이해가 되지 않는 것이 운모 [yan]의 모음 [a]가 운두 [y]의 영향을 받아 뒤로 움직이면서 모음 [ɑ]로 되었다는 것이다. 주지하다시피 모음 [y]는 비원순 모음 [i]와 발음부위가 꼭 같은 앞 모음, 높은 모음, 원순모음이다. 이러한 앞 모음 [y]가 모음 [a]를 뒤로 움직이게 한다는 것은 납득이 되지 않는다. 같은 발음 부위에 있는 모음 [i]는 뒤의 모음을 앞으로 움직이게 하고, 모음 [y]는 뒤의 모음을 뒤로 움직이게 한다는 것은 사리에 맞지 않기 때문이다. 뿐만 아니라 현대중국어 [yan]의 실제 발음도 [yɑn]이 아니라 [yæn]이니 모음 [a]가 앞으로 움직인 것이다.

『한청문감』에서 [ian], [iuan]으로 표음된 한자들이 만문으로 한자의 중국어 발음을 표기한 운서 『음운봉원』(195-205쪽)에서의 표기도 [ian], [iuan]이다. 예를 들면 아래와 같다.

(1) [ian]

[kian]: 简, 堅, 见, 间, 劍, 奸 ……

[kʻian]: 牽, 乾, 欠, 芡, 歉, 鈐 ……

[xian]: 献, 贤, 咸, 險, 县, 现 ……

[tian]: 典, 殿, 点, 电, 甸, 巅 ……

[tʻian]: 天, 忝, 田, 添, 甜, 腆 ……

[nian]: 年, 念, 碾, 黏, 粘, 鮎 ……

[lian]: 脸, 鍊, 熑, 廉, 莲, 殮 ……

[pian]: 边, 便, 蝙, 弁, 变, 卞 ……

[pʻian]: 篇, 片, 偏, 胼, 骗, 蹁 ……

[mian]: 面, 免, 綿, 缅, 眠, 棉 ……

[tɕian]: 箭, 剪, 尖, 荐, 戔, 煎 ……

[tɕʻian]: 千, 前, 倩, 浅, 茜, 遷 ……

[ɕian]: 先, 线, 仙, 鲜, 跹, 铣 ……

[øian]: 延, 宴, 言, 眼, 烟, 妍 ……

(2) [iuan]

[kiuan]: 涓, 捲, 眷, 娟, 倦, 弓 ……

[kʻiuan]: 圈, 犬, 劝, 权, 券, 拳 ……

[xiuan]: 铉, 悬, 炫, 眩, 泫, 嬛 ……

[tɕiuan]: 鑴, 隽, 朘,

[tɕʻiuan]: 銓, 全, 荃, 痊, 泉, 悛 ……

[ɕiuan]: 宣, 选, 漩, 旋, 镟, 揎 ……

[liuan]: 恋, 挛, 娈

[ʐiuan]: 㧺, 壖, (田+夐)

[øiuan]: 元, 愿, 原, 远, 员, 院 ……

이는 『한청문감』과 『음운봉원』에서 상기의 한자들이 운모 [ian], [iuan]으로 발음되었음을 말해준다.

그러나 이들이 19세기 말의 한국문헌 『화음계몽언해』와 『화어유초』의 표기에서는 변화가 나타나 『한청문감』의 [ian]이 [iən]으로 표기되고, [iuan]이 [iuən]으로 표기되었는데. 예를 들면 아래와 같다.

(1) [ian]→[iən]

变, 遍, 匾, 鞭, 便, 辨, 边, 典, 甸, 点, 店, 惦, 笕, 鍊, 憐, 簾, 练, 联, 脸, 莲, 连, 镰, 麵, 眠, 面, 撚, 碾, 年, 念, 粘, 偏, 片, 前, 千, 欠, 浅, 钱, 田, 天, 添, 填, 甜, 钿, 線, 仙, 县, 闲, 弦, 嫌, 宪, 献, 现, 痫, 醶, 鲜, 癣, 眼, 醃, 烟, 宴, 燕, 鷰, 沿, 演, 簷, 盐, 谚, 缘

(2) [iuan]→[iuən]

眷, 捲, 绢, 拳, 圈, 全, 劝, 镟, 旋, 怨, 愿, 冤, 院, 原, 元, 员, 圆, 辕, 远, 鸳

운모 [ian]이 [iən]으로의 변화가 1912년에 출판된 『경음자휘』에서도 지속된다. 순음, 설음([l] 제외), 제로성모 뒤의 운모 [ian]이 운모 [iən]으로 표기되고, 성모 [tɕʻ], [tɕ], [ɕ], [l] 뒤의 운모 [ian]은 의연히 [ian]으로 표기되었다. 그리고 운모 [iuan]의 개음 [iu]가 [y]로 변하면서 운모 [yan]으로 변하였다. 예를 들면 아래와 같다.

(1) [ian]→[iən]
[pʻiən](260쪽): 偏, 扁, 篇, 翩
[piən](261쪽): 便, 编, 片, 騙, 楩, 諞, 胼 ……
[miən](267쪽): 棉, 眠, 綿, 免, 冕, 面, 緬 ……
[tʻiən](376쪽): 天, 田, 填, 腆, 舔, 忝, 殄 ……
[tiən](377쪽): 顚, 典, 店, 點, 甸, 電, 殿 ……
[niən](394쪽): 年, 念, 碾, 黏, 撚, 粘, 鮎 ……
[iən](461쪽): 言, 延, 眼, 炎, 研, 烟, 妍 ……

(2) [ian]→[ian]
[tɕʻian](429쪽): 千, 仟, 僉, 前, 欠, 倩, 铅 ……
[tɕian](432쪽): 見, 间, 姦, 尖, 建, 减, 剪 ……
[ɕian](450쪽): 先, 仙, 鮮, 现, 衔, 險, 贤 ……
[lian](399쪽): 帘, 廉, 憐, 鍊, 脸, 莲, 联 ……

(3) [iuan]→[yan]
[tɕʻyan](405쪽): 圈, 全, 拳, 泉, 权, 劝, 券 ……
[tɕyan](406쪽): 眷, 娟, 捲, 倦, 狷, 捐, 鵑 ……
[ɕyan](412쪽): 喧, 宣, 选, 軒, 旋, 玄, 諠 ……
[lyan](327쪽): 孿, 虊, 攣

[yan](416쪽): 原, 圓, 院, 元, 远, 愿, 媛 ……

　위의 자료들은 우리들에게 근대중국어의 [ian]이 [ian]→[iən]→[iæn]의 변화를 거쳐 현대중국어의 운모 [iæn]으로 되고, 근대중국어의 [iuan]이 [iuan]→[iuən]→[yæn]의 변화를 거쳐 현대중국어의 운모 [yæn]으로 되었음을 말해준다. 다시 말하면 운모 [ian]의 [a]가 [a]→[ə]→[æ]로의 변화를 가져온 것이다. 그러니 가운데 낮은 모음 [a]가 먼저 가운데 반 높은 모음 [ə]로 변하고 이것이 다시 앞 모음 [æ]로 변하였는데 이는 운두 [i]의 영향으로 인해 나타난 변화이다.

2. 모음 [ə]가 [e]에로의 변화

　근대중국어 운모 [əi], [iə], [iəi], [iuəi]가 현대중국어에 이르러 아래와 같은 변화가 나타났다.
　[əi]가 개구호(开口呼) [ei]로 변하고, [iə]와 [iəi]가 제치호(齐齿呼) [ie]로 변하고, [iuəi]가 촬구호(撮口呼) [ye]로 변하였다. 여기에서의 주요변화는 근대중국어 주요모음 [ə]가 현대중국어의 모음 [e]로의 변화, 즉 가운데 모음 [ə]가 앞 모음 [e]로의 변화가 나타난 것이다.
　『한청문감』에서 운모 [əi], [iə], [iəi], [iuəi]가 아래의 성모들과 결합되었다.

　(1) 순음(唇音) [p], [pʻ], [m], [f]
　[pəi]: 卑, 盃, 悲, 碑, 备, 背 ……
　[pʻəi]: 陪, 培, 佩, 珮, 配, 辔 ……
　[pʻiəi]: 撇
　[məi]: 玫, 眉, 梅, 媒, 煤, 每 ……
　[miəi]: 灭, 篾

[fəi]: 飞, 妃, 非, 肥, 肺, 废 ……

(2) 설음(舌音) [t], [tʻ], [ɳ], [l]

[tiəi]: 爹, 跌, 迭, 牒, 蝶, 疊 ……

[tʻiəi]: 帖, 贴, 铁

[nəi]: 内

[niəi]: 捏, 臬, 涅, 镊, 孽, 摄 ……

[ləi]: 垒, 诔, 蠡, 泪, 累

[liəi]: 咧, 列, 劣, 烈, 猎, 裂 ……

(3) 설면음 [tɕ], [tɕʻ], [ɕ]

[tɕiəi]: 接, 捷, 疖, 节, 睫, 截 ……

[tɕʻiəi]: 切, 且, 妾, 窃

[ɕiəi]: 些, 楔, 邪, 斜, 写, 卸 ……

[tɕiuəi]: 绝

[ɕiuəi]: 靴, 穴, 雪, 血

(4) 아후음(牙喉音) [k], [kʻ], [x]

[kəi]: 給

[kiəi]: 阶, 揭, 楷, 劫, 诘, 结 ……

[kʻiəi]: 怯, 挈, 慊, 茄, 怯 ……

[kiuəi]: 决, 掘, 駃, 蕨, 橛, 懕

[kʻiuəi]: 缺, 瘸

[xəi]: 黑

[xiəi]: 蟹

[xiuəi]: 解, 歇, 协, 鞋, 蠍

(5) 제로성모(零声母)

[iə]: 掖, 噎, 野, 业, 叶, 夜 ……

[iuəi]: 月, 阅, 悦, 越, 刖, 哕 ……

상술한 상황은 근대중국어 운모 [əi], [iə], [iəi], [iuəi] 역시 제한된 성모들과 결합되어 음절을 이룸을 말해준다.

상기의 운모 [əi], [iə], [iəi], [iuəi] 등이 19세기의 『화음계몽언해』와 『화음유초』에서는 아래와 같은 변화가 나타났다.

(1) [əi]→[əi]

卑, 贝, 备, 背, 辈, 肺, 费, 泪, 玫, 妹, 内, 陪

(2) [iə]→[iə]

爷, 业, 叶, 夜, 野, 也

(3) [iəi]→[iə]

蝶, 疊, 接, 节, 姐, 劣, 唎, 茄, 贴, 铁, 些, 歇, 蠍, 斜, 写, 卸, 谢

(4) [iuəi]→[iuə]

瘸, 靴, 雪, 月, 阅, 越

상기의 운모 [əi], [iə], [iəi], [iuəi] 등이 1912년에 출판된 『경음자휘』에서는 [əi]가 그대로 보존되고, [iəi]가 [iəi]로 변하였으며, [iuəi]는 개음 [iu]가 [y]로 변하면서 [yəi]로 변하고 [iə]가 [iəi]에 귀속되었다. 예를 들면 아래와 같다.

(1) [əi]→[iə]

[kəi](500쪽): 给

[xəi](507쪽): 嘿, 黑

[təi](340쪽): 得

[ləi](386쪽): 磊, 類, 雷, 累, 壘, 淚, 儡, 勒, 礧, 耒, 擂

[nəi](392쪽): 內, 餒, (食+委)

[pʻəi](231쪽): 呸, 配, 陪, 佩, 賠, 胚, 培, 辔, 沛, 裴, 霈

[pəi](231쪽): 杯, 背, 北, 被, 悲, 輩, 卑, 備, 貝, 焙, 箄

[məi](241쪽): 美, 每, 沒, 梅, 煤, 昧, 媚, 魅, 媒, 枚, 霉

[fəi](257쪽): 非, 妃, 肥, 沸, 飛, 匪, 廢, 腓, 扉, 蜚, 吠

[tsəi](278쪽): 賊

(2) [iəi]→[iəi]

[iəi](468쪽): 椰, 噎, 野, 業, 葉, 頁, 夜, 液, 射, 掖

[tʻiəi](379쪽): 貼, 鐵, 帖, 鋏, 飻, 饕, 驖, 帖

[tiəi](380쪽): 爹, 跌, 迭, 瓞, 牒, 碟, 蝶, 疊

[liəi](403쪽): 咧, 列, 劣, 烈, 獵, 裂, 冽, 烈

[niəi](395쪽): 捏, 臬, 涅, 鑷, 孽, 晶, 躡

[pʻiəi](266쪽): 撇, 瞥, 苤, 擎, 潎, 蟞

[piəi](266쪽): 鱉, 別, 弊, 憋, 鼈, 徶, 癟

[miəi](269쪽): 滅, 篾, 乜, 哶, 搣, 蔑

[tɕʻiəi](440쪽): 切, 茄, 且, 妾, 怯, 竊, 慊, 伽

[tɕiəi](441쪽): 階, 癤, 接, 揭, 嗟, 街, 楷, 節, 劫

[ɕiəi](454쪽): 協, 邪, 脅, 斜, 鞋, 寫, 瀉, 洩, 械, 謝

(3) [iuəi]→[yəi]

[yəi](420쪽): 月, 曰, 约, 越, 躍, 悦, 乐, 阅, 岳, 刖, 粤

[lyəi](328쪽): 掠, 略, 畧

[tɕ'yəi](409쪽): 缺, 却, 确, 鹊, 瘸, 雀, 卻, 阙

[tɕyəi](410쪽): 决, 绝, 掘, 厥, 角, 倔, 撅, 桷, 蹶

[ɕyəi](416쪽): 学, 雪, 血, 穴, 靴, 削, 薛, 泬, 岹

여기에서 운미 [ɨ]는 운미 [i]가 약화된 형태의 음으로 모음 [ɿ]와 비슷한 음일 것으로 추정된다.

위의 자료에서 아래의 몇 가지 사실을 알아낼 수 있다.

1. 근대중국어의 운모 [əi]는 20세기 초까지 쓰였다. 그 뒤 이 운모의 주요 모음 [ə]가 앞모음 [e]로 변하였다.

2. 근대중국어 운모 [iəi]가 19세기 말에 운미 [i]가 탈락되거나 약화되어 운모 [iə] 또는 [iəi]로 변하였다. 그 뒤 모음 [ə]가 개음 [i]의 영향을 받아 앞 모음 [e]로 변하였다.

3. 근대중국어 운모 [iuəi]가 19세기 말까지 개음 [iu]를 보존하고 있었으나 20세기 초에 운모 [iuə] 또는 [iuəi]의 개음 [iu]가 [y]로 변하였다. 그 후 주요모음 [ə]가 앞의 개음 [y]의 영향을 받아 앞 모음 [e]로 변하였다.

상술한 상황은 근대중국어 운모 [əi], [iəi], [iuəi] 등이 각기 "[əi]→[ei]", "[iəi]→[iə]→[ie]", "[iuəi]→[yəi]→[ye]"의 변화를 거쳐 현대 중국어 운모 [ei], [ie], [ye]로 되었을 것으로 보이는데 이러한 변화는 중국어가 20세기에 들어선 이후에 나타났다고 인정된다.

이상의 논술들을 귀납하면 20세기에 들어선 이후에 중국어 복합운모의 가운데 모음 [a], [ə]가 앞 모음 [æ], [e]로 변하는 어음변화가 일어났다. 이 변화의 원인은 앞 모음 높은 모음으로 된 개음 [i], [y]가 뒤의 모음 [a], [ə]를 보다 높은 위치의 앞 모음으로 끌어간데 있다. 이러한 변화는 20세기 초

중국어에서 나타난 일련의 변화, 예를 들면 견모 계열의 자음 [k], [kʻ], [x]의 구개음화, 운모 [y]의 산생, 운모 [iən]이 [in]으로의 변화, 운모 [uŋ]이 [əŋ] 으로의 변화 등과 연관되어 생겨났을 수도 있다. 즉 20세기 초기의 중국어에서 여러 가지의 어음변화가 동시에 다발적으로 일어났을 수 있다. 이들 변화의 공동성은 뒤의 어음이 앞으로의 이동이다.

六. 근대중국어 운모 "uo"[uo]의 내원

중국 학술계에서 근대중국어에 운모 "uo"[uo]가 존재했고 그것이 현대중국어에 이르러 [o], [uo], [a], [u], [ə] 등 운모로 되었다고 하였다.

향희(向熹)는 『간명한어사(简明汉语史)』(商务印书馆 2010年) 340쪽에서 아래와 같이 지적하였다.

"『중원음운(中原音韵)』에서 가과(歌戈)운의 운모가 [o], [uo], [io]였다. 그들이 현대 보통말에 이르러 큰 변화가 나타났다. ……

(2) 가과운의 합구음 [uo]가 아래의 [o], [uo], [a], [u], [ə] 다섯 개로 분화되었다.

[uo]→[o](순음): 波, 玻, 跛, 籤, 播, 坡, 颇, 婆, 叵, 泼, 粕, 破, 磨, 抹, 末, 莫, 寞, 佛

[uo]→[u](순음): 幕, 缚

[uo]→[uo](설치음과 일부분 아후음): 多, 夺, 朵, 掇, 舵, 堕, 惰, 剁, 驮, 拖, 驼, 妥, 唾, 儺, 糯, 罗, 裸, 洛, 落, 络, 左, 佐, 坐, 磋, 搓, 莎, 蓑, 锁, 过, 果, 阔, 活, 火, 货, 祸, 窝, 倭, 卧

[uo]→[a]: 跋, 魃, 他, 那

[uo]→[ə](일부분 아후음): 戈, 科, 蝌, 窠, 颗, 课, 禾, 和, 讹……"

왕력(王力)은 『한어어음사(汉语语音史)』(中国社会科学出版社 1985) "제7장 원

(元)의 음계(音系)"의 운부(韻部)에서 "가과(歌戈)" 운부 개구호의 음을 [ɔ]로 추정하고, 합구호의 음을 [uɔ]로 추정했다.

"제8장 명청(明淸)의 음계"에서는 "사파(梭波)" 운부의 개구호의 음을 [ɔ]로, 제치호의 음을 [iɔ]로, 합구호의 음을 [uɔ]로 추정하고 아래의 한자들이 [uɔ]로 발음되었다고 하였다.

"[kuɔ]锅, 果, 过, [k'uɔ]科, 颗, 课, [tuɔ]多, 朵, 惰, 夺, [t'uɔ]拖, 妥, 脱, 陀, [nuɔ]娜, 懦, 那, [puɔ]波, 跛, 博, 箔, [p'uɔ]坡, 颇, 破, 婆, [muɔ]摸, 抹, 莫, 魔, [tsuɔ]左, 坐, 昨, [ts'uɔ]搓, 脞, 错, [suɔ]梭, 锁, [wɔ]窝, 卧, 讹, [xuɔ]火, 祸, 活, [luɔ]裸, 罗, [tʂuɔ]卓, 浊, [tʂ'uɔ]戳, [ʂuɔ]所, 朔"

"제9장 현대의 음계" 운부에서는 명청시기 "사파" 운부의 개구호 [ɔ]와 제치호 [iɔ]가 현대중국어에서는 소실되고, 명청 시기의 합구호 운모 [uɔ]가 [uo]로 변하였다면서 아래의 한자들을 예로 들었다.

"波, 簸, 薄, 伯, 勃, 坡, 婆, 破, 泼, 磨, 莫, 多, 朵, 掇, 拖, 陀, 唾, 脱, 挪, 糯, 诺, 罗, 裸, 洛, 桌, 着, 绰, 说, 朔, 弱, 左, 坐, 搓, 剉, 错, 蓑, 锁, 索, 果, 过, 郭, 阔, 廓, 窝, 我, 卧, 握。"

이상 두 분 학자의 논술에서 아래의 몇 가지를 귀납할 수 있다.

1. 『중원음운』의 "가과"운이 명청 시기와 현대에 이르러 "사파"운으로 되었는데 합구호는 근대의 [uɔ]로부터 현대의 [uo]로 변하였다.

2. 『중원음운』 "가과"운의 합구호 [uo]가 현대중국어에 이르러 [o], [uo], [a], [u], [ə] 다섯 개로 분화되었다.

3. 『중원음운』 "가과"운의 합구호 [uo]/[uɔ]가 현대중국어까지 유지되었다. 즉 현대중국어의 운모 [uo]는 『중원음운』 시기부터 유래한 운모이다.

그러나 한글로 표음된 『한청문감(汉淸文鉴)』과 만문으로 표음된 『음운봉원(音韵逢源)』(首都师范大学出版社 2015)의 근대중국어 발음 표기 자료가 밝혀 주는 사실은 두 분 학자의 서술과 완전히 다르다. 즉 두 분의 학자가 명청

시기에 [uə]로 발음되었다고 하는 한자의 절대다수가 [o]로 표기되고 개별적인 한자가 [uə]로 표기되었다. 이 시기의 표음상황을 구체적으로 밝히면 아래와 같다.

1. 『한청문감』에서 [uə]로 표기된 한자

『한청문감』에 운모 [uə](현대중국어의 "uo"[uo])가 존재했으나 이에 해당하는 한자는 모두 "果, 裹, 过, 火, 窝, 菓, 国, 倭" 등의 여덟 글자뿐이었다. 이 가운데의 "菓, 国, 倭" 석자가 [uə] 음으로만 표기되고 나머지 "果, 裹, 过, 火, 窝" 다섯 글자는 [uə]와 [o] 두 가지 음으로 표기되었다. 예를 들면 "果"자가 "果断"에서는 [ko]로 표기되고 "果叉"에서는 [kuə]로 표기되었다. "裹"자가 "包裹"에서는 [ko]로 표기되고 "裹定桿"에서는 [kuə]로 표기되었다. "过"자가 "越过", "跳过"에서는 [ko]로 표기되고 "过日子", "过得"에서는 [kuə]로 표기되었다. "火"자가 "堆火", "打火", "火把"에서는 [xo]로 표기되고 "火树"에서는 [xuə]로 표기되었다. "窝"자가 "窝舖"에서는 [o]로 표기되고 "心窝", "胳肢窝"에서는 [uə]로 표기되었다.

이러한 사실은 18세기 70년대에 중국어 운모 [uə]가 산생되기 시작하였고, 이들의 다수가 의연히 [uə]와 [o] 두 가지 소리로 발음되었음을 의미한다.

2. 『한청문감』에서 [o]로 표기된 한자

『한청문감』에서 운모 [o]로 표기된 한자의 총수는 190개이다. 이들은 [tɕ], [tɕʻ], [ɕ] 이외의 모든 성모들과 결합되어 음절을 이루고 현대중국어에 와서는 "uo"[uo], "o"[o], "e"[ə], "u"[u], "ao"[au], "a"[a], "ua"[ua], "ei" [ei], "ou"[ou] 등 9개의 운모로 분화되었다. 그 가운데에서 운모 "uo"[uo]로 변한 것이 제일 많은 114(60%)개 글자이고, 나머지는 "o"[o]가 40개 글자 (22%), "e"[ə]가 20개 글자(11%), "ao"[au]가 6개 글자, "u"[u]가 6개 글자, "a"[a]가 4개 글자, "ua"[ua]가 2개 글자, "ei"[ei]가 1개 글자, "ou"[ou]가 1개 글자이다. 그러니 『한청문감』의 운모 [o]가 현대중국어에 이르러 운모 "uo"[uo], "o"[o], "e"[ə] 세 가지로 변화된 것이 절대다수이다.

『한청문감』의 운모 [o]가 현대중국어 운모로의 변화 상황을 밝히면 아래와 같다.

(1) 운모 "uo"[uo]로 변한 한자

① 설음: [t]多, 掇, 剁, 哆, 駄, 舵, 惰, 馱, 垛, 夺, 朵, 躲, 陀, 馱, [tʻ]沱, 妥, 拖, 唾, 柁, 託, 托, 馱, 庹, 砣, 脱, 铊, 驼, 鼍, [n]挪, 懦, [l]螺, 瘰, 烙, 珞, 落, 儸, 啰, 硌, 箩, 络, 罗, 萝, 逻, 锣, 骆, 骡

② 치음: [ts]昨, 柞, 作, 左, 坐, 座, 佐, 做, [tsʻ]莝, 挫, 磋, 蹉, 撮, 搓, 矬, 错, [s]莎, 梭, 索, 所, 琐, 簑, 缩, 锁, [tʂ]棹, 灼, 勺, 拙, 捉, 着, 啄, 濯, 桌, 浊, 镯, [tʂʻ]戳, [ʂ]朔, 烁, 硕, 说, [ʐ]弱, 若, 箬

③ 아후음: [k]果, 裹, 椁, 郭, 聒, 呙, 蝈, 过, 锅, [kʻ]阔, [x]伙, 夥, 惑, 或, 火, 活, 豁, 祸, 获, 货

④ 제로성모: [ø]我, 卧, 硪, 莴, 蜗

(2) 운모 "o"[o]로 변한 한자

① 순음: [p]拨, 波, (孛+頁), 玻, 钵, 饽, 剥, 菠, 躄, 驳, 钹, 脖, 博, 搏, 膊, 镈, 駮, 簸, [pʻ]陂, 筱, 坡, 泼, 婆, 破, [m]麽, 没, 谟, 模, 摩, 磨, 糢, 蘑, 抹, 末, 茉, 沫, 莫, 漠, 貘

② 순치음: [f]佛

(3) 운모 "e"[ə]로 변한 한자

① 아음: [k]阁, [kʻ]科, 蝌, 课, 骒, 稞

② 후음: [x]何, 和, 河, 盒, 鹤, 貉

③ 제로성모: [ø]俄, 鹅, 蛾, 饿, 阏, 鼍, 哦

④ 설음: [l]乐

(4) 운모 "ao"[au]로 변한 한자

[p]薄, 宝, 报, [ʂ]芍, [tʂ]凿, [tʂ]棹

(5) 운모 "u"[u]로 변한 한자

[l]芦, 掳, [m]幙, [tʂ]劚, 著, [tsʻ]醋

(6) 운모 "a"[a]로 변한 한자

[m]蟆, [s]莎, 桬, [tʻ]铊

(7) 운모 "ua"[ua]로 변한 한자

[x]画, 劃

(8) 운모 "ei"[ei]로 변한 한자

[m]沬

(9) 운모 "ou"[ou]로 변한 한자

[m]谋

상술한 자료는 향희, 왕력 두 학자가 추정한 한자의 독음과 완전히 다르다. 그들이 [uo]/[uɔ]였다는 운모의 대다수가 『한청문감』에서는 [o]이다.

상기의 모순이 만문으로 표기된 자료에서의 상황은 어떠한가를 보기로 하자. 이를 위해 우리는 왕력이 『한어어음사』 제8장 명청 음계에서 추정한 한자 독음 자료와 한자의 중국어 독음을 만문으로 표기한 『음운봉원』(1840년)의 표음 자료를 대비했다. 그 결과는 아래와 같다(한자 왼쪽의 발음 표기는 왕력의 추정음이고 한자 오른쪽의 발음 표기는 『음운봉원』(325-330쪽)의 발음 표기이다).

[kuɔ] 锅, 果, 过 [ko]/[ku]/[kuə]

[kʻuɔ] 科, 颗, 课 [kʻo]/[kʻu]

[tuɔ] 多, 朵, 惰, 夺 [to]

[tʻuɔ] 拖, 妥, 脱, 陀 [tʻo]

[nuɔ] 娜, 懦, 那 [no]

[puɔ] 波, 跛, 博, 箔 [po]

[pʻuɔ] 坡, 颇, 破, 婆 [pʻo]

[muɔ] 摸, 抹, 莫, 魔 [mo]

[tsuɔ] 左, 坐, 昨 [tso]

[tsʻuɔ] 搓, 脞, 错 [tsʻo]

[suɔ] 梭, 锁 [so]

[wɔ] 窝, 卧, 讹 [o]/[ə]

[xuɔ] 火, 祸, 活 [xo]/[xu]

[luɔ] 裸, 罗 [lo]

[tʂuɔ] 卓, 浊 [tʂo]

[tʂʻuɔ] 戳 [tʂʻo]

[ʂuɔ] 所, 朔 [ʂo]

위의 대비에서 왕력의 추정음과 『음운봉원』의 발음 표기의 차이가 현저하고, 반대로 『음운봉원』의 표기와 『한청문감』의 표기가 기본상 일치함을 쉽게 알아낼 수 있다. 특히 『음운봉원』에서도 대다수가 [o]로 표기되고 "果, 过"가 『한청문감』의 표기와 꼭 같이 [o], [uə] 두 가지 음으로 표기되었다는 사실은 근대중국어 말기에 [o]가 [uə]로 변하기 시작하였음을 다시 한 번 입증해준다.

위에서 열거한 한자들이 19세기 80년대의 한국문헌 『화음계몽언해』와 『화어유초』에서의 발음 표기는 아래와 같다.

(1) [uə]로 표기된 한자

[k]果, 菓, 郭, 国, 过, 锅, [kʻ]澗, [ş]说, [ø]我, 卧, 窝, 倭

(2) [o]로 표기된 한자

① 설음: [t]多, 剁, 惰, 垜, 夺, 朵, 躲, [tʻ]妥, 拖, 托, 脱, 驼, [n]挪, [l]落, 啰,
   络, 罗, 萝, 锣, 骆, 骡

② 치음: [ts]昨, 柞, 左, 坐, 座, 佐, [tsʻ]撮, 搓, 矬, 错, 剉, [s]梭, 索, 所, 嗦,
   簑, 锁, [tʂ]卓

③ 아후음: [x]夥, 火, 活, 货, [ø]萵

(3) [u]로 표기된 한자

[t]踱, [tʻ]唾, [l]螺, [ts]做

이 자료는 19세기 말까지 운모 [o]의 다수가 의연히 [o]로 발음되었고,
[uə]음으로 발음된 글자가 성모 "계모(溪母)"와 "치음(齿音)"으로 확장되었으
나 수량이 많지 않으며, 개별적인 글자들에서 [o]→[u]로의 변화가 나타났음
을 보여준다.

그러나 이들이 『경음자휘』(1912)에 이르러서는 새로운 변화가 나타난다.
즉 운모 [uo]/[uə]의 사용범위가 성모 [k], [kʻ], [ş], [ø] 외에 [x], [n], [ʐ]로
확대되고, 성모 [tʻ], [t], [l], [pʻ], [p], [m], [f], [tsʻ], [ts], [s], [tʂʻ], [tʂ] 뒤에
서는 의연히 운모 [o]로 발음된다. 예를 들면 아래와 같다.

(1) 운모 [uə]로 표기된 것

[uo](251쪽): 倭, 我, 卧, 窝, 握, 涡, 醒, 沃, 喔, 踜

[kʻuo](482쪽): 澗, 扩, 括, 廓, 濶, 鞹, 鞟, 适

[kuo](482쪽): 郭, 啯, 鍋, 鍋, 蜾, 國, 果, 菓, 椁, 裹, 過

[xuo](490쪽): 活, 火, 伙, 夥, 或, 貨, 獲, 禍, 惑, 豁

[nuo](326쪽): 挪, 懦, 穤, 諾, 懦, 糯, 儺, 娜, 儺, 糯

[ʂuo](318쪽): 說, 爍, 朔, 碩, 妁, 束, 杓, 勺, 芍, 数

[ʐuo](321쪽): 若, 弱, 箬, 叒, 楉, 鶸, 翶, 捼

(2) 운모 [o]로 표기된 것

[t'o](302쪽): 托, 拖, 託, 脫, 馱, 陀, 沱, 駝, 柁, 砣, 鉈, 妥, 庹, 唾

[to](303쪽): 多, 奪, 朵, 剁, 躲, 舵, 墮, 憜, 铎, 䭾, 咄

[lo](324쪽): 囉, 羅, 蘿, 邏, 鑼, 籮, 騾, 螺, 儸, 瘰, 駱

[p'o](232쪽): 坡, 潑, 婆, 迫, 珀, 破, 魄, 浡

[po](233쪽): 撥, 波, 玻, 鉢, 餑, 剝, 菠, 百, 薄, 伯, 駁, 帛, 泊, 鈸

[mo](242쪽): 麼, 模, 摩, 磨, 抹, 末, 沫, 沒, 莫, 茉, 漠, 墨, 默, 貘

[fo](258쪽): 佛, 咈

[ts'o](292쪽): 搓, 磋, 撮, 蹉, 矬, 挫, 莝, 錯, 剉, 措, 撮

[tso](292쪽): 昨, 左, 佐, 柞, 作, 坐, 作, 胙, 祚, 座, 做

[so](296쪽): 莎, 唆, 梭, 縮, 所, 索, 瑣, 鎖, 娑, 挲

[tʂ'o](313쪽): 戳, 婥, 輟, 踔, 綽, 擉, 滀

[tʂo](314쪽): 拙, 捉, 桌, 灼, 着, 濁, 啄, 濯, 鐲

위의 자료에서 우리는 현대중국어에서 운모 [uo]로 변한 한자 "[t]多, 奪…[t']托, 拖…[l]羅, 螺…[ts]作, 坐…[ts']挫, 撮…[s]缩, 琐…[tʂ]浊, 桌…[tʂ']婥, 绰…" 등의 운모가 의연히 [o]로 표기되어 있음을 볼 수 있다. 이는 20세기 10년대에 중국어 운모 [uo]/[uə]의 사용범위가 확대되기는 하였으나 운모 [o]가 [uo]로의 변화는 의연히 진행 중에 있었음을 보여준다.

총적으로 우리는 상기 자료에 대한 분석으로부터 아래의 몇 가지 결론을 내리게 된다.

1. 근대중국어 운모 [uo]/[uɔ]가 『중원음운』 시기부터 존재해 있었다는 견해는 성립될 수 없는 그릇된 것이다.

2. 현대중국어 운모 "uo"[uo]는 18세기 후기부터 형성되기 시작하였나.

3. 현대중국어 운모 "uo"[uo]는 근대중국어 운모 [o]로부터 분화되어 나온 운모이다. 이러한 분화는 성모 아후음으로부터 시작되어 점차 다른 성모로 확산되었다.

운모 [o]가 [uo]로의 변화 원인은 아래의 두 가지일 수 있다. 그 하나는 이신괴(李新魁)가 그의 논문 "近代汉语介音的发展"(『李新魁语言学论集』中华书局 1994年) 196-197쪽에서 지적한 것처럼 원순모음 [o]의 마찰성분이 반모음 [w-]를 생성시킨 것이다. 다른 하나는 모음 [o]의 원순정도가 낮아지어 [ə] 또는 [ɤ]로 변하면서 [o]가 [wə] 혹은 [wɤ]로 변하였을 수 있다.

4. 대다수 한자의 근대중국어 운모 [o]가 20세기에 들어선 이후에 [uo]로 변하였다.

七. 현대중국어 운모 "ou"[ou], "iou"[iou]의 내원

현대중국어에서 "ou"[ou], "iou"[iou]로 발음된 운모들이 『한청문감』에서는 각기 [əu]와 [iu]로 발음되었고 이들 대다수가 『광운』의 "유섭(流攝)"에서 왔다. 이들의 『광운』 운모를 보면 아래와 같다.

(1) 『한청문감』에서 운모 [əu]로 표기된 한자
流攝侯韵: [t]兜, 篼, [tʻ]偷, 头, 投, 觓, [l]娄, 偻, 楼, 耧, 搂, [ts]陬, [k]沟, 钩, [x]侯, 喉, 猴, 睺, 瘊, [ø]讴, 瓯, 熰, 呕
流攝厚韵: [pʻ]剖, [m]某, [t]阧, 抖, 蚪, 斗, [l]篓, [ts]走, [s]擞, 薮, 嗾, [k]苟, 狗, 垢, [kʻ]口, 叩, [x]吼, 犼, 后, 厚, 後, [ø]殴, 偶, 藕

流攝候韵: [t]豆, 逗, 鬪, 读, [tʻ]透, [l]漏, [ts]奏, [tsʻ]凑, [s]嗽, [k]彀, [kʻ]扣, 寇, 蔻, 簆, 芤, [x]候

流攝尤韵: [ts]骓, [s]搜, 蒐, 馊, [tʂ]州, 诌, 周, 洲, [tʂʻ]抽, 紬, 酬, 稠, 愁, 筹, 踌, 雠, [ʂ]收, [ʐ]柔, 揉

流攝有韵: [f]否, [tʂ]肘, 箒, 纣, 荮, [tʂʻ]丑, 醜, 杻, [ʂ]手, 守, 首, 受, 绶

流攝宥韵: [ts]皱, [s]绉, [tʂʻ]臭, [ʂ]瘦, 寿, 狩, 授, 兽

通攝屋韵: [tʂ]轴

(2) 『한청문감』에서 운모 [iu]로 표기된 한자

流攝尤韵: [n]牛, [l]留, 流, 琉, 旒, 骝, 瑠, 榴, 遛, [tɕʻ]秋, 楸, 鹙, 鳅, 鞧, 䭭, 遒, [ɕ]修, 羞, 馐, [k]鸠, [kʻ]丘, 求, 逑, 球, 毬, [x]休, [ø]优, 悠, 憂, 由, 犹, 油, 遊, 游

流攝有韵: [n]扭, 纽, 钮, [l]柳, 绺, [tɕ]酒, [k]九, 久, 灸, 韭, 臼, 咎, 舅, [x]朽, [ø]友, 有, 酉, 莠, 诱

流攝宥韵: [l]溜, 鹨, [tɕ]就, 鹫, [ɕ]秀, 袖, 绣, 锈, 繡, [k]究, 旧, 救, [x]臭, 嗅, [ø]又, 右, 佑, 柚, 宥, 釉

流攝幽韵: [kʻ]虬, [ø]幽

流攝幼韵: [n]谬, 繆

위의 자료는 "轴"를 제외한 나머지의 한자들은 모두 『광운』의 "유섭"에서 왔음을 말해준다.

중국학계에서 현대중국어 운모 "ou"[ou], "iou"[iou]의 역사적 변화에 대해 아래와 같이 보고 있다.

왕력은 『한어어음사』에서 현대중국어 운모 "ou"[ou], "iou"[iou]의 역사적 변화과정에 대해 아래와 같이 지적하였다.

선진(先秦) 시기에는 "유부(幽部)"의 [u](합구1등), [eu](합구2등), [iu](합구3,

4등)

한대(汉代)에는 "유부(幽部)"의 [u](합구1등), [iu](합구3, 4등)

위진남북조(魏晋南北朝) 시기에는 "유부(幽部)"의 [ʊ](합구1등), [iu](합구3, 4등)

수중당(随-中唐) 시기에는 "후부(侯部)"의 [ou](개구1등), [iou](개구3, 4등)

만당오대(晚唐-五代) 시기에는 "우후부(尤侯部)"의 [əu](개구1등), [iəu](개구3, 4등)

송대(宋代)에는 "우후부(尤侯部)"의 [əu](개구1등), [iəu](개구3, 4등)

원대(元代)에는 "우후부(尤侯部)"의 [əu](개구), [iəu](제치(齐齿))

명청(明清) 시기에는 "유구부(由求部)"의 [əu](개구), [iəu](제치)

현대(现代)에는 "유구부(由求部)"의 [əu](개구), [iəu](제치)

왕력은 수중당(随中唐) 시기에 주요모음 [u]가 [o]로 변한 원인을 논하며 아래와 같이 지적하였다.

"고본한(高本汉)이 후운(侯韵)을 [eu]로 추정하고 우운(尤韵)을 [ieu]로 추정했는데 이론적으로는 설명이 된다. 그러나 어음의 체계성으로 볼 때에는 타당하지 못하다. 『사성등자(四声等子)』, 『절음지남(切音指南)』에서 모두 후운(侯韵)을 옥운(屋韵)의 평성(平声)이라고 하고 우운(尤韵)을 촉운(烛韵)의 평성이라고 하였다. 그러면 후우(侯尤)의 주요모음이 마땅히 [o]이다. 때문에 우리가 후우(侯尤)의 음을 [ou], [iou]로 추정하였다."

그리고 만당오대 시기에 이르러 주요모음이 [o]로부터 [ə]로의 변화에 대해 아래와 같이 지적하였다.

"우후(尤侯)가 [ou], [iou]로부터 [əu], [iəu]로 변하였다. 『절음지장도(切音指掌图)』에서 입성운(入声韵)인 덕운(德韵), 즐운(櫛韵), 질운(質韵), 흘운(迄韵)과 우운(尤韵), 후운(侯韵), 유운(幽韵)을 맞추어 놓았는데 이는 변화된 새로운 정황을 설명한다. 왜냐하면 만당(晚唐)시기 덕운(德韵), 즐운(櫛韵), 질운(質韵), 흘운(迄韵)이 [ək], [ət], [iət]이다. 이들의 주요모음 [ə]와 만당시기 우운(尤

韵), 후운(侯韵), 유운(幽韵)의 주요모음이 같다."

왕력은 이렇게 만당시기에 형성된 운모 [əu], [iəu]는 줄곧 송대, 원대, 명청시기를 거쳐 현대에까지 이른다고 했다.

향희(向熹)는 『간명한어사(简明汉语史)』(商务印书馆 2010)에서 현대중국어 "ou"[ou], "iou"[iou]의 변화역사에 대해 상고시기에는 "유부(幽部)"[u]에 속하고 중고시기에는 우운(尤韵) [iəu], 후운(侯韵) [əu]에 속하고 근대시기에는 우운(尤韵) [iou], 후운(侯韵) [ou]이고 현대에도 우운(尤韵) [iou], 후운(侯韵) [ou]이라고 하였다. 그러면서 제3장 제3절 "중고로부터 근대에 이르는 중국어 음성운(阴声韵)의 발전"에서 "우후(尤侯)"운의 변화에 대해 "1. 운모 [ou]가 『광운』의 후운(侯韵) 및 우운(尤韵)의 순음(脣音)과 치음(齿音)에서 왔다. ……
2. 운모 [iou]는 『광운』의 우(尤), 유(幽) 두 운에서 왔다."고 하였다.

사존직(史存直)은 『한어어사강요(汉语语音史纲要)』(商务印书馆 1981)에서 현대중국어 운모 "ou"[ou]의 내원에 대해 상고 시기에는 "후부(侯部)", "유부(幽部)" 및 "지부(之部)"의 일부가 중고에 이르러 "유섭(流攝)", "ou", "iəu"로 변하고 현대에 이르러 "ou", "iou"로 변하였다고 하였다.

이상 세 학자가 재구한 역사시기의 어음에는 약간한 차이가 있는데 도표로 보이면 아래와 같다.

	상고	중고	근대	현대
왕력	u	[ou][iou]	[əu][iəu]	[əu][iəu]
향희	u	[əu][iəu]	[ou][iou]	[ou][iou]
사존직	之, 侯, 幽	ou, iəu	ou, iəu	ou, iou

세 학자가 재구한 근대중국어어음과 『한청문감』의 표음자료 사이에는 아래와 같은 차이가 있다.

1. 우후운(尤侯韵)이 『한청문감』의 표음은 [əu], [iu]이다.

우후운이 『한청문감』에서는 [əu], [iu]로 표음되었다. 이들이 1840의 만문 문헌 『음운봉원(音韵逢源)』(首都师范大学出版社 2015) 295-305쪽에서의 표음도 『한청문감』과 같은 [əu], [iu]이다. 예를 들면 아래와 같다.

(1) [əu]로 표음된 한자

[k]: 沟, 勾, 篝, 狗, 构, 垢, 够 ……

[kʻ]: 抠, 彄, 芤, 剾, 扣, 寇, 叩 ……

[ø]: 藕, 偶, 欧, 讴, 瓯, 鸥, 沤 ……

[t]: 兜, 斗, 陡, 蚪, 豆, 鬥, 逗 ……

[tʻ]: 偷, 鍮, 斜, 投, 透, 头, 骰 ……

[n]: 羺, 羺, 獳, 鯫, 耨

[p]: (扌+不), (扌+否), (扌+保)

[pʻ]: 掊, 剖

[m]: 某, 楙, 懋, 贸, 谋, 牟 ……

[ts]: 诹, 走, 奏, 邹, 鄹, 聚 ……

[tsʻ]: 湊, 辏, 腠, 楱, 族, 揍 ……

[s]: 搜, 叟, 飕, 嗽, 薮, 橄 ……

[tʂ]: 周, 州, 洲, 舟, 肘, 轴 ……

[tʂʻ]: 抽, 丑, 臭, 筹, 醜, 瘳 ……

[ʂ]: 收, 首, 绶, 手, 狩, 守 ……

[x]: 齁, 吼, 厚, 侯, 後, 犼 ……

[f]: 紑, 否, 不, 缶, 涪, 罘 ……

[l]: 楼, 漏, 篓, 搂, 瘘, 溇 ……

[ʐ]: 肉, 柔, 内, 揉, 蹂, 鞣 ……

(2) [iu]로 표음된 한자

[k]: 鸠, 九, 救, 纠, 久, 究 ……

[kʻ]: 邱, 求, 蚯, 区, 毬, 球 ……

[n]: 妞, 纽, 牛, 扭, 杻, 鈕 ……

[m]: 谬, 缪

[tɕ]: 酒, 揪, 就, 鹫, 僦, 擎 ……

[tɕʻ]: 秋, 酋, 鞦, 鰍, 泅, 囚 ……

[ɕ]: 秀, 修, 羞, 袖, 锈, 馐 ……

[x]: 休, 朽, 咻, 貅, 庥, 鸺 ……

[ø]: 优, 有, 幼, 由, 右, 又 ……

[l]: 柳, 溜, 六, 流, 刘, 硫 ……

2. 혀끝 뒷소리 성모와 운모가 다르다.

향희가 『간명한어사』 284쪽에서 혀끝 뒷소리 성모를 [tʃ], [tʃʻ], [ʃ]로 추정하고 운모는 여전히 개음 [i]를 보존하고 있는 [iou]라고 하였다. 그러나 이것들이 『한청문감』이나 『음운봉원』에서 성모는 모두 [tʂ], [tʂʻ], [ʂ]이고, 운모는 모두 [əu]로 표기되었다. 예를 들면 아래의 글자들이다.

[tʂ]: 州, 周, 洲, 週, 肘, 纣

[tʂʻ]: 抽, 紬, 酬, 稠, 筹, 踌

[ʂ]: 收, 手, 守, 首, 受, 狩, 授, 兽, 绶

3. "유섭(流攝)" 운모가 『한청문감』과 『음운봉원』에서는 [əu]와 [iu]로 분화되었다. 분화의 조건은 등(等)으로 1등자들이 [əu]로 표기되고, 3, 4등자들이 [iu]로 표기되었다. 이들 글자들을 예로 들면 아래와 같다.

(1) 운모 [əu]로 표기된 한자

[tsəu]: 䪷, 走, 奏

[ts'əu]: 凑

[səu]: 搜, 蒐, 馊, 擞, 薮, 嗽

[kəu]: 沟, 钩, 苟, 狗, 垢, 彀

[k'əu]: 芤, 口, 叩, 扣, 寇, 蔻, 簆

[xəu]: 侯, 喉, 猴, 睺, 瘊, 吼, 犼, 后, 厚, 後, 候

(2) 운모 [iu]로 표기된 한자

[tɕiu]: 酒, 就, 鹫

[tɕ'iu]: 鹙, 鳅, 鞧, 酋, 遒

[ɕiu]: 修, 羞, 馐, 秀, 袖, 绣, 锈

[kiu]: 鸠, 究, 九, 久, 灸, 韭, 旧, 臼, 咎, 救, 舅

[k'iu]: 丘, 求, 毬, 球, 述, 虬

[xiu]: 休, 朽, 嗅, 臭

위의 자료에서 우리는 정(精)계열의 3등자들이 이미 구개음으로 변했으나 아후음(牙喉音) 계열의 3, 4등자들은 구개음으로 변하지 않았음을 알아낼 수 있다.

4. 『한청문감』에서 운모 [əu], [iu]로 표기된 한자들이 『경음자휘』(1912)에서도 운모 [ou], [iu]로 표기되었다. 예를 들면 아래와 같다.

(1) [ou]로 표기된 한자

[ou](220쪽): 欧, 呕, 偶, 藕, 瓯, 鸥, 讴, 耦

[k'ou](501쪽): 口, 抠, 扣, 叩, 寇, 芤, 剾, 蔻, 敂

[kou](501쪽): 狗, 构, 勾, 钩, 够, 垢, 购, 媾, 彀, 溝

[xou](507쪽): 后, 厚, 侯, 吼, 後, 候, 瘊, 逅

[t'ou](340쪽): 偷, 投, 頭, 透

[tou](340쪽): 斗, 都, 兜, 陡, 豆, 鬥, 鈄, 讀, 蚪, 梪

[lou](387쪽): 摟, 楼, 娄, 漏, 篓, 露, 偻, 陋, 髅, 蝼

[nou](393쪽): 耨, 鎒, (小+乳)

[p'ou](235쪽): 剖, 掊, 抔, 裒, 抛

[mou](243쪽): 牟, 某, 謀, 眸, 鍪, 牡, 畝, 懋, 楙

[fou](258쪽): 否, 缶, 缻, 浮, 罘, 阜, 蜉, 苻

[ts'ou](280쪽): 湊, 凑, 腠, 輳

[tsou](280쪽): 走, 奏, 諏

[sou](285쪽): 嗖, 搜, 艘, 颼, 庾, 嗾, 薮, 叟, 擻, 傁

[tʂ'ou](359쪽): 抽, 仇, 丑, 筹, 愁, 稠, 酬, 臭, 畴, 譸

[tʂou](360쪽): 周, 粥, 洲, 舟, 州, 纣, 肘, 胄, 咒, 宙, 帚

[ʂou](369쪽): 收, 首, 手, 受, 守, 授, 寿, 狩, 熟, 售, 瘦

[ʐou](373쪽): 肉, 柔, 揉, 蹂, 鞣, 煣

(2) [iu]로 표기된 한자

[iu](469쪽): 優, 有, 由, 又, 幽, 右, 友, 郵, 尤, 幼, 游, 酉, 油, 佑

[tiu](381쪽): 丢

[liu](404쪽): 六, 劉, 流, 留, 硫, 柳, 溜, 陸, 鎏, 瘤

[niu](396쪽): 牛, 扭, 纽, 杻, 鈕, 忸, 狃, 繆, 謬, 妞

[tɕ'iu](443쪽): 秋, 求, 囚, 鞦, 邱, 仇, 球, 鰍, 裘, 楸, 虬, 遒, 觩

[tɕiu](443쪽): 九, 就, 灸, 酒, 韭, 究, 救, 久, 纠, 赳, 玖, 鹫

[ɕiu](456쪽): 休, 修, 秀, 袖, 宿, 羞, 朽, 咻, 庥, 臭, 繡, 锈

위의 자료는 우리들에게 『경음자휘』에서 아후음(牙喉音) 계열의 한자 "求, 邱, 仇, 球, 裘, 九, 灸, 究, 救, 久, 休, 朽, 咻" 등이 구개음으로 변하여 정(精)계열의 구개음과 합류되었음을 보여주고 있나. 이것은 『한청문감』과 『경음자휘』의 주요한 차이이다. 이 밖에 『경음자휘』에서 [tiu]가 증가되고 [miu]가 사라진 것도 차이로 보아야 할 것이다.

5. 왕력 등은 근대중국어 우후운(尤侯韻)의 제치호(齊齒呼) 운모의 발음을 [iəu] 혹은 [iou]로 추정하였으나 『한청문감』과 『음운봉원』의 표기는 [iu]이다. 이로부터 우리는 현대중국어 우후운(尤侯韻)이 역사적으로 수중당(隨中唐) 시기에 주요모음 [u]가 [o]로 변하고, 만당오대(晚唐五代) 시기에 이르러 주요모음 [o]가 [ə]로 변하였다는 견해에 의문을 품게 된다.

왕력도 『한어어음사』 430쪽에서 아래와 같이 지적하였다.

"유구(由求)"의 발음을 일반적으로 [ou], [iou]라고 한다. 음운의 관점에서 볼 때 마땅히 [əu], [iəu]로 표기해야 한다. 청각적으로 [əu]와 [ou]는 매우 가깝다. 유구의 제치호도 사실상 [iou]로 읽히지 않는다. 조원임(趙元任)의 연구에 의하면 평성자를 $[i^o u]$로 읽고 측성자를 $[io^u]$로 읽는다. 나의 관찰에 의하면 평성자를 [iu]로 읽고 측성자를 [iou]로 읽는다."

이로부터 우리는 아래의 두 가지 과제를 제기하게 된다. 그 하나는 중국어 [iou]의 음가문제는 진일보의 연구가 기대되는 과제이다. 다른 하나는 근대 중국어 우후운(尤侯韻)의 주요 모음을 무엇으로 보아야 하는가 하는 문제도 참답게 연구되어야 할 과제이다.

총적으로 현대중국어 운모 "ou"[ou], "iou"[iou]의 역사적 변화과정은 새롭게 연구되어야 할 과제들을 갖고 있다.

八. 근대중국어 운모 [iən]이 현대중국어 운모 [in]으로의 변화

현대중국어에서 운모 "in[in]"으로 구성된 음절로는 "bin[pin], jin[tɕin], lin[lin], min[min], nin[nin], pin[pʻin], qin[tɕʻin], xin[ɕin], yin[ɵin]" 등 9개 유형이다. 이는 현대중국어 운모 "in[in]"이 제한된 성모들과 결합되어 많지 않은 수량의 음절을 이루고 있음을 말해준다.

주지하다시피 『광운』에는 운모 "in[in]"이 없으니 이 운모는 중고 이후에 형성된 것이다. 학자들 사이에서 현대중국어 운모 "in[in]"의 형성에 대한 해석이 같지 않다.

왕력은 『한어어음사』에서 현대중국어 운모 "in[in]"의 형성과정을 아래의 두 개 도경으로 해석하였다. 하나는 만당오대(晚唐-五代) 시기부터 시작된 "진문(真文)" 운부의 개구 3등 운모 [iən]이 명청(明清) 시기에 이르러 "인진(人辰)" 운부의 제치호(齐齿呼) 운모 [iən]으로 되고 그것이 현대중국어에 이르러 "인진" 운부의 제치호 운모 [in]으로 되었다. 다른 하나는 만당오대 시기부터 시작된 "침심(侵寻)" 운부의 개구 3등 운모 [im]이 명청시기에 이르러 "인진" 운부의 제치호 운모 [iən]으로 되고 그것이 현대중국어에 이르러 "인진" 운부의 제치호 운모 [in]으로 되었다.

총적으로 왕력은 만당오대시기부터 시작된 운모 [iən]과 [im]이 명청시기에 운모 [iən], [iᵊn]으로 되었다가 현대중국어에 이르러 운모 [in]으로 변하였다고 했다.

향희(向熹)는 『간명한어사(简明汉语史)』(商务印书馆 2010) 제3장 제4절 "중고로부터 근대중국어에 이르는 양성운(阳声韵)의 발전"에서 중고의 "진운(真韵)(개구 3등)"[ien]이 근대에 이르러 [iən]으로 변하고, 중고의 "흔운(欣韵)(개구 3등)"[iən]이 근대에 이르러서도 [iən]으로 되고, 중고의 "침운(侵韵)(개구 3등)"[iem]이 근대에 이르러 [iəm]으로 되었다고 하였다. 그리고 제3장 제7절 "현대한민족 공동어 표준어의 형성"에서는 "16세기에 이르러 운미 [-m]

이 완전히 소실되면서 운미 [-n]과 합병하였다. 모음에 따라 침심(侵寻)이 진문(真文)에 합병되고, 감함(监咸)이 한산(寒山)에 합병되고, 염섬(廉纤)이 선천(先天)에 합병되었다."고 히먼시 아래의 한자 "林, 淋, 臨, 浸, 綾, 祿, 侵, 寢, 心, 沁, 金, 今, 錦, 禁, 欽, 琴, 禽, 歆, 音, 阴, 吟, 淫, 饮, 蔭" 등이 운모가 [iəm]으로부터 [in]으로 변하였다고 하였다.

두 분 학자가 한 중고중국어 어음 추정에 약간한 차이가 있기는 하지만 모두가 근대중국어에 이르러 [iən]으로 변했고 그것이 현대중국어에 이르러 운모 [in]으로 변하였다고 보았다.

현대중국어에서 운모 [in]으로 발음된 한자들이 『한청문감』에서의 독음은 아래와 같다(화살표 왼쪽은 『광운』의 음이고 오른쪽은 『한청문감』의 음이다).

(1) 성모(声母)

幫母[p]→[p]: 宾, 槟, 殡, 鬓

滂母[pʻ]→[pʻ]: 品, 聘, 贫, 嫔, 苹

明母[m]→[m]: 民, 皿, 抿, 悯, 敏

来母[l]→[l]: 邻, 林, 临, 淋, 獜, 霖, 鳞, 骦, 麟, 廪, 廪, 檩, 吝, 蔺

精母[ts]→[tɕ]: 津, 进, 晋, 浸, 尽

從母[dz]→[tɕ]: 盡

邪母[z]→[tɕ]: 烬

清母[tsʻ]→[tɕʻ]: 侵, 亲, 寝, 沁

從母[dz]→[tɕʻ]: 秦

心母[s]→[ɕ]: 心, 辛, 新, 信, 顖

见母[k]→[k]: 巾, 斤, 今, 金, 觔, 矜, 筋, 襟, 卺, 紧, 锦, 谨, 槿, 劲, 禁

群母[g]→[k]: 仅, 近, 妗, 噤

溪母[kʻ]→[kʻ]: 钦

群母[g]→[kʻ]: 芹, 琴, 禽, 勤, 檎, 懃

影母[ø]→[ø]: 窨, 因, 阴, 茵, 荫, 音, 慇, 饮, 隐, 瘾, 印, 廕

疑母[ŋ]→[ø]: 吟, 银

以母[j]→[ø]: 淫, 寅, 霪, 尹, 引

(2) 운모(韵母)

① 臻摄三等开口

臻摄真韵[ien]→[in]/[iən]: 宾[in], 槟[in], 巾[in], 津[in], 邻[in], 獜[in], 鳞[in], 骦[in], 麟[in], 民[in], 抿[in], 贫[in], 嫔[in], 苹[in], 亲[in], 秦[in], 辛[in], 新[in], 因[iən], 茵[iən], 银[iən], 寅[iən]

臻摄轸韵[ien]/[iən]→[in]/[iən]: 紧[in], 尽[in], 盡[in], 悯[in], 敏[in], 引[iən]

臻摄震韵[ien]/[iən]→[in]/[iən]: 殡[in], 鬓[in], 仅[in], 进[in], 晋[in], 烬[in], 吝[in], 蔺[in], 信[in], 顖[iən], 印[iən]

臻摄欣韵[iən]→[in]/[iən]: 斤[in], 劤[in], 筋[in], 芹[in], 勤[in], 慬[in], 慇[iən]

臻摄隐韵[iən]→[in]/[iən]: 卺[in], 谨[in], 槿[in], 隐[iən], 瘾[iən]

臻摄焮韵[iən]→[in]: 近[in]

② 深摄三等开口

深摄侵韵[iem]/[iəm]→[in]/[iən]: 今[in], 金[in], 襟[in], 林[in], 临[in], 淋[in], 霖[in], 钦[in], 侵[in], 琴[in], 禽[in], 檎[in], 心[in], 阴[iən], 荫[iən], 音[iən], 吟[iən], 淫[iən], 霪[iən]

深摄寝韵[iem]/[iəm]→[in]/[iən]: 锦[in], 廪[in], 檩[in], 您[in], 品[in], 寝[in], 饮[iən]

深摄沁韵[iem]/[iəm]→[in]/[iən]: 妗[in], 浸[in], 禁[in], 噤[in], 沁[in], 窨[iən], 廕[iən]

위의 자료는『한청문감』에서 "窨, 因, 阴, 茵, 荫, 音, 慇, 饮, 隐, 癮, 印, 廕, 吟, 银, 淫, 寅, 霪, 尹, 引" 등 제로성모 뒤의 한자들이 운모 [iən]으로 표기되고 다른 성모 뒤의 한지들은 운모 [in]으로 표기되었음 말해준다.

그 뒤 19세기 80년대의 한국문헌『화어유초』에서는『한청문감』의 운모 [iən]이 모두 [in]으로 변하였다.

이들이『음운봉원(音韵逢源)』(首都师范大学出版社 2015) 241-245쪽의 만문으로의 표기에서도 성모 뒤의 운모가 [in]으로, 제로성모 뒤의 운모가 [iən]으로 되었다. 예를 들면 아래와 같다.

(1) [in]으로 표기된 한자

[kin]: 巾, 谨, 禁, 斤, 今, 金, 觔, 矜, 筋, 襟, 锦 ……

[kʻin]: 钦, 芹, 琴, 禽, 勤, 檎, 勲 ……

[pin]: 彬, 鬓, 斌, 镔, 槟, 濒 ……

[pʻin]: 品, 贫, 牝, 频, 蘋, 螾, 玭 ……

[min]: 民, 敏, 闵, 岷, 泯, 緡, 慜 ……

[tɕin]: 津, 儘, 进, 浸, 晋, 珸, 搢 ……

[tɕʻin]: 亲, 侵, 駸, 镡, 秦, 蟫, 槡 ……

[ɕin]: 新, 信, 伈, 心, 寻, 辛, 薪 ……

[xin]: 欣, 廞, 忻, 炘, 昕, 鑫, 訢 ……

[lin]: 吝, 懔, 临, 隣, 林, 琳, 臨 ……

(2) [iən]으로 표기된 한자

[iən]: 银, 吟, 龂, 嵒, 因, 隐, 印, 寅, 姻, 引, 淫, 音 ……

『음운봉원』의 운모 [in], [iən]이『경음자휘』(1912)에 이르러 아래와 같은 변화가 나타났다.

1)『음운봉원』에서 [iən]으로 발음되던 제로성모 뒤의 운모 [iən]이『경음자휘』에서 운모 [in]으로 변하였다. 예를 들면 아래와 같다.

[in](466쪽): 阴, 音, 银, 印, 引, 飲, 隐, 胤, 寅, 龂, 瘾

2)『음운봉원』에 없던 음절 [nin]이『경음자휘』에서 생겨났다. 예를 들면 아래와 같다.

[nin](395쪽): 您

3)『음운봉원』의 [kʻin], [kin], [xin]이『경음자휘』에서 [tɕʻin], [tɕin], [ɕin]으로 변하였다. 이는 아후음이 구개음으로 되면서 나타난 변화이다. 예를 들면 아래와 같다.

[tɕʻin](437쪽): 钦, 琴, 芹, 勤, 檎, 擒, 禽
[tɕin](438쪽): 金, 仅, 紧, 靳, 禁, 槿, 筋, 妗
[ɕin](453쪽): 欣, 芹, 炘, 昕, 馨

4)『음운봉원』의 음절 [pʻin], [pin], [min], [lin]은『경음자휘』에서 그대로 유지되었다. 예를 들면 아래와 같다.

[pʻin](264쪽): 拼, 品, 频, 牝, 贫, 蘋, 聘, 矉
[pin](265쪽): 彬, 斌, 宾, 鬢, 槟, 邠, 濒, 摈, 殡
[min](269쪽): 民, 泯, 旻, 岷, 悯, 皿, 敃, 黾, 砇, 敏
[lin](402쪽): 林, 郯, 淋, 廪, 鳞, 隣, 磷, 吝, 霖, 檩, 轥, 赁

상술한 자료들은 아래의 몇 가지를 설명해 주고 있다.

1) 현대중국어 운모 "in[in]"으로 된 『광운』의 15개 성모가 『한청문감』에 이르러서는 10개로 **축소**되있다.

2) 『광운』의 [ien], [iən], [iem] 3개 운모가 『한청문감』에 이르러 [in], [iən] 두 개의 운모로 변하고 현대에 이르러 [in] 하나로 되었다.

3) 『한청문감』에서 [iən]으로 표기되던 제로성모 뒤의 운모가 19세기 말의 『화어유초』와 20세기 초의 『경음자휘』에서 [in]으로 표기되었다. 이는 근대중국어 운모 [iən]이 [in]으로의 변화가 19세기 말부터 20세기 초 사이에 완성되었음을 말해준다.

4) 『한청문감』의 성모 [k], [kʻ]가 아직 구개음 [tɕ], [tɕʻ]로 변하지 않았고, 반대로 성모 [ts], [tsʻ], [s]가 이미 구개음 [tɕ], [tɕʻ], [ɕ]로 변하였다. 그 후 근대중국어 성모 [k], [kʻ]의 구개음화가 19세기 말부터 20세기 초 사이에 완성되었다.

총적으로 『광운』의 진섭(臻攝) 3등 개구호 운모 [ien], [iən]과 심섭(深攝) 3등 개구호 운모 [iem], [iəm]이 근대에 이르러 [iən]으로 변하고 이 [iən]이 19세기 말에 [in]으로 변하였다. 그러나 [iən]이 [in]으로의 변화는 비교적 오랜 기간 진행되었다. 『한청문감』에서는 성모 뒤의 운모가 [in]으로 변하고 제로성모 뒤의 운모는 의연히 [iən]으로 발음되고 [in]으로 변하지 않았다. 이것들이 최종 [in]으로의 변화가 19세기 중기부터 20세기 10년대 사이에 완성된 것으로 보아야 할 것이다.

근대중국어 운모 [iən]이 현대중국어 운모 [in]으로의 변화는 모음 [ə]의 소실을 의미한다. 이는 높은 모음 개음 [i]와 설음운미 [n]의 이중 영향으로 운모 [iən]의 모음 [ə]가 소실된 것으로 보인다. 그리고 제로성모 뒤의 운모 [iən]의 발음이 성모 뒤의 운모 [iən]의 발음보다 상대적으로 안정적이기에 오랫동안 보존되어 있은 것으로 보인다.

九. 근대중국어 운모 [uŋ]이 [əŋ]으로의 변화

현대중국어 운모 [əŋ]이 『광운』 증섭(曾攝)의 개구 1등 [əŋ], 증섭(曾攝)의 개구 3등 [iəŋ], 경섭(梗攝)의 개구 2등 [ɐŋ], 경섭(梗攝)의 개구 3등 [iɐŋ], 통섭(通攝)의 합구 1등 [uŋ], 통섭(通攝)의 합구 3등 [iuŋ]에서 왔다.

현대중국어에서 [əŋ]으로 발음된 한자 140개가 『한청문감』에 나타났다. 이들이 『광운』으로부터 현대중국어에 이르는 사이의 변화는 아래와 같다(운모 표기에서 화살표 왼쪽은 『광운』의 발음이고 오른쪽은 현대어의 발음이다. 한자 앞의 성모는 현대어의 발음이다).

(1) 曾攝

① 曾攝开口一等[əŋ]→[əŋ]

[ts']层, 蹭, 澄, [t]灯, 登, 蹬, 莑, 等, 凳, [x]恆, [l]楞, 稜, [n]能, [p']朋, 鹏, [s]僧, [t']腾, 誊, 滕, 藤, 籐, [ts]曾, 增, 憎, 罾, 赠

② 曾攝开口三等[iəŋ]→[əŋ]

[tʂ']称, 丞, 承, 乘, 惩, 澄, 秤, [t]瞪, 镫, [ʂ]升, 陞, 绳, 胜, 剩, [ts]缯, 甑, [tʂ]征, 烝, 蒸, 症, 證, 徵

(2) 梗攝

① 梗攝开二等[ɐŋ]→[əŋ]

[p]绷, 跰, [tʂ']橙, [k]庚, 耕, 羹, 哽, 梗, 更, [x]亨, 哼, 珩, 横, 衡, [k']坑, [l]冷, [m]虻, 蜢, 盟, 猛, 孟, [p']烹, 彭, 膨, 砰, 硼, 弸, 棚, [ʂ]生, 牲, 笙, 甥, 省, [ts]铿, [tʂ]争, 挣, 筝, [ø]翁, 甕

② 梗攝开三等[iɐŋ]→[əŋ]

[tʂ']撑, 掁, 樘, 蛏, 赪, 成, 呈, 诚, 城, 宬, 珵, 程, 逞, 盛, [ʂ]声, 圣, 盛, [tʂ]怔, 钲, 睁, 整, 正, 证, 政

(3) 通摄

① 通摄合口一等[uŋ]→[əŋ]

　　[m]蒙, 檬, 濛, 朦, 矇, 蠓, [p']蓬, 篷, [t']疼

② 通摄合口三等[iuŋ]→[əŋ]

　　[f]丰, 风, 枫, 封, 疯, 峰, 烽, 葑, 锋, 蜂, 逢, 讽, 凤, 奉, 俸, 缝, 豊, [m]懵,
梦, [p']捧

위의 자료로부터 아래의 몇 가지 사실을 알아낼 수 있다.

1.『광운』의 주요모음 [ə], [ɐ], [u]가 현대중국어에 이르러 [ə]로 통일되었다.

2. 섭운(攝韵)과 성모의 결합에는 일정한 경향성을 갖고 있다.

1) 曾摄开口一等[əŋ]이 많이는 혀끝 앞소리 [ts], [ts'], [s], 혀끝 가운데소
리 [t], [t'], [n], [l]과 결합된다.

2) 曾摄开口三等[iəŋ]이 많이는 혀끝 뒤소리 [tʂ], [tʂ'], [ʂ]와 결합된다.

3) 梗摄开口二等[ɐŋ]이 많이는 순음 [p], [p'], [m], 아음 [k], [k'], [x]와
결합된다.

4) 梗摄开口三等[iəŋ]이 혀끝 뒤소리 [tʂ], [tʂ'], [ʂ]와만 결합된다.

5) 通摄合口一等[uŋ], 通摄合口三等[iuŋ]이 기본상 순음 [f], [p'], [m]와 결
합된다.

왕력(王力)이『한어어음사(汉语语音史)』(中国社会科学出版社 1985) 396쪽, 422
쪽에서『광운』의 증섭, 경섭, 통섭이 명청 시기에 이르러 "중동(中东)" 운부
에 합류되어 개구가 [əŋ], 제치가 [iəŋ], 합구가 [uəŋ], 촬구가 [yəŋ]으로 되었
다가 현대중국어에 이르러 "중동" 운부의 개구가 [əŋ], 제치가 [in], 합구가
[uŋ], 촬구가 [iuŋ]으로 되었다고 하였다.

그러나『한청문감』에 표기된 근대중국어의 발음은 왕력의 추정음과 꼭
같지 않다. 개구호가 [əŋ], 제치호가 [in], 합구호가 [uŋ], 촬구호가 [iuŋ]으로
되었다. 예를 들면 "兄, 雄, 迴, 用, 永" 등의 운모가 [iuŋ]이고, "龙, 陇"의

운모가 [uŋ]으로 왕력의 추정음과 다르다.

『광운』증섭개구 3등의 [iəŋ], 경섭개구 3, 4등의 [iɐŋ]이 현대중국어에 이르러 [əŋ], [iŋ], [iuŋ]으로 변하고, 증섭개구 1등 [əŋ](순음 제외), 경섭개구 2등 [ɐŋ](순음 제외) 등이 현대중국어에 이르러 [əŋ]으로 변한 것은 쉽게 이해되는 변화이다.

그러나 증섭개구 1등 순음 뒤의 [əŋ], 경섭개구 2등 순음 뒤의 [ɐŋ]이 근대중국어에 이르러 합구호 [uŋ]으로 변하고, 그것들과 순음 뒤의 통섭운모 [uŋ], [iuŋ]이 현대중국어에 이르러 [əŋ]으로의 변화가 쉽게 이해되지 않는다. 특히 이러한 변화의 원인과 시기 문제는 참답게 연구되어야 할 과제이다.

우리는 먼저 통섭운모가 『광운』으로부터 현대에 이르기까지의 변화 맥락을 요해할 필요가 있다고 느껴진다. 아래의 자료는 통섭이 『광운』으로부터 현대까지의 변화과정이다(화살표 왼쪽은 『광운』의 발음이고, 가운데는 『한청문감』의 발음이고 오른쪽은 현대어의 발음이다).

(1) 通摄合口一等

① [uŋ]→[uŋ]→[uŋ]

[tsʻ/ts→tsʻ/ts→tsʻ]匆, 葱, 聰, 聪, 琮, [t/d→t→t]东, 冬, 董, 懂, 动, 冻, 洞, [g→k→k]工, 公, 功, 攻, 蚣, 躬, 贡, [x→x→x]哄, 烘, 薨, 红, 荭, 虹, 洪, 鸿, [kʻ→kʻ→kʻ]空, 涳, 孔, [l→l→l]珑, 胧, 聋, 笼, 拢, 弄, [n→n→n]农, 侬, 哝, 脓, 弄, [s→s→s]送, [tʻ→tʻ→tʻ]洞, 通, 同, 苘, 桐, 铜, 瓶, 衕, 童, 橦, 瞳, 统, 桶, 筒, 箭, 恸, 痛, [ts/dz→ts→ts]總, 棕, 椶, 鬃, 总, 捴, 粽, 糉

② [uŋ]→[əŋ]→[əŋ]

[m→m→m]蒙, 懞, 濛, 朦, 曚, 矇, [b→pʻ→pʻ]蓬, 篷, [d→tʻ→tʻ]疼

③ [uŋ]→[uŋ]→[uəŋ]

[ø→ø→ø]翁, 甕

(2) 通摄合口三等[iuŋ]

① [iuŋ]→[uŋ]→[uŋ]

[tɕʻ/tʻ/dʐ/ɕ→tʂ→tʂʻ]冲, 充, 春, 衝, 虫, 崇, 宠, 铳, 重, [dz→ts→tsʻ]从, 丛, [g/k→k→k]弓, 供, 宫, 恭, 拱, 鮆, 共, [kʻ→kʻ→kʻ]恐, [l→l→l]龙, 隆, 窿, 陇, 垅, 垄, [n→n→n]浓, 醲, [ʐ→ʐ→ʐ]戎, 茸, 绒, 容, 羢, 蓉, 镕, 融, 冗, 氄, [s/z/j→s→s](松+鳥), 松, 枩, 鬆, 耸, 讼, 颂, [t̺/tɕ/dʐ→tʂ→tʂ]中, 忠, 终, 锺, 鐘, 肿, 冢, 種, 仲, 众, 重, [ts]从, 踪

② [iuŋ]→[iuŋ]→[iuŋ]

[kʻ→kʻ→tɕʻ]穷, 穹, [x→x→ɕ]凶, 兇, 胸, 訇, 雄, 熊, [ø/j→ø→ø]拥, 痈, 庸, 雍, 甕, 甬, 勇, 涌, 蛹, 踊, 用

③ [iuŋ]→[uŋ]→[əŋ]

[f→f→f]丰, 风, 枫, 封, 疯, 峰, 烽, 葑, 锋, 蜂, 逢, 讽, 凤, 奉, 俸, 缝, 豊

④ [iuŋ]→[əŋ]→[əŋ]

[m→m→m]懵, 梦, [pf→pʻ→pʻ]捧

만문으로 표음된 『음운봉원』의 표기가 『한청문감』의 표기와 기본상 같다. 다만 『한청문감』에서 순음 뒤에서 [əŋ]으로 표기된 것들이 『음운봉원』에서는 의연히 [uŋ]으로 표기된 것이 다르다.

(1) [uŋ]으로 표기된 한자

[kuŋ]: 工, 弓, 公, 功, 攻, 宫, 恭, 蚣, 躬, 供, 拱, 共, 贡

[kʻuŋ]: 空, 涳, 孔, 恐

[tuŋ]: 东, 冬, 懂, 动, 冻, 洞

[tʻuŋ]: 通, 同, 苘, 桐, 铜, 童, 橦, 瞳, 统, 桶, 筒

[nuŋ]: 农, 脓, 醲

[puŋ]: 琫, 王+丰, 口+奉

[pʻuŋ]: 蓬, 篷, 捧

[muŋ]: 朦, 蒙, 幪, 濛, 矇, 懞, 梦, 蠓

[tsuŋ]: 總, 宗, 棕, 椶, 鬃, 纵, 糉, 从

[tsʻuŋ]: 葱, 熜, 聪, 从, 丛, 琮

[suŋ]: 松, 鬆, 嵸, 讼, 送, 颂

[tʂuŋ]: 中, 忠, 终, 锺, 鐘, 肿, 種, 重, 仲

[tʂʻuŋ]: 冲, 充, 衝, 虫, 崇, 重, 宠, 铳

[ʂuŋ]: 春, 捲, 惷

[xuŋ]: 薨, 烘, 哄, 红, 宏, 虹, 鸿

[uŋ]: 翁, 甕

[fuŋ]: 风, 枫, 封, 疯, 峰, 蜂, 豊, 逢, 讽, 缝, 凤, 奉

[luŋ]: 龙, 珑, 胧, 聋, 笼, 隆, 陇, 垅, 拢, 弄

[ʐuŋ]: 戎, 茸, 绒, 羢, 冗, 氄

(2) [iuŋ]으로 표기된 한자

[kiuŋ]: 局, 炯, 駉, 炅, 煚, 泂, 烱, 憬

[kʻiuŋ]: 穹, 瓊, 筇, 蛩, 窮, 邛

[xiuŋ]: 凶, 兄, 兇, 胷, 雄, 熊

[iuŋ]: 拥, 痈, 庸, 雍, 壅, 甬, 勇, 涌, 踴, 用

위의 자료들에서 우리는 아래의 몇 가지를 발견할 수 있다.

1. 『광운』 통섭운모 [uŋ], [iuŋ]이 순음, 설음, 치음, 아음, 후음 등 성모와 결합된다.

2. 통섭운모 [uŋ], [iuŋ]이 아래의 변화가 이루어졌다.

(1) [uŋ]의 변화

[uŋ]→[uŋ]→[uŋ]

[uŋ]→[əŋ]→[əŋ]

[uŋ]→[uŋ]→[uəŋ]

(2) [iuŋ]의 변화

[iuŋ]→[uŋ]→[uŋ]

[iuŋ]→[uŋ]→[əŋ]

[iuŋ]→[iuŋ]→[iuŋ]

[iuŋ]→[əŋ]→[əŋ]

3. 순음 뒤의『광운』운모 [uŋ], [iuŋ]이 현대에 이르러 [əŋ]으로 변하고, 순음외의 성모 뒤의『광운』운모 [uŋ], [iuŋ]이 현대에 이르러 [uŋ], [iuŋ]으로 변하였다.

순음 뒤의『광운』통섭운모 [uŋ], [iuŋ]이 왜서 현대에 이르러 운모 [əŋ]으로 변하고, 그런 변화가 나타난 시기는 언제인가? 이에 대해 이신괴(李新魁)가 "근대한어개음의 발전(近代汉语介音的发展)"(『李新魁语言学论集』中华书局 1994) 195쪽에서 아래와 같이 해석하였다.

"현대중국어에서 [u-]를 개음(또는 주요모음)으로 하는 운모가 모두 순음성모와 결합되지 않는데 이는 근대중국어 발전의 결과이다. 원나라 때에는 기본상 순음성모들이 합구 모음 [u-]와의 결합이 유지되었다. 예를 들면 '蓬, 蒙, 梦, 风, 冯' 등이 [-uŋ]으로 읽히고, '杯, 醅, 裴, 配, 梅, 妹' 등이 [uei]로 읽히고, '奔, 本, 喷, 盆, 门, 分, 粉' 등이 [-uən]으로 읽히고, '波, 坡, 颇, 摩, 磨' 등이 [-uo]로 읽힌 것 등이다. 그러나 이러한 한자들이 후대(后代)에 모두 [u] 모음을 보존하지 못하였다. 원인은 순음성모 발음의 입술상태가 원순모음 [u]와 잘 어울리지 않는데 있다([u]는 입술을 오므리고 순음성모는 늘 입술을 벌리는 상태를 취한다). 그리하여 순음이 원순모음을 배척하는 작용을 하게 되므로 모음 [u]가 순음 글자 가운데에서 변화가 나타난다. 위에서 열거한 운모들이 아래와 같은 변화가 나타났다.

[uŋ]→[əŋ], [uei]→[ei], [uən]→[ən], [uo]→[o]

운모 [u] 모음의 이 변화는 기본상 명나라시기에 시작되었다. 그러나 이것들 사이의 변화에는 선후가 있기에 같은 시기 내에 발생한 것은 아니다.

[uŋ]이 [əŋ]으로의 변화는 대략 기원 1626년부터 1700년 이전의 7,80년간에 일어났다. 왜냐하면 『서유이목자(西儒耳目資)』에서 [p]소조의 성모가 의연히 [uŋ]으로 읽히었다. 그러나 『자모절운요법(字母切韵要法)』의 '내함사성음운도(內含四声音韵图)'에서 이러한 순음글자들이 '개구정운(开口正韵)'에 들어가 이미 [əŋ]으로 변하였다."

상술한 논술에서 아래의 두 가지를 알아낼 수 있다.

1. 순음성모 뒤에 오는 모음 [u]의 변화는 순음성모의 발음 상태와 원순모음 [u]의 발음상태가 잘 어울리지 않기 때문이다.

2. 근대중국어 운모 [uŋ]이 [əŋ]으로의 변화 시기는 1700년 이전이다.

상술한 이신괴의 두 가지 견해를 수긍하기 어렵다.

우선, 순음과 원순모음의 발음이 서로 배척하는 것으로 하여 [uŋ]이 [əŋ]으로 변한다면 원나라시기에 순음과 [u-]가 결합된 음절이 존재할 수 없었을 것이다. 아울러 현대중국어에 순음과 [u]가 결합된 음절 [pu](不, 部, 步, 补), [p'u](普, 埔, 舖, 僕), [mu](母, 木, 目, 幕), [fu](福, 服, 附, 府) 등이 존재하고 있다. 만약 중국어에 순음과 [u]의 결합이 불가능하다는 규칙이 확실히 존재한다면 상술한 현대중국어의 음절 [pu], [p'u], [mu], [fu] 등이 존재할 수 없다.

그리고 순음성모의 발음과 운모 [u]의 발음은 동시에 일어나는 것이 아니라 언제나 선후로 일어나기에 순음성모의 발음동작이 뒤의 원순모음 발음동

작에 직접적으로 영향을 준다고 보기 어렵다. 즉 순음성모 발음의 비원순적 동작과 원순모음의 원순적 발음동작의 모순이 모음 [u-]의 변화를 일으키었다고 볼 것이 아니라 근대중국어 이음변화의 총체적인 규칙 가운데(예를 들면 모음 추이)에서 원인을 찾아야 한다고 느껴진다.

다음으로,『한청문감』과『음운봉원』의 발음 표기 자료로부터 1700년 이전에 [uŋ]이 [əŋ]으로 변했다는 견해를 수긍하기 어렵다. 18세기 70년대의『한청문감』에서는 "丰, 风, 枫, 封, 疯, 峰, 烽, 葑, 锋, 蜂, 逢, 讽, 凤, 奉, 俸, 缝, 豐" 등이 의연히 [uŋ]으로 발음되었고, 1840년에 편찬된『음운봉원』에서도 순음 "[p]琫", "[p']蓬, 熢, 芃, 堸, 澧", "[m]蒙, 梦, 幪, 蠓, 朦, 艨, 曚, 甍, 掹, 雺", "[f]风, 凤, 冯, 丰, 酆, 枫, 封, 奉, 葑, 峰, 蜂, 沣, 逢, 俸" 등이 운모 [uŋ]으로 표기되었다. 그리고 19세기 말의 한국문헌『화어유초』에서도 "风, 疯, 蜂, 锋, 缝, 奉, 凤, 俸" 등의 운모가 의연히 [uŋ]이었다.

『음운봉원』에서 운모 [uŋ]으로 표기되던 한자들이『경음자휘』에서 운모 [əŋ]으로 표기되었다. 예를 들면 아래와 같다.

  [p'əŋ](228쪽): 彭, 蓬, 砰, 烹, 朋, 捧, 棚, 碰, 芃

  [pəŋ](229쪽): 繃, 絣, 迸, 崩, 伻, 蚌, 跰, 莑

  [məŋ](239쪽): 蒙, 幪, 朦, 氓, 盟, 懜, 曚, 梦, 孟, 蠓

  [fəŋ](254쪽): 丰, 封, 奉, 逢, 风, 凤, 缝, 冯, 峰, 枫, 蜂

이는 운모 [uŋ]이 [əŋ]으로의 변화가 20세기 10년대에 완성되었음을 말해준다.

이상의 분석을 종합하면 근대중국어 운모 [uŋ]이 [əŋ]으로의 변화 원인은 좀 더 참답게 연구되어야 할 과제임을 말해주고 있다. 또한 이 변화의 기간 역시 몇 십년간에 완성된 것이 아니라 오랜 시간을 경과하였고 20세기 초에 완성되었음을 말해주고 있다.

十. 근대중국어 운모 "제미(齊微)"의 음가와 변화

근대중국어 운모 "제미(齊微)"는 각기 『광운』 "해섭(蟹攝)"의 "灰韵, 賄韵, 队韵, 泰韵, 废韵, 祭韵, 齐韵, 荠韵, 霁韵", "지섭(止攝)"의 "支韵, 纸韵, 寘韵, 脂韵, 旨韵, 至韵, 之韵, 止韵, 志韵, 微韵, 尾韵, 未韵", "증섭(曾攝)"의 "德韵, 职韵", "경섭(梗攝)"의 "陌韵, 昔韵", "심섭(深攝)"의 "缉韵" 등 5개 섭 26个운모에서 왔다.

중국학계에서 근대중국어 운모 "제미"를 둘러싸고 전개된 지금까지의 연구결과에는 차이가 있다.

왕력(王力)은 『한어어음사(汉语语音史)』(中国社会科学出版社 1985) 제7장 "원대음계(元代音系)"(335쪽)에서 운부(韵部) "제미"의 주요모음이 [i]로, 그의 개구호(开口呼)는 [əi](순음)이고 제치호(齐齿呼)는 [i]이며, 합구호(合口呼)는 [uəi]이고 촬구호(撮口呼)는 [yi]라고 했다.

제8장 "명청음계(明清音系)"(399쪽)에서는 원나라 때의 운부 "제미"가 운부 "회퇴(灰堆)"와 "의기(衣期)" 둘로 나뉘고, "회퇴"의 주요모음은 [əi]라고 하면서 그의 개구호는 [əi](순음과 니모, 래모)이고 합구호는 [uəi](후아음, 설치음, 순음이라고 하였으나 순음의 예는 밝히지 않았다)라고 했다. 그리고 원나라 때의 제치호 [i]와 촬구호 [yi]가 운부 "의기"에 귀속되어 모음 [i]로 되었다고 했다.

제10장 "현대음계(现代音系)"(424쪽)에서는 "회퇴" 운부의 개구호를 [əi]로, 합구호를 [uəi]로 보았다. 그리고 429쪽에서 "회퇴"운 합구호의 실제 발음은 두 가지로 되는데 후아음이 [uəi]로, 설치음이 [ui]로 되나 음운의 관점에서는 일률로 [uəi]라고 할 수 있다고 했다.

위의 왕력의 논술에서 아래의 몇 가지를 귀납할 수 있다.

1. 원나라 때의 "제미" 운부는 [əi], [uəi], [i], [yi] 등 네 개의 운모로 이루어졌다.

2. 명청 시기에 이르러 원나라 때의 "제미" 운부의 운모 [əi], [uəi]와 "의

기" 운부의 운모 [i]로 분화되었다.

3. 현대중국어 "회퇴" 운부에 이르러 개구호 [əi]와 합구호 [uəi]가 유지되었다. 합구호의 실제 발음은 [uəi]와 [ui] 두 가지이다.

향희(向熹)는 『간명한어사(简明汉语史)』(商务印书馆 2010) 제3장 제3절 "중고로부터 근대에 이르는 기간의 한어음성운의 발전"(272-274쪽)에서 아래와 같이 지적하였다.

"『중원음운(中原音韵)』의 제미운(齐微韵)에 [ei], [i], [uei] 세 개 운모가 포괄된다. … 1. 운모 [ei]는 『광운』의 灰, 泰, 支, 脂, 祭 다섯 개 운의 개구 중순음(重唇音), 미(微), 폐(废) 두 운의 합구 경순음(轻唇音)에서 왔다. … 2. 운모 [i]는 『광운』의 支, 脂, 之, 微, 齐, 祭, 废 일곱 개 운 개구에서 왔다. … 3. 운모 [uei]는 『광운』의 灰, 泰, 支, 脂, 微, 祭, 废, 齐 여덟 운 합구에서 왔다. …"

이어서 제3장 제7절 "현대중국어 한민족 공동표준음의 형성"(342쪽)에서 모음 [ɤ]의 형성에 대해 언급하면서 아래와 같이 지적하였다.

"셋째는 제미운(齐微韵) 운모 [ei]에서 온 것, 예를 들면 '德, 得, 勒, 肋, 劾'이다. 이들은 모두 옛날의 입성자이다. 이들의 입성운미 [-p], [-t], [-k]가 소실되고 음성운 각 부분에 편입될 때의 모음이 사실상 완전히 같지 않았다. 중국어의 진일보의 발전에 따라 이들이 또 부동한 변화가 일어났다.

원나라 시기의 [o], [iɛ], [ai], [ei] 네 개 부분의 글자들이 언제 [ɤ]로 변하였는가? … 17세기에 운모 [ɤ]가 이미 산생되었고 독립적으로 운부를 이루었음을 표명한다."

위의 향희의 논술에서 아래의 두 가지를 귀납할 수 있다.

1. 1324년에 씌어지고 1333년에 간행된 『중원음운』의 제미운은 [ei], [i], [uei] 세 개 운모로 구성되었다.

2. 『중원음운』 운모 [ei], [i], [uei]가 현대중국어까지 보존되고 그 가운데의 입성자의 [ei]가 현대중국어에서 [ɤ]로 변하였다.

이상 두 분 학자의 논술에서 어음 추정에 [əi]와 [ei]의 차이가 있을 뿐

원나라 이후 "제미(齊微)" 운부의 발전과 변화에 대한 견해는 기본상 일치한다고 볼 수 있다.

왕력은 명청시기에 "회퇴(灰堆)" 운부의 순음, 니모, 래모가 [əi] 소리를 냈다고 하면서 아래와 같은 한자들을 예로 들었다. "[pəi]北, 杯, 贝, [pʻəi]○, 配, 陪, [məi]每, 昧, 梅 [nəi]馁, 内, [ləi]勒, 垒, 类, 雷". [uəi]에 속하는 글자는 예를 들지 않았다.

그러나 왕력의 추정음과 『음운봉원』, 『한청문감』의 표음 자료는 다르다. 『음운봉원(音韵逢源)』에서 표기된 "회퇴(灰堆)" 운부의 운모는 [ui]와 [əi] 두 종류로 나뉜다.

1. 운모 [ui]는 아음(牙音), 후음(喉音), 설음(舌音), 순음(唇音), 치음(齿音), 제로성모(零声母) 등 성모 뒤에 놓였다. 예를 들면 아래의 글자들이다(309-314쪽).

[kui] 规, 贵, 癸, 圭 …

[kʻui] 亏, 傀, 奎, 盔 …

[xui] 晖, 悔, 慧, 回 …

[tui] 堆, 对, 兑, 队 …

[tʻui] 推, 腿, 退, 蜕 …

[nui] 内, 馁, 腰 …

[lui] 磊, 類, 雷, 垒 …

[pui] 杯, 背, 盃, 辈 …

[pʻui] 胚, 配, 陪, 佩 …

[mui] 每, 妹, 枚, 浼 …

[tsui] 嘴, 醉, 最, 罪 …

[tsʻui] 崔, 翠, 萃, 脆 …

[sui] 虽, 髓, 岁, 随 …

[tʂui] 追, 锥, 隹, 坠 …

[tʂʻui] 吹, 垂, 炊, 槌 …

[ʂui] 水, 睡, 稅, 谁 …

[ʐui] 蕊, 鋭, 汭, 緌 …

[øiu] 为, 位, 委, 胃 …

2. 운모 [əi]는 순음 [p], [pʻ], [m], [f], 설음 [t], [l], 반모음 [w], 일부분 제로성모 [ø] 뒤에 놓였다. 예를 들면 아래와 같다(315-318쪽).

[pəi] 碑, 北, 贝, 悲 …

[pʻəi] 呸, 辔, 被, 披 …

[məi] 美, 眉, 媚, 袂 …

[fəi] 飞, 费, 肥, 妃, 非 …

[təi] 德, 得

[ləi] 勒, 肋

[wəi] 尾, 未, 微, 味, 薇 …

[øøi] 耳, 二, 儿, 而 …

『한청문감』에서도 『음운봉원』과 마찬가지로 "회퇴(灰堆)" 운부의 운모를 [ui]와 [əi]로 나누었다.

1. 운모 [ui]는 아음, 후음, 설음, 치음, 제로성모 뒤에 놓였다. 예를 들면 아래와 같다.

[kui] 归, 龟, 规, 瑰, 鬼

[kʻui] 亏, 盔, 窥, 奎, 葵

[xui] 灰, 挥, 辉, 回, 会

[tui] 堆, 队, 对, 兑, 碓

[t'ui] 推, 腿, 退, 褪, 頹

[nui] 馁

[lui] 雷, 腺, 鸓, 类, 擂

[tsui] 觜, 嘴, 罪, 醉

[ts'ui] 催, 脆, 萃, 悴, 翠

[sui] 虽, 随, 髓, 岁, 碎

[tʂui] 追

[tʂ'ui] 吹, 垂, 捶, 锤, 椎

[ʂui] 谁, 水, 税, 睡

[ʐui] 锐, 蕤, 蘂, 瑞, 睿

[øui] 危, 威, 微, 薇, 违, 围, 尾

2. 운모 [əi]는 순음 [p], [p'], [m], [f], 니모 [n], 래모 [l] 뒤에 놓였다.
예를 들면 아래와 같다.

[pəi] 卑, 碑, 椑, 贝, 悲, 狈, 备, / 背, 悖, 辈, 誖

[p'əi] 辔, / 陪, 培, 佩, 配

[məi] 美, 眉, 媚, 魅, 沫, / 玫, 梅, 媒, 煤, 每, 妹, 昧

[fəi] 飞, 肥, 妃, 非, 榧, 翡, 吠, 肺, 费, 废, 狒, 剕

[nəi] 内

[ləi] 诔, 垒, 蠃, 泪, 累

위의 『음운봉원』과 『한청문감』 자료에서 아래의 사실을 알아낼 수 있다.
『음운봉원』의 "회퇴(灰堆)" 운부가 순음 뒤에서 두 가지로 분화되었다. 중
순음(重唇音) [p], [p'], [m] 뒤에서는 [ui]와 [əi] 두 가지로 발음되고, 경순음

(輕脣音) [f] 뒤에서는 [əi]로 발음되었다. 그러나 『한청문감』에서는 순음 뒤에서 모두 [əi]로 발음되었다. 이로부터 우리는 근대중국어 "회퇴" 운부의 운모 [ui]가 순음 뒤에서 [ui]→[əi]로의 변화가 있었다는 결론을 내리게 된다.

운모 [əi]의 사용 범위가 점차 확대 되어 『경음자휘』(1912)에 이르러서는 비록 제한된 글자이기는 하지만 성모 [k], [x], [t], [ts] 뒤에서도 쓰였다. 예를 들면 아래와 같다.

[kəi](500쪽): 给

[xəi](507쪽): 嘿, 黑

[təi](340쪽): 得

[tsəi](278쪽): 賊

[ləi](386쪽): 磊, 類, 雷, 累, 壘, 淚, 儡, 勒, 礌, 耒, 擂

[nəi](392쪽): 內, 餒, (食+委)

[p'əi](231쪽): 呸, 配, 陪, 佩, 賠, 胚, 培, 轡, 沛, 裴, 霈

[pəi](231쪽): 杯, 背, 北, 被, 悲, 輩, 卑, 備, 貝, 焙, 簞

[məi](241쪽): 美, 每, 沒, 梅, 煤, 昧, 媚, 魅, 媒, 枚, 霉

[fəi](257쪽): 非, 妃, 肥, 沸, 飛, 匪, 廢, 腓, 扉, 蜚, 吠

이는 20세기에 들어서면서 운모 [əi]의 사용 범위가 넓어지고 있음을 의미한다. 그런데 새롭게 운모 [əi]로 된 한자 "黑, 得" 등이 『한청문감』에서의 운모가 [ə]였다. 이는 운모 [ə]가 [əi]로의 변화를 가져왔음을 말해준다.

그리고 근대중국어 운모 [əi]가 현대중국어 운모 [ei]로의 변화는 『경음자휘』 이후에 나타났을 것으로 보인다. 그러나 『화어유초』에서 "北, 輩, 被" 등 글자의 운모가 [e]로 표기되어 있다는 사실이 우리의 주의를 끈다.

이 밖에 왕력이 『한어어음사』에서 명청시기에 운모 [əi]로 변하였다고 하는 입성자들이 『한청문감』에서의 운모는 [ə]이다. 예를 들면 "北[pə], 德[tə],

得[tə], 哈[xə], 合[xə], 核[xə], 鶻[xə], 褐[xə], 吓[xə], 喝[xə], 黑[xə]" 등이다. 이 상황은 현대중국어 운모 [ə]가 이미 18세기 70년대에 형성되었음을 의미한다.

총적으로 위의 자료들은 왕력과 향희가 추정한 근대중국어 "회퇴(灰堆)" 운모의 발음이 『음운봉원』이나 『한청문감』의 발음과 꼭 같지 않음을 말해준다. 그 주요 차이는 아래와 같다.

1. 개구호의 발음을 왕력은 [əi]로 추정하고, 향희는 [ei]로 추정했는데 『음운봉원』과 『한청문감』의 표음은 [əi]로 왕력의 추정음과 같다.

2. 합구호를 왕력은 [uəi]로 추정하고, 향희는 [uei]로 추정했는데 『음운봉원』과 『한청문감』의 표음은 [ui], [əi]로 왕력, 향희의 추정음과 다르다.

3. 왕력은 "北, 德, 得, 黑" 등 입성자들의 운모가 [əi]라고 하였으나 『한청문감』의 표음은 [ə]로 왕력의 추정음과 다르다. 그러나 『음운봉원』의 표음은 왕력의 추정음과 같은 [əi]이다.

명청시기부터 현대에 이르는 사이에 나타난 "회퇴(灰堆)" 운모의 발음에 대해 왕력은 개구호를 [əi]로, 합구호를 [uəi]로 추정하고, 향희는 개구호를 [ei]로, 합구호를 [uei]로 추정하였으나 『음운봉원』과 『한청문감』에서는 개구호를 [əi]로, 합구호를 [ui]로 표기하였다.

우리가 느끼건대 음가의 각도에서 볼 때 [əi]와 [ei] 및 [uəi], [uei], [ui]는 구별된다.

"회퇴(灰堆)"의 개구호 운모 [əi]가 [əi]→[ei]의 변화를 거쳐 현대의 [ei]로 되었다. 『경음자휘』의 자료를 보면 위의 변화가 20세기 10년대 이후에 나타난 것으로 보인다. 합구호 운모 [ui]는 아래의 세 가지로 분화되었다. 하나는 설음, 치음, 아음, 후음 뒤의 [ui]는 현대에 이르러서도 [ui]를 유지했다. 두 번째는 순음, 니모 [n], 래모 [l] 뒤의 [ui]가 현대에 이르러 [ei]로 되었다. 세 번째는 제로성모 뒤의 [ui]가 현대에 이르러 [uei]로 되었다.

상술한 변화 가운데에서 순음, 니모 [n], 래모 [l] 뒤의 합구호 [ui]가 왜서 현대에 이르러 [ei]로 변하고, 제로성모 뒤의 합구호 [ui]가 왜서 [uei]로 변하였는가가 참답게 연구되어야 할 과제이다.

十一. 근대중국어 운모 "진문(真文)"의 음가와 변화

왕력이 『한어어음사(汉语语音史)』(中国社会科学出版社 1985)에서 밝힌 현대 중국어 "인진(人辰)" 운모의 변화과정은 아래와 같다.

원나라 때에는 "진문(真文)" 운모였는데 내원은 아래와 같다.

개구(开口) [ən]: 『절운(切韵)』"진섭(臻摄)"의 臻, 痕, 很, 恨, 文, 吻, 问(唇音) 등 운으로 구성

제치(齐齿) [iən]: 『절운(切韵)』"진섭(臻摄)"의 真, 軫, 震, 欣, 隐, 焮 등 운으로 구성

합구(合口) [uən]: 『절운(切韵)』"진섭(臻摄)"의 魂, 混, 恩 등 운으로 구성

촬구(撮口) [yən]: 『절운(切韵)』"진섭(臻摄)"의 文, 吻, 问(喉牙音), 真, 軫, 震(喉牙音), 諄, 准, 稕 등 운으로 구성

명청 시대에 이르러 원나라 때의 "진문"운이 "인진(人辰)"운에 귀속됨과 동시에 "심섭(深摄)"의 "침운(侵韵)"의 지조계(知照系)성모가 "인진(人辰)"운에 귀속되는데 운모가 이래와 같다.

개구(开口) [ən]: 『절운(切韵)』"진섭(臻摄)"의 痕, 魂(唇音), 文(唇音), 真(知照系), "심섭(深摄)"의 侵(知照系) 등 운으로 구성

제치(齐齿) [iən]: 『절운(切韵)』"진섭(臻摄)"의 真, "심섭(深摄)"의 侵 등 운으로 구성

합구(合口) [uˑn]:『절운(切韻)』 "진섭(臻攝)"의 魂, 文(微母), 諄 등 운으로
구성

촬구(撮口) [yˑn]:『절운(切韻)』 "진섭(臻攝)"의 文(喉牙音), 諄(精系, 来母)
등 운으로 구성

현대에 이르러 "인진(人辰)" 운모는 아래와 같다.

개구(开口) [ən]:『절운(切韻)』 "진섭(臻攝)"의 痕, 魂(唇音), 真(知照系), 文
(唇音), "심섭(深攝)"의 侵(知照系) 등 운으로 구성

제치(齐齿) [in]:『절운(切韻)』 "진섭(臻攝)"의 真, "심섭(深攝)"의 侵 등 운으
로 구성

합구(合口) [un]:『절운(切韻)』 "진섭(臻攝)"의 魂, 文(微母), 諄 등 운으로 구성

촬구(撮口) [yn]:『절운(切韻)』 "진섭(臻攝)"의 文(喉牙音), 諄(精系) 등 운으
로 구성

향희(向熹)가『간명한어사(简明汉语史)』(商务印书馆 2010) 제3장 제4절 "중
고로부터 근대사이 한어 양성운의 발전(中古到近代汉语阳声韵的发展)" 286-
287쪽에서 아래와 같이 지적하였다.

"『중원음운(中原音韵)』의 진문운(真文韵)에 [ən], [uən], [iən], [iuən] 네 개
운모가 포괄되는데, 각기『광운(廣韵)』의 真, 諄, 臻, 文, 欣, 魂, 痕 등 7개
운에서 왔다. 1. 운모 [ən]은『광운』의 흔운(痕韵) 및 진(真), 진(臻) 두 운의
장조(莊组)(照二) 글자에서 왔다. … 2. 운모 [uən]은『광운』의 혼운(魂韵) 및
문운(文韵)의 경순음(轻唇音) 글자에서 왔다. … 3. 운모 [iən]은『광운』의 진
(真), 흔(欣) 두 운모 외의 개별적인 글자가 침운(侵韵)에서 왔다. … 4. 운모
[iuən]은『광운』의 순(諄), 문(文) 두 운모와 진운(真韵) 합구에서 왔다."

상술한 두 분 학자의 논술에서 이들이 근대중국어 "진문(真文)" 혹은 "인진

(人辰)"운에 대해 추정한 음이 대동소이함을 발견할 수 있다.

그러나 두 분이 추정한 음이 『음운봉원』, 『한청문감』의 표음과는 차이가 있다.

『음운봉원(音韵逢源)』(首都师范大学出版社 2015)에서의 표음은 아래와 같다. (231-251쪽)

[ən]

开口呼: [kən]根, 跟, 艮, 茛, [kʻən]懇, 墾, 硍, 肯, 揹, 裉, 狠, [xən]很, 恨, 痕, 狠, 垠, [tsən]怎, 譖, [tsʻən]参, [sən]森, [tʂən]眞, 枕, 震, 珍, 诊…, [tʂʻən]陈, 瞋, 襯, 辰, 臣…, [ʂən]申, 審, 慎, 神, 身, 甚 …, [ʐən]忍, 認, 人, 任, 刃, 仁…, [øən]恩

[in]

开口呼: [kin]巾, 谨, 禁, 斤, 金, 今…, [kʻin]钦, 撳, 琴, 芹, 芩…, [xin]欣, 焮, 昕, 忻, 峥, 歆…, [tɕin]津, 儘, 晋, 进, 璡…, [tɕʻin]亲, 寝, 沁, 秦, 侵, 駸…, [ɕin]新, 信, 伈, 心, 辛, 薪…, [pin]彬, 斌, 滨, 邠, 濒…, [pʻin]品, 蘋, 贫, 频, 牝…, [min]敏, 民, 闵, 闽, 緍…, [lin]廩, 林, 临, 淋, 吝…

[iən]

开口呼: [øiən]银, 吟, 誾, 崟…; 因, 隐, 印, 寅, 姻, 引…

[un]

合口呼: [kun]滚, 棍, 辊, 緄, 睴…, [kʻun]坤, 困, 堃, 梱, 壶…, [xun]昏, 混, 浑, 婚, 珲…, [tun]敦, 顿, 墩, 盾, 钝…, [tʻun]吞, 屯, 魨, 豚, 佘…, [lun]论, 伦, 轮, 纶, 崙…, [nun]嫩, [pun]奔, 本, 犇, 笨, 賁…, [pʻun]盆, 喷, 歕, 溢, [mun]们, 门, 悗, 闷, 打…, [fun]芬, 粉, 奋, 汾, 分…, [tsun]尊, 撙, 捘, 遵,

鳟…, [tsʻun]村, 寸, 存, 忖, 邨…, [sun]孙, 损, 荪, 笋, 隼…, [tʂun]諄, 準,
肫, 准, 迍…, [tʂʻun]春, 蠢, 唇, 鹑, 醇…, [ʂun]顺, 吮, 舜, 眹, 瞬…, [ʐun]闰,
润, 瞤, [øun]温, 稳, 搵, 瘟, 辒…

[iun]

合口呼: [kiun]君, 郡, 军, 均, 菌…, [kʻiun]群, 裙, 困, 箘, 峮…, [xiun]勳, 训,
勛, 熏, 馴…, [tɕiun]俊, 峻, 骏, 畯…, [tɕʻiun]逡, [ɕiun]迅, 巡, 殉, 旬, 恂…,
[øiun]运, 允, 云, 氲, 陨, 孕…

[uən]

合口呼: [øuən]文, 问, 吻, 刎, 闻, 紊…

『한청문감(汉清文鉴)』에서의 표음은 아래와 같다.

[ən]

开口呼: [kən]根, 跟, 艮, 茛, 亘, [kʻən]肯, 垦, 悬, 啃, 掯, [xən]痕, 很, 狠,
恨, [tsən]怎, [tʂən]贞, 针, 珍, 真, 砧, 斟, 榛…, [tʂʻən]臣, 尘, 辰, 沉, 陈,
宸, 趁…, [ʂən]参, 申, 身, 深, 神, 沈, 甚…, [ʐən]人, 壬, 仁, 认, 任, 刃,
纫…, [øən]恩

合口呼: [pən]奔, 锛, 本, 笨, [pʻən]喷, 盆, 歕, [mən]门, 们, 扪, 闷, 懑, [fən]
分, 纷, 坟, 焚, 鼢, 鐼, 粉, 奋, 忿, 粪, 愤

[in]

开口呼: [kin]巾, 斤, 今, 金, 筋, 襟, 仅, …, [kʻin]钦, 芹, 琴, 禽, 勤, 檎, [tɕin]津,
尽, 进, 晋, 烬, 浸, 盡, [tɕʻin]侵, 亲, 秦, 寝, 沁, [ɕin]心, 辛, 新, 信, 顖, [pin]
宾, 槟, 殡, 鬓, [pʻin]贫, 苹, 嫔, 品, [min]民, 抿, 悯, 敏, [lin]邻, 林, 临,

淋, 獜, 鱗, 驎, 麟, 廩, 檁, 吝

[iən]

开口呼: [øiən](影母)簪, 因, 阴, 茵, 荫, 音, 吟, 银, 饮, 隐, 瘾, 印, 廕, (以母)淫, 寅, 霪, 尹, 引

[un]

合口呼: [kun]滚, 棍, (车+衮), [k'un]坤, 崑, 髠, 鹍, 捆, 綑, 困, [xun]昏, 荤, 惛, 浑, 馄, 魂, 混, [tun]敦, 墩, 撤, 擎, 蹲, 囤, 沌, 炖, 钝, 顿, [t'un]褪, 吞, 涾, 屯, 豚, 臀, 饨, [lun]伦, 轮, [nun]嫩, [tsun]尊, 遵, 撙, [ts'un]村, 皴, 存, 寸, [sun]孙, 狲, 损, 笋, 筍, 榫, [tʂun]肫, 准, 準, [tʂ'un]春, 輴, 纯, 唇, 鹑, 蠢, [ʂun]顺, 瞬, [ʐun]闰, 润, [øun](影母)温, 榲, 瘟, 稳; (微母) 文, 纹, 闻, 蚊, 絻, 吻, 问

[iun]

合口呼: [kiun]军, 均, 君, 麕, 郡, 匀, [k'iun]裙, 羣, 群, [xiun]熏, 勋, 薰, 燻, 训, 壎, [tɕiun]俊, 峻, 骏, [tɕ'iun]逡, [ɕiun]寻, 巡, 循, 讯, 驯, 徇, 逊, 巽。 [øiun](云母)晕, 云, 芸, 耘, 薹, 陨, 运, 韵, (以母)匀, 允, (影母)熨

[uən]

合口呼: [luən]伦, 囵, 纶, 论

위의 자료에서 우리는 왕력, 향희가 추정한 명청시기 "인진(人辰)"운의 발음과 『음운봉원』, 『한청문감』의 표음 사이에는 아래와 같은 차이가 있음을 발견할 수 있다.

1. 『한청문감』에서는 순음(唇音) 합구호가 [ən]으로 변하였다. 이는 근대중

국어에서 [un]→[ən]의 변화가 나타났고, 이 변화는 19세기에 완성된 것으로 보게 된다. 왜냐하면 19세기 말의 한국문헌『화어유초(华语类抄)』에서 "인진(人辰)"운 순음의 운모가 [ən]이었기 때문이다.

2. 현대중국어 운모 [in]이 이미 명청 시기에 형성되었다. 왕력은 명청 시기의 운모 [iən]이 현대에 이르러 [in]으로 변하였다고 했다. 그러나『음운봉원』과『한청문감』에는 [in]과 [iən] 두 종류의 운모가 병존해 있었다. 이는 18세기 말에 운모 [in]이 이미 형성되었음을 의미한다.『한청문감』에서 [øiən]으로 발음되던 "因, 阴, 银, 饮, 印, 尹, 引" 등이『화어유초』에서는 [øin]으로 표기되었다. 이는 19세기말에 운모 [iən]이 기본상 [in]으로 변하였음을 의미한다.

3. 왕력은 촬구호 [y]가 이미 명청 시기에 형성되었다고 보고 촬구호의 발음을 [yən]으로 추정하였다. 향희는 운두 [y]의 전신(前身) [iu]가 이미 명청 시기에 형성된 것으로 보고 촬구호를 [iuən]으로 추정하였다. 그러나『음운봉원』,『한청문감』의 표음 자료는 명청 시기에 운모 [y]가 아직 형성되지 않고 [iu]로 발음되었다.

이신괴(李新魁)가 논문 "근대한어개음의 발전(近代汉语介音的发展)"(『李新魁语言学论集』中华书局 1994年)에서 개음 [iu]가 [y]로의 변화과정을 아래와 같이 해석하였다. [iu-]가 "iu→yu→yʉ→y"의 과정을 거쳐 [y]로 되었다. 이는 수긍할 수 있는 해석이다.

우리가 느끼건대 현대중국어 운모 [yn]의 형성이 견모계열의 성모 [k], [kʻ], [x]가 [ʨ], [ʨʻ], [ɕ]로의 구개음화와도 관계가 있을 것으로 보인다. 다시 말하면 견모계열 성모의 구개음화가 운모 [yn]의 형성을 추진하였을 수도 있다고 보게 된다.

4. 왕력과 향희가 명청 시기에 운모 [uən]이 있었다고 하였다. 그러나 운모 [uən]의 형성은 18세기 후기에 시작된 것으로 보인다. 왜냐하면『한청문감』에서 운모 [un]으로 표기되고 있었기 때문이다.『한청문감』에서 [un]으

로 표기된 제로성모 뒤의 운모가 『음운봉원』에서 [uən]으로 표기되고, 그 후의 『경음자휘』(1912)에서도 [uən]으로 표기되었다. 예를 들면 아래와 같다.

[uən](248쪽): 溫, 榲, 瘟, 文, 紋, 聞, 蚊, 吻, 紊, 穩, 問

이 사실은 제로성모 뒤의 운모 [un]이 [uən]으로의 변화가 가능하게 19세기부터 시작되어 20세기 초에 완성되었을 수 있음을 시사한다.

그리고 『한청문감』에 나타난 래모 뒤의 운모 [uən]이 『음운봉원』과 『경음자휘』에서 모두 [un]으로 표기된 것으로 보아 『한청문감』의 표기를 오기로 보아야 할지 단언하기 어렵다.

5. 왕력과 향희는 모두 견모계열의 구개음화가 정모계열의 구개음화보다 먼저 이루어졌다고 하였다. 그러나 『음운봉원』과 『한청문감』의 자료는 근대중국어 정모계열 성모의 구개음화가 견모계열 성모의 구개음화보다 먼저 이루어지었음을 명확히 밝혀주고 있다. 이미 18세기 말에 정모계열 성모의 구개음화는 끝나가지만 견모계열 [k], [kʻ]의 구개음화는 시작도 되지 않았다.

위의 서술을 종합해보면 왕력, 향희가 한 명청 시기 "인진(人辰)"운의 추정음과 『음운봉원』, 『한청문감』의 표음 사이에는 차이가 있다. 이에 대한 진일보의 조사와 분석이 기대됨과 동시에 아래의 두 가지 문제가 잘 연구되어야 할 것 같다.

1. 순음 뒤의 운모 [un]이 왜서 운모 [ən]으로 변하게 되는가?
2. 제로성모 뒤의 운모 [un]이 왜서 [uən]으로 변하게 되는가?

十二. 근대중국어 모음 [u]의 변화

『한청문감(汉清文鉴)』에는 모음 [u]를 운복(韻腹)으로 하는 운모 [ui], [un],

[un]이 있다. 이러한 운모들이 『한청문감』으로부터 현대중국어에 이르는 기간 그 앞에 오는 성모의 차이에 따라 부동한 변화가 나타났다. 예를 들면 아래와 같다.

(1) 『한청문감』 운모 [ui]의 변화

① 성모 [tʂ], [tʂʻ], [ʂ], [ʐ], [ts], [tsʻ], [s], [t], [tʻ], [k], [kʻ], [x] 뒤: [ui]→[ui]

[tʂ]追, [tʂʻ]吹, 垂, 捶, 锤, 椎, [ʂ]谁, 水, 税, 睡, [ʐ]锐, 蕤, 蘂, 瑞, 睿, [ts]觜, 嘴, 罪, 醉[tsʻ]催, 脆, 萃, 悴, 翠, [s]虽, 随, 髓, 岁, 碎, [t]堆, 队, 对, 兑, 碓, [tʻ]推, 腿, 退, 褪, 颓, [k]归, 龟, 规, 瑰, 鬼, [kʻ]亏, 盔, 窥, 奎, 葵, [x]灰, 挥, 辉, 回, 会

② 성모 [l] 뒤: [ui]→[ei]

[l]雷, 縲, 鸓, 类, 擂

③ 제로성모 [ø] 뒤: [ui]→[uəi]

[ø]危, 威, 微, 薇, 违, 围, 尾

(2) 『한청문감』 운모 [un]의 변화

① 성모 [tʂ], [tʂʻ], [ʂ], [ʐ], [ts], [tsʻ], [s], [t], [tʻ], [l], [k], [kʻ], [x] 뒤: [un]→[uən]

[tʂ]准, 準, 肫, [tʂʻ]春, 纯, 唇, 鹑, 蠢, [ʂ]顺, 瞬, [ʐ]闰, 润, [ts]尊, 遵, 撙, [tsʻ]村, 皴, 存, 寸, [s]孙, 狲, 损, 笋, 筍, [t]敦, 墩, 撴, 擎, 蹲, [tʻ]吞, 涒, 屯, 豚, 臀, [l]伦, 轮, [k]滚, 棍, (车+衮), [kʻ]崑, 捆, 綑, 困, 髡, [x]昏, 荤, 惛, 魂, 混

② 제로성모 [ø] 뒤: [un]→[uən]

[ø]温, 榅, 瘟, 文, 纹, 闻, 蚊, 问

(3) 『한청문감』 운모 [uŋ]의 변화

① 성모 [tʂ], [tʂʻ], [ʐ], [ts], [tsʻ], [s], [t], [tʻ], [n], [l], [k], [kʻ], [x] 뒤:
[uŋ]→[uŋ]

[tʂ]中, 忠, 终, 锺, 種, [tʂʻ]冲, 充, 春, 衝, 虫, [ʐ]戎, 茸, 荣, 绒, 容, [ts]總,
宗, 棕, 总, 踪, [tsʻ]葱, 聪, 从, 丛, 琮, [s]松, 鬆, 嵩, 讼, 送, [t]东, 冬, 懂,
动, 冻, [tʻ]通, 同, 筒, 桐, 铜, [n]农, 哝, 浓, 脓, 弄, [l]龙, 珑, 胧, 聋, 隆,
[k]工, 弓, 公, 功, 攻, [kʻ]空, 涳, 孔, 恐, [x]轰, 哄, 烘, 红, 虹

② 성모 [f] 뒤: [uŋ]→[əŋ]

[f]丰, 风, 枫, 封, 疯, 峰, 烽, 葑

③ 제로성모 [ø] 뒤: [uŋ]→[uəŋ]

[ø]翁, 甕, 齆

(4) 『한청문감』 운모 [uən]의 변화

성모 [l] 뒤: [uən]→[uən]

[l]伦, 囵, 纶, 论

만문 문헌 『음운봉원(音韵逢源)』(首都师范大学出版社 2015)의 표음 자료도
『한청문감』과 마찬가지로 운모 [ui], [un], [uŋ]이 존재했고, 그것들이 현대
중국어에 이르러 나타난 변화도 기본상 『한청문감』과 같다. 예를 들면 아래
와 같다.

(1) 『음운봉원』 운모 [ui]의 변화(309-314쪽)

① 성모 [tʂ], [tʂʻ], [ʂ], [ʐ], [ts], [tsʻ], [s], [t], [tʻ], [k], [kʻ], [x], 뒤: [ui]→[ui]
[tʂ]追, 锥, 赘, 隹, 骓, 硾, 缀…[tʂʻ]吹, 垂, 炊, 捶, 锤, 椎, 锤, 槌, 鎚, 腄…[ʂ]
水, 睡, 谁, 税, 说…[ʐ]蕊, 蘂, 蕋, 瑞, 锐, 睿, 汭…[ts]朘, 醉, 最, 觜, 嘴,
罪, 醉…[tsʻ]崔, 璀, 催, 縗, 衰, 脆, 萃, 悴, 翠…[s]虽, 髓, 岁, 随, 绥, 睢,

葵, 尿, 灘, 碎…[t]堆, 队, 对, 兑, 碓, 敦, 薱, 镦…[tʻ]推, 腿, 退, 颓, 蓷, 熀,

焞, 骰…[k]贵, 圭, 珪, 闺, 归, 轨, 跪, 桂, 鬼…[kʻ]亏, 傀, 餽, 奎, 窥, 盔,

葵, 愧…[x]晖, 悔, 慧, 回, 辉, 煇, 挥, 会, 灰, 麾…

② 성모 [p], [pʻ], [m], [l] 뒤: [ui]→[ei]

[p]杯, 背, 盃, 柸, 辈, 孛, 焙…[pʻ]胚, 配, 陪, 醅, 佩, 培, 珮…[m]每, 妹,

枚, 浼…[l]磊, 類, 雷, 累, 擂, 儽…

③ 제로성모 [ø] 뒤: [ui]→[uəi]

[ø]隈, 魏, 危, 偽, 隈, 委, 位, 为, 煨, 威, 逶, 偎, 伟, 违, 围…

(2) 『음운봉원』 운모 [un]의 변화(231-234쪽)

① 성모 [tʂ], [tʂʻ], [ʂ], [ʐ], [ts], [tsʻ], [s], [t], [tʻ], [l], [k], [kʻ], [x] 뒤:
[un]→[uən]

[tʂ]準, 諄, 准, 肫…[tʂʻ]春, 蠢, 唇, 纯, 椿, 醇, 鹑…[ʂ]顺, 舜, 吮, 瞬, 睃…[ʐ]

润, 闰, 瞤…[ts]尊, 捘, 樽, 遵…[tsʻ]村, 存, 寸, 蹲…[s]孙, 损, 狲, 隼, 笋…[t]

敦, 顿, 盾, 炖…[tʻ]吞, 屯, 臀, 豚…[l]论, 伦, 崙, 轮…[k]滚, 棍, 辊, 衮, 鯀…

[kʻ]坤, 困, 堃, 髡, 梱…[x]昏, 混, 珲, 婚, 魂…

② 성모 [p], [pʻ], [m], [f] 뒤: [un]→[ən]

[p]本, 奔, 賁, 畚, 犇…[pʻ]喷, 盆, 湓, 歕…[m]们, 闷, 门, 悗…[f]芬, 粉, 分,

奋…

③ 제로성모 [ø] 뒤: [uən]→[uən]

[ø]温, 稳, 瘟, 辒, 蕰…

(3) 『음운봉원』 운모 [uŋ]의 변화(207-212쪽)

① 성모 [tʂ], [tʂʻ], [ʐ], [ts], [tsʻ], [s], [t], [tʻ], [n], [l], [k], [kʻ], [x] 뒤:
[uŋ]→[uŋ]

[tʂ]中, 忠, 锺, 重, 衆…[tʂʻ]充, 宠, 銃, 崇, 沖…[ʐ]戎, 冗, 羢, 茸, 毵…ts]宗,

総, 纵, 綜…[tsʻ]聪, 丛, 從, 葱, 琮…[s]送, 嵩, 悚, 松…[t]东, 棟, 董, 冬, 动…
[tʻ]通, 统, 痛, 同, 仝…[n]农, 醲, 依, 脓…[l]龍, 笼, 隆, 垄, 窿…[k]公, 贡,
工, 共, 弓…[kʻ]空, 孔, 控, 恐, 倥…[x]洪, 嗊, 烘, 弘, 红…

② 성모 [p], [pʻ], [m], [f] 뒤: [uŋ]→[əŋ]

[p]琒, [pʻ]蓬, 堻, 芃…[m]蒙, 夢, 蠓, 朦, 幪…[f]风, 凤, 逢, 封, 丰…

③ 제로성모 [ø] 뒤: [uŋ]→[uəŋ]

[ø]翁, 滃, 罋, 甕, 嗡…

상술한 자료는 아래의 몇 가지를 설명해주고 있다.

1. 설음, 치음, 아음, 후음 뒤 운모 [ui], [un], [uŋ]의 변화

설음 [t], [tʻ], 치음 [tʂ], [tʂʻ], [ʐ], [ts], [tsʻ], [s], 아음 [k], [kʻ], 후음 [x]
뒤의 운모 [ui], [un], [uŋ]은 변하지 않았다. 운모 [ui], [un], [uŋ]은 19세기
말의 『화어유초』에서도 상기 성모 뒤에서 기본상 [ui], [un], [uŋ]으로 발음
되면서 현대에 이르렀다. 이는 현대의 운모 [ui], [un], [uŋ]이 이미 18세기
근대어에서 형성되었음을 의미한다.

2. 순음 뒤 모음 [u]의 변화

1) 운모 [ui]의 모음 [u]의 변화
운모 [ui]는 [ui]→[əi]→[ei]의 변화를 거쳐 근대어 모음 [u]가 현대어 모
음 [e]로 변하였다.
위의 자료가 보여주듯이 『한청문감』과 『음운봉원』에서 순음 뒤 [ui]의 표
기가 다르다. 『음운봉원』 순음 뒤에서 [ui]로 표기된 한자 [p]背, 盃, 桮, 輩,
… [pʻ]配, 陪, 佩, 培, … [m]每, 妹, 枚, 昧, 煤… 등이 『한청문감』에서는 모두

운모 [əi]로 표기되었다. 이들이 19세기말의 『화어유초』에서도 거의 모두가 운모 [əi]로 표기되고 현대에 이르러 운모 [ei]로 변하였다. 이는 순음 뒤의 운모 [ui]가 [ui]→[əi]→[ei]의 변화를 거쳐 현대어 [ei]로 되었음을 의미한다. 그러니 근대어 모음 [u]가 순음 뒤에서 현대어 모음 [e]로 변한 것이다. 이 변화가 1차적으로는 [ui]→[əi]의 변화가 일어나고, 2차적으로는 [əi]→[ei]의 변화가 일어났다. 이러한 변화의 원인에 대해 아직 명확히 밝혀내지 못하고 있다.

근대 모음 [u-]의 1차적 변화에 대해 이신괴(李新魁)가 "근대한어개음의 발전(近代汉语介音的发展)"(『李新魁语言学论集』中华书局 1994)에서 아래와 같이 논하였다. "순음성모 발음의 입술상태가 원순모음 [u]와 잘 어울리지 않는데 있다([u]는 입술을 오므리고 순음성모는 늘 입술을 벌리는 상태를 취한다). 하여 순음이 원순모음을 배척하는 작용을 하게 되므로 모음 [u]가 순음 글자 가운데에서 변화가 나타난다."고 하였으나 이는 성립되기 어려운 이론이다(이에 대한 논의는 이미 "九, 근대중국어 운모 [un]이 [ən]으로의 변화"에서 하였으므로 약하기로 한다).

2차적 변화인 [əi]→[ei]의 변화는 [əi]의 운복(韵腹) [ə]가 뒤의 운미 [i]의 영향을 받아 앞으로 이동하면서 앞모음 [e]로 변한 것으로 느껴진다.

2) 운모 [un]의 모음 [u]의 변화

운모 [un]은 [un]→[ən]의 변화를 거쳐 근대어 모음 [u]가 현대어 모음 [ə]로 변하였다.

현대중국어 순음 뒤에서 운모 [ən]으로 발음된 한자 [p]奔, 锛, 本, 笨, [pʻ]喷, 歕, 盆, [m]门, 们, 扪, 闷, 懑, [f]分, 纷, 坟, 焚, 黇, 鲼, 粉, 奋, 忿, 粪 등이 『한청문감』에서 많이는 [ən]으로 발음되고 개별적으로 [ən], [un] 두 가지로 발음되었으며, 『음운봉원』에서는 [un]으로 발음되었다. 이들이 『화어유초』에서의 발음도 한결같이 [ən]이다. 이는 현대의 [ən]이 근대의 [un]으로부터

[un]→[ən]의 변화를 거쳐 이루어진 것임을 말해준다. 이는 또한 현대중국어 운모 [ən]이 이미 근대시기에 형성된 운모라는 결론을 내리게 한다.

순음 뒤의 운모 [un]이 운모 [ən]으로의 변화는 순음 뒤의 [ui]가 먼저 [əi]로 변한 것과 마찬가지로 순음 뒤의 모음 [u]가 [ə]로의 변화이다. 왜서 순음 뒤의 모음 [u]가 [ə]로 변화되는가는 진일보의 연구가 기대되는 과제이다.

3) 운모 [uŋ]의 모음 [u]의 변화

운모 [uŋ]이 [uŋ]→[əŋ]의 변화를 거쳐 근대어 모음 [u]가 현대어 모음 [ə]로 변하였다.

근대중국어 운모 [uŋ]이 [əŋ]으로의 변화에 대해서는 이미 앞의 "九. 근대중국어 운모 [uŋ]이 [əŋ]으로의 변화"에서 논의하였으므로 여기에서는 생략한다.

3. 래모 [l] 뒤 모음 [u]의 변화

1) 운모 [ui]의 모음 [u]의 변화

운모 [ui]는 [ui]→[əi]→[ei]의 변화를 거쳐 근대어 모음 [u]가 현대어 모음 [e]로 변하였다.

현대중국어에서 [lei]로 발음되는 한자들이 『한청문감』에서 운모 [ui](예를 들면 雷, 累, 擂, 类, 鸓, 膢)와 [əi](예를 들면 累, 纍, 垒, 泪, 诔) 두 가지로 표기되었다. 이들 가운데의 累는 하나의 글자가 [ui]/[əi] 두 가지로 표기되었다. 이는 이 시기 운모 [ui]와 [əi]가 공존했음을 의미한다. 그러나 만문으로 표기된 『음운봉원』에서는 모두 운모 [ui]로 되어있다. 그리고 『화어유초』에서는 [u]와 [əi] 두 가지로 표기되었다.

상술한 상황은 성모 [l] 뒤의 운모 [ui]가 [ui]→[əi]→[ei]의 변화를 거쳐 근대어 모음 [u]가 현대어 모음 [e]로 변하였음을 의미한다. 이는 성모 [l] 뒤의 모음 [u]가 왜서 모음 [ə]→[e]로 변하게 되었는가 하는 원인을 밝힐

것을 요구한다.

2) 운모 [un]의 모음 [u]의 변화

『한청문감』에서 성모 [l] 뒤의 운모 [un]이 [lun](예를 들면 伦, 轮)과 [luən](예를 들면 伦, 圇, 纶, 论)으로 분화되었다. 이들이 현대중국어에 이르러 모두 [luən]으로 발음된다. 이들 가운데의 伦은 하나의 글자가 [lun]/[luən] 두 가지 음으로 표기되었다. 이들이 『음운봉원』에서는 모두 [un] 하나로 표기되었고 그 뒤에 출판된 『경음자휘』(1912)에서도 운모 [un]으로 표기되었다. 그러니 『한청문감』의 표기 [luən]을 어떻게 보아야 할지를 단언하기 어렵다.

4. 제로성모 [ø] 뒤 모음 [u]의 변화

『한청문감』과 『음운봉원』에 나타난 제로성모 [ø] 뒤의 운모 [ui]가 현대 중국어 운모 [uəi]로 변하고, 운모 [un]이 현대중국어 운모 [uən]으로 변하고, 운모 [uŋ]이 현대중국어 운모 [uən]으로 변하였다. 그러니 제로성모 뒤의 근대어 모음 [u]가 현대중국어에 이르러 [uə]로 변한 것이다. 이들 가운데의 운모 [ui]와 [un]이 『화어유초』에서도 다수가 운모 [ui]와 [un]으로 표기되어 있는 것으로부터 보아 모음 [u]가 [uə]로의 변화가 20세기에 들어선 이후에 나타난 변화로 보인다.

『한청문감』과 『음운봉원』에서 [ui], [un], [uŋ]으로 표기된 운모가 『경음자휘』에서 아래와 같은 변화가 나타났다.(화살표 왼쪽은 『한청문감』의 발음이고 오른쪽은 『경음자휘』의 발음임)

(1) [ui]→[uəi]
① [ui]→[uəi](248쪽): 危, 威, 隈, 微, 爲, 違 ……
② [kʻui]→[kʻuəi](479쪽): 魁, 奎, 亏, 愧, 葵, 盔 ……

③ [kui]→[kuəi](481쪽): 巳, 珪, 鬼, 軌, 桂, 貴 ……

④ [ni]/[nio]→[nuəi](327쪽): 瘰, 虐

(2) [un]→[uən](248쪽): 溫, 瘟, 文, 紋, 聞, 蚊 ……

(3) [uŋ]→[uəŋ](247쪽): 翁, 甕, 嗡, 滃, 蓊, 瓮 ……

위의 대비에서 제로성모 뒤의 운모 [ui], [un], [uŋ]의 모음 [u]가 [uə]로 변하고, 성모 [kʻ], [k], [n] 뒤 운모 [ui]의 모음 [u]가 모음 [uə]로 변하였음을 알아낼 수 있다. 이는 현대중국어 운모 [uəi], [uən], [uəŋ]이 20세기 10년대 이전에 형성되었음을 의미한다.

이신괴(李新魁)가 논문 "근대한어 개음의 발전(近代汉语介音的发展)"(『李新魁语言学论集』中华书局 1994) 196쪽에서 [uŋ]이 [uəŋ]으로의 변화에 대해 아래와 같이 지적하였다.

"원래 동종운(东锺韵)에 속한 제로성모 한자 '翁, 蓊, 嗡, 瓮' 등이 본래는 운모 [uŋ]으로 읽었으나 현대 보통말에서는 [uəŋ]으로 읽는다. 이 변화는 뒤늦게 나타난 것이다. 이 글자들이 명청 시기의 운서(韵书), 운도(韵图)들에서 많이는 [uŋ]으로 읽히었다. 기원 1805년에 씌어진 『이씨음감(李氏音鉴)』(李汝珍作)에서의 독음도 의연히 [uŋ](如翁, 污弓切, 瓮, 悟贡切)으로 [uəŋ]으로 변하지 않았다. 그러나 19세기 말년에 이러한 글자들이 이미 [uəŋ]으로 읽었다. 청나라말기 왕조(王照)의 『관화자모독물(官话字母读物)』에서 '翁'자의 독음이 이미 [uəŋ]이었다. [uŋ]이 [uəŋ]으로의 변화는 제로성모의 [u-]가 음절의 첫 머리에 놓이었기 때문이다. [u-]가 마찰성분을 갖고 있으므로 [uŋ]을 [wuŋ]으로 읽게 된다. 모음 [u]가 반모음 [w-]를 생성시킨 다음 반대로 [w-]의 배척을 받아 혀의 위치가 낮아지는 변화(이화작용(異化作用))이 일어나 비원순 모음 [ə] 혹은 [ɤ]로 변하면서 [wuŋ]이 점차 [wəŋ]([uəŋ])로 변하였다."

이신괴가 제로성모 뒤의 [uŋ]이 먼저 [wuŋ]으로 변하고, 그다음 [wuŋ]이 [wəŋ]([uəŋ])으로의 변화가 나타났다고 했는데 우리가 느끼건대 이는 하나의 가능성이다. 그런데 순음 뒤의 [ui]가 [əi]로, [un]이 [ən]으로, [uŋ]이 [əŋ]으로의 변화 및 성모 [l] 뒤 운모 [ui]가 [əi]로의 변화 등을 고려할 때 근대중국어가 현대중국어에로의 변화과정에 뒤 모음이 앞 모음으로의 추이가 있었을 것으로 느껴지는데 이것이 다른 하나의 원인일 수도 있다.

총적으로 근대중국어에서 모음 [u]를 운복(韻腹)으로 하는 운모 [ui], [un], [uŋ]의 모음 [u]는 그 앞에 오는 성모에 따라 [ui]→[ui], [ui]→[əi]→[ei], [ui]→[uəi], [un]→[un], [un]→[ən], [un]→[uən], [uŋ]→[uŋ], [uŋ]→[əŋ], [uŋ]→[uəŋ]의 변화를 가져오면서 모음 [u], [ə], [e], [uə] 넷으로 분화되었다. 즉 설음, 치음, 아음, 후음 뒤에서 [u]로 되고, 순음 [p], [pʻ], [m], [f] 뒤에서 [ə], [e]로 되고, 제로성모 [ø] 뒤에서 [uə]로 되고, 래모 [l] 뒤에서 [u], [e]로 되었다. 이러한 분화의 원인은 진일보 참답게 연구되어야 할 과제로 남아있다.

十三. 『한청문감(汉清文鉴)』 중국어 운모 [io]의 내원과 변화

『한청문감』에서 운모 [io]로 발음된 한자가 모두 21개이다. 이들이 각기 『광운(广韵)』의 "효섭(效攝), 탕섭(宕攝), 강섭(江攝)" 등 3개 섭의 4개 운모에서 왔는데 아래와 같다.

效攝3-1宵韵: [øio]窑
江攝1-2講韵: [kʻio]壳
宕攝2-4藥韵: [kio]脚, [tɕio]爵, [lio]掠, 略, [nio]虐, [tɕʻio]雀, 鹊, [ɕio]削,
　　[xio]谑, [øio]鑰, 约, 跃, 禴
江攝1-4覺韵: [kio]觉, 角, [xio]学, [øio]樂, 岳, 嶽

위의 자료에서 『한청문감』 운모 [io]가 주요하게는 『광운』의 약운과 각운에서 왔음을 알 수 있다. 이 두 운모의 역사적 변화에 대한 일부 학자들의 해석이 『한청문감』의 실제와 차이가 있다.

향희(向熹)는 『간명한어사(简明汉语史)』(商务印书馆 2010) 제3장 제5절 "중고로부터 근대사이 한어 입성운의 발전" 308-309쪽에서 각(覺), 약(藥) 두 운의 변화에 대해 아래와 같이 지적하였다.

"五(蕭豪韵)의 1"에서:
藥(開三)[iak]→[au]: [f]縛(奉)

"五(蕭豪韵)의 2"에서:
覺(開二)[ɔk]→[iau]: [p]剝, 駁(帮), [tʃ]濁, 濯, 镯, 擢(澄), 卓, 琢(知), [tʃʻ]戳
(徹), 槊(生), [ʃ]朔, 稍(生)

"五(蕭豪韵)의 3"에서:
覺(開二)[ɔk]→[iɛu]: [k]角, 桷, 觉(见), [x]学, 鸢(匣), [ø]岳, 樂(疑),
藥(開三)[iak]→[iɛu]: [l]掠, 略(來), [tʃ]著(澄), 斫, 酌, 灼, 缴(章), [tʃʻ]绰, 婥
(昌), [ʃ]芍, 杓(禪), 爍, 铄(書), [ʒ]若, 弱, 箬(日), [ts]爵(精), [tsʻ]雀(精), 鹊,
趋(清), [s]削(心), [k]脚(见), [ŋ]虐, 瘧(疑), [x]谑(曉), [ø]约(影), 藥, 跃, 鑰,
瀹(以)

"六(歌戈韵)의 1"에서:
覺(開二)[ɔk]→[o]: 濁, 濯, 镯(澄)

"六(歌戈韵)의 2"에서:
藥(合三)[iwak]→[uo]: [f]縛(奉)

"六(歌戈韵)의 3"에서:

覺(開二)[ɔk]→[io]: [x]学(匣), [ø]樂, 嶽(疑)

藥(開三)[iak]→[io]: [l]掠, 略(來), [tʃ]著(澄), [ʃ]杓(禪), [ʒ]若, 弱, 蒻(日), [ŋ] 虐, 瘧(疑), [ø]藥, 跃, 鑰(以), 约(影)

그리고 제7절 "현대 한민족 공동어 표준음의 형성" 340-341쪽에서 근대 중국어 운모 [io]의 변화에 대해 아래와 같이 논하였다.

"(3) 가과(歌戈)운 가운데의 제치음 [io]가 [yɛ], [uo]로의 분화:

[io]→ [yɛ]: 掠, 略, 学, 虐, 谑, 岳, 樂, 藥, 约, 跃, 鑰

[io]→ [uo]: 若, 弱, 蒻

[io]가 [yɛ]로 변한 것은 매우 뒤늦게 생긴 일이다. 19세기 중엽 유은(裕恩) 의 『음운봉원(音韵逢源)』(기원 1840년)에서 아직도 [yə]로 읽었다. 대략 19세 기 말에 비로소 [yɛ]로 읽었다."

그런데 향희의 해석에서는 혼란이 보인다. 예를 들면 아래와 같은 것들이다.

첫째, "学, 樂, 略, 若, 弱, 瘧, 跃, 鑰" 등을 "五(蕭豪韵)의 3"에서는 [iɛu]로 변하였다고 하고, "六(歌戈韵)의 3"에서는 [io]로 변하였다고 하였다.

둘째, "濁, 濯, 鐲, 掠, 略, 著, 学, 若, 弱" 등 글자를 소호운(蕭豪韵)과 가과운 (歌戈韵) 두 가지 운에 귀속시키었다.

셋째, "缚"자를 약운 개구3등이라고도 하고, 합구3등이라고도 하였다. 그 런데 곽석량(郭錫良)의 『한자고음수책(漢字古音手册)』(1986년)에 의하면 합구3 등이다.

향희의 해석에서는 상기의 혼란 외에 『한청문감』, 『음운봉원』의 표기와 다른 사실들이 발견되는데 그 구체 상황은 아래와 같다.

1. 각운(覺韵)의 변화가 다르다

향희는 중고의 각운 운모 [ɔk]이 근대에 이르러 [iau], [iɛu], [io], [o]로 분화되었다고 하였다.

그러나 『한청문감』에서는 각운이 [o], [io], [ao], [u]로 분화되었다. 예를 들면 아래와 같다.

    [o]로 표기된 한자: 剥(剝), 驳(駁), 駮, 朔, 棹, 捉, 桌, 浊(濁), 啄, 濯, 镯(鐲)

    [io]로 표기된 한자: 角, 学(學), 乐(樂), 岳, 嶽

    [ao]로 표기된 한자: 雹, 剥(剝)

    [u]로 표기된 한자: 璞

2. 약운(藥韵)의 변화가 다르다

향희는 중고의 약운 운모의 개구호 [iak]이 근대에 이르러 [au], [iɛu], [io]로 분화되고 합구호 [iwak]이 [uo]로 되었다고 하였다.

그러나 『한청문감』에서는 약운이 [io], [o], [iao], [ao], [i], [iuəi], [iui]로 분화되었다. 예를 들면 아래와 같다.

    [io]로 표기된 한자: 爵, 掠, 略, 虐, 雀, 鹊(鵲), 谑(謔), 脚(腳), 削, 鑰, 跃(躍), 禴

    [o]로 표기된 한자: 烁(爍), 若, 弱, 箬, 勺, 灼, 芍

    [iao]로 표기된 한자: 药(藥), 嚼, 鹊(鵲), 削

    [ao]로 표기된 한자: 勺

    [i]로 표기된 한자: 疟(瘧)

    [iuəi]로 표기된 한자: 镢(钁)

[iui]로 표기된 한자: 籯

3. 개별 한자들의 발음이 다르다

향희가 "若, 弱"을 소호운(蕭豪韵)에 소속시킬 때에는 운모의 발음을 [iɛu]라고 하고, 가과운(歌戈韵)에 소속시킬 때에는 운모의 발음을 [io]라고 하였다. 그러나 『한청문감』과 『음운봉원』에서는 [o]이다.

4. 『음운봉원』의 표기가 다르다

향희가 19세기 중엽 유은의 『음운봉원』에서 현대어의 [yɛ]가 [yə]로 읽히었다고 하였다. 그런데 필자가 수도 사범대학 출판사에서 2015년에 출판한 『음운봉원』의 표기를 찾아본 결과 운모 [yə]로 읽힌 한자는 "业, 邺, 業……, 也, 夜, 爷, 野, 冶, 埜, 葉, 耶, 噎, 页, 邪, 拽……" 등으로 약운이나 각운의 글자들이 아니었다. 반대로 『광운』의 약운과 각운 글자들이 『음운봉원』에서도 운모 [io], [o]로 표기되었다. 예를 들면 아래와 같다.

(1) [io]로 표기된 한자(339-342쪽)
[kio]脚, 觉, 角, [ɲio]虐, 瘧, [tɕio]爵, [tɕ'io]雀, 鹊, [xio]学, 谑, [lio]掠, 略, [øio]樂, 岳, 嶽, 鑰, 约, 跃, 禴

(2) [o]로 표기된 한자(325-330쪽)
[po]剝, 駁, [tʂo]灼, 勺, 捉, 啄, 濯, 桌, 浊, 镯, [tʂ'o]戳, [ʂo]芍, 烁, 朔, [ʐo]若, 弱, 箬

5. 현대중국어에서의 분화가 다르다

향희가 근대중국이 운모 [io]가 현대중국어에 이르러 운모 [yɛ](예를 들면 "掠, 略, 学, 虐, 谑, 岳, 樂")와 [uo](예를 들면 "若, 弱, 蒻")로 분화되었다고 하였다. 그러나 『한청문감』의 [io]가 현대중국어에 이르러 운모 "iao"[iau]와 "üe"[ye]로 분화되었다. 분화의 구체 상황은 아래와 같다.

    (1) 각운[io]의 분화
    ① "iao"[iau]로 발음되는 한자: 角
    ② "üe"[ye]로 발음되는 한자: 学(學), 乐(樂), 岳, 嶽

    (2) 약운[io]의 분화
    ① "iāo"[iau]로 발음되는 한자: 脚(腳), 削, 鑰
    ② "üe"[ye]로 발음되는 한자: 爵, 掠, 略, 虐, 雀, 鹊(鵲), 谑(謔), 跃(躍), 禴

향희가 운모 [io]였다고 하는 한자 "若, 弱, 蒻" 등이 『한청문감』과 『음운봉원』에서 모두 운모 [o]로 표기되는 사실은 향희가 추정한 발음이 그릇됨을 말해준다.

『한청문감』 각운의 기타 운모 [o], [ao], [u] 등이 현대중국어에서의 발음은 아래와 같다.

    [o]가 "o"[o]로 된 것: 剥(剝), 驳(駁), 駮
    [o]가 "uo"[uo]로 된 것: 朔, 棹, 捉, 桌, 浊(濁), 啄, 濯, 镯(鐲)
    [ao]가 "ao"[au]로 된 것: 雹, 剥(剝)
    [u]가 "u"[u]로 된 것: 璞

『한청문감』약운의 기타 운모 [o], [ao], [iao], [iuəi], [i], [iui] 등이 현대중국어에서의 발음은 아래와 같다.

[o]가 "uo"[uo]로 된 것: 烁(爍), 若, 弱, 箬, 勺, 灼

[o]가 "ao"[au]로 된 것: 芍

[ao]가 "ao"[au]로 된 것: 勺

[iao]가 "iao"[iau]로 된 것: 药(藥), 削

[iao]가 "üe"[ye]로 된 것: 嚼, 鹊(鵲)

[iuəi]가 "üe"[ye]로 된 것: 镢(钁)

[i]가 "üe"[ye]로 된 것: 疟(瘧)

[iui]가 "üe"[ye]로 된 것: 籆

상기의 논술로부터 아래의 몇 가지 결론을 내리게 된다.

1. 향희가 전개한 『광운』각(覺), 약(藥) 두 운의 변화에 대한 서술에는 아래와 같은 문제점들이 있다.

첫째, 서술이 혼란하여 갈피를 잡기 어렵다.

둘째, 추정한 근대중국어 운모 [iɛu], [uo]는 재고되어야 할 것으로 보인다.

셋째, "若, 弱"의 근대중국어 운모를 [iɛu], [io]로 추정한 것은 수긍하기 어렵다.

2. 『광운』약운이 『한청문감』에서 운모 [io], [o], [iao], [ao], [i], [iuəi], [iui]로 분화되었다.

3. 『광운』각운이 『한청문감』에서 운모 [o], [io], [ao], [u]로 분화되었다.

4. 『한청문감』의 운모 [io]는 거의 모두가 『광운』의 약운과 각운에서 왔다. 그러나 근대중국어 운모 [io]는 과도시기의 운모로 자기의 역사사명을 완수하였다. 즉 『광운』의 [iak], [ɔk]이 근대중국어에서 운모 [io]로 변하였다가 현대중국어에 이르러 운모 [ye], [iao]로 변하면서 사라지었다.

5. 『광운』의 약운, 각운에서 분화된 『한청문감』의 운모 [io]가 현대중국어에 이르러 [ye], [iao]로 분화되었다.

6. 『광운』의 약운, 각운에서 분화된 『한정문삼』의 운모 [o]가 현대중국어에 이르러 [uo], [ao], [o]로 분화되었다.

7. 『광운』의 약운에서 분화된 『한청문감』의 운모 [i], [iao], [iui], [iuəi]가 현대중국어에 이르러 "üe"[ye]로 변하였다.

十四. "『한청문감(汉清文鑑)』 범례 고찰"을 논함

1999년 『한글』(245) 잡지에 리득춘의 논문 "『한청문감(汉清文鑑)』 범례 고찰"이 발표되었다. 이 논문은 『한청문감』 범례의 중국어 표음법에 대한 해석이다. 논문에서는 『한청문감』의 범례 21개 조목을 15개의 부류로 개괄하여 해석하면서 근대중국어 발음도 밝히었다.

그런데 우리는 논문의 저자가 전개한 논술이나 근대중국어 발음에 대한 추정에서 참답게 논의해 보아야 할 문제들이 한두 가지가 아님을 발견하게 되었다. 하여 본 논문에서는 "『한청문감(汉清文鑑)』 범례 고찰"(아래에 "고찰"로 약칭함)에 대해 논하려고 한다.

1. 절음자(切音字)와 부절음자(不切音字)의 발음

『한청문감』 범례의 여러 조목에서 "절(切)", "절음(切音)", "부절(不切)"의 개념이 사용되었다. 여기에서의 "절(切)"은 중국의 전통적 표음방법인 "반절(反切)"을 가리킨다. "반절"을 경우에 따라 단독으로 "○○反" 또는 "○○切"이라고도 한다. 중국어의 반절은 두 한자의 음을 합쳐 다른 한자의 음을 표기하는 표음방법으로 앞글자의 성모를 취하고 뒷글자의 운모를 취하여 합치면 새로운 한자의 음이 된다. 예를 들어 "冬, 都宗切"의 경우 앞의 글자 "도(都)"에서는 성모 "d"를 취하고 뒤의 글자 "종(宗)"에서는 운모 "ong"을 취하여 합치면 "동(冬)"자의 발음 "dong"이 된다.

『한청문감』에서의 "절(切)", "절음(切音)"은 둘 혹은 셋의 한글 음절자를 합쳐 하나의 한자 독음을 표시하는 한자 표음방법이다. 한청문감에서는 두 개의 글자를 합쳐 한자 하나의 발음을 표시한 것을 "이합절음(二合切音)", 세 개의 글자를 합쳐 한자 하나의 발음을 표시한 것을 "삼합절음(三合切音)"이라 하였다. "부절(不切)"은 하나의 한글 음절자로 하나의 한자음을 표음한 표음방법으로 한청문감에서 "일자(一字)"라고도 하였다. 『한청문감』에서의 반절은 중국어에서의 반절과 달리 한글 음절자의 자음이나 모음을 취하는 것이 아니라 한글 음절자 둘 또는 셋을 합쳐 한자 하나의 발음을 표기하는 방법이다. 예를 들면 "니"와 "얀" 두 글자를 합치어 "냔"음을 표기하고, "치", "유", "완" 세 글자를 합치어 "쵼"음을 표기한다.

"고찰"의 저자는 논문의 제2부분 "개구자 · 합구자의 표기"에서 많은 페이지를 할당하여 『한청문감』의 "절음(切音)"과 "부절음(不切音)"에 대해 논하였다. "고찰"의 저자는 『한청문감』 범례 제13조의 " 类냥字니양切, 读如냥, 字샹, 량, 챵, 쟝, 캉, 行倣此。亦有不切者샹, 챵, 쟝是也。"에 대해 만주어 표음방법을 예로 들어 해석하면서 아래와 같이 지적하였다.

첫째, ""양"을 당시 조선어 어음 실제에 근거하여 그 운모를 국제음성기호로 전사하면 [iaŋ]이 된다."

둘째, "정 계열의 3등자들이 읽으면 [iaŋ]과 같다고 하면서도 그것은 지조계와 달리 '이양의 이합절음이라고 하고 있다. 그것을 국제음성기호로 표시하면 [iǐaŋ]이 된다. …… 그러므로 편찬자들이 [iaŋ], [iǐaŋ]을 구별해 표기한 것은 그에 소속되는 한자들의 운섭의 구별을 표시하려는 의도적인 것이라 보겠다."

"고찰"의 상술한 관점은 납득할 수 없는 주장이다. 우선 『한청문감』의 부절음자와 절음자의 표음에 대해 보기로 하자.

1) 부절음자의 **표기와 발음**

『한청문감』 범례는 모두 21개 조목으로 되어있다. 그 가운데의 첫 두 조목은 책의 체제 개변과 분류에 대한 설명이고, 나머지 19개 조목이 표음에 대한 설명이다. 그 가운데의 17개 조목이 한자 표음설명이고, 한 개 조목이 만주어 표음설명이며, 한 개 조목이 한글로 한자와 만주어를 표음할 때의 표음설명이다.

한자 표음설명 17개 조목 가운데의 8개 조목이(제10조부터 17조까지) 절음자와 부절음자 발음에 대한 설명이고 제18조는 "단음(单音)"(하나의 음절자로의 표음)과 3합절음의 설명이다. 먼저 절음자와 부절음자 운모(韵母)의 발음 해석을 보기로 하자.

> 제10조: "ㅑ 类냐字, 即니야二合切音, 读如냐。字캬, 갸, 햐。"
>
> 제11조: "ㆇ 类냔字, 니얀切, 读如냔。字뺜, 퍈, 섄, 턘, 댠, 럔, 먠, 챤, 쟌, 캰, 갼, 햔倣此, 如先섄, 前챤, ○쟌是也。섄, 챤, 쟌 原书不切, 如山섄, 产챤, 詹쟌是也。"
>
> 제12조: "ㅒ 类걔字, 키얘切, 读如걔。字걔, 햬倣此。"
>
> 제13조: "ㅕ 类냥字, 니양切, 读如냥。字썅, 럅, 챵, 쟝, 컁, 향倣此。亦有不切者샹, 챵, 쟝是也。"
>
> 제14조: "ㅖ 类뱨字, 비예切, 读如볘。字녜, 퍠, 섀, 톄, 뎨, 례, 몌, 쳬, 졔, 켸, 계, 혜倣此。"
>
> 제15조: "ㅛ 类쇼字, 시요切, 读如쇼。字됴, 쵸, 죠, 죠, 효倣此。亦有不切者쇼, 죠, 쵸是也。"
>
> 제16조: "ㅘ 类꽈字, 피야切, 读如꽈。字놔, 봐, 톼, 돠, 롸, 솨, 뫄, 촤, 좌, 콰, 과, 화倣此。亦有不切者솨, 촤, 좌是也。"

제17조: "뉴類쥰字, 지윤切, 读如쥰。字슌, 캰, 갼, 흰做此。亦有不切者슌, 쥰是也。"

    상기 서술에서의 "读如"는 고대중국어에서 쓰이는 표음 술어로 "读如法" 또는 "读若法"라고도 하는데 음이 같거나 비슷한 한자로 다른 한자의 음을 표음하는 방법이다. 예를 들면 "唉, 读如埃"이다. 그러니 "读如"는 음이 같거나 비슷하다는 뜻이다.

    이는 『한청문감』 한자의 절음자와 부절음자의 발음이 같거나 비슷함을 의미한다. 즉 "니야"와 "냐"의 발음이 같고, "니얀"과 "냔"의 발음이 같고, "키얘"와 "걔"의 발음이 같고, "니양"과 "냥"의 발음이 같고, "비예"와 "볘"의 발음이 같고, "시요"와 "쇼"의 발음이 같고, "피얀"와 "퍈"의 발음이 같고, "지윤"과 "쥰"의 발음이 같음을 의미한다. 이로부터 제기되는 것은 발음이 같은데 왜 절음자와 부절음자로 나누어 표음하였는가 하는 의문이다.

    『한청문감』에서 발음이 같은 음을 절음자와 부절음자로 나누어 표음한 까닭은 이들 운모 앞에 오는 성모의 차이에 있다. 중국어는 성모와 운모의 결합이 제한되어 있다. 즉 모든 성모와 운모가 자유롭게 결합되지 못하고 제한된 성모와 운모가 결합된다. 위의 설명에서 지적된 『한청문감』의 절음자와 부절음자들의 운모와 성모의 결합관계를 밝히면 아래와 같다.

    절음자 운모:

  ㅑ(앞에 오는 자음: ㄴ, ㅋ, ㄱ, ㅎ)

  ㅑ(앞에 오는 자음: ㄴ, ㅂ, ㅍ, ㅅ, ㅌ, ㄷ, ㄹ, ㅁ, ㅊ, ㅈ, ㅋ, ㄱ, ㅎ)

  ㅒ(앞에 오는 자음: ㅋ, ㄱ, ㅎ)

  ㅑ(앞에 오는 자음: ㄴ, ㅅ, ㄹ, ㅊ, ㅈ, ㅋ, ㄱ, ㅎ)

  ㅖ(앞에 오는 자음: ㅂ, ㄴ, ㅍ, ㅅ, ㅌ, ㄷ, ㄹ, ㅁ, ㅊ, ㅈ, ㅋ, ㄱ, ㅎ)

  ㅛ(앞에 오는 자음: ㅅ, ㄹ, ㅊ, ㅋ, ㄱ, ㅎ)

ᆄ(앞에 오는 자음: ㅍ, ㄴ, ㅂ, ㅌ, ㄷ, ㄹ, ㅅ, ㅁ, ㅊ, ㅈ, ㅋ, ㄱ, ㅎ)
ᆔ(앞에 오는 자음: ㅈ, ㅅ, ㅋ, ㄱ, ㅎ)

부절음자 운모:

ᅣ(앞에 오는 자음: ㅅ, ㅊ, ㅈ)

ᅧ(앞에 오는 자음: ㅅ, ㅊ, ㅈ)

ㅛ(앞에 오는 자음: ㅅ, ㅊ, ㅈ)

ᅭ(앞에 오는 자음: ㅅ, ㅊ, ㅈ)

ᅲ(앞에 오는 자음: ㅅ, ㅊ, ㅈ)

『한청문감』표음에 의하면 "ㅑ"도 부절음 운모로 쓰이고 그 앞에도 자음 "ㅅ, ㅊ, ㅈ"가 온다. 본 논문에서는 이를 『한청문감』범례의 누락으로 보고 "ㅑ"도 부절음 운모로 논의한다.

우리는 위의 자료에서 절음자와 부절음자 앞에 오는 자음에 차이가 있음을 알아낼 수 있다. 즉 절음자 앞에는 여러 가지 자음이 다 올 수 있으나 부절음자 앞에는 자음 "ㅅ, ㅊ, ㅈ"만 온다.

한국어 자음 "ㅅ, ㅊ, ㅈ"로 표기할 수 있는 중국어 자음은 정(精)계열(혀끝 앞 소리, 중국어에서 평설음(平舌音)이라고도 함)의 [s], [tsʻ], [ts], 지조(知照)계열 (혀끝 뒤 소리, 중국어에서 권설음(卷舌音)이라고도 함)의 [ʂ], [tʂʻ], [tʂ], 구개음 (설면앞 소리)의 [ɕ], [tɕʻ], [tɕ] 등 세 가지 계열의 자음이다.

아래에서 부절음자 운모 앞에 오는 자음이 어떤 성질의 자음인가를 보기로 하자(한자 뒤 괄호안의 아라비아 숫자는 『한한청문감』의 쪽수이고 上/下는 판면이다).

(1) "ㅑ"로 표음된 한자
샤: 殺(殺)(112上), 沙(16上), 紗(紗)(320下), 砂(314上), 煞(364下), 杉(400上),

傻(192上)

챠: 叉(131上), 杈(404上), 挿(116上), 茶(278上), 查(113上), 靫(134下), 察(57
上), 衩(137上), 汊(29下), 岔(149上), 差(163上), 楂(294上), 奼(330), 刹
(460上)

쟈: 扎(111上), 柤(462上), 喳(419下), 楂(92上), 渣(310下), 剳(61上), 楂(462
上), 札(331下), 闸(閘)(263下), 铡(鍘)(310上), 炸(362上), 乍(188下), 诈
(詐)(234上), 栅(289下), 咤(210下), 痄(216上), 蚱(450上), 榨(347下)

(2) "냔"으로 표음된 한자

샨: 山(26上), 苫(362上), 衫(237下), 珊(312下), 搧(203上), 羶(386下), 闪
(閃)(13上), 疝(215上), 扇(74上), 善(164上), 骟(騸)(432下), 缮(繕)(271下),
膳(278上), 蟮(449下), 鱓(444上)

챤: 挦(攙)(298上), 谗(讒)(234下), 馋(饞)(382下), 禅(禪)(263下), 缠(纏)(364
下), 蝉(蟬)(466下), 巉(27上), 产(產)(159下), 谄(諂)234下), 剗(334下), 铲
(鏟)(346下), 欃(463上), 颤(顫)(25下), 韂(133下)

쟌:占(83上), 沾(237下), 毡(氈)(320下), 粘(303下), 詹(46上), 谵(譫)(205下),
霑(13下), 旃(464下), 斩(斬)(69下), 盏(盞)(316上), 展(65下), 辗(輾)(186
上), 佔(236下), 栈(棧)(263上), 战(戰)(329上), 站(199上), 绽(綻)(210下),
蘸(134上)

(3) "냥"으로 표음된 한자

샹: 伤(傷)(120下), 商(88上), 晌(292下), 赏(賞)(35下), 上(200上), 尚(48下)

챵: 昌(467下), 菖(396下), 阊(閶)(451上), 娼(213上), 鲳(鯧)(445下), 肠(腸)
(373上), 尝(嘗)(81下), 常(190上), 膓(150下), 嚐(嘗)(381下), 场(場)(294下),
长(長)(137上), 厂(廠)(277上), 氅(75上), 畅(暢)(210上), (63下), 鬯(457下),
唱(138下)

쟝: 张(張)(206下), 章(457上), 漳(318下), 璋(83下), 樟(400下), 蟑(447下), 鼍
(425下), 长(長)(34上), 涨(漲)(28下), 掌(121下), 丈(141下), 仗(78上), 杖(69
上), 帐(帳)(336上), 账(賬)(300上), 障(174上)

(4) "ㅛ"로 표음된 한자

쇼: 说(說)(192上), 烁(爍)(153下), 朔(20下), 硕(碩)(34下)

쵸: 戳(315下)

죠: 棹(336下), 拙(228下), 捉(302下), 桌(343上), 勺(301上), 灼(403上), 着
(248上), 浊(濁)(194上), 啄(418上), 濯(240下), 镯(鐲)(338上)

(5) "ㅑ"로 표음된 한자

샾: 烧(燒)(25上), 弰(128下), 梢(375上), 稍(134下), 艄(368上), 勺(346上), 芍
(410下), 韶(462下), 少(18上), 哨(124下)

챺: 抄(69下), 超(416上), 朝(37下), 潮(29上), 炒(385下)

죠: 朝(21上), 招(113上), 昭(265下), 爪(421下), 找(172下), 兆(106上), 诏
(詔)(275上), 笊(346上), 棹(336下), 照(108上), 罩(123上)

(6) "ㅠ"으로 표음된 한자

슌: 顺(順)(160上), 瞬(460上)

츈: 春(321上), 輴(332下), 纯(純)(251上), 唇(154上), 鹑(鶉)(418下), 蠢(239下)

쥰: 肫(167上), 准(64下), 準(146下)

상기의 자료는 부절음자 앞에 오는 자음이 한결같이 지조(知照)계열의 권
설음 [ʂ], [tʂʻ], [tʂ]임을 말해준다. 이와는 달리 절음자 앞에는 모든 자음들
이 다 오고 있다. 이로부터 우리는 부절음자 앞의 성모는 한어의 혀끝 뒤
소리 권설음 [ʂ], [tʂʻ], [tʂ]임을 알 수 있다.

그렇다면 혀끝 뒤 소리 성모에 쓰인 부절음자 운모 "ㅑ, ㅑ, ㆐, ㅛ, ㆐, ㅠ"의 발음이 어떠한가를 보기로 하자.

"고찰"은 원가화(袁家骅)의 『汉语方言概要』(155页)와 양검교(杨剑桥)의 『汉语现代音韵学』(800页)의 논술을 근거로 운모 "ㅑ"의 발음을 [ian]이라고 하면서 『한청문감』의 "샹, 챵, 쟝"의 발음을 [ȿian], [tȿʻian], [tȿian]이라고 하였다. 그러니 운모 "ㅑ"는 [ia], "ㅑ"은 [ian], "ㅛ"는 [io], "ㅛ"는 [iao], "ㅠ"은 [iun]으로 발음된다고 본 것이다.

그런데 뒷부분 고정음(古正音)조의 해석에서는 부절음 한자의 대다수 성모가 혀끝 뒤 소리 권설음임을 예로 든 다음 "권설음 자음(치음)에 붙은 운모 [ia], [io], [iu], [ian], [iao], [iui], [iuŋ], [iai], [iuaŋ]은 모두 선행 [i]를 탈락시키고 [a], [o], [u], [an], [ao], [ui], [uŋ], [ai], [uaŋ]으로 전사되어야 한다."고 하였다. 여기에서 주목되는 것은 부절음 한자 가운데에서 운모 [ian]은 배제하였다는 사실이다. 이러한 표기의 근거로 강 신항의 논문 "『화음계몽언해』내 자음의 음계"(1980)에서 지적한 치음자 뒤에 [i]를 연속시켜 권설음임을 나타냈다는 관점을 제시했다. 이는 "고찰"의 전후 서술이 모순되고 있음을 말해준다.

중국학계에서 근대중국어의 성모 [ȿ], [tȿʻ], [tȿ]와 모음 [i]의 결합의 가능성 여부를 놓고 학자에 따라 견해를 달리하고 있다. 어떤 학자는 결합이 가능하다고 하고 어떤 학자는 결합될 수 없다고 보고 있다. 리신괴(李新魁)는 『李新魁语言学论集』(中华书局 1994) 174쪽에서 원가화의 방언자료를 근거로 [tȿ]계열 성모와 모음 [i]의 결합이 가능하다고 보았고, 420쪽에서는 [tȿ]계열 성모와 모음 [i] 또는 운두(韵头) [i-]가 들어간 운모가 결합된 글자들의 발음을 밝힌 다음 아래와 같이 논술하였다.

"[i]는 혀 앞의 높은 모음이므로 발음에서 혀끝 뒤의 자음 [tȿ] 등과의 결합에서 모순이 생긴다. 그러나 이러한 음절 구성에서 성모의 뒤와 [i] 앞 사이에서 유음(流音) [ɭ]가 조화(调和)의 기능을 하여 [tȿ]와 [i]가 합쳐지게 한다.

실제 언어에서도 이러한 어음 구성이 존재한다(예를 들면 광동 대포(大埔) 방언). 그리고 사실상 자세히 탐구해 보면 현대의 표준어 [tʂ]계열의 성모와 여러 가지 모음이 합쳐질 때, 언제나 자음 뒤와 모음 사이에 유음 [ɻ]가 존재한다. 예를 들어 [tʂa]의 실제 발음은 [tʂɻa]이다. 그런데 일반적으로 이 가운데의 유음 표시의 필요성을 느끼지 않을 뿐이다. …… 이러한 어음 구성이 원(元)나라 때부터 명청(明淸) 시대에 이르기까지 기본상 줄곧 보존되어 왔다. …… 그러나 18세기에 이르러 변화가 나타났다. 변화의 기본은 [i]가 그의 앞에 있는 [ɻ]에 동화되어 [ɻ]로 변하면서 [i] 음이 소실되었다.”

상기 이신괴 논단(論斷)의 핵심은 [tʂ]계열의 성모가 [i]를 비롯한 다른 모음들과 결합될 수 있고, 결합될 때에는 그 사이에 유음 [ɻ]가 삽입된다는 것이다. 이는『한청문감』한자음 표기의 실제와도 완전히 부합되는 논단이다.

『한청문감』한자음 표기에서는 이신괴가 밝힌 유음 [ɻ]를 한글로 표기할 방법이 없으니 반모음 [j]로 표기하면서 그 뒤에 오는 단모음을 겹모음으로 되게 하였다. 즉 앞에서 밝힌 [tʂ]계열 성모 뒤의 부절음자 운모 “ㅑ, ㅑᆫ, ㅑᆼ, ㅛ, ㅛ, ㅠᆫ”은 사실상 중국어의 [ɻa]를 “ㅑ”로, [ɻan]을 “ㅑᆫ”으로, [ɻaŋ]을 “ㅑᆼ”으로, [ɻo]를 “ㅛ”로, [ɻao]를 “ㅛ”로, [ɻun]을 “ㅠᆫ”으로 표음한 것으로 “ㅑ”와 [ɻa] 등의 발음은 완전히 꼭 같은 것이 아니라 비슷한 것이다.

이는 사실상『한청문감』에서 한국어 자음 “ㅅ, ㅊ, ㅈ”와 유음 [ɻ]를 합쳐 권설음을 표기한 것이다. 즉 “ㅅ”+[ɻ]→[ʂ], “ㅊ”+[ɻ]→[tʂʻ], “ㅈ”+[ɻ]→[tʂ]인 것이다.

그러니 권설음 성모 [ʂ], [tʂʻ], [tʂ] 뒤에 쓰인 운모 “ㅑ, ㅑᆫ, ㅑᆼ, ㅛ, ㅛ, ㅠᆫ”의 발음은 [a], [an], [aŋ], [o], [ao], [un]이다.

마찬가지의 도리로『한청문감』의 [tʂ]계열 성모 뒤의 다른 겹모음도 단모음으로 전사되어야 한다. 예를 들면 아래와 같은 운모들이다.

ㅒ: 差/챼/(136上), 晒/섀/(294上), 宅/재/(258上)

ㅕ : 车/쳐/(370下), 舌/셔/(147上), 这/져/(246下)

ㅠ : 抽/쳑/(218上), 手/셕/(199上), 州/쥑/(53下)

ㅠ : 除/츄/(112下), 书/슈/(93下), 朱/쥬/(407上)

ㆁ : 冲/츙/(164上), 中/즁/(120下)

ㅘ : 刷/솨/(346下), 抓/좌/(223下)

ㅙ : 揣/쵀/(298下), 衰/쉐/(143下)

ㅝ : 川/촨/(102上), 拴/솬/(439上), 专(專)/좐/(100下)

ㆁ : 床/촹/(346上), 双(雙)/솽/(350上), 装(裝)/좡/(335上)

ㅟ: 吹/취/(306上), 水/쉬/(28下), 追/쥐/(112上)

상기의 운모 "ㅐ"는 [ai]로, "ㅕ"는 [ə]로, "ㅠ"는 [əu]로, "ㅠ"는 [u]로, "ㆁ"은 [uŋ]으로, "ㅘ"는 [ua]로 "ㅙ"는 [uai]로, "ㅝ"은 [uan]으로, "ㆁ"은 [uaŋ]으로, "ㅟ"는 [ui]로 전사되어야 된다.

이상에서 『한청문감』 범례 10-17조의 부절음자 운모 앞의 자음 "ㅅ, ㅊ, ㅈ"는 지조(知照)계열의 권설음 성모 [ʂ], [tʂʻ], [tʂ]를 가리키고, 그 뒤의 부절음자 운모 "ㅑ, ㅑ, ㆁ, ㅛ, ㅛ, ㅠ"은 중국어의 [ʾa], [ʾan], [ʾaŋ], [ʾo], [ʾao], [ʾun]의 표음이며, 실제 발음은 [a], [an], [aŋ], [o], [ao], [un]로 전사되어야 함을 밝히었다.

2) 절음자의 표기와 발음

『한청문감』의 해석에 의하면 절음자의 운모는 "ㅑ, ㅑ, ㆁ, ㅛ, ㅛ, ㅠ"이고 실제 발음은 "야, 얀, 양, 요, 얃, 윤"으로 부절음자의 발음과 비슷하다.

"고찰"에서는 범례13을 예로 들어 발음이 같은 "ㆁ"과 "ㆁ"을 두 가지로 표기한 데 대해 만주어 표기의 영향이라고 한 다음 "절음청자와 관계되는 자들은 대부분 지조계열 외의 자들이며 그 중에서도 절대대부분은 구개음화와 관계되는 정 계열의 자들이다. 그러므로 편찬자들이 [iaŋ], [iĭaŋ]으로 구별해 표기한 것은 그에 소속되는 한자들의 운섭(韵摄)의 구별을 표시하려는 의도적인 것이라 보겠다."고 하였다. 이상의 주장은 전혀 성립될 수 없는 얼토당토않은 궤변이다. 그 근거는 아래와 같다.

첫째, [iaŋ], [iĭaŋ]의 발음과 한자들의 운섭 소속은 아무런 관계도 없다.

절음자와 부절음자들의 운섭 소속을 밝히면 아래와 같다.

냥: 宕摄의 阳韵, 养韵의 글자

샹: 宕摄의 阳韵, 养韵의 글자

랑: 宕摄의 阳韵, 养韵의 글자

챵: 宕摄의 阳韵, 养韵과 梗摄의 庚韵의 글자

쟝: 宕摄의 阳韵, 养韵, 漾韵의 글자

캉: 江摄의 江韵과 宕摄의 阳韵의 글자

걍: 江摄의 江韵, 讲韵, 绛韵과 宕摄의 阳韵, 养韵의 글자

향: 江摄의 江韵, 讲韵과 宕摄의 阳韵, 养韵, 漾韵의 글자

샹: 宕摄의 阳韵, 养韵, 漾韵의 글자

챵: 宕摄의 阳韵, 养韵, 漾韵의 글자

쟝: 宕摄의 阳韵, 养韵, 漾韵의 글자

위에서 밝힌 "걍"절음 한자의 운섭과 " ᅣᆼ"부절음 한자의 운섭이 보여주듯이 이들의 발음과 운섭은 아무런 관계도 없다. 절음자 전체의 운섭을 조사한 결과 중국어 16개 섭(摄)에 속하는 글자들이 다 포괄되었다.

둘째, "걍" 발음의 본질은 [iĭaŋ]이 아니라 [iaŋ]이다.

범례에서는 "걍"의 발음이 "读如" " ᅣᆼ"이라고 하였다. 이는 이미 앞에서 밝힌 바와 같이 "걍"과 " ᅣᆼ"의 발음이 같거나 비슷하다는 뜻이다.

운모 " ᅣᆼ"의 발음의 본질이 [aŋ]임을 이미 앞에서 밝히었다. 그렇다면 운모 "걍" 발음의 본질은 무엇인가? "걍"의 앞에 놓인 "ㅣ"는 2등, 3등, 4등 운모

들의 운두 [i-] 음의 표기이고, 뒤의 "ᅣᇰ"은 운복(韻腹) "ㅏ[a]"와 운미(韻尾) "ㅇ[ŋ]"이 결합된 "ᅣᇰ[aŋ]"의 발음이다. 그렇다면 "ᅣᇰ[aŋ]"의 발음을 왜서 "ᅣᇰ"으로 표기하였는가? 이는 "ᅤᇰ"의 실제 발음을 표음주의 원칙에 따라 표기한 것이다. 즉 "ᅤᇰ"의 "ㅣ"는 운두 [i-] 음의 표기이고 "ᅣᇰ"은 운복과 운미의 합음 [aŋ]을 표음주의 표기법에 따라 [iaŋ]으로 표기한 것이다.

같은 도리로 절음자의 나머지 운모 "ᅤ, ᅧᆫ, ᅤᇺ, ᅨ, ᆑ, ᅪ, ᆔ"의 발음은 [ia], [ian], [iai], [iəi], [io], [iao], [iun]으로 된다.

이상의 논의를 귀납하면 절음자 운모 "ᅤ, ᅧᆫ, ᅤᇺ, ᅤᇰ, ᅨ, ᆑ, ᅪ, ᆔ"의 실제 발음은 [ia], [ian], [iai], [iaŋ], [iəi], [io], [iao], [iun]이고, 부절음자 운모 "ㅑ, ㅑᆫ, ᅣᇰ, ㅛ, ㅛ, ㅠᆫ"의 실제 발음은 [a], [an], [aŋ], [o], [ao], [un]이라는 결론을 내리게 된다.

셋째, 절음자 운모 "ᅤᇰ" 앞의 자음 "ㅅ, ㅊ, ㅈ"는 구개음 [ɕ], [tɕʻ], [tɕ]의 표기이다.

이미 앞에서 부절음자 운모 앞에 오는 자음 "ㅅ, ㅊ, ㅈ"가 중국어 권설음 성모 [ʂ], [tʂʻ], [tʂ]를 나타냄을 밝히었다. 절음자 운모와 부절음자 운모 앞에 오는 자음 "ㅅ, ㅊ, ㅈ"가 꼭 같은 성질의 자음을 나타낼 수 없음은 자명한 사실이다. 그렇다면 절음자 운모 앞에 오는 자음 "ㅅ, ㅊ, ㅈ"는 무엇일까?

절음자 운모 앞에 오는 자음 "ㅅ, ㅊ, ㅈ"의 성질을 밝히기 위해 먼저 이에 해당되는 한자들을 보기로 하자.

ㅅ+ᅣᇰ:

想〔心母〕/썅/(157上), 象〔邪母〕/썅/(97上), 像〔邪母〕/썅/(224下), 橡〔邪母〕/썅/(402下)

ㅊ+ᅣᇰ:

枪〔清母〕/챵/(111上), 鎗〔初母〕/챵/(127下), 抢〔清母〕/챵/(214下), 呛〔清母〕/

/챵/(382下), 跄〔淸母〕/챵/(201上), 墙〔從母〕/챵/(288下), 薔〔從母〕/챵
/(409下), 檣〔從母〕/챵/(369上), 跄〔淸母〕/챵/(23下)

ㅈ+ㅑᆼ:

桨〔精母〕/쟝/(368下), 匠〔從母〕/쟝/(137下), 将〔精母〕/쟝/(175下), 酱〔精母〕
/쟝/(378上)

위에 열거한 한자들은 모두 정모(精母)계열에 속하는 글자들로 현대중국
어에서 [ɕ], [tɕʻ], [tɕ]로 구개음화된 한자들이다. 더 나아가 다른 절음자 운
모 "ㅑ, ㅑᆫ, ㅒ, ㅖ, ㅛ, ㅘ, ㅟ" 등의 앞에 쓰인 자음 "ㅅ, ㅊ, ㅈ"를 조사한 결과
모두 다 정모(精母)계열에 속한 글자들로 현대중국어에서 구개음화된 한자들
이었다. 이로부터 우리는 절음자 운모 "ㅑᆼ" 등의 앞에 놓인 자음 "ㅅ, ㅊ, ㅈ"
는 구개음 [ɕ], [tɕʻ], [tɕ]의 표기라는 결론을 내리게 된다.

이상에서 절음자 운모 앞에 오는 자음 "ㅅ, ㅊ, ㅈ"는 정모계열의 구개음
[ɕ], [tɕʻ], [tɕ]의 표기임을 밝히었다. 그렇다면 『한청문감』에서 정모계열의
비구개음 [s], [tsʻ], [ts]가 어떻게 표기되었는가에 대해 보기로 하자.

현대중국어에서 [s], [tsʻ], [ts]로 발음된 한자들이 『한청문감』에서의 표기
는 아래와 같다.

사[sa]: 洒(87上), 撒(113下), 萨(252下)

새[sai]: 腮(146上), 赛(259上),

산[san]: 三(282下), 伞(73下), 馓(380下)

상[saŋ]: 桑(409上), 丧(459下), 嗓(434下)

샤[sao]: 骚(307下), 扫(344上), 嫂(142上), 埽(31下), 臊(215下)

서[sə]: 塞(223上), 嗇(166下), 澁(357上)

차[tsʻa]: 擦(422 上)

채[ts'ai]: 猜(224上), 才(164上), 材(213下), 財(311下), 裁(339上), 纔(144下), 采(337下), 採(431上), 彩(324下), 綵(81上), 菜(375下)

찬[ts'an]: 黎(50上), 殘(222上), 慚(230下), 蠶(459下), 灿(324下)

창[ts'aŋ]: 仓(267上), 苍(397下), 舱(368上), 蔵(422下), 藏(214上)

챠[ts'ao]: 糙(239下), 曹(295下), 漕(53上), 槽(439下), 螬(450上), 草(296下)

쳐[ts'ə]: 册(冊)(36下), 側(側)(201上), 測(測)(104下), 惻(惻)(61下), 策(95上)

자[tsa]: 匝(145下), 咂(179上), 杂(251上)

재[tsai]: 灾(210上), 栽(155下), 宰(454上), 崽(426下), 再(242下), 在(164上), 载(106上)

잔[tsan]: 簪(287下), 趱(358下), 暂(18上), 鏨(309上), 赞(72上), 蹔(249下)

장[tsaŋ]: 蔵(252下), 赃(237下), 牂(451上), 髒(352下), 葬(86上), 脏(150下)

좌[tsao]: 槽(371下), 遭(85下), 糟(149下), 凿(305上), 早(20下), 枣(392上), 蚤(450上), 澡(32上), 藻(397上), 皂(403上), 造(158下), 噪(196下)

저[tsə]: 則(247上), 责(211下), 咋(384上), 泽(25上), 帻(456上), 仄(193下)

   위의 표기에서 정모계열의 비구개음 [s], [tsʻ], [ts]는 자음 "ㅅ, ㅊ, ㅈ"로 표기되고 뒤의 운모는 모음 ㅏ, ㅓ, ㅗ, ㅜ, ㅐ, ㅟ …… 등으로 표기되었음을 알 수 있다.

   이로부터 『한청문감』 부절음자 모음 앞의 자모 "ㅅ, ㅊ, ㅈ"는 권설음 성모 [ʂ], [tʂʻ], [tʂ]의 표기이고, 절음자 모음 앞의 자모 "ㅅ, ㅊ, ㅈ"는 정모계열의 구개음 성모 [ɕ], [tɕʻ], [tɕ]의 표기이고, 일반 모음 앞의 자모 "ㅅ, ㅊ, ㅈ"는 정모계열의 비구개음 성모 [s], [tsʻ], [ts]의 표기임을 알 수 있다.

2. 합음자(合音字)와 권점자(圈点字)의 발음

   『한청문감』 범례의 합음자와 권점자 해석은 아래와 같다.

제5조: "시字中有스이合音, 지字中有즈이合音, 치字中有츠이合音者。皆傍圈而別之, 쐬, 지⁰, 치⁰是也。如西시, 十스이, 济지, 之즈이, 七치, 赤츠이之类可证。"

제6조: "리字之리이合音者, 以러书之。"

제7조: "쉬字之시위, 쥐字之지위, 취字之치위合音者, 並傍圈之, 쉬, 쥐, 취是也。"

제18조: "……文鉴释音亦有二合三合切之殊。如栓选之音同一쉰字, 而栓以슈완切, 选以시유완切。如川泉之촨则, 川以츄완切, 泉以치유완切。如元圆之원则, 元以유완切, 圆以이유완切, 同音异切者如此。故완, 촨, 완之三合切者圈之。清字中一字两样者亦圈之, 웨, ⁰줴, 쓰是也。……"

"고찰"에서는 "합음"의 개념에 대해서는 아무런 해석도 하지 않았고, 권점자에 대해 아래와 같이 해석하였다.

"'쐬'는 '스이'의 합음이라고 한 것은 권설음 [ʂ̩]의 성격을 가진 음이며 아울러 [i]의 변종임을 의미한다. 권점 없는 '시'는 [si]를 나타낸다. '시' 유형의 자들에서 '隙'자만은 성모가 구개음화하여 [ɕ]로 되었고 음절음은 [ɕi]로 된다. 다른 심사(心邪)모의 자들은 아직 구개음화 안 된 [si]로 남아 있다."

"다른 범례와 마찬가지로 '이'와 '위'의 합음이란 결국 [iui]를 나타낸다. 현대중국어의 [y]와 [u(e)i]를 각각 나타내기 위한 구별적 표식으로 권점을 찍은 것이라 믿어진다."(여기에서 "'이'와 '위'의 합음"이란 범례 7조의 '시위', '지위', '치위'의 운모 'ㅣ+위'를 가리키고, "권점을 찍은 것"은 "쉬, 쥐, 취" 세 글자를 가리킨다.)

아래에서 "고찰"의 상기 해석이 과연 합리적인가를 논의하겠다. 논의에 앞서 합음의 개념부터 보기로 하자.

1) "합음(合音)"의 개념

중국의 『한어대사전』에서는 합음에 대해 "두 글자의 음을 합쳐 하나의 음으로 급히 읽는 것이다."로 해석하였다. 전통언어학에서는 "합음"을 "급성(急声)" 또는 "합성(合声)"이라고도 하였다. 중국어에는 합음뿐만이 아니라 "합음자(合音字)"도 있다. 예를 들면 "不可"를 합쳐 "叵(po)"라 하고, "不用"을 합쳐 "甭(beng)"이라 하며, "何不"를 합쳐 "盍(he)"라 하고, "之乎"를 합쳐 "诸(zhu)"라고 하는 글자들이다.

합음의 발음 특점은 앞의 글자를 짧게 빨리 발음하고, 뒤의 글자를 앞의 글자보다 좀 더 길게 발음하는 것이다. 그러니 합음은 절음과는 달리 두 음절을 빨리 급히 합쳐 하나의 음절로 발음하는 것이다.

2) "쓰ᅵ, 즈ᅵ⁰, 츠ᅵ⁰"와 "시, 지, 치"의 발음

범례 제5조에서 "쓰ᅵ, 즈ᅵ⁰, 츠ᅵ⁰"는 "스이, 즈이, 츠이"의 합음자로 비합음자 "시, 지, 치"와 구별하기 위해 글자 옆에 권점을 친다고 하였다. 여기에서 주목되는 것은 합음자와 비합음자 앞에 오는 자음이 앞의 부절음자의 발음에서 지적한 바와 같이 "ㅅ, ㅈ, ㅊ"라는 사실이다. 그러니 이 조목의 목적은 합음자와 비합음자 앞에 오는 자음 "ㅅ, ㅈ, ㅊ"의 차이를 밝히려는데 있는 것이다.

범례에서는 합음자와 비합음자의 예를 들었는데 이들은 지조(知照)계열의 "十, 之, 赤"와 정(精)계열의 "西, 济, 七"로 나뉜다. 지조계열의 자음이 권설음 $[ʂ]$, $[tʂ]$, $[tʂ']$임은 주지의 사실이다.

이미 앞의 부절음자 설명에서 한국어 자음 "ㅅ, ㅊ, ㅈ"와 유음 $[ɭ]$가 합치어 중국어의 권설음 $[ʂ]$, $[tʂ']$, $[tʂ]$를 표음하였음을 밝히었다. 그러니 "스이, 즈이, 츠이"의 합음은 사실상 "ㅅ+$[ɭ]$+$[i]$", "ㅈ+$[ɭ]$+$[i]$", "ㅊ+$[ɭ]$+$[i]$"로 운모는 $[ɭi]$인 것이다. 그리고 비합음자 "시, 지, 치"의 운모는 모음 "ㅣ $[i]$"이다. 그렇다면 비합음자 앞에 온 자음 "ㅅ, ㅈ, ㅊ"가 정계열의 $[s]$, $[ts]$, $[ts']$인가 아니면 설면 앞의 구개음 [ɕ], [tɕ], [tɕʻ]인가 하는 문제가 제기된다.

"고찰"에서는 비합음자 "시, 지, 치"에 쓰인 자음 "ㅅ, ㅈ, ㅊ"를 정계열의 [s], [ts], [tsʻ]라고 하였다. 우리는 "고찰"의 이러한 견해에 동의할 수 없다. 그 근거는 아래와 같다.

첫째, 범례에서 예를 든 한자 "西, 済, 七"뿐만 아니라『한청문감』에서 비합음 "시, 지, 치"로 표기된 한자의 절대다수가 현대중국어에서 구개음 [ɕ], [tɕ], [tɕʻ]로 발음되는 한자들이다. 예를 들면 아래와 같다.

[ɕ]로 된 한자
心母字: 昔, 析, 息, 惜, 犀, 锡, 膝, 洗, 细
邪母字: 夕, 习, 席, 袭, 蓆

[tɕ]로 된 한자
精母字: 积, 即, 鹡, 挤, 脊, 际, 祭, 绩, 跡, 稷, 鲫, 蹟
从母字: 集, 蒺, 嫉, 耤, 籍, 荠

[tɕʻ]로 된 한자
清母字: 妻, 戚, 漆, 砌
从母字: 齐, 脐, 蛴

상기의『한청문감』발음과 현대중국어의 발음이 일치하다는 사실은 이들이 18세기 후반기에 이미 구개음으로 변하였음을 말해준다.

둘째, 표기 방법으로 보아 "시, 지, 치"는 구개음 표기이다. "고찰"에서는 "隙"의 발음을 표기한 "시"를 구개음화된 음으로 보고 발음을 [ɕi]라고 하였다. "隙"자의 성모가 "계모(溪母)"에 속하는 글자이니『한청문감』의 발음 "시"를 구개음화된 발음으로 보지 않을 수 없게 된 것이다. "고찰"에서 "시"

는 [si]를 나타낸다고 하면서 "隙"의 발음 "시"를 [ɕi]라고 하는 것은 모순된 다고 하지 않을 수 없다. 즉 같은 글자 "시"로 부동한 성질의 음인 [si]와 [ɕi]를 표기한 것으로 되기 때문이다.

3) "쉬, 줘, 춰"와 "쒸, 쮜, 쮜"의 발음

범례 제7조에서는 비합음자 "쉬, 줘, 춰"와 합음자 "시위, 지위, 치위"의 발음에 대해 설명하였다. 합음자 "시위, 지위, 치위"를 하나의 글자로 만들 방법이 없으니 비합음자 "쉬, 줘, 춰"의 옆에 권점을 첨가시켜 합음자의 음을 표기한 것이다. 그러니 합음자에 첨가된 권점은 사실상 "시위, 지위, 치위"의 앞음절 "시, 지, 치"의 모음 "ㅣ[i]"의 표기이다. 이 "ㅣ[i]"의 본질은 중국어 운모의 운두 [i]를 나타낸다. 그 뒤 "위"의 "ㅜ"는 운두 [i]와 운복 "우[u]"가 결합되어 나는 소리의 표기이고, "위"의 "ㅣ"는 운미(韻尾) [i]의 발음이다. 그러니 "시위"의 운모 "ㅣ위"의 발음은 [iui]로 된다.

그런데 범례 제7조에서는 합음자와 비합음자의 실례를 들지 않아『한청문 감』에서 찾아내지 않고는 구체적으로 어떤 한자의 음을 가리키는지 알 수 없다. 그리하여『한청문감』에서 찾아본 결과는 아래와 같다.

비합음자:
쉬로 표음된 한자: 谁(244上), 水(28下), 税(65上), 睡(205下)
줘로 표음된 한자: 追(112上)
춰로 표음된 한자: 吹(306上), 垂(364上), 捶(70上), 搥(66下), 腄(155上), 锤 (311上), 鎚(311上), 椎(85上)

합음자:
쒸로 표음된 한자: 戌(17上), 须(351上), 鬚(143上), 需(249上), 徐(109下), 序 (94下), 敍(113上), 绪(228上), 续(176下), 絮(143上), 蕃(397下)(성모가 "心

제2장 근대중국어 어음 연구　195

母”, “邪母”임)

쒸로 표음된 한자: 疽(219上), 聚(159上)(성모가 “淸母”, “从母”임)

쒸로 표음된 한자: 蛆(450上), 趨(202下), 取(365下), 趣(231上)(성모가 “淸母”)

위의 글자들의 성모를 보면 비합음자들의 성모는 지조계열에 속하는 권설음 [ʂ], [tʂ], [tʂʻ]이다. 이로부터 “쉬, 쥐, 취” 뒤에 쓰인 운모 “ᆔ”의 발음은 이미 부절음자의 발음에서 밝힌 바와 같이 [ui]로 된다.

합음자의 성모는 정모(精母)계열에 속한다. 그러니 여기에서도 정모계열의 자음이 치두음 [s], [ts], [tsʻ]인가 아니면 구개음 [ɕ], [tɕ], [tɕʻ]인가를 밝히는 문제가 제기된다.

그런데 “고찰”에서는 권점 표시에 대해 “현대중국어의 [y]와 [u(e)i]를 각각 나타내기 위한 구별적 표식으로 권점을 찍은 것이라 믿어진다.”고 하였다.

그러나 우리는 권점이 운모의 발음 구별과는 아무런 관계도 없고, 운모 앞에 오는 자음의 성질을 밝히기 위한 표식으로 본다. 즉 권점이 없는 비합음자는 중국어 권설음 표기이고, 권점이 있는 합음자는 중국어 구개음 표기라는 결론을 내리게 된다. 그 근거는 아래와 같다.

첫째, 『한청문감』의 합음자 “쒸, 쒸, 쒸”가 현대중국어에서 모두 구개음으로 된 한자들이다. 뿐만 아니라 범례 제18조에서 밝힌 삼합(三合) 절자 “쒼, 쒼, 쒜, °쒜”도 현대중국어에서 모두 구개음으로 변한 정모계열 한자들이다. 이로부터 우리는 “쒸, 쒸, 쒸, 쒼, 쒼, 쒜, °쒜” 등의 권점은 구개음 표시를 위한 것이라는 결론을 내리게 된다.

둘째, “고찰”에서는 범례 18조의 발음방법을 해석하면서 “쒼”으로 표기된 효모(曉母), 갑모(匣母)의 “萱, 眩, 軒”(이 밖에 “喧, 楦, 懸” 등이 더 있다) 등을 구개음화된 한자라고 하였다. 그러니 『한청문감』에 꼭 같은 “쒼”으로 표기된 한자 “旋/쒼/(304上), 漩/쒼/(30上), 璿/쒼/(104下), 选/쒼/(57下)” 등도 이미 구개음화된 한자로 보아야 함은 자명한 사실이다. 이들 성모가 현대중국어에서 모두 구개음 [ɕ]로 되어 있다. 이는 이들의 구개음화가 이미 18세기 후기에 이루어졌음을 의미한다.

4) "례"의 발음

범례 제6조에서는 "리자의 리이 합음은 례로 적는다"고 하였으나 예는 들지 않았다. "고찰"은 이 조목에 대해 아무런 설명도 하지 않았다. 『한청문감』에서 운모 "ᆌ[ii]"는 오직 성모 "ㄹ[l]" 뒤에서만 쓰이고 다른 성모 [p], [pʻ], [m], [t], [tʻ], [n], [ɕ], [tɕ], [tɕʻ], [ʐ], [k], [kʻ], [x] 및 영성모(零声母) 뒤에는 운모 "ㅣ[i]"가 씌었다.

우리는 운모 "ᆌ[ii]"의 성질을 밝히기 위하여 『한청문감』에서 "례"로 표기된 한자를 조사하였다. 조사결과 "례"로 표기된 한자가 45자이고, "리"로 표기된 한자가 2자였다. "례"로 표기된 한자 가운데의 43자의 운섭을 조사한 결과는 아래와 같다.

해섭(蟹攝)의 제운(祭韵) 3등자가 2개, 제운(霽韵) 4등자가 4개, 제운(齊韵) 4등자가 4개

지섭(止攝)의 지운(支韵) 3등자가 7개, 지운(脂韵) 3등자가 2개, 지운(至韵) 3등자가 3개, 지운(之韵) 3등자가 3개, 지운(止韵) 3등자가 7개, 지운(志韵) 3등자가 1개

심섭(深攝)의 집운(緝韵) 3등자가 3개

진섭(臻攝)의 질운(質韵) 3등자가 1개

증섭(曾攝)의 직운(職韵) 3등자가 1개

경섭(梗攝)의 석운(錫韵) 4등자가 5개

위의 사실은 "례"로 표기된 한자들은 모두 다 운두 [i-]가 있는 3, 4등자들임을 말해준다. 이로부터 우리는 "례"의 운모 "ᆌ"는 운두 [i-]와 운복 [i] 가 결합된 [i-i]의 표기로 실제 발음에서 앞의 [i-]를 짧게 발음하고 뒤의 [i]를

길게 발음하므로 사실상 긴 모음 [i:]로 발음하게 된다는 결론을 내리게 된다.

단모음 "ㅣ[i]"로 표기된 "緪"(464下)는 제운(薺韵) 4등에 속한 글자이고, "璃"(313上)는 지운(支韵) 3등에 속한 글자이다. 그러니 이들은 "레"의 운모 "ㅖ"[i-i]가 현대중국어의 운모 "ㅣ"[i]로 변한 형태의 표기로 보게 된다.

3. "중음(重音)"의 발음

『한청문감』 범례 제9조에는 아래와 같은 기록이 있다.

"왇字아오之重音, 윧字이우之重音。他如갇, 돤, 듀, 륶之类倣此。"

"고찰"에서는 범례 9조의 내용을 밝힌 다음 "여기서 '왇[ao]' 유형은 의론할 것이 없다. 오직 '이우'와 '으우' 유형이 문제시된다."하고, "이우"와 "유"를 대비한 다음 "유"의 실제적 발음이 [u]라 하고, "우"의 "으"의 발음이 [ə]라고 하였다. 이러한 해석은 "중음"의 본질과는 아무런 관계도 없는 얼토당토아니한 해석이다. 그 근거는 아래와 같다.

1) "중음"의 개념

『한어대사전』에는 "중음(重音)"이 두 개 조목으로 올라 있다. 첫째 조목의 해석은 "하나의 단어나 구 또는 문장 속에서 강세를 두어 읽는 음을 가리킨다."라고 하였으니 이는 악센트를 의미한다. 두 번째 조목의 해석은 "두개의 음(音)을 하나의 글자로 읽는 것이다."라고 하였으니 이는 복합음을 가리키는 것이다. 즉 겹모음 "왇", "우", "윧"의 발음에 대한 설명이다.

주지하다시피 겹모음은 두개 또는 세 개의 모음 음소로 이루어지는데 발음할 때 모음 음소들 사이의 강약이 꼭 같지 않다. 2중 모음의 경우에는 앞의 모음을 강하게 발음하고 뒤의 모음을 약하게 발음하는 하강적 겹모음, 앞의 모음을 약하게 발음하고 뒤의 모음을 강하게 발음하는 상승적 겹모음,

앞뒤 모음을 꼭 같은 강세로 발음하는 평행적 겹모음으로 나뉜다. 현대중국어의 경우 겹모음 [ai], [ei]는 하강적 겹모음이고, [ia], [iə]는 상승적 겹모음이며, [ao], [əu]는 평행적 겹모음이다.

『한청문감』 범례에서 밝힌 "와"가 현대중국어의 [ao]와 대응되는 겹모음이고, "우"가 현대중국어의 [ou]와 대응되는 겹모음이니 18세기 후기에는 현대중국어보다 평행적 겹모음 "유"[iu]가 더 있은 것이다. 이 "유"[iu]가 현대중국어에서는 3중 겹모음 "iou"[iou]로 변하였다.

2) "유""와 "유"의 대비 및 "유"의 발음

"고찰"에서 전개한 "유""와 "유"의 대비는 아무런 필요도 없는 것이다. 왜냐하면 『한청문감』에서의 모음 "유"는 오직 권설 자음 [ʂ], [tʂ], [tʂʻ] 뒤에서만 쓰였다. 이미 앞의 부절음자 발음 설명에서 [ʂ], [tʂ], [tʂʻ] 뒤의 겹모음 "ㅑ, ㅕ, ㅛ, ㅠ"의 발음이 "ㅏ, ㅓ, ㅗ, ㅜ"인 까닭을 밝히었으므로 여기에서 재삼 논할 필요가 없다.

3) "으"의 모음 "으"의 발음

"고찰"에서는 『사성통고(四声通考)』의 논술을 근거로 "으"의 모음 "으"의 발음이 [ə]라고 하였다. 이 역시 아무런 필요도 없는 해석이다. 그 근거는 아래와 같다.

첫째, 범례 제20조에 "至若ㄴ, ㄷ, ㅎ, ㅜ, ㄹ等音, 则清书原无此等字, 故代以 "ㅔ, ㄴ, ㅇ, ㅜ, ㄹ ……此借用之法也。"라는 기록이 있다. 여기에서는 자모 "ㅡ"를 차용하여 "ㅓ"음을 표기한다고 하였으니, "ㅢ"는 "ㅔ" 음을, "ㄷ"은 "ㄴ" 음을, "ㅎ"은 "ㅇ" 음을, "ㅠ"는 "ㅜ" 음을, "ㄹ"은 "ㄹ" 음을 표기함을 명확히 밝히었다. 그러니 자모 "ㅡ"가 "ㅓ[ə]" 음을 표기함은 범례에서 이미 밝혀놓은 것이다.

둘째, 모음 "ㅡ"가 [ə]음 표기에 쓰었음은 1956년 민영규(閔泳珪)의 『한청문감』 "해제(解題)"에서도 이미 명확히 밝혀놓은 사실이다.

  이상에서 "『한청문감(汉清文鑑)』 범례 고찰"에서 제기한 몇 가지 문제에 대해 논의하였다. 위의 논의들을 귀납하면 아래와 같다.

  1. 부절음자 모음 앞의 "ㅅ, ㅊ, ㅈ"는 중국어 지조계열의 권설음 성모 [ʂ], [tʂʻ], [tʂ]의 표기이다.

  2. 절음자 모음 앞의 "ㅅ, ㅊ, ㅈ"는 중국어 정모계열의 구개음 성모 [ɕ], [tɕʻ], [tɕ]의 표기이다.

  3. 일반 모음 앞의 "ㅅ, ㅊ, ㅈ"는 중국어 정모계열의 비구개음 성모 [s], [tsʻ], [ts]의 표기이다.

  4. "씨, 지ᵒ, 치ᵒ"는 [ʂʅ], [tʂʻʅ], [tʂʅ]의 표기이고, "시, 지, 치"는 [ɕi], [tɕʻi], [tɕi]의 표기이다.

  5. "쉬, 쥐, 취"는 [ʂui], [tʂʻui], [tʂui]의 표기이고, "쒸, 쮜, 쮜"는 [ɕiui], [tɕʻiui], [tɕiui]의 표기이다.

  6. "례"는 [li:]의 표기이다.

  7. 범례의 "중음"은 "ᅪᆫ", "ᅮ", "ᅱ" 등의 평행적 겹모음의 발음을 의미한다.

  이 외에도 "『한청문감(汉清文鑑)』 범례 고찰"에는 논의해보아야 할 문제들이 더 있으나 생략하기로 한다.

  객관 사물에 대한 인식은 사람에 따라 다를 수 있다. 그러니 동일한 사물에 대한 부동한 견해의 존재는 매우 합리적이다. 본 논문에서 제기한 견해에 대해서도 이의를 제기할 학자들이 있으리라 믿는다.

  논쟁은 진리 탐구의 첩경이다. 『한청문감』 연구의 심화를 위해 본 논문에 대한 독자들의 기탄없는 질정을 바란다.

제3장

『한청문감』 성모

제1절 『광운』, 『한청문감』, 현대중국어 성모의 대비

본 절에서는 『광운』, 『한청문감』, 현대중국어의 성모를 대비하게 된다. 대비의 목적은 『광운』이나 『집운』에서 밝힌 성모를 기준으로 하여 『한청문감』과 현대중국어 성모의 발음 및 서로간의 상관관계에 대해 밝혀줌으로써 독자들로 하여금 각종 성모들의 역사적인 변화과정에 대해 요해하게 하려는데 있다.

『광운』과 『집운』의 발음 표기 자료는 『한어대사전(汉语大词典)』과 『한어대자전(汉语大字典)』에 의거하였다. 사전과 자전에 『광운』이나 『집운』의 발음 표기가 없는 한자 187개는(대비 뒤에 열거하였음) 본 절의 대비와 다음 절의 통계에서 삭제되었다.

一. 순음(脣音) 대비

一) 중순음(重脣音) 대비

1. 방모(幫母) [p]

『한청문감』에 나타난 『광운』 "방모"의 한자가 모두 135개이다. 그들이 『한청문감』에서 125개 글자가 [p]로 표기되고 10개의 글자가 [p‘]로 표기되었다.

이는 방모 대다수(87%)의 『광운』음과 『한청문감』음이 일치함을 의미한다.

이들이 현대중국어에서의 발음은 131개 글자가 [p]로, 4개 글자가 [pʻ]로 발음된다.

상술한 상황은 『광운』으로부터 현대에 이르기까지 중국어 방모의 발음에 큰 변화가 없음을 의미한다. 『한청문감』의 표기는 아래와 같다.

> [p]: 八, 巴, 疤, 笆, 把, 坝(壩), 弝, 覇, 吧, 百, 栢, 栢, 摆(擺), 拜, 班, 斑, 板, 版, 半, 绊(絆), 扮, 帮(幫), 梆, 幇, 榜, 谤(謗), 包, 苞, 胞, 褒, 饱(飽), 宝(寶), 保, 鸨(鴇), 葆, 报(報), 豹, 爆, 卑, 盃, 悲, 碑, 北, 贝(貝), 狈(狽), 背, 辈(輩), 褙, 奔, 本, 绷(繃), 趼, 逼, 比, 彼, 秕, 笔(筆), 鄙, 必, 毕(畢), 闭(閉), 庇, 哔(嗶), 裨, 跸(蹕), 碧, 蔽, 箆, 壁, 璧, 边(邊), 笾(籩), 蒿, 编(編), 蝙, 鳊, 鞭, 扁, 匾, 变(變), 徧, 遍, 标(標), 彪, 表, 裱, 鼈, 弊, 宾(賓), 殡(殯), 鬓(鬢), 氷, 兵, 柄, 丙, 柄, 饼(餅), 禀(稟), 倂, 病, 拨(撥), 拨(撥), 波, 钵(鉢), 剥(剝), 菠, 伯, 驳(駁), 博, 搏, 膊, 煿, 镈(鎛), 駮, 檗, 擘, 簸, 补(補), 鹁, 布, 蟹, 椑, 辟, 剽, 屏
>
> [pʻ]: 扒, 堡, 蹽, 䭕, 幞, 綳(繃), 罢(罷), 拼, 迫, 谱(譜)

2. 방모(滂母) [pʻ]

『한청문감』에 나타난 『광운』 "방모"의 한자가 모두 60개이다. 그들이 『한청문감』에서 54개 글자가 [pʻ]로 표기되고 6개의 글자가 [p]로 표기되었다. 이는 방모 대다수(90%)의 『광운』음과 『한청문감』음이 일치함을 의미한다.

이들이 현대중국어에서의 발음은 54개 글자가 [pʻ]로, 6개 글자가 [p]로 발음된다.

상술한 상황은 『광운』으로부터 현대에 이르기까지 중국어 방모의 발음에 큰 변화가 없음을 의미한다. 『한청문감』의 표기는 아래와 같다.

[pʼ]: 帕, 怕, 拍, 派, 攀, 判, 滂, 膀, 抛, 泡, 砲, 疱, 礣, 配, 噴(噴), 歕, 烹, 礴,

　　 硼, 批, 紕(紕), 坯, 披, 劈, 匹, 癖, 屁, 僻, 疋, 偏, 篇, 翩, 片, 骗(騙), 漂,

　　 飘(飄), 撇, 品, 聘, 陂, 坡, 泼(潑), 珀, 破, 魄, 剖, 堡, 扑(撲), 铺(鋪), 撲,

　　 璞, 普, 潽, 舗

[p]: 叭, 拌, 镖(鏢), 膔, 玻, 僻

3. 병모(並母) [b]

『한청문감』에 나타난 『광운』 “병모”의 한자가 모두 116개이다. 그들이 『한청문감』에서 60개 글자가 [pʼ]로 표기되고 56개의 글자가 [p]로 표기되었다.

『광운』 “병모”는 탁음(濁音)으로 점차 순한 소리 [p]와 거센 소리 [pʼ] 두 가지로 분화되었다. 이러한 분화는 성조(声调)와 관계되는데 대다수의 측성(仄声)(상성, 거성, 입성 세 개의 성조를 가리킴) 글자와 개별적 평성(平声) 글자가 순한 소리 [p]로 변하고 대다수 평성 글자와 개별적 측성 글자가 거센 소리 [pʼ]로 변하였다.

이들이 현대중국어에서 59개 글자가 [pʼ]로 발음되고 57개 글자가 [p]로 발음된다. 이는 병모 한자의 중국어 현대어 발음이 『한청문감』 시기에 이미 형성되었음을 설명한다. 『한청문감』의 표기는 아래와 같다.

[p]:

평성자(平声字): 瘭, 膀

상성자(上声字): 罢(罷), 棒, 抱, 鞄, 被, 笨, 陛, 婢, 避, 辨, 辩(辯), 辫(辮), 鳔

　　(鰾), 並, 部, 簿

거성자(去声字): 败(敗), 稗, 办(辦), 瓣, 傍, 鉋(鉋), 暴, 备(備), 悖, 惫(憊), 誖,

　　 鼻, 敝, 弊, 弁, 便, 病, 捕, 步

입성자(入声字): 拔, 跋, 魃, 白, 雹, 薄, 弼, 別, 蟞, 鳖, 孛+頁, 薄, 馎(餺), 帛,

泊, 钹(鈸), 脖, 箔, 卜(蔔)

[p']:

평성자(平声字): 杷, 爬, 钯, 琶, 排, 牌, 簰, 盘(盤), 蟠, 傍, 旁, 螃, 刨, 咆, 狍,

袍, 鼙, 跑, 陪, 培, 盆, 弸, 朋, 彭, 棚, 蓬, 鵬(鵬), 篷, 丕+鳥, 罢(罷), 皮,

枇, 毘, 琵, 脾, 貔, 便, 蹁, 瓢, 贫(貧), 嫔(嬪), 苹(蘋), 平, 评(評), 屏, 瓶,

萍, 憑, 婆, 蒲

상성자(上声字): 痞, 菩, 痦, 菩

거성자(去声字): 叛, 佩, 膨, 票

입성자(入声字): 仆(僕)(pú), 瀑(pù)

4. 명모(明母) [m]

『한청문감』에 나타난 『광운』 "명모"의 한자가 모두 144개이다. 그들이 『한청문감』에서 141개 글자가 [m]로 표기되고, 2개의 글자가 [n]로 표기되고, 1개의 글자가 제로성모로 표기되었다. 이는 명모의 절대다수(99%)의 『광운』음과 『한청문감』음이 일치함을 의미한다.

이들이 현대중국어에서의 발음은 143개 글자가 [m]로 발음되고, 1개 글자가 [w]로 발음된다.

상술한 상황은 『광운』으로부터 현대에 이르기까지 중국어 명모의 발음에 큰 변화가 없음을 의미한다. 『한청문감』의 표기는 아래와 같다.

[m]: 妈(媽), 麻, 蔴, 蟆, 马(馬), 玛(瑪), 禤, 埋, 买(買), 迈(邁), 卖(賣), 脉(脈),

脉(脈), 馒(饅), 瞒(瞞), 鞔, 满(滿), 墁, 蔓, 幔, 漫, 慢, 缦(縵), 镘(鏝), 芒, 忙,

茫, 莽, 蟒, 猫(貓), 毛, 茅, 旄, 蝥, 卯, 昴, 茂, 冒, 帽, 瑁, 貌, (麻+黍), 玫,

眉, 梅, 媒, 煤, 每, 美, 沫, 妹, 昧, 媚, 魅, 门(門), 扪(捫), 闷(悶), 懑(懣),

懑(懣), 虻, 蒙, 盟, 幪, 濛, 朦, 矇, 猛, 懵, 蠓, 孟, 梦(夢), 弥(彌), 迷, 麋,

靡, 醿, 醾, 米, 蜜, 绵(綿), 棉, 免, 勉, 冕, 沔, 面, 麵, 麵, 苗, 描, 眇, 秒,

渺, 藐, 庙(廟), 灭(滅), 篾, 民, 皿, 抿, 悯(憫), 敏, 名, 明, 鸣(鳴), 茗, 冥,

铭(銘), 槙, 螟, 命, 麼, 没(沒), 谟(謨), 模, 摩, 磨, 抹, 末, 沫, 莫, 漠, 墨,

默, 貘, 谋(謀), 某, 模, 母, 牡, 畂, 木, 目, 沐, 苜, 牧, 幕, 睦, 幙, 暮, 穆

[n]: 繆[niu], 谬(謬)[niu]

[ø]: 戊[u]

二) 경순음(轻唇音) 대비

1. 비모(非母) [pf]

『한청문감』에 나타난 『광운』 "비모"의 한자가 모두 42개이다. 그들이 『한청문감』에서 41개 글자가 [f]로 표기되고, 1개의 글자가 [p]로 표기되었다. 이는 『광운』 [pf]의 거의 모두가 『한청문감』에서 [f]로 표기되었음을 의미한다.

이들이 현대중국어에서의 발음은 41개 글자가 [f]로 발음되고, 1개 글자가 [p]로 발음된다. 이는 비모의 현대중국어 발음이 이미 『한청문감』 시기에 형성되었음을 설명한다. 『한청문감』의 표기는 아래와 같다.

[f]: 发(發), 法, 髪, 藩, 反, 返, 贩(販), 方, 坊, 舫, 放, 飞(飛), 非, 榧, 废(廢), 分, 粉, 奋(奮), 粪(糞), 风(風), 枫(楓), 封, 疯(瘋), 葑, 讽(諷), 否, 夫, 幅, 辐(輻), 福, 蝠, 斧, 府, 俯, 腑, 簠, 付, 赋(賦), 傅, 富, 腹

[p]: 不[pu]

2. 부모(敷母) [pf]

『한청문감』에 나타난 『광운』 "부모"의 한자가 모두 31개이다. 그들이 『한청문감』에서 29개 글자가 [f]로 표기되고, 1개의 글자가 [p]로 표기되고, 1개의 글자가 [p']로 표기되었다. 이는『광운』[pfʰ]의 거의 모두가『한청문감』에서 [f]로 표기되었음을 의미한다.

이들이 현대중국어에서의 발음은 29개 글자가 [f]로 발음되고, 2개 글자가 [p]로 발음된다. 이는 비모의 현대중국어 발음이 이미『한청문감』시기에 형성되었음을 설명한다.『한청문감』의 표기는 아래와 같다.

> [f]: 番, 幡, 翻, 旛, 繙, 泛, 妨, 访(訪), 纺(紡), 彷, 妃, 肺, 费(費), 纷(紛), 忿, 丰(豐), 峰, 烽, 锋(鋒), 蜂, 豊, 麸(麩), 敷, 拂, 彿(彿), 抚(撫), 拊, 副, 覆
> [p]: 捧[pang]
> [p']: 捧[p'əng]

3. 봉모(奉母) [bv]

『한청문감』에 나타난『광운』"봉모"의 한자가 모두 48개이다. 그들이『한청문감』에서 47개 글자가 [f]로 표기되고, 1개 글자가 [p]로 표기되었다. 이는『광운』[bv]의 거의 모두가『한청문감』에서 [f]로 표기되었음을 의미한다.

이들이 현대중국어에서는 모두 [f]로 발음된다. 이는 봉모의 현대중국어 발음이 이미『한청문감』시기에 형성되었음을 설명한다. 예를 들면 아래와 같다.

> [f]: 乏, 伐, 罚(罰), 筏, 蕃, 凡, 矾(礬), 烦(煩), 繁, 犯, 饭, 範(範), 防, 房, 肥, 翡, 吠, 狒, 荆, 痹, 坟(墳), 焚, 鼢, 愤(憤), 逢, 缝(縫), 凤(鳳), 奉, 俸, 佛, 伏, 扶, 芙, 枎, 服, 浮, 符, 辅(輔), 腐, 父, 负(負), 妇(婦), 附, 阜, 驸(駙), 复(復), 鲋(鮒)
> [p]: 鏆[pən]

4. 미모(微母) [m]

『한청문감』에 나타난『광운』 "미모"의 한자가 모두 35개이다. 그들이『한청문감』에서 22개 글자가 제로성모로 표기되고, 10개의 글자가 [w]로 표기되고, 2개의 글자가 [m]로 표기되고, 1개의 글자가 [f]로 표기되었다. 이는『광운』 [m]의 2/3가『한청문감』에서 제로성모로, 근1/3이 [w]로 표기되었음을 설명한다.

이들이 현대중국어에서는 32개의 글자가 [w]로, 2개의 글자가 [m]로, 1개의 글자가 [f]로 발음된다.『한청문감』에서 제로성모로 표기된 글자가 현대에 이르러서는 기본상 [w]로 되었다. 이는『한청문감』 시기에 중국어 반모음 [w]가 형성되는 시기였음을 의미한다. 예를 들면 아래와 같다.

[ø]: 微, 薇, 尾, 未, 味, 文, 纹(紋), 闻(聞), 蚊, 吻, 紊, 问(問), 诬(誣), 无(無), 毋, 武, 鹉(鵡), 舞, 务(務), 物, 雾(霧), 鹜(鶩)

[w]: 蔓, 袜(襪), 挽, 晚, 万(萬), 亡, 网(網), 辋(輞), 妄, 望

[m]: 曼[man], 娩[mian]

[f]: 庑(廡)[fu]

二. 설음(舌音) 대비

一) 설두음(舌头音) 대비

1. 단모(端母) [t]

『한청문감』에 나타난『광운』 "단모"의 한자가 모두 111개이다. 그들이『한청문감』에서 109개 글자가 [t]로 표기되고, 1개의 글자가 [n]로 표기되고, 1개의 글자가 [l]로 표기되었다. 이는『광운』[t]의 거의 모두가『한청문감』에서 [t]로 표기되었음을 설명한다.

이들이 현대중국어에서는 109개가 [t]로, 1개의 글자가 [n]로, 1개의 글자가 [l]로 발음된다.

상술한 정황은『광운』의 성모 [t]가 현대에 이르기까지 거의 모두가 변하지 않았음을 의미한다.『한청문감』의 표기는 아래와 같다.

[t]: 搭, 嗒, 搭, 答, 打, 带(帶), 戴, 丹, 担, 单(單), 耽, 箪(簞), 胆, 疸, 擔, 膽, 鴨, 当(當), 珰(璫), 铛(鐺), 裆(襠), 挡(擋), 档(欓), 党(黨), 刀, 岛(島), 倒, 捯, 祷(禱), 擣(擣), 到, 得, 德, 灯(燈), 登, 蹬, 莑, 等, 凳, 镫(鐙), 的, 低, 隄, 堤, 滴, 氐, 抵, 底, 帝, 蒂, 蒂, 颠(顛), 癫(癲), 典, 点(點), 站, 店, 玷, 垫(墊), 刁, 凋, 貂, 雕, 鵰, 吊, 钓(釣), 丁, 仃, 叮, 疔, 顶(頂), 鼎, 钉(釘), 椗, 锭(錠), 东(東), 冬, 冻(凍), 兜, 篼, 阧, 抖, 蚪, 斗, 鬪, 都, 督, 笃(篤), 堵, 赌(賭), 妒, 妬, 蠹, 端, 短, 断(斷), 堆, 对(對), 碓, 敦, 墩, 撖, 擎, 顿(頓), 多, 哆, 掇, 朵, 剁

[n]: 鸟(鳥)[niao]

[l]: 钉(釘)[liao]

2. 투모(透母) [tʻ]

『한청문감』에 나타난『광운』"투모"의 한자가 모두 79개이다. 그들이『한청문감』에서 78개 글자가 [tʻ]로 표기되고, 1개의 글자가 [x]로 표기되었다. 이는『광운』[tʻ]의 거의 모두가『한청문감』에서 [tʻ]로 표기되었음을 설명한다.

이들이 현대중국어에서도 78개가 [tʻ]로, 1개의 글자가 [x]로 발음된다.

상술한 정황은『광운』의 성모 [tʻ]가 현대에 이르기까지 거의 모두가 변하지 않았음을 의미한다. 『한청문감』의 표기는 아래와 같다.

[tʻ]: 嗒, 他, 塌, 遢, 塔, 獭(獺), 榻, 踏, 胎, 台, 太, 态(態), 泰, 挥(撣), 贪(貪),
摊(攤), 滩(灘), 坦, 毯, 叹(嘆), 炭, 探, 歎, 汤(湯), 钖(鍚), 膛, 镗(鏜), 傥, 烫
(燙), 韬(韜), 縧, 讨(討), 套, 剔, 梯, 踢, 体(體), 體, 屉, 剃, 涕, 替, 天, 添,
餂, 佻, 帖, 贴(貼), 铁(鐵), (身+廷), 厅(廳), 汀, 輕, 聽, 通, 统(統), 桶, 痛,
偷, 骰, 透, 秃, 土, 吐, 兔, 鶈, 彖, 推, 腿, 退, 吞, 涒, 托, 拖, 託, 脱,
妥, 唾
[x]: 痃(瘊)[xuan]

3. 정모(定母) [d]

『한청문감』에 나타난 『광운』 "정모"의 한자가 모두 169개이다. 그들이
『한청문감』에서 75개 글자가 [t]로 표기되고 92개의 글자가 [tʻ]로 표기되고
1개의 글자가 [l]로 표기되고, 1개의 글자가 [s]로 표기되었다.

『광운』 "정모"는 탁음으로 후기에 순한 소리 [t]와 거센 소리 [tʻ] 두 가지
로 분화되었다. 이러한 분화는 성조와 관계되는데 대다수의 측성 글자와 개
별적 평성 글자가 순한 소리 [t]로 변하고, 대다수 평성 글자와 개별적 측성
글자가 거센 소리 [tʻ]로 변하였다.

이들이 현대중국어에서 83개 글자가 [t]로 발음되고 86개 글자가 [tʻ]로
발음된다. 정모의 『한청문감』 발음과 현대중국어의 발음이 기본상 일치하
다. 이는 정모의 현대어발음이 이미 『한청문감』 시기에 형성되었음을 설명
한다. 『한청문감』의 표기는 아래와 같다.

[t]:
평성자(平声字): 遆

상성자(上声字): 待, 怠, 诞(誕), 道, 稻, 递(遞), 动(動), 杜, 肚, 缎(緞), 沌, 炖, 囤, 垛, 舵

거성자(去声字): 大, 代, 岱, 玳, 袋, 掸(撣), 淡, 弹(彈), 蕩(蕩), 导(導), 盗(盜), 澄, 地, 弟, 第, 棣, 禘, 电(電), 甸, 钿(鈿), 淀, 奠, 殿, 靛, 铫(銚), 调(調), 定, 洞, 豆, 逗, 读(讀), 度, 渡, 镀(鍍), 段, 椴, 队(隊), 兑(兌), 钝(鈍), 惰

입성자(入声字): 达(達), 荻, 敌(敵), 笛, 觌(覿), 翟, 跌, 迭, 瓞, 揲, 牒, 蝶, 疊, 毒, 独(獨), 读(讀), 渎(瀆), 犊(犢), 夺(奪)

[tʻ]:

상성자(上声字): 盪, 悌, 挑, 窕, 挺, 梃

거성자(去声字): 逿, 矗, 恸(慟)

입성자(入声字): 蹋, 特, 突

평성자(平声字): 抬, 苔, 臺, 擡, 薹, 弹(彈), 坛(壇), 昙(曇), 谈(談), 痰, 潭, 檀, 遢, 唐, 堂, 棠, 塘, 糖, 螳, 逃, 桃, 萄, 啕, 淘, 疼, 腾(騰), 誊(謄), 臘, 藤, 籐, 提, 啼, 鹈(鵜), 缇(緹), 题(題), 蹄, 騠, 田, 畋, 恬, 甜, 填, 条(條), 苕, 调(調), 跳, 淳, 亭, 停, 葶, 同, 桐, 铜(銅), 童, 橦, 瞳, 筒, 头(頭), 投, 图(圖), 茶, 徒, 途, 涂(塗), 酴, 鵌, 团(團), 颓(頹), 屯, 饨(飩), 豚, 臀, 陀, 沱, 驼(駝), 柁, 砣, 馱, 駄, 鼍(鼉)

[l]: 棣[li] ※ "棣"자가 "리"[li]와 "디"[ti] 두 가지 음으로 표기됨.

[s]: 殼[sə]

4. 니모(泥母) [n]

『한청문감』에 나타난『광운』"니모"의 한자가 모두 49개이다. 그들이『한청문감』에서와 현대중국어에서 모두 [n]로 발음된다.

상술한 상황은『광운』의 니모가 현대에 이르기까지 줄곧 변하지 않았음을 의미한다.『한청문감』의 표기는 아래와 같다.

[n]: 那, (口+奈), 吶, 纳(納), 衲, 奈, 柰, 耐, 鼐, 男, 南, 难(難), 楠, 囊, 猱,
恼(惱), 脑(腦), 瑙, 馁(餒), 嫩, 能, 泥, 你, 匿, 溺, 年, 鲇(鮎), 捻, 撚, 念,
孃, 尿, 捏, 涅, 摄(攝), 宁(寧), 佞, 泞(濘), 农(農), 哝(噥), 脓(膿), 奴, 驽(駑),
努, 弩, 怒, 暖, 煖, 挪

1. 지모(知母) [ṭ]

『한청문감』에 나타난 『광운』 "지모"의 한자가 모두 53개이다. 그들이 『한청문감』에서 50개 글자가 [tṣ]로 표기되고, 2개 글자가 [tṣʻ]로 표기되고, 1개의 글자가 [t]로 표기되었다. 이러한 상황은 『광운』 "지모" [ṭ]의 거의 모두가 『한청문감』에서 [tṣ]로 변하였음을 의미한다. 『광운』의 지모 [ṭ]가 『중원음운』에서는 [ʧ]로 변하였으나 그 후에 다시 [tṣ]로 변하였으니 [ṭ]→[ʧ]→[tṣ]의 변화를 한 것이다.

이들이 현대중국어에서 51개 글자가 [tṣ]로 발음되고 1개 글자가 [tṣʻ]로 발음되고, 1개 글자가 [t]로 발음된다. 이는 지모의 현대어 발음 [tṣ]가 이미 『한청문감』 시기에 형성되었음을 설명한다. 『한청문감』의 표기는 아래와 같다.

[tṣ]: 劄, 沾, 霑, 展, 辗(輾), 佔, 站, 张(張), 长(長), 涨(漲), 帐(帳), 账(賬), 朝,
罩, 蜇, 贞(貞), 珍, 砧, 镇(鎮), 鎮, 征, 症(癥), 徵, 知, 蜘, 徵, 致, 智, 中,
忠, 冢, 肘, 猪(豬), 蛛, 竹, 劚, 拄, 贮(貯), 注, 驻(駐), 著, 筑, 註, 築, 传(傳),
转(轉), 桩(樁), 追, 桌, 啄
[tṣʻ]: 腄[tṣʻuí], 吒[tṣʻa]
[t]: 爹[tie]

제3장 『한청문감』 성모 213

2. 철모(徹母) [tʻ]

『한청문감』에 나타난 『광운』 "철모"의 한자가 모두 29개이다. 그들이 『한청문감』에서 24개 글자가 [tʂʻ]로 표기되고, 1개 글자가 [t]로 표기되고, 1개 글자가 [tʂ]로 표기되고, 1개의 글자가 [ts]로 표기되고, 1개의 글자가 [x]로 표기되고, 1개의 글자가 제로성모로 표기되었다. 이러한 상황은 『광운』 "철모"[tʻ]의 대다수(83%)가 『한청문감』에서 [tʂʻ]로 변하였음을 의미한다. 『광운』의 철모 [tʻ]가 『중원음운』에서는 [ʧʻ]로 변하였으나 그 후에 다시 [tʂʻ]로 변하였으니 [tʻ]→[ʧʻ]→[tʂʻ]의 변화를 한 것이다.

이들이 현대중국어에서 28개 글자가 [tʂʻ]로 발음되고 1개 글자가 [tʂ]로 발음된다. 이는 철모의 현대어 발음 [tʂʻ]가 이미 『한청문감』 시기에 형성되었음을 설명한다. 『한청문감』의 표기는 아래와 같다.

[tʂʻ]: 拆, 谄(諂), 畅(暢), 鬯, 超, 彻(徹), 趁, 撑(撐), 頳, 樘, 逞, 橕, 笞, 螭, 耻(恥), 勑, 宠(寵), 抽, 丑, 杻, 楮, 怵, 畜, 搐

[t]: 輴[tun]

[tʂ]: 祉[tʂɿ]

[tʂʻ]: 拆[tsʻə] ※"拆"자가 『한청문감』에서 "처"[tsʻə]와 "쳐"[tʂʻə] 두 가지로 표기됨.

[x]: 樗[xua]

[ø]: 貙[iui]

3. 등모(澄母) [d]

『한청문감』에 나타난 『광운』 "등모"의 한자가 모두 86개이다. 그들이 『한청문감』에서 45개 글자가 [tʂ]로 표기되고, 39개 글자가 [tʂʻ]로 표기되고,

1개 글자가 [t]로 표기되고, 1개 글자가 [ts]로 표기되었다.

『광운』 "등모"는 탁음으로 후기에 순한 소리 [tʂ]와 거센 소리 [tʂʻ] 두 가지로 분화되었다. 이러한 분화는 성조와 관계되는데 대다수의 측성 글자와 개별적 평성 글자가 [dʐ]→[tʃʻ]→[tʂ]의 변화를 거쳐 순한 소리 [tʂ]로 변하고, 대다수 평성 글자와 개별적 측성 글자가 [dʐ]→[tʃʻ]→[tʂʻ]의 변화를 거쳐 거센 소리 [tʂʻ]로 변하였다.

이들이 현대중국어에서 44개 글자가 [tʂ]로 발음되고 41개 글자가 [tʂʻ]로 되고 1개의 글자가 [t]로 발음된다. 등모의 『한청문감』 발음과 현대중국어 발음이 기본상 일치하다. 이는 등모의 현대어발음이 이미 『한청문감』 시기에 형성되었음을 설명한다. 『한청문감』의 표기는 아래와 같다.

[tʂ]:

평성자(平声字): 椽 ※"椽"자가 『한청문감』에서 "쥰"[tʂuan]과 "촨"[tʂʻuan] 두 가지로 표기됨.

상성자(上声字): 丈, 仗, 杖, 兆, 豸, 痔, 雉, 纣(紂), 苧(苧), 苎(苧), 柱, 篆

거성자(去声字): 鋥, 绽(綻), 棹, 阵(陣), 值, 治, 滞(滯), 仲, 重, 住, 筯, 赚(賺), 撞, 坠(墜)

입성자(入声字): 泽(澤), 宅, 蛰(蟄), 辙(轍), 蛰, 直, 姪, 秩, 掷(擲), 妯, 轴(軸), 术, 逐, 棹, 浊(濁), 濯, 镯(鐲)

[tʂʻ]:

평성자(平声字): 茶, 缠(纏), 肠(腸), 膓, 场(場), 长(長), 朝, 潮, 尘(塵), 沉, 陈(陳), 呈, 珵, 程, 惩(懲), 澄, 橙, 池, 驰(馳), 迟(遲), 持, 墀, 篪, 虫(蟲), 重, 紬, 稠, 筹(籌), 踌(躊), 除, 厨(廚), 蹰(躕), 储(儲), 传(傳), 椽, 幢, 锤(錘), 鎚(鎚), 椎

[t]: 瞪[tən]

[ts]: 撞[tsuaŋ] ※"撞"자가 『한청문감』에서 "죵"[tsuaŋ]과 "쫭"[tʂuaŋ] 두 가지로 표기됨.

4. 낭모(娘母) [ɳ]

『한청문감』에 나타난『광운』 "낭모"의 한자가 모두 25개이다. 그들이『한청문감』에서 22개 글자가 [n]로 표기되고, 2개 글자가 [tʂ]로 표기되고, 1개 글자가 [ʐ]로 표기되었다. 이 상황은『광운』 낭모의 대다수(87%)가 [n]로 표기되었음을 의미한다.『광운』 낭모가『중원음운』에서 이미 [ɳ]〉[n]로의 변화가 이루어졌다.

이들이 현대중국어에서 22개 글자가 [n]로, 2개 글자가 [tʂ]로, 1개의 글자가 [ʐ]로 발음된다. 낭모의『한청문감』 발음과 현대중국어 발음이 기본상 일치하다. 이는 낭모의 현대어발음이 이미『한청문감』 시기에 형성되었음을 설명한다.『한청문감』의 표기는 아래와 같다.

> n: 拏, 奶, 挠(撓), 铙(鐃), 闹(鬧), 呢, 内(內), 尼, 腻(膩), 黏, 碾, 娘, 酿(釀),
>   镊(鑷), 扭, 纽(紐), 钮(鈕), 浓(濃), 醲, 女, 粘, 辗(輾)
> [tʂ]: 黏[tʂan], 粘[tʂan]
> [ʐ]: 纫(紉)[ʐiən]

三. 치음(齒音) 대비

一) 치두음(齒头音) 대비

1. 정모(精母) [ts]

『한청문감』에 나타난『광운』 "정모"의 한자가 모두 121개이다. 그들이『한청문감』에서 65개 글자가 [ts]로 표기되고, 50개 글자가 [tɕ]로 표기되고,

4개 글자가 [tɕʻ]로 표기되고, 2개 글자가 [tsʻ]로 표기되었다. 이 상황은 『광운』 정모의 거의 절반(44%)이 『한청문감』에서 구개음 [tɕ], [tɕʻ]로 변하였음을 의미한다. 정모계열의 제치호(齐齿呼)와 촬구호(撮口呼)가 구개음 [tɕ]로 변하고, 개구호(开口呼)와 합구호(合口呼)는 의연히 치두음 [ts]로 발음되었다.

중국 학계의 다수 학자들이 중국어 정모계열 성모의 구개음화가 청나라 말기에 시작되었다고 한다. 그러나 우리는 『한청문감』에서 이미 많은 정모계열 성모가 구개음으로 표기되었다는 사실, 만문 문헌 『원음정고(圓音正考)』와 『음운봉원(音韵逢源)』에서 정모계열 성모가 구개음으로 표기되었다는 사실들로부터 중국어 정모계열의 구개음화가 이미 완성 단계에 이른 것으로 보고 정모계열의 성모를 구개음 [tɕ], [tɕʻ], [ɕ]와 비구개음 [ts], [tsʻ], [s]로 구분한다.

『한청문감』 정모가 현대중국어에서 65개 글자가 [ts]로 발음되고, 52개 글자가 [tɕ]로 발음되고, 2개 글자가 [tsʻ]로 발음되고 2개 글자가 [tɕʻ]로 발음되었다. 정모 글자의 『한청문감』 발음과 현대중국어 발음이 기본상 같다. 이는 『한청문감』 시기에 정모의 현대어 발음이 이미 형성되었음을 말해준다. 『한청문감』의 표기는 아래와 같다.

[ts]: 拶, 灾(災), 栽, 载(載), 宰, 再, 梣, 簪, 赞(贊), 赃(臟), 牂, 髒, 葬, 槽, 遭, 糟, 早, 枣(棗), 蚤, 澡, 藻, 躁, 竈, 则(則), 曾, 增, 憎, 罾, 咨, 资(資), 谘(諮), 孳, 滋, 子, 秭, 紫, 梓, 緫, 宗, 棕, 椶, 踪, 总(總), 纵(縱), 糭, 陬, 走, 奏, 租, 足, 祖, 揝, 攒(攢), 缵(纘), 纂, 鑽, 觜, 嘴, 醉, 尊, 遵, 撙, 左, 佐, 作

[tɕ]: 积(積), 即, 鹡(鶺), 挤(擠), 脊, 际(際), 济(濟), 祭, 绩(績), 跡, 稷, 鲫(鯽), 蹟, 尖, 笺(箋), 煎, 剪, 荐(薦), 溅(濺), 箭, 僭, 将(將), 浆(漿), 桨(槳), 酱(醬), 椒, 焦, 鹪(鷦), 剿, 疖(癤), 接, 嗟, 节(節), 睫, 姐, 借, 津, 进(進), 晋(晉), 浸, 旌, 晶, 睛, 精, 井, 鶺, 酒, 爵, 俊, 骏(駿)

[tsʻ]: 蹙[tsʻu], 挫[tsʻo]

[tɕʻ]: 缉(緝)[tɕʻi], 籖[tɕʻian], 雀[tɕʻio], 菁[tɕʻin]

2. 청모(清母) [tsʻ]

『한청문감』에 나타난『광운』"청모"의 한자가 모두 90개이다. 그들이『한청문감』에서 42개 글자가 [tsʻ]로 표기되고, 41개 글자가 [tɕʻ]로 표기되고, 4개 글자가 [ts]로 표기되고, 3개 글자가 [tɕ]로 표기되었다. 이 가운데의 "跰(蹌)"자가 [tsʻ], [tɕʻ] 두 가지로 표기되었다. 이 상황은『광운』청모의 절반이『한청문감』에서 구개음 [tɕ], [tɕʻ]로 표기되었음을 의미한다. 정모계열의 제치호(齐齿呼)와 촬구호(撮口呼)가 구개음 [tɕʻ]로 변하고, 개구호(开口呼)와 합구호(合口呼)는 의연히 치두음 [tsʻ]로 발음되었다.

『한청문감』청모가 현대중국어에서 44개 글자가 [tsʻ]로 발음되고, 44개 글자가 [tɕʻ]로 발음되고, 1개 글자가 [ts]로 발음되고 1개 글자가 [tɕ]로 발음되었다. 청모 글자의『한청문감』발음과 현대중국어 발음이 기본상 같다. 이는『한청문감』시기에 청모의 현대어 발음이 이미 형성되었음을 말해준다.『한청문감』의 표기는 아래와 같다.

[tsʻ]: 猜, 采, 採, 彩, 綵(綵), 菜, 飡, 灿(燦), 仓(倉), 苍(蒼), 糙, 草, (曾+刂), 疵, 雌, 此, 跐, 次, 刺, 葱(蔥), 璁(驄), 聪(聰), 凑(湊), 促, 猝, 趏, 醋, 簇, 鑹, 窜(竄), 催, 脆, 翠, 村, 皴, 寸, 搓, 磋, 撮, 蹉, 错(錯), 跰(蹌)

[tɕʻ]: 七, 妻, 戚, 漆, 砌, 千, 阡, 迁(遷), 扦, 佥(僉), 签(簽), 鼸, 浅(淺), 枪(槍), 抢(搶), 呛(嗆), 跰(蹌), 悄, 俏, 峭, 切, 且, 妾, 侵, 亲(親), 寝(寢), 沁, 青, 清, 鲭(鯖), 请(請), 秋, 楸, 鹙(鶖), 鳅(鰍), 鞦, 蛆, 趋(趨), 取, 趣, 鹊(鵲)

[ts]: 蹭[tsəŋ], 撺(攛)[tsuan], 莝[tso], 造[tsao]

[tɕ]: 疽[tɕiui], 窃(竊)[tɕiəi], 逡[tɕiun]

3. 종모(從母) [dz]

『한청문감』에 나타난『광운』 "종모"의 한자가 모두 98개이다.『광운』 "종모"는 탁성 성모로『한청문감』에서 아래와 같이 분류되었다.

첫째, 성조에 따라 순한 소리와 거센 소리로 나뉘었다.

평성(平声) 글자들이 거센 소리로 되고 측성(仄声) 글자들이 순한 소리로 되었다.『한청문감』에 나타난『광운』 종모 한자 98개 가운데의 47개가 거센 소리로 되고 51개가 순한 소리로 되었다. 거센 소리 47개 가운데의 42개가 평성자이고 5개가 측성자이다. 순한 소리 51개 가운데의 측성자가 44개이고 평성자가 7개이다.

둘째, 구개음화 여부에 따라 구개음과 치두음으로 나뉘었다.

개음(介音) [i]를 가진 제치호(齐齿呼)와 개음 [iu—y]를 가진 촬구호(撮口呼)는 구개음 [tɕ], [tɕʻ]로 변하고, 개구호와 합구호는 치두음 [ts], [tsʻ]로 되었다.『한청문감』에 나타난『광운』 종모 한자 98개 가운데의 37개가 구개음 [tɕ], [tɕʻ]로 변하고, 55개가 치두음 [ts], [tsʻ]를 유지하고, 3개가 [tʂ]로 되고, 1개가 [t]로 되고, 1개가 [s]로 되고, 1개가 [k]로 되었다. 그 가운데의 "磁"자가 [tsʻɿ], [sɿ] 두 가지로 표기되었다. 이러한 상황은 종모의 37%가 구개음 [tɕ], [tɕʻ]로 변하였음을 말해준다.

『한청문감』에 나타난 종모의 한자 98개 중 현대중국어에서 32개가 [tsʻ]로, 44개가 [tɕʻ]로, 21개가 [tɕ]로, 1개가 [t]로 발음되었다. 종모의『한청문감』 발음과 현대어의 발음이 기본상 일치한다. 이는『한청문감』 시기에 종모의 현대어 발음이 이미 형성되었음을 의미한다.『한청문감』의 표기는 아래와 같다.

[tsʻ]: 才, 材, 财(財), 裁, 纔, 残(殘), 惭(慚), 蠶, 藏, 藏, (曹+少), 槽, 蝽, 层(層), 呰, 泚, 慈, 鹚(鶿), 驚, 从(從), 丛(叢), 粗, 攒(攢), 萃, 存, 矬, 磁

[tɕʻ]: 齐(齊), 脐(臍), 蛴(蠐), 前, 钱(錢), 墙(墻), 蔷(薔), 樯(檣), 憔, 樵, 诮(誚),
　　 秦, 情, 晴, 酋, 遒, 全, 泉

[ts]: 曹, 漕, 琮, 悴, 杂(雜), 在, 趱(趲), 錾(鏨), 蹔, 脏(臓), 凿(鑿), 皂, 贼(賊),
　　 蟊, 缯(繒), 自, 字, 从(從), 鬃, 族, 蹲, 罪, 柞, 昨, 坐, 胙, 祚, 座

[tɕ]: 集, 蒺, 嫉, 耤, 籍, 荠(薺), 贱(賤), 渐(漸), 匠, 捷, 截, 盡, 净(淨), 静(靜),
　　 就, 鹫(鷲), 聚, 嚼, 绝(絕)

[tʂ]: 咋[tʂa], 暂(暫)[tʂan], 睁(睜)[tʂən]

[s]: 磁[sʅ]

[t]: 蹲[tun]

[k]: 饯(餞)[kian] ※"饯(餞)"자가『한청문감』에서 "걘"[kian]으로 표기되었
　　 다. 그런데 "종모"의 성모가 [k]로 발음될 수 없다. 그러니 "걘"[kian]은
　　 "쟨"[tɕian]의 오기로 보인다.

4. 심모(心母) [s]

　　『한청문감』에 나타난『광운』"심모"의 한자가 모두 150개이다. 이들은 구
개음화의 여부에 따라 주로 구개음 [ɕ]와 치두음 [s]로 나뉘었는데 74개가
[ɕ]로, 1개가 [tɕ]로, 3개가 [tɕʻ]로 표기되고, 68개가 [s]로, 1개가 [tsʻ]로, 2개
가 [ʂ]로, 1개가 [tʂʻ]로 표기되었다. 이러한 상황은 심모의 절반(51%)가『한
청문감』에서 구개음 [ɕ], [tɕʻ], [tɕ]로 분화되었음을 말해준다.

　　심모가 현대중국어에서 76개가 [ɕ]로, 68개가 [s]로, 2개가 [tɕʻ]로, 2개가
[ʂ]로, 1개가 [tɕ]로, 1개가 [tsʻ]로 발음된다. 심모의『한청문감』발음과 현대
어 발음이 기본상 일치하다. 이는 심모의 현대어 발음이 이미『한청문감』
시기에 형성되었음을 말해준다.『한청문감』의 표기는 아래와 같다.

　　[ɕ]: 西, 昔, 析, 息, 惜, 犀, 锡(錫), 膝, 洗, 细(細), 仙, 先, 纤(纖), 籼, 鲜(鮮),

狝(獮), 線, 相, 廂, 箱, 镶(鑲), 想, 肖, 消, 宵, 绡(綃), 萧(蕭), 硝, 销(銷),

箫(簫), 潇(瀟), 霄, 小, 笑, 些, 楔, 写(寫), 泻(瀉), 卸, 泄, 屑, 心, 辛, 新,

信, 頥, 星, 腥, 醒, 性, 姓, 修, 羞, 馐(饈), 秀, 绣(繡), 锈(銹), 繡, 戌, 须(須),

需, 鬚, 絮, 婿, 蓿, 宣, 揎, 选(選), 癣(癬), 削, 雪, 讯(訊), 逊(遜), 巽

[s]: 噪, 燥, 撒, 萨(薩), 腮, 塞, 赛(賽), 三, 伞(傘), 馓, 散, 桑, 嗓, 丧(喪), 骚(騷),

扫(掃), 嫂, 埽, 臊, 僧, 莎, 司, 丝(絲), 私, 思, 鸶(鷥), 斯, 撕, 澌, 死, 四,

泗, 驷(駟), 鬆, 耸(聳), 送, 擞(擻), 薮(藪), 嗽, 苏(蘇), 酥, 诉(訴), 肃(肅), 素,

速, 粟, 嗉, 宿, 狻, 酸, 蒜, 虽(雖), 髓, 岁(歲), 祟, 碎, 孙(孫), 狲(猻), 损(損),

笋, 筍, 榫, 唆, 梭, 簑, 索, 琐(瑣), 锁(鎖)

[tɕ']: 棲[tɕ'i], 鞘[tɕ'iao], 跹(躚)[tɕ'ian]

[tɕ]: 峻[tɕiun]

[ʂ]: 糁(糝)[ʂiən], 珊[ʂan]

[tʂ']: 嗾[tʂ'əu]

[ts']: 赐(賜)[ts'ʅ]

5. 사모(邪母) [z]

『한청문감』에 나타난 『광운』 "사모"의 한자가 모두 47개이다. 이들은 구
개음화의 여부에 따라 주로 구개음 [ɕ]와 치두음 [s]로 나뉘었는데 30개
(63.9%)가 [ɕ]로, 1개가 [tɕ]로 표기되고, 11개가 [s](23.4%)로, 4개가 [tɕ']로,
1개가 [ʂ]로 표기되었다. 이러한 상황은 사모의 근2/3가 『한청문감』에서 구
개음 [ɕ], [tɕ]로 분화되었음을 말해준다.

사모가 현대중국어에서 31개가 [ɕ]로, 1개가 [tɕ]로, 11개가 [s]로, 3개가
[ts']로, 1개가 [x]로 발음된다. 사모의 『한청문감』 발음과 현대어 발음이 기
본상 일치하다. 이는 사모의 현대어 발음이 이미 『한청문감』 시기에 형성되
었고 구개음화가 기본상 완성되었음을 말해준다. 『한청문감』의 표기는 아래

와 같다.

    [ɕ]: 夕, 习(習), 席, 袭(襲), 蓆, 挦(撏), 详(詳), 祥, 翔, 象, 像, 橡, 邪, 斜, 谢(謝),

        袖, 徐, 序, 敍, 绪(緒), 续(續), 旋, 漩, 璿, 鏇, 寻(尋), 巡, 循, 驯(馴), 狥

    [s]: 似, 巳, 寺, 兕, 祀, 松, 讼(訟), 俗, 随(隨), 穗, 彗

    [tsʻ]: 词(詞)[tsʻɿ], 祠[tsʻɿ], 辞(辭)[tsʻɿ], 嗣[tsʻɿ]

    [tɕ]: 烬(燼)[tɕin]

    [ʂ]: 习(習)[ʂɿ] ※"习(習)"이 『한청문감』에서 "시"[ɕi]와 "싀"[ʂɿ] 두 가지
    음으로 표기되었다.

二) 정치음(正齒音) 대비

1. 장조(莊組)(照二)대비

1) 장모(莊母) [t͡ʃ]

『한청문감』에 나타난 『광운』 "장모"의 한자가 모두 38개이다. 이들은 근
대중국어에서 혀의 앞뒤 이동으로 치두음과 정치음으로 분화된다. 이들이
『한청문감』에서 9개가 치두음 [ts](28%)로, 1개가 치두음 [tsʻ]로, 1개가 치두
음 [s]로, 27개가 정치음 [tʂ](71%)로 표기되었다. 이러한 상황은 장모의 『광
운』음 [t͡ʃ]가 『한청문감』에서 치두음과 정치음으로 분화되었음을 말해준다.
즉 1/3이 치두음으로 되고 2/3가 정치음으로 되었다.

    장모가 현대중국어에서 28개가 [tʂ]로, 9개가 [ts]로, 1개가 [tsʻ]로 발음된
다. 장모의 『한청문감』 발음과 현대어 발음이 기본상 일치하다. 이는 장모의
현대어 발음이 이미 『한청문감』 시기에 형성되었음을 말해준다. 『한청문감』
의 표기는 아래와 같다.

[tsʰ]: 责(責), 帻(幘), 缁(緇), 鶅, 滓, 骓(騅), 俎, 窄, 皱(皺)

[tʂ]: 桼, 扎, 柤, 渣, 樝, 札, 诈(詐), 痄, 蚱, 榨, 斋(齋), 债(債), 斩(斬), 盏(盞), 蘸, 爪, 笊, 仄, 榛, 筝(箏), 诌(謅), 抓, 庄(莊), 装(裝), 粧, 壮(壯), 捉

[tʂʰ]: 侧(側)[tsʰə]

[s]: 缛(縟)[su]

2) 초모(初母) [tʃʰ]

『한청문감』에 나타난 『광운』 "초모"의 한자가 모두 30개이다. 그중 "册, 策, 差" 세 글자가 두 가지 음으로 표음되었으니 실제 나타난 글자 수는 27자 이다. 이들은 근대중국어에서 혀의 앞뒤 이동으로 치두음과 정치음으로 분화 된다. 초모가 『한청문감』에서 4개가 치두음 [tsʰ](13%)로, 25개가 정치음 [tʂ], [tʂʰ](86%)로, 1개가 구개음 [tɕʰ]로 표기되었다. 이러한 상황은 초모의 『광운』 음 [tʃʰ]가 『한청문감』에서 대부분 정치음으로 분화되었음을 말해준다.

초모가 현대중국어에서 22개가 [tʂʰ]로, 6개가 [tsʰ]로, 1개가 [tʂ]로, 1개가 [tɕʰ]로 발음된다. 초모의 『한청문감』 발음과 현대어 발음이 기본상 일치하 다. 이는 초모의 현대어 발음이 이미 『한청문감』 시기에 형성되었음을 말해 준다. 『한청문감』의 표기는 아래와 같다.

[tsʰ]: 册(冊), 测(測), 策

[ts]: 恻(惻)[tsə]

[tʂʰ]: 册(冊), 策, 叉, 权, 捅, 差, 靫, 察, 衩, 汊, 刹, 差, 釵, 搀(攙), 铲(鏟), 抄, 炒, 衬(襯), 勑, 初, 楚, 揣, 疮(瘡), 窗

[tʂ]: 挣[tʂən]

[tɕʰ]: 鎗[tɕʰiaŋ]

3) 생모(生母) [ʃ]

『한청문감』에 나타난『광운』 "생모"의 한자가 모두 65개이다. 이들은 근대중국어에서 혀의 앞뒤 이동으로 치두음과 정치음으로 분화된다. 생모가『한청문감』에서 13개가 치두음 [s](22%)로, 1개가 [ts]로 표기되고, 48개가 정치음 [ʂ](77%)로, 2개가 [tʂ]로, 1개가 구개음 [ɕ]로 표기되었다. 이러한 상황은 생모의『광운』음 [ʃ]가『한청문감』에서 대부분 정치음으로 분화되었음을 말해준다.

생모가 현대중국어에서 48개가 [ʂ]로, 13개가 [s]로, 2개가 [tʂʻ]로, 1개가 [ts]로, 1개가 [ɕ]로 발음된다. 생모의『한청문감』발음과 현대어 발음이 기본상 일치하다. 이는 생모의 현대어 발음이 이미『한청문감』시기에 형성되었음을 말해준다.『한청문감』의 표기는 아래와 같다.

[s]: 洒(灑), 嗇(嗇), 澁, 蛳(螄), 搜, 蒐, 餿(餿), 缩(縮), 莎, 桨, 瘦, 疏, 疎

[ʂ]: 色, 棟, 涩(澀), 瑟, 杀(殺), 沙, 纱(紗), 砂, 傻, 煞, 晒, 曬, 山, 芟, 衫, 疝, 弰, 梢, 稍, 艄, 哨, 蔘, 参(參), 渗(滲), 生, 牲, 笙, 甥, 省, 师(師), 虱, 狮(獅), 史, 使, 梳, 蔬, 数(數), 漱, 刷, 衰, 率, 涮, 双(雙), 霜, 爽, 朔, 飕(颼), 所

[ts]: 崽[tsai]

[tʂʻ]: 产(產)[tʂʻan], 榗[tʂʻan]

[ɕ]: 猩[ɕiŋ]

4) 숭모(崇母) [dʒ]

『한청문감』에 나타난『광운』 "숭모"의 한자가 모두 27개이다.『광운』 "숭모"는 탁성 성모로『한청문감』에서 아래와 같이 분류되었다.

첫째, 성조에 따라 순한 소리와 거센 소리로 나뉘었다.

평성(平声) 글자들이 거센 소리로 되고 측성(仄声) 글자들이 순한 소리로 되었다.『한청문감』에 나타난『광운』종모 한자 27개 가운데의 15개가 거센 소리로 되고 12개가 순한 소리로 되었다.

둘째, 혀의 앞뒤 이동에 따라 치두음과 정치음으로 나뉘었다.

치두음으로 된 글자가 3개로 전체의 11%를 차지하고 정치음으로 된 글자가 24자로 전체의 89%를 차지한다. 구체적으로 보면 3개가 치두음 [ts']로 되고, 12개가 정치음 [tʂ']로, 8개가 정치음 [tʂ]로, 4개가 정치음 [ʂ]로 되었다.

『한청문감』에 나타난 숭모의 한자 27개 중 현대중국어에서 15개가 [tʂ']로, 7개가 [tʂ]로, 4개가 [ʂ]로, 1개가 [ts]로 발음된다. 숭모의 『한청문감』 발음과 현대어의 발음이 기본상 일치하다. 이는 『한청문감』 시기에 숭모의 현대어 발음이 이미 형성되었음을 의미한다. 『한청문감』의 표기는 아래와 같다.

[ts']: 谗(讒), 巉, 鉏

[ʂ]: 士, 仕, 事, 殖

[tʂ]: 酢, 乍, 寨, 栈(棧), 助, 撰, 饌(饌), 状(狀)

[tʂ']: 查, 楂, 柴, 豺, 馋(饞), 漦, 崇, 愁, 锄(鋤), 雏(雛), 床, 牀

2. 장조(章组)(照三)대비

1) 장모(章母) [tɕ]

『한청문감』에 나타난 『광운』 "장모"의 한자가 모두 109개이다. 그들이 『한청문감』에서 104개 글자가 정치음 [tʂ]로 표기되고, 2개 글자가 정치음 [tʂ']로 표기되고, 2개 글자가 정치음 [ʂ]로 표기되고, 1개 글자가 치두음 [ts]로 표기되었다. 그 가운데의 "争(爭)"과 "灼"이 두 가지 소리로 표기되었다.

『광운』의 장모가 [tɕ]→[ʧ]→[tʂ]의 변화를 거쳐 근대에 이른다. 『중원음운』에서 [tɕ]→[ʧ]의 변화가 완성되고, [ʧ]→[tʂ]의 변화는 근대어에서 나타난 변화이다.

『한청문감』에 나타난 장모의 한자 109개 중 현대중국어에서 107개가 [tʂ]로, 2개가 [tʂʻ]로 발음된다. 장모의 『한청문감』 발음과 현대어의 발음이 기본상 일치하다. 이는 『한청문감』 시기에 장모의 현대어 발음이 이미 형성되었음을 의미한다. 『한청문감』의 표기는 아래와 같다.

> [tʂ]: 毡(氈), 旃, 詹, 譫(譫), 占, 战(戰), 章, 漳, 璋, 樟, 鼍, 掌, 障, 招, 昭, 诏(詔), 照, 遮, 折, 菥, 摺, 者, 赭, 蔗, 鹧(鷓), 针(針), 胗, 真, 斟, 箴, 鍼, 枕, 轸(軫), 疹, 振, 赈(賑), 震, 争(爭), 侦, 钲(鉦), 烝, 蒸, 整, 正, 证(證), 政, 誌, 祇, 之, 支, 只, 芝, 枝, 肢, 织(織), 栀(梔), 脂, 执(執), 职(職), 止, 旨, 纸(紙), 指, 枳, 至, 志, 制, 炙, 鸷(鷙), 痣, 製, 终(終), 锺(鍾), 鐘, 肿(腫), 種, 众(衆), 州, 周, 洲, 粥, 箒, 朱, 珠, 诸(諸), 硃, 楮(櫧), 烛(燭), 主, 煮, 麈, 柷, 祝, 蛀, 铸(鑄), 专(專), 锥(錐), 赘(贅), 朊, 准, 準, 勺, 拙, 灼
>
> [tʂʻ]: 颤(顫)[tʂʻan], 捶[tʂʻui]
>
> [ʂ]: 鹬[ʂu], 灼[ʂo] ※"灼"자가 『한청문감』에서 "쇼"[ʂo], "죠"[tʂo] 두 가지로 표기되었다.
>
> [ts]: 争[tsɛn] ※"争"자가 『한청문감』에서 "졍"[tʂən], "증"[tsɛn] 두 가지로 표기되었는데 "증"은 오기이다.

2) 창모(昌母) [tʂʻ]

『한청문감』에 나타난 『광운』 "창모"의 한자가 모두 41개이다. 그들이 『한청문감』에서 모두 정치음으로 표기되는데 그중 39개가 [tʂʻ]로 표기되고, 2개가 [ʂ]로 표기되었다.

창모가 현대중국어에서 39개가 [tʂʻ]로, 2개가 [ʂ]로 발음된다. 창모의 『한청문감』 발음과 현대어의 발음이 완전히 일치하다. 이는 『한청문감』 시기에 창모의 현대어 발음이 이미 형성되었음을 의미한다. 『한청문감』의 표기는 아래와 같다.

[tʂʻ]: 饡, 昌, 菖, 阎(閻), 娼, 鲳(鯧), 厂(廠), 氅, 倡, 唱, 车(車), 掣, 嗔, 称(稱), 秤, 鸥(鷗), 眵, 尺, 齿(齒), 蚇, 叱, 赤, 冲, 充, 衝, 铳(銃), 醜, 臭, 出, 杵, 处(處), 触(觸), 川, 穿, 舛, 喘, 吹, 春, 蠢

[ʂ]: 沈(瀋)[ʂən], 枢(樞)[ʂu]

3) 서모(書母) [ɕ]

『한청문감』에 나타난 『광운』 "서모"의 한자가 모두 71개이다. 그들이 『한청문감』에서 하나의 글자가 [x]로 표기되고 나머지는 모두 정치음으로 표기되었다. 그중 67개가 [ʂ]로 표기되고, 2개가 [tʂʻ]로 표기되고, 1개가 [tʂ]로 표기되었다.

서모가 현대중국어에서 67개가 [ʂ]로, 2개가 [tʂʻ]로, 1개가 [tʂ]로, 1개가 [ɕ]로 발음된다. 서모의 『한청문감』 발음과 현대어의 발음이 거의 모두 일치하다. 이는 『한청문감』 시기에 서모의 현대어 발음이 이미 형성되었음을 의미한다. 『한청문감』의 표기는 아래와 같다.

[ʂ]: 苫, 搧, 羶, 闪(閃), 扇, 伤(傷), 商, 赏(賞), 烧(燒), 少, 奢, 舍, 捨, 设(設), 赦, 申, 伸, 身, 深, 审(審), 婶(嬸), 鲹, 升, 声(聲), 陞, 圣(聖), 胜(勝), 失, 诗(詩), 施, 屍, 湿(濕), 蓍, 识(識), 矢, 始, 屎, 世, 式, 势(勢), 饰(飾), 试(試), 适(適), 室, 释(釋), 鮨, 收, 手, 守, 首, 狩, 兽(獸), 书(書), 叔, 舒, 输(輸), 黍, 鼠, 戍, 束, 恕, 庶, 水, 税, 瞬, 说(說), 烁(爍)

[tʂʻ]: 翅[tʂʻˋ], 春[tʂʻuŋ]

[tʂ]: 螫[tʂə]

[x]: 饷(餉)[xiaŋ]

4) 선모(船母) [ʤ]

『한청문감』에 나타난 『광운』 "선모"의 한자가 모두 21개이다. 그들이 『한청문감』에서 모두 정치음으로 표기되었다. 그중 18개가 [ʂ]로 표기되고, 3개가 [tʂ']로 표기되었다. 그 가운데의 "脣"자가 [ʂun]과 [tʂ'un] 두 가지로 표기되었는데 당시에 두 개 음이 공존했을 수도 있다.

선모가 현대중국어에서 17개가 [ʂ]로, 4개가 [tʂ']로 발음된다. 선모의 『한청문감』 발음과 현대어의 발음이 완전히 일치하다. 이는 『한청문감』 시기에 서모의 현대어 발음이 이미 형성되었음을 의미한다. 『한청문감』의 표기는 아래와 같다.

  [ʂ]: 舌, 蛇, 射, 麝, 神, 绳(繩), 剩, 实(實), 食, 蚀(蝕), 示, 谥(謚), 秫, 赎(贖), 术(術), 述, 顺(順), 脣
  [tʂ']: 乘[tʂ'əŋ], 船[tʂ'uan], 脣[tʂ'un]

5) 선모(禪母) [z]

『한청문감』에 나타난 『광운』 "선모"의 한자가 모두 77개이다. 『광운』 "선모"는 탁성 성모로 『한청문감』에서 아래와 같이 분류되었다.

첫째, 성조에 따라 순한 소리와 거센 소리로 나뉘었다.

평성(平声) 글자들이 거센 소리로 되고 측성(仄声) 글자들이 순한 소리로 되었다. 『한청문감』에 나타난 『광운』 선모 한자 77개 가운데의 23개(22개의 평성자와 1개의 측성자)가 거센 소리로 되고 54개(48개의 측성자와 6개의 평성자)가 순한 소리로 되었다.

둘째, 혀의 앞뒤 이동에 따라 치두음과 정치음으로 나뉘게 되는데 선모의 글자들은 모두가 정치음으로 되었다. 그 가운데의 52개가 [ʂ]로, 23개가 [tʂ']로, 1개가 [tʂ]로, 1개가 [t]로 표기되었다. 그중 "石"자가 [ʂ ̩]와 [tan] 두 가지 음으로 표기되고, "纯, 蜃" 두 글자가 [ʂun]과 [tʂ'un] 두 가지 음으로 표기되었다.

『한청문감』에 나타난 선모의 한자 77개 중 현대중국어에서 24개가 [tṣ']로, 49개가 [ṣ]로, 1개가 [t]로, 1개가 [ʐ]로 발음된다. 선모의『한청문감』발음과 현대어의 발음이 기본상 일치하다. 이는『한청문감』시기에 선모의 현대어 발음이 이미 형성되었음을 의미한다.『한청문감』의 표기는 아래와 같다.

[tṣ']: 禅(禪), 蝉(蟬), 尝(嘗), 常, 嚐(嚐), 臣, 辰, 宸, 晨, 成, 丞, 诚(誠), 承, 城, 宬, 盛, 匙, 酬, 讐, 垂, 纯(純), 鹑(鶉), 蜃

[ṣ]: 善, 缮(繕), 膳, 蟮, 鳝, 上, 尚, 勺, 芍, 韶, 社, 涉, 折, 肾(腎), 甚, 蜃, 慎, 愼, 盛, 什, 十, 石, 拾, 氏, 市, 侍, 视(視), 是, 嗜, 筮, 誓, 寿(壽), 受, 授, 绶(綬), 淑, 熟, 属(屬), 署, 蜀, 薯, 树, 竖(竪), 豎, 睡, 硕(碩), 纯(純), 时(時), 谁(誰), 殳, 殖, 瑞

[tṣ]: 洙[tṣu]

[t]: 石[tan]

四. 아음(牙音) 대비

1. 견모(見母) [k]

『한청문감』에 나타난『광운』"견모"의 한자가 모두 370개이다. 그들이『한청문감』에서 349개가 [k]로 표기되고, 11개가 [k']로 표기되고 6개가 [x]로 표기되고, 3개가 [tṣ']로 표기되고, 1개가 제로성모로 표기되었다. 이들 가운데의 "嫁, 降, 寄" 세 글자의 성모가 [k], [k'] 두 가지로 되어있다. 견모가『한청문감』에서 [k]로의 표기가『광운』의 표기와 일치하다. 이는『광운』으로부터『한청문감』에 이르기까지 견모의 발음에는 변화가 없었음을 의미한다.

『한청문감』의 견모가 현대중국어에서의 발음을 보면 아래와 같다.

194개가 [tɕ]로, 158개가 [k]로, 9개가 [kʻ]로, 3개가 [tʂ]로, 3개가 [ɕ]로, 1개가 [w]로, 2개가 [tɕʻ]로 발음된다. 이는 견모의 절반 이상인 51.6%가 현대에 이르러 구개음 [tɕ]로 변하였음을 의미하며, 견모의 구개음화가 『한청문감』 이후에 나타났음을 의미한다.

중국학계의 많은 학자들이 견모계열의 구개음화가 정모계열의 구개음화보다 먼저 일어났다고 보고 있다. 그러나 우리는 이에 동의하지 않는다. 이에 대해 이미 앞의 논문 "견정(见精) 두 계열 성모의 구개음화와 첨단음(尖团音)의 특징"에서 상세히 논술하였으므로 여기에서는 더 논하지 않기로 한다. 『한청문감』의 표기는 아래와 같다.

[k]:

① 『한청문감』에서 [k]로 표기되고, 현대중국어에서도 [k]로 된 한자

該(該), 陔, 垓, 改, 丐, 盖(蓋), 槩, 檠, 甘, 肝, 泔, 柑, 竿, 杆, 桿(桿), 敢, 橄, 干, 幹, 乾, 冈(岡), 刚(剛), 纲(綱), 钢(鋼), 高, 羔, 皋, 膏, 篙, 糕, 稿, 告, 诰(誥), 戈, 肐, 哥, 胳, 鸽(鴿), 割, 歌, 挌, 革, 茖, 阁(閣), 格, 隔, 槅, 膈, 葛, 各, 個, 箇, 蛤, 根, 跟, 艮, 茛, 庚, 耕, 羹, 梗, 更, 工, 弓, 公, 功, 攻, 宫(宮), 恭, 蚣, 躬, 拱, 贡(貢), 供, 沟(溝), 钩(鉤), 苟, 狗, 垢, 觳, (羊+古), 估, 孤, 姑, 鸪(鴣), 菰, 菇, 蛄, 辜, 箍, 古, 谷, 股, 骨, 罟, 钴(鈷), 鼓, 榖, 固, 故, 顾(顧), 偏, 鹄(鵠), 瓜, 刮, 騧, 剐(剮), 寡, 卦, 挂, 掛, 罜, 乖, 怪, 恠, 关(關), 观(觀), 官, 棺, 鳏(鰥), 馆(館), 管, 贯(貫), 冠, 惯(慣), 灌, 鹳(鸛), 礶, 罐, 纶(綸), 光, 广(廣), 归(歸), 圭, 龟(龜), 规(規), 瑰, 鬼, 癸, 晷, 簋, 贵(貴), 桂, (车+㚜), 滚(滾), 郭, 啯, 聒, 锅(鍋), 蝈(蟈), 国(國), 果, 菓, 椰, 裹, 过(過), 矿(礦)

② 『한청문감』에서 [k]로 표기되고, 현대중국어에서 [tɕ]로 발음되는 한자

给(給), 讥(譏), 击(擊), 叽(嘰), 饥(饑), 玑(璣), 机(機), 矶(磯), 鸡(鷄), 箕, 稽,

激, 羈(羈), 雞, 饑, 吉, 级(級), 急, 棘, 几, 己, 虮(蟣), 戟, 幾, 麂, 计(計),
记(記), 纪(紀), 季, 既, 继(繼), 寄, 髻, 骥(驥), 其, 奇, 加, 枷, 痂, 家, 枷,
笳, 傢, 袷(袷), 嘉, 夾(夾), 荚(莢), 甲, 假, 价(價), 驾(駕), 架, 嫁, 奸, 坚(堅),
间(間), 肩, 艰(艱), 监(監), 鹣, 拣(揀), 茧(繭), 捡(撿), 检(檢), 减(減), 简(簡),
塞, 鹼, 见(見), 建, 剑(劍), 涧(澗), 谏(諫), 劍, 韄, 鐧, 鑑, 江, 豇, 僵, 薑,
殭, 礓, 疆, 韁, 讲(講), 腌, 降, 绛(絳), 交, 郊, 浇(澆), 娇(嬌), 骄(驕), 蛟,
膠, 角, 狡, 饺(餃), 绞(絞), 脚(腳), 搅(攪), 叫, 觉(覺), 较(較), 教, 窖, 酵, 鷍,
校, 侥(僥), 阶(階), 揭, 街, 稭, 劫, 拮, 结(結), 潔, 鲜, 解, 介, 戒, 芥, 界,
疥, 诫(誡), 桔, 巾, 斤, 今, 矜, 筋, 襟, 荮(莇), 紧(緊), 锦(錦), 谨(謹),
槿, 禁, 京, 经(經), 荆(荊), 惊(驚), 粳, 兢, 颈(頸), 景, 警, 徑(徑), 竞, 敬,
獍, 镜(鏡), 鸠(鳩), 究, 九, 久, 灸, 韭, 救, 车(車), 拘, 居, 驹(駒), 锔(鋦),
鞠, 菊, 橘, 矩, 举(舉), 句, 锯(鋸), 據(據), 鹃(鵑), 卷, 捲, 绢(絹), 撅, 决(決),
駃, 蕨, 愿, 镢(鐝), 蹶, 军(軍), 均, 君, 麏, 匀(勻)

※ "(羊+古)"자가 『한어대자전(汉语大字典)』에 글자만 있고 반절표음이 없
   으나 "同羖(音gǔ)"라고 하였기에 "羖"의 음을 따라 견모에 넣었다.

[kʻ]: 寄, 柯, 颏(頦), 浍(澮), 脍(膾), 愦(憒), 愧, 崑, 畎, 嫁, 降

[x]: 鹮(xun), 枭(梟)(xiao), 骁(驍)(xiao), 懈(xiai), 港(xiaŋ), 鹘(鶻)(xu)

[tʂ']: 吃[tʂʻʅ], 喫[tʂʻʅ], 串[tʂʻuan]

[ø]: (蜗)[o]

2. 계모(溪母) [kʻ]

『한청문감』에 나타난 『광운』 "계모"의 한자가 모두 143개이다. 그들이 『한
청문감』에서 133개가 [kʻ]로 표기되고, 7개가 [k]로 표기되고 2개가 [x]로
표기되고, 1개가 [ɕ]로 표기되었다. 이는 계모의 대다수가 『한청문감』에서
[kʻ]로 발음되었고, 『광운』의 표기와 일치함을 말해준다. 그러니 『광운』으로

부터 『한청문감』에 이르기까지 계모의 발음에는 큰 변화가 없었다.

　『한청문감』의 계모글자가 현대중국어에서 57개가 [tɕʻ]로, 76개가 [kʻ]로, 4개가 [k]로, 3개가 [tɕʻ]로, 3개가 [ɕ]로 발음된다. 이는 계모의 구개음화가 『한청문감』 이후에 나타났음을 의미한다. 『한청문감』의 표기는 아래와 같다.

　　[kʻ]:

　　① 『한청문감』에서 [kʻ]로 표기되고, 현대중국어에서도 [kʻ]로 된 한자

　　　喀, 开(開), 凯(凱), 慨, 楷, 勘, 龛(龕), 堪, 坎, 看, 康, 慷, 糠, 亢, 抗, 炕, 考, 靠, 科, 稞, 磕, 蝌, 壳(殼), 可, 渴, 刻, 客, 课(課), 匼, 肯, 垦(墾), 恳(懇), 坑, 空, 涳, 孔, 恐, 扤, 口, 叩, 扣, 寇, 箜, (骨+出), 刳, 枯, 哭, 窟, 苦, 库(庫), 袴, 酷, 夸(誇), 侉, 胯, 跨, 块(塊), 快, 宽(寬), 款, 筐, 纩(纊), 溪, 旷(曠), 框, 眶, 亏(虧), 盔, 窥(窺), 奎, 坤, 髡, 捆, 綑, 困, 澜

　　② 『한청문감』에서 [kʻ]로 표기되고, 현대중국어에서 [tɕʻ]로 발음되는 한자

　　　欺, 崎, 乞, 岂(豈), 杞, 起, 啓, 气(氣), 契, 弃, 器, 磎, 搯, 恰, 恰, 牵(牽), 谦(謙), 愆, 遣, 欠, 纤(縴), 嗛, 慊, 腔, 蜣, 敲, 橇, 蹻, 巧, 窍(竅), 撬, 慊, 怯, 挈, 钦(欽), 轻(輕), 倾(傾), 卿, 顷(頃), 黥, 庆(慶), 磬, 穹, 丘, 邱, 岖(嶇), 驱(驅), 屈, 敺, 麯, 曲, 去, 圈, 犬, 劝(勸), 券, 缺

　　[k]: 坩, 槁, 橐, 跪, 跤, 诘(詰), 蛄

　　[x]: 瀫[xi], 隙[xi]

　　[ɕ]: 隙[ɕi]

3. 군모(群母) [g]

　『한청문감』에 나타난 『광운』 "군모"의 한자가 모두 94개이다. 『광운』 "군모"는 탁성 성모로 『한청문감』에서 성조에 따라 아래와 같이 분류되었다. 대부분 평성글자와 소부분 측성글자 53개가 거센 소리 [kʻ]로 되고 대부분

측성글자와 소부분 평성글자 41개가 순한 소리 [k]로 되었다. 이는 『광운』의 군모 [g]가 『한청문감』에 이르러 [kʻ], [k]로 분화되었음을 말해준다. 군모에 속한 글자들 가운데의 "距, 拳, 骑" 세 글자의 성모가 [k], [kʻ] 두 가지로 표기되었다. 군모의 글자들도 견모나 계모의 글자들과 마찬가지로 하나도 구개음으로 변하지 않았다.

　『한청문감』의 군모가 현대중국어에 이르러 48개가 [tɕʻ]로, 38개가 [tɕ]로, 5개가 [kʻ]로, 3개가 [k]로 발음된다. 그러니 군모의 81.4%가 현대에 이르러 구개음 [tɕ], [tɕʻ]로 변하였다. 이는 또한 군모의 구개음화 역시 『한청문감』 이후에 나타난 어음변화임을 의미한다. 『한청문감』의 표기는 아래와 같다.

[kʻ]:

① 『한청문감』에서 [kʻ]로 표기되고, 현대중국어에서도 [kʻ]로 발음되는 한자

　　诓(誆), 狂, 揆, 葵, 夔

② 『한청문감』에서 [kʻ]로 표기되고, 현대중국어에서 [tɕʻ]로 변한 한자

　　芡, 期, 祁, 其, 奇, 祈, 祇, 骐(騏), 骑(騎), 琪, 棋, 碁, 旗, 麒, 钤(鈐), 钳(鉗), 乾, 强(強), 乔(喬), 荞(蕎), 桥(橋), 翘(翹), 茄, 芹, 琴, 禽, 勤, 檎, 擎, 穷(窮), 琼(瓊), 求, 虬(虯), 逑, 球, 毬, 渠, 磲, 权(權), 拳, 颧(顴), 痫, 裙, 羣, 群, 距, 痙(痙), 倔

[k]:

① 『한청문감』에서 [k]로 표기되고, 현대중국어에서도 [k]로 발음되는 한자

　　共, 拐, 柜(櫃)

② 『한청문감』에서 [k]로 표기되고, 현대중국어에서 [tɕ]로 변한 한자

　　屐, 畿, 及, 极(極), 伎, 技, 忌, 妓, 悸, 俭(儉), 件, 健, 轿(轎), 碣, 竭, 仅(僅), 近, 妗, 噤, 窘, 旧(舊), 臼, 咎, 舅, 局, 巨, 拒, 苣, 具, 距, 惧(懼), 飓(颶), 倦, 掘, 橛, 郡, 骑(騎), 拳

4. 의모(疑母) [ŋ]

『한청문감』에 나타난『광운』"의모"의 한자가 모두 114개이다. 그들이『한청문감』에서 97개가 제로성모 [ø]로 표기되고, 10개가 [n]로 표기되고, 4개가 [w]로 표기되고, 2개가 [x]로 표기되고, 1개가 [t]로 표기되었다. 이는 의모의 대다수가『한청문감』에서 제로성모 [ø]로 발음되었음을 말해준다.

『한청문감』의 의모글자가 현대중국어에서 82개가 [ø]로, 19개가 [w]로, 10개가 [n]로, 1개가 [t]로, 1개가 [x]로, 1개가 [ɕ]로 발음된다. 이는 현대에 이르러 반모음 [w]가 증가됨을 의미한다.『한청문감』의 표기는 아래와 같다.

[ø](제로성모):

① 현대중국어에서 제로성모 [ø]로 발음된 의모

艾, 碍(礙), 岸, 豻, 昂, 敖, 獒, 熬, 鳌(鰲), 傲, 讹(訛), 囮, 俄, 鹅(鵝), 蛾, 额(額), 饿(餓), 噩, 哦, 偶, 藕

② 현대중국어에서 [j]로 발음된 의모

牙, 芽, 厓, 崖, 涯, 衙, 雅, 讶(訝), 砑, 呀, 严(嚴), 言, 研, 颜(顔), 巖, 眼, 砚(硯), 验(驗), 酽(釅), 鴈, 仰, 咬, 畩, 业(業), 仪(儀), 宜, 疑, 蚁(蟻), 义(義), 艺(藝), 议(議), 呓(囈), 劓, 吟, 银(銀), 迎, 硬, 鱼(魚), 渔(漁), 隅, 虞, 愚, 语(語), 敔, 玉, 狱(獄), 遇, 御, 瑀, 禦, 元, 原, 鼋(黿), 源, 愿, 願, 乐(樂), 月, 刖, 岳, 嶽

③ 현대중국어에서 [w]로 발음된 의모

危, 桅, 我, 卧(臥), 吾, 梧, 蜈, 五, 午, 伍, 仵, 杌, 误(誤), 悟, 愕

[n]: 霓, 麑, 拟(擬), 逆, 臬, 孽, 凝, 牛, 疟(瘧), 虐

[w]: 瓦, 外, 玩, 顽(頑)

[x]: 哈, 豴

[t]: 猷[tai]

五. 후음(喉音) 대비

一) 효조(曉組) 대비

1. 효모(曉母) [x]

『한청문감』에 나타난 『광운』 "효모"의 한자가 모두 117개이다. 그들이 『한청문감』에서 109개가 [x]로 표기되고, 4개가 [ɕ]로 표기되고, 3개가 [kʻ]로 표기되고, 1개가 [k]로 표기되었다. 이는 『광운』 효모의 대다수가 『한청문감』에서도 의연히 [x]로 발음되었기에 오랫동안 큰 변화가 없었으며 극소수(4개)의 글자 외의 절대다수가 구개음으로 변하지 않았음을 말해준다. 그리고 효모의 4개(0.7%) 글자가 [ɕ]로 구개음화된 사실은 후아음(喉牙音)의 구개음화가 후음으로부터 시작되었음을 의미한다.

현대중국어에서 효모의 58개가 [ɕ]로, 55개가 [x]로, 3개가 [kʻ]로, 1개가 [k]로 발음된다. 이는 효모의 『한청문감』 발음과 현대어 발음이 일치하지 않음을 말해준다. 『한청문감』 이후 효모의 가장 큰 변화는 구개음화이다. 우리가 보건대 후음의 구개음화는 18세기 후기에 시작되어 19세기 말에는 기본상 끝났다고 인정된다. 왜냐하면 19세기 말의 한국문헌 『화어유초』에서 후음 효모와 갑모(匣母) 글자의 거의 모두가 구개음으로 변하였기 때문이다. 『한청문감』의 표기는 아래와 같다.

[x]:

① 『한청문감』에서 [x]로 표기되고, 현대중국어에서도 [x]로 발음되는 한자
哈, 海, 醢, 憨, 罕, 喊, 汉(漢), 蒿, 好, 耗, 喝, 黑, 亨, 哼, 轰(轟), 烘, 薨,
哄, 吼, 犼, 呼, 忽, 惚, 戏(戲), 虎, 琥, 花, 華, 华(華), 譁(譁), 化, 劃, 獲,
歡, 貛, 唤(喚), 荒, 慌, 怳, 恍, 灰, 挥(揮), 辉(輝), 麾, 悔, 毁, 讳(諱), 贿(賄),

晦, 昏, 葷(葷), 惛, 豁, 火, 货(貨)

②『한청문감』에서 [x]로 표기되고, 현대중국어에서 [ɕ]로 발음되는 한자

吸, 希, 恓(犧), 稀, 嘻, 喜, 戏(戲), 戯, 虾(蝦), 瞎, 唬, 吓(嚇), 枕, 显(顯),
险(險), 宪(憲), 献(獻), 乡(鄉), 香, 享, 响(響), 向, 嚮, 晓(曉), 孝, 哮, 歇, 脇,
兴(興), 凶, 兄, 兇, 休, 朽, 臭, 嗅, 虚(虛), 虗, 驢, 许(許), 冔, 蓄, 靴, 血,
谑(謔), 熏, 勲, 勳, 壎, 薰, 燻, 训(訓), 鍏, 轩(軒)

[ɕ]: 轩(軒)[ɕiuan], 萱[ɕiuan], 喧[ɕiuan], 楦[ɕiuan]

[kʻ]: 扛[kʻaŋ], 蔻[kʻəu], 况(況)[kʻuaŋ]

[k]: 毂(轂)[ku]

2. 갑모(匣母) [ɣ]

『한청문감』에 나타난『광운』 "갑모"의 한자가 모두 190개이다. 그들이『한청문감』에서 176개가 [x]로 표기되고, 5개가 [k]로 표기되고, 4개가 [kʻ]로 표기되고, 2개가 [ɕ]로 표기되고, 2개가 [ø]로 표기되고, 1개가 [w]로 표기되었다. 이는『광운』갑모의 절대다수가 [ɣ]→[x]로의 변화가 이루어졌음을 의미한다.『한청문감』에서 2개의 글자가 [ɕ]로 표기되었는데 이는 [x]→[ɕ]의 구개음화가 이루어지었음을 설명한다. 이는 또한『한청문감』시기에 근대중국어 후아음의 구개음화가 후음으로부터 일어나기 시작하였음을 증명한다.

현대중국어에서 갑모의 123개가 [x]로, 55개가 [ɕ]로, 3개가 [tɕ]로, 4개가 [ø]로, 2개가 [tɕʻ]로, 1개가 [k]로, 1개가 [kʻ]로, 1개가 [w]로 발음된다. 이는 갑모의 28%가 현대중국어에서 구개음 [ɕ]로 변하였음을 말해준다. 갑모의『한청문감』발음과 현대어 발음이 불일치는 주로 구개음화에서 나타난다. 19세기 말의 한국문헌『화어유초』에서 갑모의 대다수가 구개음 [ɕ]로 되었다. 이는 갑모의 구개음화가 19세기 말에 기본상 완수되었음을 말해준다.『한청문감』의 표기는 아래와 같다.

[x]:

① 『한청문감』에서 [x]로 표기되고, 현대중국어에서도 [x]로 발음되는 한자

蛤, 孩, 亥, 害, 頏(頏), 咳, 含, 涵, 寒, 汗, 旱, 釺, 翰, 瀚, 行, 杭, 毫, 豪, 号(號), 合, 何, 和, 河, 荷, 核, 盒, 鶚(鶚), 褐, 鹤(鶴), 貉, 痕, 很, 恨, 恆(恆), 珩, 横(橫), 衡, 红(紅), 宏, 虹, 鸿(鴻), 侯, 喉, 猴, 睺, 瘊, 后, 厚, 後, 候, 鹘(鶻), 乎, 狐, 胡, 鬍, 壶(壺), 斛, 葫, 湖, 瑚, 鹕(鶘), 槲, 糊, 鰗, 户(戶), 护(護), 瓠, 扈, 划, 铧(鏵), 猾, 滑, 画(畫), 话(話), 桦(樺), 劃, 怀(懷), 淮, 槐, 踝, 坏(壞), 还(還), 环(環), 锾(鍰), 圜, 镮(鐶), 缓(緩), 宦, 换(換), 患, 皇, 黄(黃), 凰, 惶, 锽(鍠), 蝗, 磺, 簧, 鳇(鰉), 晃, 幌, 滉, 榥, 回, 廻, 茴, 迴, 蛔, 会(會), 绘(繪), 惠, 慧, 蕙, 浑(渾), 馄(餛), 混, 魂, 活, 夥, 或, 获(獲), 祸(禍), 惑

② 『한청문감』에서 [x]로 표기되고, 현대중국어에서 [ɕ]로 발음되는 한자

繋, 系, 鰕, 匣, 狭(狹), 祫, 暇, 辖(轄), 螖, 霞, 騢, 下, 夏, 闲(閑), 贤(賢), 弦, 咸, 衔(銜), 舷, 絃, 閒, 啣, 鹇(鷳), 嫌, 醎, 苋(莧), 县(縣), 现(現), 限, 陷, 降, 项(項), 校, 效, 殽, 解, 协(協), 鞋, 械, 獬, 蟹, 行, 刑, 形, 铏(鉶), 杏, 幸, 荇, 倖, 熊, 玄, 穴, 学(學)

[k]: 缸[kaŋ], 茎(莖)[kiŋ], 胫(脛)[kəŋ], 迥[kiuŋ], (糸+黃)[kuaŋ]

[k‘]: 苛[k‘ə], 畦[k‘i], 槛(檻)[k‘ian], (扌+敷)[k‘iao]

[ø](零声母): 爻[iao], 萤(螢)[iŋ]

[ɕ]: 悬(懸)[ɕiuan], 眩[ɕiuan]

[w]: 完[wan]

二) 영조(影組) 대비

1. 영모(影母) [ø]

『한청문감』에 나타난 『광운』 "영모"의 한자가 모두 156개이다. 그들이 『한

청문감』에서 138개가 [ø]로 표기되고, 14개가 [w]로 표기되고 3개가 [x]로 표기되고, 1개가 [n]로 표기되었다. 그 가운데의 "蔫"자가 [ian], [nian] 두 가지 소리로 발음되었다. 상술한 상항은『광운』엉모의 절대다수가『한청문감』까지 [ø]음을 유지하였음을 설명한다.

현대중국어에서 영모의 115개가 [ø]로, 37개가 [w]로, 2개가 [n]로, 2개가 [x]로 발음된다. 이는 영모의 절대다수가『광운』으로부터 현대에 이르기까지 [ø]로 발음되었음을 의미한다.『한청문감』의 표기는 아래와 같다.

[ø]:

(1) 현대중국어에서 [ø]로 시작된 한자

① 현대중국어에서 [a]로 시작된 한자

蔫, 阿, 哀, 埃, 挨, 矮, 靄(藹), 爱(愛), 隘, 安, 鞍, 按, 案, 暗, 凹, 鏖, 袄(襖), 奥(奧), 懊

② 현대중국어에서 [ə]로 시작된 한자

阿, 厄, 扼。恶(惡), 阏(閼), 恩

③ 현대중국어에서 [o]로 시작된 한자

讴(謳), 瓯(甌), 殴(毆), 熰, 呕(嘔)

(2) 현대중국어에서 [j]로 시작된 한자

丫, 压(壓), 押, 鸦(鴉), 桠(椏), 鸭(鴨), 哑(啞), 轧(軋), 咽, 胭, 烟(煙), 淹, 偃, 魇(魘), 鷃, 厌(厭), 宴, 餍(饜), 燕, 嘛, 央, 殃, 鸯(鴦), 秧, 吆, 妖, 腰, 要, 勒, 约(約), 噎, 犄, 一, 伊, 衣, 医(醫), 依, 揖, 乙, 倚, 椅, 亿(億), 益, 意, 瞳, 翳, 窨, 因, 阴(陰), 茵, 荫(蔭), 音, 饮(飮), 隐(隱), 瘾(癮), 印, 瘩, 英, 罂(罌), 缨(纓), 璎(瓔), 樱(櫻), 鹦(鸚), 鹰(鷹), 影, 瘿(癭), 应(應), 映, 拥(擁), 痈(癰), 雍, 壅, 优(優), 幽, 憂, 於, 淤, 瘀, 妪(嫗), 欝, 冤, 渊(淵), 怨, 哕(噦), 熨

(3) 현대중국어에서 [w]로 시작된 한자

威, 隈, 煨, 委, 猥, 畏, 尉, 慰, 温(溫), 榲, 瘟, 稳(穩), 翁, 甕, 莴(萵), 倭,

恶(惡), 乌(烏), 污, 呜(嗚), 屋, 於, 汙

[w]: 凹, 窑, 洼, 搲, 窪, 弯(彎), 剜, 湾(灣), 豌, 盌, 椀, 碗, 汪, 枉

[x]: 秽(穢)[xui], 蠖[xu], 朽[hu]

[n]: 蔫[nian]

2. 운모(雲母) [ø]

『한청문감』에 나타난 『광운』 "운모"의 한자가 모두 51개이다. 그들이 『한청문감』에서 44개가 [ø]로 표기되고, 3개가 [w]로 표기되고 2개가 [x]로 표기되고, 1개가 [k]로 표기되고, 1개가 [ʐ]로 표기되었다. 이는 『광운』 운모의 대다수가 『한청문감』까지 [ø]음을 유지하였음을 설명한다.

현대중국어에서 운모의 34개가 [ø]로, 14개가 [w]로, 2개가 [x]로, 1개가 [ʐ]로 발음된다. 이는 운모의 대다수가 『광운』으로부터 현대에 이르기까지 [ø]로 발음되었음을 의미한다. 『한청문감』의 표기는 아래와 같다.

[ø]:

① 현대중국어에서 [j]로 시작된 한자

炎, 友, 有, 又, 右, 佑, 宥, 迂, 于, 盂, 雩, 宇, 羽, 雨, 芋, 园(園), 员(員), 圆(圓), 援, 猿, 辕(轅), 远(遠), 院, 钺(鉞), 越, 晕(暈), 云(雲), 芸, 耘, 蒠, 陨(隕), 运(運), 韵(韻)

② 현대중국어에서 [w]로 시작된 한자

为(爲), 违(違), 围(圍), 帏(幃), 帷, 苇(葦), 纬(緯), 卫(衛), 位, 胃, 蝟

[w]: 王, 往, 旺

[x]: 鸮(鴞)[xiao], 雄[xiuŋ]

[k]: 夔[kiui]

[ʐ]: 荣(榮)[ʐiuŋ]

3. 이모(以母) [j]

『한청문감』에 나타난『광운』"이모"의 한자가 모두 125개이다. 그들이『한청문감』에서 117개가 [ø]로 표기되고, 5개가 [ẓ]로 표기되고, 1개가 [s]로 표기되고 1개가 [k']로 표기되고, 1개가 [k]로 표기되었다. 그 가운데의 "蓉", "融" 두 글자가 [ẓiuŋ], [iuŋ] 두 가지로 표기되고, "叶(葉)"자가 [iə], [i] 두 가지로 표기되었다. 이는『광운』이모의 대다수가『한청문감』까지 사이에 [j]→[ø]의 변화를 가져왔음을 설명한다.

현대중국어에서 이모의 114개가 [ø]로, 8개가 [ẓ]로, 1개가 [w]로, 1개가 [s]로, 1개가 [tɕ']로 발음된다. 이는 이모의 대다수가『한청문감』으로부터 현대에 이르기까지 [ø]로 발음되었고『한청문감』시기에 이모의 현대어발음이 이미 형성되었음을 의미한다.『한청문감』의 표기는 아래와 같다.

[ø]:
① 현대중국어에서 [j]로 시작된 한자
蓉, 镕(鎔), 融, 涎, 延, 沿, 盐(鹽), 阎(閻), 筵, 簷, 艳(艷), 欻, 扬(揚), 羊, 阳(陽), 杨(楊), 旸(暘), 佯, 洋, 颺, 养(養), 痒(癢), 样(樣), 漾, 窑(窯), 谣(謠), 摇(搖), 遥, 瑶, 舀, 药(藥), 鹞(鷂), 耀, 鑰, 射, 掖, 椰, 野, 叶(葉), 頁, 夜, 液, 夷, 姨, 栮, 胰, 移, 遗(遺), 彝, 已, 以, 役, 译(譯), 易, 驿(驛), 疫, 貤, 異, 逸, 溢, 斁, 镒(鎰), 翼, 淫, 寅, 霪, 尹, 引, 盈, 营(營), 蝇(蠅), 颖(穎), 庸, 甬, 勇, 涌, 踊, 用, 悠, 由, 犹(猶), 油, 遊, 游, 酉, 莠, 柚, 诱(誘), 釉, 余, 臾, 逾, 榆, 舆(輿), 餘, 踰, 與, 育, 浴, 预(預), 欲, 谕(諭), 鹆(鵒), 裕, 愈, 豫, 鹬(鷸), 鸢(鳶), 缘(緣), 橼(櫞), 阅(閱), 悦(悅), 跃(躍), 禴, 匀(勻), 允
② 현대중국어에서 [w]로 시작된 한자
惟

[ẓ]: 容[ẓiuŋ], 蓉[ẓiuŋ], 融[ẓiuŋ], 锐(銳)[ẓiui], 睿[ẓiui]

[kʻ]: 铅(鉛)[kʻian]

[k]: 捐[kiuan]

[s]: 颂(頌)[suŋ]

六. 반설음(半舌音) 대비

래모(來母) [l]

『한청문감』에 나타난 『광운』 "래모"의 한자가 모두 276개이다. 그들이 『한청문감』에서 274개가 [l]로 표기되고, 2개가 [n]로 표기되었다. 그 가운데 의 "累"자가 [ləi], [lui] 두 가지로 표기되었다. 이는 『광운』 래모의 거의 모두 가 『한청문감』까지 [l] 발음을 유지해왔음을 설명한다.

현대중국어에서 래모의 274개가 [l]로, 2개가 [n]로 발음된다. 이는 래모의 『광운』 발음이 『한청문감』 시기 및 현대에 이르기까지 변하지 않았음을 의 미한다. 『한청문감』의 표기는 아래와 같다.

[l]: 硌, (犭+靈), 拉, 邋, 剌, 喇, 腊(臘), 蜡(蠟), 蜊, 来(來), 徕(徠), 騋, 赖(賴), 癞(癩), 兰(蘭), 拦(攔), 栏(欄), 婪, 蓝(藍), 襤(襤), 篮(籃), 灡, 览(覽), 揽(攬), 缆(纜), 榄(欖), 懒(懶), 烂(爛), 滥(濫), 郎, 狼, 廊, 瑯, 榔, 螂, 朗, 浪, 捞(撈), 劳(勞), 窂, 老, 栳, 唠(嘮), 烙, 络, 涝(澇), 酪, 乐(樂), 勒, 了, 雷, 縲, 诔(誄), 垒(壘), 蠡, 鸓, 肋, 泪(淚), 类(類), 累, 楞, 冷, 狸, 离, 骊(驪), 梨, 犁, 鹂(鸝), 蜊, 璃, 狸, 黎, 罹, 釐, 藜, 離, 蠡, 籬, 礼(禮), 李, 里, 娌, 理, 裡, 裏, 鲤(鯉), 力, 历(歷), 厉(厲), 立, 吏, 苈(藶), 丽(麗), 利, 沥(瀝), 例, 戾, 隶(隸), 荔, 栎(櫟), 栗, 笠, 粒, 痢, 綟, 癘, 连(連), 莲(蓮), 联(聯), 廉, 憐(憐), 臁, 镰(鐮), 簾, 琏(璉), 脸(臉), 敛(斂), 练(練), 恋(戀), 殓(殮), 健, 楝, 煉(煉), 良, 凉, 梁,

粮, 粱, 糧, 两(兩), 亮, 谅(諒), 量, 踉, 聊, 撩, 獠, 潦, 缭(繚), 燎, 鹩(鷯),
蟟, 蓼, 料, 瞭, 镣(鐐), 咧, 列, 劣, 烈, 猎(獵), 裂, 爉, 邻(鄰), 林, 临(臨),
淋, 獜, 鳞(鱗), 驎, 麟, 廪(廩), 檩(檁), 吝, 伶, 灵(靈), 泠, 玲, 铃(鈴), 鸰(鴒),
凌, 陵, 聆, 菱, 蛉, 翎, 绫(綾), 零, 櫺, 领(領), 嶺(嶺), 令, 溜, 留, 流, 琉,
旒, 骝(騮), 瑠, 榴, 柳, 绺(綹), 六, 遛, 鹨(鷚), 龙(龍), 珑(瓏), 胧(朧), 聋(聾),
笼(籠), 隆, 窿, 陇(隴), 垄(壟), 拢(攏), 垄(壟), 娄(婁), 偻(僂), 楼(樓), 耧(耬),
搂(摟), 篓(簍), 漏, 卢(盧), 芦(蘆), 栌(櫨), 轳(轤), 胪(臚), 鸬(鸕), 颅(顱), 鑪
(爐), 掳(擄), 卤(鹵), 鲁(魯), 橹(櫓), 陆(陸), 录(錄), 辂(輅), 菉, 鹿, 禄(祿),
碌, 路, 潞, 鹭(鷺), 露, 栾(欒), 挛(攣), 鸾(鸞), 銮(鑾), 乱(亂), 掠, 伦(倫), 纶
(綸), 轮(輪), 论(論), 啰(囉), 罗(羅), 萝(蘿), 逻(邏), 锣(鑼), 箩(籮), 骡(騾),
螺, 儸, 瘰, 络(絡), 络(絡), 骆(駱), 珞, 落, 驴(驢), 桐(櫚), 吕(呂), 侣(侶), 屦
(屨), 缕(縷), 褛(褸), 履, 律, 虑(慮), 绿(綠), 略, 弄

[n]: 硇[nao], 辇(輦)[nian]

七. 반치음(半齒音) 대비

일모(日母) [ŋʑ]

『한청문감』에 나타난『광운』 "일모"의 한자가 모두 58개이다. 그들이『한
청문감』에서 47개가 [z]로 표기되고, 10개가 [ø]로 표기되고, 1개가 [n]로
표기되었다.『광운』 일모가『중원음운』에서 [z]로 변하였다. 그 후 지섭(止
攝)의 일모가 [ø]로 변하고 나머지는 [z] 음을 유지하였다. 이는『광운』 일모
가『한청문감』에 이르는 사이에 [nʑ]→[z]의 변화와 [nʑ]→[z]→[ø] 두 가지
변화가 일어났음을 설명한다.

현대중국어에서 일모의 47개가 [z]로, 10개가 [ø]로, 1개가 [n]로 발음된

다. 이는 일모의 『한청문감』 발음과 현대의 발음이 완전히 일치함을 의미한다. 그러니 『한청문감』에서 일모의 현대 발음이 형성된 것이다. 『한청문감』의 표기는 아래와 같다.

[z]: 然, 染, 穰, 甂, 壤, 让(讓), 扰(擾), 绕(繞), 遶, 惹, 热(熱), 人, 壬, 仁, 稔, 刃, 认(認), 仞, 任, 日, (毛+集), 戎, 茸, 绒(絨), 冗, 酕, 柔, 揉, 肉, 如, 儒, 嬬, 駑, 乳, 辱, 入, 蓐, 褥, 软(軟), 輭, 蕤, 蘂, 闰(閏), 润(潤), 若, 弱, 箬

[ø]: 而, 儿(兒), 尔(爾), 耳, 饵(餌), 洱, 珥, 二, 刵, 贰(貳)

[n]: 嬬[no]

※ 『광운』, 『집운』의 발음 표기가 없는 한자 187개

ān 鹌(鵪) (418 하 안) 〔『龍龕手鑒』烏含切〕

āng 腌 (237 하 앙)

áo 廒 (267 상 왇) 〔『字彙』五牢切〕

bān 搬 (131 상 반) 〔『字彙』音般〕

bǎng 绑(綁) (68 하 방) 〔『字彙』音榜〕

bēn 锛(錛) (360 상 븐) 〔『餘文』博昆切〕

bīn 槟(檳) (391 하 빈)

cā 擦 (422 상 차) 〔『字彙』初戞切〕

cǎi 睬 (225 상 채) 〔『字彙補』此宰切〕

cǎi 踩 (200 상 채)

cāng 舱(艙) (368 상 창)

chà 岔 (149 상 챠) 〔『字彙補』丑亞切〕

chà 紁 (330 상 챠) 〔『玉篇』初訝切〕

chǎn 剷 (334 하 챤) 〔『洪武正韻』楚簡切, 上產〕

chě 扯 (190 하 처) 〔『正字通』昌者切〕

chì 鶒 (417 상 치º) 〔『篇海類編』昌石切〕

chǒu 瞅 (208 상 쳐)

chuài 踹 (117 하 채)

chuǎng 闯(闖) (110 하 챵) 〔『説文長箋』初亮切〕

chuí 搥 (66 하 취) 〔『字彙』直追切〕

chuō 戳 (315 하 쵸) 〔『篇海』側角切〕

cōng 匆 (206 하 중)

da 疸 (222 하 다)

dāi 呆 (171 상 대)

dàn 蛋 (430 하 단) 〔『字彙補』徒歎切〕

dāo 叨 (192 상 돠)

dǎo 搗(搗) (66 하 돠) 〔『古今韻會舉要』睹老切, 上皓〕

děng 戥 (414 하 등)

dí (髟+狄)(上下结构) (338 상 디)

diān 掂 (301 하 댠) 〔『字彙』丁廉切〕

diàn 癜 (152 하 댠) 〔『正字通』都見切〕

diào (糸+弔) (340 상 됴) 〔『字彙補』得叫切〕

dié 碟 dié (344 하 대)

diū 丟(丟) (214 하 뒤) 〔『俗字背篇』丁羞切〕

dǒng 懂 (163 상 둥) 〔『古今韻會舉要』睹動切〕

dòu 痘 (220 하 두) 〔『字彙』大透切〕

dū 嘟 (188 하 두) 〔『龍龕手鑑』音都〕

duàn 煅(煆) (359 상 돤) 〔『字彙』都玩切〕

duǒ 躲 (214 상 도) 〔『字彙』丁可切〕

fà 珐(琺) (313 상 바)

fú 袱 (341 하 부) 〔『字彙』房六切〕

gá 噶 (42 하 가)

gǎn 赶 (303 상 간) 〔『正字通』古覽切〕

gǎn 趕 (119 상 간) 〔『字彙』古旱切〕

gē 疙 (215 하 거)

gē 搁(擱) (173 하 거)

gōu 勾 (117 상 구) 〔『篇海』古侯切〕

gū 咕 (412 하 구)

gu(舟+古) (367 상 구) (『한어대자전』에 글자가 있으나 발음 표기가 없음.)

guà 褂 (328 하 과)

gùn 棍 (348 상 군) 〔『正字通』古困切〕

hāng 夯 (300 상 항) 〔『字彙』呼朗切〕

háo 貉 (433 하 환)

hěn 狠 (190 하 흔) 〔『篇海類編』下墾切〕

hú 囫 (355 상 후) 〔『字彙』戶骨切〕

hú 蝴 (449 상 후) 〔『正字通』洪吾切〕

huǎng 谎(謊) (121 하 황) 〔『龍龕手鑑』呼光反〕

huǒ 伙 (284 하 호)

jiàn (車+間) (370 상 걘) 〔『龍龕手鑑』古晏反〕

jiàn 毽 (261 상 걘) 〔『字彙補』經電切〕

jiǎn 鐗 (361 상 걘) 〔『字彙』古斬切〕

jiàng 糨 (240 하 걍) 〔『篇海』其亮切〕

jīn 劤 (89 하 긴) 〔『龍龕手鑒』音斤〕

jǐn 尽(儘) (159 상 진) 〔『字彙』子忍切〕

jìn 劲(勁) (251 상 긴)

jiū 揪 (67 상 쥐) 〔『字彙』即尤切〕

jú 鵙 (418 상 귀) 〔『龍龕手鑒』古覓切〕

kǎ 卡 (382 하 카)

kǎn 砍 (359 하 칸) 〔『篇海』苦感切〕

kǎn 檻(檻) (287 상 캰)

kǎo 烤 (317 상 캬)

kè 騍(騍) (432 하 코) 〔『正字通』苦臥切〕

kè 錁(錁) (312 상 코)

kè 錁(錁) (86 하 커)

kěn 啃 (439 상 큰)

kèn 掯 (212 상 큰)

kù 褲(褲) (330 상 쿠)

là 辣 (387 상 라) 〔『篇海類编』郎達切〕

lèi 擂 (311 상 뤼) 〔『古今韻會舉要』盧對切, 去隊〕

lì 俐 (144 상 레) 〔『龍龕手鑒』音利〕

lì 莉 (410 상 레) 〔『字彙』鄰溪切〕

lì 猁 (426 하 레)

lì 璃 (313 상 레) 〔『玉篇』力堤切〕

liáng 樑 (347 하 량) 〔『字彙』龍張切〕

liàng 晾 (373 하 량) 〔『字彙補』里樣切〕

liào 撂 (209 상 랴)

lìng 另 (353 상 링) 〔『五音集韻』郎定切, 去徑〕

lòu 陋 (153 상 루) 〔『字彙』盧豆切〕

lǔ 艣(艪) (320 하 루) 〔『篇海』郎古切〕

lún 圇(圇) (355 허 륀) 〔『篇海』音倫〕

mǎ 螞(螞) (448 하 마) 〔『玉篇』莫下切〕

mà 罵(罵) (212 하 마) 〔『龍龕手鑑』莫駕反〕

má 嘛 (138 상 마)

māng 牤 (440 하 망)

máo 锚(錨) (368 하 만) 〔『玉篇』眉遼切〕

mén 们(們) (243 하 믄) 〔『字彙補』莫奔切〕

ming (魚+冥) (446 상 밍)

mó 糢 (36 하 모)

mó 蘑 (310 하 머)

mó 蘑 (376 상 모)

mò 茉 (410 상 모) 〔『正字通』彌葛切〕

ná 拿 (208 상 나)

nǎn 蝻 (448 상 난)

náng (月+囊) (441 상 낭)

nǎng 攮 (126 상 낭) 〔『字彙』乃黨切〕

náo 硇 (460 하 낟) 〔『玉篇』女玉切〕

niàn 艌 (137 하 냰) 〔『字彙』奴店切〕

níng 拧(擰) (116 하 닝) 〔『字彙補』泥耕切〕

pá 耙 (295 상 파) 〔『正字通』必駕切〕

páng 鰟(鰟) (443 하 팡)

pàng 胖 (155 상 팡)

pèng 碰 (114 상 픙)

pèng 碰 (208 상 픙)

pǒ 笸 (348 하 포)

pu (月+美)(421 상 푸)(『한어대자전』에 글자가 있으나 발음 표기가 없음.)

pú 葡 (394 하 푸) 〔『韻學集成』薄胡切〕

pǔ 镨 (320 하 푸) 〔『龍龕手鑒』匹古切〕

qiào 壳(殼) (430 하 쾬)

qiāo 锹(鍬) (310 상 챠) 〔『字彙』此遙切〕

qiáo 瞧 (171 상 챠) 〔『字彙』慈消切〕

qú 鸜 (417 하 귀) 〔『字彙補』其俱切〕

rǎng 嚷 (190 하 샹)

rén 魜 (445 상 신) 〔『玉篇』而真切〕

róng 羢 (336 하 슝) 〔『字彙補』而容切〕

shā 杉 (400 상 샤)

shāi 篩(篩) (298 상 새) 〔『玉篇』所街切〕

shàn 骟(騸) (432 하 .산) 〔『字彙』式戰切〕

shǎng 晌 (292 하 샹) 〔『篇海』始兩切〕

shē 赊(賒) (300 상 셔) 〔『字彙』詩遮切〕

shē 猞 (426 하 셔)

shì 柿 (391 상 에) 〔『龍龕手鑒』音士〕

shuǎ 耍 (181 하 쉬) 〔『字彙』沙雅切〕

shuāi 摔 (188 상 쇄) 〔『篇海類編』山律切〕

shuān 闩(門) (287 하 쉰) 〔『字彙補』數還切〕

shuān 拴 (439 상 쉰)

suī 尿 (150 하 쉬) 〔『六書故』息遺切〕

tā 铊(鉈) (300 하 토)

tà 縌 (340 상 타) 〔『古今韻會擧要』託合切〕

tān 坍 (31 하 탄) 〔『篇海類編』他酣切〕

tān 瘫(癱) (204 상 탄) 〔『字彙』他丹切〕

tán 罎 (346 하 탄)

tǎn 忐 (228 상 탄) 〔『字彙』吐敢切〕

táng 樘 (111 상 탕) 〔『玉篇』達郎切〕

tè 忑 (228 상 터) 〔『字彙』胎德切〕

tì 嚏 (216 하 티) 〔『玉篇』丁計切〕

tiǎn 觍 (239 하 탼) 〔『龍龕手鑑』他典反〕

tiáo 笤 (344 상 턅) 〔『字彙』笛聊切〕

tóng 茼 (375 하 퉁) 〔『字彙』徒紅切〕

tuán (食+耑) (379 하 퉏) 〔『龍龕手鑑』徒端反〕

tùn 褪 (355 상 툰) 〔『字彙』吐困切〕

tuó 铊(鉈) (300 하 토)

tuǒ 庹 (352 상 토) 〔『餘文』徒河切〕

wāi 歪 (222 하 왜) 〔『字彙』烏乖切〕

wèi 喂 (439 상 위) 〔『玉篇』於韋切〕

wō 窝(窩) (148 상 워) 〔『字彙』烏禾切〕

wò 硪 (310 상 오)

xí 媳 (140 하 시) 〔『字彙』思積切〕

xiàn 馅(餡) (381 상 핸) 〔『字彙』乎鑑切〕

xiē 蠍 (449 상 해) 〔『字彙』許謁切〕

xǐng 擤 (151 하 싱) 〔『詳校篇海』呼梗切〕

xiōng 胸 (372 하 흉)

xiōng 胸 (372 하 흉)

xiōng 胷 (134 상 흉)

xiōng 胷 (134 상 흉)

yān 菸 (398 상 얀) 〔『字彙』因肩切〕

zā 匝 (145 하 자) 〔『字彙』作答切〕

zā 咂 (179 상 자) 〔『龍龕手鑑』子荅切〕

zá 咱 (244 상 자) 〔『俗字背篇』子葛切〕

záng 蔵 (252 하 장) 〔『龍龕手鑑』則郎反〕

zěn 怎 (245 상 즌) 〔『字彙』子沈切〕

zhā 喳 (419 하 쟈)

zhá 闸(閘) (263 하 쟈) 〔『篇海類編』直甲切〕

zhá 铡(鍘) (310 상 쟈) 〔『字彙』十戛切〕

zhà 栅 (289 하 쟈) 〔『廣韻』測戟切〕

zhá 炸 (362 상 쟈)

zhàn 骣(驏) (116 상 챤) 〔『字彙』鉏版切〕

zhāng 蟑 (447 하 쟝)

zhàng 账(賬) (238 하 쟝)

zhǎo 找 (172 하 쟢)

zhè 这(這) (246 하 져) 〔『增韻』止也切, 上馬〕

zhōu 週 (18 하 쥯) 〔『玉篇』職由切〕

zhòu 咒 (253 하 쥯)

zhuān 砖(磚) (200 상 .줜) 〔『篇海類編』朱緣切〕

zhuó 着 (248 상 쥼)

zǐ 籽 (293 상 즈) 〔『龍龕手鑒』音子〕

zū 砠 (313 상 주)

zuò 做 (358 하 조) 〔『字彙』子賀切〕

제2절 『한청문감』 중국어 성모의 내원

본 절에서는 『한청문감』 중국어 성모의 내원을 고찰하게 된다. 고찰의 목적은 독자들로 하여금 『한청문감』 중국어 성모의 종류 및 그것들의 내원을 요해하게 하려는데 있다.

우리가 귀납한 『한청문감』 중국어 성모의 종류는 모두 24개이다. 이 24개 종류 성모들의 『광운』 성모와 소속 한자들은 아래와 같다.

一. 순음 [p], [pʻ], [m], [f]의 내원

1. 『한청문감』 중국어 성모 [p]의 내원

『한청문감』 중국어 성모 [p]의 대다수가 『광운』의 "방모(幫母) [p]"와 "병모(並母) [b]" 두 성모에서 왔다. 나머지 소부분이 "방모(滂母) [pʻ]", "비모(非母) [pf]", "봉모(奉母) [bv]" 등 성모에서 왔다. 예를 들면 아래와 같다.

> 방모(幫母) [p]: 八, 巴, 疤, 笆, 把, 坝(壩), 弝, 霸, 吧, 百, 栢, 柏, 摆(擺), 拜, 班, 斑, 板, 版, 半, 绊(絆), 扮, 帮(幫), 梆, 帮, 榜, 谤(謗), 包, 苞, 胞, 褒, 饱(飽), 宝(寶), 保, 鸨(鴇), 葆, 报(報), 豹, 爆, 卑, 盃, 悲, 碑, 北, 贝(貝), 狈(狽), 背, 辈(輩), 褙, 奔, 本, 绷(繃), 跰, 逼, 比, 彼, 秕, 笔(筆), 鄙, 必,

毕(畢), 闭(閉), 庀, 哔(嗶), 裨, 跸(蹕), 碧, 蔽, 篦, 壁, 璧, 边(邊), 笾(籩), 蒿,
编(編), 蝙, 鳊, 鞭, 扁, 匾, 变(變), 褊, 遍, 标(標), 彪, 表, 裱, 鼇, 弊, 宾(賓),
殡(殯), 鬓(鬢), 氷, 兵, 柄, 丙, 柄, 饼(餅), 禀(稟), 併, 病, 拨(撥), 拨(撥), 波,
钵(鉢), 剥(剝), 菠, 伯, 驳(駁), 博, 搏, 膊, 煿, 镈(鎛), 駮, 檗, 擘, 簸, 补(補),
鹁, 布, 蟹, 椑, 薜, 剽, 屏

並母 [b]:

평성자(平声字): 癍, 膀

상성자(上声字): 罢(罷), 棒, 抱, 鮑, 被, 笨, 陛, 婢, 避, 辨, 辩(辯), 辫(辮),
鳔(鰾), 並, 部, 簿

거성자(去声字): 败(敗), 稗, 办(辦), 瓣, 傍, 鉋(鉋), 暴, 备(備), 悖, 惫(憊),
誖, 鼻, 敝, 弊, 弁, 便, 病, 捕, 步

입성자(入声字): 拔, 跋, 魃, 白, 雹, 薄, 弼, 别, 蟹, 鳖, 孛+頁, 薄, 饽(餑),
帛, 泊, 钹(鈸), 脖, 箔, 卜(蔔)

滂母 [pʻ]: 叭, 拌, 镖(鏢), 脆, 玻, 僻

非母 [pf]: 不[pu]

敷母 [pfʻ]: 捧[paŋ]

奉母 [bv]: 鑌[pən]

2. 『한청문감』 중국어 성모 [pʻ]의 내원

『한청문감』 중국어 성모 [pʻ]의 대다수가 『광운』의 "방모(滂母) [pʻ]", "병
모(並母) [b]" 두 성모에서 왔다. 일부분이 "방모(幇母) [p]", "부모(敷母) [pf]"
에서 왔다. 예를 들면 아래와 같다.

방모(滂母) [pʻ]: 帕, 怕, 拍, 派, 攀, 判, 滂, 膀, 抛, 泡, 砲, 疱, 礴, 配, 喷(噴),
歕, 烹, 碰, 砰, 批, 纰(紕), 坯, 披, 劈, 匹, 癖, 屁, 僻, 疋, 偏, 篇, 翩, 片,

騗(騙), 漂, 飄(飃), 撇, 品, 聘, 陂, 坡, 泼(潑), 珀, 破, 魄, 剖, 堡, 扑(撲),

铺(鋪), 撲, 璞, 普, 潜, 舖

병모(並母) [b]:

평성자(平声字): 杷, 爬, 钯, 琶, 排, 牌, 簰, 盘(盤), 蟠, 傍, 旁, 螃, 刨, 咆,

狍, 袍, 麃, 跑, 陪, 培, 盆, 弸, 朋, 彭, 棚, 蓬, 鹏(鵬), 篷, 丕+鳥, 罢(罷),

皮, 枇, 毘, 琵, 脾, 貔, 便, 蹁, 瓢, 贫(貧), 嫔(嬪), 苹(蘋), 平, 评(評), 屏,

瓶, 萍, 凭, 婆, 蒲

상성자(上声字): 痞, 菩, 痦, 菩

거성자(去声字): 叛, 佩, 膨, 票

입성자(入声字): 仆(僕), 瀑

방모(幫母) [p]: 扒, 堡, 蹳, 舖, 幞, 辔(轡), 罴(羆), 拼, 迫, 谱(譜)

부모(敷母) [pf]: 捧

3. 『한청문감』 중국어 성모 [m]의 내원

『한청문감』 중국어 성모 [m]의 절대다수가 『광운』의 "명모(明母) [m]"에서
오고, 개별적인 글자가 "미모(微母) [ɱ]"에서 왔다. 예를 들면 아래와 같다.

명모(明母) [m]: 妈(媽), 麻, 蔴, 蟆, 马(馬), 玛(瑪), 祃, 埋, 买(買), 迈(邁), 卖

(賣), 脉(脈), 脉(脈), 馒(饅), 瞒(瞞), 鞔, 满(滿), 墁, 蔓, 幔, 漫, 慢, 缦(縵),

镘(鏝), 芒, 忙, 茫, 莽, 蟒, 猫(貓), 毛, 茅, 旄, 蝥, 卯, 昴, 茂, 冒, 帽, 瑁,

貌, (麻+黍), 玫, 眉, 梅, 媒, 煤, 每, 美, 沫, 妹, 昧, 媚, 魅, 门(門), 扪(捫),

闷(悶), 懑(懣), 懑(懣), 虻, 蒙, 盟, 懞, 濛, 朦, 曚, 猛, 懵, 蠓, 孟, 梦(夢),

弥(彌), 迷, 麋, 靡, 醾, 醾, 米, 蜜, 绵(綿), 棉, 免, 勉, 冕, 渑, 面, 麪, 麺(麵),

苗, 描, 眇, 秒, 渺, 藐, 庙(廟), 灭(滅), 篾, 民, 皿, 抿, 悯(憫), 敏, 名, 明,

鸣(鳴), 茗, 冥, 铭(銘), 榠, 螟, 命, 麽, 没(沒), 谟(謨), 模, 摩, 磨, 抹, 末,

沫, 莫, 漠, 墨, 默, 貘, 谋(謀), 某, 模, 母, 牡, 畞, 木, 目, 沐, 苜, 牧, 幕,
睦, 幎, 暮, 穆

미모(微母) [m̩]: 曼, 娩

4. 『한청문감』 중국어 성모 [f]의 내원

『한청문감』 중국어 성모 [f]의 절대다수가 『광운』의 "비모(非母) [pf]", "부
모(敷母) [pf']", "봉모(奉母) [bv]" 세 성모에서 오고 개별적인 것이 "미모(微
母) [m̩]"에서 왔다. 예를 들면 아래와 같다.

비모(非母) [pf]: 发(發), 法, 髮, 藩, 反, 返, 贩(販), 方, 坊, 舫, 放, 飞(飛), 非,
榧, 废(廢), 分, 粉, 奋(奮), 粪(糞), 风(風), 枫(楓), 封, 疯(瘋), 菶, 讽(諷), 否,
夫, 幅, 辐(輻), 福, 蝠, 斧, 府, 俯, 腑, 簠, 付, 赋(賦), 傅, 富, 腹

부모(敷母) [pf']: 番, 幡, 翻, 旛, 繙, 泛, 妨, 访(訪), 纺(紡), 彷, 妃, 肺, 费(費),
纷(紛), 忿, 丰(豐), 峰, 烽, 锋(鋒), 蜂, 豊, 麸(麩), 敷, 拂, 彿(佛), 抚(撫), 拊,
副, 覆

봉모(奉母) [bv]: 乏, 伐, 罚(罰), 筏, 蕃, 凡, 矾(礬), 烦(煩), 繁, 犯, 饭, 範(範),
防, 房, 肥, 翡, 吠, 狒, 荆, 痱, 坟(墳), 焚, 豮, 愤(憤), 逢, 缝(縫), 凤(鳳),
奉, 俸, 佛, 伏, 扶, 芙, 枎, 服, 浮, 符, 辅(輔), 腐, 父, 负(負), 妇(婦), 附,
阜, 驸(駙), 复(復), 鲋(鮒)

미모(微母) [m̩]: 庑(廡)[fu]

二. 설음 [t], [tʻ], [n], [l]의 내원

5. 『한청문감』 중국어 성모 [t]의 내원

　『한청문감』 중국어 성모 [t]의 절대다수가 『광운』의 "단모(端母) [t]", "정모(定母) [d]" 두 성모에서 오고 개별적인 것들이 다른 성모들에서 왔다. 예를 들면 아래와 같다.

　　단모(端母) [t]: 搭, 嗒, 撘, 答, 打, 带(帶), 戴, 丹, 担, 单(單), 耽, 箪(簞), 胆, 疸, 擔, 膽, 鴻, 当(當), 珰(璫), 铛(鐺), 裆(襠), 挡(擋), 档(檔), 党(黨), 刀, 岛(島), 倒, 捯, 祷(禱), 擣(擣), 到, 得, 德, 灯(燈), 登, 蹬, 䔲, 等, 凳, 鐙(鐙), 的, 低, 隄, 堤, 滴, 氐, 抵, 底, 帝, 蒂, 蔕, 颠(顛), 癫(癲), 典, 点(點), 坫, 店, 玷, 垫(墊), 刁, 凋, 貂, 雕, 鵰, 吊, 钓(釣), 丁, 仃, 叮, 疔, 顶(頂), 鼎, 钉(釘), 梃, 锭(錠), 东(東), 冬, 冻(凍), 兜, 篼, 阧, 抖, 蚪, 斗, 鬭, 都, 督, 笃(篤), 堵, 赌(賭), 妒, 妬, 蠹, 端, 短, 断(斷), 堆, 对(對), 碓, 敦, 墩, 撴, 擎, 顿(頓), 多, 哆, 掇, 朵, 剁

　　정모(定母) [d]:

　　평성자(平声字): 遆

　　상성자(上声字): 待, 怠, 诞(誕), 道, 稻, 递(遞), 动(動), 杜, 肚, 缎(緞), 沌, 炖, 囤, 垛, 舵

　　거성자(去声字): 大, 代, 岱, 玳, 袋, 禅(襌), 淡, 弹(彈), 蕩(蕩), 导(導), 盗(盜), 澄, 地, 弟, 第, 棣, 禘, 电(電), 甸, 钿(鈿), 淀, 奠, 殿, 靛, 铫(銚), 调(調), 定, 洞, 豆, 逗, 读(讀), 度, 渡, 镀(鍍), 段, 椴, 队(隊), 兑(兌), 钝(鈍), 惰

　　입성자(入声字): 达(達), 荻, 敌(敵), 笛, 靓(覿), 翟, 跌, 迭, 瓞, 揲, 牒, 蝶, 疊, 毒, 独(獨), 读(讀), 渎(瀆), 犊(犢), 夺(奪)

　　지모(知母) [ʈ]: 爹[tie]

철모(徹母) [t̺ʻ]: 輴[tun]

등모(澄母) [ɖ̺]: 瞪[təŋ]

종모(從母) [dz]: 蹲[tun]

선모(禪母) [z]: 石[tan]

의모(疑母) [ŋ]: 獃[tai]

6. 『한청문감』 중국어 성모 [tʻ]의 내원

『한청문감』 중국어 성모 [tʻ]의 모두가 『광운』의 "투모(透母) [tʻ]", "정모 (定母) [d]" 두 성모에서 왔다. 예를 들면 아래와 같다.

투모(透母) [tʻ]: 嗒, 他, 塌, 逼, 塔, 獭(獺), 楊, 踏, 胎, 台, 太, 态(態), 泰, 撢(撣), 贪(貪), 摊(攤), 滩(灘), 坦, 毯, 叹(嘆), 炭, 探, 歎, 汤(湯), 钖(錫), 膛, 镗(鏜), 倘, 烫(燙), 韬(韜), 縧, 讨(討), 套, 剔, 梯, 踢, 体(體), 體, 屉, 剃, 涕, 替, 天, 添, 餂, 佻, 帖, 贴(貼), 铁(鐵), (身+廷), 厅(廳), 汀, 鞓, 聽, 通, 统(統), 桶, 痛, 偷, 黈, 透, 禿, 土, 吐, 兔, 獭, 彖, 推, 腿, 退, 吞, 涒, 托, 拖, 託, 脱, 妥, 唾

정모(定母) [d]:

상성자(上声字): 盪, 悌, 挑, 窕, 挺, 梃

거성자(去声字): 遏, 矗, 恸(慟)

입성자(入声字): 蹋, 特, 突

평성자(平声字): 抬, 苔, 臺, 擡, 薹, 弹(彈), 坛(壇), 昙(曇), 谈(談), 痰, 潭, 檀, 遢, 唐, 堂, 棠, 塘, 糖, 螗, 逃, 桃, 萄, 啕, 淘, 疼, 腾(騰), 誊(謄), 滕, 藤, 籐, 提, 啼, 鹈(鵜), 缇(緹), 题(題), 蹄, 騠, 田, 畋, 恬, 甜, 填, 条(條), 苕, 调(調), 跳, 渟, 亭, 停, 葶, 同, 桐, 铜(銅), 童, 橦, 瞳, 筒, 头(頭), 投, 图(圖), 茶, 徒, 途, 涂(塗), 酴, 駼, 团(團), 颓(頹), 屯, 饨(飩), 豚, 臀, 陀,

沱, 驼(駝), 柂, 砤, 馱, 駄, 鼉(鼉)

7. 『한청문감』 중국어 성모 [n]의 내원

『한청문감』 중국어 성모 [n]의 절대다수가 『광운』의 "니모(泥母) [n]", "낭모(娘母) [ȵ]", "의모(疑母) [ŋ]" 세 성모에서 오고 개별적인 것들이 다른 성모에서 왔다. 예를 들면 아래와 같다.

니모(泥母) [n]: 那, (口+奈), 呐, 纳(納), 衲, 奈, 柰, 耐, 鼐, 男, 南, 难(難), 楠, 囊, 猱, 恼(惱), 脑(腦), 瑙, 馁(餒), 嫩, 能, 泥, 你, 匿, 溺, 年, 鲇(鮎), 捻, 撚, 念, 孃, 尿, 捏, 涅, 摄(攝), 宁(寧), 佞, 泞(濘), 农(農), 哝(噥), 脓(膿), 奴, 驽(駑), 努, 弩, 怒, 暖, 煖, 挪

낭모(娘母) [ȵ]: 挐, 奶, 挠(撓), 铙(鐃), 闹(鬧), 呢, 内(內), 尼, 腻(膩), 黏, 碾, 娘, 酿(釀), 镊(鑷), 扭, 纽(紐), 钮(鈕), 浓(濃), 醲, 女, 粘, 辗(輾)

의모(疑母) [ŋ]: 霓, 魔, 拟(擬), 逆, 臬, 孽, 凝, 牛, 疟(瘧), 虐

명모(明母) [m]: 繆[niu], 谬(謬)[niu]

래모(來母) [l]: [n]:硇[nao], 辇(輦)[nian]

단모(端母) [t]: 鸟(鳥)[niao]

영모(影母) [ø]: 蔫[nian]

일모(日母) [ȵz]: 懦[no]

8. 『한청문감』 중국어 성모 [l]의 내원

『한청문감』 중국어 성모 [l]의 거의 전부가 『광운』의 "래모(來母) [l]"에서 오고 개별적인 것이 다른 성모에서 왔다. 예를 들면 아래와 같다.

래모(來母) [l]: (犭+靈), 硌, 拉, 邋, 剌, 喇, 腊(臘), 蜡(蠟), 蝲, 来(來), 徕(徠), 騋, 赖(賴), 癞(癩), 兰(蘭), 拦(攔), 栏(欄), 婪, 蓝(藍), 褴(襤), 篮(籃), 瀾, 览(覽), 揽(攬), 缆(纜), 榄(欖), 懒(懶), 烂(爛), 滥(濫), 郎, 狼, 廊, 瑯, 榔, 螂, 朗, 浪, 捞(撈), 劳(勞), 窂, 老, 栳, 唠(嘮), 烙, 烙, 涝(澇), 酪, 乐(樂), 勒, 了, 雷, 膟, 诔(誄), 羣(罍), 纍, 鸓, 肋, 泪(淚), 类(類), 累, 楞, 冷, 狸, 离, 骊(驪), 梨, 犁, 鹂(鸝), 蜊, 璃, 狸, 黎, 罹, 蟸, 藜, 離, 蠡, 籬, 礼(禮), 李, 里, 娌, 理, 裡, 裏, 鲤(鯉), 力, 历(歷), 厉(厲), 立, 吏, 苈(藶), 丽(麗), 利, 沥(瀝), 例, 戾, 隶(隸), 荔, 栎(櫟), 栗, 笠, 粒, 痢, 綟, 癧, 连(連), 莲(蓮), 联(聯), 廉, 憐(憐), 臁, 镰(鐮), 簾, 琏(璉), 脸(臉), 敛(斂), 练(練), 恋(戀), 殓(殮), 健, 楝, 煉(煉), 良, 凉, 梁, 粮, 梁, 糧, 两(兩), 亮, 谅(諒), 量, 踉, 聊, 撩, 獠, 潦, 缭(繚), 燎, 鹩(鷯), 蟟, 蓼, 料, 瞭, 镣(鐐), 咧, 列, 劣, 烈, 猎(獵), 裂, 爉, 邻(鄰), 林, 临(臨), 淋, 獜, 鳞(鱗), 骥, 麟, 廪(廩), 檩(檁), 吝, 伶, 灵(靈), 泠, 玲, 铃(鈴), 鸰(鴒), 凌, 陵, 聆, 菱, 蛉, 翎, 绫(綾), 零, 櫺, 领(領), 嶺(嶺), 令, 溜, 留, 流, 旒, 骝(騮), 瑠, 榴, 柳, 绺(綹), 六, 遛, 鹨(鷚), 龙(龍), 珑(瓏), 胧(朧), 聋(聾), 笼(籠), 隆, 窿, 陇(隴), 垅(壠), 拢(攏), 垄(壟), 娄(婁), 偻(僂), 楼(樓), 耧(耬), 搂(摟), 篓(簍), 漏, 卢(盧), 芦(蘆), 栌(櫨), 轳(轤), 胪(臚), 鸬(鸕), 颅(顱), 炉(爐), 掳(擄), 卤(鹵), 鲁(魯), 橹(櫓), 陆(陸), 录(錄), 辂(輅), 菉, 鹿, 禄(祿), 碌, 路, 潞, 鹭(鷺), 露, 栾(欒), 挛(攣), 鸾(鸞), 銮(鑾), 乱(亂), 掠, 伦(倫), 纶(綸), 轮(輪), 论(論), 啰(囉), 罗(羅), 萝(蘿), 逻(邏), 锣(鑼), 箩(籮), 骡(騾), 螺, 儸, 瘰, 络(絡), 络(絡), 骆(駱), 珞, 落, 驴(驢), 桐(櫚), 吕(呂), 侣(侶), 屡(屢), 缕(縷), 褛(褸), 履, 律, 虑(慮), 绿(綠), 略, 弄

단모(端母) [t]: 钉(釘)[liao]

정모(定母) [d]: 棣[li]

三. 치두음 [ts], [tsʻ], [s]의 내원

9. 『한청문감』 중국어 성모 [ts]의 내원

『한청문감』 중국어 성모 [ts]의 거의 전부가 『광운』의 "정모(精母) [ts]", "종모(從母) [dz]", "장모(莊母) [tʃ]" 세 개 성모에서 오고 개별적인 것이 "청모(淸母) [tsʻ]" 등의 다른 성모에서 왔다. 예를 들면 아래와 같다.

　　정모(精母) [ts]: 捘, 灾(災), 栽, 載(載), 宰, 再, 梣, 簪, 赞(贊), 赃(臟), 牂, 髒, 葬, 槽, 遭, 糟, 早, 枣(棗), 蚤, 澡, 藻, 躁, 竈, 则(則), 曾, 增, 憎, 罾, 咨, 资(資), 谘(諮), 孳, 滋, 子, 秭, 紫, 榟, 緫, 宗, 棕, 椶, 踪, 总(總), 纵(縱), 稯, 陬, 走, 奏, 租, 足, 祖, 揝, 攒(攢), 缵(纘), 纂, 鑽, 觜, 嘴, 醉, 尊, 遵, 撙, 左, 佐, 作

　　종모(從母) [dz]: 曹, 漕, 琮, 悴, 杂(雜), 在, 趱(趲), 錾(鏨), 暫, 脏(臟), 凿(鑿), 皂, 贼(賊), 蠜, 缯(繒), 自, 字, 从(從), 鬃, 族, 蹴, 罪, 柞, 昨, 坐, 胙, 祚, 座

　　장모(莊母) [tʃ]: 责(責), 幀(幀), 缁(緇), 鶅, 滓, 驵(駔), 俎, 窄, 皱(皺)

　　청모(淸母) [tsʻ]: 蹭[tsən], 撺(攛)[tsuan], 莝[tso], 造[tsao]

　　초모(初母) [tʃʻ]: 恻(惻)[tsə]

　　생모(生母) [ʃ]: 崽[tsai]

　　등모(澄母) [ɖ]: 撞[tsuaŋ]

10. 『한청문감』 중국어 성모 [tsʻ]의 내원

『한청문감』 중국어 성모 [tsʻ]의 대다수가 『광운』의 "청모(淸母) [tsʻ]", "종모(從母) [dz]" 두 개 성모에서 오고 개별적인 것이 "사모(邪母) [z]" 등의 다른 성모에서 왔다. 예를 들면 아래와 같다.

청모(淸母) [tsʰ]: 猜, 採, 採, 彩, 綵(綵), 菜, 祭, 灿(燦), 仓(倉), 苍(蒼), 糙, 草, (曾+刂), 疵, 雌, 此, 跐, 次, 刺, 葱(蔥), 璁(璁), 聪(聰), 凑(湊), 促, 猝, 趑, 醋, 簇, 鏈, 審(竄), 催, 脆, 翠, 村, 皴, 寸, 搓, 磋, 撮, 蹉, 错(錯), 跄(蹌)

종모(從母) [dz]: 才, 材, 财(財), 裁, 纔, 残(殘), 惭(慚), 蠶, 蔵, 藏, (曹+少), 槽, 螬, 层(層), 呲, 疵, 慈, 鹚(鶿), 鶿, 从(從), 丛(叢), 粗, 攒(攢), 萃, 存, 锉, 磁

사모(邪母) [z]: 词(詞)[tsʰ ɿ], 祠[tsʰ ɿ], 辞(辭)[tsʰ ɿ], 嗣[tsʰ ɿ]

정모(精母) [ts]: 蹙[tsʰu], 挫[tsʰo]

심모(心母) [s]: 赐(賜)[tsʰ ɿ]

장모(莊母) [tʃ]: 侧(側)[tsʰə]

초모(初母) [tʃʰ]: 册(冊), 测(測), 策

숭모(崇母) [dʒ]: 谗(讒), 巉, 鉏

철모(徹母) [tʰ]: 拆[tsʰə]

11. 『한청문감』 중국어 성모 [s]의 내원

『한청문감』 중국어 성모 [s]의 대다수가 『광운』의 "심모(心母) [s]", "생모 (生母) [ʃ]", "사모(邪母) [z]" 세 개 성모에서 오고 개별적인 것들이 다른 성모 에서 왔다. 예를 들면 아래와 같다.

심모(心母) [s]: 噪, 燥, 撒, 萨(薩), 腮, 塞, 赛(賽), 三, 伞(傘), 馓, 散, 桑, 嗓, 丧(喪), 骚(騷), 扫(掃), 嫂, 埽, 臊, 僧, 莎, 司, 丝(絲), 私, 思, 鸶(鷥), 斯, 撕, 澌, 死, 四, 泗, 驷(駟), 鬆, 耸(聳), 送, 擞(擻), 薮(藪), 嗽, 苏(蘇), 酥, 诉(訴), 肃(肅), 素, 速, 粟, 嗉, 宿, 狻, 酸, 蒜, 虽(雖), 髓, 岁(歲), 祟, 碎, 孙(孫), 狲(猻), 损(損), 笋, 筍, 榫, 唆, 梭, 簑, 索, 琐(瑣), 锁(鎖)

생모(生母) [ʃ]: 洒(灑), 嗇(嗇), 澁, 蛳(螄), 搜, 蒐, 馊(餿), 缩(縮), 莎, 桬, 瘦,

疏, 疎

사모(邪母) [z]: 似, 巳, 寺, 兕, 祀, 松, 讼(訟), 俗, 随(隨), 穗, 彗

장모(莊母) [ʧ]: 绉(縐)[səu]

정모(定母) [d]: 骰[sə]

종모(從母) [dz]: 磁[sɿ]

이모(以母) [j]: 颂(頌)[suŋ]

四. 정치음 [tʂ], [tʂ'], [ʂ], [z̧]의 내원

12. 『한청문감』 중국어 성모 [tʂ]의 내원

『한청문감』 중국어 성모 [tʂ]의 대다수가 『광운』의 "지모(知母) [ţ]", "등모(澄母) [ɖ]", "장모(莊母) [ʧ]", "장모(章母) [tɕ]" 네 개 성모에서 오고 개별적인 것들이 "숭모(崇母) [ʤ]" 등 다른 성모에서 왔다. 예를 들면 아래와 같다.

지모(知母) [ţ]: 劄, 沾, 霑, 展, 辗(輾), 佔, 站, 张(張), 长(長), 涨(漲), 帐(帳), 账(賬), 朝, 罩, 蜇, 贞(貞), 珍, 砧, 镇(鎮), 鎮, 征, 症(癥), 徵, 知, 蜘, 徵, 致, 智, 中, 忠, 冢, 肘, 猪(豬), 蛛, 竹, 劚, 拄, 贮(貯), 注, 驻(駐), 著, 筑, 註, 築, 传(傳), 转(轉), 桩(樁), 追, 桌, 啄

등모(澄母) [ɖ]:

평성자(平声字): 橡

상성자(上声字): 丈, 仗, 杖, 兆, 豸, 痔, 雉, 纣(紂), 苧(苧), 苎(苧), 柱, 篆

거성자(去声字): 鋥, 绽(綻), 棹, 阵(陣), 值, 治, 滞(滯), 仲, 重, 住, 筯, 赚(賺), 撞, 坠(墜)

입성자(入声字): 泽(澤), 宅, 蛰(蟄), 辙(轍), 蟄, 直, 姪, 秩, 掷(擲), 妯, 轴(軸),

术, 逐, 棹, 浊(濁), 濯, 镯(鐲)

장모(莊母) [ʧ]: 紮, 扎, 柤, 渣, 櫨, 札, 诈(詐), 疜, 蚱, 榨, 斋(齋), 债(債), 斩(斬), 盏(盞), 蘸, 爪, 笊, 仄, 榛, 筝(箏), 诌(謅), 抓, 庄(莊), 装(裝), 粧, 壮(壯), 捉

장모(章母) [ʨ]: 毡(氈), 旃, 詹, 谵(譫), 占, 战(戰), 章, 漳, 璋, 樟, 霽, 掌, 障, 招, 昭, 诏(詔), 照, 遮, 折, 菥, 摺, 者, 赭, 蔗, 鹧(鷓), 针(針), 胗, 真, 斟, 箴, 鍼, 枕, 轸(軫), 疹, 振, 赈(賑), 震, 争(爭), 怔, 钲(鉦), 烝, 蒸, 整, 正, 证(証), 政, 誌, 祇, 之, 支, 只, 芝, 枝, 肢, 织(織), 栀(梔), 脂, 执(執), 职(職), 止, 旨, 纸(紙), 指, 枳, 至, 志, 制, 炙, 鸷(鷙), 痣, 製, 终(終), 锺(鍾), 鐘, 肿(腫), 種, 众(衆), 州, 周, 洲, 粥, 箒, 朱, 珠, 诸(諸), 硃, 橥(櫧), 烛(燭), 主, 煮, 麈, 枳, 祝, 蛀, 铸(鑄), 专(專), 锥(錐), 赘(贅), 胅, 准, 準, 勺, 拙, 灼

숭모(崇母) [ʤ]: 乍, 䉉, 寨, 栈(棧), 助, 撰, 馔(饌), 状(狀)

종모(從母) [dz]: 怍[tʂa], 暂(暫)[tʂan], 睁(睜)[tʂən]

낭모(娘母) [ɳ]: 黏[tʂan], 粘[tʂan]

초모(初母) [ʧʻ]: 挣[tʂən]

서모(書母) [ɕ]: 蛰[tʂə]

선모(禪母) [ʐ]: 洙[tʂu]

철모(徹母) [tʻ]: 祉[tʂɿ]

13. 『한청문감』 중국어 성모 [tʂʻ]의 내원

『한청문감』 중국어 성모 [tʂʻ]의 대다수가 『광운』의 "철모(徹母) [tʻ]", "등모(澄母) [d̢]", "초모(初母) [ʧʻ]", "숭모(崇母) [ʤ]", "창모(昌母) [ʨʻ]", "선모(禪母) [ʐ]" 여섯 개 성모에서 오고 개별적인 것들이 "선모(船母) [dz]" 등의 다른 성모에서 왔다. 예를 들면 아래와 같다.

철모(徹母) [tʻ]: 拆, 诇(誗), 畅(暢), 氅, 超, 彻(徹), 趁, 撑(撐), 頳, 樘, 逞, 掌,

笿, 螭, 耻(恥), 勑, 宠(寵), 抽, 丑, 枑, 楮, 怵, 畜, 搐

등모(澄母) [ɖ]:

평성자(平声字): 茶, 缠(纏), 肠(腸), 膓, 场(場), 长(長), 朝, 潮, 尘(塵), 沉, 陈(陳), 呈, 珵, 程, 惩(懲), 澄, 橙, 池, 驰(馳), 迟(遲), 持, 塀, 箎, 虫(蟲), 重, 紬, 稠, 筹(籌), 踌(躊), 除, 厨(廚), 蹰(躕), 储(儲), 传(傳), 橼, 幢, 锤(錘), 鎚(鎚), 椎

초모(初母) [ʧʻ]: 册(冊), 策, 叉, 权, 插, 差, 釵, 察, 衩, 汊, 刹, 差, 釵, 搀(攙), 铲(鏟), 抄, 炒, 衬(襯), 勑, 初, 楚, 揣, 疮(瘡), 窗

숭모(崇母) [ʤ]: 查, 植, 柴, 豺, 馋(饞), 漦, 崇, 愁, 锄(鋤), 雏(雛), 床, 牀

창모(昌母) [tɕʻ]: 韂, 昌, 菖, 闻(聞), 娼, 鲳(鯧), 厂(廠), 氅, 倡, 唱, 车(車), 掣, 嗔, 称(稱), 秤, 鸱(鴟), 眵, 尺, 齿(齒), 蚇, 叱, 赤, 冲, 充, 衝, 铳(銃), 醜, 臭, 出, 杵, 处(處), 触(觸), 川, 穿, 舛, 喘, 吹, 春, 蠢

선모(禪母) [z]: 禅(禪), 蝉(蟬), 尝(嘗), 常, 嚐(嚐), 臣, 辰, 宸, 晨, 成, 丞, 诚(誠), 承, 城, 宬, 盛, 匙, 酬, 讐, 垂, 纯(純), 鹑(鶉), 蜃

선모(船母) [ʣ] 乘[tʂʻəŋ], 船[tʂʻuan], 唇[tʂʻun]

장모(章母) [tɕ]: 颤(顫)[tʂʻan], 捶[tʂʻui]

생모(生母) [ʃ]: 产(產)[tʂʻan], 榳[tʂʻan]

서모(書母) [ɕ]: 翅[tʂʻʅ], 舂[tʂʻuŋ]

지모(知母) [ʈ]: 腄[tʂʻui], 咤[tʂʻa]

심모(心母) [s]: 嗾[tʂʻəu]

견모(見母) [k]: 吃[tʂʻʅ], 喫[tʂʻʅ], 串[tʂʻuan]

14. 『한청문감』 중국어 성모 [ʂ]의 내원

『한청문감』 중국어 성모 [ʂ]의 대다수가 『광운』의 "생모(生母) [ʃ]", "서모(書母) [ɕ]", "선모(船母) [ʣ]", "선모(禪母) [z]" 네 개 성모에서 오고 개별적인 것들이 "숭모(崇母) [ʥ]" 등의 다른 성모에서 왔다. 예를 들면 아래와 같다.

생모(生母) [ʃ]: 色, 楝, 涩(澀), 瑟, 杀(殺), 沙, 纱(紗), 砂, 傻, 煞, 晒, 曬, 山, 芟, 衫, 疝, 弰, 梢, 稍, 艄, 哨, 蔘, 参(參), 渗(滲), 生, 牲, 笙, 甥, 省, 师(師), 虱, 狮(獅), 史, 使, 梳, 蔬, 数(數), 漱, 刷, 衰, 率, 涮, 双(雙), 霜, 爽, 朔, 飕(颼), 所

서모(書母) [ɕ]: 苫, 搧, 羴, 闪(閃), 扇, 伤(傷), 商, 赏(賞), 烧(燒), 少, 奢, 舍, 捨, 设(設), 赦, 申, 伸, 身, 深, 审(審), 婶(嬸), 鱿, 升, 声(聲), 陞, 圣(聖), 胜(勝), 失, 诗(詩), 施, 尸, 湿(濕), 蓍, 识(識), 矢, 始, 屎, 世, 式, 势(勢), 饰(飾), 试(試), 适(適), 室, 释(釋), 鲥, 收, 手, 守, 首, 狩, 兽(獸), 书(書), 叔, 舒, 输(輸), 黍, 鼠, 戍, 束, 恕, 庶, 水, 税, 瞬, 说(說), 烁(爍)

선모(船母) [ʥ]: 舌, 蛇, 射, 麝, 神, 绳(繩), 剩, 实(實), 食, 蚀(蝕), 示, 谧, 秫, 赎(贖), 术(術), 述, 顺(順), 唇

선모(禪母) [z]: 善, 缮(繕), 膳, 鳝, 鳣, 上, 尚, 勺, 芍, 韶, 社, 涉, 折, 肾(腎), 甚, 蜃, 慎, 愼, 盛, 什, 十, 石, 拾, 氏, 市, 侍, 视(視), 是, 嗜, 筮, 誓, 寿(壽), 受, 授, 绶(綬), 淑, 熟, 属(屬), 署, 蜀, 薯, 树, 竖(豎), 豎, 睡, 硕(碩), 纯(純), 时(時), 谁(誰), 殳, 殖, 瑞

숭모(崇母) [ʥ]: 士, 仕, 事, 殖

심모(心母) [s]: 糁(糝)[sən], 珊[san]

창모(昌母) [ʨʰ]: 沈(瀋)[sən], 枢(樞)[su]

장모(章母) [ʨ]: 鹲[su], 灼[so]

사모(邪母) [z]: 习(習)[sʅ]

15. 『한청문감』 중국어 성모 [z]의 내원

『한청문감』 중국어 성모 [z]의 대다수가 『광운』의 "일모(日母) [ɳz]"와

"이모(以母) [j]" 두 개 성모에서 오고 개별적인 것들이 다른 성모에서 왔다. 예를 들면 아래와 같다.

일모(日母) [n̠z]: 然, 染, 穰, 瓤, 壤, 让(讓), 扰(擾), 绕(繞), 遶, 惹, 热(熱), 人, 壬, 仁, 稔, 刃, 认(認), 仞, 任, 日, (毛+集), 戎, 茸, 绒(絨), 冗, 酰, 柔, 揉, 肉, 如, 儒, 孺, 駕, 乳, 辱, 入, 蕟, 褥, 软(軟), 輭, 蕤, 蘂, 闰(閏), 润(潤), 若, 弱, 箬

이모(以母) [j]: 容[ʑiuŋ], 蓉[ʑiuŋ], 融[ʑiuŋ], 锐(銳)[ʑiui], 睿[ʑiui]

운모(雲母) [ø]: 荣(榮)[ʑiuŋ]

낭모(娘母) [n̠]: 纫(紉)[ʑiən]

五. 설면음 [tɕ], [tɕʻ], [ɕ]의 내원

16. 『한청문감』 중국어 성모 [tɕ]의 내원

『한청문감』 중국어 성모 [tɕ]의 대다수가 『광운』의 "정모(精母) [ts]"와 "종모(從母) [dz]" 두 개 성모에서 오고 개별적인 것들이 다른 성모에서 왔다. 예를 들면 아래와 같다.

정모(精母) [ts]: 积(積), 即, 鹡(鶺), 挤(擠), 脊, 际(際), 济(濟), 祭, 绩(績), 跡, 稷, 鲫(鯽), 蹟, 尖, 笺(箋), 煎, 剪, 荐(薦), 溅(濺), 箭, 借, 将(將), 浆(漿), 桨(槳), 酱(醬), 椒, 焦, 鹪(鷦), 剿, 疖(癤), 接, 嗟, 节(節), 睫, 姐, 借, 津, 进(進), 晋(晉), 浸, 旌, 晶, 睛, 精, 井, 鹊, 酒, 爵, 俊, 骏(駿)

종모(從母) [dz]: 集, 疾, 嫉, 耤, 籍, 荠(薺), 贱(賤), 渐(漸), 匠, 捷, 截, 盡, 净(淨), 静(靜), 就, 鹫(鷲), 聚, 噍, 绝(絶)

청모(清母) [tsʻ]: 疽[tɕiui], 筊(竅)[tɕiəi], 逡[tɕiun]

심모(心母) [s]: 峻[tɕiun]

사모(邪母) [z]: 炪(燼)[tɕin]

17. 『한청문감』 중국어 성모 [tɕʻ]의 내원

『한청문감』 중국어 성모 [tɕʻ]의 대다수가 『광운』의 "청모(清母) [tsʻ]"와 "종모(從母) [dz]" 두 개 성모에서 오고 개별적인 것들이 다른 성모에서 왔다. 예를 들면 아래와 같다.

청모(清母) [tsʻ]: 七, 妻, 戚, 漆, 砌, 千, 阡, 迁(遷), 杅, 佥(僉), 签(簽), 韆, 浅(淺), 枪(槍), 抢(搶), 呛(嗆), 跄(蹌), 悄, 俏, 峭, 切, 且, 妾, 侵, 亲(親), 寝(寢), 沁, 青, 清, 鲭(鯖), 请(請), 秋, 楸, 鹙(鶖), 鳅(鰍), 鞦, 蛆, 趋(趨), 取, 趣, 鹊(鵲)

종모(從母) [dz]: 齐(齊), 脐(臍), 蛴(蠐), 前, 钱(錢), 墙(墻), 蔷(薔), 樯(檣), 憔, 樵, 诮(誚), 秦, 情, 晴, 酋, 遒, 全, 泉

심모(心母) [s]: 楼[tɕʻi], 鞘[tɕʻiao], 跹(躚)[tɕʻian]

정모(精母) [ts]: 缉(緝)[tɕʻi], 籤[tɕʻian], 雀[tɕʻio], 菁[tɕʻiŋ]

초모(初母) [tʃʻ]: 鎗[tɕʻian]

18. 『한청문감』 중국어 성모 [ɕ]의 내원

『한청문감』 중국어 성모 [ɕ]의 대다수가 『광운』의 "심모(心母) [s]"와 "사모(邪母) [z]" 두 개 성모에서 오고 개별적인 것들이 "효모(曉母) [x]"와 "갑모(匣母) [ɣ]" 등 다른 성모에서 왔다. 예를 들면 아래와 같다.

심모(心母) [s]: 西, 昔, 析, 息, 惜, 犀, 锡(錫), 膝, 洗, 细(細), 仙, 先, 纤(纖),

牱, 鲜(鮮), 狝(獮), 線, 相, 廂, 箱, 镶(鑲), 想, 肖, 消, 宵, 绡(綃), 萧(蕭),

硝, 销(銷), 箫(簫), 潇(瀟), 霄, 小, 笑, 些, 楔, 写(寫), 泻(瀉), 卸, 洩, 屑,

心, 辛, 新, 信, 顖, 星, 腥, 醒, 性, 姓, 修, 羞, 馐(饈), 秀, 绣(繡), 锈(銹),

繡, 戌, 须(須), 需, 鬚, 絮, 婿, 蓿, 宣, 揎, 选(選), 癣(癬), 削, 雪, 讯(訊),

逊(遜), 巽

사모(邪母) [z]: 夕, 习(習), 席, 袭(襲), 蓆, 挦(撏), 详(詳), 祥, 翔, 象, 像, 橡,

邪, 斜, 谢(謝), 袖, 徐, 序, 敍, 绪(緖), 续(續), 旋, 漩, 璇, 镟, 寻(尋), 巡,

循, 驯(馴), 狥

효모(曉母) [x]: 轩(軒)[ɕiuan], 萱[ɕiuan], 喧[ɕiuan], 楦[ɕiuan]

갑모(匣母) [ɣ]: 悬(懸)[ɕiuan], 眩[ɕiuan]

생모(生母) [ʃ]: 猩[ɕiŋ]

의모(疑母) [ŋ]: 臧

계모(溪母) [kʻ]: 隙[ɕi]

六. 아후음 [k], [kʻ], [x]의 내원

19. 『한청문감』 중국어 성모 [k]의 내원

『한청문감』 중국어 성모 [k]의 대다수가 『광운』의 "견모(見母) [k]"와 "군모(群母) [g]"에서 오고 개별적인 것들이 "계모(溪母) [kʻ]", "갑모(匣母) [ɣ]" 등 다른 성모에서 왔다. 예를 들면 아래와 같다

견모(見母) [k]:

① 현대중국어에서 구개음으로 변하지 않은 견모 한자

该(該), 陔, 垓, 改, 丐, 盖(蓋), 概, 槩, 甘, 肝, 泔, 柑, 竿, 杆, 桿(桿), 敢, 感, 橄, 干, 幹, 乾, 冈(岡), 刚(剛), 纲(綱), 钢(鋼), 高, 羔, 皇, 膏, 篙, 糕, 稿, 告, 诰(誥), 戈, 肱, 哥, 胳, 鸽(鴿), 割, 歌, 挌, 革, 茖, 阁(閣), 格, 隔, 楄, 膈, 葛, 各, 個, 箇, 蛤, 根, 跟, 艮, 茛, 庚, 耕, 羹, 梗, 更, 工, 弓, 公, 功, 攻, 宫(宮), 恭, 蚣, 躬, 拱, 贡(貢), 供, 沟(溝), 钩(鉤), 苟, 狗, 垢, 觳, (羊+古), 估, 孤, 姑, 鸪(鴣), 菰, 菇, 蛄, 辜, 箍, 古, 谷, 股, 骨, 罟, 钴(鈷), 鼓, 榖, 固, 故, 顾(顧), 僱, 鹄(鵠), 瓜, 刮, 騧, 剐(剮), 寡, 卦, 挂, 掛, 罣, 乖, 怪, 恠, 关(關), 观(觀), 官, 棺, 鳏(鰥), 馆(館), 管, 贯(貫), 冠, 惯(慣), 灌, 鹳(鸛), 礶, 罐, 纶(綸), 光, 广(廣), 归(歸), 圭, 龟(龜), 规(規), 瑰, 鬼, 癸, 晷, 簋, 贵(貴), 桂, (车+衮), 滚(滾), 郭, 啯, 聒, 锅(鍋), 蝈(蟈), 国(國), 果, 菓, 椁, 裹, 过(過), 矿(礦))

② 현대중국어에서 구개음으로 변한 견모 한자

给(給), 讥(譏), 击(擊), 叽(嘰), 饥(饑), 玑(璣), 机(機), 矶(磯), 鸡(鷄), 箕, 稽, 激, 羁(羈), 雞, 饑, 吉, 级(級), 急, 棘, 几, 己, 虮(蟣), 戟, 幾, 麂, 计(計), 记(記), 纪(紀), 季, 既, 继(繼), 寄, 髻, 骥(驥), 其, 奇, 加, 枷, 痂, 痂, 笳, 傢, 袷(袷), 嘉, 夾(夾), 荚(莢), 甲, 假, 价(價), 驾(駕), 架, 嫁, 奸, 坚(堅), 间(間), 肩, 艰(艱), 监(監), 鹣(鶼), 拣(揀), 茧(繭), 捡(撿), 检(檢), 减(減), 简(簡), 蹇, 鹸, 见(見), 建, 剑(劍), 涧(澗), 谏(諫), 劒, 體, 鐧, 鑑, 江, 豇, 僵, 薑, 殭, 礓, 疆, 韁, 讲(講), 膙, 降, 绛(絳), 交, 郊, 浇(澆), 娇(嬌), 骄(驕), 蛟, 膠, 角, 狡, 饺(餃), 绞(絞), 脚(腳), 搅(攪), 叫, 觉(覺), 较(較), 教, 窖, 酵, 鹪, 校, 侥(僥), 阶(階), 揭, 街, 秸, 劫, 拮, 结(結), 洁(潔), 鲜, 解, 介, 戒, 芥, 界, 疥, 诫(誡), 桔, 巾, 斤, 今, 矜, 筋, 襟, 卺(卺), 紧(緊), 锦(錦), 谨(謹), 槿, 禁, 京, 经(經), 荆(荊), 惊(驚), 粳, 兢, 颈(頸), 景, 警, 徑(徑), 竞, 敬, 獍, 镜(鏡), 鸠(鳩), 究, 九, 久, 灸, 韭, 救, 车(車), 拘, 居, 驹(駒), 锔(鋦), 鞠, 菊, 橘, 矩, 举(舉), 句, 锯(鋸), 据(據), 鹃(鵑), 卷, 捲, 绢(絹), 撅, 决(決), 駃, 蕨, 憠, 镢(鐝), 蹶, 军(軍), 均, 君, 麕, 匀(勻))

군모(群母) [g]:

① 현대중국어에서 구개음으로 변하지 않은 군모 한자

　共, 拐, 柜(櫃)

② 현대중국어에서 구개음으로 변한 군모 한자

　屐, 畿, 及, 極(極), 伎, 技, 忌, 妓, 悸, 俭(儉), 件, 健, 轿(轎), 碣, 竭, 仅(僅),

　近, 妗, 噤, 窘, 旧(舊), 臼, 咎, 舅, 局, 巨, 拒, 苣, 具, 距, 惧(懼), 馸, 倦,

　掘, 橛, 郡, 骑(騎), 拳

계모(溪母) [kʼ]: 坩, 槁, 槀, 跪, 跤, 诘(詰), 蛞

갑모(匣母) [ɣ]: 缸[kaŋ], 茎(莖)[kiŋ], 胫(脛)[kən], 迴[kiuŋ], (糸+黄)[kuaŋ]

효모(曉母) [x]: 穀(穀)[ku]

운모(雲母) [ø]: 夐[kiui]

이모(以母) [j]: 捐[kiuan]

20. 『한청문감』 중국어 성모 [kʼ]의 내원

『한청문감』 중국어 성모 [kʼ]의 대부분이 『광운』의 "계모(溪母) [kʼ]"와 "군모(群母) [g]" 두 개 성모에서 오고 일부분이 "견모(見母) [k]", "효모(曉母) [x]", "갑모(匣母) [ɣ]" 등 다른 성모에서 왔다. 예를 들면 아래와 같다.

계모(溪母) [kʼ]:

① 현대중국어에서 구개음으로 변하지 않은 계모 한자

　喀, 开(開), 凯(凱), 慨, 楷, 勘, 龛(龕), 堪, 坎, 看, 康, 慷, 糠, 亢, 抗, 炕,

　考, 靠, 科, 稞, 磕, 蝌, 壳(殼), 可, 渴, 刻, 客, 课(課), 匼, 肯, 垦(墾), 恳(懇),

　坑, 空, 控, 孔, 恐, 扻, 口, 叩, 扣, 寇, 箜, (骨+出), 剋, 枯, 哭, 窟, 苦, 库(庫),

　裤, 酷, 夸(誇), 侉, 胯, 跨, 块(塊), 快, 宽(寬), 款, 筐, 纩(纊), 溪, 旷(曠),

　框, 眶, 亏(虧), 盔, 窥(窺), 奎, 坤, 髡, 捆, 綑, 困, 澜

② 현대중국어에서 구개음으로 변한 계모 한자

欺, 崎, 乞, 岂(豈), 杞, 起, 啓, 气(氣), 契, 棄, 器, 磎, 掐, 帢, 恰, 牵(牽),

谦(謙), 愆, 遣, 欠, 纤(縴), 嗛, 膁, 腔, 蜣, 敲, 繑, 蹺, 巧, 窍(竅), 撬, 憥,

怯, 挈, 钦(欽), 轻(輕), 倾(傾), 卿, 顷(頃), 羥, 庆(慶), 磬, 穹, 丘, 邱, 岖(嶇),

驱(驅), 屈, 歊, 麯, 曲, 去, 圈, 犬, 劝(勸), 券, 缺

군모(群母) [g]:

① 현대중국어에서 구개음으로 변하지 않은 군모 한자

诓(誆), 狂, 揆, 葵, 夔

② 현대중국어에서 구개음으로 변한 군모 한자

芨, 期, 祁, 其, 奇, 祈, 祇, 骐(騏), 骑(騎), 琪, 棋, 碁, 旗, 麒, 钤(鈐), 钳(鉗),

乾, 强(強), 乔(喬), 荞(蕎), 桥(橋), 翘(翹), 茄, 芹, 琴, 禽, 勤, 檎, 擎, 穷(窮),

琼(瓊), 求, 虬(虯), 逑, 球, 毬, 渠, 磲, 权(權), 拳, 颧(顴), 瘸, 裙, 羣, 群,

距, 痤(瘁), 倔

견모(見母) [k]: 寄, 柯, 颏(頦), 浍(澮), 脍(膾), 惯(慣), 愧, 崑, 阚, 嫁, 降

효모(曉母) [x]: 扛[kʻaŋ], 蔻[kʻəu], 况(況)[kʻuaŋ]

갑모(匣母) [ɤ]: 苛[kʻə], 畦[kʻi], 槛(檻)[kʻian], (犭+敫)[kʻiao]

이모(以母) [j]: 铅(鉛)[kʻian]

21. 『한청문감』 중국어 성모 [x]의 내원

『한청문감』 중국어 성모 [x]의 대부분이 『광운』의 "효모(曉母) [x]"와 "갑모(匣母) [ɤ]" 두 개 성모에서 오고 일부분이 "견모(見母) [k]", "영모(影母) [ø]", "운모(雲母) [ø]" 등 다른 성모에서 왔다. 예를 들면 아래와 같다.

효모(曉母) [x]:

① 현대중국어에서 구개음으로 변하지 않은 효모 한자

哈, 海, 醢, 憨, 罕, 喊, 汉(漢), 蒿, 好, 耗, 喝, 黑, 亨, 哼, 轰(轟), 烘, 薨,

哄, 吼, 犼, 呼, 忽, 惚, 戏(戲), 虎, 琥, 花, 華, 华(華), 譁(譁), 化, 劃, 獲,

歡, 矱, 唤(喚), 荒, 慌, 怳, 恍, 灰, 挥(揮), 辉(輝), 麾, 悔, 毁, 讳(諱), 贿(賄),

晦, 昏, 荤(葷), 惛

② 현대중국어에서 구개음으로 변한 효모 한자

吸, 希, 牺(犧), 稀, 嘻, 喜, 戏(戲), 戯, 虾(蝦), 瞎, 唬, 吓(嚇), 枕, 显(顯),

险(險), 宪(憲), 献(獻), 乡(鄉), 香, 享, 响(響), 向, 嚮, 晓(曉), 孝, 哮, 歇, 胁,

兴(興), 凶, 兄, 兇, 休, 朽, 臭, 嗅, 虚(虛), 虚, 驢, 许(許), 冔, 蓄, 靴, 血,

谑(謔), 熏, 勋, 勲, 壎, 薰, 燻, 训(訓), 鋗, 轩(軒)

匣母 [ɣ]:

① 현대중국어에서 구개음으로 변하지 않은 갑모 한자

蛤, 孩, 亥, 害, 颏(頦), 咳, 含, 涵, 寒, 汗, 旱, 釬, 翰, 瀚, 行, 杭, 毫, 豪,

号(號), 合, 何, 和, 河, 荷, 核, 盒, 鹖(鶡), 褐, 鹤(鶴), 貉, 痕, 很, 恨, 恆(恆),

珩, 横(橫), 衡, 红(紅), 宏, 虹, 鸿(鴻), 侯, 喉, 猴, 睺, 瘊, 后, 厚, 後, 候,

鹘(鶻), 乎, 狐, 胡, 鬍, 壶(壺), 斛, 葫, 湖, 瑚, 鹕(鶘), 槲, 糊, 餬, 户(戶), 护(護),

瓠, 扈, 划, 铧(鏵), 猾, 滑, 画(畫), 话(話), 桦(樺), 劃, 怀(懷), 淮, 槐, 踝, 坏

(壞), 还(還), 环(環), 锾(鍰), 圜, 镮(鐶), 缓(緩), 宦, 换(換), 患, 皇, 黄(黃),

凰, 惶, 锽(鍠), 蝗, 磺, 簧, 鳇(鰉), 晃, 幌, 滉, 榥, 回, 廻, 茴, 迴, 蛔, 会(會),

绘(繪), 惠, 慧, 蕙, 浑(渾), 馄(餛), 混, 魂, 活, 夥, 或, 获(獲), 祸(禍), 惑

② 현대중국어에서 구개음으로 변한 갑모 한자

繫, 系, 鰕, 匣, 狭(狹), 祫, 暇, 辖(轄), 蝦, 霞, 騢, 下, 夏, 闲(閑), 贤(賢),

弦, 咸, 衔(銜), 舷, 絃, 闲, 唌, 鹇(鷳), 嫌, 鹹, 苋(莧), 县(縣), 现(現), 限,

陷, 降, 项(項), 校, 效, 殽, 解, 协(協), 鞋, 械, 獬, 蟹, 行, 刑, 形, 铏(鉶),

杏, 幸, 荇, 倖, 熊, 玄, 穴, 学(學)

견모(見母) [k]: 鵤(xun), 枭(梟)(xiao), 骁(驍)(xiao), 懈(xiai), 港(xiaŋ), 鹬

(鷸)(xu)

영모(影母) [ø]: 秽(穢)[xui], 蠖[xu], 朽[xu]

운모(雲母) [ø]: 鸮(鴞)[xiao], 雄[xiuŋ]

계모(溪母) [kʻ]: 灦[xi], 隙[xi]

의모(疑母) [ŋ]: 哈

투모(透母) [tʻ]: 痪(瘓)[xuan]

철모(徹母) [tʂʻ]: 樗[xua]

서모(書母) [ɕ]: 饷(餉)[xiaŋ]

七. 반모음 [w], [j]의 내원

22. 『한청문감』 중국어 반모음 성모 [w]의 내원

『한청문감』 중국어 성모 [w]의 대부분이 『광운』의 "영모(影母) [ø]", "미모(微母) [ɱ]" 두 개 성모에서 오고, 일부분이 "의모(疑母) [ŋ]", "운모(雲母) [ø]", "갑모(匣母) [ɣ]" 등에서 왔다. 예를 들면 아래와 같다.

영모(影母) [ø]: 窊, 搲, 洼, 窪, 凹, 弯(彎), 剜, 湾(灣), 豌, 盌, 椀, 碗, 汪, 枉, 歪, 倭, 窝(窩)

미모(微母) [ɱ]: 袜(襪), 挽, 晚, 万(萬), 蔓, 亡, 网(網), 辋(輞), 妄, 望

의모(疑母) [ŋ]: 瓦, 玩, 顽(頑), 外

운모(雲母) [ø]: 王, 往, 旺

갑모(匣母) [ɣ]: 完

23. 『한청문감』 중국어 반모음 성모 [j]의 내원

『한청문감』 중국어 반모음 성모 [j]의 대부분이 『광운』의 "의모(疑母) [ŋ]", "영모(影母) [ø]", "운모(雲母) [ø]", "이모(以母) [j]" 등에서 왔다. 예를 들면 아래와 같다.

(1) 의모(疑母) [ŋ]: 牙, 芽, 厓, 崖, 涯, 衙, 雅, 讶(訝), 砑, 呀, 严(嚴), 言, 研, 颜(顏), 巖, 眼, 砚(硯), 验(驗), 酽(釅), 鴈, 仰, 咬, 皾, 业(業), 鱼(魚), 渔(漁), 隅, 虞, 愚, 语(語), 敔, 玉, 狱(獄), 遇, 御, 瑀, 禦, 元, 原, 鼋(黿), 源, 愿, 願, 乐(樂), 月, 刖, 岳, 嶽

(2) 영모(影母) [ø]: 丫, 压(壓), 押, 鸦(鴉), 桠(椏), 鸭(鴨), 哑(啞), 轧(軋), 咽, 胭, 烟(煙), 淹, 偃, 魇(魘), 鷗, 厌(厭), 宴, 餍(饜), 燕, 嚥, 央, 殃, 鸯(鴦), 秧, 吆, 妖, 腰, 要, 勒, 约(約), 窨, 因, 阴(陰), 茵, 荫(蔭), 音, 饮(飲), 隐(隱), 瘾(癮), 印, 窨, 拥(擁), 痈(癰), 雍, 壅, 优(優), 幽, 憂, 於, 淤, 瘀, 妪(嫗), 欝, 冤, 渊(淵), 怨, 哕(噦), 熨

(3) 운모(雲母) [ø]: 炎, 友, 有, 又, 右, 佑, 宥, 迁, 于, 盂, 雩, 宇, 羽, 雨, 芋, 园(園), 员(員), 圆(圓), 援, 猿, 辕(轅), 远(遠), 院, 钺(鉞), 越, 晕(暈), 云(雲), 芸, 耘, 蕓, 陨(隕), 运(運), 韵(韻)

(4) 이모(以母) [j]: 涎, 延, 沿, 盐(鹽), 阎(閻), 筵, 簷, 艳(艷), 焰, 扬(揚), 羊, 阳(陽), 杨(楊), 旸(暘), 佯, 洋, 飏(颺), 养(養), 痒(癢), 样(樣), 漾, 窑(窯), 谣(謠), 摇(搖), 遥, 瑶, 窅, 药(藥), 鹞(鷂), 耀, 鑰, 射, 掖, 椰, 野, 叶(葉), 頁, 夜, 液, 炙, 镒(鎰), 翼, 淫, 寅, 霪, 尹, 引, 庸, 甬, 勇, 涌, 踊, 用, 悠, 由, 犹(猶), 油, 遊, 游, 酉, 莠, 柚, 诱(誘), 釉, 余, 臾, 逾, 榆, 舆(輿), 馀, 踰, 與, 育, 浴, 预(預), 欲, 谕(諭), 鸰(鴒), 裕, 愈, 豫, 鹬(鷸), 鸢(鳶), 缘(緣), 橼(櫞), 阅(閱), 悦(悅), 跃(躍), 籥, 匀(勻), 允

八. 제로성모 [ø]의 내원

24. 『한청문감』 중국어 제로성모 [ø]의 내원

『한청문감』 중국어 제로성모 [ø]의 절대다수가 『광운』의 "의모(疑母) [ŋ]", "영모(影母) [ø]", "운모(雲母) [ø]", "이모(以母) [j]", "미모(微母) [ɱ]", "일모(日 母) [nz]" 등 여섯 개 성모에서 오고, 개별적으로 다른 성모에서 왔다. 예를 들면 아래와 같다.

(1) 의모(疑母) [ŋ]
① 현대중국어에서 운모의 모음으로 발음되는 의모(疑母) [ŋ] 글자
　a[a]: 艾, 碍(礙), 岸, 豻, 昂, 敖, 獒, 熬, 鳌(鰲), 傲
　e[ə]: 讹(訛), 囮, 俄, 鹅(鵝), 蛾, 额(額), 饿(餓), 噩
　o[o]: 哦, 偶, 藕
　i[i]: 仪(儀), 宜, 疑, 蚁(蟻), 义(義), 艺(藝), 议(議), 呓(囈), 迎, 硬
② 현대중국어에서 반모음 "w"로 발음되는 의모 글자
　外, 危, 桅, 我, 卧(臥), 吾, 梧, 蜈, 五, 午, 伍, 仵, 杌, 误(誤), 悟, 娱

(2) 영모(影母) [ø]
① 현대중국어에서 운모의 모음으로 발음되는 영모 글자
　a[a]: 阿, 哀, 埃, 挨, 矮, 霭(靄), 爱(愛), 隘, 安, 鞍, 按, 案, 暗, 凹, 鏖, 袄(襖), 奥(奧), 懊
　e[ə]: 阿, 厄, 扼。恶(惡), 阏(閼), 恩
　o[o]: 讴(謳), 瓯(甌), 殴(毆), 熰, 呕(嘔),
　i[i]: 噎, 犄, 一, 伊, 衣, 医(醫), 依, 揖, 乙, 倚, 椅, 亿(億), 益, 意, 噫, 翳, 英, 罂(罌), 缨(纓), 璎(瓔), 樱(櫻), 鹦(鸚), 鹰(鷹), 影, 瘿(癭), 应(應), 映

② 현대중국어에서 반모음 "w"로 발음되는 영모 글자

威, 隈, 煨, 委, 猥, 畏, 尉, 慰, 温(溫), 榅, 瘟, 稳(穩), 翁, 甕, 苪(蒿), 恶(惡),

乌(烏), 污, 呜(嗚), 屋, 於, 汙

(3) 운모(雲母) [ø]

① 현대중국어에서 반모음 "w"로 발음되는 운모 글자

为(爲), 违(違), 围(圍), 帏(幃), 帷, 苇(葦), 纬(緯), 卫(衛), 位, 胃, 蝟

(4) 이모(以母) [j]

① 현대중국어에서 운모의 모음으로 발음되는 이모 글자

   i[i]: 夷, 姨, 栘, 胰, 移, 遗(遺), 彝, 已, 以, 役, 译(譯), 易, 驿(驛), 疫, 贻,

       異, 逸, 溢, 盈, 营(營), 蝇(蠅), 颖(穎)

② 현대중국어에서 "r"로 발음되는 이모 글자

   蓉, 镕(鎔), 融

③ 현대중국어에서 반모음 "w"로 발음되는 이모 글자

   惟

(5) 미모(微母) [ɱ]

① 현대중국어에서 반모음 "w"로 발음되는 글자

微, 薇, 尾, 未, 味, 文, 纹(紋), 闻(聞), 蚊, 吻, 紊, 问(問), 诬(誣), 无(無),

毋, 武, 鹉(鵡), 舞, 务(務), 物, 雾(霧), 鹜(鶩)

(6) 일모(日母) [n̠ʐ]

   而, 儿(兒), 尔(爾), 耳, 饵(餌), 洱, 珥, 二, 刵, 贰(貳)

(7) 명모(明母) [m]

　(현대중국어에서 반모음 "w"로 발음되는 글자) 戊

(8) 견모(見母) [k]

　(蝸)[o]

(9) 갑모(匣母) [ɣ]

　爻[iao], 萤(螢)[iŋ]

(10) 철모(徹母) [ʈʻ]

　貔[iui]

제4장

『한청문감』 윤모

제1절 『광운』, 『한청문감』, 현대중국어 운모의 대비

본 절에서는 『광운』, 『한청문감』, 현대중국어의 운모를 대비하게 된다. 대비의 목적은 『광운』과 『집운』의 운모를 기준으로 하여 『한청문감』과 현대중국어 운모의 발음 및 서로간의 상관관계를 대비함으로써 독자들로 하여금 각종 운모들의 역사적인 변화과정을 요해하게 하려는데 있다.

『광운』과 『집운』의 발음 표기 자료는 『한어대사전(汉语大词典)』과 『한어대자전(汉语大字典)』에 의거하였다. 사전과 자전에 『광운』이나 『집운』의 발음 표기가 없는 한자 187개는(성모대비 뒤에 열거하였음) 본 절의 대비와 다음 절의 통계에서 삭제되었다.

一. 과섭(果攝) 운모의 대비

1. 가운(歌韵): 一等开口[ɑ]

『광운』 "가운"은 평성(平声)으로 『한청문감』에 35개 글자가 나타났다. 그 가운데의 25개가 [o]로 표기되고 8개가 [ə]로 표기되고, 2개가 [a]로 표기되었다. 그 가운데의 "阿"가 [a], [ə] 두 가지 음으로 표기되었다.

이는 가운(歌韵)의 중고음 [ɑ]가 『한청문감』에 이르러 다수가 [o]로 변하였음을 말해준다.

이들이 현대중국어에서 19개가 [uo]로, 14개가 [ə]로, 2개가 [a]로 발음된다. 이는 『광운』가운의 다수가 현대중국어에서 [uo]로 변하였음을 설명한다. 가운의 『한청문감』 표기는 아래와 같다.(화살표 왼쪽은 『한청문감』의 표음이고 오른쪽은 현대중국어 발음이다)

[o]("ㅗ"로 표기된 [o])→"e"[ə]: 俄, 鵝(鵝), 蛾, 哦, 何, 河, 搓

[o]("ㅗ"로 표기된 [o])→"uo"[uo]: 磋, 蹉, 多, 啰(囉), 罗(羅), 萝(蘿), 锣(鑼), 箩(籮), 攞, 挪, 拖, 陀, 沱, 驼(駝), 柁, 馱, 駄, 鼍(鼉)

[ə]("ㅓ"로 표기된 [ə])→"e"[ə]: 阿, 讹(訛), 蛾, 哥, 歌, 荷, 苛, 柯

[a]("ㅏ"로 표기된 [a])→"a"[a]: 阿, 他

2. 가운(哿韻): 一等开口[ɑ]

『광운』 "가운"은 상성(上声)으로 『한청문감』에 5개 글자가 나타났다. 그 가운데의 3개가 [o]로 표기되고 1개가 [ə]로 표기되고, 1개가 [a]로 표기되었다.

이는 가운(哿韻)의 중고음 [ɑ]가 『한청문감』에 이르러 다수가 [o]로 변하였음을 말해준다.

이들이 현대중국어에서 2개가 [uo]로, 1개가 [ə]로, 1개가 [a]로, 1개가 [o]로 발음된다.

상술한 상황은 『광운』 가운의 다수가 『한청문감』에서 [o]로 되고, 현대중국어에 이르러 [uo]로 변하였음을 설명한다. 가운의 『한청문감』 표기는 아래와 같다.

[o]("ㅗ"로 표기된 [o])→"uo"[uo]: 舵, 我, 左

[ə]("ㅓ"로 표기된 [ə])→"e"[ə]: 可

[a]("ㅏ"로 표기된 [a])→"a"[a]: 那

3. 개운(箇韵): 一等开口[ɑ]

『광운』 "개운"은 거성(去声)으로『한청문감』에 12개 글자가 나타났다. 그 가운데의 7개가 [o]로 표기되고 3개가 [ə]로 표기되고, 2개가 [a]로 표기되었다.

이는 개운(箇韵)의 중고음 [ɑ]가『한청문감』에 이르러 다수가 [o]로 변하였음을 말해준다.

이들이 현대중국어에서 6개가 [uo]로, 4개가 [ə]로, 2개가 [a]로 발음된다.

상술한 상황은『광운』개운의 다수가『한청문감』에서 [o]로 되고, 현대중국어에 이르러 [uo]로 변하였음을 설명한다. 가운의『한청문감』표기는 아래와 같다.

> [o]("ㅗ"로 표기된 [o])→"uo"[uo]: 哆, 馱, 駄, 逻(邏), 佐, 作
>
> [o]("ㅗ"로 표기된 [o])→"e"[ə]: 饿(餓)
>
> [ə]("ㅓ"로 표기된 [ə])→"e"[ə]: 個, 箇, 餇
>
> [a]("ㅏ"로 표기된 [a])→"a"[a]: 大, (口+奈)

4. 과운(戈韵): 一等合口[uɑ]; 三等开口[ĭɑ], 合口[ĭɑ]

『광운』 "과운"은 평성으로『한청문감』에 30개 글자가 나타났다. 그 가운데의 22개가 [o]로 표기되고, 3개가 [ə]로 표기되고, 2개가 [iuəi]로 표기되고, 1개가 [iəi]로 표기되고, 1개가 [u]로 표기되고 1개가 [uə]로 표기되었다.

이는 과운(戈韵) 중고음 [uɑ], [ĭɑ]의 다수가『한청문감』에 이르러 [o]로 변하였음을 말해준다.

이들이 현대중국어에서 12개가 [uo]로, 9개가 [o]로, 6개가 [ə]로, 2개가 [ye]로, 1개가 [ie]로 발음된다.

상술한 상황은『광운』과운의 다수가『한청문감』에서 [o]로 되고, 현대중국어에 이르러 [uo]로 변하였음을 설명한다. 과운의 『한청문감』 표기는 아래와 같다.

> [o]("ㅗ"로 표기된 [o])→"o"[o]: 陂, 波, 玻, 菠, 麼, 摩, 磨, 坡, 婆
>
> [o]("ㅗ"로 표기된 [o])→"e"[ə]: 和, 科, 蝌
>
> [o]("ㅗ"로 표기된 [o])→"uo"[uo]: 脞, 锅(鍋), 骒(騍), 螺, 莎, 唆, 梭, 簑, 砣, 苘(萵)
>
> [ə]("ㅓ"로 표기된 [ə])→"e"[ə]: 囮, 戈, 稞
>
> [iuəi]("ᆑ"로 표기된 [iuəi])→"üe"[ye]: 靴, 瘸
>
> [iəi]("ㅖ"로 표기된 [iəi])→"ie"[ie]: 茄
>
> [u]("ㅜ"로 표기된 [u])→"uo"[uo]: 锅(鍋)
>
> [uə]("ㅝ"로 표기된 [uə])→"wo"[uo]: 倭

5. 과운(果韻): 一等合口[uɑ]

『광운』 "과운"은 상성으로 『한청문감』에 17개 글자가 나타났다. 그 가운데의 11개가 [o]로 표기되고, 4개가 [uə]로 표기되고, 1개가 [ua]로 표기되고, 1개가 [iao]로 표기되었다. 그리고 "果, 裹, 火" 세 글자가 [o], [uə] 두 가지 음으로 표기되었다.

이는 과운(果韻) 중고음 [uɑ]의 다수가 『한청문감』에 이르러 [o]로 변하였음을 말해준다.

이들이 현대중국어에서 모두 [uo]로 발음된다.

상술한 상황은 『광운』 과운의 다수가 『한청문감』에서 [o]로 되고, 현대중국어에 이르러 모두가 [uo]로 변하였음을 설명한다. 과운의 『한청문감』 표기는 아래와 같다.

[o]("ㅗ"로 표기된 [o])→"uo"[uo]: 朵, 垛, 果, 裹, 火, 夥, 祸(禍), 癏, 琐(瑣), 锁(鎖), 妥

[uə]("ㅝ"로 표기된 [uə])→"uo"[uo]: 果, 菓, 裹, 火

[ua]("ㅘ"로 표기된 [ua])→"uo"[uo]: 裹

[iao]("ㅛ"로 표기된 [iao])→"uo"[uo]: 锁(鎖)

6. 과운(過韻): 一等合口[uɑ]

『광운』 "과운"은 거성으로 『한청문감』에 14개 글자가 나타났다. 그 가운데의 13개가 [o]로 표기되고, 1개가 [uə]로 표기되었다.

이는 과운(過韻) 중고음 [uɑ]의 다수가 『한청문감』에 이르러 [o]로 변하였음을 말해준다.

이들이 현대중국어에서 10개가 [uo]로, 3개가 [o]로, 1개가 [ə]로 발음된다.

상술한 상황은 『광운』 과운의 다수가 『한청문감』에서 [o]로 되고, 현대중국어에 이르러 [uo]로 변하였음을 설명한다. 과운의 『한청문감』 표기는 아래와 같다.

[o]("ㅗ"로 표기된 [o])→"o"[o]: 簸, 破

[o]("ㅗ"로 표기된 [o])→"e"[ə]: 课(課)

[o]("ㅗ"로 표기된 [o])→"uo"[uo]: 挫, 莝, 剁, 惰, 过(過), 货(貨), 唾, 卧(臥), 坐, 座

[uə]("ㅝ"로 표기된 [uə])→"uo"[uo]: 过(過)

二. 가섭(假攝) 운모의 대비

1. 마운(麻韻): 二等개구[a], 合口[wa]; 三等开口[ǐa]

『광운』 "마운"은 평성으로『한청문감』에 70개 글자가 나타났다. 그 가운데의 25개가 [a]로 표기되고, 18개가 [ia]로 표기되고, 10개가 [ua]로 표기되고, 4개가 [ə]로 표기되고, 4개가 [iəi]로 표기되고, 3개가 [oa]로 표기되고, 3개가 [o]로 표기되고, 1개가 [iai]로 표기되고, 1개가 [iue]로 표기되고, 1개가 [iə]로 표기되었다.

이는 마운(麻韻) 중고음 [a], [wa], [ǐa]의 다수가『한청문감』에 이르러 [a], [ia]로 변하였음을 말해준다.

이들이 현대중국어에서 28개가 [a]로, 18개가 [ia]로, 13개가 [ua]로, 7개가 [ie]로, 4개가 [ə]로 발음된다.

상술한 상황은『광운』마운이『한청문감』에서의 발음이 비교적 복잡함을 설명한다. 주로 2등 개구호가 [a]와 [ia]로 되고, 2등 합구호가 [ua]로 되고, 3등 개구호가 [iəi]와 [ə]로 되었다. 이 가운데에서 참답게 연구되어야 할 과제는『한청문감』에서의 [iəi]로 표기된 것이 현대에 이르러 [ie]로 변화된 원인이다. 마운의『한청문감』표기는 아래와 같다.

> [a]("ㅏ"로 표기된 [a])→"a"[a]: 巴, 疤, 笆, 吧, 蛤, 麻, 蔴, 拏, 杷, 爬, 豝, 琶
>
> [a]("ㅑ"로 표기된 [a])→"a"[a]: 叉, 杈, 茶, 查, 差, 楂, 沙, 纱(紗), 砂, 柤, 渣, 樝, 楂
>
> [ia]("ㅑ"로 표기된 [ia])→"ia"[ia]: 丫, 鸦(鴉), 椏(椏), 牙, 芽, 衙, 呀
>
> [ia]("ㅐ"로 표기된 [ia])→"ia"[ia]: 加, 枷, 痂, 家, 枷, 笳, 嘉, 虾(蝦), 鰕, 霞, 騢

[ua]("ᅱ"로 표기된 [ua])→"ua"[ua]: 瓜, 騧, 花, 華, 划, 华(華), 铧(鏵), 譁
   (譁), 夸(誇), 侉

[ə]("ᅧ"로 표기된 [ə])→"e"[ə]: 遮, 车(車), 奢, 蛇

[iəi]("ᅦ"로 표기된 [iəi])→"ie"[ie]: 些, 邪, 斜, 爹

[oa]("ᅪ"로 표기된 [oa])→"ua"[ua]: 洼, 搲, 窪

[o]("ㅗ"로 표기된 [o])→"a"[a]: 蟆, 莎, 粢

[iai]("ᅤ"로 표기된 [iai])→"ie"[ie]: 椰

[iə]("ᅧ"로 표기된 [iə])→"ie"[ie]: 頁(頁)

[iuəi]("ᅰ"로 표기된 [iuəi])→"ie"[ie]: 嗟

2. 마운(馬韵): 二等开口[a], 合口[wa]; 三等开口[ia]

『광운』 "마운"은 상성으로 『한청문감』에 25개 글자가 나타났다. 그 가운
데의 6개가 [a]로 표기되고, 6개가 [ia]로 표기되고, 3개가 [ua]로 표기되고,
5개가 [ə]로 표기되고, 1개가 [iə]로 표기되고, 3개가 [iəi]로 표기되고, 1개가
[oa]로 표기되었다.

이는 마운(馬韵) 중고음 [a], [wa], [ia]의 다수가 『한청문감』에 이르러 [a],
[ia]로 변하였음을 말해준다.

이들이 현대중국어에서 7개가 [a]로, 5개가 [ia]로, 3개가 [ua]로, 4개가
[ie]로, 5개가 [ə]로, 1개가 [uai]로 발음된다.

상술한 상황은 『광운』 마운이 『한청문감』에서의 발음이 비교적 복잡함을
설명한다. 주로 2등 개구호가 [a]와 [ia]로 되고, 2등 합구호가 [ua]로 되고,
3등 개구호가 [iə]와 [ə]로 되었다. 이 가운데에서 참답게 연구되어야 할 과
제는 『한청문감』에서의 [iəi]로 표기된 것이 현대에 이르러 [ie]로 변화된
원인이다. 마운의 『한청문감』 표기는 아래와 같다.

[a]("ㅏ"로 표기된 [a])→"a"[a]: 把, 마(馬), 마(瑪), 洒(灑)

[a]("ㅑ"로 표기된 [a])→"a"[a]: 廈(厦), 傻, 痄

[ia]("ㅑ"로 표기된 [ia])→"ia"[ia]: 哑(啞), 雅

[ia]("ㅑ"로 표기된 [ia])→"ia"[ia]: 下, 夏, 假

[ə]("ㅕ"로 표기된 [ə])→"e"[ə]: 捨, 社, 惹, 者, 赭

[iə]("ㅕ"로 표기된 [iə])→"ie"[ie]: 野

[iəi]("ㅖ"로 표기된 [iəi])→"ie"[ie]: 姐, 且, 写(寫)

[ua]("ㅘ"로 표기된 [ua])→"ua"[ua]: 剐(剮), 寡

[ua]("ㅘ"로 표기된 [ua])→"uai"[uai]: 踝

[oa]("ㅘ"로 표기된 [oa])→"ua"[ua]: 瓦

3. 마운(禡韻): 二等开口[a], 合口[wa]; 三等开口[ĭa]

『광운』"마운"은 거성으로『한청문감』에 36개 글자가 나타났다. 그 가운데의 11개가 [a]로 표기되고, 9개가 [ia]로 표기되고, 4개가 [ua]로 표기되고, 6개가 [ə]로 표기되고, 1개가 [iə]로 표기되고, 4개가 [iəi]로 표기되고, 1개가 [i]로 표기되었다.

이는 마운(禡韻) 중고음 [a], [wa], [ĭa]의 다수가『한청문감』에 이르러 [a], [ia]로 변하였음을 말해준다.

이들이 현대중국어에서 11개가 [a]로, 9개가 [ia]로, 4개가 [ua]로, 6개가 [ie]로, 6개가 [ə]로 발음된다.

상술한 상황은『광운』마운이『한청문감』에서의 발음이 비교적 복잡함을 설명한다. 운복(韻腹)이 [a]인 것이 24개, 운복이 [ə]인 것이 11개이다. 주로 2등 개구호가 [a]와 [ia]로 되고, 2등 합구호가 [ua]로 되고, 3등 개구호가 [iəi]와 [ə]로 되었다. 이 가운데에서 참답게 연구되어야 할 과제는『한청문감』에서의 [iəi]와 [iə]로 표기된 것이 현대에 이르러 [ie]로 변화된 원인이다.

마운의 『한청문감』 표기는 아래와 같다.

[a]("ㅏ"로 표기된 [a])→"a"[a]: 坝(壩), 弝, 覇, 禡, 帕, 怕

[a]("ㅑ"로 표기된 [a])→"a"[a]: 汉, 乍, 诈(詐), 咤, 榨

[ia]("ㅑ"로 표기된 [ia])→"ia"[ia]: 讶(訝), 砑

[ia]("ㅑ"로 표기된 [ia])→"ia"[ia]: 唬, 暇, 傢, 价(價), 驾(駕), 架, 嫁

[ua]("ㅘ"로 표기된 [ua])→"ua"[ua]: 化, 桦(樺), 胯, 跨

[ə]("ㅕ"로 표기된 [ə])→"e"[ə]: 舍, 射, 赦, 麝, 蔗, 鹧(鷓)

[iə]("ㅕ"로 표기된 [iə])→"ie"[ie]: 夜

[iəi]("ㅖ"로 표기된 [iəi])→"ie"[ie]: 泻(瀉), 卸, 谢(謝), 借

[i]("ㅣ"로 표기된 [i])→"ie"[ie]: 射

三. 우섭(遇攝) 운모의 대비

1. 모운(模韻): 一等合口[u]

『광운』 "모운"은 평성으로 『한청문감』에 58개 글자가 나타났다. 그 가운데의 54개가 [u]로 표기되고, 3개가 [o]로 표기되고, 1개가 [ua]로 표기되었다.
이는 모운(模韻) 중고음 [u]가 『한청문감』에 이르러서도 변하지 않고 거의 모두가 그대로 중고음 [u]를 유지하였음을 의미한다.
이들이 현대중국어에서 56개가 [u]로, 2개가 [o]로 발음된다.
상술한 상황은 『광운』 모운의 현대중국어 발음과 『한청문감』에서의 발음이 기본상 일치함을 설명하는바 대부분이 [u]로 되었다. 모운의 『한청문감』 표기는 아래와 같다.

[u]("ㅜ"로 표기된 [u])→"u"[u]: 鵬, 舗, 都, 孤, 姑, 鴣(鴣), 菰, 菇, 蛄, 辜, 箍, 乎, 呼, 狐, 胡, 壶(壺), 葫, 湖, 瑚, 鶘(鶘), 糊, 餬, 鬍, 戏(戲), 枯, 卢(盧), 栌(櫨), 轳(轤), 鸬(鸕), 顱(顱), 爐(爐), 模, 奴, 驽(駑), 铺(鋪), 蒲, 舖, 苏(蘇), 酥, 图(圖), 荼, 徒, 途, 涂(塗), 酴, 鵌, 乌(烏), 杇, 呜(嗚), 吾, 梧, 蜈, 於, 租

[o]("ㅗ"로 표기된 [o])→"u"[u]: 芦(蘆)

[o]("ㅗ"로 표기된 [o])→"o"[o]: 谟(謨), 模

[ua]("ㅘ"로 표기된 [ua])→"u"[u]: 刳

2. 로운(姥韵): 一等合口[u]

『광운』 "로운"은 상성으로 『한청문감』에 39개 글자가 나타났다. 그 가운데의 36개가 [u]로 표기되고, 1개가 [a]로 표기되고, 1개가 [ao]로 표기되고, 1개가 [o]로 표기되었다.

이는 로운(姥韵)의 중고음 [u]가 『한청문감』에 이르러서도 변하지 않고 거의 모두가 그대로 중고음 [u]를 유지하였음을 의미한다.

이들이 현대중국어에서 38개가 [u]로, 1개가 [a]로 발음된다.

상술한 상황은 『광운』 로운의 현대중국어 발음 [u]가 이미 『한청문감』 시기에 형성되었음을 설명한다. 로운의 『한청문감』 표기는 아래와 같다.

[u]("ㅜ"로 표기된 [u])→"u"[u]: 补(補), 补(補), 部, 簿, 粗, 堵, 赌(賭), 杜, 肚, (羊+古), 估, 古, 股, 罟, 钴(鈷), 鼓, 虎, 琥, 户(戶), 扈, 苦, 卤, 鲁(魯), 橹, 努, 弩, 普, 谱(譜), 潽, 土, 吐, 五, 午, 伍, 仵, 祖
[a]("ㅏ"로 표기된 [a])→"a"[a]: 妈(媽)
[ao]("ㅗ"로 표기된 [ao])→"u"[u]: 磠
[o]("ㅗ"로 표기된 [o])→"u"[u]: 掳(擄)

3. 모운(暮韵): 一等合口[u]

『광운』 "모운"은 거성으로 『한청문감』에 38개 글자가 나타났다. 그 가운데의 37개가 [u]로 표기되고, 1개가 [o]로 표기되었다.

이는 모운(暮韵)의 중고음 [u]가 『한청문감』에 이르러서도 변하지 않고 거의 모두가 그대로 중고음 [u]를 유지하였음을 의미한다.

이들이 현대중국어에서 38개 모두가 [u]로 발음된다.

상술한 상황은 『광운』 모운의 현대중국어 발음 [u]가 이미 『한청문감』 시기에 형성되었음을 설명한다. 모운의 『한청문감』 표기는 아래와 같다.

> [u]("ㅜ"로 표기된 [u])→"u"[u]: 捕, 布, 步, 妒, 妬, 度, 渡, 镀(鍍), 蠹, 固, 故, 顾(顧), 傕, 护(護), 瓠, 库(庫), 袴, 辂, 路, 潞, 鹭(鷺), 露, 暮, 怒, 堡, 诉(訴), 素, 嗉, 兔, 恶(惡), 污, 误(誤), 悟, 愫, 汙, 胙, 祚
> [o]("ㅗ"로 표기된 [o])→"u"[u]: 醋

4. 어운(魚韵): 三等合口[ǐwo]

『광운』 "어운"은 평성으로 『한청문감』에 38개 글자가 나타났다. 그 가운데의 18개가 [u]로 표기되고, 19개가 [iui]로 표기되고, 1개가 [ua]로 표기되었다. 그리고 "疎"자 성모가 [ʂ], [s] 두 가지 음으로 표기되었다.

이는 어운(魚韵) 중고음 [ǐwo]의 다수가 『한청문감』에 이르러 [u], [iui]로 변하였음을 말해준다.

이들이 현대중국어에서 19개가 [u]로, 19개가 [y]로 발음된다.

상술한 상황은 『광운』 어운의 현대중국어 발음 [u]가 이미 『한청문감』 시기에 형성되었음을 설명한다. 그리고 [iui]가 [y]로의 변화가 연구되어야 할 과제이다. 어운의 『한청문감』 표기는 아래와 같다.

[u]("ㅜ"로 표기된 [u])→"u"[u]: 鉏, 胪(臚), 疎, 疏

[u]("ㅠ"로 표기된 [u])→"u"[u]: 初, 除, 锄(鋤), 储(儲), 书(書), 梳, 舒, 疎,
　　疏, 诸(諸), 猪(豬), 楮(櫧), 如, 駕

[iui]("ㆌ"로 표기된 [iui])→"ü"[y]: 车(車), 居, 驴(驢), 桐(櫚), 渠, 磲, 虚(虛),
　　虡, 驢, 於, 淤, 余, 鱼(魚), 渔(漁), 舆(輿), 餘, 疽, 蛆, 徐

[ua]("ㅘ"로 표기된 [ua])→"u"[u]: 樗

5. 어운(語韻): 三等合口[ĭwo]

『광운』 "어운"은 상성으로 『한청문감』에 28개 글자가 나타났다. 그 가운데
의 17개가 [iui]로 표기되고, 10개가 [u]로 표기되고, 1개가 [o]로 표기되었다.
　이는 어운(語韻) 중고음 [ĭwo]의 다수가 『한청문감』에 이르러 [iui], [u]로
변하였음을 말해준다.
　이들이 현대중국어에서 10개가 [u]로, 17개가 [y]로, 1개가 [uo]로 발음된다.
　상술한 상황은 『광운』 어운의 현대중국어 발음 [u]가 이미 『한청문감』
시기에 형성되었음을 설명한다. 그리고 [iui]가 [y]로의 변화가 연구되어야
할 과제이다. 어운의 『한청문감』 표기는 아래와 같다.

[iui]("ㆌ"로 표기된 [iui])→"ü"[y]: 举(舉), 巨, 拒, 苣, 距, 駏, 吕(呂), 侣(侶),
　　女, 许(許), 语(語), 敔, 與, 籞

[iui](구개음 뒤 "ㆌ"로 표기된 [iui])→"ü"[y]: 序, 叙, 绪(緒)

[u]("ㅜ"로 표기된 [u])→"u"[u]: 俎

[u]("ㅠ"로 표기된 [u])→"u"[u]: 楮, 楚, 处(處), 黍, 鼠, 煮, 苎(苧), 贮(貯),
　　杵

[o]("ㅗ"로 표기된 [o])→"uo"[uo]: 所

6. 어운(御韵): 三等合口[ǐwo]

『광운』 "어운"은 거성으로 『한청문감』에 16개 글자가 나타났다. 그 가운데의 9개가 [iui]로 표기되고, 6개가 [u]로 표기되고, 1개가 [o]로 표기되었다.

이는 어운(御韵)의 중고음 [ǐwo]의 다수가 『한청문감』에 이르러 [iui], [u]로 변하였음을 말해준다.

이들이 현대중국어에서 7개가 [u]로, 9개가 [y]로 발음된다.

상술한 상황은 『광운』 어운의 현대중국어 발음 [u]가 이미 『한청문감』 시기에 형성되었음을 설명한다. 그리고 [iui]가 [y]로의 변화가 연구되어야 할 과제이다. 어운의 『한청문감』 표기는 아래와 같다.

> [iui]("ᆔ"로 표기된 [iui])→"ü"[y]: 锯(鋸), 據(據), 虑(慮), 去, 瘀, 预(預), 御, 豫
>
> [iui](구개음 뒤 "ᆔ"로 표기된 [iui])→"ü"[y]: 絮
>
> [u]("ㅠ"로 표기된 [u])→"u"[u]: 署, 薯, 恕, 庶, 助, 筋
>
> [o]("ㅛ"로 표기된 [o])→"u"[u]: 著

7. 우운(虞韵): 三等合口[ǐu]

『광운』 "우운"은 평성으로 『한청문감』에 44개 글자가 나타났다. 그 가운데의 21개가 [iui]로 표기되고, 22개가 [u]로 표기되고, 1개가 [o]로 표기되었다.

이는 우운(虞韵)의 중고음 [ǐu]의 다수가 『한청문감』에 이르러 [iui], [u]로 변하였음을 말해준다.

이들이 현대중국어에서 23개가 [u]로, 20개가 [y]로 발음되고, 1개가 [uo]로 발음된다.

상술한 상황은 『광운』 우운의 현대중국어 발음 [u]가 이미 『한청문감』

시기에 형성되었음을 설명한다. 그리고 [iui]가 [y]로의 변화가 연구되어야 할 과제이다. 우운의 『한청문감』 표기는 아래와 같다.

[iui]("ㅠ"로 표기된 [iui])→"ü"[y]: 拘, 驹(駒), 岖(嶇), 驱(驅), 敺, 迂, 于, 盂, 臾, 雩, 隅, 逾, 榆, 虞, 愚, 踰

[iui](구개음 뒤 "ㅠ"로 표기된 [iui])→"ü"[y]: 趋(趨), 须(須), 需, 鬚

[iui]("ㅠ"로 표기된 [iui])→"u"[u]: 貙

[u]("ㅜ"로 표기된 [u])→"u"[u]: 夫, 麸(麩), 敷, 扶, 芙, 枎, 符, 诬(誣), 无(無), 毋

[u]("ㅠ"로 표기된 [u])→"u"[u]: 厨(廚), 雏(雛), 蹰(躕), 殳, 枢(樞), 输(輸), 朱, 洙, 珠, 硃, 蛛, 儒

[o]("ㅗ"로 표기된 [o])→"uo"[uo]: 懦

8. 우운(麌韵): 三等合口[iu]

『광운』 "우운"은 상성으로 『한청문감』에 30개 글자가 나타났다. 그 가운데의 9개가 [iui]로 표기되고, 21개가 [u]로 표기되었다.

이는 우운(麌韵)의 중고음 [ĭu]의 다수가 『한청문감』에 이르러 [u]로 변하였음을 말해준다.

이들이 현대중국어에서 21개가 [u]로, 9개가 [y]로 발음된다.

상술한 상황은 『광운』 우운의 현대중국어 발음 [u]가 이미 『한청문감』 시기에 형성되었음을 설명한다. 그리고 [iui]가 [y]로의 변화가 연구되어야 할 과제이다. 우운의 『한청문감』 표기는 아래와 같다.

[u]("ㅜ"로 표기된 [u])→"u"[u]: 抚(撫), 拊, 斧, 府, 俯, 辅(輔), 腑, 腐, 簠, 父, 庑(廡), 武, 鹉(鵡), 舞

[u]("ㅠ"로 표기된 [u])→"u"[u]: 乳, 竪(竪), 豎, 主, 拄, 麈, 柱

[iui]("ㅟ"로 표기된 [iui])→"ü"[y]: 矩, 缕(縷), 屨, 宇, 羽, 雨, 愈

[iui](구개음 뒤 "ㅟ"로 표기된 [iui])→"ü"[y]: 聚, 取

9. 우운(遇韻): 三等合口[ǐu]

『광운』 "우운"은 거성으로 『한청문감』에 29개 글자가 나타났다. 그 가운
데의 10개가 [iui]로 표기되고, 19개가 [u]로 표기되었다.

이는 우운(遇韻)의 중고음 [ǐu]의 다수가 『한청문감』에 이르러 [iui], [u]로
변하였음을 말해준다.

이들이 현대중국어에서 19개가 [u]로, 10개가 [y]로 발음된다.

상술한 상황은 『광운』 우운의 현대중국어 발음 [u]가 이미 『한청문감』
시기에 형성되었음을 설명한다. 그리고 [iui]가 [y]로의 변화가 연구되어야
할 과제이다. 우운의 『한청문감』 표기는 아래와 같다.

[u]("ㅜ"로 표기된 [u])→"u"[u]: 付, 附, 驸(駙), 赋(賦), 傅, 鲋(鮒), 务(務),
雾(霧), 鹜(鶩)

[u]("ㅠ"로 표기된 [u])→"u"[u]: 孺, 戍, 树(樹), 数(數), 住, 注, 驻(駐), 蛀,
铸(鑄), 註

[iui]("ㅟ"로 표기된 [iui])→"ü"[y]: 句, 具, 惧(懼), 屡(屢), 芋, 妪(嫗), 谕(諭),
遇, 裕

[iui](구개음 뒤 "ㅟ"로 표기된 [iui])→"ü"[y]: 趣

四. 해섭(蟹攝) 운모의 대비

1. 해운(咍韻): 一等开口[ɒi]

『광운』"해운"은 평성으로『한청문감』에 30개 글자가 나타났다. 그 가운데의 29개가 [ai]로 표기되고, 1개가 [iai]로 표기되었다.

이는 해운(咍韻)의 중고음 [ɒi]의 거의 모두가『한청문감』에 이르러 [ai]로 변하였음을 말해준다.

이들이 현대중국어에서 모두 [ai]로 발음된다.

상술한 상황은『광운』해운의 현대중국어 발음 [ai]가 이미『한청문감』시기에 형성되었음을 설명한다. 해운의『한청문감』표기는 아래와 같다.

> [ai]("ㅐ"로 표기된 [ai])→"ai"[ai]: 哀, 埃, 猜, 才, 材, 財(財), 裁, 纔, 猷, 该(該), 陔, 垓, 孩, 颏(頦), 咳, 开(開), 颏(頦), 来(來), 徕(徠), 騋, 腮, 胎, 台, 抬, 苔, 臺, 擡, 薹, 灾(災), 栽
>
> [iai]("ㅒ"로 표기된 [iai])→"ai"[ai]: 埃

2. 해운(海韻): 一等开口[ɒi]

『광운』"해운"은 상성으로『한청문감』에 14개 글자가 나타났다. 그 가운데의 12개가 [ai]로 표기되고, 1개가 [ə]로 표기되고, 1개가 [u]로 표기되었다.

이는 해운(海韻)의 중고음 [ɒi]의 거의 모두가『한청문감』에 이르러 [ai]로 변하였음을 말해준다.

이들이 현대중국어에서 12개가 [ai]로, 1개가 [ə]로, 1개가 [u]로 발음된다.

상술한 상황은『광운』해운의 현대중국어 발음 [ai]가 이미『한청문감』시기에 형성되었음을 설명한다. 해운의『한청문감』표기는 아래와 같다.

[ai]("ㅐ"로 표기된 [ai])→"ai"[ai]: 采, 採, 彩, 綵(綵), 待, 怠, 改, 海, 醢, 亥, 凱(凱), 宰

[ə]("ㅓ"로 표기된 [ə])→"e"[ə]: 颏(頦)

[u]("ㅜ"로 표기된 [u])→"u"[u]: 菩

3. 대운(代韻): 一等开口[ɒi]

『광운』 "대운"은 거성으로 『한청문감』에 18개 글자가 나타났다. 이들 모두가 [ai]로 표기되었다.

이는 대운(代韻)의 중고음 [ɒi] 모두가 『한청문감』에 이르러 [ai]로 변하였음을 말해준다.

이들이 현대중국어에서도 모두가 [ai]로 발음된다.

상술한 상황은 『광운』 대운의 현대중국어 발음 [ai]가 이미 『한청문감』 시기에 형성되었음을 설명한다. 대운의 『한청문감』 표기는 아래와 같다.

[ai]("ㅐ"로 표기된 [ai])→"ai"[ai]: 爱(愛), 碍(礙), 菜, 代, 岱, 玳, 袋, 戴, 概, 槩, 慨, 耐, 鼐, 赛(賽), 态(態), 载(載), 再, 在

4. 태운(泰韻): 一等开口[ɒi], 合口[uɑi]

『광운』 "태운"은 거성으로 『한청문감』에 23개 글자가 나타났다. 그 가운데의 15개가 [ai]로 표기되고, 3개가 [ui]로 표기되고, 2개가 [əi]로 표기되고, 2개가 [uai]로 표기되고, 1개가 [o]로 표기되었다.

이는 태운(泰韻)의 중고음 [ɒi], [uɑi]의 다수가 『한청문감』에 이르러 [ai]로 변하였음을 말해준다.

이들이 현대중국어에서 15개가 [ai]로, 3개가 [ei]로, 3개가 [uei]로, 2개가

[uai]로 발음된다.

상술한 상황은 『광운』 태운의 현대중국어 발음 [ai]가 이미 『한청문감』 시기에 형성되었음을 실명한다. 태운의 『한청문감』 표기는 아래와 같다.

[ai]("ㅐ"로 표기된 [ai])→"ai"[ai]: 靄(靄), 艾, 大, 带(帶), 丐, 盖(蓋), 蓋, 害, 赖(賴), 癞(癩), 奈, 柰, 太, 泰, 外

[ui]("ㅟ"로 표기된 [ui])→"ui"[uei]: 兌(兌), 会(會), 绘(繪)

[uai]("ㅙ"로 표기된 [uai])→"uai"[uai]: 浍(澮), 脍(膾)

[əi]("ㅢ"로 표기된 [əi])→"ei"[ei]: 贝(貝), 狈(狽)

[o]("ㅗ"로 표기된 [o])→"ei"[ei]: 沫

5. 회운(灰韵): 一等合口[uɒi]

『광운』 "회운"은 평성으로 『한청문감』에 25개 글자가 나타났다. 그 가운데의 16개가 [ui]로 표기되고, 7개가 [əi]로 표기되고, 1개가 [u]로 표기되고, 1개가 [i]로 표기되었다. 그 중 "颏(頦)"자가 [ui], [u] 두 가지로 표기되었다.

이는 회운(灰韵)의 중고음 [uɒi]의 다수가 『한청문감』에 이르러 [ui]로 변하였음을 말해준다.

이들이 현대중국어에서 13개가 [uei]로, 10개가 [ei]로, 1개가 [u]로, 1개가 [i]로 발음된다.

상술한 상황은 『광운』 회운의 현대중국어 발음 [uei]가 『한청문감』 시기에 형성되지 않았음을 설명한다. 그리고 『한청문감』의 [ui]가 [ei]로, [əi]가 [ei]로의 변화는 참답게 연구되어야 할 과제이다. 회운의 『한청문감』 표기는 아래와 같다.

[ui]("ㅟ"로 표기된 [ui])→"ui"[uei]: 催, 堆, 瑰, 灰, 回, 廻, 茴, 迴, 蛔, 盔,

雷, 推, 頹(頹)

[ui]("ㅟ"로 표기된 [ui])→"ei"[ei]: 隈, 煨, 桅

[əi]("ᅴ"로 표기된 [əi])→"ei"[ei]: 盃, 玫, 梅, 媒, 煤, 陪, 培

[u]("ㅜ"로 표기된 [u])→"u"[u]: 頹(頹)

[i]("ㅣ"로 표기된 [i])→"ï"[i]: 坏

6. 회운(賄韵): 一等合口[uɒi]

『광운』 "회운"은 상성으로 『한청문감』에 7개 글자가 나타났다. 그 가운데의 6개가 [ui]로 표기되고, 1개가 [əi]로 표기되었다.

이는 회운(賄韵)의 중고음 [uɒi]의 절대다수가 『한청문감』에 이르러 [ui]로 변하였음을 말해준다.

이들이 현대중국어에서 6개가 [uei]로, 1개가 [ei]로 발음된다.

상술한 상황은 『광운』 회운의 현대중국어 발음 [uei]가 『한청문감』 시기에 형성되지 않았음을 설명한다. 그리고 『한청문감』의 [əi]가 [ei]로의 변화는 참답게 연구되어야 할 과제이다. 회운의 『한청문감』 표기는 아래와 같다.

[ui]("ㅟ"로 표기된 [ui])→"ui"[uei]: 悔, 賄(賄), 餒(餒), 腿, 猥, 罪

[əi]("ᅴ"로 표기된 [əi])→"ei"[ei]: 每

7. 대운(隊韵): 一等合口[uɒi]

『광운』 "대운"은 상성으로 『한청문감』에 18개 글자가 나타났다. 그 가운데의 7개가 [ui]로 표기되고, 10개가 [əi]로 표기되고, 1개가 [uai]로 표기되었다.

이는 대운(隊韵)의 중고음 [uɒi]의 다수가 『한청문감』에 이르러 [ui], [əi]

로 변하였음을 말해준다.

이들이 현대중국어에서 10개가 [ei]로, 7개가 [uei]로, 1개가 [uai]로 발음된다.

상술한 상황은『광운』대운의 현대중국어 발음 [uei]가『한청문감』시기에 형성되지 않았음을 설명한다. 그리고『한청문감』의 [əi]가 [ei]로의 변화는 참답게 연구되어야 할 과제이다. 대운의『한청문감』표기는 아래와 같다.

> [əi]("ᅴ"로 표기된 [əi])→"ei"[ei]: 背, 悖, 輩(輩), 誖, 褙, 妹, 昧, 内(內), 佩, 配
> [ui]("ᅱ"로 표기된 [ui])→"ui"[uei]: 队(隊), 对(對), 碓, 晦, 愦(憒), 碎, 退
> [uai]("ᅰ"로 표기된 [uai])→"uai"[uai]: 块(塊)

8. 개운(皆韵): 二等开口[ɐi], 合口[wɐi]

『광운』"개운"은 평성으로『한청문감』에 12개 글자가 나타났다. 그 가운데의 6개가 [ai]로 표기되고, 3개가 [uai]로 표기되고, 2개가 [iəi]로 표기되고, 1개가 [iai]로 표기되었다.

이는 개운(皆韵)의 중고음 [ɐi], [wɐi]의 다수가『한청문감』에 이르러 [ai], [uai]로 변하였음을 말해준다.

이들이 현대중국어에서 5개가 [ai]로, 4개가 [uai]로, 3개가 [ie]로 발음된다.

상술한 상황은『광운』개운의 현대중국어 발음 [ai], [uai]가 이미『한청문감』시기에 형성되었음을 설명한다. 개운의『한청문감』표기는 아래와 같다.

> [ai]("ᅢ"로 표기된 [ai])→"ai"[ai]: 埋, 排, 崽
> [ai]("ᅣ"로 표기된 [ai])→"ai"[ai]: 豺, 斋(齋)
> [uai]("ᅫ"로 표기된 [uai])→"uai"[uai]: 乖, 怀(懷), 淮, 槐

[iəi]("ㅖ"로 표기된 [iəi])→"ie"[ie]: 阶(階), 楷

[iai]("ㅒ"로 표기된 [iai])→"ie"[ie]: 街

9. 해운(駭韻): 二等开口[ɐi]

『광운』 "해운"은 상성으로 『한청문감』에 2개 글자가 나타났다. 그들이 모두 [iai]로 표기되었다.

이는 해운(駭韻)의 중고음 [ɐi] 모두가 『한청문감』에 이르러 [iai]로 변하였음을 말해준다.

이들이 현대중국어에서 모두 [ai]로 발음된다.

상술한 상황은 『광운』 해운의 현대중국어 발음과 『한청문감』 시기 발음이 대응관계가 형성됨을 설명한다. 해운의 『한청문감』 표기는 아래와 같다.

[iai]("ㅒ"로 표기된 [iai])→"ai"[ai]: 挨

[iai]("ㅒ"로 표기된 [iai])→"ai"[ai]: 楷

10. 괴운(怪韻): 二等开口[ɐi], 合口[wɐi]

『광운』 "괴운"은 거성으로 『한청문감』에 13개 글자가 나타났다. 그 가운데의 5개가 [iai]로 표기되고, 3개가 [iəi]로 표기되고, 3개가 [uai]로 표기되고, 1개가 [ai]로 표기되고, 1개가 [əi]로 표기되었다. 그 중 "戒"자가 [kiai]와 [kiəi] 두 가지로 표기되었다.

이는 괴운(怪韻)의 중고음 [ɐi], [wɐi]의 다수가 『한청문감』에 이르러 [iai], [iəi], [uai]로 변하였음을 말해준다.

이들이 현대중국어에서 8개가 [ie]로, 3개가 [uai]로, 1개가 [ai]로, 1개가 [ei]로 발음된다.

상술한 상황은『광운』괴운의 현대중국어 발음과『한청문감』시기 발음이 대응관계가 형성됨을 설명한다. 그리고『한청문감』의 [iai]와 [iəi]가 현대중국어의 [ie]로의 변화는 참답게 연구되어야 할 과제이다. 괴운의『한청문감』표기는 아래와 같다.

[iai]("ㅒ"로 표기된 [iai])→"ie"[ie]: 介, 戒, 芥, 诫(誡), 械

[iəi]("ㅖ"로 표기된 [iəi])→"ie"[ie]: 界, 疥, 戒

[uai]("ㅞ"로 표기된 [uai])→"uai"[uai]: 怪, 恠, 坏(壞)

[ai]("ㅐ"로 표기된 [ai])→"ai"[ai]: 拜

[əi]("ㅢ"로 표기된 [əi])→"ei"[ei]: 惫(憊)

11. 가운(佳韻): 二等开口[ai], 合口[wai]

『광운』"가운"은 평성으로『한청문감』에 11개 글자가 나타났다. 그 가운데의 5개가 [ai]로 표기되고, 3개가 [iai]로 표기되고, 1개가 [a]로 표기되고, 1개가 [o]로 표기되고, 1개가 [iəi]로 표기되었다.

이는 가운(佳韻)의 중고음 [ai], [wai]의 다수가『한청문감』에 이르러 [ai], [iai]로 변하였음을 말해준다.

이들이 현대중국어에서 5개가 [ai]로, 3개가 [ia]로, 1개가 [a]로, 1개가 [ie]로 1개가 [uo]로 발음된다.

상술한 상황은『광운』가운의 현대중국어 발음과『한청문감』시기 [ai]발음이 일치하고 다른 것들은 대응관계가 형성됨을 설명한다. 가운의『한청문감』표기는 아래와 같다.

[ai]("ㅐ"로 표기된 [ai])→"ai"[ai]: 牌, 簰

[ai]("ㅒ"로 표기된 [ai])→"ai"[ai]: 差, 釵, 柴

[iai]("ㅒ"로 표기된 [iai])→"ia"[ia]: 厓, 崖, 涯

[iəi]("ㅖ"로 표기된 [iəi])→"ie"[ie]: 鞋

[a]("ㅑ"로 표기된 [a])→"a"[a]: 靫

[o]("ㅗ"로 표기된 [o])→"wo"[uo]: 蝸(蜗)

12. 해운(蟹韵): 二等开口[ai], 合口[wai]

『광운』 "해운"은 상성으로 『한청문감』에 11개 글자가 나타났다. 그 가운데의 4개가 [ai]로 표기되고, 3개가 [iai]로 표기되고, 2개가 [iəi]로 표기되고, 1개가 [uai]로 표기되고, 1개가 [a]로 표기되었다. 그 중 "解"자가 [kiai]와 [xiəi] 두 가지로 표기되었다.

이는 해운(蟹韵)의 중고음 [ai], [wai]의 다수가 『한청문감』에 이르러 [ai], [iai]로 변하였음을 말해준다.

이들이 현대중국어에서 5개가 [ie]로, 4개가 [ai]로, 1개가 [a]로, 1개가 [uai]로 발음된다.

상술한 상황은 『광운』 해운의 현대중국어 발음과 『한청문감』 시기 발음 대부분이 같고 일부가 대응관계가 이루어짐을 설명한다. 이들 중 『한청문감』의 [iai]와 [iəi]가 현대중국어에서 [ie]로의 변화가 참답게 연구되어야 할 과제이다. 해운의 『한청문감』 표기는 아래와 같다.

[ai]("ㅐ"로 표기된 [ai])→"ai"[ai]: 矮, 摆(擺), 奶, 买(買)

[iai]("ㅒ"로 표기된 [iai])→"ie"[ie]: 觧, 解, 獬

[iəi]("ㅖ"로 표기된 [iəi])→"ie"[ie]: 蟹, 解

[a]("ㅏ"로 표기된 [a])→"a"[a]: 罢(罷)

[uai]("ㅙ"로 표기된 [uai])→"uai"[uai]: 拐

13. 괘운(卦韵): 二等开口[ai], 合口[wai]

『광운』 "괘운"은 거성으로 『한청문감』에 14개 글자가 나디났다. 그 가운데의 6개가 [ai]로 표기되고, 4개가 [ua]로 표기되고, 2개가 [iai]로 표기되고, 1개가 [iəi]로 표기되고, 1개가 [a]로 표기되었다.

이는 괘운(卦韵)의 중고음 [ai], [wai]의 다수가 『한청문감』에 이르러 [ai], [ua], [iai]로 변하였음을 말해준다.

이들이 현대중국어에서 7개가 [ai]로, 4개가 [ua]로, 1개가 [a]로, 2개가 [ie]로 발음된다.

상술한 상황은 『광운』 괘운의 현대중국어 발음과 『한청문감』 시기 발음이 기본상 일치함을 설명한다. 이들 중 『한청문감』의 [iai]와 [iəi]가 현대중국어에서 [ie]로의 변화가 참답게 연구되어야 할 과제이다. 괘운의 『한청문감』 표기는 아래와 같다.

[ai]("ㅐ"로 표기된 [ai])→"ai"[ai]: 稗, 卖(賣), 派

[ai]("ㅑ"로 표기된 [ai])→"ai"[ai]: 晒, 曬, 债(債)

[ua]("ㅘ"로 표기된 [ua])→"ua"[ua]: 卦, 挂, 掛, 画(畫)

[iai]("ㅒ"로 표기된 [iai])→"ie"[ie]: 懈

[iai]("ㅑ"로 표기된 [iai])→"ai"[ai]: 隘

[a]("ㅑ"로 표기된 [a])→"a"[a]: 衩

[iəi]("ㅒ"로 표기된 [iəi])→"ie"[ie]: 解("解"자가 "蟹韵"과 "卦韵" 두 운모에 속했다.)

14. 쾌운(夬韵): 二等开口[æi], 合口[wæi]

『광운』 "쾌운"은 거성으로 『한청문감』에 5개 글자가 나타났다. 그 가운데의 3개가 [ai]로 표기되고, 1개가 [ua]로 표기되고, 1개가 [uai]로 표기되었다.

이는 쾌운(夬韵)의 중고음 [æi], [wæi]의 다수가 『한청문감』에 이르러 [ai]로 변하였음을 말해준다.

이들이 현대중국어에서 3개가 [ai]로, 1개가 [ua]로, 1개가 [uai]로 발음된다.

상술한 상황은 『광운』 쾌운의 현대중국어 발음이 『한청문감』 시기에 형성되었음을 설명한다. 쾌운의 『한청문감』 표기는 아래와 같다.

[ai]("ㅐ"로 표기된 [ai])→"ai"[ai]: 败(敗), 迈(邁)

[ai]("ㅐ"로 표기된 [ai])→"ai"[ai]: 寨

[ua]("ㅘ"로 표기된 [ua])→"ua"[ua]: 话(話)

[uai]("ㅙ"로 표기된 [uai])→"uai"[uai]: 快

15. 제운(祭韵): 三等开口[ĭɛi], 合口[ĭwɛi]

『광운』 "제운"은 거성으로 『한청문감』에 23개 글자가 나타났다. 그 가운데의 9개가 [i]로 표기되고, 7개가 [ʅ]로 표기되고, 6개가 [ui]로 표기되고, 1개가 [iuəi]로 표기되었다.

이는 제운(祭韵)의 중고음 [ĭɛi], [ĭwɛi]의 다수가 『한청문감』에 이르러 [i], [ʅ], [ui]로 변하였음을 말해준다.

이들이 현대중국어에서 9개가 [i]로, 7개가 [ʅ]로, 7개가 [uei]로 발음된다.

상술한 상황은 『광운』 제운의 현대중국어 발음이 『한청문감』 시기에 형성되었음을 설명한다. 제운의 『한청문감』 표기는 아래와 같다.

[i]("ㅣ"로 표기된 [i])→"i"[i]: 敝, 蔽, 弊, 际(際), 祭, 艺(藝), 呓(囈), 厉(厲), 例

[ʅ]("ㅣ⁰"로 표기된 [ʅ])→"i"[ʅ]: 世, 势(勢), 筮, 誓, 制, 滞(滯), 製

[ui]("ㅟ"로 표기된 [ui])→"ui"[uei]: 脆, 岁(歲), 卫(衛)

　　[ui]("ㅞ"로 표기된 [ui])→"ui"[uei]: 锐(銳), 睿, 税

　　[uəi]("ㅞ"로 표기된 [uəi])→"ui"[uei]: 赘(贅)

16. 폐운(廢韻): 三等开口[ǐɐi], 合口[ǐwɐi]

　　『광운』 "폐운"은 거성으로『한청문감』에 4개 글자가 나타났다. 그 가운데의 3개가 [əi]로 표기되고, 1개가 [ui]]로 표기되었다.

　　이는 폐운(廢韻)의 중고음 [ǐɐi], [ǐwɐi]의 다수가『한청문감』에 이르러 [əi]로 변하였음을 말해준다.

　　이들이 현대중국어에서 3개가 [ei]로, 1개가 [uei]로 발음된다.

　　상술한 상황은『광운』폐운의 현대중국어 발음이『한청문감』시기의 발음과 대응됨을 설명한다. 그 가운데에서『한청문감』[əi]가 현대중국어 발음 [ei]로의 변화가 참답게 연구되어야 할 과제이다. 폐운의『한청문감』표기는 아래와 같다.

　　[əi]("ㅢ"로 표기된 [əi])→"ei"[ei]: 吠, 肺, 废(廢)

　　[ui]("ㅟ"로 표기된 [ui])→"ui"[uei]: 秽(穢)

17. 제운(齊韻): 四等开口[iei], 合口[iwei]

　　『광운』 "제운"은 평성으로『한청문감』에 38개 글자가 나타났다. 그 가운데의 36개가 [i]로 표기되고, 2개가 [ui]]로 표기되었다.

　　이는 제운(齊韻)의 중고음 [iei], [iwei]의 거의 모두가『한청문감』에 이르러 [i]로 변하였음을 말해준다.

　　이들이 현대중국어에서 36개가 [i]로, 2개가 [uei]로 발음된다.

상술한 상황은 『광운』 제운의 현대중국어 발음이 『한청문감』 시기의 발음과 기본상 일치함을 설명한다. 제운의 『한청문감』 표기는 아래와 같다.

[i]("ㅣ"로 표기된 [i])→"i"[i]: 篦, 低, 隄, 堤, 氐, 鸡(鷄), 稽, 雞, 犁, 黎, 藜, 迷, 泥, 霓, 麑, 批, 妻, 棲, 齐(齊), 脐(臍), 睡, 蛴(蠐), 梯, 提, 啼, 遆, 遆, 鹈(鵜), 缇(緹), 题(題), 蹄, 騠, 西, 犀, 磎, 瀱

[ui]("ㅟ"로 표기된 [ui])→"ui"[uei]: 圭, 奎

18. 제운(薺韻): 四等开口[iei]

『광운』 "제운"은 상성으로 『한청문감』에 13개 글자가 나타났다. 이들 모두가 [i]로 표기되었다.

이는 제운(薺韻)의 중고음 [iei] 모두가 『한청문감』에 이르러 [i]로 변하였음을 말해준다.

이들이 현대중국어에서도 모두 [i]로 발음된다.

상술한 상황은 『광운』 제운의 현대중국어 발음이 『한청문감』 시기의 발음과 완전히 일치함을 설명한다. 제운의 『한청문감』 표기는 아래와 같다.

[i]("ㅣ"로 표기된 [i])→"i"[i]: 陛, 抵, 底, 递(遞), 济(濟), 荠(薺), 礼(禮), 米, 啓, 体(體), 軆, 悌, 洗

19. 제운(霽韻): 四等开口[iei], 合口[iwei]

『광운』 "제운"은 거성으로 『한청문감』에 35개 글자가 나타났다. 그 가운데의 28개가 [i]로 표기되고, 4개가 [ui]로 표기되고, 1개가 [ua]로 표기되고, 1개가 [iui]로 표기되고, 1개가 [əi]로 표기되었다.

이는 제운(霽韵)의 중고음 [iei], [iwei]의 다수가 『한청문감』에 이르러 [i]로 변하였음을 말해준다.

이들이 현대중국어에서 29개가 [i]로, 4개가 [uei]로, 1개가 [ua]로, 1개가 [y]로 발음된다.

상술한 상황은 『광운』 제운의 현대중국어 발음이 『한청문감』 시기의 발음과 거의 같음을 설명한다. 제운의 『한청문감』 표기는 아래와 같다.

[i]("ㅣ"로 표기된 [i])→"ʅ"[i]: 闭(閉), 弟, 帝, 第, 蒂, 棣, 禘, 蔕, 挤(擠), 计(計), 继(繼), 髻, 隶(隸), 荔, 棣, 丽(麗), 繋, 綟, 契, 砌, 屈, 剃, 涕, 替, 系, 细(細), 暳, 翳

[ui]("ㅟ"로 표기된 [ui])→"ui"[uei]: 桂, 惠, 慧, 蕙

[ua]("ㅘ"로 표기된 [ua])→"ua"[ua]: 罣

[əi]("ㅢ"로 표기된 [əi])→"ʅ"[i]: 戾

[iui]("ㅟ"로 표기된 [iui])→"ü"[y]: 婿

五. 지섭(止攝) 운모의 대비

1. 지운(支韵): 三等开口[ie], 合口[iwe]

『광운』 "지운"은 평성으로 『한청문감』에 67개 글자가 나타났다. 그 가운데의 33개가 [i]로 표기되고, 13개가 [ʅ]로 표기되고, 6개가 [ʅ]로 표기되고, 11개가 [ui]로 표기되고, 3개가 [əi]로 표기되고, 1개가 [ə]로 표기되었다.

이는 지운(支韵)의 중고음 [ie], [iwe]의 다수가 『한청문감』에 이르러 [i], [ʅ], [ui], [ʅ]로 변하였음을 말해준다.

이들이 현대중국어에서 33개가 [i]로, 13개가 [ʅ]로, 6개가 [ʅ]로, 11개가

[uei]로, 3개가 [ei]로, 1개가 [ə]로 발음된다.

상술한 상황은 『광운』 지운의 현대중국어 발음이 『한청문감』 시기의 발음과 기본상 같음을 설명한다. 지운의 『한청문감』 표기는 아래와 같다.

[i]("ㅣ"로 표기된 [i])→"i"[i]: (麻+黍), 罷(罷), 裨, 螭, 犄, 羈(羈), 璃, 弥(彌), 麋, 醾, 醨, 披, 皮, 脾, 羆(羆), 奇, 离, 骊(驪), 鹂(鸝), 罹, 離, 蠡, 籬, 奇, 祇, 崎, 骑(騎), 牺(犧), 仪(儀), 宜, 移, 椅, 貤

[ㄗ]("ㅣ °"로 표기된 [ㄗ])→"i"[ㄗ]: 眵, 池, 驰(馳), 篪, 祇, 匙, 支, 枝, 知, 肢, 栀(梔), 蜘, 施

[ㄭ]("ㅡ"로 표기된 [ㄭ])→"i"[ㄭ]: 呲, 玼, 雌, 斯, 撕, 髭

[ui]("ㅟ"로 표기된 [ui])→"ui"[uei]: 规(規), 麾, 亏(虧), 窥(窺), 随(隨), 危, 为(爲)

[ui]("ㅟ"로 표기된 [ui])→"ui"[uei]: 吹, 垂, 腄, 锤(錘)

[əi]("ㅢ"로 표기된 [əi])→"ei"[ei]: 卑, 碑, 椑

[ə]("ㄹ"로 표기된 [ə])→"er"[ə]: 兒(兒)

2. 지운(紙韵): 三等开口[ie], 合口[iwe]

『광운』 "지운"은 상성으로 『한청문감』에 29개 글자가 나타났다. 그 가운데의 7개가 [i]로 표기되고, 5개가 [ㄗ]로 표기되고, 3개가 [ㄭ]로 표기되고, 8개가 [ui]로 표기되고, 3개가 [əi]로 표기되고, 1개가 [ə]로 표기되고, 1개가 [ai]로, 1개가[uai]로 표기되었다.

이는 지운(紙韵)의 중고음 [ie], [iwe]의 다수가 『한청문감』에 이르러 [i], [ㄗ], [ui], [ㄭ]로 변하였음을 말해준다.

이들이 현대중국어에서 7개가 [i]로, 5개가 [ㄗ]로, 3개가 [ㄭ]로, 8개가 [uei]로, 3개가 [ei]로, 1개가 [ə]로, 1개가 [uai]로, 1개가 [ai]로 발음된다.

상술한 상황은 『광운』 지운의 현대중국어 발음이 『한청문감』 시기의 발음과 기본상 같음을 설명한다. 지운의 『한청문감』 표기는 아래와 같다.

[ui]("ㅟ"로 표기된 [ui])→"ui"[uei]: 跪, 毁, 髓, 委, 觜, 嘴

[ui]("ㅟ"로 표기된 [ui])→"ui"[uei]: 捶, 蘂

[i]("ㅣ"로 표기된 [i])→"i"[i]: 彼, 伎, 技, 妓, 靡, 蚁(蟻), 倚

[ꭥ]("ㅣ ᵒ"로 표기된 [ꭥ])→"i"[ꭥ]: 只, 纸(紙), 枳, 氏, 是

[ɿ]("ㅡ로 표기된 [ɿ])→"i"[ɿ]: 此, 跐, 紫

[əi]("ᅴ"로 표기된 [əi])→"ei"[ei]: 被, 婢, 累

[uai]("ᅫ"로 표기된 [uai])→"uai"[uai]: 揣

[ai]("ㅒ"로 표기된 [ai])→"i"[ꭥ]: 豸

[ɚ]("ᆯ"로 표기된 [ɚ])→"er"[ɚ]: 尔(爾)

3. 치운(寘韵): 三等开口[ie], 合口[iwe]

『광운』 "치운"은 거성으로 『한청문감』에 18개 글자가 나타났다. 그 가운데의 9개가 [i]로 표기되고, 2개가 [ꭥ]로 표기되고, 4개가 [ɿ]로 표기되고, 3개가 [ui]로 표기되었다.

이는 치운(寘韵)의 중고음 [ie], [iwe]의 다수가 『한청문감』에 이르러 [i], [ꭥ], [ui], [ɿ]로 변하였음을 말해준다.

이들이 현대중국어에서 9개가 [i]로, 2개가 [ꭥ]로, 4개가 [ɿ]로, 2개가 [uei]로, 1개가 [ei]로 발음된다.

상술한 상황은 『광운』 치운의 현대중국어 발음이 『한청문감』 시기의 발음과 기본상 같음을 설명한다. 치운의 『한청문감』 표기는 아래와 같다.

[i]("ㅣ"로 표기된 [i])→"i"[i]: 鼻, 避, 寄, 寄, 骑(騎), 戏(戲), 戲, 义(義), 议(議)

[ㄗ]("ㅣᵒ"로 표기된 [ㄗ])→"ï"[ㄗ]: 翅, 智

[ㄹ]("一"로 표기된 [ㄹ])→"ï"[ㄹ]: 疵, 刺, 賜(賜), 澌

[ui]("ㅟ"로 표기된 [ui])→"ei"[ei]: 累

[ui]("ㅞ"로 표기된 [ui])→"ui"[uei]: 瑞, 睡

4. 지운(脂韵): 三等开口[i], 合口[wi]

『광운』 "지운"은 평성으로『한청문감』에 48개 글자가 나타났다. 그 가운데의 18개가 [i]로 표기되고, 8개가 [ㄗ]로 표기되고, 5개가 [ㄹ]로 표기되고, 11개가 [ui]로 표기되고, 3개가 [əi]로 표기되고, 2개가 [iuəi]로 표기되고, 1개가 [iuai]로 표기되었다.

이는 지운(脂韵)의 중고음 [i], [wi]의 다수가『한청문감』에 이르러 [i], [ㄗ], [ui], [ㄹ]로 변하였음을 말해준다.

이들이 현대중국어에서 18개가 [i]로, 8개가 [ㄗ]로, 5개가 [ㄹ]로, 13개가 [uei]로, 3개가 [ei]로, 1개가 [uai]로 발음된다.

상술한 상황은『광운』지운의 현대중국어 발음이『한청문감』시기의 발음과 1/3이 대응되고 2/3가 같음을 설명한다. 지운의『한청문감』표기는 아래와 같다.

[i]("ㅣ"로 표기된 [i])→"ï"[i]: 呢, 尼, (丕+鳥), 紕(紕), 枇, 毘, 琵, 貔, 梨, 蜊, 祁, 伊, 夷, 姨, 桋, 胰, 遺(遺), 彝

[ㄗ]("ㅣᵒ"로 표기된 [ㄗ])→"ï"[ㄗ]: 师(師), 狮(獅), 屍, 蓍, 鸱(鴟), 迟(遲), 墀, 脂

[ㄹ]("一"로 표기된 [ㄹ])→"ï"[ㄹ]: 私, 蛳(螄), 咨, 资(資), 谘(諮)

[ui]("ㅟ"로 표기된 [ui])→"ui"[uei]: 龟(龜), 葵, 夔, 虽(雖), 帷, 惟

[ui]("ㅞ"로 표기된 [ui])→"ui"[uei]: 鎚(鎚), 椎, 蓷, 谁(誰), 追

[əi](“ㅓ]”로 표기된 [əi])→“ei”[ei]: 悲, 纍, 眉

[uəi](“ᅰ”로 표기된 [uəi])→“ui”[uei]: 追, 锥(錐)

[uai](“ᅫ”로 표기된 [uai])→“uai”[uai]: 衰

5. 지운(旨韵): 三等开口[i], 合口[wi]

『광운』 “지운”은 상성으로 『한청문감』에 25개 글자가 나타났다. 그 가운데의 6개가 [i]로 표기되고, 5개가 [ʅ]로 표기되고, 3개가 [ɿ]로 표기되고, 7개가 [ui]로 표기되고, 3개가 [əi]로 표기되고, 1개가 [iui]로 표기되었다.

이는 지운(旨韵)의 중고음 [i], [wi]의 다수가 『한청문감』에 이르러 [i], [ʅ], [ui], [ɿ]로 변하였음을 말해준다.

이들이 현대중국어에서 6개가 [i]로, 5개가 [ʅ]로, 3개가 [ɿ]로, 5개가 [uei]로, 5개가 [ei]로, 1개가 [y]로 발음된다.

상술한 상황은 『광운』 지운의 현대중국어 발음이 『한청문감』 시기의 발음과 56%가 같고 44%가 대응됨을 설명한다. 지운의 『한청문감』 표기는 아래와 같다.

[i](“ㅣ”로 표기된 [i])→“i”[i]: 比, 秕, 鄙, 几, 麂, 痞

[ʅ](“ㅣ°”로 표기된 [ʅ])→“i”[ʅ]: 旨, 指, 雉, 矢, 屎

[ɿ](“ㅡ”로 표기된 [ɿ])→“i”[ɿ]: 死, 兕, 秭

[ui](“ㅟ”로 표기된 [ui])→“ui”[uei]: 癸, 晷, 簋, 揆

[ui](“ㅟ”로 표기된 [ui])→“ei”[ei]: 縲, 鸓

[ui](“ㆌ”로 표기된 [ui])→“ui”[uei]: 水

[əi](“ㅓ]”로 표기된 [əi])→“ei”[ei]: 诔(誄), 垒(壘), 美

[iui](“ㆌ”로 표기된 [iui])→“ü”[y]: 履

6. 지운(至韻): 三等开口[i], 合口[wi]

『광운』 "지운"은 거성으로 『한청문감』에 44개 글자가 나타났다. 그 가운데의 12개가 [i]로 표기되고, 7개가 [ꭥ]로 표기되고, 5개가 [ꞎ]로 표기되고, 11개가 [ui]로 표기되고, 5개가 [əi]로 표기되고, 1개가 [iuəi]로 표기되고, 1개가 [iuai]로 표기되고, 2개가 [ɚ]로 표기되었다.

이는 지운(至韻)의 중고음 [i], [wi]의 다수가 『한청문감』에 이르러 [i], [ꭥ], [ui], [ꞎ]로 변하였음을 말해준다.

이들이 현대중국어에서 12개가 [i]로, 7개가 [ꭥ]로, 5개가 [ꞎ]로, 12개가 [uei]로, 5개가 [ei]로, 2개가 [ɚ]로, 1개가 [uai]로 발음된다.

상술한 상황은 『광운』 지운의 현대중국어 발음이 『한청문감』 시기의 발음과 57%가 같고 43%가 대응됨을 설명한다. 지운의 『한청문감』 표기는 아래와 같다.

[i]("ㅣ"로 표기된 [i])→"i"[i]: 庇, 地, 季, 悸, 骥(驥), 利, 痢, 膩(膩), 屁, 棄, 器, 劓

[ꭥ]("ㅣ º"로 표기된 [ꭥ])→"i"[ꭥ]: 至, 致, 鸷(鷙), 示, 视(視), 嗜, 諡

[ꞎ]("ㅡ"로 표기된 [ꞎ])→"i"[ꞎ]: 次, 四, 泗, 驷(駟), 自

[ui]("ㅟ"로 표기된 [ui])→"ui"[uei]: 萃, 悴, 翠, 柜(櫃), 彗, 愧, 类(類), 崇, 穗, 位, 醉

[əi]("ㅢ"로 표기된 [əi])→"ei"[ei]: 备(備), 泪(淚), 媚, 魅, 辔(轡)

[uai]("ㅙ"로 표기된 [uai])→"uai"[uai]: 率

[uəi]("ㅞ"로 표기된 [uəi])→"ui"[uei]: 坠(墜)

[ɚ]("ᅳ"로 표기된 [ɚ])→"er"[ɚ]: 二, 贰(貳)

7. 지운(之韻): 三等开口[ǐə]

『광운』 "지운"은 평성으로『한청문감』에 39개 글자가 나타났다. 그 가운데의 16개가 [i]로 표기되고, 7개가 [ʅ]로 표기되고, 15개가 [ɿ]로 표기되고, 1개가 [ɚ]로 표기되었다.

이는 지운(之韻)의 중고음 [ǐə]의 다수가『한청문감』에 이르러 [i], [ʅ], [ɿ]로 변하였음을 말해준다.

이들이 현대중국어에서 16개가 [i]로, 7개가 [ʅ]로, 15개가 [ɿ]로, 1개가 [ɚ]로 발음된다.

상술한 상황은『광운』지운의 현대중국어 발음이『한청문감』시기의 발음과 완전히 같음을 설명한다. 지운의『한청문감』표기는 아래와 같다.

[i]("ㅣ"로 표기된 [i])→"i"[i]: 箕, 狸, 貍, 釐, 期, 欺, 其, 骐(騏), 琪, 棋, 碁, 旗, 麒, 嘻, 医(醫), 疑

[ʅ]("ㅣᴼ"로 표기된 [ʅ])→"i"[ʅ]: 笞, 持, 漦, 之, 芝, 诗(詩), 时(時)

[ɿ]("ㅡ"로 표기된 [ɿ])→"i"[ɿ]: 词(詞), 祠, 辞(辭), 慈, 磁, 鹚(鶿), 鷥, 司, 丝(絲), 思, 鸶(鷥), 缁(緇), 孳, 滋, 鷗

[ɚ]("ㅓᴸ"로 표기된 [ɚ])→"er"[ɚ]: 而

8. 지운(止韻): 三等开口[ǐə]

『광운』 "지운"은 상성으로『한청문감』에 36개 글자가 나타났다. 그 가운데의 16개가 [i]로 표기되고, 12개가 [ʅ]로 표기되고, 6개가 [ɿ]로 표기되고, 2개가 [ɚ]로 표기되었다.

이는 지운(止韻)의 중고음 [ǐə]의 다수가『한청문감』에 이르러 [i], [ʅ], [ɿ]로 변하였음을 말해준다.

이들이 현대중국어에서 16개가 [i]로, 12개가 [ɿ]로, 6개가 [ʅ]로, 2개가 [ɚ]로 발음된다.

상술한 상황은 『광운』 지운의 현대중국어 발음이 『한청문감』 시기의 발음과 완전히 같음을 설명한다. 지운의 『한청문감』 표기는 아래와 같다.

[i]("ㅣ"로 표기된 [i])→"i"[i]: 己, 纪(紀), 李, 里, 娌, 理, 裡, 裏, 鲤(鯉), 拟(擬), 你, 杞, 起, 喜, 已, 以

[ɿ]("ㅣ ᴼ"로 표기된 [ɿ])→"i"[ɿ]: 齿, 耻(恥), 史, 使, 始, 士, 仕, 市, 止, 祉, 徵, 痔

[ʅ]("ㅡ"로 표기된 [ʅ])→"i"[ʅ]: 似, 巳, 祀, 子, 滓, 梓

[ɚ]("ᆯ"로 표기된 [ɚ])→"er"[ɚ]: 耳, 洱

9. 지운(志韵): 三等开口[ǐə]

『광운』 "지운"은 거성으로 『한청문감』에 21개 글자가 나타났다. 그 가운데의 6개가 [i]로 표기되고, 9개가 [ɿ]로 표기되고, 3개가 [ʅ]로 표기되고, 3개가 [ɚ]로 표기되었다.

이는 지운(志韵)의 중고음 [ǐə]의 다수가 『한청문감』에 이르러 [i], [ɿ], [ʅ]로 변하였음을 말해준다.

이들이 현대중국어에서 6개가 [i]로, 9개가 [ɿ]로, 3개가 [ʅ]로, 3개가 [ɚ]로 발음된다.

상술한 상황은 『광운』 지운의 현대중국어 발음이 『한청문감』 시기의 발음과 완전히 같음을 설명한다. 지운의 『한청문감』 표기는 아래와 같다.

[i]("ㅣ"로 표기된 [i])→"i"[i]: 记(記), 忌, 其, 吏, 異, 意

[ɿ]("ㅣ ᴼ"로 표기된 [ɿ])→"i"[ɿ]: 值, 志, 治, 痣, 誌, 事, 侍, 试(試), 殖

[ɿ]("ㅡ"로 표기된 [ɿ])→"i"[ɿ]: 寺, 嗣, 字

[ɚ]("ㄹ"로 표기된 [ɚ])→"er"[ɚ]: 饵(餌), 珥, 刵

10. 미운(微韵): 三等开口[ǐəi], 合口[ǐwəi]

『광운』 "미운"은 평성으로 『한청문감』에 28개 글자가 나타났다. 그 가운데의 14개가 [i]로 표기되고, 5개가 [əi]로 표기되고, 9개가 [ui]로 표기되었다. 개구호가 [i]로, 합구호가 [ui], [əi]로 이루어졌다.

이는 미운(微韵)의 중고음 [ǐəi], [ǐwəi]의 다수가 『한청문감』에 이르러 [i], [ui], [əi]로 변하였음을 말해준다.

이들이 현대중국어에서 14개가 [i]로, 5개가 [ei]로, 9개가 [uei]로 발음된다.

상술한 상황은 『광운』 미운의 현대중국어 발음이 『한청문감』 시기의 발음과 절반이 같고 절반이 대응됨을 설명한다. 미운의 『한청문감』 표기는 아래와 같다.

[i]("ㅣ"로 표기된 [i])→"i"[i]: 讥(譏), 叽(嘰), 饥(饑), 玑(璣), 机(機), 矶(磯), 畿, 饑, 幾, 祈, 希, 稀, 衣, 依

[əi]("ㅓ"로 표기된 [əi])→"ei"[ei]: 飞(飛), 妃, 非, 肥, 痱

[ui]("ㅟ"로 표기된 [ui])→"ui"[uei]: 归(歸), 挥(揮), 辉(輝), 威, 微, 薇, 违(違), 围(圍), 帏(幃)

11. 미운(尾韵): 三等开口[ǐəi], 合口[ǐwəi]

『광운』 "미운"은 상성으로 『한청문감』에 6개 글자가 나타났다. 그 가운데의 2개가 [i]로 표기되고, 1개가 [əi]로 표기되고, 3개가 [ui]로 표기되었다.

이는 미운(尾韵)의 중고음 [ǐəi], [ǐwəi]의 다수가 『한청문감』에 이르러 [i],

[ui], [əi]로 변하였음을 말해준다.

이들이 현대중국어에서 2개가 [i]로, 1개가 [ei]로, 3개가 [uei]로 발음된다.

상술한 상황은『광운』미운의 현대중국어 발음이『한청문감』시기의 발음과 1/3이 같고 2/3가 대응됨을 설명한다. 미운의『한청문감』표기는 아래와 같다.

　　[i]("ㅣ"로 표기된 [i])→"i"[i]: 虮(蟣), 븰(豈)

　　[ui]("ㅟ"로 표기된 [ui])→"ui"[uei]: 鬼, 葦(葦), 尾

　　[əi]("ㅢ"로 표기된 [əi])→"ei"[ei]: 樻

12. 미운(未韵): 三等开口[ǐəi], 合口[ǐwəi]

『광운』"미운"은 거성으로『한청문감』에 16개 글자가 나타났다. 그 가운데의 2개가 [i]로 표기되고, 3개가 [əi]로 표기되고, 9개가 [ui]로 표기되고, 1개가 [u]로 표기되고, 1개가 [iui]로 표기되었다.

이는 미운(未韵)의 중고음 [ǐəi], [ǐwəi]의 다수가『한청문감』에 이르러 [i], [ui], [əi]로 변하였음을 말해준다.

이들이 현대중국어에서 2개가 [i]로, 4개가 [ei]로, 10개가 [uei]로 발음된다.

상술한 상황은『광운』미운의 현대중국어 발음이『한청문감』시기의 발음과 차이가 많음을 설명한다. 미운의『한청문감』표기는 아래와 같다.

　　[ui]("ㅟ"로 표기된 [ui])→"ui"[uei]: 贵(貴), 讳(諱), 纬(緯), 未, 味, 畏, 胃,
　　　蝟, 慰

　　[əi]("ㅢ"로 표기된 [əi])→"ei"[ei]: 翡, 费(費), 菲

　　[i]("ㅣ"로 표기된 [i])→"i"[i]: 既, 气(氣)

　　[u]("ㅜ"로 표기된 [u])→"ei"[ei]: 狒

[iui]("ㅟ"로 표기된 [iui])→"ui"[uei]: 尉

六. 효섭(效攝) 운모의 대비

1. 호운(豪韵): 一等开口[ɑu]

『광운』 "호운"은 평성으로 『한청문감』에 43개 글자가 나타났다. 이들 모두가 [ao]로 표기되었다.

이는 호운(豪韵)의 중고음 [ɑu] 모두가 『한청문감』에 이르러 [ao]로 변하였음을 말해준다.

이들이 현대중국어에서도 모두 [au]로 발음된다.

상술한 상황은 『광운』 호운의 현대중국어 발음이 『한청문감』 시기의 발음과 완전히 같음을 설명한다. 호운의 『한청문감』 표기는 아래와 같다.

> [ao]("ㅗ"로 표기된 [ao])→"ao"[au]: 敖, 獒, 熬, 鳌(鰲), 鏖, 褒, (曹+少), 曹,
> 漕, 槽, 螬, 刀, 高, 羔, 皐, 膏, 篙, 糕, 稿, 蒿, 毫, 豪, 捞(撈), 劳(勞), 牢,
> 唠(嘮), 毛, 旄, 猱, 袍, 徽, 骚(騷), 臊, 韬(韜), 縧, 逃, 桃, 萄, 啕, 淘, 槽,
> 遭, 糟

2. 호운(皓韵): 一等开口[ɑu]

『광운』 "호운"은 상성으로 『한청문감』에 36개 글자가 나타났다. 그 가운데의 34개가 [ao]로 표기되고, 1개가 [o]로 표기되고, 1개가 [u]로 표기되었다. "宝(寶)"자가 [po], [pao] 두 가지로 표기되었다.

이는 호운(皓韵)의 중고음 [ɑu] 절대다수가 『한청문감』에 이르러 [ao]로 변하였음을 말해준다.

이들이 현대중국어에서 모두 [au]로 발음된다.

상술한 상황은『광운』호운의 현대중국어 발음이『한청문감』시기의 발음과 기본상 같음을 설명한다. 호운의『한청문감』표기는 아래와 같다.

> [ao]("ㅏ"로 표기된 [ao])→"ao"[au]: 袄(襖), 宝(寶), 保, 鸨(鴇), 葆, 抱, 草, 岛(島), 捯, 祷(禱), 擣(擣), 道, 稻, 槁, 槀, 好, 考, 老, 栳, 潦, 恼(惱), 脑(腦), 瑙, 扫(掃), 嫂, 埽, 讨(討), 早, 枣(棗), 蚤, 澡, 藻, 皂, 燥
>
> [o]("ㅗ"로 표기된 [o])→"ao"[au]: 宝(寶)
>
> [u]("ㅜ"로 표기된 [u])→"ao"[au]: 堡

3. 호운(號韻): 一等开口[ɑu]

『광운』"호운"은 거성으로『한청문감』에 26개 글자가 나타났다. 그 가운데의 24개가 [ao]로 표기되고, 1개가 [o]로 표기되고, 1개가 [u]로 표기되었다. "报(報)"자가 [po], [pao] 두 가지로 표기되었다.

이는 호운(號韻)의 중고음 [ɑu]의 절대다수가『한청문감』에 이르러 [ao]로 변하였음을 말해준다.

이들이 현대중국어에서 모두 [au]로 발음된다.

상술한 상황은『광운』호운의 현대중국어 발음이『한청문감』시기의 발음과 기본상 같음을 설명한다. 호운의『한청문감』표기는 아래와 같다.

> [ao]("ㅏ"로 표기된 [ao])→"ao"[au]: 傲, 奥(奧), 懊, 报(報), 暴, 糙, 导(導), 倒, 到, 盗(盜), 告, 诰(誥), 号(號), 耗, 靠, 涝(澇), 冒, 帽, 瑁, 套, 造, 噪, 躁, 竈
>
> [o]("ㅗ"로 표기된 [o])→"ao"[au]: 报(報)

[u]("ㅜ"로 표기된 [u])→"ao"[au]: 虆

4. 효운(肴韻): 二等开口[au]

『광운』 "효운"은 평성으로 『한청문감』에 29개 글자가 나타났다. 그 가운데의 17개가 [ao]로 표기되고, 11개가 [iao]로 표기되고, 1개가 [ua]로 표기되었다.

이는 효운(肴韻)의 중고음 [au]의 다수가 『한청문감』에 이르러 [ao], [iao]로 변하였음을 말해준다.

이들이 현대중국어에서 17개가 [au]로, 11개가 [iau]로, 1개가 [ua]로 발음된다.

상술한 상황은 『광운』 효운의 현대중국어 발음이 『한청문감』 시기의 발음과 완전히 같음을 설명한다. 효운의 『한청문감』 표기는 아래와 같다.

> [ao]("ㅑ"로 표기된 [ao])→"ao"[au]: 包, 苞, 胞, 猫(貓), 茅, 铙(鐃), 抛, 咆, 狍, 跑, 泡, 刨, 麅
>
> [ao]("ㅛ"로 표기된 [ao])→"ao"[au]: 抄, 弰, 梢, 艄
>
> [iao]("ㅑㅛ"로 표기된 [iao])→"iao"[iau]: 交, 郊, 蛟, 跤, 膠, 鵁, 哮, 殽, 敲, 艄
>
> [iao]("ㅑ"로 표기된 [iao])→"iao"[iau]: 爻
>
> [ua]("ㅘ"로 표기된 [ua])→"ua"[ua]: 抓

5. 교운(巧韻): 二等开口[au]

『광운』 "교운"은 상성으로 『한청문감』에 13개 글자가 나타났다. 그 가운데의 7개가 [ao]로 표기되고, 6개가 [iao]로 표기되었다.

이는 교운(巧韵)의 중고음 [au]의 다수가 『한청문감』에 이르러 [ao], [iao]로 변하였음을 말해준다.

이들이 현대중국어에서 7개가 [au]로, 6개가 [iau]로 발음된다.

상술한 상황은 『광운』 교운의 현대중국어 발음이 『한청문감』 시기의 발음과 완전히 같음을 설명한다. 교운의 『한청문감』 표기는 아래와 같다.

[ao]("ㅗ"로 표기된 [ao])→"ao"[au]: 飽(飽), 鮑, 卯, 昴, 撓(撓)

[ao]("ㅑ"로 표기된 [ao])→"ao"[au]: 炒, 爪

[iao]("ㅑ"로 표기된 [iao])→"iao"[iau]: 狡, 絞(絞), 撹(攪), 巧

[iao]("ㅛ"로 표기된 [iao])→"iao"[iau]: 咬, 皎

6. 효운(效韵): 二等开口[au]

『광운』 "효운"은 거성으로 『한청문감』에 24개 글자가 나타났다. 그 가운데의 13개가 [ao]로 표기되고, 9개가 [iao]로 표기되고, 1개가 [io]로 표기되고, 1개가 [o]로 표기되었다.

이는 효운(效韵)의 중고음 [au]의 다수가 『한청문감』에 이르러 [ao], [iao]로 변하였음을 말해준다.

이들이 현대중국어에서 13개가 [au]로, 11개가 [iau]로 발음된다.

상술한 상황은 『광운』 효운의 현대중국어 발음이 『한청문감』 시기의 발음과 기본상 같음을 설명한다. 효운의 『한청문감』 표기는 아래와 같다.

[ao]("ㅗ"로 표기된 [ao])→"ao"[au]: 豹, 鉋(鉋), 爆, 貌, 閙(鬧), 砲, 疱, 礮

[ao]("ㅑ"로 표기된 [ao])→"ao"[au]: 稍, 哨, 勒, 笊, 罩

[iao]("ㅑ"로 표기된 [iao])→"iao"[iau]: 饺(餃), 较(較), 教, 窖, 酵, 校, 孝, 校, 效

[io]("ㅛ"로 표기된 [io])→"iao"[iau]: 觉(覺)

[o]("ㅗ"로 표기된 [o])→"ao"[au]: 棹

7. 소운(宵韵): 三等开口[ĭɛu]

『광운』"소운"은 평성으로『한청문감』에 41개 글자가 나타났다. 그 가운데의 33개가 [iao]로 표기되고, 7개가 [ao]로 표기되고, 1개가 [io]로 표기되었다.

이는 소운(宵韵)의 중고음 [ĭɛu]의 다수가『한청문감』에 이르러 [ao], [iao]로 변하였음을 말해준다.

이들이 현대중국어에서 34개가 [iau]로, 7개가 [au]로 발음된다.

상술한 상황은『광운』소운의 현대중국어 발음이『한청문감』시기의 발음과 기본상 같음을 설명한다. 소운의『한청문감』표기는 아래와 같다.

[iao]("ㅛ"로 표기된 [iao])→"iao"[iau]: 标(標), 镖(鏢), 娇(嬌), 骄(驕), 椒, 焦, 鷦(鷦), 苗, 描, 飘(飄), 瓢, 缥, 蹻, 乔(喬), 荞(蕎), 桥(橋), 憔, 樵, 翘(翹), 鸮(鴞), 消, 宵, 绡(綃), 硝, 销(銷), 霄

[iao]("ㅑ"로 표기된 [iao])→"iao"[iau]: 妖, 腰, 谣(謠), 摇(搖), 遥, 瑶, 鹞(鷂)

[ao]("ㅑ"로 표기된 [ao])→"ao"[au]: 朝, 招, 昭, 超, 潮, 烧(燒), 韶

[io]("ㅛ"로 표기된 [io])→"iao"[iau]: 窑(窯)

8. 소운(小韵): 三等开口[ĭɛu]

『광운』"소운"은 상성으로『한청문감』에 17개 글자가 나타났다. 그 가운데의 13개가 [iao]로 표기되고, 4개가 [ao]로 표기되었다.

이는 소운(小韵)의 중고음 [ĭɛu]의 다수가『한청문감』에 이르러 [ao], [iao]

로 변하였음을 말해준다.

이들이 현대중국어에서 13개가 [iau]로, 4개가 [au]로 발음된다.

상술한 상황은 『광운』 소운의 현대중국어 발음이 『한청문감』 시기의 발음과 완전히 같음을 설명한다. 소운의 『한청문감』 표기는 아래와 같다.

[iao]("ㅑㅗ"로 표기된 [iao])→"iao"[iau]: 表, 鰾(鰾), 膘, 剽, 剿, 燎, 眇, 秒, 渺, 藐, 悄, 小, 舀

[ao]("ㅑ로 표기된 [ao])→"ao"[au]: 扰(擾), 遶, 少, 兆

9. 소운(笑韻): 三等开口[ĭɛu]

『광운』 "소운"은 거성으로 『한청문감』에 17개 글자가 나타났다. 그 가운데의 13개가 [iao]로 표기되고, 3개가 [ao]로 표기되고, 1개가 [io]로 표기되었다.

이는 소운(笑韻)의 중고음 [ĭɛu]의 다수가 『한청문감』에 이르러 [ao], [iao]로 변하였음을 말해준다.

이들이 현대중국어에서 14개가 [iau]로, 3개가 [au]로 발음된다.

상술한 상황은 『광운』 소운의 현대중국어 발음이 『한청문감』 시기의 발음과 거의 완전히 같음을 설명한다. 소운의 『한청문감』 표기는 아래와 같다.

[iao]("ㅑㅗ"로 표기된 [iao])→"iao"[iau]: 裱, 轿(轎), 庙(廟), 漂, 票, 俏, 诮(誚), 峭, 鞘, 肖, 笑

[ao]("ㅑ로 표기된 [ao])→"ao"[au]: 绕(繞), 诏(詔), 照

[iao]("ㅑ로 표기된 [iao])→"iao"[iau]: 要, 耀

[io]("ㅛ로 표기된 [io])→"iao"[iau]: 约(約)

10. 소운(蕭韵): 四等开口[ieu]

『광운』 "소운"은 평성으로『한청문감』에 24개 글자가 나타났다. 이들 모두가 [iao]로 표기되었다.

이는 소운(蕭韵)의 중고음 [ieu] 모두가『한청문감』에 이르러 [iao]로 변하였음을 말해준다.

이들이 현대중국어에서도 모두가 [iau]로 발음된다.

상술한 상황은『광운』 소운의 현대중국어 발음이『한청문감』 시기의 발음과 완전히 같음을 설명한다. 소운의『한청문감』 표기는 아래와 같다.

> [iao]("댜"로 표기된 [iao])→"iao"[iau]: 刁, 凋, 貂, 雕, 鵰, 浇(澆), 聊, 獠, 缭(繚), 鹩(鷯), 蟟, 镽(鐐), 撬, 佻, 条(條), 苕, 调(調), 跳, 枭(梟), 骁(驍), 萧(蕭), 箫(簫), 潇(瀟)
> [iao]("뎌"로 표기된 [iao])→"iao"[iau]: 吆

11. 소운(篠韵): 四等开口[ieu]

『광운』 "소운"은 상성으로『한청문감』에 11개 글자가 나타났다. 이들 모두가 [iao]로 표기되었다.

이는 소운(篠韵)의 중고음 [ieu] 모두가『한청문감』에 이르러 [iao]로 변하였음을 말해준다.

이들이 현대중국어에서도 모두가 [iau]로 발음된다.

상술한 상황은『광운』 소운의 현대중국어 발음이『한청문감』 시기의 발음과 완전히 같음을 설명한다. 소운의『한청문감』 표기는 아래와 같다.

> [iao]("댜"로 표기된 [iao])→"iao"[iau]: 侥(僥), 了, 撩, 钌(釕), 蓼, 瞭, 鸟

(鳥), 嬲, 挑, 窕, 晓(曉)

12. 소운(嘯韻): 四等开口[ieu]

『광운』 "소운"은 거성으로『한청문감』에 8개 글자가 나타났다. 이들 모두가 [iao]로 표기되었다.

이는 소운(嘯韻)의 중고음 [ieu] 모두가『한청문감』에 이르러 [iao]로 변하였음을 말해준다.

이들이 현대중국어에서도 모두가 [iau]로 발음된다.

상술한 상황은『광운』소운의 현대중국어 발음이『한청문감』시기의 발음과 완전히 같음을 설명한다. 소운의『한청문감』표기는 아래와 같다.

[iao]("ㅑㅗ"로 표기된 [iao])→"iao"[iau]: 吊, 钓(釣), 铫(銚), 调(調), 叫, 料, 尿, 窍(竅)

七. 류섭(流攝) 운모의 대비

1. 후운(侯韻): 一等开口[əu]

『광운』 "후운"은 평성으로『한청문감』에 24개 글자가 나타났다. 그 가운데의 22개가 [əu]로 표기되고, 1개가 [iui]로 표기되고, 1개가 [ə]로 표기되었다.

이는 후운(侯韻)의 중고음 [əu]의 거의 모두가『한청문감』에 이르러 [əu]로 되었음을 말해준다.

이들이 현대중국어에서 23개가 [ou]로, 1개가 [y]로 발음된다.

상술한 상황은『광운』후운의 현대중국어 발음이『한청문감』시기의 발음과 기본상 같음을 설명한다. 후운의 『한청문감』 표기는 아래와 같다.

[əu]("ᅮ"로 표기된 [ɔu])-›"ou"[ou]: 兜, 覩, 沟(溝), 钩(鉤), 侯, 喉, 猴, 睺, 瘊, 娄(婁), 偻(僂), 楼(樓), 耧(耬), 搂(摟), 讴(謳), 瓯(甌), 熰, 呕(嘔), 偷, 头(頭), 投, 陬

[iui]("ᅲ"로 표기된 [iui])→"ü"[y]: 褛(褸)

[ə]("ᅥ"로 표기된 [ə])→"ou"[ou]: 骰

2. 후운(厚韵): 一等开口[əu]

『광운』 "후운"은 상성으로 『한청문감』에 28개 글자가 나타났다. 그 가운데의 25개가 [əu]로 표기되고, 3개가 [u]로 표기되었다.

이는 후운(厚韵)의 중고음 [əu]의 거의 모두가 『한청문감』에 이르러 [əu]로 되었음을 말해준다.

이들이 현대중국어에서 25개가 [ou]로, 3개가 [u]로 발음된다.

상술한 상황은 『광운』 후운의 현대중국어 발음이 『한청문감』 시기의 발음과 완전히 같음을 설명한다. 후운의 『한청문감』 표기는 아래와 같다.

[əu]("ᅮ"로 표기된 [əu])→"ou"[ou]: 陡, 抖, 蚪, 斗, 苟, 狗, 垢, 吼, 犼, 后, 厚, 後, 口, 叩, 篓(簍), 某, 殴(毆), 偶, 藕, 剖, 掊(掊), 薮(藪), 黈, 走

[əu]("ᅲ"로 표기된 [əu])→"ou"[ou]: 嗾

[u]("ᅮ"로 표기된 [u])→"u"[u]: 母, 牡, 畆

3. 후운(侯韵): 一等开口[əu]

『광운』 "후운"은 거성으로 『한청문감』에 19개 글자가 나타났다. 그 가운데의 16개가 [əu]로 표기되고, 2개가 [u]로 표기되고, 1개가 [ao]로 표기되었다.

이는 후운(侯韵)의 중고음 [əu]의 거의 모두가 『한청문감』에 이르러 [əu]로 되었음을 말해준다.

이들이 현대중국어에서 16개가 [ou]로, 2개가 [u]로, 1개가 [au]로 발음된다.

상술한 상황은 『광운』 후운의 현대중국어 발음이 『한청문감』 시기의 발음과 완전히 같음을 설명한다. 후운의 『한청문감』 표기는 아래와 같다.

[əu]("ㅡ"로 표기된 [əu])→"ou"[ou]: 凑(湊), 豆, 逗, 鬪, 读(讀), 穀, 候, 芤,

扣, 寇, 蔻, 篏, 漏, 嗽, 透, 奏

[u]("ㅠ"로 표기된 [u])→"u"[u]: 漱

[u]("ㅜ"로 표기된 [u])→"u"[u]: 戊

[ao]("ㅘ"로 표기된 [ao])→"ao"[au]: 茂

4. 우운(尤韵): 三等开口[ĭəu]

『광운』 "우운"은 평성으로 『한청문감』에 57개 글자가 나타났다. 그 가운데의 34개가 [iu]로 표기되고, 19개가 [əu]로 표기되고, 1개가 [ao]로 표기되고, 1개가 [o]로 표기되고, 1개가 [u]로 표기되고, 1개가 [i]로 표기되었다.

이는 우운(尤韵)의 중고음 [ĭəu]의 다수가 『한청문감』에 이르러 [iu], [əu]로 되었음을 말해준다.

이들이 현대중국어에서 35개가 [iou]로, 20개가 [ou]로, 1개가 [u]로, 1개가 [au]로 발음된다.

상술한 상황은 『광운』 우운의 현대중국어 발음이 『한청문감』 시기의 발음과 1/3이 같음을 설명한다. 우운의 『한청문감』 표기는 아래와 같다.

[iu]("ㅠ"로 표기된 [iu])→"iou"[iou]: 鳩(鳩), 留, 流, 琉, 旒, 貙(貙), 瑠, 榴,

遛, 牛, 丘, 秋, 楸, 鹙(鶖), 鳅(鰍), 鞦, 求, 酋, 述, 球, 毬, 遒, 休, 修, 羞,

馐(饈), 优(優), 悠, 憂, 由, 犹(猶), 油, 遊, 游

[əu]("ㅕ"로 표기된 [əu])→"ou"[ou]: 抽, 紬, 酬, 稠, 愁, 筹(籌), 踌(躊), 雙,

柔, 揉, 收, 州, 诌(謅), 周, 洲

[əu]("ᅲ"로 표기된 [əu])→"ou"[ou]: 搜, 蒐, 馊(餿), 骀(駼)

[u]("ㅜ"로 표기된 [u])→"u"[u]: 浮

[ao]("ᅪ"로 표기된 [ao])→"ao"[au]: 鳌

[o]("ㅗ"로 표기된 [o])→"ou"[ou]: 谋(謀)

[i]("ㅣ"로 표기된 [i])→"iou"[iou]: 邱

5. 유운(有韵): 三等开口[ĭəu]

『광운』 "유운"은 상성으로 『한청문감』에 35개 글자가 나타났다. 그 가운
데의 19개가 [iu]로 표기되고, 13개가 [əu]로 표기되고, 3개가 [u]로 표기되
었다.

이는 유운(有韵)의 중고음 [ĭəu]의 다수가 『한청문감』에 이르러 [iu], [əu]
로 되었음을 말해준다.

이들이 현대중국어에서 19개가 [iou]로, 13개가 [ou]로, 3개가 [u]로 발음
된다.

상술한 상황은 『광운』 유운의 현대중국어 발음이 『한청문감』 시기의 발
음과 1/2가량 같음을 설명한다. 유운의 『한청문감』 표기는 아래와 같다.

[iu]("ᅲ"로 표기된 [iu])→"iou"[iou]: 九, 久, 灸, 韭, 酒, 臼, 咎, 舅, 柳, 绺

(綹), 扭, 纽(紐), 钮(鈕), 朽, 友, 有, 酉, 莠, 诱(誘)

[əu]("ㅕ"로 표기된 [əu])→"ou"[ou]: 丑, 醜, 杻, 手, 守, 首, 受, 绶(綬), 肘,

箒, 纣(紂), 苟(薴)

[əu]("ᅲ"로 표기된 [əu])→"ou"[ou]: 否

[u]("ᅮ"로 표기된 [u])→"u"[u]: 负(負), 妇(婦), 阜

6. 유운(宥韵): 三等开口[ĭəu]

『광운』 "유운"은 거성으로 『한청문감』에 31개 글자가 나타났다. 그 가운데의 20개가 [iu]로 표기되고, 8개가 [əu]로 표기되고, 2개가 [u]로 표기되고, 1개가 [iao]로 표기되었다. "瘦, 绉(縐), 皱(皺)" 세 글자의 표기가 의심스럽다. 왜냐하면 이들이 정치음(권설음)이니 운모가 "ᅮ"로 표기되어야 할 터인데 "ᅲ"로 표기되었기 때문이다.

이는 유운(宥韵)의 중고음 [ĭəu]의 다수가 『한청문감』에 이르러 [iu], [əu]로 되었음을 말해준다.

이들이 현대중국어에서 20개가 [iou]로, 9개가 [ou]로, 2개가 [u]로 발음된다.

상술한 상황은 『광운』 유운의 현대중국어 발음이 『한청문감』 시기의 발음과 1/3가량 같고 2/3가량 대응됨을 설명한다. 유운의 『한청문감』 표기는 아래와 같다.

[iu]("ᅴ"로 표기된 [iu])→"iou"[iou]: 究, 旧(舊), 救, 就, 鹫(鷲), 溜, 鹨(鷚), 臭, 秀, 袖, 绣(繡), 锈(銹), 嗅, 繡, 又, 右, 佑, 柚, 宥, 釉

[əu]("ᅲ"로 표기된 [əu])→"ou"[ou]: 瘦, 绉(縐), 皱(皺)

[əu]("ᅿ"로 표기된 [əu])→"ou"[ou]: 寿(壽), 狩, 授, 兽(獸), 臭

[u]("ᅮ"로 표기된 [u])→"u"[u]: 副, 富

[iao]("ᅶ"로 표기된 [iao])→"ou"[ou]: 飕(颼)

7. 유운(幽韵): 四等开口[iəu]

『광운』 "유운"은 평성으로 『한정문감』에 3개 글자가 나타났다. 그 가운데의 2개가 [iu]로 표기되고, 1개가 [iao]로 표기되었다.

이는 유운(幽韵)의 중고음 [ïəu]의 다수가 『한청문감』에 이르러 [iu]로 되었음을 말해준다.

이들이 현대중국어에서 2개가 [iou]로, 1개가 [iau]로 발음된다.

상술한 상황은 『광운』 유운의 현대중국어 발음이 『한청문감』 시기의 발음과 1/3이 같고 2/3가 대응됨을 설명한다. 유운의 『한청문감』 표기는 아래와 같다.

[iu]("ᅲ"로 표기된 [iu])→"iou"[iou]: 虬(蚪), 幽
[iao]("ᅶ"로 표기된 [iao])→"iao"[iau]: 彪

8. 유운(黝韵): 四等开口[iəu]

[○]: 『한청문감』에 유운 글자가 나타나지 않았다.

9. 유운(幼韵): 四等开口[iəu]

『광운』 "유운"은 거성으로 『한청문감』에 2개 글자가 나타났다. 이들 2개 모두가 [iu]로 표기되었다.

이는 유운(幼韵)의 중고음 [ïəu] 모두가 『한청문감』에 이르러 [iu]로 되었음을 말해준다.

이들이 현대중국어에서 모두 [iou]로 발음된다.

상술한 상황은 『광운』 유운의 현대중국어 발음이 『한청문감』 시기의 발음과 대응됨을 설명한다. 유운의 『한청문감』 표기는 아래와 같다.

  [iu]("ᅲ"로 표기된 [iu])→"iou"[iou]: 谬(謬), 繆

八. 함섭(咸攝) 운모의 대비

1. 담운(覃韻): 一等开口[ɒm]

『광운』 "담운"은 평성으로 『한청문감』에 16개 글자가 나타났다. 이들 16 개 모두가 [an]으로 표기되었다.

이는 담운(覃韻)의 중고음 [ɒm] 모두가 『한청문감』에 이르러 [an]으로 변하였음을 말해준다.

이들이 현대중국어에서도 모두 [an]으로 발음된다.

상술한 상황은 『광운』 담운의 현대중국어 발음이 『한청문감』 시기의 발음과 완전히 같음을 설명한다. 담운의 『한청문감』 표기는 아래와 같다.

  [an]("ᅡᆫ"으로 표기된 [an])→"an"[an]: 蚕, 蠶, 耽, 含, 涵, 龛(龕), 堪, 婪,
   男, 南, 楠, 贪(貪), 昙(曇), 潭, 探, 簪

2. 감운(感韻): 一等开口[ɒm]

『광운』 "감운"은 상성으로 『한청문감』에 3개 글자가 나타났다. 그 가운데의 2개가 [an]으로 표기되고, 1개가 [ən]으로 표기되었다.

이는 감운(感韻)의 중고음 [ɒm]의 다수가 『한청문감』에 이르러 [an]으로변하였음을 말해준다.

이들이 현대중국어에서 모두 [an]으로 발음된다.

상술한 상황은 『광운』 감운의 현대중국어 발음이 『한청문감』 시기의 발음과 거의 완전히 같음을 설명한다. 감운이 『한청문감』 표기는 아래와 같다.

[an]("ㄱ"으로 표기된 [an])→"an"[an]: 感, 坎
[ən]("ㄱ"으로 표기된 [ən])→"an"[an]: 糂(糝)

3. 감운(勘韻): 一等开口[ɒm]

『광운』 "감운"은 거성으로 『한청문감』에 2개 글자가 나타났다. 이들 2개 모두가 [an]으로 표기되었다.

이는 감운(勘韻)의 중고음 [ɒm] 모두가 『한청문감』에 이르러 [an]으로 변하였음을 말해준다.

이들이 현대중국어에서도 모두 [an]으로 발음된다.

상술한 상황은 『광운』 감운의 현대중국어 발음이 『한청문감』 시기의 발음과 완전히 같음을 설명한다. 감운의 『한청문감』 표기는 아래와 같다.

[an]("ㄱ"으로 표기된 [an])→"an"[an]: 暗, 勘

4. 합운(合韻): 一等开口[ɒp]

『광운』 "합운"은 입성으로 『한청문감』에 15개 글자가 나타났다. 그 가운데의 10개가 [a]로 표기되고, 4개가 [ə]로 표기되고, 1개가 [o]로 표기되었다.

이는 합운(合韻)의 중고음 [ɒp]의 다수가 『한청문감』에 이르러 [a], [ə]로 변하였음을 말해준다.

이들이 현대중국어에서 10개가 [a]로, 5개가 [ə]로 발음된다.

상술한 상황은『광운』합운의 현대중국어 발음이『한청문감』시기의 발음과 거의 완전히 같음을 설명한다. 합운의『한청문감』표기는 아래와 같다.

[a]("ㅏ"로 표기된 [a])→"a"[a]: 搭, 嗒, 搨, 答, 哈, 拉, 纳(納), 衲, 踏, 杂(雜)

[ə]("ㅓ"로 표기된 [ə])→"e"[ə]: 哈, 合, 鸽(鴿), 蛤

[o]("ㅗ"로 표기된 [o])→"e"[ə]: 盒

5. 담운(談韻): 一等开口[ɑm]

『광운』"담운"은 평성으로『한청문감』에 12개 글자가 나타났다. 이들 12개 모두가 [an]으로 표기되었다.

이는 담운(談韻)의 중고음 [ɑm] 모두가『한청문감』에 이르러 [an]으로 변하였음을 말해준다.

이들이 현대중국어에서도 모두 [an]으로 발음된다.

상술한 상황은『광운』담운의 현대중국어 발음이『한청문감』시기의 발음과 완전히 같음을 설명한다. 담운의『한청문감』표기는 아래와 같다.

[an]("ㅏㄴ"으로 표기된 [an])→"an"[an]: 惭(慚), 甘, 坩, 泔, 柑, 憨, 蓝(藍), 褴(襤), 篮(籃), 三, 谈(談), 痰

6. 감운(敢韻): 一等开口[ɑm]

『광운』"감운"은 상성으로『한청문감』에 9개 글자가 나타났다. 이들 9개 모두가 [an]으로 표기되었다.

이는 감운(敢韻)의 중고음 [ɑm] 모두가『한청문감』에 이르러 [an]으로 변하였음을 말해준다.

이들이 현대중국어에서도 모두 [an]으로 발음된다.

상술한 상황은『광운』감운의 현대중국어 발음이『한청문감』시기의 발음과 완전히 같음을 설명한다. 감운의『한청문감』표기는 아래와 같다.

[an]("ㅏ"으로 표기된 [an])→"an"[an]: 胆, 膽, 敢, 橄, 喊, 览(覽), 揽(攬), 榄 (欖), 毯

7. 감운(鬫韵): 一等开口[ɑm]

『광운』"감운"은 상성으로『한청문감』에 7개 글자가 나타났다. 이들 7개 모두가 [an]으로 표기되었다.

이는 감운(鬫韵)의 중고음 [ɑm] 모두가『한청문감』에 이르러 [an]으로 변하였음을 말해준다.

이들이 현대중국어에서도 모두 [an]으로 발음된다.

상술한 상황은『광운』감운의 현대중국어 발음이『한청문감』시기의 발음과 완전히 같음을 설명한다. 감운의『한청문감』표기는 아래와 같다.

[an]("ㅏ"으로 표기된 [an])→"an"[an]: 擔, 淡, 缆(纜), 滥(濫), 錾(鏨)

[an]("ㅑ"으로 표기된 [an])→"an"[an]: 覘, 暂(暫)

8. 합운(盍韵): 一等开口[ɑp]

『광운』"합운"은 입성으로『한청문감』에 12개 글자가 나타났다. 그 가운데의 10개가 [a]로 표기되고, 1개가 [an]으로 표기되고, 1개가 [ə]로 표기되었다.

이는 합운(盍韵)의 중고음 [ɑp]의 거의 모두가『한청문감』에 이르러 [a]음으로 변하였음을 말해준다.

  이들이 현대중국어에서 10개가 [a]로, 1개가 [an]으로, 1개가 [ə]로 발음된다.

  상술한 상황은『광운』합운의 현대중국어 발음이『한청문감』시기의 발음과 완전히 같음을 설명한다. 합운의『한청문감』표기는 아래와 같다.

  [a]("ㅏ"로 표기된 [a])→"a"[a]: 邋, 腊(臘), 蜡(蠟), 燫, 嗒, 塌, 遢, 塔, 榻, 蹋

  [an]("ㅏ"으로 표기된 [an])→"an"[an]: 谵(譫)

  [ə]("ㅓ"로 표기된 [ə])→"e"[ə]: 磕

9. 함운(咸韵): 二等开口[ɐm]

  『광운』"함운"은 평성으로『한청문감』에 5개 글자가 나타났다. 그 가운데의 2개가 [an]으로 표기되고, 3개가 [ian]으로 표기되었다.

  이는 함운(咸韵)의 중고음 [ɐm]이『한청문감』에 이르러 [an], [ian]으로 분화되었음을 말해준다.

  이들이 현대중국어에서 2개가 [an]으로, 3개가 [iæn]으로 발음된다.

  상술한 상황은『광운』함운의 현대중국어 발음이『한청문감』시기의 발음과 40%가 같고, 60%가 대응됨을 설명한다. 함운의『한청문감』표기는 아래와 같다.

  [an]("ㅏ"으로 표기된 [an])→"an"[an]: 谗(讒), 馋(饞)

  [ian]("ㅑ"으로 표기된 [ian])→"ian"[iæn]: 臧, 咸, 醎

10. 험운(嗛韵): 二等开口[ɐm]

  『광운』"험운"은 상성으로『한청문감』에 4개 글자가 나타났다. 그 가운데의 1개가 [an]으로 표기되고, 3개가 [ian]으로 표기되었다.

이는 험운(豏韵)의 중고음 [ɐm]이 『한청문감』에 이르러 [an], [ian]으로 분화되었음을 말해준다.

이들이 현대중국어에서 1개가 [an]으로, 3개가 [iæn]으로 발음된다.

상술한 상황은 『광운』 험운의 현대중국어 발음이 『한청문감』 시기의 발음과 소수가 같고, 다수가 대응됨을 설명한다. 험운의 『한청문감』 표기는 아래와 같다.

[an](“ㅑ”으로 표기된 [an])→“an”[an]: 斩(斬)

[ian](“ㅑ”으로 표기된 [ian])→“ian”[iæn]: 减(減), 鹻, 脸(臉)

11. **함운(陷韵): 二等开口[ɐm]**

『광운』 “함운”은 거성으로 『한청문감』에 5개 글자가 나타났다. 그 가운데의 3개가 [an]으로 표기되고, 1개가 [ian]으로 표기되고, 1개가 [uan]으로 표기되었다.

이는 함운(陷韵)의 중고음 [ɐm]이 『한청문감』에 이르러 [an], [ian]으로 분화되었음을 말해준다.

이들이 현대중국어에서 3개가 [an]으로, 1개가 [iæn]으로, 1개가 [uan]으로 발음된다.

상술한 상황은 『광운』 함운의 현대중국어 발음이 『한청문감』 시기의 발음과 대다수가 완전히 같음을 설명한다. 함운의 『한청문감』 표기는 아래와 같다.

[an](“ㅑ”으로 표기된 [an])→“an”[an]: 佔, 站, 蘸

[ian](“ㅑ”으로 표기된 [ian])→“ian”[iæn]: 陷

[uan]("ꞏ관"으로 표기된 [uan])→"uan"[uan]: 賺(賺)

12. 흡운(洽韻): 二等开口[ɐp]

『광운』 "흡운"은 입성으로 『한청문감』에 11개 글자가 나타났다. 그 가운데의 8개가 [ia]로 표기되고, 2개가 [a]로 표기되고, 1개가 [oa]로 표기되었다.

이는 흡운(洽韻)의 중고음 [ɐp]의 다수가 『한청문감』에 이르러 [ia]로 되었음을 말해준다.

이들이 현대중국어에서 8개가 [ia]로, 2개가 [a]로, 1개가 [ua]로 발음된다.

상술한 상황은 『광운』 흡운의 현대중국어 발음이 『한청문감』 시기의 발음과 완전히 같음을 설명한다. 흡운의 『한청문감』 표기는 아래와 같다.

[ia]("ꞏ샤"로 표기된 [ia])→"ia"[ia]: 裌(裌), 夾(夾), 掐, 帢, 洽, 恰, 狹(狹), 祫
[a]("ꞏ야"로 표기된 [a])→"a"[a]: 挿, 劄
[oa]("ꞏ과"로 표기된 [oa])→"ua"[ua]: 凹

13. 함운(銜韻): 二等开口[am]

『광운』 "함운"은 평성으로 『한청문감』에 7개 글자가 나타났다. 그 가운데의 4개가 [an]으로 표기되고, 3개가 [ian]으로 표기되었다.

이는 함운(銜韻)의 중고음 [am]이 『한청문감』에 이르러 [an], [ian]으로 분화되었음을 말해준다.

이들이 현대중국어에서 4개가 [an]으로, 3개가 [iæn]으로 발음된다.

상술한 상황은 『광운』 함운의 현대중국어 발음이 『한청문감』 시기의 발음과 다수가 같고 일부가 대응됨을 설명한다. 함운의 『한청문감』 표기는 아래와 같다.

[an](“ᅟᅣᆫ”으로 표기된 [an])→“an”[an]: 搀(攙), 芟, 衫

[an](“ᅟᅡᆫ”으로 표기된 [an])→“an”[an]: 巉

[ian](“ᅟᆙᆫ”으로 표기된 [ian])→“ian”[iæn]: 衔(銜), 啣

[ian](“ᅟᅣᆫ”으로 표기된 [ian])→“ian”[iæn]: 巖

14. 함운(檻韵): 二等开口[am]

『광운』 “함운”은 상성으로 『한청문감』에 1개 글자가 나타났다. 이것이 [ian]으로 표기되었다.

이는 함운(檻韵)의 중고음 [am]이 『한청문감』에 이르러 모두 [ian]으로 변하였음을 말해준다.

이 글자가 현대중국어에서 [iæn]으로 발음된다.

상술한 상황은 『광운』 함운의 현대중국어 발음이 『한청문감』 시기의 발음과 대응됨을 설명한다. 함운의 『한청문감』 표기는 아래와 같다.

[ian](“ᅟᆙᆫ”으로 표기된 [ian])→“ian”[iæn]: 槛 (檻)

15. 감운(鑑韵): 二等开口[am]

『광운』 “감운”은 거성으로 『한청문감』에 2개 글자가 나타났다. 이것이 [ian]으로 표기되었다.

이는 감운(鑑韵)의 중고음 [am]이 『한청문감』에 이르러 모두 [ian]으로 변하였음을 말해준다.

이 글자들이 현대중국어에서 모두 [iæn]으로 발음된다.

상술한 상황은 『광운』 함운의 현대중국어 발음이 『한청문감』 시기의 발음과 대응됨을 설명한다. 함운의 『한청문감』 표기는 아래와 같다.

[ian]("ㅑᆫ"으로 표기된 [ian])→"ian"[iæn]: 监(監), 鑑

16. 압운(狎韻): 二等开口[ap]

『광운』 "압운"은 입성으로 『한청문감』에 5개 글자가 나타났다. 이것들은 모두 [ia]로 표기되었다.

이는 압운(狎韻)의 중고음 [ap]이 『한청문감』에 이르러 모두 [ia]로 변하였음을 말해준다.

이 글자들이 현대중국어에서도 모두 [ia]로 발음된다.

상술한 상황은 『광운』 압운의 현대중국어 발음이 『한청문감』 시기의 발음과 완전히 같음을 설명한다. 압운의 『한청문감』 표기는 아래와 같다.

[ia]("ㅑ"로 표기된 [ia])→"ia"[ia]: 甲, 匣
[ia]("ㅑ"로 표기된 [ia])→"ia"[ia]: 压(壓), 押, 鸭(鴨)

17. 염운(鹽韻): 三等开口[ǐɛm]

『광운』 "염운"은 평성으로 『한청문감』에 25개 글자가 나타났다. 그 가운데의 7개가 [an]으로 표기되고, 18개가 [ian]으로 표기되었다.

이는 염운(鹽韻)의 중고음 [ǐɛm]이 『한청문감』에 이르러 [an], [ian]으로 분화되었음을 말해준다.

이들이 현대중국어에서 7개가 [an]으로, 18개가 [iæn]으로 발음된다.

상술한 상황은 『광운』 염운의 현대중국어 발음이 『한청문감』 시기의 발음과 대다수가 대응됨을 설명한다. 염운의 『한청문감』 표기는 아래와 같다.

[ian]("ㅑᆫ"으로 표기된 [ian])→"ian"[iæn]: 尖, 廉, 臁, 镰(鐮), 簾, 黏, 粘, 金

(㑒), 签(簽), 钤(鈐), 钳(鉗), 籤, 纤(纖)

[ian]("냐"으로 표기된 [ian])→"ian"[iæn]: 淹, 炎, 盐(鹽), 阎(閻), 簷

[an](",ㅑ으로 표기된 [aɪɪ])→"an"[an]: 黏, 苫, 沾, 粘, 詹, 霑, 占

18. 염운(琰韻): 三等开口[ǐɛm]

『광운』 "염운"은 상성으로 『한청문감』에 11개 글자가 나타났다. 그 가운데의 3개가 [an]으로 표기되고, 8개가 [ian]으로 표기되었다.

이는 염운(琰韻)의 중고음 [ǐɛm]이 『한청문감』에 이르러 [an], [ian]으로 분화되었음을 말해준다.

이들이 현대중국어에서 3개가 [an]으로, 8개가 [iæn]으로 발음된다.

상술한 상황은 『광운』 염운의 현대중국어 발음이 『한청문감』 시기의 발음과 대다수가 대응됨을 설명한다. 염운의 『한청문감』 표기는 아래와 같다.

[ian]("걉"으로 표기된 [ian])→"ian"[iæn]: 俭(儉), 捡(撿), 检(檢), 渐(漸), 敛 (斂), 芡, 险(險)

[ian]("ᆣ"으로 표기된 [ian])→"ian"[iæn]: 魇(魘)

[an]("냐"으로 표기된 [an])→"an"[an]: 谄(諂), 染, 闪(閃)

19. 염운(豔韻): 三等开口[ǐɛm]

『광운』 "염운"은 거성으로 『한청문감』에 7개 글자가 나타났다. 그 가운데의 1개가 [an]으로 표기되고, 6개가 [ian]으로 표기되었다.

이는 염운(豔韻)의 중고음 [ǐɛm]이 『한청문감』에 이르러 [an], [ian]으로 분화되었음을 말해준다.

이들이 현대중국어에서 1개가 [an]으로, 6개가 [iæn]으로 발음된다.

상술한 상황은『광운』염운의 현대중국어 발음이『한청문감』시기의 발음과 대응됨을 설명한다. 염운의『한청문감』표기는 아래와 같다.

[ian]("꺄"으로 표기된 [ian])→"ian"[iæn]: 殮(殮)
[ian]("냐"으로 표기된 [ian])→"ian"[iæn]: 厭(厭), 艶(艷), 验(驗), 魘(魘), 燄
[an]("냐"으로 표기된 [an])→"an"[an]: 饟

20. 엽운(葉韻): 三等开口[ĭɛp]

『광운』"엽운"은 입성으로『한청문감』에 10개 글자가 나타났다. 그 가운데의 6개가 [iəi]로 표기되고, 2개가 [ə]로 표기되고, 1개가 [iə]로 표기되고, 1개가 [i]로 표기되었다. "吐(葉)"자가 [iə], [i] 두 가지로 표기되었다.

이는 엽운(葉韻)의 중고음 [ĭɛp]이『한청문감』에 이르러 주로 [iəi], [ə]로 분화되었음을 말해준다.

이들이 현대중국어에서 8개가 [ie]로, 2개가 [ə]로 발음된다.

상술한 상황은『광운』엽운의 현대중국어 발음이『한청문감』시기의 발음과 대응관계가 이루어짐을 설명한다. 그 가운데에서 [iəi]가 [ie]로의 변화가 참답게 연구되어야 할 과제이다. 엽운의『한청문감』표기는 아래와 같다.

[iəi]("ㅖ"로 표기된 [iəi])→"ie"[ie]: 接, 捷, 睫, 猎(獵), 镊(鑷), 妾
[ə]("ㅓ"로 표기된 [ə])→"e"[ə]: 涉, 摺
[iə]("ㅕ"로 표기된 [iə])→"ie"[ie]: 吐(葉)
[i]("ㅣ"로 표기된 [i])→"ie"[ie]: 吐(葉)

21. 엄운(嚴韵): 三等开口[ĭɐm]

『광운』 "엄운"은 평성으로 『한청문감』에 2개 글자가 나타났디. 이것들은 모두 [ian]으로 표기되었다.

이는 엄운(嚴韵)의 중고음 [ĭɐm]이 『한청문감』에 이르러 모두 [ian]으로 변하였음을 말해준다.

이 글자들이 현대중국어에서 모두 [iæn]으로 발음된다.

상술한 상황은 『광운』 엄운의 현대중국어 발음이 『한청문감』 시기의 발음과 대응관계가 이루어짐을 설명한다. 여기서 [ian]이 [iæn]으로의 변화가 참답게 연구되어야 할 과제이다. 엄운의 『한청문감』 표기는 아래와 같다.

[ian]("ㅑᆫ"으로 표기된 [ian])→"ian"[iæn]: 杴
[ian]("ᅣᆫ"으로 표기된 [ian])→"ian"[iæn]: 严(嚴)

22. 엄운(儼韵): 三等开口[ĭɐm]

[○]: 『한청문감』에 "엄운"에 속한 한자가 나타나지 않았다.

23. 엄운(釅韵): 三等开口[ĭɐm]

『광운』 "엄운"은 거성으로 『한청문감』에 1개 글자가 나타났다. 이것이 [ian]으로 표기되었다.

이는 엄운(釅韵)의 중고음 [ĭɐm]이 『한청문감』에 이르러 모두 [ian]으로 변하였음을 말해준다.

이 글자가 현대중국어에서 [iæn]으로 발음된다.

상술한 상황은 『광운』 엄운의 현대중국어 발음이 『한청문감』 시기의 발음과 대응됨을 설명한다. 엄운의 『한청문감』 표기는 아래와 같다.

[ian]("ㅑ"으로 표기된 [ian])→"ian"[iæn]: 醶(醶)

24. 업운(業韻): 三等开口[ĭɐp]

『광운』 "업운"은 입성으로 『한청문감』에 4개 글자가 나타났다. 그 가운데의 3개가 [iəi]로 표기되고, 1개가 [iə]로 표기되었다.

이는 업운(業韻)의 중고음 [ĭɐp]이 『한청문감』에 이르러 절대다수가 [iəi]로 변하였음을 말해준다.

이들이 현대중국어에서 모두 [ie]로 발음된다.

상술한 상황은 『광운』 업운의 현대중국어 발음이 『한청문감』 시기의 발음과 대응관계가 이루어짐을 설명한다. 그 가운데에서 [iəi]가 [ie]로의 변화가 참답게 연구되어야 할 과제이다. 업운의 『한청문감』 표기는 아래와 같다.

[iəi]("ㅖ"로 표기된 [iəi])→"ie"[ie]: 劫, 怯, 脅
[iə]("ㅕ"로 표기된 [iə])→"ie"[ie]: 业(業)

25. 범운(凡韻): 三等合口[ĭwɐm]

『광운』 "범운"은 평성으로 『한청문감』에 1개 글자가 나타났다. 이것이 [an]으로 표기되었다.

이는 범운(凡韻)의 중고음 [ĭwɐm]이 『한청문감』에 이르러 모두 [an]으로 변하였음을 말해준다.

이 글자가 현대중국어에서도 [an]으로 발음된다.

상술한 상황은 『광운』 범운의 현대중국어 발음이 『한청문감』 시기의 발음과 완전히 같음을 설명한다. 범운의 『한청문감』 표기는 아래와 같다.

[an]("ㅏ"으로 표기된 [an])→"an"[an]: 凡

26. 범운(範韻): 三等合口[ĭwɐm]

『광운』 "범운"은 상성으로 『한청문감』에 2개 글자가 나타났다. 이것들이 [an]으로 표기되었다.

이는 범운(範韻)의 중고음 [ĭwɐm]이 『한청문감』에 이르러 모두 [an]으로 변하였음을 말해준다.

이들이 현대중국어에서도 [an]으로 발음된다.

상술한 상황은 『광운』 범운의 현대중국어 발음이 『한청문감』 시기의 발음과 완전히 같음을 설명한다. 범운의 『한청문감』 표기는 아래와 같다.

[an]("ㅏ"으로 표기된 [an])→"an"[an]: 範(範), 犯

27. 범운(梵韻): 三等合口[ĭwɐm]

『광운』 "범운"은 거성으로 『한청문감』에 4개 글자가 나타났다. 그 가운데의 1개가 [an]으로 표기되고, 3개가 [ian]으로 표기되었다.

이는 범운(梵韻)의 중고음 [ĭwɐm]이 『한청문감』에 이르러 모두 [an], [ian]으로 분화되었음을 말해준다.

이들이 현대중국어에서 1개가 [an]으로, 3개가 [iæn]으로 발음된다.

상술한 상황은 『광운』 범운의 현대중국어 발음이 『한청문감』 시기의 발음과 대응됨을 설명한다. 범운의 『한청문감』 표기는 아래와 같다.

[ian]("ᅣᆫ"으로 표기된 [ian])→"ian"[iæn]: 劍(劍), 劒, 欠

[an]("ᅡᆫ"으로 표기된 [an])→"an"[an]: 泛

28. 핍운(乏韻): 三等合口[ĭwɐp]

『광운』 "핍운"은 입성으로 『한청문감』에 2개 글자가 나타났다. 이것들이 모두 [a]로 표기되었다.

이는 핍운(乏韻)의 중고음 [ĭwɐp]이 『한청문감』에 이르러 모두 [a]로 변하였음을 말해준다.

이들이 현대중국어에서도 모두 [a]로 발음된다.

상술한 상황은 『광운』 핍운의 현대중국어 발음이 『한청문감』 시기의 발음과 완전히 같음을 설명한다. 핍운의 『한청문감』 표기는 아래와 같다.

[a]("ᅡ"로 표기된 [a])→"a"[a]: 乏, 法

29. 첨운(添韻): 四等开口[iem]

『광운』 "첨운"은 평성으로 『한청문감』에 6개 글자가 나타났다. 이것들이 모두 [ian]으로 표기되었다.

이는 첨운(添韻)의 중고음 [iem]이 『한청문감』에 이르러 모두 [ian]으로 변하였음을 말해준다.

이들이 현대중국어에서 모두 [iæn]으로 발음된다.

상술한 상황은 『광운』 첨운의 현대중국어 발음이 『한청문감』 시기의 발음과 완전히 대응됨을 설명한다. 첨운의 『한청문감』 표기는 아래와 같다.

[ian]("ᅣᆫ"으로 표기된 [ian])→"ian"[iæn]: 鮎(鮎), 谦(謙), 添, 恬, 甜, 嫌

30. **첨운**(忝韵): 四等开口[iem]

『광운』 "첨운"은 상성으로 『한청문감』에 9개 글사가 나타났다. 이것들이 모두 [ian]으로 표기되었다.

이는 첨운(忝韵)의 중고음 [iem]이 『한청문감』에 이르러 모두 [ian]으로 변하였음을 말해준다.

이들이 현대중국어에서 모두 [iæn]으로 발음된다.

상술한 상황은 『광운』 첨운의 현대중국어 발음이 『한청문감』 시기의 발음과 대응됨을 설명한다. 첨운의 『한청문감』 표기는 아래와 같다.

> [ian]("얀"으로 표기된 [ian])→"ian"[iæn]: 点(點), 坫, 店, 玷, 垫(墊), 念, 舔, 嗛, 縑

31. **첨운**(栝韵): 四等开口[iem]

『광운』 "첨운"은 거성으로 『한청문감』에 2개 글자가 나타났다. 이것들이 모두 [ian]으로 표기되었다.

이는 첨운(栝韵)의 중고음 [iem]이 『한청문감』에 이르러 모두 [ian]으로 변하였음을 말해준다.

이들이 현대중국어에서 모두 [iæn]으로 발음된다.

상술한 상황은 『광운』 첨운의 현대중국어 발음이 『한청문감』 시기의 발음과 완전히 대응됨을 설명한다. 첨운의 『한청문감』 표기는 아래와 같다.

> [ian]("얀"으로 표기된 [ian])→"ian"[iæn]: 韂, 僭

32. 첩운(帖韵): 四等开口[iep]

『광운』 "첩운"은 입성으로 『한청문감』에 11개 글자가 나타났다. 그 가운데의 9개가 [iəi]로 표기되고, 1개가 [ia]로 표기되고, 1개 글자가 [ian]으로 표기되었다.

이는 첩운(帖韵)의 중고음 [iep]의 절대다수가 『한청문감』에 이르러 [iəi]로 변하였음을 말해준다.

이들이 현대중국어에서 9개가 [ie]로, 1개가 [ia]로, 1개가 [iæn]으로 발음된다.

상술한 상황은 『광운』 첩운의 현대중국어 발음이 『한청문감』 시기의 발음과 대응관계가 이루어짐을 설명한다. 그 가운데에서 [iəi]가 [ie]로의 변화가 참답게 연구되어야 할 과제이다. 첩운의 『한청문감』 표기는 아래와 같다.

[iəi]("ㅖ"로 표기된 [iəi])→"ie"[ie]: 揲, 鍱, 蝶, 疊, 摄(攝), 愜, 帖, 貼(貼), 协(協)

[ia]("ㅑ"로 표기된 [ia])→"ia"[ia]: 荚(莢)

[ian]("ㆎㄴ"으로 표기된 [ian])→"ian"[iæn]: 捻

九. 심섭(深攝) 운모의 대비

1. 침운(侵韵): 三等开口[iĕm]

『광운』 "침운"은 평성으로 『한청문감』에 30개 글자가 나타났다. 그 가운데의 13개가 [in]으로 표기되고, 9개가 [ən]으로 표기되고, 6개가 [iən]으로 표기되고, 1개가 [ian]으로 표기되고, 1개가 [iun]으로 표기되었다.

이는 침운(侵韵)의 중고음 [iĕm]의 다수가 『한청문감』에 이르러 [in], [ən], [iən]으로 분화되었음을 말해준다.

이들이 현대중국어에서 19개가 [in]으로, 9개가 [ən]으로, 1개가 [iæn]으로, 1개가 [yn]으로 발음된다.

상술한 상황은 『광운』 침운의 현대중국어 발음이 『한청문감』 시기의 발음과 기본상 같음을 설명한다. 그 가운데에서 [iən]이 [in]으로의 변화가 참답게 연구되어야 할 과제이다. 침운의 『한청문감』 표기는 아래와 같다.

[in]("ᅵᆫ"으로 표기된 [in])→"in"[in]: 今, 金, 襟, 林, 临(臨), 淋, 钦(欽), 侵, 琴, 禽, 檎, 壬, 心

[ən]("ᅥᆫ"으로 표기된 [ən])→"en"[ən]: 参(參), 沉, 深, 蔘, 针(針), 砧, 斟, 箴, 鍼

[iən]("ᅵᆫ"으로 표기된 [iən])→"in"[in]: 阴(陰), 荫(蔭), 音, 吟, 淫, 霪

[ian]("ᅣᆫ"으로 표기된 [ian])→"ian"[iæn]: 撏(撏)

[iun]("ᅲᆫ"으로 표기된 [iun])→"ün"[yn]: 쿵(尋)

2. 침운(寢韵): 三等开口[iĕm]

『광운』 "침운"은 상성으로 『한청문감』에 14개 글자가 나타났다. 그 가운데의 5개가 [in]으로 표기되고, 6개가 [ən]으로 표기되고, 2개가 [iŋ]으로, 1개가 [iən]으로 표기되었다.

이는 침운(寢韵)의 중고음 [iĕm]의 다수가 『한청문감』에 이르러 [in], [ən]으로 분화되었음을 말해준다.

이들이 현대중국어에서 6개가 [in]으로, 6개가 [ən]으로, 2개가 [iŋ]으로 발음된다.

상술한 상황은 『광운』 침운의 현대중국어 발음이 『한청문감』 시기의 발음과 같음을 설명한다. 침운의 『한청문감』 표기는 아래와 같다.

    [in]("ᅵᆫ"으로 표기된 [in])→"in"[in]: 锦(錦), 廪(廩), 檩(檁), 品, 寝(寢)

    [ən]("ᅥᆫ"으로 표기된 [ən])→"en"[ən]: 稔, 沈(瀋), 审(審), 婶(嬸), 鈂, 枕

    [iŋ]("ᅵᅌ"으로 표기된 [iŋ])→"ing"[iŋ]: 禀(稟), 廪(廩)

    [iən]("ᅵᅥᆫ"으로 표기된 [iən])→"in"[in]: 饮(飮)

3. 심운(沁韻): 三等开口[ĭĕm]

『광운』 "심운"은 거성으로 『한청문감』에 10개 글자가 나타났다. 그 가운데의 6개가 [in]으로 표기되고, 2개가 [ən]으로 표기되고, 2개가 [iən]으로 표기되었다.

이는 심운(沁韻)의 중고음 [ĭĕm]이 『한청문감』에 이르러 [in], [ən], [iən]으로 분화되었음을 말해준다.

이들이 현대중국어에서 7개가 [in]으로, 3개가 [ən]으로 발음된다.

상술한 상황은 『광운』 심운의 현대중국어 발음이 『한청문감』 시기의 발음과 기본상 같음을 설명한다. 심운의 『한청문감』 표기는 아래와 같다.

    [in]("ᅵᆫ"으로 표기된 [in])→"in"[in]: 妗, 浸, 禁, 噤, 沁

    [in]("ᅵᆫ"으로 표기된 [in])→"en"[ən]: 任

    [ən]("ᅥᆫ"으로 표기된 [ən])→"en"[ən]: 甚, 渗(滲)

    [iən]("ᅵᅥᆫ"으로 표기된 [iən])→"in"[in]: 窨, 廕

4. 집운(緝韻): 三等开口[ĭĕp]

『광운』 "집운"은 입성으로 『한청문감』에 24개 글자가 나타났다. 그 가운데의 13개가 [i]로 표기되고, 6개가 [ʅ]로 표기되고, 4개가 [ə]로 표기되고, 1개가 [u]로 표기되었다. "习(習)"자가 [şʅ]와 [ɕi] 두 가지로 표기되었다.

이는 집운(緝韻)의 중고음 [iĕp]의 다수가 『한청문감』에 이르러 [i], [ʅ], [ə]로 분화되었음을 말해준다.

이들이 현대중국어에서 14개가 [i]로, 5개가 [ʅ]로, 4개가 [ə]로, 1개가 [u]로 발음된다.

상술한 상황은 『광운』 집운의 현대중국어 발음이 『한청문감』 시기의 발음과 같음을 설명한다. 집운의 『한청문감』 표기는 아래와 같다.

[i]("ㅣ"로 표기된 [i])→"i"[i]: 给(給), 缉(緝), 及, 级(級), 急, 集, 立, 笠, 粒, 袭(襲), 习(習), 吸, 揖

[ʅ]("ㅣᵒ"로 표기된 [ʅ])→"i"[ʅ]: 什, 湿(濕), 十, 拾, 习(習), 执(執)

[ə]("ㅓ"로 표기된 [ə])→"e"[ə]: 澁

[ə]("ㅕ"로 표기된 [ə])→"e"[ə]: 涩(澀), 蛰(蟄), 蟄

[u]("ㅠ"로 표기된 [u])→"u"[u]: 入

十. 산섭(山攝) 운모의 대비

1. 한운(寒韻): 一等开口[ɑn]

『광운』 "한운"은 평성으로 『한청문감』에 26개 글자가 나타났다. 그 가운데의 25개가 [ɑn]으로 표기되고, 1개가 [iɑn]으로 표기되었다.

이는 한운(寒韻)의 중고음 [ɑn]의 절대다수가 『한청문감』에 이르러 [ɑn]으로 되었음을 말해준다.

이들이 현대중국어에서 25개가 [ɑn]으로, 1개가 [iæn]으로 발음된다.

상술한 상황은 『광운』한운의 현대중국어 발음이 『한청문감』 시기의 발음과 거의 같음을 설명한다. 한운의 『한청문감』 표기는 아래와 같다.

[an]("ㅏ"으로 표기된 [an])→"an"[an]: 安, 鞍, 豻, 残(殘), 丹, 单(單), 箪(簞), 肝, 竿, 杆, 干, 乾, 寒, 兰(蘭), 拦(攔), 栏(欄), 灡, 难(難), 掸(撣), 弹(彈), 摊(攤), 滩(灘), 坛(壇), 檀

[an]("ㅏ"으로 표기된 [an])→"an"[an]: 珊

[ian]("ㅑ"으로 표기된 [ian])→"ian"[iæn]: 奸

2. 한운(旱韻): 一等开口[ɑn]

『광운』 "한운"은 상성으로 『한청문감』에 9개 글자가 나타났다. 이들 모두가 [an]으로 표기되었다.

이는 한운(旱韻)의 중고음 [ɑn]의 모두가 『한청문감』에 이르러 [an]으로 되었음을 말해준다.

이들이 현대중국어에서도 모두가 [an]으로 발음된다.

상술한 상황은 『광운』한운의 현대중국어 발음이 『한청문감』 시기의 발음과 완전히 같음을 설명한다. 한운의 『한청문감』 표기는 아래와 같다.

[an]("ㅏ"으로 표기된 [an])→"an"[an]: 担, 疸, 诞(誕), 罕, 旱, 懒(懶), 伞(傘), 坦, 趱(趲)

3. 한운(翰韻): 一等开口[ɑn]

『광운』 "한운"은 거성으로 『한청문감』에 21개 글자가 나타났다. 이들 모두가 [an]으로 표기되었다.

이는 한운(翰韵)의 중고음 [ɑn]의 모두가『한청문감』에 이르러 [an]으로 되었음을 말해준다.

이들이 현대중국어에서도 무두가 [an]으로 발음된다.

상술한 상황은『광운』한운의 현대중국어 발음이『한청문감』시기의 발음과 완전히 같음을 설명한다. 한운의『한청문감』표기는 아래와 같다.

[an]("ㅏ"으로 표기된 [an])→"an"[an]: 岸, 按, 案, 灿(燦), 挥(揮), 弹(彈), 鴠, 桿(桿), 幹, 汉(漢), 汗, 釬, 翰, 瀚, 看, 烂(爛), 散, 叹(嘆), 炭, 歎, 赞(贊)

4. 갈운(曷韵): 一等开口[ɑt]

『광운』"갈운"은 입성으로『한청문감』에 14개 글자가 나타났다. 그 가운데의 7개가 [a]로 표기되고, 6개가 [ə]로 표기되고, 1개가 [o]로 표기되었다.

이는 갈운(曷韵)의 중고음 [ɑt]의 대다수가『한청문감』에 이르러 [a], [ə]로 분화되었음을 말해준다.

이들이 현대중국어에서 7개가 [a]로, 7개가 [ə]로 발음된다.

상술한 상황은『광운』갈운의 현대중국어 발음이『한청문감』시기의 발음과 같음을 설명한다. 갈운의『한청문감』표기는 아래와 같다.

[a]("ㅏ"로 표기된 [a])→"a"[a]: 达(達), 剌, 喇, 蝲, 撒, 萨(薩), 獭(獺)

[ə]("ㅓ"로 표기된 [ə])→"e"[ə]: 割, 葛, 喝, 鹖(鶡), 褐, 渴

[o]("ㅗ"로 표기된 [o])→"e"[ə]: 阏(閼)

5. 환운(桓韵): 一等合口[uɑn]

『광운』"환운"은 평성으로『한청문감』에 30개 글자가 나타났다. 그 가운데의 19개가 [uan]으로 표기되고, 8개가 [an]으로 표기되고, 3개가 [oan]으로 표기되었다. 『한청문감』에서의 한글로 표기된 "ᅪ[ua]"와 "ᅪ[oa]"의 글자 형태가 다르나 실제 발음은 꼭 같은 [ua/wa]이다.

이는 환운(桓韻)의 중고음 [uɑn]의 대다수가 『한청문감』에 이르러 [uan], [an]으로 분화되었음을 말해준다.

이들이 현대중국어에서 22개가 [uan]으로, 8개가 [an]으로 발음된다.

상술한 상황은 『광운』 환운의 현대중국어 발음이 『한청문감』 시기의 발음과 완전히 같음을 설명한다. 환운의 『한청문감』 표기는 아래와 같다.

[uan]("ᅪᆫ"으로 표기된 [uan])→"uan"[uan]: 搟(攛), 端, 观(觀), 官, 棺, 冠, 獾, 歡, 貛, 宽(寬), 栾(欒), 鸾(鸞), 銮(鑾), 狻, 酸, 獴, 团(團), 攒(攢), 蹯

[an]("ᅡᆫ"으로 표기된 [an])→"an"[an]: 瘢, 拌, 馒(饅), 瞒(瞞), 鞔, 蔓, 盘(盤), 蟠

[oan]("ᅪᆫ"으로 표기된 [oan])→"uan"[uan]: 剜, 豌, 完

6. 완운(緩韻): 一等合口[uɑn]

『광운』 "완운"은 상성으로 『한청문감』에 16개 글자가 나타났다. 그 가운데의 11개가 [uan]으로 표기되고, 2개가 [an]으로 표기되고, 3개가 [oan]으로 표기되었다.

이는 완운(緩韻)의 중고음 [uɑn]이 『한청문감』에 이르러 [uan], [an], [oan]으로 분화되었음을 말해준다.

이들이 현대중국어에서 14개가 [uan]으로, 2개가 [an]으로 발음된다.

상술한 상황은 『광운』 완운의 현대중국어 발음이 『한청문감』 시기의 발음과 완전히 같음을 설명한다. 완운의 『한청문감』 표기는 아래와 같다.

[uan]("관"으로 표기된 [uan])→"uan"[uan]: 短, 断(斷), 缎(緞), 管, 缓(緩),

　痪(瘓), 款, 暖, 煖, 缵(纘), 纂

[ɒan]("관"으로 표기된 [oan]) ᠈"uan"[uan]: 盌, 椀, 碗

[an]("간"으로 표기된 [an])→"an"[an]: 满(滿), 懑(懣)

7. 환운(換韻): 一等合口[uɑn]

『광운』 "환운"은 거성으로『한청문감』에 27개 글자가 나타났다. 그 가운데의 17개가 [uan]으로 표기되고, 9개가 [an]으로 표기되고, 1개가 [oan]으로 표기되었다.

이는 환운(換韻)의 중고음 [uɑn]이『한청문감』에 이르러 [uan], [an], [oan]으로 분화되었음을 말해준다.

이들이 현대중국어에서 18개가 [uan]으로, 9개가 [an]으로 발음된다.

상술한 상황은『광운』환운의 현대중국어 발음이『한청문감』시기의 발음과 완전히 같음을 설명한다. 환운의『한청문감』표기는 아래와 같다.

[uan]("관"으로 표기된 [uan])→"uan"[uan]: 鑹, 窜(竄), 攒(攢), 段, 椴, 馆
　(館), 贯(貫), 灌, 鹳(鸛), 礶, 罐, 换(換), 唤(喚), 乱(亂), 蒜, 彖, 鑽

[an]("간"으로 표기된 [an])→"an"[an]: 半, 绊(絆), 墁, 幔, 漫, 缦(縵), 镘(鏝),
　判, 叛

[oan]("관"으로 표기된 [oan])→"uan"[uan]: 玩

8. 말운(末韻): 一等合口[uɑt]

『광운』 "말운"은 입성으로『한청문감』에 25개 글자가 나타났다. 그 가운데의 16개가 [o]로 표기되고, 4개가 [ə]로 표기되고, 2개가 [a]로 표기되고,

2개가 [an]으로 표기되고, 1개가 [uan]으로 표기되었다. "拨", "抹", "末", "沫" 등 글자가 [o]와 [ə] 두 가지로 표기되었다.

이는 말운(末韻)의 중고음 [uɑt]의 다수가 『한청문감』에 이르러 [o], [ə], [a]로 분화되었음을 말해준다.

이들이 현대중국어에서 12개가 [o]로, 8개가 [uo]로, 2개가 [a]로, 2개가 [an]으로, 1개가 [uan]으로 발음된다.

상술한 상황은 『광운』 말운의 현대중국어 발음이 『한청문감』 시기의 발음과 1/2이 같고 1/2이 대응됨을 설명한다. 말운의 『한청문감』 표기는 아래와 같다.

[o]("ㅗ"로 표기된 [o])→"o"[o]: 拨(撥), 钵(鉢), 蹳, 钹(鈸), 抹, 末, 沫, 泼(潑)

[o]("ㅗ"로 표기된 [o])→"uo"[uo]: 撮, 掇, 夺(奪), 聒, 豁, 活, 濶, 脱

[ə]("ㅓ"로 표기된 [ə])→"o"[o]: 拨(撥), 抹, 末, 沫

[a]("ㅏ"로 표기된 [a])→"a"[a]: 跋, 魃

[an]("ㅏㄴ"로 표기된 [an])→"an"[an]: 捼, 桫

[uan]("ㅜㅏㄴ"로 표기된 [uan])→"uan"[uan]: 撋

9. 산운(山韵): 二等开口[æn], 合口[wæn]

『광운』 "산운"은 평성으로 『한청문감』에 7개 글자가 나타났다. 그 가운데의 4개가 [ian]으로 표기되고, 2개가 [uan]으로 표기되고, 1개가 [an]으로 표기되었다.

이는 산운(山韵)의 중고음 [æn], [wæn]의 다수가 『한청문감』에 이르러 [ian], [uan]으로 분화되었음을 말해준다.

이들이 현대중국어에서 4개가 [iæn]으로, 2개가 [uan]으로, 1개가 [an]으로 발음된다.

상술한 상황은『광운』산운의 현대중국어 발음이『한청문감』시기의 발음과 다수가 대응됨을 설명한다. 산운의『한청문감』표기는 아래와 같다.

[ian]("걘"으로 표기된 [ian])→"ian"[iæn]: 艰(艱), 闲(閑), 閒, 鹇(鷳)
[uan]("관"으로 표기된 [uan])→"uan"[uan]: 鳏(鰥), 纶(綸)
[an]("갼"으로 표기된 [an])→"an"[an]: 山

10. 산운(產韻): 二等开口[æn], 合口[wæn]

『광운』"산운"은 상성으로『한청문감』에 9개 글자가 나타났다. 그 가운데의 5개가 [an]으로 표기되고, 4개가 [ian]으로 표기되었다.

이는 산운(產韻)의 중고음 [æn], [wæn]이『한청문감』에 이르러 [an], [ian]으로 분화되었음을 말해준다.

이들이 현대중국어에서 5개가 [an]으로, 4개가 [iæn]으로 발음된다.

상술한 상황은『광운』산운의 현대중국어 발음이『한청문감』시기의 발음과 55%가 같고, 45%가 대응됨을 설명한다. 산운의『한청문감』표기는 아래와 같다.

[an]("갼"으로 표기된 [an])→"an"[an]: 产(產), 铲(鏟), 榱, 盏(盞), 栈(棧)
[ian]("걘"으로 표기된 [ian])→"ian"[iæn]: 拣(揀), 简(簡), 限
[ian]("갼"으로 표기된 [ian])→"ian"[iæn]: 眼

11. 간운(襇韻): 二等开口[æn], 合口[wæn]

『광운』"간운"은 거성으로『한청문감』에 6개 글자가 나타났다. 그 가운데의 4개가 [an]으로 표기되고, 2개가 [ian]으로 표기되었다.

이는 간운(襇韵)의 중고음 [æn], [wæn]이 『한청문감』에 이르러 [an], [ian]으로 분화되었음을 말해준다.

이들이 현대중국어에서 4개가 [an]으로, 2개가 [iæn]으로 발음된다.

상술한 상황은 『광운』 간운의 현대중국어 발음이 『한청문감』 시기의 발음과 70%가 같고 30%가 대응됨을 설명한다. 간운의 『한청문감』 표기는 아래와 같다.

[an](“ᅡᆫ”으로 표기된 [an])→“an”[an]: 办(辦), 瓣, 扮

[an](“ᅣᆫ”으로 표기된 [an])→“an”[an]: 绽(綻)

[ian](“ᆄᆫ”으로 표기된 [ian])→“ian”[iæn]: 间(間), 苋(莧)

12. **할운**(黠韵): 二等开口[æt], 合口[wæt]

『광운』 “할운”은 입성으로 『한청문감』에 14개 글자가 나타났다. 그 가운데의 10개가 [a]로 표기되고, 2개가 [ua]로 표기되고, 1개가 [oa]로 표기되고, 1개가 [ia]로 표기되었다.

이는 할운(黠韵)의 중고음 [æt], [wæt]의 다수가 『한청문감』에 이르러 [a], [ua]로 분화되었음을 말해준다.

이들이 현대중국어에서 10개가 [a]로, 3개가 [ua]로, 1개가 [ia]로 발음된다.

상술한 상황은 『광운』 할운의 현대중국어 발음이 『한청문감』 시기의 발음과 같음을 설명한다. 할운의 『한청문감』 표기는 아래와 같다.

[a](“ㅏ”로 표기된 [a])→“a”[a]: 八, 叭, 拔, 扒

[a](“ㅑ”로 표기된 [a])→“a”[a]: 察, 杀(殺), 煞, 紮, 扎, 札

[ua](“ᆉ”로 표기된 [ua])→“ua”[ua]: 猾, 滑

[oa](“ㅘ”로 표기된 [oa])→“ua”[ua]: 空

[ia]("ㅑ"로 표기된 [ia])→"ia"[ia]: 轧(軋)

13. 산운(刪韻): 二等开口[ɐn], 合口[wɐn]

『광운』 "산운"은 평성으로『한청문감』에 14개 글자가 나타났다. 그 가운데의 4개가 [an]으로 표기되고, 1개가 [ian]으로 표기되고, 6개가 [uan]으로 표기되고, 3개가 [oan]으로 표기되었다.

이는 산운(刪韻)의 중고음 [ɐn], [wɐn]의 다수가『한청문감』에 이르러 [an], [uan]으로 분화되었음을 말해준다.

이들이 현대중국어에서 4개가 [an]으로, 1개가 [iæn]으로, 9개가 [uan]으로 발음된다.

상술한 상황은『광운』할운의 현대중국어 발음이『한청문감』시기의 발음과 기본상 같음을 설명한다. 할운의『한청문감』표기는 아래와 같다.

[uan]("ᅪᆫ"으로 표기된 [uan])→"uan"[uan]: 关(關), 还(還), 环(環), 锾(鍰), 圜, 镮(鐶)

[oan]("ᅯᆫ"으로 표기된 [oan])→"uan"[uan]: 弯(彎), 湾(灣), 顽(頑)

[an]("ᅡᆫ"으로 표기된 [an])→"an"[an]: 班, 斑, 盤, 攀

[ian]("ᅣᆫ"으로 표기된 [ian])→"ian"[iæn]: 颜(顏)

14. 산운(清韻): 二等开口[ɐn], 合口[wɐn]

『광운』 "산운"은 상성으로『한청문감』에 3개 글자가 나타났다. 그 가운데의 2개가 [an]으로 표기되고, 1개가 [uan]으로 표기되었다.

이는 산운(清韻)의 중고음 [ɐn], [wɐn]이『한청문감』에 이르러 [an], [uan]으로 분화되었음을 말해준다.

이들이 현대중국어에서 2개가 [an]으로, 1개가 [uan]으로 발음된다.

상술한 상황은 『광운』 산운의 현대중국어 발음이 『한청문감』 시기의 발음과 완전히 같음을 설명한다. 산운의 『한청문감』 표기는 아래와 같다.

[an]("ㅏ"으로 표기된 [an])→"an"[an]: 板, 版

[uan]("ㅘ"으로 표기된 [uan])→"uan"[uan]: 撰

15. 간운(諫韻): 二等开口[ɐn], 合口[wɐn]

『광운』 "간운"은 거성으로 『한청문감』에 11개 글자가 나타났다. 그 가운데의 2개가 [an]으로 표기되고, 5개가 [uan]으로 표기되고, 4개가 [ian]으로 표기되었다.

이는 간운(諫韻)의 중고음 [ɐn], [wɐn]이 『한청문감』에 이르러 [an], [uan], [ian]으로 분화되었음을 말해준다.

이들이 현대중국어에서 2개가 [an]으로, 5개가 [uan]으로, 4개가 [iæn]으로 발음된다.

상술한 상황은 『광운』 간운의 현대중국어 발음이 『한청문감』 시기의 발음과 70%가 같고 30%가 대응됨을 설명한다. 간운의 『한청문감』 표기는 아래와 같다.

[uan]("ㅝ"으로 표기된 [uan])→"uan"[uan]: 惯(慣), 宦, 患

[uan]("ㅘ"으로 표기된 [uan])→"uan"[uan]: 串, 涮

[an]("ㅏ"으로 표기된 [an])→"an"[an]: 慢

[an]("ㅑ"으로 표기된 [an])→"an"[an]: 疝

[ian]("ㅑ"으로 표기된 [ian])→"ian"[iæn]: 涧(澗), 谏(諫), 鐧

[ian]("ㅑ"으로 표기된 [ian])→"ian"[iæn]: 鴈

16. 할운(鎋韵): 二等开口[ɐt], 合口[wɐt]

『광운』 "할운"은 입성으로 『힌칭문감』에 6개 글자가 나타났다. 그 가운데 의 1개가 [a]로 표기되고, 3개가 [ia]로 표기되고, 2개가 [ua]로 표기되었다.

이는 할운(鎋韵)의 중고음 [ɐt], [wɐt]이 『한청문감』에 이르러 [a], [ua], [ia]로 분화되었음을 말해준다.

이들이 현대중국어에서 1개가 [a]로, 3개가 [ia]로, 2개가 [ua]로 발음된다.

상술한 상황은 『광운』 할운의 현대중국어 발음이 『한청문감』 시기의 발음과 완전히 같음을 설명한다. 할운의 『한청문감』 표기는 아래와 같다.

[ia]("ㅑ"로 표기된 [ia])→"ia"[ia]: 瞎, 蠍, 轄(轄)

[ua]("ㅘ"로 표기된 [ua])→"ua"[ua]: 刮

[ua]("ㅟ"로 표기된 [ua])→"ua"[ua]: 刷

[a]("ㅑ"로 표기된 [a])→"a"[a]: 刹

17. 선운(仙韵): 三等开口[ĭɛn], 合口[ĭwɛn]

『광운』 "선운"은 평성으로 『한청문감』에 57개 글자가 나타났다. 그 가운데의 8개가 [an]으로 표기되고, 25개가 [ian]으로 표기되고, 7개가 [uan]으로 표기되고, 17개가 [iuan]으로 표기되었다. "拳"이 [kiuan], [kʻiuan] 두 가지로, "椽"이 [tʂuan], [tʂʻuan] 두 가지로 표기되었다.

이는 선운(仙韵)의 중고음 [ĭɛn], [ĭwɛn]이 『한청문감』에 이르러 [an], [ian], [uan], [iuan]으로 분화되었음을 말해준다.

이들이 현대중국어에서 8개가 [an]으로, 26개가 [iæn]으로, 15개가 [yan]으로, 8개가 [uan]으로 발음된다.

상술한 상황은 『광운』 선운의 현대중국어 발음이 『한청문감』 시기의 발음과 대다수가 대응됨을 설명한다. 선운의 『한청문감』 표기는 아래와 같다.

[ian]("꺙"으로 표기된 [ian])→"ian"[iæn]: 编(編), 鯿, 鞭, 便, 煎, 连(連), 联
(聯), 绵(綿), 棉, 蔫, 偏, 篇, 翩, 迁(遷), 铅(鉛), 愆, 鞬, 钱(錢), 乾, 仙, 秈,
鲜(鮮)

[uan]("꽌"으로 표기된 [uan])→"uan"[uan]: 川, 穿, 传(傳), 船, 椽, 橼, 专
(專)

[iuan]("꿘"으로 표기된 [iuan])→"üan"[yæn]: 捐, 权(權), 拳, 颧(顴), 鸢(鳶),
员(員), 圆(圓), 橼(櫞)

[iuan]("꽌"으로 표기된 [iuan])→"uan"[uan]: 挛(攣)

[iuan](구개음 뒤 "꽌"으로 표기된 [iuan])→"üan"[yæn]: 全, 泉, 宣, 揎, 旋,
漩, 璿

[an]("꺈"으로 표기된 [an])→"an"[an]: 禅(禪), 缠(纏), 蝉(蟬), 然, 搧, 羶, 毡
(氈), 栴

[ian]("꺉"으로 표기된 [ian])→"ian"[iæn]: 延, 沿, 筵

18. 선운(獮韻): 三等开口[ĭɛn], 合口[ĭwɛn]

『광운』 "선운"은 상성으로 『한청문감』에 30개 글자가 나타났다. 그 가운
데의 5개가 [an]으로 표기되고, 16개가 [ian]으로 표기되고, 6개가 [uan]으
로 표기되고, 3개가 [iuan]으로 표기되었다.

이는 선운(獮韻)의 중고음 [ĭɛn], [ĭwɛn]이 『한청문감』에 이르러 [an],
[ian], [uan], [iuan]으로 분화되었음을 말해준다.

이들이 현대중국어에서 5개가 [an]으로, 16개가 [iæn]으로, 6개가 [uan]
으로, 3개가 [yæn]으로 발음된다.

상술한 상황은 『광운』 선운의 현대중국어 발음이 『한청문감』 시기의 발

음과 70%가 대응되고 30%가 같음을 설명한다. 선운의 『한청문감』 표기는
아래와 같다.

[ian]("ㅑㄴ"으로 표기된 [ian])→"ian"[iæn]: 辨, 辯(辯), 剪, 蹇, 件, 璉(璉), 免,
  勉, 冕, 湎, 輦(輦), 辗(輾), 浅(淺), 遣, 狝(獮)

[ian]("ㅑㄴ으로 표기된 [ian])→"üan"[yæn]: 癣(癬)

[uan]("ㅘㄴ으로 표기된 [uan])→"uan"[uan]: 舛, 喘, 软(軟), 顿, 转(轉), 篆

[an]("ㅏㄴ으로 표기된 [an])→"an"[an]: 善, 蟺, 鱓, 展, 辗(輾)

[iuan]("ㅝㄴ으로 표기된 [iuan])→"üan"[yæn]: 卷, 捲

[iuan](구개음 뒤 "ㅝㄴ으로 표기된 [iuan])→"üan"[yæn]: 选(選)

19. 선운(線韵): 三等开口[ĭɛn], 合口[ĭwɛn]

『광운』 "선운"은 거성으로 『한청문감』에 28개 글자가 나타났다. 그 가운
데의 5개가 [an]으로 표기되고, 14개가 [ian]으로 표기되고, 3개가 [uan]으
로 표기되고, 6개가 [iuan]으로 표기되었다. 恋(戀)이 [uan], [iuan] 두 가지
로 표기되었다.

이는 선운(線韵)의 중고음 [ĭɛn], [ĭwɛn]이 『한청문감』에 이르러 [an],
[ian], [uan], [iuan]으로 분화되었음을 말해준다.

이들이 현대중국어에서 5개가 [an]으로, 18개가 [iæn]으로, 2개가 [uan]
으로, 3개가 [yæn]으로 발음된다.

상술한 상황은 『광운』 선운의 현대중국어 발음이 『한청문감』 시기의 발
음과 70%가 대응되고 30%가 같음을 설명한다. 선운의 『한청문감』 표기는
아래와 같다.

[ian]("ㅑㄴ으로 표기된 [ian])→"ian"[iæn]: 弁, 变(變), 便, 徧, 遍, 饯(餞), 贱

(賤), 濺(濺), 箭, 面, 碾, 骗(騙), 線, 涎

[an]("ㅑㄴ"으로 표기된 [an])→"an"[an]: 颠(顚), 扇, 缮(繕), 膳, 战(戰)

[iuan]("ㅠ앤"으로 표기된 [iuan])→"üan"[yæn]: 倦, 绢(絹), 缘(緣), 院

[iuan]("ㅠ앤"으로 표기된 [iuan])→"ian"[iæn]: 恋(戀)

[iuan](구개음 뒤 "ㅠ앤"으로 표기된 [iuan])→"üan"[yæn]: 鏃

[uan]("ㅜ앤"으로 표기된 [uan])→"uan"[uan]: 恋(戀), 传(傳), 馔(饌)

20. 설운(薛韻): 三等开口[ĭɛt], 合口[ĭwɛt]

『광운』 "설운"은 입성으로 『한청문감』에 26개 글자가 나타났다. 그 가운데의 10개가 [iəi]로 표기되고, 9개가 [ə]로 표기되고, 1개가 [a]로 표기되고, 4개가 [iuəi]로 표기되고, 2개가 [io]로 표기되었다.

이는 설운(薛韻)의 중고음 [ĭɛt], [ĭwɛt]이 『한청문감』에 이르러 [iəi], [ə], [a], [iuəi], [io]로 변하였음을 말해준다.

이들이 현대중국어에서 10개가 [ie]로, 10개가 [ə]로, 4개가 [ye]로, 2개가 [uo]로 발음된다.

상술한 상황은 『광운』 설운의 현대중국어 발음이 『한청문감』 시기의 발음과 70%가 대응되고 30%가 같음을 설명한다. 설운의 『한청문감』 표기는 아래와 같다.

[iəi]("ㅖ"로 표기된 [iəi])→"ie"[ie]: 鳖, 别, 咧, 列, 劣, 烈, 裂, 灭(滅), 孽,
泄

[ə]("ㅓ"로 표기된 [ə])→"e"[ə]: 彻(徹), 掣, 热(熱), 舌, 设(設), 折, 菥, 辙(轍)

[iuəi](구개음 뒤 "ㅞ"로 표기된 [iuəi])→"üe"[ye]: 绝(絕), 雪

[iuəi]("ㅞ"로 표기된 [iuəi])→"üe"[ye]: 阅(閱), 悦(悅)

[o]("ㅛ"로 표기된 [o])→"uo"[uo]: 说(說), 拙

[a]("ㅑ"로 표기된 [a])→"e"[ə]: 蜇

[ə]("ㅓ"로 표기된 [ə])→"e"[ə]: 折

21. 원운(元韻): 三等开口[iɐn], 合口[iwɐn]

『광운』 "원운"은 평성으로 『한청문감』에 27개 글자가 나타났다. 그 가운데의 10개가 [an]으로 표기되고, 3개가 [ian]으로 표기되고, 13개가 [iuan]으로 표기되고, 1개가 [iun]으로 표기되었다.

이는 원운(元韻)의 중고음 [iɐn], [iwɐn]이 『한청문감』에 이르러 [an], [ian], [iuan]으로 분화되었음을 말해준다.

이들이 현대중국어에서 10개가 [an]으로, 2개가 [iæn]으로, 14개가 [yæn]으로, 1개가 [yn]으로 발음된다.

상술한 상황은 『광운』 원운의 현대중국어 발음이 『한청문감』 시기의 발음과 대부분이 대응됨을 설명한다. 원운의 『한청문감』 표기는 아래와 같다.

[iuan]("ᆏ"으로 표기된 [iuan])→"üan"[yæn]: 圈, 冤, 元, 园(園), 原, 竜(黿), 援, 猿, 源, 辕(轅)

[iuan](구개음 뒤 "ᆏ"으로 표기된 [iuan])→"üan"[yæn]: 轩(軒), 萱, 喧

[an]("ᅣ"으로 표기된 [an])→"an"[an]: 番, 蕃, 幡, 藩, 翻, 旛, 矾(礬), 烦(煩), 繁, 繙

[ian]("ᅣ"으로 표기된 [ian])→"ian"[iæn]: 蔫, 言

[iun]("ᆏ"으로 표기된 [iun])→"ün"[yn]: 壎

22. 원운(阮韻): 三等开口[iɐi], 合口[iwɐi]

『광운』 "원운"은 상성으로 『한청문감』에 7개 글자가 나타났다. 그 가운데의 2개가 [an]으로 표기되고, 2개가 [ian]으로 표기되고, 2개가 [oan]으로 표기되고, 1개가 [iuan]으로 표기되었다.

이는 원운(阮韵)의 중고음 [ĭɐn], [ĭwɐn]이 『한청문감』에 이르러 [an], [ian], [oan]으로 분화되었음을 말해준다.

이들이 현대중국어에서 2개가 [an]으로, 2개가 [iæn]으로, 2개가 [uan]으로, 1개가 [yæn]으로 발음된다.

상술한 상황은 『광운』원운의 현대중국어 발음이 『한청문감』 시기의 발음과 다수가 같고 일부가 대응됨을 설명한다. 원운의 『한청문감』 표기는 아래와 같다.

    [an]("ㅏ"으로 표기된 [an])→"an"[an]: 反, 返

    [oan]("ㅘ"으로 표기된 [oan])→"uan"[uan]: 挽, 晚

    [ian]("ㅑ"으로 표기된 [ian])→"ian"[iæn]: 偃, 鷗

    [iuan]("ㅝ"으로 표기된 [iuan])→"üan"[yæn]: 远(遠)

23. 원운(願韵): 三等开口[ĭɐn], 合口[ĭwɐn]

『광운』 "원운"은 거성으로 『한청문감』에 15개 글자가 나타났다. 그 가운데의 3개가 [an]으로 표기되고, 4개가 [ian]으로 표기되고, 2개가 [oan]으로 표기되고, 6개가 [iuan]으로 표기되었다.

이는 원운(願韵)의 중고음 [ĭɐn], [ĭwɐn]이 『한청문감』에 이르러 [an], [ian], [oan], [iuan]으로 분화되었음을 말해준다.

이들이 현대중국어에서 3개가 [an]으로, 4개가 [iæn]으로, 2개가 [uan]으로, 6개가 [yæn]으로 발음된다.

상술한 상황은 『광운』원운의 현대중국어 발음이 『한청문감』 시기의 발음과 70%가 대응되고 30%가 같음을 설명한다. 원운의 『한청문감』 표기는 아래와 같다.

[iuan](“ᆑ”으로 표기된 [iuan])→“üan”[yæn]: 劝(勸), 劵, 怨, 愿, 願

[iuan](구개음 뒤 “ᆑ”으로 표기된 [iuan])→“üan”[yæn]: 楦

[ian](“ᆣ”으로 표기된 [ian])→“ian”[iæn]: 建, 健, 宪(憲), 献(獻)

[an](“ᆫ”으로 표기된 [an])→“an”[an]: 饭(飯), 贩(販), 曼

[oan](“ᆦ”으로 표기된 [oan])→“uan”[uan]: 蔓, 万(萬)

24. **월운**(月韵): 三等开口[ĭɐt], 合口[ĭwɐt]

『광운』 “월운”은 입성으로 『한청문감』에 21개 글자가 나타났다. 그 가운데의 4개가 [iəi]로 표기되고, 5개가 [a]로 표기되고, 1개가 [oa]로 표기되고, 11개가 [iuəi]로 표기되었다.

이는 월운(月韵)의 중고음 [ĭɐt], [ĭwɐt]이 『한청문감』에 이르러 [iəi], [a], [oa], [iuəi]로 변하였음을 말해준다.

이들이 현대중국어에서 5개가 [a]로, 4개가 [ie]로, 1개가 [ua]로, 11개가 [ye]로 발음된다.

상술한 상황은 『광운』 월운의 현대중국어 발음이 『한청문감』 시기의 발음과 대부분 대응되고 일부가 같음을 설명한다. 월운의 『한청문감』 표기는 아래와 같다.

[iuəi](“ᆒ”로 표기된 [iuəi])→“üe”[ye]: 撅, 掘, 蕨, 橛, 蹶, 蹷, 哕(噦), 月, 刖, 钺(鉞), 越

[a](“ㅏ”로 표기된 [a])→“a”[a]: 发(發), 伐, 罚(罰), 筏, 髮

[iəi](“ㅖ”로 표기된 [iəi])→“ie”[ie]: 揭, 碣, 竭, 歇

[oa](“ᅪ”로 표기된 [oa])→“ua”[ua]: 袜(襪)

25. 선운(先韻): 四等开口[ien], 合口[iwen]

『광운』 "선운"은 평성으로『한청문감』에 40개 글자가 나타났다. 그 가운데의 35개가 [ian]으로 표기되고, 5개가 [iuan]으로 표기되었다.

이는 선운(先韻)의 중고음 [ien], [iwen]이『한청문감』에 이르러 [ian], [iuan]으로 변하였음을 말해준다.

이들이 현대중국어에서 35개가 [iæn]으로, 5개가 [yæn]으로 발음된다.

상술한 상황은『광운』 선운의 현대중국어 발음이『한청문감』 시기의 발음과 완전히 대응됨을 설명한다. 선운의『한청문감』 표기는 아래와 같다.

> [ian]("걘"으로 표기된 [ian])→"ian"[iæn]: 边(邊), 笾(籩), 蒝, 蝙, 颠(顛), 癫(癲), 坚(堅), 肩, 笺(箋), 鹇, 莲(蓮), 怜(憐), 年, 蹁, 千, 阡, 杆, 牵(牽), 前, 纤(縴), 天, 田, 畋, 填, 先, 跹(躚), 贤(賢), 弦, 舷, 絃
>
> [ian]("걘"으로 표기된 [ian])→"ian"[iæn]: 咽, 胭, 烟(煙), 烟(煙), 研
>
> [iuan]("권"으로 표기된 [iuan])→"üan"[yæn]: 鹃(鵑), 涓, 玄, 渊(淵)
>
> [iuan](구개음 뒤 "권"으로 표기된 [iuan])→"üan"[yæn]: 悬(懸)

26. 선운(銑韻): 四等开口[ien], 合口[iwen]

『광운』 "선운"은 상성으로『한청문감』에 9개 글자가 나타났다. 그 가운데의 7개가 [ian]으로 표기되고, 2개가 [iuan]으로 표기되었다.

이는 선운(銑韻)의 중고음 [ien], [iwen]이『한청문감』에 이르러 [ian], [iuan]으로 변하였음을 말해준다.

이들이 현대중국어에서 7개가 [iæn]으로, 2개가 [yæn]으로 발음된다.

상술한 상황은『광운』 선운의 현대중국어 발음이『한청문감』 시기의 발음과 대응됨을 설명한다. 선운의『한청문감』 표기는 아래와 같다.

[ian](“갼”으로 표기된 [ian])→“ian”[iæn]: 扁, 匾, 辫(辮), 典, 茧(繭), 撚, 显(顯)

[iuan](“견”으로 표기된 [iuan])→“üan”[yæn]: 犬, 畎

27. 선운(霰韵): 四等开口[ien], 合口[iwen]

[○]: 『한청문감』에 선운(霰韵)에 속하는 한자가 나타나지 않았음.

28. 설운(屑韵): 四等开口[iet], 合口[iwet]

『광운』 “설운”은 입성으로 『한청문감』에 29개 글자가 나타났다. 그 가운데의 24개가 [iəi]로 표기되고, 4개가 [iuəi]로 표기되고, 1개가 [iə]로 표기되었다.

이는 설운(屑韵)의 중고음 [iet], [iwet]이 『한청문감』에 이르러 [iəi], [iuəi]로 변하였음을 말해준다.

이들이 현대중국어에서 25개가 [ie]로, 4개가 [ye]로 발음된다.

상술한 상황은 『광운』 설운의 현대중국어 발음이 『한청문감』 시기의 발음과 대응됨을 설명한다. 설운의 『한청문감』 표기는 아래와 같다.

[iəi](“ㅖ”로 표기된 [iəi])→“ie”[ie]: 蟞, 鼈, 跌, 迭, 瓞, 疖(癤), 节(節), 拮, 结(結), 截, 潔, 桔, 篾, 捏, 臬, 涅, 撇, 切, 窃(竊), 挈, 缺, 铁(鐵), 楔, 屑

[iuəi](“ㅞ”로 표기된 [iuəi])→“üe”[ye]: 决(決), 駃, 穴, 血

[iə](“ㅕ”로 표기된 [iə])→“ie”[ie]: 噎

十一. 진섭(臻攝) 운모의 대비

1. 흔운(痕韵): 一等开口[ən]

『광운』 "흔운"은 평성으로 『한청문감』에 5개 글자가 나타났다. 그 가운데의 4개가 [ən]으로 표기되고, 1개가 [un]으로 표기되었다.

이는 흔운(痕韵)의 중고음 [ən]의 대다수가 『한청문감』에 이르러 [ən]으로 되었음을 말해준다.

이들이 현대중국어에서 4개가 [ən]으로, 1개가 [un]으로 발음된다.

상술한 상황은 『광운』 흔운의 현대중국어 발음이 『한청문감』 시기의 발음과 기본상 같음을 설명한다. 흔운의 『한청문감』 표기는 아래와 같다.

[ən]("ᅳᆫ"으로 표기된 [ən])→"en"[ən]: 恩, 根, 跟, 痕

[un]("ᅮᆫ"으로 표기된 [un])→"un"[uən]: 吞

2. 흔운(很韵): 一等开口[ən]

『광운』 "흔운"은 상성으로 『한청문감』에 3개 글자가 나타났다. 그들 3개가 [ən]으로 표기되었다.

이는 흔운(很韵)의 중고음 [ən]의 모두가 『한청문감』에 이르러 [ən]으로 되었음을 말해준다.

이들이 현대중국어에서 모두 [ən]으로 발음된다.

상술한 상황은 『광운』 흔운의 현대중국어 발음이 『한청문감』 시기의 발음과 같음을 설명한다. 흔운의 『한청문감』 표기는 아래와 같다.

[ən]("ᅳᆫ"으로 표기된 [ən])→"en"[ən]: 很, 垦(墾), 恳(懇)

3. 한운(恨韵): 一等开口[ən]

『광운』 "한운"은 거성으로 『한청문감』에 3개 글자가 나타났다. 그들 3개 가 [ən]으로 표기되었다.

이는 한운(恨韵)의 중고음 [ən]의 모두가 『한청문감』에 이르러 [ən]으로 되었음을 말해준다.

이들이 현대중국어에서 모두 [ən]으로 발음된다.

상술한 상황은 『광운』 한운의 현대중국어 발음이 『한청문감』 시기의 발음과 같음을 설명한다. 한운의 『한청문감』 표기는 아래와 같다.

[ən]("ᡝᠨ"으로 표기된 [ən])→"en"[ən]: 艮, 茛, 恨

4. 몰운(没韵): 一等开口[ət], 合口[uət]

『광운』 "몰운"은 입성으로 『한청문감』에 18개 글자가 나타났다. 그 가운데의 11개가 [u]로 표기되고, 4개가 [o]로 표기되고, 1개가 [a]로 표기되고, 1개가 [ə]로 표기되고, 1개가 [un]으로 표기되었다. "没"자가 [mo], [mu] 두 가지로 표기되었다.

이는 몰운(没韵)의 중고음 [ət], [uət]이 『한청문감』에 이르러 주로 [u], [o]로 변하였음을 말해준다.

이들이 현대중국어에서 10개가 [u]로, 6개가 [o]로, 1개가 a로, 1개가 [uən]으로 발음된다.

상술한 상황은 『광운』 몰운의 현대중국어 발음이 『한청문감』 시기의 발음과 기본상 같음을 설명한다. 몰운의 『한청문감』 표기는 아래와 같다.

[u]("ᡠ"로 표기된 [u])→"u"[u]: 猝, 骨, 鹘(鶻), 鹘(鶻), 忽, 惚, (骨+出), 窟,

突, 杌

[u]("ㅜ"로 표기된 [u])→"o"[o]: 没(沒)

[o]("ㅗ"로 표기된 [o])→"o"[o]: (孛+頁), 馉(餶), 脖, 没(沒)

[a]("ㅏ"로 표기된 [a])→"a"[a]: 呐

[un]("ㅜ"으로 표기된 [un])→"uen"[uən]: 榲

[ə]("ㅓ"로 표기된 [ə])→"o"[o]: 脖

5. 혼운(魂韵): 一等合口[uən]

『광운』"혼운"은 평성으로『한청문감』에 32개 글자가 나타났다. 그 가운데의 6개가 [ən]으로 표기되고, 26개가 [un]으로 표기 되었다.

이는 혼운(魂韵)의 중고음 [uən]이『한청문감』에 이르러 주로 [ən], [un]으로 변하였음을 말해준다.

이들이 현대중국어에서 2개가 [uən]으로, 6개가 [ən]으로, 24개가 [un]으로 발음된다.

상술한 상황은『광운』혼운의 현대중국어 발음이『한청문감』시기의 발음과 80%가 대응됨을 설명한다. 혼운의『한청문감』표기는 아래와 같다.

[un]("ㅜ"으로 표기된 [un])→"un"[uən]: 村, 存, 敦, 墩, 撴, 墪, 蹲, 昏, 惛, 浑(渾), 馄(餛), 魂, 坤, 崑, 髡, 鶤, 孙(孫), 狲(猻), 湣, 屯, 饨(飩), 豚, 臀, 尊

[un]("ㅜ"으로 표기된 [un])→"wən"[uən]: 温(溫), 瘟

[ən]("ㅡ"으로 표기된 [ən])→"en"[ən]: 奔, 门(門), 扪(捫), 喷(噴), 盆, 歑

6. 혼운(混韵): 一等合口[uən]

『광운』 "혼운"은 상성으로『한청문감』에 13개 글사가 나타났다. 그 가운데의 2개가 [ən]으로 표기되고, 11개가 [un]으로 표기 되었다.

이는 혼운(混韵)의 중고음 [uən]이『한청문감』에 이르러 주로 [ən], [un]으로 변하였음을 말해준다.

이들이 현대중국어에서 2개가 [ən]으로, 11개가 [uən]으로 발음된다.

상술한 상황은『광운』혼운의 현대중국어 발음이『한청문감』시기의 발음과 거의 모두 대응됨을 설명한다. 혼운의『한청문감』표기는 아래와 같다.

> [un]("ㅜ"으로 표기된 [un])→"un"[uən]: 沌, 炖, 囤, (车+衮), 滚(滾), 混, 捆,
> 綑, 损(損), 撙
>
> [un]("ㅜ"으로 표기된 [un])→"wen"[uən]: 稳(穩)
>
> [ən]("ㅡ"으로 표기된 [ən])→"en"[ən]: 本, 笨

7. 혼운(恩韵): 一等合口[uən]

『광운』 "혼운"은 거성으로『한청문감』에 11개 글자가 나타났다. 그 가운데의 2개가 [ən]으로 표기되고, 5개가 [un]으로 표기 되고, 2개가 [iun]으로 표기 되고, 1개가 [uən]으로 표기 되고, 1개가 [uin]으로 표기 되었다.

이는 혼운(恩韵)의 중고음 [uən]이『한청문감』에 이르러 주로 [ən], [un]으로 변하였음을 말해준다.

이들이 현대중국어에서 3개가 [ən]으로, 6개가 [uən]으로, 2개가 [yn]으로 발음된다.

상술한 상황은『광운』혼운의 현대중국어 발음이『한청문감』시기의 발음과 일부가 같고 다수가 대응됨을 설명한다. 혼운의『한청문감』표기는 아래와 같다.

[un]("ㅜ"으로 표기된 [un])→"un"[uən]: 寸, 钝(鈍), 顿(頓), 困, 嫩

[ən]("ㅡ"으로 표기된 [ən])→"en"[ən]: 闷(悶), 懑(懣)

[iun]("ㅠ"으로 표기된 [iun])→"ün"[yn]: 逊(遜), 巽

[uən]("ㅝ"으로 표기된 [uən])→"un"[uən]: 论(論)

[uin]("ㅟ"으로 표기된 [uin])→"en"[ən]: 嫩

8. 진운(真韵): 三等开口[ĭĕn]

『광운』 "진운"은 평성으로 『한청문감』에 39개 글자가 나타났다. 그 가운데의 14개가 [ən]으로 표기되고, 18개가 [in]으로 표기 되고, 4개가 [iən]으로 표기 되고, 2개가 [iŋ]으로 표기 되고, 1개가 [iun]으로 표기 되었다.

이는 진운(真韵)의 중고음 [ĭĕn]이 『한청문감』에 이르러 주로 [ən], [in], [iən]으로 변하였음을 말해준다.

이들이 현대중국어에서 16개가 [ən]으로, 21개가 [in]으로, 1개가 [yn]으로, 1개가 [iŋ]으로 발음된다.

상술한 상황은 『광운』 진운의 현대중국어 발음이 『한청문감』 시기의 발음과 다수가 같고 일부가 대응됨을 설명한다. 진운의 『한청문감』 표기는 아래와 같다.

[in]("ᅵᆫ"으로 표기된 [in])→"in"[in]: 宾(賓), 巾, 津, 邻(鄰), 獜, 鳞(鱗), 驎, 麟, 民, 抿, 贫(貧), 嫔(嬪), 亲(親), 秦, 辛, 新

[in]("ᅵᆫ"으로 표기된 [in])→"en"[ən]: 人, 仁

[ən]("ᅧᆫ"으로 표기된 [ən])→"en"[ən]: 嗔, 臣, 尘(塵), 辰, 陈(陳), 宸, 晨, 纫(紉), 申, 伸, 身, 神, 珍, 真

[iən]("ᅧᆫ"으로 표기된 [iən])→"in"[in]: 因, 茵, 银(銀), 寅

[iŋ]("ᅵᆼ"으로 표기된 [iŋ])→"ing"[iŋ]: 梹

[iŋ]("ᅵᆼ"으로 표기된 [iŋ])→"in"[in]: 苹(蘋)

[iun]("ᅲᆫ"으로 표기된 [iun])→"ün"[yn]: 麕

9. 진운(軫韵): 三等开口[ǐĕn]

　　『광운』 "진운"은 상성으로 『한청문감』에 11개 글자가 나타났다. 그 가운데의 4개가 [ən]으로 표기되고, 4개가 [in]으로 표기 되고, 1개가 [iən]으로 표기 되고, 2개가 [iun]으로 표기 되었다.

　　이는 진운(軫韵)의 중고음 [ǐĕn]이 『한청문감』에 이르러 주로 [ən], [in], [iən]으로 변하였음을 말해준다.

　　이들이 현대중국어에서 4개가 [ən]으로, 5개가 [in]으로, 1개가 [yn]으로, 1개가 [iuŋ]으로 발음된다.

　　상술한 상황은 『광운』 진운의 현대중국어 발음이 『한청문감』 시기의 발음과 다수가 같음을 설명한다. 진운의 『한청문감』 표기는 아래와 같다.

[in]("ᅵᆫ"으로 표기된 [in])→"in"[in]: 紧(緊), 盡, 悯(憫), 敏

[ən]("ᅥᆫ"으로 표기된 [ən])→"en"[ən]: 肾(腎), 胗, 轸(軫), 疹

[iun]("ᅲᆼ"으로 표기된 [iun])→"iong"[iuŋ]: 窘

[iun]("ᅲᆫ"으로 표기된 [iun])→"ün"[yn]: 陨(隕)

[iən]("ᅧᆫ"으로 표기된 [iən])→"in"[in]: 引

10. 진운(震韵): 三等开口[ǐĕn]

　　『광운』 "진운"은 거성으로 『한청문감』에 25개 글자가 나타났다. 그 가운데의 14개가 [ən]으로 표기되고, 10개가 [in]으로 표기 되고, 1개가 [iun]으로 표기 되었다.

이는 진운(震韵)의 중고음 [ĭĕn]이 『한청문감』에 이르러 주로 [ən], [in]으로 변하였음을 말해준다.

이들이 현대중국어에서 14개가 [ən]으로, 10개가 [in]으로, 1개가 [yn]으로 발음된다.

상술한 상황은 『광운』 진운의 현대중국어 발음이 『한청문감』 시기의 발음과 기본상 같음을 설명한다. 진운의 『한청문감』 표기는 아래와 같다.

[ən]("ᅟᅥᆫ"으로 표기된 [ən])→"en"[ən]: 趁, 衬(襯), 刃, 认(認), 刃, 慎, 愼, 阵(陣), 振, 赈(賑), 震, 镇(鎮), 鎭

[iən]("ᅟᅧᆫ"으로 표기된 [iən])→"in"[in]: 印

[in]("ᅟᅵᆫ"으로 표기된 [in])→"in"[in]: 殡(殯), 鬓(鬢), 仅(僅), 进(進), 晋(晉), 烬(燼), 吝, 信, 顖

[in]("ᅟᅵᆫ"으로 표기된 [in])→"ün"[yn]: 讯(訊)

[un]("ᅟᅮᆫ"으로 표기된 [un])→"en"[ən]: 蜃

11. 질운(質韵): 三等开口[ĭĕt]

『광운』 "질운"은 입성으로 『한청문감』에 30개 글자가 나타났다. 그 가운데의 22개가 [i]로 표기되고, 7개가 [ኂ]로 표기되고, 1개가 [iəi]로 표기되었다.

이는 질운(質韵)의 중고음 [ĭĕt]이 『한청문감』에 이르러 주로 [i], [ኂ]로 변하였음을 말해준다.

이들이 현대중국어에서 21개가 [i]로, 7개가 [ኂ]로, 2가 [ie]로 발음된다.

상술한 상황은 『광운』 질운의 현대중국어 발음이 『한청문감』 시기의 발음과 기본상 같음을 설명한다. 질운의 『한청문감』 표기는 아래와 같다.

[i]("ㅣ"로 표기된 [i])→"i"[i]: 笔(筆), 必, 毕(畢), 哔(嗶), 弼, 跸(蹕), 吉, 蒺, 嫉, 栗, 蜜, 匹, 疋, 七, 漆, 膝, 一, 乙, 逸, 溢, 镒(鎰)

[i]("ㅣ"로 표기된 [i])→"ie"[ie]: 蛣(jié)

[ㄟ]("ㅣ^ᵒ"로 표기된 [ㄟ])→"i"[ㄟ]: 叱, 失, 实(實), 室, 姪, 秩, 日

[iəi]("ㅖ"로 표기된 [iəi])→"ie"[ie]: 诘(詰)

12. 진운(臻韻): 三等开口[ien]

『광운』 "진운"은 평성으로 『한청문감』에 1개 글자가 나타났다. 이것이 [ən]으로 표기되었다.

이는 진운(臻韻)의 중고음 [ĭen]이 『한청문감』에 이르러 [ən]으로 변하였음을 말해준다.

이것이 현대중국어에서도 [ən]으로 발음된다.

상술한 상황은 『광운』 진운의 현대중국어 발음이 『한청문감』 시기의 발음과 같음을 설명한다. 진운의 『한청문감』 표기는 아래와 같다.

[ən]("ᆫᅧ"으로 표기된 [ən])→"en"[ən]: 榛

13. 즐운(櫛韻): 三等开口[iet]

『광운』 "즐운"은 입성으로 『한청문감』에 2개 글자가 나타났다. 그 가운데의 1개가 [ə]로 표기되고, 1개가 [ㄟ]로 표기되었다.

이는 즐운(櫛韻)의 중고음 [ĭet]이 『한청문감』에 이르러 [ə], [ㄟ]로 변하였음을 말해준다.

이들이 현대중국어에서 1개가 [ə]로, 1개가 [ㄟ]로 발음된다.

상술한 상황은 『광운』 즐운의 현대중국어 발음이 『한청문감』 시기의 발음과 같음을 설명한다. 즐운의 『한청문감』 표기는 아래와 같다.

[ə]("ㅕ"로 표기된 [ə])→"e"[ə]: 瑟

[ʅ]("ㅣ º"로 표기된 [ʅ])→"i"[ʅ]: 虱

14. 흔운(欣韻): 三等开口[iən]

『광운』 "흔운"은 평성으로 『한청문감』에 4개 글자가 나타났다. 이들이 모두가 [in]으로 표기되었다.

이는 흔운(欣韻)의 중고음 [iən]이 『한청문감』에 이르러 [in]으로 변하였음을 말해준다.

이들이 현대중국어에서도 모두 [in]으로 발음된다.

상술한 상황은 『광운』 흔운의 현대중국어 발음이 『한청문감』 시기의 발음과 같음을 설명한다. 흔운의 『한청문감』 표기는 아래와 같다.

[in]("ㅣᄂ"으로 표기된 [in])→"in"[in]: 斤, 筋, 芹, 勤

15. 은운(隐韻): 三等开口[iən]

『광운』 "은운"은 상성으로 『한청문감』에 5개 글자가 나타났다. 그 가운데의 3개가 [in]으로 표기되고, 2개가 [iən]으로 표기되었다.

이는 은운(隐韻)의 중고음 [iən]이 『한청문감』에 이르러 [in], [iən]으로 분화되었음을 말해준다.

이들이 현대중국어에서 모두 [in]으로 발음된다.

상술한 상황은 『광운』 은운의 현대중국어 발음이 『한청문감』 시기의 발음과 60%가 같음을 설명한다. 은운의 『한청문감』 표기는 아래와 같다.

[in]("ᅵᆫ"으로 표기된 [in])→"in"[in]: 짦(瑹), 謹(謹), 槿

[iən]("ᅧᆫ"으로 표기된 [iən])→"in"[in]: 隐(隱), 癮(癮)

16. 흔운(焮韵): 三等开口[ĭən]

『광운』 "흔운"은 거성으로 『한청문감』에 1개 글자가 나타났다. 이것이 [in]으로 표기되었다.

이는 흔운(焮韵)의 중고음 [ĭən]이 『한청문감』에 이르러 [in]으로 변하였음을 말해준다.

이는 현대중국어에서도 [in]으로 발음된다.

상술한 상황은 『광운』 흔운의 현대중국어 발음이 『한청문감』 시기의 발음과 같음을 설명한다. 흔운의 『한청문감』 표기는 아래와 같다.

[in]("ᅵᆫ"으로 표기된 [in])→"in"[in]: 近

17. 흘운(迄韵): 三等开口[ĭət]

『광운』 "흘운"은 입성으로 『한청문감』에 3개 글자가 나타났다. 그 가운데의 1개가 [i]로 표기되고, 2개가 [ʅ]로 표기되었다.

이는 흘운(迄韵)의 중고음 [ĭət]이 『한청문감』에 이르러 [i], [ʅ]로 변하였음을 말해준다.

이들이 현대중국어에서 1개가 [i]로, 2개가 [ʅ]로 발음된다.

상술한 상황은 『광운』 흘운의 현대중국어 발음이 『한청문감』 시기의 발음과 같음을 설명한다. 흘운의 『한청문감』 표기는 아래와 같다.

[ʅ]("ᅵ ᇫ"로 표기된 [ʅ])→"i"[ʅ]: 吃, 喫

[i]("ㅣ"로 표기된 [i])→"i"[i]: 乞

18. 순운(諄韻): 三等合口[ǐuěn]

『광운』 "순운"은 평성으로 『한청문감』에 19개 글자가 나타났다. 그 가운데의 10개가 [un]으로 표기되고, 7개가 [iun]으로 표기되고, 2개가 [uən]으로 표기되었다.

이는 순운(諄韻)의 중고음 [ǐuěn]이 『한청문감』에 이르러 주로 [un], [iun]으로 변하였음을 말해준다.

이들이 현대중국어에서 12개가 [uən]으로, 7개가 [yn]으로 발음된다.

상술한 상황은 『광운』 순운의 현대중국어 발음이 『한청문감』 시기의 발음과 거의 모두가 대응됨을 설명한다. 순운의 『한청문감』 표기는 아래와 같다.

> [un]("ㅜ"으로 표기된 [un])→"un"[uən]: 春, 纯(純), 唇, 鹑(鶉), 輴, 皴, 伦 (倫), 轮(輪), 肫, 遵
>
> [iun]("ㅠ"으로 표기된 [iun])→"ün"[yn]: 均, 匀(勻), 逡, 巡, 循, 驯(馴)
>
> [iun]("ㅜ"으로 표기된 [iun])→"ün"[yn]: 匀(勻)
>
> [uən]("ᅯ"으로 표기된 [uən])→"un"[uən]: 伦(倫), 纶(綸)

19. 준운(準韻): 三等合口[ǐuěn]

『광운』 "준운"은 상성으로 『한청문감』에 9개 글자가 나타났다. 그 가운데의 6개가 [un]으로 표기되고, 1개가 [uŋ]으로 표기되고, 1개가 [iun]으로 표기되고, 1개가 [iən]으로 표기되었다.

이는 준운(準韻)의 중고음 [ǐuěn]이 『한청문감』에 이르러 주로 [un]으로 변하였음을 말해준다.

이들이 현대중국어에서 6개가 [un]으로, 1개가 [yn]으로, 1개가 [in]으로, 1개가 [uŋ]으로 발음된다.

상술한 상황은 『광운』 준운의 현대중국어 발음이 『한청문감』 시기의 발음과 대부분 대응됨을 설명한다. 준운의 『한청문감』 표기는 아래와 같다.

[un]("ㅜㄴ"으로 표기된 [un])→"un"[uən]: 蠢, 准, 準

[un]("ㅜㄴ"으로 표기된 [un])→"un"[uən]: 笋, 筍, 榫

[iən]("ㅕㄴ"으로 표기된 [iən])→"in"[in]: 尹

[iun]("ㅠㄴ"으로 표기된 [iun])→"ün"[yn]: 允

[uŋ]("ㅜㅇ"으로 표기된 [uŋ])→"ong"[uŋ]: (毛+集)

20. 순운(諄韵): 三等合口[ĭuěn]

『광운』 "순운"은 거성으로 『한청문감』에 8개 글자가 나타났다. 그 가운데의 4개가 [un]으로 표기되고, 4개가 [iun]으로 표기되었다.

이는 순운(諄韵)의 중고음 [ĭuěn]이 『한청문감』에 이르러 [un], [iun]으로 변하였음을 말해준다.

이들이 현대중국어에서 4개가 [uən]으로, 4개가 [yn]으로 발음된다.

상술한 상황은 『광운』 순운의 현대중국어 발음이 『한청문감』 시기의 발음과 모두 대응됨을 설명한다. 순운의 『한청문감』 표기는 아래와 같다.

[un]("ㅜㄴ"으로 표기된 [un])→"un"[uən]: 闰(閏), 润(潤), 顺(順), 瞬

[iun]("ㅠㄴ"으로 표기된 [iun])→"ün"[yn]: 俊, 峻, 骏(駿), 狗

21. 술운(術韵): 三等合口[ĭuĕt]

『광운』 "술운"은 입성으로 『한청문감』에 10개 글자가 나타났다. 그 가운데의 6개가 [u]로 표기되고, 4개가 [iui]로 표기되었다.

이는 술운(術韵)의 중고음 [ĭuĕt]이 『한청문감』에 이르러 [u], [iui]로 변하였음을 말해준다.

이들이 현대중국어에서 6개가 [u]로, 4개가 [y]로 발음된다.

상술한 상황은 『광운』 술운의 현대중국어 발음이 『한청문감』 시기의 발음과 60%가 같고 40%가 대응됨을 설명한다. 술운의 『한청문감』 표기는 아래와 같다.

> [u]("ㅠ"로 표기된 [u])→"u"[u]: 出, 怵, 秫, 术(術), 述, 术
>
> [iui]("ᆔ"로 표기된 [iui])→"ü"[y]: 橘, 律, 鹬(鷸)
>
> [iui](구개음 뒤 "ᆔ"로 표기된 [iui])→"ü"[y]: 戌

22. 문운(文韵): 三等合口[ĭuən]

『광운』 "문운"은 평성으로 『한청문감』에 26개 글자가 나타났다. 그 가운데의 13개가 [iun]으로 표기되고, 6개가 [ən]으로 표기되고, 6개가 [un]으로 표기되고, 1개가 [uan]으로 표기되었다.

이는 문운(文韵)의 중고음 [ĭuən]이 『한청문감』에 이르러 [iun], [ən], [un]으로 변하였음을 말해준다.

이들이 현대중국어에서 14개가 [yn]으로, 12개가 [ən]으로 발음된다.

상술한 상황은 『광운』 문운의 현대중국어 발음이 『한청문감』 시기의 발음과 대부분 대응됨을 설명한다. 문운의 『한청문감』 표기는 아래와 같다.

[iun]("ㅟㄴ"으로 표기된 [iun])→"ün"[yn]: 军(軍), 君, 裙, 羣, 群, 熏, 勲, 薫,

    燻, 云(雲), 芸, 耘, 蕓

[un]("ㅜㄴ"으로 표기된 [un])→"en"[ən]: 分, 葷(葷), 文, 纹(紋), 闻(聞), 蚊

[ən]("ㅡㄴ"으로 표기된 [ən])→"en"[ən]: 分, 纷(紛), 坟(墳), 焚, 黺, 鐼

[uan]("ㅘㄴ"으로 표기된 [uan])→"ün"[yn]: 勲

23. 문운(吻韵): 三等合口[ĭuən]

『광운』 "문운"은 상성으로 『한청문감』에 3개 글자가 나타났다. 그 가운데
의 2개가 [ən]으로 표기되고, 1개가 [un]으로 표기되었다.

이는 문운(吻韵)의 중고음 [ĭuən]이 『한청문감』에 이르러 [ən], [un]으로
변하였음을 말해준다.

이들이 현대중국어에서 3개가 [ən]으로 발음된다.

상술한 상황은 『광운』 문운의 현대중국어 발음이 『한청문감』 시기의 발
음과 대부분 같음을 설명한다. 문운의 『한청문감』 표기는 아래와 같다.

[ən]("ㅡㄴ"으로 표기된 [ən])→"en"[ən]: 粉, 愤(憤)

[un]("ㅜㄴ"으로 표기된 [un])→"en"[ən]: 吻

24. 문운(問韵): 三等合口[ĭuən]

『광운』 "문운"은 거성으로 『한청문감』에 11개 글자가 나타났다. 그 가운
데의 5개가 [iun]으로 표기되고, 3개가 [ən]으로 표기되고, 2개가 [un]으로
표기되고, 1개가 [ian]으로 표기되었다.

이는 문운(問韵)의 중고음 [ĭuən]이 『한청문감』에 이르러 [iun], [ən], [un]
으로 변하였음을 말해준다.

이들이 현대중국어에서 5개가 [yn]으로, 3개가 [ən]으로, 2개가 [un]으로, 1개가 [iæn]으로 발음된다.

상술한 상황은 『광운』 문운의 현대중국어 발음이 『한청문감』 시기의 발음과 대부분 대응됨을 설명한다. 문운의 『한청문감』 표기는 아래와 같다.

[iun]("ㄱㅠ"으로 표기된 [iun])→"ün"[yn]: 郡, 训(訓)

[iun]("ㅠ"으로 표기된 [iun])→"ün"[yn]: 晕(暈), 运(運), 韵(韻)

[ən]("ㅡ"으로 표기된 [ən])→"en"[ən]: 奋(奮), 忿, 粪(糞)

[un]("ㅜ"으로 표기된 [un])→"en"[ən]: 紊, 问(問)

[ian]("ㅑㄴ"으로 표기된 [ian])→"ian"[iæn]: 娩

25. 물운(物韻): 三等合口[iuət]

『광운』 "물운"은 입성으로 『한청문감』에 9개 글자가 나타났다. 그 가운데의 4개가 [u]로 표기되고, 3개가 [iui]로 표기되고, 1개가 [iun]으로 표기되고, 1개가 [o]로 표기되었다.

이는 물운(物韻)의 중고음 [ĭuət]이 『한청문감』에 이르러 주로 [u], [iui]로 변하였음을 말해준다.

이들이 현대중국어에서 4개가 [u]로, 2개가 [y]로, 1개가 [ye]로, 1개가 [yn]으로, 1개가 [o]로 발음된다.

상술한 상황은 『광운』 물운의 현대중국어 발음이 『한청문감』 시기의 발음과 대부분 같고 일부분 대응됨을 설명한다. 물운의 『한청문감』 표기는 아래와 같다.

[u]("ㅜ"로 표기된 [u])→"u"[u]: 不, 彿(彿), 拂, 物

[iui]("ㅟ"로 표기된 [iui])→"üe"[ye]: 倔

[iui]("ᅱ"로 표기된 [iui])→"ü"[y]: 屈, 鬱

[iun]("ᅲᆫ"으로 표기된 [iun])→"ün"[yn]: 熨

[o]("ᅩ"로 표기된 [o]) →"o"[o]: 佛

十二. 탕섭(宕攝) 운모의 대비

1. 당운(唐韻): 一等开口[aŋ], 合口[waŋ]

『광운』 "당운"은 평성으로 『한청문감』에 59개 글자가 나타났다. 그 가운데의 47개가 [aŋ]으로 표기되고, 11개가 [uaŋ]으로 표기되고, 1개가 [oaŋ]으로 표기되었다.

이는 당운(唐韻)의 중고음 [ɑŋ], [wɑŋ]이 『한청문감』에 이르러 [aŋ], [uaŋ]으로 변하였음을 말해준다.

이들이 현대중국어에서 47개가 [aŋ]으로, 12개가 [uaŋ]으로 발음된다.

상술한 상황은 『광운』 당운의 현대중국어 발음이 『한청문감』 시기의 발음과 같음을 설명한다. 당운의 『한청문감』 표기는 아래와 같다.

[aŋ]("ᅡᇰ"으로 표기된 [aŋ])→"ang"[aŋ]: 昂, 帮(幫), 傍, 仓(倉), 苍(蒼), 蔵, 藏, 当(當), 珰, 铛(鐺), 裆(襠), 邊, 冈(岡), 刚(剛), 纲(綱), 钢(鋼), 行, 杭, 康, 糠, 郎, 狼, 廊, 瑯, 榔, 螂, 芒, 忙, 茫, 囊, 滂, 旁, 膀, 螃, 桑, 丧(喪), 汤(湯), 唐, 堂, 棠, 塘, 膛, 铠(鐙), 糖, 螳, 赃(臟), 牂

[uaŋ]("ᅮᅡᇰ"으로 표기된 [uaŋ])→"uang"[uaŋ]: 光, 荒, 慌, 皇, 黄(黃), 凰, 惶, 蝗, 磺, 簧, 鰉(鰉)

[oaŋ]("ᅩᅡᇰ"으로 표기된 [oaŋ])→"uang"[uaŋ]: 汪

2. 탕운(蕩韵): 一等开口[ɑŋ], 합구[wɑŋ]

『광운』 "탕운"은 상성으로 『한청문감』에 18개 글자가 나타났다. 그 가운데의 12개가 [aŋ]으로 표기되고, 6개가 [uaŋ]으로 표기되었다.

이는 탕운(蕩韵)의 중고음 [ɑŋ], [wɑŋ]이 『한청문감』에 이르러 [aŋ], [uaŋ]으로 변하였음을 말해준다.

이들이 현대중국어에서 12개가 [aŋ]으로, 6개가 [uaŋ]으로 발음된다.

상술한 상황은 『광운』 탕운의 현대중국어 발음이 『한청문감』 시기의 발음과 같음을 설명한다. 탕운의 『한청문감』 표기는 아래와 같다.

> [aŋ]("ㅏ"으로 표기된 [aŋ])→"ang"[aŋ]: 榜, 档(檔), 党(黨), 蕩(蕩), 盪, 慷, 朗, 莽, 蟒, 嗓, 倘, 髒
>
> [uaŋ]("ㅑ"으로 표기된 [uaŋ])→"uang"[uaŋ]: 广(廣), 恍, 晃, 幌, 滉, 榥

3. 탕운(宕韵): 一等开口[ɑŋ], 합구[wɑŋ]

『광운』 "탕운"은 거성으로 『한청문감』에 15개 글자가 나타났다. 그 가운데의 12개가 [aŋ]으로 표기되고, 3개가 [uaŋ]으로 표기되었다.

이는 탕운(宕韵)의 중고음 [ɑŋ], [wɑŋ]이 『한청문감』에 이르러 [aŋ], [uaŋ]으로 변하였음을 말해준다.

이들이 현대중국어에서 12개가 [aŋ]으로, 3개가 [uaŋ]으로 발음된다.

상술한 상황은 『광운』 탕운의 현대중국어 발음이 『한청문감』 시기의 발음과 같음을 설명한다. 탕운의 『한청문감』 표기는 아래와 같다.

> [aŋ]("ㅏ"으로 표기된 [aŋ])→"ang"[aŋ]: 傍, 谤(謗), 挡(擋), 邊, 亢, 抗, 炕, 浪, 铴(錫), 烫(燙), 脏(臟), 葬

[uaŋ]("ㅑ"으로 표기된 [uaŋ])→"uang"[uaŋ]: (糸+黄), 纩(纊), 旷(曠)

4. 탁운(鐸韵): 一等개구[ɑk], 합구[wɑk]

『광운』"탁운"은 입성으로『한청문감』에 43개 글자가 나타났다. 그 가운데의 28개가 [o]로 표기되고, 7개가 [ə]로 표기되고, 4개가 [ao]로 표기되고, 3개가 [u]로 표기되고, 1개가 [a]로 표기되었다. "薄"자가 [po], [pə] 두 가지로 표기되었다.

이는 탁운(鐸韵)의 중고음 [ɑk], [wɑk]이『한청문감』에 이르러 주로 [o], [ə], [ao]로 변하였음을 말해준다.

이들이 현대중국어에서 16개가 [uo]로, 11개가 [o]로, 9개가 [ə]로, 5개가 [au]로, 2개가 [u]로 발음된다.

상술한 상황은『광운』탁운의 현대중국어 발음이『한청문감』시기의 발음과 일부분 같고 대부분 대응됨을 설명한다. 탁운의『한청문감』표기는 아래와 같다.

[o]("ㅗ"로 표기된 [o])→"o"[o]: 博, 搏, 膊, 铸(鎛), 莫, 漠

[o]("ㅗ"로 표기된 [o])→"uo"[uo]: 错(錯), 郭, 槨, 硌, 烙, 络(絡), 骆(駱), 珞, 落, 索, 托, 託, 柞, 昨

[o]("ㅗ"로 표기된 [o])→"e"[ə]: 阁(閣), 噩, 鹤(鶴), 貉, 乐(樂)

[o]("ㅗ"로 표기된 [o])→"ao"[au]: 薄, 凿(鑿)

[o]("ㅗ"로 표기된 [o])→"u"[u]: 幙

[ə]("ㅓ"로 표기된 [ə])→"o"[o]: 薄, 泊, 箔

[ə]("ㅓ"로 표기된 [ə])→"e"[ə]: 恶(惡), 肟, 胳, 各

[ao]("ㅘ"로 표기된 [ao])→"o"[o]: 犦

[ao]("ㅘ"로 표기된 [ao])→"ao"[au]: 烙, 酪, 络(絡)

[u]("ㅜ"로 표기된 [u])→"o"[o]: 薄

[u]("ㅜ"로 표기된 [u])→"u"[u]: 幕

[u]("ㅜ"로 표기된 [u])→"uo"[uo]: 蠖

[a]("ㅑ"로 표기된 [a])→"uo"[uo]: 怍

5. 양운(陽韵): 三等开口[ǐaŋ], 合口[ǐwaŋ]

『광운』 "양운"은 평성으로 『한청문감』에 84개 글자가 나타났다. 그 가운데의 43개가 [iaŋ]으로 표기되고, 28개가 [aŋ]으로 표기되고, 11개가 [uaŋ]으로 표기되고, 2개가 [oaŋ]으로 표기되었다.

이는 양운(陽韵)의 중고음 [ǐaŋ], [ǐwaŋ]이 『한청문감』에 이르러 [iaŋ], [aŋ], [uaŋ]으로 변하였음을 말해준다.

이들이 현대중국어에서 44개가 [iaŋ]으로, 27개가 [aŋ]으로, 13개가 [uaŋ]으로 발음된다.

상술한 상황은 『광운』 양운의 현대중국어 발음이 『한청문감』 시기의 발음과 같음을 설명한다. 양운의 『한청문감』 표기는 아래와 같다.

[aŋ]("ㅏ"으로 표기된 [aŋ])→"ang"[aŋ]: 方, 坊, 防, 妨, 房

[aŋ]("ㅏ"으로 표기된 [aŋ])→"ang"[aŋ]: 昌, 菖, 闾(閭), 娼, 鲳(鯧), 肠(腸), 尝(嘗), 常, 膓, 嚐(嚐), 场(場), 长(長), 穰, 瓤, 伤(傷), 商, 张(張), 章, 漳, 璋, 樟, 礴

[iaŋ]("ㅑ"으로 표기된 [iaŋ])→"iang"[iaŋ]: 浆(漿), 僵, 薑, 殭, 礓, 疆, 韁, 良, 凉, 梁, 粮, 粱, 糧, 娘, 枪(槍), 蜣, 强(強), 墙(牆), 蔷(薔), 檣(檣), 抢(搶), 呛(嗆), 乡(鄉), 相, 香, 厢, 箱, 镶(鑲), 详(詳), 祥, 翔

[iaŋ]("ㅑ"으로 표기된 [iaŋ])→"iang"[iaŋ]: 央, 殃, 鸯(鴦), 秧, 扬(揚), 羊, 阳(陽), 杨(楊), 旸(暘), 佯, 洋, 颺

[uaŋ]("ᅪᆼ"으로 표기된 [uaŋ])→"uang"[uaŋ]: 筐, 狂, 框, 眶

[uaŋ]("ᅪᆼ"으로 표기된 [uaŋ])→"uang"[uaŋ]: 疮(瘡), 床, 牀, 霜, 庄(莊), 装
(裝), 粧

[oaŋ]("ᅪᆼ"으로 표기된 [oaŋ])→"uang"[uaŋ]: 亡, 王

6. 양운(養韵): 三等开口[ǐaŋ], 合口[ǐwaŋ]

『광운』 "양운"은 상성으로 『한청문감』에 30개 글자가 나타났다. 그 가운
데의 12개가 [iaŋ]으로 표기되고, 12개가 [aŋ]으로 표기되고, 2개가 [uaŋ]으
로 표기되고, 4개가 [oaŋ]으로 표기되었다.

이는 양운(養韵)의 중고음 [ǐaŋ], [ǐwaŋ]이 『한청문감』에 이르러 [iaŋ],
[aŋ], [uaŋ]으로 변하였음을 말해준다.

이들이 현대중국어에서 13개가 [iaŋ]으로, 11개가 [aŋ]으로, 6개가 [uaŋ]
으로 발음된다.

상술한 상황은 『광운』 양운의 현대중국어 발음이 『한청문감』 시기의 발
음과 같음을 설명한다. 양운의 『한청문감』 표기는 아래와 같다.

[aŋ]("ᅡᆼ"으로 표기된 [aŋ])→"ang"[aŋ]: 纺(紡), 彷

[aŋ]("ᅡᆼ"으로 표기된 [aŋ])→"iang"[iaŋ]: 仰

[aŋ]("ᅡᆼ"으로 표기된 [aŋ])→"ang"[aŋ]: 厂(廠), 氅, 壤, 赏(賞), 长(長), 掌,
丈, 仗, 杖

[iaŋ]("ᅣᆼ"으로 표기된 [iaŋ])→"iang"[iaŋ]: 桨(槳), 膙, 两(兩), 享, 响(響), 想,
象, 像, 橡

[iaŋ]("ᅣᆼ"으로 표기된 [iaŋ])→"iang"[iaŋ]: 养(養), 痒(癢), 漾

[uaŋ]("ᅪᆼ"으로 표기된 [uaŋ])→"uang"[uaŋ]: 恍

[uaŋ]("ᅪᆼ"으로 표기된 [uaŋ])→"uang"[uaŋ]: 爽

[oaŋ]("ᅟᅟ"으로 표기된 [oaŋ])→"uang"[uaŋ]: 网(網), 枉, 往, 辋(輞)

7. 양운(漾韵): 三等开口[ĭaŋ], 合口[ĭwaŋ]

『광운』 "양운"은 거성으로 『한청문감』에 34개 글자가 나타났다. 그 가운데의 12개가 [iaŋ]으로 표기되고, 15개가 [aŋ]으로 표기되고, 4개가 [uaŋ]으로 표기되고, 3개가 [oaŋ]으로 표기되었다.

이는 양운(漾韵)의 중고음 [ĭaŋ], [ĭwaŋ]이 『한청문감』에 이르러 [iaŋ], [aŋ], [uaŋ]으로 변하였음을 말해준다.

이들이 현대중국어에서 13개가 [iaŋ]으로, 14개가 [aŋ]으로, 7개가 [uaŋ]으로 발음된다.

상술한 상황은 『광운』 양운의 현대중국어 발음이 『한청문감』 시기의 발음과 같음을 설명한다. 양운의 『한청문감』 표기는 아래와 같다.

[aŋ]("ᅟᅟ"으로 표기된 [aŋ])→"ang"[aŋ]: 访(訪), 舫, 放

[aŋ]("ᅟᅟ"으로 표기된 [aŋ])→"iang"[iaŋ]: 踉

[aŋ]("ᅟᅟ"으로 표기된 [aŋ])→"ang"[aŋ]: 畅(暢), 倡, 邙, 唱, 让(讓), 上, 尚, 涨(漲), 帐(帳), 账(賬), 障

[iaŋ]("ᅟᅟ"으로 표기된 [iaŋ])→"iang"[iaŋ]: 将(將), 匠, 酱(醬), 亮, 谅(諒), 量, 酿(釀), 跄(蹌), 饷(餉), 向, 嚮

[iaŋ]("ᅟᅟ"으로 표기된 [iaŋ])→"iang"[iaŋ]: 样(樣)

[uaŋ]("ᅟᅟ"으로 표기된 [uaŋ])→"uang"[uaŋ]: 诓(誆), 况(況)

[uaŋ]("ᅟᅟ"으로 표기된 [uaŋ])→"uang"[uaŋ]: 壮(壯), 状(狀)

[oaŋ]("ᅟᅟ"으로 표기된 [oaŋ])→"uang"[uaŋ]: 妄, 旺, 望

8. 약운(藥韻): 三等开口[ĭak], 合口[ĭwak]

『광운』 "약운"은 입성으로 『한청문감』에 27개 글자가 나타났다. 그 가운데의 12개가 [io]로 표기되고, 7개가 [o]로 표기되고, 5개가 [iao]로 표기되고, 1개가 [iuəi]로 표기되고, 1개가 [iui]로 표기되고, 1개가 [i]로 표기되었다.

이는 약운(藥韻)의 중고음 [ĭak], [ĭwak]이 『한청문감』에 이르러 주로 [io], [o], [iao]로 변하였음을 말해준다.

이들이 현대중국어에서 14개가 [ye]로, 6개가 [uo]로, 5개가 [iau]로, 2개가 [au]로 발음된다.

상술한 상황은 『광운』 약운의 현대중국어 발음이 『한청문감』 시기의 발음과 거의 모두가 대응됨을 설명한다. 약운의 『한청문감』 표기는 아래와 같다.

[io]("ㅛ"로 표기된 [io])→"üe"[ye]: 爵, 掠, 略, 虐, 雀, 鹊(鵲), 谑(謔)

[io]("ㅛ"로 표기된 [io])→"iāo"[iau]: 脚(腳), 削

[o]("ㅗ"로 표기된 [o])→"uo"[uo]: 烁(爍), 若, 弱, 箬, 勺, 灼

[o]("ㅗ"로 표기된 [o])→"ao"[au]: 芍

[ao]("ㅑㅗ"로 표기된 [ao])→"ao"[au]: 勺

[iao]("ㅑㅗ"로 표기된 [iao])→"iao"[iau]: 药(藥)

[iao]("ㅑㅗ"로 표기된 [iao])→"üe"[ye]: 嚼, 鹊(鵲)

[iao]("ㅑㅗ"로 표기된 [iao])→"iao"[iau]: 削

[io]("ㅛ"로 표기된 [io])→"iao"[iau]: 鑰

[io]("ㅛ"로 표기된 [io])→"üe"[ye]: 跃(躍), 禴

[iuəi]("ㅖ"로 표기된 [iuəi])→"üe"[ye]: 镢(钁)

[i]("ㅣ"로 표기된 [i])→"üe"[ye]: 疟(瘧)

[iui]("ㅟ"로 표기된 [iui])→"üe"[ye]: 籰

十三. 강섭(江攝) 운모의 대비

1. 강운(江韻): 二等开口[ɔŋ]

『광운』 "강운"은 평성으로 『한청문감』에 10개 글자가 나타났다. 그 가운데의 4개가 [iaŋ]으로 표기되고, 2개가 [aŋ]으로 표기되고, 4개가 [uaŋ]으로 표기되었다.

이는 강운(江韻)의 중고음 [ɔŋ]이 『한청문감』에 이르러 주로 [iaŋ], [aŋ], [uaŋ]으로 변하였음을 말해준다.

이들이 현대중국어에서 4개가 [iaŋ]으로, 2개가 [aŋ]으로, 4개가 [uaŋ]으로 발음된다.

상술한 상황은 『광운』 강운의 현대중국어 발음이 『한청문감』 시기의 발음과 같음을 설명한다. 강운의 『한청문감』 표기는 아래와 같다.

[aŋ]("ㅏ"으로 표기된 [aŋ])→"ang"[aŋ]: 梆, 缸
[uaŋ]("ㅘ"으로 표기된 [uaŋ])→"uang"[uaŋ]: 窗, 幢, 双(雙), 桩(樁)
[iaŋ]("ㅑ"으로 표기된 [iaŋ])→"iang"[iaŋ]: 江, 豇, 腔, 降

2. 강운(講韻): 二等开口[ɔŋ]

『광운』 "강운"은 상성으로 『한청문감』에 6개 글자가 나타났다. 그 가운데의 3개가 [iaŋ]으로 표기되고, 2개가 [aŋ]으로 표기되고, 1개가 [io]로 표기되었다.

이는 강운(講韻)의 중고음 [ɔŋ]이 『한청문감』에 이르러 주로 [iaŋ], [aŋ], [io]로 변하였음을 말해준다.

이들이 현대중국어에서 2개가 [iaŋ]으로, 3개가 [aŋ]으로, 1개가 [ə]로 발음된다.

상술한 상황은 『광운』 강운의 현대중국어 발음이 『한청문감』 시기의 발음과 기본상 같음을 설명한다. 강운의 『한청문감』 표기는 아래와 같다.

[iaŋ]("걍"으로 표기된 [iaŋ])→"iang"[iaŋ]: 港, 讲(講), 项(項)
[aŋ]("ᅟᅪᇰ"으로 표기된 [aŋ])→"ang"[aŋ]: 棒, 扛
[io]("ᅭ"로 표기된 [io])→"e"[ə]: 壳(殼)

3. 강운(絳韻): 二等开口[ɔŋ]

『광운』 "강운"은 거성으로 『한청문감』에 3개 글자가 나타났다. 그 가운데의 2개가 [iaŋ]으로 표기되고, 1개가 [uaŋ]으로 표기되었다.

이는 강운(絳韻)의 중고음 [ɔŋ]이 『한청문감』에 이르러 주로 [iaŋ], [uaŋ]으로 변하였음을 말해준다.

이들이 현대중국어에서 2개가 [iaŋ]으로, 1개가 [uaŋ]으로 발음된다.

상술한 상황은 『광운』 강운의 현대중국어 발음이 『한청문감』 시기의 발음과 같음을 설명한다. 강운의 『한청문감』 표기는 아래와 같다.

[iaŋ]("걍"으로 표기된 [iaŋ])→"iang"[iaŋ]: 降, 绛(絳)
[uaŋ]("ᅟᅪᇰ"으로 표기된 [uaŋ])→"uang"[uaŋ]: 撞

4. 각운(覺韻): 二等开口[ɔk]

『광운』 "각운"은 입성으로 『한청문감』에 19개 글자가 나타났다. 그 가운데의 11개가 [o]로 표기되고, 5개가 [io]로 표기되고, 2개가 [ao]로 표기되고, 1개가 [u]로 표기되었다.

이는 각운(覺韻)의 중고음 [ɔk]이 『한청문감』에 이르러 주로 [o], [io], [ao]로 변하였음을 말해준다.

이들이 현대중국어에서 8개가 [uo]로, 4개가 [ye]로, 3개가 [o]로, 2개가 [au]로, 1개가 [iau]로, 1개가 [u]로 발음된다.

상술한 상황은 『광운』 각운의 현대중국어 발음이 『한청문감』 시기의 발음과 대부분 대응됨을 설명한다. 각운의 『한청문감』 표기는 아래와 같다.

[o]("ㅗ"로 표기된 [o])→"o"[o]: 剝(剝), 驳(駁), 駁

[o]("ㅛ"로 표기된 [o])→"uo"[uo]: 朔, 棹, 捉, 桌, 浊(濁), 啄, 濯, 镯(鐲)

[io]("ㅛㅣ"로 표기된 [io])→"iao"[iau]: 角

[io]("ㅛㅣ"로 표기된 [io])→"üe"[ye]: 学(學)

[io]("ㅛ"로 표기된 [io])→"üe"[ye]: 乐(樂), 岳, 嶽

[ao]("ㅏㅗ"로 표기된 [ao])→"ao"[au]: 雹, 剝(剝)

[u]("ㅜ"로 표기된 [u])→"u"[u]: 璞

十四. 증섭(曾攝) 운모의 대비

1. 등운(登韻): 一等开口[əŋ], 合口[uəŋ]

『광운』 "등운"은 평성으로 『한청문감』에 20개 글자가 나타났다. 그 가운데의 19개가 [əŋ]으로 표기되고, 1개가 [uŋ]으로 표기되었다.

이는 등운(登韻)의 중고음 [əŋ], [uəŋ]이 『한청문감』에 이르러 주로 [əŋ], [uŋ]으로 변하였음을 말해준다.

이들이 현대중국어에서 19개가 [əŋ]으로, 1개가 [uŋ]으로 발음된다.

상술한 상황은 『광운』 등운의 현대중국어 발음이 『한청문감』 시기의 발음과 같음을 설명한다. 등운의 『한청문감』 표기는 아래와 같다.

[əŋ]("ᅌ"으로 표기된 [əŋ])→"eng"[əŋ]: 层(層), 灯(燈), 登, 蹬, 恒(恆), 楞, 能, 朋, 鹏(鵬), 僧, 腾(騰), 誊(謄), 滕, 藤, 籐, 曾, 增, 憎, 罾

[uŋ]("ᅮᅌ"으로 표기된 [uŋ])→"ong"[uŋ]: 甍

2. 등운(等韻): 一等开口[əŋ]

『광운』 "등운"은 상성으로 『한청문감』에 3개 글자가 나타났다. 그 가운데의 2개가 [əŋ]으로 표기되고, 1개가 [ən]으로 표기되었다.

이는 등운(等韻)의 중고음 [əŋ]이 『한청문감』에 이르러 주로 [əŋ], [ən]으로 변하였음을 말해준다.

이들이 현대중국어에서 2개가 [əŋ]으로, 1개가 [ən]으로 발음된다.

상술한 상황은 『광운』 등운의 현대중국어 발음이 『한청문감』 시기의 발음과 같음을 설명한다. 등운의 『한청문감』 표기는 아래와 같다.

[əŋ]("ᅌ"으로 표기된 [əŋ])→"eng"[əŋ]: 莑, 等
[ən]("ᅳᄂ"으로 표기된 [ən])→"en"[ən]: 肯

3. 등운(嶝韻): 一等开口[əŋ]

『광운』 "등운"은 거성으로 『한청문감』에 5개 글자가 나타났다. 이들 모두가 [əŋ]으로 표기되었다.

이는 등운(嶝韻)의 중고음 [əŋ]이 『한청문감』에 이르러 주로 [əŋ]으로 되었음을 말해준다.

이들이 현대중국어에서도 모두 [əŋ]으로 발음된다.

상술한 상황은『광운』등운의 현대중국어 발음이『한청문감』시기의 발음과 같음을 설명한다. 등운의『한청문감』표기는 아래와 같다.

[əŋ]("ᅟᅳᆼ"으로 표기된 [əŋ])→"eng"[əŋ]: 蹭, (曾+刂), 澄, 凳, 镫(鐙)

4. 덕운(德韵): 一等开口[ək], 合口[uək]

『광운』 "덕운"은 입성으로『한청문감』에 18개 글자가 나타났다. 그 가운데의 13개가 [ə]로 표기되고, 2개가 [io]로 표기되고, 2개가 [ao]로 표기되고, 1개가 [u]로 표기되었다.

이는 덕운(德韵)의 중고음 [ək], [uək]이『한청문감』에 이르러 주로 [ə], [io], [ao]로 변하였음을 말해준다.

이들이 현대중국어에서 8개가 [ə]로, 4개가 [ei]로, 3개가 [uo]로, 3개가 [o]로 발음된다.

상술한 상황은『광운』덕운의 현대중국어 발음이『한청문감』시기의 발음과 절반이 대응됨을 설명한다. 덕운의『한청문감』표기는 아래와 같다.

[ə]("ᅥ"로 표기된 [ə])→"e"[ə]: 得, 德, 刻, 勒, 肋, 塞, 特, 则(則)

[ə]("ᅥ"로 표기된 [ə])→"ei"[ei]: 北, 黑, 蟹

[ə]("ᅥ"로 표기된 [ə])→"o"[o]: 墨, 默

[o]("ᅩ"로 표기된 [o])→"uo"[uo]: 或, 惑

[u]("ᅮ"로 표기된 [u])→"o"[o]: 卜(蔔)

[uə]("ᅯ"로 표기된 [uə])→"uo"[uo]: 国(國)

[əi]("ᅴ"로 표기된 [əi])→"ei"[ei]: 贼(賊)

5. 증운(蒸韻): 三等开口[ǐəŋ]

『광운』 "증운"은 평성으로 『한청문감』에 29개 글자가 나타났다. 그 가운데의 16개가 [əŋ]으로 표기되고, 13개가 [iŋ]으로 표기되었다.

이는 증운(蒸韻)의 중고음 [ǐəŋ]이 『한청문감』에 이르러 주로 [əŋ], [iŋ]으로 변하였음을 말해준다.

이들이 현대중국어에서 16개가 [əŋ]으로, 13개가 [iŋ]으로 발음된다.

상술한 상황은 『광운』 증운의 현대중국어 발음이 『한청문감』 시기의 발음과 같음을 설명한다. 증운의 『한청문감』 표기는 아래와 같다.

> [əŋ]("ᅳᇰ"으로 표기된 [əŋ])→"eng"[əŋ]: 称(稱), 丞, 承, 乘, 惩(懲), 澄, 升, 陞, 绳(繩), 胜(勝), 征, 烝, 蒸, 症(癥), 徵, 缯(繒)
>
> [iŋ]("ᅵᇰ"으로 표기된 [iŋ])→"ing"[iŋ]: 氷, 矜, 兢, 凌, 陵, 菱, 绫(綾), 凝, 凭(憑), 兴(興), 鹰(鷹), 蝇(蠅), 应(應)

6. 증운(拯韻): 三等开口[ǐəŋ]

[○]: 『한청문감』에 증운(拯韻)에 속한 한자가 나타나지 않았다.

7. 증운(證韻): 三等开口[ǐəŋ]

『광운』 "증운"은 거성으로 『한청문감』에 3개 글자가 나타났다. 이들 모두가 [əŋ]으로 표기되었다.

이는 증운(證韻)의 중고음 [ǐəŋ]이 『한청문감』에 이르러 주로 [əŋ]으로 변하였음을 말해준다.

이들이 현대중국어에서도 모두 [əŋ]으로 발음된다.

상술한 상황은 『광운』 증운의 현대중국어 발음이 『한청문감』 시기의 발음과 같음을 설명한다. 증운의 『한청문감』 표기는 아래와 같다.

  [əŋ]("ᇰ"으로 표기된 [əŋ])→"eng"[əŋ]: 秤, 剩, 瞪

8. 직운(職韵): 三等开口[ĭək], 合口[ĭwək]

『광운』 "직운"은 입성으로 『한청문감』에 28개 글자가 나타났다. 그 가운데의 10개가 [i]로 표기되고, 11개가 [ʅ]로 표기되고, 6개가 [ə]로 표기되고, 1개가 [iui]로 표기되었다.

이는 직운(職韵)의 중고음 [ĭək], [ĭwək]이 『한청문감』에 이르러 주로 [i], [ʅ], [ə]로 변하였음을 말해준다.

이들이 현대중국어에서 11개가 [i]로, 11개가 [ʅ]로, 6개가 [ə]로 발음된다.

상술한 상황은 『광운』 직운의 현대중국어 발음이 『한청문감』 시기의 발음과 같음을 설명한다. 직운의 『한청문감』 표기는 아래와 같다.

  [ʅ]("ㅣ ᄋ"로 표기된 [ʅ])→"i"[ʅ]: 勅, 识(識), 食, 蚀(蝕), 式, 饰(飾), 鉽, 织(織),
     直, 职(職), 殖
  [i]("ㅣ"로 표기된 [i])→"i"[i]: 逼, 即, 極(極), 棘, 稷, 匿, 息, 亿(億), 翼, 力
  [ə]("ㅓ"로 표기된 [ə])→"e"[ə]: 側(側), 測(測), 惻(惻), 嗇(嗇)
  [ə]("ㅔ"로 표기된 [ə])→"e"[ə]: 仄, 色
  [iui]("ㆌ"로 표기된 [iui])→"yi"[i]: 默

十五. 경섭(梗攝) 운모의 대비

1. 경운(庚韻): 二等開口[ɐŋ], 合口[wɐŋ]; 三等開口[ïɐŋ], 合口[ïwɐŋ]

『광운』 "경운"은 평성으로『한청문감』에 41개 글자가 나타났다. 그 가운데의 21개가 [əŋ]으로 표기되고, 15개가 [iŋ]으로 표기되고, 1개가 [iaŋ]으로 표기되고, 1개가 [aŋ]으로 표기되고, 1개가 [uaŋ]으로 표기되고, 1개가 [uŋ]으로 표기되고, 1개가 [iuŋ]으로 표기되었다. "更"자가 [kəŋ], [kiŋ] 두 가지로 표기되었다.

이는 경운(庚韻)의 중고음 [ɐŋ], [wɐŋ]; [ïɐŋ], [ïwɐŋ]이『한청문감』에 이르러 주로 [əŋ], [iŋ]으로 변하였음을 말해준다.

이들이 현대중국어에서 22개가 [əŋ]으로, 15개가 [iŋ]으로, 1개가 [uaŋ]으로, 1개가 [iaŋ]으로, 1개가 [uŋ]으로, 1개가 [iuŋ]으로 발음된다.

상술한 상황은『광운』 경운의 현대중국어 발음이『한청문감』 시기의 발음과 대부분 같음을 설명한다. 경운의『한청문감』 표기는 아래와 같다.

[əŋ]("ㆁ"으로 표기된 [əŋ])→"eng"[əŋ]: 庚, 羹, 更, 亨, 哼, 橫(横), 衡, 坑, 虻, 盟, 烹, 硼, 彭, 棚

[əŋ]("ㆁ"으로 표기된 [əŋ])→"ing"[iŋ]: 粳

[əŋ]("ㆁ"으로 표기된 [əŋ])→"eng"[əŋ]: 撑(撐), 橕, 生, 牲, 笙, 甥

[iŋ]("ㆀ"으로 표기된 [iŋ])→"ing"[iŋ]: 兵, 京, 荆(荊), 惊(驚), 明, 鸣(鳴), 平, 评(評), 卿, 擎, 行, 猩, 英, 迎

[iaŋ]("ㆂ"으로 표기된 [iaŋ])→"iang"[iaŋ]: 鎗

[aŋ]("ㆂ"으로 표기된 [aŋ])→"eng"[əŋ]: 珩

[uaŋ]("ㆃ"으로 표기된 [uaŋ])→"uang"[uaŋ]: 锽(鍠)

[uŋ]("ㆄ"으로 표기된 [uŋ])→"ong"[uŋ]: 荣(榮)

[iuŋ]("ᅲᆼ"으로 표기된 [iuŋ])→"iong"[iuŋ]: 兄

2. 경운(梗韻): 二等开口[əŋ], 合口[wəŋ]; 三等开口[ĭeŋ], 合口[ĭwɐŋ]

『광운』 "경운"은 상성으로『한청문감』에 14개 글자가 나타났다. 그 가운데의 4개가 [əŋ]으로 표기되고, 7개가 [iŋ]으로 표기되고, 1개가 [uŋ]으로 표기되고, 1개가 [a]으로 표기되고, 1개가 [in]으로 표기되었다.

이는 경운(梗韻)의 중고음 [əŋ], [wəŋ]; [ĭeŋ], [ĭwɐŋ]이『한청문감』에 이르러 주로 [əŋ], [iŋ]으로 변하였음을 말해준다.

이들이 현대중국어에서 4개가 [əŋ]으로, 7개가 [iŋ]으로, 1개가 [uaŋ]으로, 1개가 [in]으로, 1개가 [a]로 발음된다.

상술한 상황은『광운』경운의 현대중국어 발음이『한청문감』시기의 발음과 같음을 설명한다. 경운의『한청문감』표기는 아래와 같다.

[iŋ]("ᅵᆼ"으로 표기된 [iŋ])→"ing"[iŋ]: 丙, 病, 景, 警, 杏, 荇, 影

[əŋ]("ᅳᆼ"으로 표기된 [əŋ])→"eng"[əŋ]: 梗, 冷, 猛

[əŋ]("ᅥᆼ"으로 표기된 [əŋ])→"eng"[əŋ]: 省

[uŋ]("ᅮᆼ"으로 표기된 [uŋ])→"uang"[uaŋ]: 矿(礦)

[a]("ᅡ"로 표기된 [a])→"a"[a]: 打

[in]("ᅵᆫ"으로 표기된 [in])→"in"[in]: 皿

3. 영운(映韻): 二等开口[əŋ], 合口[wəŋ]; 三等开口[ĭeŋ], 合口[ĭwɐŋ]

『광운』 "영운"은 거성으로『한청문감』에 14개 글자가 나타났다. 그 가운데의 5개가 [əŋ]으로 표기되고, 9개가 [iŋ]으로 표기되었다.

이는 영운(映韻)의 중고음 [əŋ], [wəŋ]; [ĭeŋ], [ĭwɐŋ]이『한청문감』에 이르

러 주로 [əŋ], [iŋ]으로 변하였음을 말해준다.

이들이 현대중국어에서 5개가 [əŋ]으로, 9개가 [iŋ]으로 발음된다.

상술한 상황은 『광운』 영우의 현대중국어 발음이 『한청문감』 시기의 발음과 같음을 설명한다. 영운의 『한청문감』 표기는 아래와 같다.

[iŋ]("ᠵ"으로 표기된 [iŋ])→"ing"[iŋ]: 柄, 病, 竞, 敬, 猄, 镜(鏡), 命, 庆(慶), 映

[əŋ]("ᠺ"으로 표기된 [əŋ])→"eng"[əŋ]: 跰, 孟, 膨

[əŋ]("ᠵ"으로 표기된 [əŋ])→"eng"[əŋ]: 觪, 鋥

4. 맥운(陌韵): 二等开口[ɐk], 合口[wɐk]; 三等开口[ĭɐk], 合口[ĭwɐk]

『광운』 "맥운"은 입성으로 『한청문감』에 30개 글자가 나타났다. 그 가운데의 18개가 [ə]로 표기되고, 5개가 [i]로 표기되고, 3개가 [ai]로 표기되고, 3개가 [a]로 표기되고, 1개가 [o]로 표기되었다. "拆"자가 [tʂʻe]와 [tsʻə]로, "隙"자가 [xi]와 [ɕi]로 표기되었다.

이는 맥운(陌韵)의 중고음 [ɐk], [wɐk]; [ĭɐk], [ĭwɐk]이 『한청문감』에 이르러 주로 [ə], [i], [ai], [a]로 변하였음을 말해준다.

이들이 현대중국어에서 9개가 [ə]로, 8개가 [o]로, 6개가 [ai]로, 5개가 [i]로, 2개가 [a]로 발음된다.

상술한 상황은 『광운』 맥운의 현대중국어 발음이 『한청문감』 시기의 발음과 다수가 같고 일부가 대응됨을 설명한다. 맥운의 『한청문감』 표기는 아래와 같다.

[ə]("ᠠ"로 표기된 [ə])→"o"[o]: 百, 栢, 伯, 帛, 追, 珀, 魄

[ə]("ᠠ"로 표기된 [ə])→"e"[ə]: 额(額), 荚, 挌, 格, 吓(嚇), 客, 泽(澤)

[ə](“ㅓ”로 표기된 [ə])→“ai”[ai]: 白, 窄

[ə](“ㅕ”로 표기된 [ə])→“ai/e”[ai/ə]: 拆

[i](“ㅣ”로 표기된 [i])→“i”[i]: 屐, 戟, 逆, 隙

[ai](“ㅐ”로 표기된 [ai])→“ai”[ai]: 栢, 拍

[ai](“ㅒ”로 표기된 [ai])→“ai”[ai]: 宅

[a](“ㅏ”로 표기된 [a])→“a”[a]: 喀

[a](“ㅑ”로 표기된 [a])→“e”[ə]: 泎

[a](“ㅑ”로 표기된 [a])→“a”[a]: 蚱

[o](“ㅗ”로 표기된 [o])→“o”[o]: 貘

5. **경운**(耕韵): 二等开口[æŋ], 合口[wæŋ]

『광운』 “경운”은 평성으로 『한청문감』에 15개 글자가 나타났다. 그 가운데의 8개가 [əŋ]으로 표기되고, 4개가 [iŋ]으로 표기되고, 2개가 [uŋ]으로 표기되고, 1개가 [an]으로 표기되었다. 그 중 “争(爭)”자를 [tʂɐŋ]으로, “橙”자를 [tʂ‘ən]으로의 표기는 오기이다.

이는 경운(耕韵)의 중고음 [æŋ], [wæŋ]이 『한청문감』에 이르러 주로 [əŋ], [iŋ], [uŋ]으로 변하였음을 말해준다.

이들이 현대중국어에서 8개가 [əŋ]으로, 4개가 [iŋ]으로, 2개가 [uŋ]으로, 1개가 [in]으로 발음된다.

상술한 상황은 『광운』 경운의 현대중국어 발음이 『한청문감』 시기의 발음과 기본상 같음을 설명한다. 경운의 『한청문감』 표기는 아래와 같다.

[əŋ](“ᅙ”으로 표기된 [əŋ])→“eng”[əŋ]: 绷(綳), 耕, 弸, 砰

[əŋ](“ᇰ”으로 표기된 [əŋ])→“eng”[əŋ]: 争(爭), 筝(箏), 挣, 橙

[iŋ](“ᇰ”으로 표기된 [iŋ])→“ing”[iŋ]: 茎(莖), 罂(罌), 樱(櫻), 鹦(鸚)

[uŋ]("ᅮᇰ"으로 표기된 [uŋ])→"ong"[uŋ]: 轟(轟), 宏

[an]("ᅡᆫ"으로 표기된 [an])→"in"[in]: 拼

6. 경운(耿韵): 二等开口[æŋ]

『광운』 "경운"은 상성으로 『한청문감』에 2개 글자가 나타났다. 이들 모두가 [iŋ]으로 표기되었다.

이는 경운(耿韵)의 중고음 [æŋ]이 『한청문감』에 이르러 모두 [iŋ]으로 변하였음을 말해준다.

이들이 현대중국어에서도 [iŋ]으로 발음된다.

상술한 상황은 『광운』 경운의 현대중국어 발음이 『한청문감』 시기의 발음과 같음을 설명한다. 경운의 『한청문감』 표기는 아래와 같다.

[iŋ]("ᅵᇰ"으로 표기된 [iŋ])→"ing"[iŋ]: 幸, 倖

7. 쟁운(諍韵): 二等开口[æŋ], 合口[wæŋ]

『광운』 "쟁운"은 거성으로 『한청문감』에 1개 글자가 나타났다. 이 글자가 [iŋ]으로 표기되었다.

이는 쟁운(諍韵)의 중고음 [æŋ], [wæŋ]이 『한청문감』에 이르러 주로 [iŋ]으로 변하였음을 말해준다.

이것이 현대중국어에서도 [iŋ]으로 발음된다.

상술한 상황은 『광운』 쟁운의 현대중국어 발음이 『한청문감』 시기의 발음과 같음을 설명한다. 쟁운의 『한청문감』 표기는 아래와 같다.

[iŋ]("ᅵᇰ"으로 표기된 [iŋ])→"ing"[iŋ]: 硬

8. 맥운(麥韵): 二等开口[æk], 合口[wæk]

『광운』 "맥운"은 입성으로 『한청문감』에 24개 글자가 나타났다. 그 가운데의 13개가 [ə]로 표기되고, 5개가 [o]로 표기되고, 1개가 [iao]로 표기되고, 1개가 [u]로 표기되고, 1개가 [ua]로 표기되고, 1개가 [ai]로 표기되고, 1개가 [i]로 표기되고, 1개가 [ㄗ]로 표기되었다.

이는 맥운(麥韵)의 중고음 [æk], [wæk]이 『한청문감』에 이르러 주로 [ə], [o]로 변하였음을 말해준다.

이들이 현대중국어에서 16개가 [ə]로, 1개가 [o]로, 3개가 [uo]로, 3개가 [ua]로, 1개가 [ㄗ]로 발음된다.

상술한 상황은 『광운』 맥운의 현대중국어 발음이 『한청문감』 시기의 발음과 다수가 대응됨을 설명한다. 맥운의 『한청문감』 표기는 아래와 같다.

[ə]("ㅓ"로 표기된 [ə])→"e"[ə]: 檗, 册(冊), 策, 厄, 扼, 革, 隔, 槅, 膈, 核, 脉(脈), 责(責), 帻(幘)

[o]("ㅗ"로 표기된 [o])→"uo"[uo]: 啯, 蝈(蟈), 获(獲)

[o]("ㅗ"로 표기된 [o])→"ua"[ua]: 画(畫), 劃

[iao]("ㅑ"로 표기된 [iao])→"e"[ə]: (衤+敫)

[u]("ㅜ"로 표기된 [u])→"e"[ə]: 核

[ua]("ㅘ"로 표기된 [ua])→"ua"[ua]: 劃

[ai]("ㅒ"로 표기된 [ai])→"e"[ə]: 楝

[i]("ㅣ"로 표기된 [i])→"o"[o]: 擘

[ㄗ]("ㅣᵒ"로 표기된 [ㄗ])→"i"[ㄗ]: 勣

9. **청운(淸韻): 三等开口[ǐɛŋ], 合口[ǐwɛŋ]**

『광운』 "청운"은 평성으로 『한청문감』에 31개 글자가 나타났다. 그 가운데의 12개가 [əŋ]으로 표기되고, 17개가 [iŋ]으로 표기되고, 1개가 [iuŋ]으로 표기되고, 1개가 [ən]으로 표기되었다.

이는 청운(淸韻)의 중고음 [ǐɛŋ], [ǐwɛŋ]이 『한청문감』에 이르러 주로 [əŋ], [iŋ]으로 변하였음을 말해준다.

이들이 현대중국어에서 12개가 [əŋ]으로, 17개가 [iŋ]으로, 1개가 [iuŋ]으로, 1개가 [ən]으로 발음된다.

상술한 상황은 『광운』 청운의 현대중국어 발음이 『한청문감』 시기의 발음과 같음을 설명한다. 청운의 『한청문감』 표기는 아래와 같다.

> [iŋ]("ᅬ"으로 표기된 [iŋ])→"ing"[iŋ]: 菁, 旌, 晶, 睛, 精, 鶺, 名, 轻(輕), 倾(傾), 清, 情, 晴, 顷(頃), 缨(纓), 璎(瓔), 盈, 营(營)
>
> [əŋ]("ᅳᆼ"으로 표기된 [əŋ])→"eng"[əŋ]: 赬, 成, 呈, 诚(誠), 城, 宬, 珵, 程, 盛, 声(聲), 怔, 钲(鉦)
>
> [iuŋ]("ᅲᆼ"으로 표기된 [iuŋ])→"iong"[iuŋ]: 琼(瓊)
>
> [ən]("ᅵᆫ"으로 표기된 [ən])→"en"[ən]: 贞(貞)

10. **정운(靜韻): 三等开口[ǐɛŋ], 合口[ǐwɛŋ]**

『광운』 "정운"은 상성으로 『한청문감』에 15개 글자가 나타났다. 그 가운데의 3개가 [əŋ]으로 표기되고, 11개가 [iŋ]으로 표기되고, 1개가 [iaŋ]으로 표기되었다.

이는 정운(靜韻)의 중고음 [ǐɛŋ], [ǐwɛŋ]이 『한청문감』에 이르러 주로 [əŋ], [iŋ]으로 변하였음을 말해준다.

이들이 현대중국어에서 3개가 [əŋ]으로, 12개가 [iŋ]으로 발음된다.

상술한 상황은 『광운』 정운의 현대중국어 발음이 『한청문감』 시기의 발음과 기본상 같음을 설명한다. 정운의 『한청문감』 표기는 아래와 같다.

[iŋ]("ᠵ"으로 표기된 [iŋ])→"ing"[iŋ]: 饼(餠), 屛, 井, 颈(頸), 静(靜), 领(領), 嶺(嶺), 请(請), 糮, 颖(穎), 瘦(瘦)

[əŋ]("ᠣ"으로 표기된 [əŋ])→"eng"[əŋ]: 逞, 睁(睜), 整

[iaŋ]("ᠶ"으로 표기된 [iaŋ])→"ing"[iŋ]: 痉(痙)

11. 경운(勁韵): 三等开口[ĭɛŋ]

『광운』 "경운"은 거성으로 『한청문감』에 11개 글자가 나타났다. 그 가운데의 5개가 [əŋ]으로 표기되고, 5개가 [iŋ]으로 표기되고, 1개가 [in]으로 표기되었다.

이는 경운(勁韵)의 중고음 [ĭɛŋ]이 『한청문감』에 이르러 주로 [əŋ], [iŋ]으로 변하였음을 말해준다.

이들이 현대중국어에서 5개가 [əŋ]으로, 5개가 [iŋ]으로, 1개가 [in]으로 발음된다.

상술한 상황은 『광운』 경운의 현대중국어 발음이 『한청문감』 시기의 발음과 같음을 설명한다. 경운의 『한청문감』 표기는 아래와 같다.

[əŋ]("ᠣ"으로 표기된 [əŋ])→"eng"[əŋ]: 圣(聖), 盛, 正, 证(証), 政

[iŋ]("ᠵ"으로 표기된 [iŋ])→"ing"[iŋ]: 倂, 净(淨), 令, 性, 姓

[in]("ᠨ"으로 표기된 [in])→"in"[in]: 聘

12. 석운(昔韻): 三等开口[ĭɛk], 合口[ĭwɛk]

『광운』 "석운"은 입성으로『한청문감』에 36개 글자가 나타났다. 그 가운데의 21개가 [i]로 표기되고, 8개가 [ʅ]로 표기되고, 2개가 [iə]로 표기되고, 2개가 [iui]로 표기되고, 1개가 [an]로 표기되고, 1개가 [io]로 표기되고, 1개가 [ə]로 표기되었다.

이는 석운(昔韻)의 중고음 [ĭɛk], [ĭwɛk]이『한청문감』에 이르러 주로 [i], [ʅ]로 변하였음을 말해준다.

이들이 현대중국어에서 23개가 [i]로, 8개가 [ʅ]로, 1개가 [uo]로, 2개가 [ie]로, 1개가 [an]으로, 1개가 [ə]로 발음된다.

상술한 상황은『광운』 석운의 현대중국어 발음이『한청문감』 시기의 발음과 대다수가 같음을 설명한다. 석운의『한청문감』 표기는 아래와 같다.

[i]("ㅣ"로 표기된 [i])→"i"[i]: 碧, 璧, 辟, 积(積), 耤, 鹡(鶺), 籍, 脊, 跡, 鲫(鯽), 蹟, 僻, 夕, 昔, 惜, 席, 蓆, 译(譯), 易, 驿(驛), 益

[ʅ]("ㅣ ⁰"로 표기된 [ʅ])→"i"[ʅ]: 尺, 蚇, 赤, 石, 适(適), 释(釋), 炙, 搝(擲)

[iə]("ㅕ"로 표기된 [iə])→"ie"[ie]: 掖, 液

[iui]("ㅔ"로 표기된 [iui])→"i"[i]: 役, 疫

[an]("ㅏ"으로 표기된 [an])→"an"[an]: 石

[o]("ㅛ"로 표기된 [o])→"uo"[uo]: 硕(碩)

[ə]("ㅕ"로 표기된 [ə])→"e"[ə]: 螫

13. 청운(青韻): 四等开口[ieŋ], 合口[iweŋ]

『광운』 "청운"은 평성으로『한청문감』에 41개 글자가 나타났다. 이들 모두가 [iŋ]으로 표기되었다.

이는 청운(靑韻)의 중고음 [ieŋ], [iweŋ]이 『한청문감』에 이르러 주로 [iŋ]으로 변하였음을 말해준다.

이들이 현대중국어에서도 모두 [iŋ]으로 발음된다.

상술한 상황은 『광운』 청운의 현대중국어 발음이 『한청문감』 시기의 발음과 같음을 설명한다. 청운의 『한청문감』 표기는 아래와 같다.

[iŋ]("ᅵ"으로 표기된 [iŋ])→"ing"[iŋ]: 丁, 仃, 叮, 疔, 钉(釘), 经(經), (犭+靈), 伶, 灵(靈), 泠, 玲, 铃(鈴), 鸰(鴒), 聆, 蛉, 翎, 零, 欞, 冥, 铭(銘), 榠, 螟, 宁(寧), 屛, 瓶, 萍, 青, 鲭(鯖), 厅(廳), 淳, 鞓, 聽, 亭, 停, 葶, 星, 腥, 刑, 形, 铏(鉶), 萤(螢)

14. 형운(迥韻): 四等开口[ieŋ], 合口[iweŋ]

『광운』 "형운"은 상성으로 『한청문감』에 9개 글자가 나타났다. 그 가운데의 8개가 [iŋ]으로 표기되고, 1개가 [iuŋ]으로 표기되었다.

이는 형운(迥韻)의 중고음 [ieŋ], [iweŋ]이 『한청문감』에 이르러 주로 [iŋ]으로 변하였음을 말해준다.

이들이 현대중국어에서 8개가 [iŋ]으로, 1개가 [iuŋ]으로 발음된다.

상술한 상황은 『광운』 형운의 현대중국어 발음이 『한청문감』 시기의 발음과 기본상 같음을 설명한다. 형운의 『한청문감』 표기는 아래와 같다.

[iŋ]("ᅵ"으로 표기된 [iŋ])→"ing"[iŋ]: 並, 顶(頂), 鼎, 茗, (身+廷), 挺, 梃, 醒

[iuŋ]("ᅲ"으로 표기된 [iuŋ])→"iong"[iuŋ]: 迥

15. 경운(徑韻): 四等开口[ieŋ]

『광운』 "경운"은 거성으로 『한청문감』에 9개 글사가 나타났다. 그 가운데의 8개가 [iŋ]으로 표기되고, 1개가 [əŋ]으로 표기되었다.

이는 경운(徑韻)의 중고음 [ieŋ]이 『한청문감』에 이르러 주로 [iŋ]으로 변하였음을 말해준다.

이들이 현대중국어에서 9개가 [iŋ]으로 발음된다.

상술한 상황은 『광운』 경운의 현대중국어 발음이 『한청문감』 시기의 발음과 기본상 같음을 설명한다. 경운의 『한청문감』 표기는 아래와 같다.

  [iŋ]("ᇰ"으로 표기된 [iŋ])→"ing"[iŋ]: 定, 梃, 锭(錠), 径(徑), 侹, 汀(濎), 磬, 汀
  [əŋ]("ᅙ"으로 표기된 [əŋ])→"ing"[iŋ]: 胫(脛)

16. 석운(錫韻): 四等开口[iek], 合口[iwek]

『광운』 "석운"은 입성으로 『한청문감』에 25개 글자가 나타났다. 이들 모두가 [i]로 표기되었다.

이는 석운(錫韻)의 중고음 [iek], [iwek]이 『한청문감』에 이르러 주로 [i]로 변하였음을 말해준다.

이들이 현대중국어에서도 모두 [i]로 발음된다.

상술한 상황은 『광운』 석운의 현대중국어 발음이 『한청문감』 시기의 발음과 완전히 같음을 설명한다. 석운의 『한청문감』 표기는 아래와 같다.

  [i]("ㅣ"로 표기된 [i])→"i"[i]: 壁, 的, 滴, 荻, 敌(敵), 笛, 觌(覿), 翟, 击(擊),
    激, 绩(績), 溺, 劈, 癖, 僻, 戚, 剔, 踢, 析, 锡(錫), 历(歷), 苈(藶), 沥(瀝),
    栎(櫟), 癃

十六. 통섭(通攝) 운모의 대비

1. 동운(東韻): 一等合口[uŋ]; 三等合口[ĭuŋ]

『광운』 "동운"은 평성으로 『한청문감』에 62개 글자가 나타났다. 그 가운데의 50개가 [uŋ]으로 표기되고, 7개가 [əŋ]으로 표기되고, 5개가 [iuŋ]으로 표기되었다.

이는 동운(東韻)의 중고음 [uŋ], [ĭuŋ]이 『한청문감』에 이르러 주로 [uŋ], [əŋ], [iuŋ]으로 변하였음을 말해준다.

이들이 현대중국어에서 45개가 [uŋ]으로, 12개가 [əŋ]으로, 5개가 [iuŋ]으로 발음된다.

상술한 상황은 『광운』 동운의 현대중국어 발음이 『한청문감』 시기의 발음과 다수가 같음을 설명한다. 동운의 『한청문감』 표기는 아래와 같다.

> [uŋ]("ㅜᇰ"으로 표기된 [uŋ])→"ong"[uŋ]: 葱(蔥), 聪(聰), 聪(聰), 丛(叢), 东(東), 工, 弓, 公, 功, 攻, 宫(宮), 蚣, 躬, 烘, 红(紅), 虹, 鸿(鴻), 哄, 空, 涳, 珑(瓏), 胧(朧), 聋(聾), 笼(籠), 隆, 窿, 通, 同, 桐, 铜(銅), 童, 橦, 瞳, 筒, 棕, 椶
>
> [uŋ]("ㅜᇰ"으로 표기된 [uŋ])→"eng"[əŋ]: 丰(豐), 风(風), 枫(楓), 疯(瘋), 翁
>
> [uŋ]("ㅠᇰ"으로 표기된 [uŋ])→"ong"[uŋ]: 充, 虫(蟲), 崇, 戎, 绒(絨), 融, 中, 忠, 终(終)
>
> [əŋ]("ㅡᇰ"으로 표기된 [əŋ])→"eng"[əŋ]: 蒙, 幪, 濛, 朦, 矇, 蓬, 篷
>
> [iuŋ]("ᅲᇰ"으로 표기된 [iuŋ])→"iong"[iuŋ]: 穷(窮), 穹, 雄, 融
>
> [iuŋ]("ᅲᇰ"으로 표기된 [iuŋ])→"iong"[iuŋ]: 熊

2. 동운(董韻): 一等合口[uŋ]

『광운』"동운"은 상성으로『한청문감』에 8개 글자가 나타났다. 그 가운데의 6개가 [uŋ]으로 표기되고, 2개가 [əŋ]으로 표기되었다.

이는 동운(董韻)의 중고음 [uŋ]이『한청문감』에 이르러 주로 [uŋ], [əŋ]으로 변하였음을 말해준다.

이들이 현대중국어에서 6개가 [uŋ]으로, 2개가 [əŋ]으로 발음된다.

상술한 상황은『광운』동운의 현대중국어 발음이『한청문감』시기의 발음과 완전히 같음을 설명한다. 동운의『한청문감』표기는 아래와 같다.

[uŋ]("ㅎ"으로 표기된 [uŋ])→"ong"[uŋ]: 动(動), 孔, 拢(攏), 桶, 總, 总(總)

[əŋ]("ㅎ"으로 표기된 [əŋ])→"eng"[əŋ]: 懵, 蠓

3. 송운(送韻): 一等合口[uŋ]; 三等合口[ĭuŋ]

『광운』"송운"은 거성으로『한청문감』에 15개 글자가 나타났다. 그 가운데의 14개가 [uŋ]으로 표기되고, 1개가 [əŋ]으로 표기되었다.

이는 송운(送韻)의 중고음 [uŋ], [ĭuŋ]이『한청문감』에 이르러 주로 [uŋ], [əŋ]으로 변하였음을 말해준다.

이들이 현대중국어에서 11개가 [uŋ]으로, 4개가 [əŋ]으로 발음된다.

상술한 상황은『광운』송운의 현대중국어 발음이『한청문감』시기의 발음과 기본상 같음을 설명한다. 송운의『한청문감』표기는 아래와 같다.

[uŋ]("ㅎ"으로 표기된 [uŋ])→"ong"[uŋ]: 冻(凍), 洞, 贡(貢), 弄, 送, 恸(慟), 痛, 糭

[uŋ]("ㅎ"으로 표기된 [uŋ])→"eng"[əŋ]: 讽(諷), 凤(鳳), 甕

[uŋ]("ᅌ"으로 표기된 [uŋ])→"ong"[uŋ]: 铳(銃), 仲, 众(衆)

[əŋ]("ᅙ"으로 표기된 [əŋ])→"eng"[əŋ]: 梦(夢)

4. 옥운(屋韻): 一等合口[uk]; 三等合口[ĭuk]

『광운』 "옥운"은 입성으로 『한청문감』에 67개 글자가 나타났다. 그 가운데의 58개가 [u]로 표기되고, 6개가 [iui]로 표기되고, 1개가 [əu]로 표기되고, 1개가 [o]로 표기되고, 1개가 [ao]로 표기되었다.

이는 옥운(屋韻)의 중고음 [uk], [ĭuk]이 『한청문감』에 이르러 주로 [u], [iui]로 변하였음을 말해준다.

이들이 현대중국어에서 56개가 [u]로, 6개가 [y]로, 4개가 [ou]로, 1개가 [uo]로 발음된다.

상술한 상황은 『광운』 옥운의 현대중국어 발음이 『한청문감』 시기의 발음과 대다수가 같음을 설명한다. 옥운의 『한청문감』 표기는 아래와 같다.

[u]("ㅜ"로 표기된 [u])→"u"[u]: 醭, 簇, 鏃, 独(獨), 读(讀), 渎(瀆), 犊(犢), 伏, 服, 幅, 辐(輻), 福, 蝠, 复(復), 腹, 覆, 毂(轂), 谷, 榖, 斛, 槲, 哭, 六, 陆(陸), 鹿, 禄(祿), 碌, 木, 目, 沐, 苜, 牧, 睦, 穆, 蹼, 扑(撲), 撲, 仆(僕), 肃(肅), 速, 宿, 秃, 屋, 族

[u]("ㅠ"로 표기된 [u])→"u"[u]: 畜, 搐, 叔, 淑, 熟, 竹, 逐, 柷, 祝, 筑, 築

[u]("ㅠ"로 표기된 [u])→"ou"[ou]: 肉, 粥, 妯

[iui]("ᅱ"로 표기된 [iui])→"ü"[y]: 鞠, 菊, 麯, 蓄, 育

[iui](구개음 뒤 "ᅱ"로 표기된 [iui])→"ü"[y]: 蓿

[o]("ㅗ"로 표기된 [o])→"uo"[uo]: 缩(縮)

[əu]("ᅱ"로 표기된 [əu])→"ou"[ou]: 轴(軸)

[ao]("ㅘ"로 표기된 [ao])→"u"[u]: 瀑

5. 동운(冬韻): 一等合口[uoŋ]

『광운』 “동운”은 평성으로 『한청문감』에 9개 글자가 나타났다. 그 가운데의 8개가 [uŋ]으로 표기되고, 1개가 [əŋ]으로 표기되었다.

이는 동운(冬韻)의 중고음 [uoŋ]이 『한청문감』에 이르러 주로 [uŋ], [əŋ]으로 변하였음을 말해준다.

이들이 현대중국어에서 8개가 [uŋ]으로, 1개가 [əŋ]으로 발음된다.

상술한 상황은 『광운』 동운의 현대중국어 발음이 『한청문감』 시기의 발음과 완전히 같음을 설명한다. 동운의 『한청문감』 표기는 아래와 같다.

[uŋ](“ᅮᆼ”으로 표기된 [uŋ])→“ong”[uŋ]: 琮, 冬, 农(農), 哝(噥), 脓(膿), 鬆, 宗, 鬃

[əŋ](“ᅳᆼ”으로 표기된 [əŋ])→“eng”[əŋ]: 疼

6. 동운(湩韻): 一等合口[uoŋ]

[○]: 『한청문감』에 동운(湩韻)에 속한 글자가 나타나지 않았다.

7. 송운(宋韻): 一等合口[uoŋ]

『광운』 “송운”은 거성으로 『한청문감』에 1개 글자가 나타났다. 이 글자가 [uŋ]으로 표기되었다.

이는 송운(宋韻)의 중고음 [uoŋ]이 『한청문감』에 이르러 주로 [uŋ]으로 변하였음을 말해준다.

이것이 현대중국어에서도 [uŋ]으로 발음된다.

상술한 상황은 『광운』 송운의 현대중국어 발음이 『한청문감』 시기의 발음과 같음을 설명한다. 송운의 『한청문감』 표기는 아래와 같다.

[uŋ]("ㆁ"으로 표기된 [uŋ])→"ong"[uŋ]: 统(統)

8. 옥운(沃韵): 一等合口[uok]

『광운』 "옥운"은 입성으로 『한청문감』에 5개 글자가 나타났다. 이들 모두가 [u]로 표기되었다.

이는 옥운(沃韵)의 중고음 [uok]이 『한청문감』에 이르러 주로 [u]로 변하였음을 말해준다.

이들이 현대중국어에서도 모두 [u]로 발음된다.

상술한 상황은 『광운』 옥운의 현대중국어 발음이 『한청문감』 시기의 발음과 완전히 같음을 설명한다. 옥운의 『한청문감』 표기는 아래와 같다.

[u]("ㅜ"로 표기된 [u])→"u"[u]: 督, 毒, 笃(篤), 鹄(鵠), 酷

9. 종운(鍾韵): 三等合口[ǐwoŋ]

『광운』 "종운"은 평성으로 『한청문감』에 33개 글자가 나타났다. 그 가운데의 23개가 [uŋ]으로 표기되고, 3개가 [əŋ]으로 표기되고, 7개가 [iuŋ]으로 표기되었다. "ㅛ, ㆁ"이 "ㆁ", "ᅌ" 두 가지로 표기되었는데 하나가 오기일 수 있다.

이는 종운(鍾韵)의 중고음 [ǐwoŋ]이 『한청문감』에 이르러 주로 [uŋ], [iuŋ], [əŋ]으로 변하였음을 말해준다.

이들이 현대중국어에서 18개가 [uŋ]으로, 8개가 [əŋ]으로, 7개가 [iuŋ]으로 발음된다.

상술한 상황은 『광운』 종운의 현대중국어 발음이 『한청문감』 시기의 발음과 대부분 같음을 설명한다. 종운의 『한청문감』 표기는 아래와 같다.

[uŋ]("ㅎ"으로 표기된 [uŋ])→"ong"[uŋ]: 从(從), 恭, 供, 龙(龍), 浓(濃), 醲, 松, 颂(頌), 踪

[uŋ]("ㅎ"으로 표기된 [uŋ])→"eng"[əŋ]: 封, 峰, 葑, 锋(鋒), 豊

[uŋ]("ㅎ"으로 표기된 [uŋ])→"ong"[uŋ]: 冲, 舂, 衝, 重, 茸, 容, 蓉, 锺(鍾), 鐘

[iuŋ]("ㅎ"으로 표기된 [iuŋ])→"iong"[iuŋ]: 凶, 兇, 镕(鎔), 痈(癰), 庸, 雍, 壅

[əŋ]("ㅎ"으로 표기된 [əŋ])→"eng"[əŋ]: 烽, 蜂, 逢

10. 종운(腫韻): 三等合口[ǐwoŋ]

『광운』 "종운"은 상성으로 『한청문감』에 20개 글자가 나타났다. 그 가운데의 13개가 [uŋ]으로 표기되고, 5개가 [iuŋ]으로 표기되고, 1개가 [əŋ]으로 표기되고, 1개가 [aŋ]으로 표기되었다. 捧이 [əŋ], [aŋ] 두 가지로 표기되었다.

이는 종운(腫韻)의 중고음 [ǐwoŋ]이 『한청문감』에 이르러 주로 [uŋ], [iuŋ], [əŋ]으로 변하였음을 말해준다.

이들이 현대중국어에서 12개가 [uŋ]으로, 2개가 [əŋ]으로, 5개가 [iuŋ]으로, 1개가 [aŋ]으로 발음된다.

상술한 상황은 『광운』 종운의 현대중국어 발음이 『한청문감』 시기의 발음과 대부분 같음을 설명한다. 종운의 『한청문감』 표기는 아래와 같다.

[uŋ]("ㅎ"으로 표기된 [uŋ])→"ong"[uŋ]: 拱, 恐, 陇(隴), 垅(壟), 垄(壟), 耸(聳)

[uŋ]("ㅈ"으로 표기된 [uŋ])→"eng"[əŋ]: 奉

[uŋ]("ㅈ"으로 표기된 [uŋ])→"ong"[uŋ]: 宠(寵), 冗, 氄, 肿(腫), 冢, 種

[iuŋ]("ㅈ"으로 표기된 [iuŋ])→"iong"[iuŋ]: 拥(擁), 甬, 勇, 涌, 踊

[aŋ]("ᅪ"으로 표기된 [aŋ])→"ang"[aŋ]: 捧

[əŋ]("ᅳ"으로 표기된 [əŋ])→"eng"[əŋ]: 捧

11. 용운(用韻): 三等合口[ǐwoŋ]

『광운』 "용운"은 거성으로 『한청문감』에 9개 글자가 나타났다. 그 가운데의 7개가 [uŋ]으로 표기되고, 1개가 [iuŋ]으로 표기되고, 1개가 [əŋ]으로 표기되었다. "缝(縫)"자가 [uŋ], [əŋ] 두 가지로 표기되었다.

이는 용운(用韻)의 중고음 [ǐwoŋ]이 『한청문감』에 이르러 주로 [uŋ], [iuŋ], [əŋ]으로 변하였음을 말해준다.

이들이 현대중국어에서 5개가 [uŋ]으로, 3개가 [əŋ]으로, 1개가 [iuŋ]으로 발음된다.

상술한 상황은 『광운』 용운의 현대중국어 발음이 『한청문감』 시기의 발음과 대부분 같음을 설명한다. 용운의 『한청문감』 표기는 아래와 같다.

[uŋ]("ㅈ"으로 표기된 [uŋ])→"ong"[uŋ]: 共, 讼(訟), 从(從), 纵(縱)

[uŋ]("ㅈ"으로 표기된 [uŋ])→"eng"[əŋ]: 缝(縫), 俸

[uŋ]("ㅈ"으로 표기된 [uŋ])→"ong"[uŋ]: 重

[iuŋ]("ㅈ"으로 표기된 [iuŋ])→"iong"[iuŋ]: 用

[əŋ]("ᅳ"으로 표기된 [əŋ])→"eng"[əŋ]: 缝(縫)

12. 촉운(燭韵): 合口三等[ĭwok]

『광운』 "촉운"은 입성으로 『한청문감』에 29개 글자가 나타났다. 그 가운데의 17개가 [u]로 표기되고, 11개가 [iui]로 표기되고, 1개가 [io]로 표기되었다.

이는 촉운(燭韵)의 중고음 [ĭwok]이 『한청문감』에 이르러 주로 [u], [iui]로 변하였음을 말해준다.

이들이 현대중국어에서 19개가 [u]로, 10개가 [y]로 발음된다.

상술한 상황은 『광운』 촉운의 현대중국어 발음이 『한청문감』 시기의 발음과 다수가 같고 일부가 대응됨을 설명한다. 촉운의 『한청문감』 표기는 아래와 같다.

[u]("ㅜ"로 표기된 [u])→"u"[u]: 促, 录(錄), 绿(綠), 俗, 粟, 足

[u]("ㅠ"로 표기된 [u])→"u"[u]: 触(觸), 趎, 辱, 蓐, 褥, 赎(贖), 属(屬), 蜀, 束, 鸀, 烛(燭)

[iui]("ㆌ"로 표기된 [iui])→"ü"[y]: 锔(鋦), 局, 菉, 曲, 玉, 狱(獄), 浴, 欲, 鸲(鴝), 瑀

[iui](구개음 뒤 "ㆌ"로 표기된 [iui])→"ü"[y]: 蒨, 续(續)

[o]("ㅛ"로 표기된 [o])→"u"[u]: 劚

제2절 『한청문감』 중국어 운모의 내원

본 절에서는 『한청문감』 중국어 운모의 내원을 고찰하게 된다. 고찰의 목적은 독자들로 하여금 『한청문감』 중국어 운모의 종류 및 그것들의 내원과 변화를 요해하게 하려는데 있다.

우리가 귀납한 『한청문감』 중국어 운모는 모두 43개이다. 『한청문감』에 "曾攝2-2拯韵, 流攝3-2黝韵, 山攝7-3霰韵, 通攝2-2溷韵, 咸攝6-2儼韵" 등 5개 운모의 글자가 나타나지 않았다. 이는 근대중국어 운모 수량의 조사에 영향을 주게 된다. 그러므로 아래에 열거하게 되는 운모는 『한청문감』에 나타난 중국어 운모이지 근대중국어 운모의 개수는 아니다.

어음의 변화는 운모의 변화에서도 나타나게 된다. 근대중국어가 현대중국어로 발전하는 과정에 기존의 운모가 소실되고 새로운 운모가 생겨나게 되는 것은 언어발전의 필연적인 결과이다. 『한청문감』에 나타난 43개 운모 가운데에서 현대중국어에 이르러 운모 [əi], [iai], [ian], [iə], [iəi], [iən], [iu], [iuan], [iuəi], [iui], [iun], [uəi], [ui], [un] 등 14개가 소실되고, 운모 [ei], [iæn], [ie], [iou], [uən], [uei], [uo], [y], [yæn], [ye], [yn] 등 11개가 새로 생겨났다.

『한청문감』에 나타난 43개 중국어 운모와 거기에 소속되는 『광운』의 섭(攝), 운(韵) 및 한자들이 아래와 같다.

一. [a]계열 운모 [a], [ai], [an], [aŋ], [ao]의 내원

1. 『한청문감』 중국어 운모 [a]의 내원

『한청문감』에서 107개 한자가 [a]로 표기되었다. 이들은 『광운』의 "假摄, 山摄, 咸摄, 果摄, 蟹摄, 梗摄, 遇摄, 臻摄, 宕摄" 등 9개 섭의 22개 운모에서 왔다. 그 가운데에서 "假摄, 山摄" 두 섭에 속하는 글자가 비교적 많다.

『한청문감』 [a]의 절대다수가 현대중국어에서 "a"[a]로 발음되고, 2개가 "e"[ə]로 1개가 "uo"[uo]로 발음된다.

> (1) (假摄1-1麻韵): 巴, 疤, 笆, 吧, 蛤, 麻, 蔴, 拏, 杷, 爬, 钯, 琶, 叉, 杈, 茶, 查, 差, 楂, 沙, 纱(紗), 砂, 柤, 渣, 樝, 楂, (假摄1-2馬韵): 把, 马(馬), 玛(瑪), 洒(灑), 厦(廈), 傻, 痄, (假摄1-3禡韵): 坝(壩), 妑, 覇, 禡, 帕, 怕, 汊, 乍, 诈(詐), 吒, 榨
>
> (2) (山摄1-4曷韵): 达(達), 剌, 喇, 蝲, 撒, 萨(薩), 獭(獺), (山摄2-4末韵): 跋, 魃, (山摄3-4黠韵): 八, 叭, 拔, 察, 扒, 杀(殺), 煞, 紮, 扎, 札, (山摄4-4鎋韵): 刹, (山摄5-4薛韵): 蜇, (山摄6-4月韵): 发(發), 伐, 罚(罰), 筏, 髪
>
> (3) (咸摄1-4合韵): 搭, 嗒, 褡, 答, 哈, 拉, 纳(納), 衲, 踏, 杂(雜), (咸摄2-4盍韵): 邋, 腊(臘), 蜡(蠟), 燷, 嗒, 塌, 遢, 塔, 榻, 蹋, (咸摄3-4洽韵): 揷, 劄, (咸摄7-4乏韵): 乏, 法
>
> (4) (果摄1-1歌韵): 阿, 他, (果摄1-2哿韵): 那, (果摄1-3箇韵): 大, (口+奈)
>
> (5) (蟹摄5-1佳韵): 較, (蟹摄5-2蟹韵): 罢(罷), (蟹摄5-3卦韵): 叉
>
> (6) (梗摄1-2梗韵): 打, (梗摄1-4陌韵): 喀, 蚱, 泎
>
> (7) (遇摄1-2姥韵): 妈(媽)
>
> (8) (臻摄1-4没韵): 呐
>
> (9) (宕摄1-4鐸韵): 咋

2. 『한청문감』중국어 운모 [ai]의 내원

『한청문감』에서 104개 한자가 [ai]로 표기되었다. 이들은 『광운』의 "蟹摄, 梗摄, 止摄" 등 3개 섭의 13개 운모에서 왔다. 그 가운데에서 "蟹摄"에 속하는 글자가 절대다수이다.

『한청문감』[ai]의 절대다수가 현대중국어에서 "ai"[ai]로 발음되고, 1개가 "e"[ə]로 1개가 "i"[ʅ]로 발음된다.

(1) (蟹摄1-1咍韵): 哀, 埃, 猜, 才, 材, 财(財), 裁, 纔, 獃, 该(該), 陔, 垓, 孩, 颏(頦), 咳, 开(開), 颏(頦), 来(來), 俫(倈), 騋, 腮, 胎, 台, 抬, 苔, 臺, 擡, 薹, 灾(災), 栽, (蟹摄1-2海韵): 采, 採, 彩, 綵(綵), 待, 怠, 改, 海, 醢, 亥, 凯(凱), 宰, (蟹摄1-3代韵): 爱(愛), 碍(礙), 菜, 代, 代, 玳, 袋, 戴, 概, 槩, 慨, 耐, 鼐, 赛(賽), 态(態), 载(載), 再, 在, (蟹摄2-1泰韵): 霭(藹), 艾, 大, 带(帶), 丐, 盖(蓋), 蓋, 害, 赖(賴), 癞(癩), 奈, 柰, 太, 泰, 外, (蟹摄4-1皆韵): 埋, 排, 崽, 豺, 斋(齋), (蟹摄4-3怪韵): 拜, (蟹摄5-1佳韵): 牌, 簲, 差, 釵, 柴, (蟹摄5-2蟹韵): 矮, 摆(擺), 奶, 买(買), (蟹摄5-3卦韵): 稗, 卖(賣), 派, 晒, 曬, 债(債), (蟹摄6-1夬韵): 败(敗), 迈(邁), 寨

(2) (梗摄1-4陌韵): 栢, 拍, 宅, (梗摄2-4麥韵): 棟

(3) (止摄1-2紙韵): 豸

3. 『한청문감』중국어 운모 [an]의 내원

『한청문감』에서 202개 한자가 [an]으로 표기되었다. 이들은 『광운』의 咸摄, 山摄, 梗摄" 등 3개 섭의 26개 운모에서 왔다. 그 가운데에서 "咸摄, 山摄" 두 섭에 속하는 글자가 거의 전부이다.

『한청문감』[an]의 절대다수가 현대중국어에서 "an"[an]으로 발음되고,

1개가 "in"[in]으로 발음된다.

(1) (咸攝1-1覃韻): 叅, 蠶, 耽, 含, 涵, 龕(龕), 堪, 婪, 男, 南, 楠, 贪(貪), 昙(曇), 潭, 探, 簪, (咸攝1-2感韻): 感, 坎, (咸攝1-3勘韻): 暗, 勘, (咸攝2-1談韻): 惭(慚), 甘, 坩, 泔, 柑, 憨, 蓝(藍), 滥(濫), 篮(籃), 三, 谈(談), 痰, (咸攝2-2敢韻): 胆, 膽, 敢, 橄, 喊, 览(覽), 揽(攬), 榄(欖), 毯, (咸攝2-3闞韻): 擔, 淡, 缆(纜), 滥(濫), 鉴(鑒), 蹔, 暂(暫), (咸攝2-4盍韻): 谵(譫), (咸攝3-1咸韻): 谗(讒), 馋(饞), (咸攝3-2鹣韻): 斩(斬), (咸攝3-3陷韻): 佔, 站, 蘸, (咸攝4-1銜韻): 巉, 搀(攙), 艻, 衫, (咸攝5-1鹽韻): 黏, 苫, 沾, 粘, 詹, 霑, 占, (咸攝5-2琰韻): 谄(諂), 染, 闪(閃), (咸攝5-3豔韻): 韂, (咸攝7-1凡韻): 凡, (咸攝7-2範韻): 範(範), 犯, (咸攝7-3梵韻): 泛

(2) (山攝1-1寒韻): 安, 鞍, 犴, 残(殘), 丹, 单(單), 箪(簞), 肝, 竿, 杆, 干, 乾, 寒, 兰(蘭), 拦(攔), 栏(欄), 澜, 难(難), 掸(撣), 弹(彈), 摊(攤), 滩(灘), 坛(壇), 檀, 珊, (山攝1-2旱韻): 担, 疸, 诞(誕), 罕, 旱, 懒(懶), 伞(傘), 坦, 趱(趲), (山攝1-3翰韻): 岸, 按, 案, 灿(燦), 掸(撣), 弹(彈), 鴠, 桿(桿), 幹, 汉(漢), 汗, 釬, 翰, 瀚, 看, 烂(爛), 散, 叹(嘆), 炭, 歎, 赞(贊), (山攝2-1桓韻): 瘢, 拌, 馒(饅), 瞒(瞞), 鞔, 蔓, 盘(盤), 蟠, (山攝2-2緩韻): 满(滿), 潊(潊), (山攝2-3換韻): 半, 绊(絆), 墁, 幔, 漫, 缦(縵), 镘(鏝), 判, 叛, (山攝2-4末韻): 捋, 桫, (山攝3-1山韻): 山, (山攝3-2產韻): 产(產), 铲(鏟), 榱, 盏(盞), 栈(棧), (山攝3-3襇韻): 办(辦), 瓣, 扮, 绽(綻), (山攝4-1删韻): 班, 斑, 蝬, 攀, (山攝4-2潸韻): 板, 版, (山攝4-3諫韻): 慢, 疝, (山攝5-1仙韻): 禅(禪), 缠(纏), 蝉(蟬), 然, 搧, 羶, 毡(氈), 旃, (山攝5-2獮韻): 善, 蟺, 鱓, 展, 辗(輾), (山攝5-3線韻): 颤(顫), 扇, 缮(繕), 膳, 战(戰), (山攝6-1元韻): 番, 蕃, 幡, 藩, 翻, 旛, 矾(礬), 烦(煩), 繁, 緐, (山攝6-2阮韻): 反, 返, (山攝6-3願韻): 饭(飯), 贩(販), 曼

(3) (梗攝2-1耕韻): 拼, (梗攝3-4昔韻): 石

4. 『한청문감』 중국어 운모 [aŋ]의 내원

『한청문감』에서 120개 한자가 [aŋ]으로 표기되었다. 이들은 『광운』의 "宕攝, 江攝, 梗攝, 通攝" 등 4개 섭의 10개 운모에서 왔다. 그 가운데에서 "宕攝"에 속하는 글자가 절대다수이다. 다만 6개 글자가 다른 섭에서 왔다.

『한청문감』 [aŋ]의 절대다수가 현대중국어에서 "ang"[aŋ]으로 발음되고, 2개가 "eng"[əŋ]과 "iang"[iaŋ]"으로 발음된다.

(1) (宕攝1-1唐韵): 昂, 帮(幫), 傍, 仓(倉), 苍(蒼), 蔵, 藏, 当(當), 珰(璫), 铛(鐺), 裆(襠), 遏, 冈(岡), 刚(剛), 纲(綱), 钢(鋼), 行, 杭, 康, 糠, 郎, 狼, 廊, 瑯, 榔, 螂, 芒, 忙, 茫, 囊, 滂, 旁, 膀, 螃, 桑, 丧(喪), 汤(湯), 唐, 堂, 棠, 塘, 膛, 铛(鐺), 糖, 螳, 赃(臟), 牂, (宕攝1-2蕩韵): 榜, 档(欓), 党(黨), 蕩(蕩), 盪, 慷, 朗, 莽, 蟒, 嗓, 倘, 髒, (宕攝1-3宕韵): 傍, 谤(謗), 挡(擋), 逿, 亢, 抗, 炕, 浪, 锡(鍚), 烫(燙), 脏(臟), 葬, (宕攝2-1陽韵): 方, 坊, 防, 妨, 房, 昌, 菖, 阊(閶), 娼, 鲳(鯧), 肠(腸), 尝(嘗), 常, 膓, 嗜(噹), 场(場), 长(長), 穰, 瓤, 伤(傷), 商, 张(張), 章, 漳, 璋, 樟, 礜, (宕攝2-2養韵): 仰, (宕攝2-3漾韵): 访(訪), 舫, 放, 畅(暢), 倡, 鬯, 唱, 让(讓), 上, 尚, 涨(漲), 帐(帳), 账(賬), 障, 跟

(2) (江攝1-1江韵): 梆, 缸, (江攝1-2講韵): 棒, 扛

(3) (梗攝1-1庚韵): 珩

(4) (通攝3-2腫韵): 捧

5. 『한청문감』 중국어 운모 [ao]의 내원

『한청문감』에서 163개 한자가 [ao]로 표기되었다. 이들은 『광운』의 "效攝, 宕攝, 流攝, 江攝, 遇攝, 通攝" 등 6개 섭의 16개 운모에서 왔다. 그 가운데

에서 "效攝"에 속하는 글자가 절대다수이다. 다른 섭에 속하는 글자가 많지
않다.

『한청문감』[ao]의 절대다수가 현대중국어에시 "ao"[au]로 발음되고, 2개
가 "u"[u], "o"[o]로 발음된다.

(1) (效攝1-1豪韵): 敖, 獒, 熬, 鳌(鰲), 鏖, 褒, (曹+少), 曹, 漕, 槽, 螬, 刀, 高,
羔, 皋, 膏, 篙, 糕, 稿, 蒿, 毫, 豪, 捞(撈), 劳(勞), 牢, 唠(嘮), 毛, 旄, 猱,
袍, 儵, 骚(騷), 臊, 韬(韜), 縧, 逃, 桃, 萄, 啕, 淘, 槽, 遭, 糟, (效攝1-2皓韵):
袄(襖), 宝(寶), 保, 鸨(鴇), 葆, 抱, 草, 岛(島), 捣, 祷(禱), 擣(擣), 道, 稻,
槁, 槀, 好, 考, 老, 栳, 潦, 恼(惱), 脑(腦), 瑙, 扫(掃), 嫂, 埽, 讨(討), 早,
枣(棗), 蚤, 澡, 藻, 皂, 燥, (效攝1-3號韵): 傲, 奥(奧), 懊, 报(報), 暴, 糙,
导(導), 倒, 到, 盗(盜), 告, 诰(誥), 号(號), 耗, 靠, 涝(澇), 冒, 帽, 瑁, 套,
造, 噪, 躁, 竈, (效攝2-1肴韵): 包, 苞, 胞, 猫(貓), 茅, 铙(鐃), 抛, 咆, 狍,
跑, 泡, 刨, 麅, 抄, 弰, 梢, 艄, (效攝2-2巧韵): 饱(飽), 鮑(鮑), 卯, 挠(撓),
炒, 爪, (效攝2-3效韵): 豹, 鉋(鉋), 爆, 貌, 闹(鬧), 砲, 疱, 礮, 稍, 哨, 勒,
筲, 罩, (效攝3-1宵韵): 朝, 招, 昭, 超, 潮, 烧(燒), 韶, (效攝3-2小韵): 扰(擾),
遶, 少, 兆, (效攝3-3笑韵): 绕(繞), 诏(詔), 照

(2) (宕攝1-4鐸韵): 烙, 酪, 络(絡), 愽, (宕摄2-4藥韵): 勺

(3) (流攝1-3侯韵): 茂, (流攝2-1尤韵): 蝥

(4) (江攝1-4覺韵): 雹, 剥(剝)

(5) (遇攝1-2姥韵): 磠(磠)

(6) (通攝1-4屋韵): 瀑

二. [ə]계열 운모 [ə], [ɚ], [əi], [ən], [əŋ], [əu]의 내원

6. 『한청문감』 중국어 운모 [ə]의 내원

『한청문감』에서 121개 한자가 [ə]로 표기되었다. 이들은 『광운』의 "梗攝, 山攝, 曾攝, 果攝, 假攝, 咸攝, 宕攝, 深攝, 臻攝, 蟹攝, 流攝" 등 11개 섭의 24개 운모에서 왔다. 그 가운데에서 "梗攝, 山攝, 曾攝, 果攝"에 속하는 글자들이 많다.

『한청문감』 [ə]의 절대다수가 현대중국어에서 "e"[ə]로 발음되고, 개별적인 글자들이 "ai"[ai], "ei"[ei], "o"[o], "ou"[ou]로 발음된다.

(1) (梗攝1-4陌韵): 額(額), 茖, 挌, 格, 吓(嚇), 客, 泽(澤), 拆, 白, 窄, 拆, 百, 栢, 伯, 帛, 迫, 珀, 魄, (梗攝2-4麥韵): 檗, 册(冊), 策, 厄, 扼, 革, 隔, 槅, 膈, 核, 脉(脈), 责(責), 帻(幘), (梗攝3-4昔韵): 螫

(2) (山攝1-4曷韵): 割, 葛, 喝, 鹖(鶡), 褐, 渴, (山攝2-4末韵): 拨(撥), 抹, 末, 沫, (山攝5-4薛韵): 彻(徹), 掣, 热(熱), 舌, 设(設), 折, 折, 菥, 辙(轍)

(3) (曾攝1-4德韵): 得, 德, 刻, 勒, 肋, 塞, 特, 则(則), 北, 黑, 蟔, 墨, 默, (曾攝2-4職韵): 侧(側), 测(測), 恻(惻), 啬(嗇), 仄, 色

(4) (果攝1-1歌韵): 阿, 吪(訛), 蛾, 哥, 歌, 荷, 苛, 柯, (果攝1-2哿韵): 可, (果攝1-3箇韵): 個, 箇, 訶, (果攝2-1戈韵): 囮, 戈, 稞

(5) (假攝1-1麻韵): 遮, 车(車), 奢, 蛇, (假攝1-2馬韵): 捨, 社, 惹, 者, 赭, (假攝1-3禡韵): 舍, 射, 赦, 麝, 蔗, 鹧(鷓)

(6) (咸攝1-4合韵): 哈, 合, 鸽(鴿), 蛤, (咸攝2-4盍韵): 磕, (咸攝5-4葉韵): 涉, 摺

(7) (宕攝1-4鐸韵): 恶(惡), 肟, 胳, 各, 薄, 泊, 箔

(8) (深攝1-4缉韵): 涩(澀), 蛰(蟄), 蓻, 澀

(9) (臻攝1-4没韻): 脖, (臻攝4-2櫛韻): 瑟

(10) (蟹攝1-2海韻): 颏(頦)

(11) (流攝1-1侯韻): 骰

7.『한청문감』중국어 운모 [ə]의 내원

『한청문감』에 10개 한자가 [ə]로 표기되었다. 이들은『광운』"止攝"의 6 개 운모에서 왔다.

이들이 현대중국어에서도 "er"[ə]로 발음된다.

(1) (止攝1-1支韻): 兒(兒), (止攝1-2紙韻): 尔(爾), (止攝2-3至韻): 二, 貳(貳), (止攝3-1之韻): 而, (止攝 3-2止韻): 耳, 洱, (止攝 3-3志韻): 饵(餌), 珥, 刵

8.『한청문감』중국어 운모 [əi]의 내원

『한청문감』에 52개 한자가 [əi]로 표기되었다. 이들은『광운』"蟹攝, 止攝, 曾攝" 3개 섭의 16개 운모에서 왔다.

『한청문감』[əi]의 절대다수가 현대중국어에서 "ei"[ei]로 발음되고, 1개가 "ī"[i]로 발음된다.

그러니『한청문감』중국어 운모 [əi]가 소실되고 대신 현대중국어 운모 "ei"[ei]가 생겼다.

(1) (蟹攝2-1泰韻): 贝(貝), 狈(狽), (蟹攝3-1灰韻): 盃, 玫, 梅, 媒, 煤, 陪, 培, (蟹攝3-2賄韻): 每, (蟹攝3-3隊韻): 背, 悖, 辈(輩), 誖, 褙, 妹, 昧, 内(內), 佩, 配, (蟹攝4-3怪韻): 悫(憝), (蟹攝8-1廢韻): 吠, 肺, 废(廢), (蟹攝9-3霽韻): 戾, (止攝1-1支韻): 卑, 碑, 椑

(2) (止攝1-2紙韻): 被, 婢, 累, (止攝2-1脂韻): 悲, 纍, 眉, (止攝2-2旨韻): 诔(誄), 垒(壘), 美, (止攝2-3至韻): 备(備), 泪(淚), 媚, 魅, 辔(轡), (止攝4-1微韻): 飞(飛), 妃, 非, 肥, 痱, (止攝4-2尾韻): 榧, (止攝4-3未韻): 翡, 费(費), 荆

(3) (曾攝1-4德韻): 贼(賊)

9. 『한청문감』 중국어 운모 [ən]의 내원

『한청문감』에 82개 한자가 [ən]으로 표기되었다. 이들은『광운』 "臻攝, 深攝, 咸攝, 曾攝, 梗攝" 등 5개 섭의 19개 운모에서 왔다. 그 가운데에서 "臻攝"에 속하는 글자가 대다수이다.

『한청문감』 [ən]의 모두가 현대중국어에서 "en"[ən]으로 발음된다.

(1) (臻攝1-1痕韻): 恩, 根, 跟, 痕, (臻攝1-2很韻): 很, 垦(墾), 恳(懇), (臻攝1-3恨韻): 艮, 茛, 恨, (臻攝2-1魂韻): 奔, 门(門), 扪(捫), 喷(噴), 盆, 歕, (臻攝2-2混韻): 本, 笨, (臻攝2-3慁韻): 闷(悶), 懑(懣), (臻攝3-1真韻): 嗔, 臣, 尘(塵), 辰, 陈(陳), 宸, 晨, 纫(紉), 申, 伸, 身, 神, 珍, 真, (臻攝3-2軫韻): 肾(腎), 胗, 轸(軫), 疹, (臻攝3-3震韻): 趁, 衬(襯), 刃, 认(認), 仞, 慎, 愼, 阵(陣), 振, 赈(賑), 震, 镇(鎮), 鎭, (臻攝4-1臻韻): 榛, (臻攝7-1文韻): 分, 纷(紛), 坟(墳), 焚, 鼢, 鐼, (臻攝7-2吻韻): 粉, 愤(憤), (臻攝7-3問韻): 奋(奮), 忿, 粪(糞)

(2) (深攝1-1侵韻): 参(參), 沉, 深, 蔘, 针(針), 砧, 斟, 箴, 鍼, (深攝1-2寑韻): 稔, 沈(瀋), 审(審), 婶(嬸), 魫, 枕, (深攝1-3沁韻): 甚, 渗(滲)

(3) (咸攝1-2感韻): 糁(糝)

(4) (曾攝1-2等韻): 肯

(5) (梗攝3-1清韻): 贞(貞)

10. 『한청문감』 중국어 운모 [əŋ]의 내원

『한청문감』에 122개 한자가 [əŋ]으로 표기되었다. 이들은 『굉운』 "梗攝, 曾攝, 通攝" 등 3개 섭의 20개 운모에서 왔다. 그 가운데에서 "梗攝"에 속하는 글자가 상대적으로 많다.

『한청문감』 [əŋ]의 절대다수가 현대중국어에서 "eng"[əŋ]으로 발음되고 2개 글자가 "ing"[iŋ]으로 발음된다.

(1) (梗攝1-1庚韵): 庚, 羹, 更, 亨, 哼, 横(橫), 衡, 坑, 虻, 盟, 烹, 磞, 彭, 棚, 撑(撐), 樘, 生, 牲, 笙, 甥, 粳, (梗攝1-2梗韵): 梗, 冷, 猛, 省, (梗攝1-3映韵): 跰, 孟, 膨, 掌, 鋥, (梗攝2-1耕韵): 绷(繃), 耕, 弸, 研, 争(爭), 筝(箏), 挣, 橙, (梗攝3-1清韵): 頳, 成, 呈, 诚(誠), 城, 宬, 珵, 程, 盛, 声(聲), 怔, 钲(鉦), (梗攝3-2静韵): 逞, 睁(睜), 整, (梗攝3-3劲韵): 圣(聖), 盛, 正, 证(証), 政, (梗攝4-3徑韵): 胫(脛)

(2) (曾攝1-1登韵): 层(層), 灯(燈), 登, 蹬, 恒(恆), 楞, 能, 朋, 鹏(鵬), 僧, 腾(騰), 誊(謄), 䑏, 藤, 籐, 曾, 增, 憎, 罾, (曾攝1-2等韵): 莘, 等, (曾攝1-3嶝韵): 蹭, (曾+刂), 澄, 凳, 镫(鐙), (曾攝2-1蒸韵): 称(稱), 丞, 承, 乘, 惩(懲), 澄, 升, 陞, 绳(繩), 胜(勝), 征, 烝, 蒸, 症(癥), 徵, 缯(繒), (曾攝2-3證韵): 秤, 剩, 瞪

(3) (通攝1-1東韵): 蒙, 幪, 濛, 朦, 矇, 蓬, 篷, 翁, (通攝1-2董韵): 懞, 蠓, (通攝1-3送韵): 梦(夢), 甕, (通攝2-1冬韵): 疼, (通攝3-1鍾韵): 烽, 蜂, 逢, (通攝3-2腫韵): 捧, (通攝3-3用韵): 缝(縫)

11. 『한청문감』 중국어 운모 [əu]의 내원

『한청문감』에 104개 한자가 [əu]로 표기되었다. 이들의 거의 모두가 『광운』"流攝"의 6개 운모에서 오고, 1개글자가 通攝에서 왔다.

『한청문감』[əu]가 현대중국어에서 모두 "ou"[ou]로 발음된다.

(1) (流攝1-1侯韵): 兜, 篼, 沟(溝), 钩(鉤), 侯, 喉, 猴, 睺, 瘊, 娄(婁), 偻(僂), 楼(樓), 耧(耬), 搂(摟), 讴(謳), 瓯(甌), 熰, 呕(嘔), 偷, 头(頭), 投, 腑, (流攝1-2厚韵): 阧, 抖, 蚪, 斗, 苟, 狗, 垢, 吼, 犼, 后, 厚, 後, 口, 叩, 篓(簍), 某, 殴(毆), 偶, 藕, 剖, 撖(撖), 薮(藪), 黈, 走, 噳, (流攝1-3候韵): 凑(湊), 豆, 逗, 鬪, 读(讀), 榖, 候, 芤, 扣, 寇, 蔲, 簆, 漏, 嗽, 透, 奏, (流攝2-1尤韵): 搜, 蒐, 馊(餿), 骎(騶), 抽, 紬, 酬, 稠, 愁, 筹(籌), 踌(躊), 犨, 柔, 揉, 收, 州, 诌(謅), 周, 洲, (流攝2-2有韵): 否, 丑, 醜, 杻, 手, 守, 首, 受, 绶(綬), 肘, 箒, 纣(紂), 荮(葤), (流攝2-3宥韵): 瘦, 绉(縐), 皱(皺), 寿(壽), 狩, 授, 兽(獸), 臭

(2) (通攝1-4屋韵): 轴(軸)

三. [i]계열 운모 [i], [ɿ], [ʅ], [ia], [iai], [ian], [iaŋ], [iao], [iə], [iəi], [iən], [in], [iŋ], [io]의 내원

12. 『한청문감』 중국어 운모 [i]의 내원

『한청문감』에 329개 한자가 [i]로 표기되었다. 이들은『광운』"止攝, 蟹攝, 梗攝, 臻攝, 深攝, 曾攝, 流攝, 咸攝, 宕攝, 假攝" 등 10개 섭의 29개 운모에서 왔다. 그 가운데에서 "止攝, 蟹攝, 梗攝, 臻攝, 深攝, 曾攝"에 속하는 글자가 많고, "假攝, 流攝, 咸攝, 宕攝" 등 섭은 하나의 글자씩 나타났다.

『한청문감』[i]의 절대다수가 현대중국어에서 "i"[i]로 발음되고 6개 글자가 "ie"[ie], "o"[o], "üe"[ye], "iou"[iou]로 발음된다.

(1) (止攝1-1支韻): (麻+黍), 罢(罷), 裨, 螭, 犄, 羁(羈), 璃, 弥(彌), 麋, 醾, 釄,
披, 皮, 脾, 罴(羆), 奇, 离, 骊(驪), 鹂(鸝), 㰚, 離, 蠡, 籬, 奇, 祇, 崎, 骑(騎),
牺(犧), 仪(儀), 宜, 移, 椅, 䖭, (止攝1 2紙韻): 彼, 伎, 技, 妓, 靡, 蚁(蟻),
倚, (止攝1-3寘韻): 鼻, 避, 寄, 寄, 骑(騎), 戏(戲), 戯, 义(義), 议(議), (止攝
2-1脂韻): 呢, 尼, (丕+鳥), 纰(紕), 枇, 毘, 琵, 貔, 梨, 蜊, 祁, 伊, 夷, 姨,
楲, 胰, 遗(遺), 彝, (止攝2-2旨韻): 比, 秕, 鄙, 几, 麂, 痞, (止攝2-3至韻):
庇, 地, 季, 悸, 骥(驥), 利, 痢, 腻(膩), 屄, 棄, 器, 劓, (止攝3-1之韻): 箕,
狸, 狸, 氂, 期, 欺, 其, 骐(騏), 琪, 棋, 碁, 旗, 麒, 嘻, 医(醫), 疑, (止攝 3-2止
韻): 己, 纪(紀), 李, 里, 娌, 理, 裡, 裏, 鲤(鯉), 拟(擬), 你, 杞, 起, 喜, 已,
以, (止攝 3-3志韻): 记(記), 忌, 其, 吏, 異, 意, (止攝4-1微韻): 讥(譏), 叽
(嘰), 饥(饑), 玑(璣), 机(機), 矶(磯), 畿, 饑, 幾, 祈, 希, 稀, 衣, 依, (止攝4-2
尾韻): 虮(蟣), 岂(豈), (止攝4-3未韻): 既, 气(氣)

(2) (蟹攝3-1灰韻): 坏, (蟹攝7-1祭韻): 敝, 蔽, 弊, 际(際), 祭, 艺(藝), 呓(囈),
厉(厲), 例, (蟹攝9-1齊韻): 篦, 低, 隄, 堤, 氐, 鸡(鷄), 稽, 雞, 犁, 黎, 藜,
迷, 泥, 霓, 魔, 批, 妻, 棲, 齐(齊), 脐(臍), 畦, 蛴(蠐), 梯, 提, 啼, 逓, 递,
鹈(鵜), 缇(緹), 题(題), 蹄, 騠, 西, 犀, 硲, 瀥, (蟹攝9-2薺韻): 陛, 抵, 底,
递(遞), 济(濟), 荠(薺), 礼(禮), 米, 啓, 体(體), 軆, 悌, 洗, (蟹攝9-3霽韻):
闭(閉), 弟, 帝, 第, 蒂, 棣, 禘, 帚, 挤(擠), 计(計), 继(繼), 髻, 隶(隸), 荔,
棣, 丽(麗), 繄, 綟, 契, 砌, 屁, 剃, 涕, 替, 系, 细(細), 暳, 翳

(3) (梗攝1-4陌韻): 屐, 戟, 逆, 隙, (梗攝2-4麥韻): 擘, (梗攝3-4昔韻): 碧, 壁,
辟, 积(積), 耤, 鹡(鶺), 籍, 脊, 跡, 鲫(鯽), 蹟, 僻, 夕, 昔, 惜, 席, 蓆, 译(譯),
易, 驿(驛), 益, (梗攝4-4錫韻): 壁, 的, 滴, 荻, 敌(敵), 笛, 觌(覿), 翟, 击(擊),
激, 绩(績), 溺, 劈, 癖, 僻, 戚, 剔, 踢, 析, 锡(錫), 历(歷), 苈(藶), 沥(瀝),
栎(櫟), 癧

(4) (臻攝3-4質韻): 笔(筆), 必, 毕(畢), 哔(嗶), 弼, 踤(蹕), 吉, 蒺, 嫉, 栗, 蜜,
匹, 疋, 七, 漆, 日, 膝, 一, 乙, 逸, 溢, 镒(鎰), 蛣, (臻攝5-4迄韻): 乞

(5) (深攝1-4缉韵): 给(給), 缉(緝), 及, 级(級), 急, 集, 立, 笠, 粒, 袭(襲), 习(習), 吸, 揖

(6) (曾攝2-4職韵): 逼, 即, 極(極), 棘, 稷, 匿, 息, 亿(億), 翼, 力

(7) (假攝1-3禡韵): 射

(8) (流攝2-1尤韵): 邱

(9) (咸攝5-4葉韵): 叶(葉)

(10) (宕攝2-4藥韵): 疟(瘧)

13. 『한청문감』 중국어 운모 [ɿ]의 내원

『한청문감』에 50개 한자가 [ɿ]로 표기되었다. 이들은 모두 『광운』 "止攝"의 9개 운모에서 왔다.

『한청문감』 [ɿ]가 현대중국어에서 모두 "i"[ɿ]로 발음된다.

(1) (止攝1-1支韵): 呲, 呰, 雌, 斯, 撕, 髭, (止攝1-2紙韵): 此, 跐, 紫, (止攝1-3寘韵): 疵, 刺, 赐(賜), 渐, (止攝2-1脂韵): 私, 蛳(螄), 咨, 资(資), 谘(諮), (止攝2-2旨韵): 死, 兕, 秭, (止攝2-3至韵): 次, 四, 泗, 驷(駟), 自, (止攝3-1之韵): 词(詞), 祠, 辞(辭), 慈, 磁, 鹚(鶿), 鹭, 司, 丝(絲), 思, 鸶(鷥), 缁(緇), 孳, 滋, 鹚(鸕), (止攝 3-2止韵): 似, 巳, 祀, 子, 滓, 梓, (止攝 3-3志韵): 寺, 嗣, 字

14. 『한청문감』 중국어 운모 [ʅ]의 내원

『한청문감』에 110개 한자가 [ʅ]로 표기되었다. 이들은 모두 『광운』 "止攝, 臻攝, 曾攝, 梗攝, 蟹攝, 深攝" 등 6개 섭의 17개 운모에서 왔다. 그 가운데의 다수가 止攝에서 왔다.

『한청문감』 [ʅ]가 현대중국어에서 모두 "i"[ʅ]로 발음된다.

(1) (止攝1-1支韵): 眵, 池, 驰(馳), 篪, 祇, 匙, 支, 枝, 知, 肢, 栀(梔), 蜘, 施, (止攝1-2紙韵): 只, 纸(紙), 枳, 氏, 是, (止攝1-3寘韵): 翅, 智, (止攝2-1脂韵): 师(師), 狮(獅), 屍, 蓍, 鸤(鳲), 迟(遲), 墀, 脂, (止攝2-2旨韵): 旨, 指, 雉, 矢, 屎, (止攝2-3至韵): 至, 致, 鸷(鷙), 示, 视(視), 嗜, 謚, (止攝3-1之韵): 笞, 持, 漦, 之, 芝, 诗(詩), 时(時), (止攝 3-2止韵): 齿, 耻(恥), 史, 使, 始, 士, 仕, 市, 止, 祉, 徵, 痔, (止攝 3-3志韵): 值, 志, 治, 痣, 誌, 事, 侍, 试(試), 殖

(2) (臻攝3-4質韵): 叱, 失, 实(實), 室, 姪, 秩, (臻攝4-2櫛韵): 虱, (臻攝5-4迄韵): 吃, 喫

(3) (曾攝2-4職韵): 勅, 识(識), 食, 蚀(蝕), 式, 饰(飾), 餚, 织(織), 直, 职(職), 殖

(4) (梗攝2-4麥韵): 勣, (梗攝3-4昔韵): 尺, 蚇, 赤, 石, 适(適), 释(釋), 炙, 掷(擲)

(5) (蟹攝7-1祭韵): 世, 势(勢), 筮, 誓, 制, 滞(滯), 製

(6) (深攝1-4缉韵): 什, 湿(濕), 十, 拾, 习(習), 执(執)

15. 『한청문감』중국어 운모 [ia]의 내원

『한청문감』에 49개 한자가 [ia]로 표기되었다. 이들은『광운』"假攝, 咸攝, 山攝" 등 3개 섭의 8개 운모에서 왔다. 그 가운데에서 "假攝, 咸攝"에 속하는 글자가 많다.

『한청문감』 [ia]의 전부가 현대중국어에서 "ia"[ia]로 발음된다.

(1) (假攝1-1麻韵): 丫, 鸦(鴉), 桠(椏), 牙, 芽, 衙, 呀, 加, 枷, 痂, 家, 枒, 笳, 嘉, 虾(蝦), 鰕, 霞, 鰕, (假攝1-2馬韵): 哑(啞), 雅, 下, 夏, 假, (假攝1-3禡韵): 讶(訝), 砑, 唬, 暇, 傢, 价(價), 驾(駕), 架, 嫁

(2) (咸攝3-4洽韵): 袷(袷), 夾(夾), 掐, 帢, 洽, 恰, 狭(狹), 祫, (咸攝4-4狎韵):

甲, 匣, 压(壓), 押, 鸭(鴨), (咸攝8-4帖韵): 萊(萊)

(3) (山攝3-4黠韵): 轧(軋), (山攝4-4鎋韵): 瞎, 蝷, 辖(轄)

16. 『한청문감』 중국어 운모 [iai]의 내원

『한청문감』에 18개 한자가 [iai]로 표기되었다. 이들은 『광운』 "蟹攝, 假攝" 2개 섭의 8개 운모에서 왔다. 그 가운데의 거의 모두가 "蟹攝"에 속하는 글자이고 하나의 글자가 假攝에 속한다.

『한청문감』 [iai]가 현대중국어에서 "ai"[ai], "ia"[ia], "ie"[ie] 세 가지로 발음된다.

그러니 『한청문감』 중국어 운모 [iai]는 소실되었다.

(1) (蟹攝1-1咍韵): 埃, (蟹攝4-1皆韵): 街, (蟹攝4-2駭韵): 挨, 楷, (蟹攝4-3怪韵): 介, 戒, 芥, 诫(誡), 械, (蟹攝5-1佳韵): 厓, 崖, 涯, (蟹攝5-2蟹韵): 觧, 解, 獬, (蟹攝5-3卦韵): 懈, 隘

(2) (假攝1-1麻韵): 椰

17. 『한청문감』 중국어 운모 [ian]의 내원

『한청문감』에 191개 한자가 [ian]으로 표기되었다. 이들은 『광운』 "山攝, 咸攝, 深攝, 臻攝" 4개 섭의 32개 운모에서 왔다. 그 가운데의 절대다수가 山攝, 咸攝에 속하는 글자이고 두개의 글자가 深攝, 臻攝에 속한다.

『한청문감』 [ian]의 거의 모두가 현대중국어에서 "ian"[iæn]으로 발음되고 하나가 "üan"[yæn]으로 발음된다.

그러니 『한청문감』 중국어 운모 [ian]이 현대중국어 운모 "ian"[iæn]으로 변하였다.

(1) (山摄1-1寒韵): 奸, (山摄3-1山韵): 艰(艱), 闲(閑), 間, 鹇(鷳), (山摄3-2產韵): 拣(揀), 简(簡), 限, 眼, (山摄3-3襇韵): 间(間), 苋(莧), (山摄4-1删韵): 颜(顏), (山摄4-3諫韵): 涧(澗), 谏(諫), 鐧, 鴈, (山摄5-1仙韵): 编(編), 鳊(鯿), 鞭, 便, 煎, 连(連), 联(聯), 绵(綿), 棉, 蔫, 偏, 篇, 翩, 迁(遷), 铅(鉛), 愆, 鞯(韉), 钱(錢), 乾, 仙, 秈, 鲜(鮮), 延, 沿, 筵, (山摄5-2獮韵): 辨, 辩(辯), 剪, 蹇, 件, 琏(璉), 免, 勉, 冕, 湎, 辇(輦), 辗(輾), 浅(淺), 遣, 狝(獮), 癣(癬), (山摄5-3線韵): 弁, 变(變), 便, 徧, 遍, 饯(餞), 贱(賤), 溅(濺), 箭, 面, 碾, 骗(騙), 線, 涎, (山摄6-1元韵): 蔫, 言, (山摄6-2阮韵): 偃, 鼹, (山摄6-3願韵): 建, 健, 宪(憲), 献(獻), (山摄7-1先韵): 边(邊), 笾(籩), 蒿, 蝙, 颠(顛), 癫(癲), 坚(堅), 肩, 笺(箋), 鹃(鵑), 莲(蓮), 怜(憐), 年, 蹁, 千, 阡, 杄, 牵(牽), 前, 纤(縴), 天, 田, 眅, 填, 先, 跹(躚), 贤(賢), 弦, 舷, 绒, 咽, 胭, 烟(煙), 烟(煙), 研, (山摄7-2銑韵): 扁, 匾, 辫(辮), 典, 茧(繭), 撚, 显(顯)

(2) (咸攝3-1咸韵): 緘, 咸, 醎, (咸攝3-2鹹韵): 减(減), 鹻, 脸(臉), (咸攝3-3陷韵): 陷, (咸攝4-1銜韵): 衔(銜), 啣, 巖, (咸攝4-2檻韵): 槛(檻), (咸攝4-3鑑韵): 监(監), 鑑, (咸攝5-1鹽韵): 尖, 廉, 臁, 镰(鐮), 簾, 黏, 粘, 佥(僉), 签(簽), 钤(鈐), 钳(鉗), 籤, 纤(纖), 淹, 炎, 盐(鹽), 阎(閻), 簷, (咸攝5-2琰韵): 俭(儉), 捡(撿), 检(檢), 渐(漸), 敛(斂), 芡, 险(險), 魇(魘), (咸攝5-3豔韵): 殓(殮), 厌(厭), 艳(艷), 验(驗), 餍(饜), 燄, (咸攝6-1嚴韵): 杴, 严(嚴), (咸攝6-3釅韵): 酽(釅), (咸攝7-3梵韵): 剑(劍), 剱, 欠, (咸攝8-1添韵): 鲇(鮎), 谦(謙), 添, 恬, 甜, 嫌, (咸攝8-2忝韵): 点(點), 坫, 店, 玷, 垫(墊), 念, 餂, 嗛, 臁, (咸攝8-3桥韵): 镰, 偝, (咸攝8-4帖韵): 捻

(3) (深摄1-1侵韵): 挦(撏)

(4) (臻攝7-3問韵): 娩

18. 『한청문감』 중국어 운모 [iaŋ]의 내원

『한청문감』에 78개 한자가 [iaŋ]으로 표기되었다. 이들은 『광운』 "宕攝, 江攝, 梗攝" 3개 섭의 8개 운모에서 왔다. 그 가운데의 절대다수가 宕攝, 江攝에 속하는 글자이고 두개의 글자가 梗攝에 속한다.

『한청문감』 [iaŋ]의 거의 모두가 현대중국어에서 "iang"[iaŋ]으로 발음되고 하나가 "ing"[iŋ]으로 발음된다.

(1) (宕攝2-1陽韵): 浆(漿), 僵, 薑, 殭, 礓, 疆, 韁, 良, 凉, 梁, 粮, 粱, 糧, 娘, 枪(槍), 蜣, 强(強), 墙(牆), 薔(薔), 檣(檣), 抢(搶), 呛(嗆), 乡(鄉), 相, 香, 厢, 箱, 镶(鑲), 详(詳), 祥, 翔, 央, 殃, 鸯(鴦), 秧, 扬(揚), 羊, 阳(陽), 杨(楊), 旸(暘), 佯, 洋, 颺, (宕攝2-2養韵): 桨(槳), 䐹, 两(兩), 享, 响(響), 想, 象, 像, 橡, 养(養), 痒(癢), 漾, (宕攝2-3漾韵): 将(將), 匠, 酱(醬), 亮, 谅(諒), 量, 酿(釀), 跄(蹌), 饷(餉), 向, 嚮, 样(樣)

(2) (江攝1-1江韵): 江, 豇, 腔, 降, (江攝1-2講韵): 港, 讲(講), 项(項), (江攝1-3絳韵): 降, 绛(絳)

(3) (梗攝1-1庚韵): 鎗, (梗攝3-2静韵): 痉(痙)

19. 『한청문감』 중국어 운모 [iao]의 내원

『한청문감』에 136개 한자가 [iao]로 표기되었다. 이들은 『광운』 "效攝, 宕攝, 流攝, 梗攝, 果攝" 5개 섭의 14개 운모에서 왔다. 그 가운데의 절대다수가 效攝에 속하는 글자이고 8개 글자가 다른 섭에 속한다.

『한청문감』 [iao]의 절대다수가 현대중국어에서 "iao"[iau]로 발음되고 소부분이 "e"[ə], "ou"[ou], "üe"[ye], "uo"[uo] 등으로 발음된다.

(1) (效攝2-1肴韵): 交, 郊, 蛟, 跤, 膠, 鵁, 哮, 骰, 敲, 餚, 炙, (效攝2-2巧韵): 狡, 绞(絞), 搅(攪), 巧, 咬, 齩, (效攝2-3效韵): 饺(餃), 较(較), 教, 窖, 酵, 校, 孝, 校, 效, (效攝3-1宵韵): 标(標), 镖(鏢), 娇(嬌), 骄(驕), 椒, 焦, 鹪(鷦), 苗, 描, 飘(飄), 瓢, 繑, 蹻, 乔(喬), 荞(蕎), 桥(橋), 憔, 樵, 翘(翹), 鸮(鴞), 消, 宵, 绡(綃), 硝, 销(銷), 霄, 妖, 腰, 谣(謠), 摇(搖), 遥, 瑶, 鹞(鷂), (效攝 3-2小韵): 表, 鳔(鰾), 脿, 剽, 剿, 燎, 眇, 秒, 渺, 藐, 悄, 小, 舀, (效攝3-3笑韵): 裱, 轿(轎), 庙(廟), 漂, 票, 俏, 诮(誚), 峭, 鞘, 肖, 笑, 要, 耀, (效攝4-1蕭韵): 刁, 凋, 貂, 雕, 鵰, 浇(澆), 聊, 獠, 缭(繚), 鹩(鷯), 蟟, 镣(鐐), 撬, 佻, 条(條), 苕, 调(調), 跳, 枭(梟), 骁(驍), 萧(蕭), 箫(簫), 潇(瀟), 吆, (效攝4-2 篠韵): 侥(僥), 了, 撩, 钉(釘), 蓼, 瞭, 鸟(鳥), 嬲, 挑, 窕, 晓(曉), (效攝4-3嘯韵): 吊, 钓(釣), 铫(銚), 调(調), 叫, 料, 尿, 窍(竅)

(2) (宕摄2-4藥韵): 削, 药(藥), 嚼, 鹊(鵲)

(3) (流攝2-3宥韵): 飏(颺), (流攝3-1幽韵): 彪

(4) (梗攝2-4麥韵): (衤+敫)

(5) (果攝2-2果韵): 锁(鎖)

20. 『한청문감』 중국어 운모 [iə]의 내원

『한청문감』에 8개 한자가 [iə]로 표기되었다. 이들은 『광운』 "假摂, 咸攝, 梗摄, 山摄" 등 4개 섭의 7개 운모에서 왔다. 그 가운데의 다수가 假摂, 咸攝에 속하는 글자이다.

『한청문감』 [iə]가 현대중국어에서 모두가 "ie"[ie]로 발음된다.

그러니 『한청문감』 중국어 운모 [iə]는 소실되고, 그것이 현대중국어 운모 "ie"[ie]로 변하였다.

(1) (假摄1-1麻韵): 页(頁), (假摄1-2馬韵): 野, (假摄1-3禡韵): 夜

(2) (咸攝5-4葉韵): 叶(葉), (咸攝6-4業韵): 业(業)

(3) (梗攝3-4昔韵): 掖, 液

(4) (山攝7-4屑韵): 噎

21. 『한청문감』 중국어 운모 [iəi]의 내원

『한청문감』에 77개 한자가 [iəi]로 표기되었다. 이들은『광운』"山攝, 咸攝, 假攝, 蟹攝, 果攝, 臻攝" 등 6개 섭의 16개 운모에서 왔다. 그 가운데의 다수가 山攝, 咸攝, 假攝, 蟹攝에 속하는 글자이다.

『한청문감』 [iəi]가 현대중국어에서 모두가 "ie"[ie]로 발음된다.

그러니『한청문감』중국어 운모 [iəi]는 소실되고, 그것이 현대중국어 운모 "ie"[ie]로 변하였다.

(1) (山攝5-4薛韵): 鼈, 別, 咧, 列, 劣, 烈, 裂, 灭(滅), 孽, 洩, (山攝6-4月韵): 揭, 碣, 竭, 歇, (山攝7-4屑韵): 蟞, 鱉, 跌, 迭, 瓞, 疖(癤), 节(節), 拮, 结(結), 截, 潔, 桔, 篋, 捏, 臬, 涅, 撇, 切, 窃(竊), 挈, 缺, 铁(鐵), 楔, 屑

(2) (咸攝6-4業韵): 劫, 怯, 脇, (咸攝5-4葉韵): 接, 捷, 睫, 猎(獵), 镊(鑷), 妾, (咸攝8-4帖韵): 撲, 牒, 蝶, 疊, 摄(攝), 慊, 帖, 贴(貼), 协(協)

(3) (假攝1-1麻韵): 些, 邪, 斜, 爹, (假攝1-2馬韵): 姐, 且, 写(寫), (假攝1-3禡韵): 浮(瀉), 卸, 谢(謝), 借

(4) (蟹攝4-1皆韵): 阶(階), 稭, (蟹攝4-3怪韵): 界, 疥, 戒, (蟹攝5-1佳韵): 鞋, (蟹攝5-2蟹韵): 蟹, 解, (蟹攝5-3卦韵): 解

(5) (果攝2-1戈韵): 茄

(6) (臻攝3-4質韵): 诘(詰)

22. 『한청문감』 중국어 운모 [iən]의 내원

『한청문감』에 18개 한자가 [iən]으로 표기되었다. 이들은 『광운』 "臻攝, 深攝" 2개 섭의 8개 운모에서 왔다.

『한청문감』 [iən]의 모두가 현대중국어에서 "in"[in]으로 발음된다. 그러니 『한청문감』 중국어 운모 [iən]이 소실되었다.

(1) (臻攝3-1眞韵): 因, 茵, 银(銀), 寅, (臻攝3-2軫韵): 引, (臻攝3-3震韵): 印, (臻攝5-2隐韵): 隐(隱), 瘾(癮), (臻攝6-2準韵): 尹

(2) (深攝1-1侵韵): 阴(陰), 荫(蔭), 音, 吟, 淫, 霪, (深攝1-2寝韵): 饮(飲), (深攝1-3沁韵): 窨, 蔭

23. 『한청문감』 중국어 운모 [in]의 내원

『한청문감』에 66개 한자가 [in]으로 표기되었다. 이들은 『광운』 "臻攝, 深攝, 梗攝" 3개 섭의 12개 운모에서 왔다. 그 가운데의 절대다수가 臻攝, 深攝에 속하는 글자이다.

『한청문감』 [in]의 거의 모두가 현대중국어에서 "in"[in]으로 발음되고, 3개가 "en"[ən]으로, 1개가 "ün"[yn]으로 발음된다.

(1) (臻攝3-1眞韵): 宾(賓), 巾, 津, 邻(鄰), 獜, 鳞(鱗), 骦, 麟, 民, 抿, 贫(貧), 嫔(嬪), 亲(親), 秦, 辛, 新, 人, 仁, (臻攝3-2軫韵): 紧(緊), 尽(盡), 悯(憫), 敏, (臻攝3-3震韵): 讯(訊), (臻攝3-3震韵): 殡(殯), 鬓(鬢), 仅(僅), 进(進), 晋(晉), 烬(燼), 吝, 信, 顖, (臻攝5-1欣韵): 斤, 筋, 芹, 勤, (臻攝5-2隐韵): 卺(巹), 谨(謹), 槿, (臻攝5-3焮韵): 近

(2) (深攝1-1侵韵): 今, 金, 襟, 林, 临(臨), 淋, 钦(欽), 侵, 琴, 禽, 檎, 壬, 心,

(深攝1-2寑韵): 锦(錦), 廪(廩), 檩(檁), 品, 寝(寢), (深攝1-3沁韵): 妗, 浸,
禁, 噤, 沁, 任

(3) (梗攝1-2梗韵): 皿, (梗攝3-3勁韵): 聘

24. 『한청문감』 중국어 운모 [iŋ]의 내원

『한청문감』에 142개 한자가 [iŋ]으로 표기되었다. 이들은 『광운』 "梗攝,
曾攝, 深攝, 臻攝" 4개 섭의 15개 운모에서 왔다. 그 가운데의 대다수가 "梗
攝"에 속하는 글자이다.

『한청문감』 [iŋ]의 거의 모두가 현대중국어에서 "ing"[iŋ]으로 발음되고,
"苹(蘋)"자 하나가 "in"[in]으로 발음된다.

(1) (梗攝1-1庚韵): 兵, 京, 荆(荊), 惊(驚), 明, 鸣(鳴), 平, 评(評), 卿, 擎, 行,
猩, 英, 迎, (梗攝1-2梗韵): 丙, 疬, 景, 警, 杏, 荇, 影, (梗攝1-3映韵): 柄,
病, 竞, 敬, 獍, 镜(鏡), 命, 庆(慶), 映, (梗攝2-1耕韵): 茎(莖), 罂(罌), 樱(櫻),
鹦(鸚), (梗攝2-2耿韵): 幸, 倖, (梗攝2-3諍韵): 硬, (梗攝3-1清韵): 缨(纓), 璎
(瓔), 盈, 营(營), (梗攝3-2静韵): 饼(餅), 屏, 井, 颈(頸), 静(靜), 旌, 晶, 睛,
精, 鶄, 名, 轻(輕), 倾(傾), 清, 情, 晴, 顷(頃), 缨(靜), 领(領), 嶺(嶺), 请(請),
氄, 颖(穎), 瘿(癭), (梗攝3-3勁韵): 併, 净(淨), 令, 性, 姓, (梗攝4-1青韵):
丁, 仃, 叮, 疔, 钉(釘), 经(經), (犭+靈), 伶, 灵(靈), 泠, 玲, 铃(鈴), 鸰(鴒),
聆, 蛉, 翎, 零, 櫺, 冥, 铭(銘), 榠, 螟, 宁(寧), 屏, 瓶, 萍, 青, 鲭(鯖), 厅(廳),
淳, 軽, 聽, 亭, 停, 葶, 星, 腥, 刑, 形, 铏(鉶), 萤(螢), (梗攝4-2迥韵): 並,
顶(頂), 鼎, 茗, (身+廷), 挺, 梃, 醒, (梗攝4-3徑韵): 定, 椗, 锭(錠), 徑(徑),
佞, 泞(濘), 磬, 汀

(2) (曾攝2-1蒸韵): 氷, 矜, 兢, 凌, 陵, 菱, 绫(綾), 凝, 凭(憑), 兴(興), 鹰(鷹), 蝇(蠅),
应(應)

    (3) (深摄1-2寝韵): 禀(稟), 凛(凜)

    (4) (臻摄3-1真韵): 苹(蘋), 柊

25. 『한청문감』 중국어 운모 [io]의 내원

  『한청문감』에 21개 한자가 [io]로 표기되었다. 이들은 『광운』 "宕摄, 效摄, 江摄" 3개 섭의 6개 운모에서 왔다.

  『한청문감』 [io]가 현대중국어에서 "iao" [iau], "üe" [ye], "e" [ə] 3가지로 발음된다. 그 가운데에서 "üe" [ye]로 발음된 것이 다수를 차지한다.

  그러니 『한청문감』 운모 [io]는 과도적인 운모로 현대중국어에 이르러 소실되었다.

    (1) (宕摄2-4藥韵): 脚(腳), 削, 鑰, 爵, 掠, 略, 虐, 雀, 鹊(鵲), 谑(謔), 跃(躍), 禴

    (2) (江摄1-2講韵): 壳(殻), (江摄1-4覺韵): 角, 学(學), 乐(樂), 岳, 嶽

    (3) (效攝2-3效韵): 觉(覺), (效攝3-1宵韵): 窑(窰), (效攝3-3笑韵): 约(約)

四. [iu]계열 운모 [iu], [iuan], [iuəi], [iui], [iun], [iuŋ]의 내원

26. 『한청문감』 중국어 운모 [iu]의 내원

  『한청문감』에 77개 한자가 [iu]로 표기되었다. 이들은 『광운』 "流攝"의 5개 운모에서 왔다.

  『한청문감』 [iu]가 현대중국어에서 모두 "iou" [iou]로 발음된다.

  그러니 『한청문감』 중국어 운모 [iu]가 현대중국어 운모 "iou" [iou]로 변하였다.

(1) (流攝2-1尤韵): 鳩(鳩), 留, 流, 琉, 旒, 駵(騮), 瑠, 榴, 遛, 牛, 丘, 秋, 楸, 鶩(鶩), 鰍(鰍), 鞦, 求, 酋, 述, 球, 毬, 遒, 休, 修, 羞, 饈(饈), 优(優), 悠, 憂, 由, 犹(猶), 油, 遊, 游, (流攝2-2有韵): 九, 久, 灸, 韭, 酒, 臼, 咎, 舅, 柳, 绺(綹), 扭, 纽(紐), 钮(鈕), 朽, 友, 有, 酉, 莠, 诱(誘), (流攝2-3宥韵): 究, 旧(舊), 救, 就, 鹫(鷲), 溜, 鹠(鶹), 臭, 秀, 袖, 绣(繡), 锈(銹), 嗅, 繡, 又, 右, 佑, 柚, 宥, 釉, (流攝3-1幽韵): 虬(虯), 幽, (流攝3-3幼韵): 谬(謬), 繆

27. 『한청문감』 중국어 운모 [iuan]의 내원

『한청문감』에 52개 한자가 [iuan]으로 표기되었다. 이들은 『광운』 "山攝" 의 8개 운모에서 왔다.

『한청문감』 [iuan]이 현대중국어에서 거의 모두가 "üan"[yæn]으로 발음 되고, "恋(戀)"이 "ian"[iæn]으로, "挛(攣)"이 "uan"[uan]으로 발음된다.

그러니 『한청문감』 중국어 운모 [iuan]이 현대중국어 운모 "üan"[yæn]으 로 변하였다.

(1) (山攝5-1仙韵): 捐, 权(權), 拳, 颧(顴), 鸢(鳶), 员(員), 圆(圓), 橼(櫞), 全, 泉, 宣, 揎, 旋, 漩, 璇, 挛(攣), (山攝5-2獮韵): 卷, 捲, 选(選), (山攝5-3線韵): 倦, 绢(絹), 缘(緣), 院, 镟, 恋(戀), (山攝6-1元韵): 圈, 冤, 元, 园(園), 原, 鼋(黿), 援, 猿, 源, 辕(轅), 轩(軒), 萱, 喧, (山攝6-2阮韵): 远(遠), (山攝6-3 願韵): 劝(勸), 券, 怨, 愿, 願, 楦, (山攝7-1先韵): 鹃(鵑), 绢, 玄, 渊(淵), 悬(懸), (山攝7-2銑韵): 犬, 畎

28. 『한청문감』 중국어 운모 [iuəi]의 내원

『한청문감』에 23개 한자가 [iuəi]로 표기되었다. 이들은『광운』 "山攝, 假攝, 果攝, 宕攝" 등 4개 섭의 6개 운모에서 왔다.

『한청문감』 [iuəi]가 현대중국어에서 거의 모두가 "üe"[ye]로 발음되고, "嗟"자 하나가 "ie"[ie]로 발음된다.

그러니『한청문감』 중국어 운모 [iuəi]가 소실되고, 대신 현대중국어 운모 "üe"[ye]가 생겨났다.

    (1) (山攝6-4月韵): 橛, 掘, 蕨, 橛, 懕, 蹶, 哕(噦), 月, 刖, 钺(鉞), 越 (山攝7-4屑韵): 決(决), 駃, 穴, 血

    (2) (假攝1-1麻韵): 嗟, (山攝5-4薛韵): 绝(絶), 雪, 阅(閱), 悦(悅)

    (3) (果攝2-1戈韵): 靴, 瘸

    (4) (宕攝2-4藥韵): 镢(钁)

29. 『한청문감』 중국어 운모 [iui]의 내원

『한청문감』에 117개 한자가 [iui]로 표기되었다. 이들은『광운』 "遇攝, 通攝, 臻攝, 止攝, 梗攝, 蟹攝, 流攝, 宕攝, 曾攝" 등 9개 섭의 17개 운모에서 왔다. 그 가운데에서 遇攝에서 온 글자가 다수를 차지한다.

『한청문감』 [iui]가 현대중국어에서 대다수가 "ü"[y]로 발음되고, 개별적인 글자들이 "üe"[ye], "ui"[uei], "i"[i], "u"[u]로 발음된다.

그러니『한청문감』 중국어 운모 [iui]는 소실되고, 현대중국어에서 새로운 운모 "ü"[y]가 생겨났다.

    (1) (遇攝2-1魚韵): 车(車), 居, 驴(驢), 椐(櫚), 渠, 磲, 虚(虛), 虑, 驉, 於, 淤,

余, 鱼(魚), 渔(漁), 舆(輿), 餘, 疽, 蛆, 徐, (遇攝2-2語韵): 举(舉), 巨, 拒,

苣, 距, 駏, 吕(呂), 侣(侶), 女, 许(許), 语(語), 敔, 與, 禦, 序, 敍, 绪(緒),

(遇攝2-3御韵): 锯(鋸), 据(據), 虑(慮), 去, 瘀, 预(預), 御, 豫, 絮, (遇攝3-1

虞韵): 拘, 驹(駒), 岖(嶇), 驱(驅), 瓯, 迂, 于, 盂, 臾, 雩, 隅, 逾, 榆, 虞,

愚, 踰, 趋(趨), 须(須), 需, 鬚, 貙, (遇攝3-2麌韵): 矩, 缕(縷), 昺, 宇, 羽,

雨, 愈, 聚, 取, (遇攝3-3遇韵): 句, 具, 惧(懼), 屡(屢), 芋, 妪(嫗), 谕(諭),

遇, 裕, 趣

(2) (通攝1-4屋韵): 鞠, 菊, 麯, 蓄, 育, 蓿, (通攝3-4燭韵)锔(錭), 局, 菉, 曲, 玉,

狱(獄), 浴, 欲, 鹆(鵒), 瑜, 蓿, 续(續)

(3) (臻攝6-4術韵): 橘, 律, 鹬(鷸), 戌, (臻攝7-4物韵): 屈, 爵, 倔

(4) (止攝2-2旨韵): 履, (止攝4-3未韵): 尉

(5) (梗攝3-4昔韵): 役, 疫

(6) (蟹攝9-3霽韵): 婿

(7) (流攝1-1侯韵): 褛(褸)

(8) (宕攝2-4藥韵): 籰

(9) (曾攝2-4職韵): 焁

30. 『한청문감』 중국어 운모 [iun]의 내원

『한청문감』에 38개 한자가 [iun]으로 표기되었다. 이들은 『광운』 "臻攝, 深攝, 山攝" 등 3개 섭의 11개 운모에서 왔다. 그 가운데에서 臻攝에서 온 글자가 절대다수를 차지한다.

『한청문감』 [iun]이 현대중국어에서 거의 모두 "ün"[yn]으로 발음되고, "窘"자 하나가 "iong"[iun]으로 발음된다.

그러니 『한청문감』 중국어 운모 [iun]은 소실되고 새로운 중국어 운모 "ün"[yn]이 생겨났다.

(1) (臻攝2-3慁韵): 遜(遜), 巽, (臻攝3-1眞韵): 麝, (臻攝3-2軫韵): 隕(隕), 窘,
(臻攝6-1諄韵): 均, 勻(勻), 逡, 巡, 循, 馴(馴), 匀(匀), (臻攝6-2準韵): 允,
(臻攝6-3稕韵): 俊, 峻, 駿(駿), 狗, (臻攝7-1文韵): 军(軍), 君, 裙, 羣, 群,
熏, 勳, 薰, 燻, 云(雲), 芸, 耘, 蕓, (臻攝7-3問韵): 郡, 训(訓), 暈(暈), 运(運),
韵(韻), (臻攝7-4物韵): 熨

(2) (深攝1-1侵韵): 寻(尋)

(3) (山攝6-1元韵): 壎

31. 『한청문감』 중국어 운모 [iuŋ]의 내원

『한청문감』에 21개 한자가 [iuŋ]으로 표기되었다. 이들은『광운』 "通攝, 梗攝" 2개 섭의 7개 운모에서 왔다. 그 가운데에서 通攝에서 온 글자가 대다수를 차지한다.

『한청문감』 [iuŋ]이 현대중국어에서 모두 "iong"[iuŋ]으로 발음된다.

그러니『한청문감』 중국어 운모 [iuŋ]이 현대중국어 운모 "iong"[iuŋ]으로 되었다.

(1) (通攝1-1東韵): 穷(窮), 穹, 雄, 融, 熊, (通攝3-1鍾韵): 凶, 兇, 镕(鎔), 痈(癰),
庸, 雍, 壅, (通攝3-2腫韵): 拥(擁), 甬, 勇, 涌, 踴, (通攝3-3用韵): 用
(2) (梗攝1-1庚韵): 兄, (梗攝3-1清韵): 琼(瓊), (梗攝4-2迵韵): 迥

五. [o][u]계열 운모 [o], [u], [ua], [uai], [uan], [uaŋ], [uə], [uəi], [uən], [ui], [un], [uŋ]의 내원

32. 『한청문감』 중국어 운모 [o]의 내원

『한청문감』에 181개 한자가 [o]로 표기되었다. 이들은 모두『광운』 "果摄, 宕摄, 山摄, 遇摄, 梗摄, 江摄, 效攝, 臻摄, 通摄, 蟹摄, 假摄, 曾摄, 流攝, 咸攝" 등 14개 섭의 34개 운모에서 왔다. 그 가운데의 다수가 "果摄, 宕摄, 山摄, 遇摄, 梗摄" 등 5개 섭에서 왔다.

『한청문감』 [o]가 현대중국어에서 다수가 "uo"[uo]로 발음되고, 나머지가 "e"[ə], "o"[o], "u"[u], "ao"[au], "a"[a], "ei"[ei], "ou"[ou], "ua"[ua] 등으로 발음된다.

그러니 『한청문감』 중국어 운모 [o]는 사용범위가 많이 좁아지었다.

(1) (果摄1-1歌韵): 磋, 蹉, 多, 啰(囉), 罗(羅), 萝(蘿), 锣(鑼), 箩(籮), 儸, 挪, 拖, 陀, 沱, 驼(駝), 柁, 馱, 駄, 鼍(鼉), 俄, 鹅(鵝), 蛾, 哦, 何, 河, 搓, (果摄1-2哿韵): 舵, 我, 左, (果摄1-3箇韵): 哆, 馱, 駄, 逻(邏), 佐, 作, 饿(餓), (果摄2-1戈韵): 矬, 锅(鍋), 骡(騾), 螺, 莎, 唆, 梭, 簑, 砣, 茼(萵), 陂, 波, 玻, 菠, 麼, 摩, 磨, 坡, 婆, 和, 科, 蝌, 倭, (果摄2-2果韵): 朵, 垛, 果, 裹, 火, 夥, 祸(禍), 瘰, 琐(瑣), 锁(鎖), 妥, (果摄2-3過韵): 挫, 莝, 剉, 惰, 过(過), 货(貨), 唾, 卧(臥), 坐, 座, 课(課), 簸, 破

(2) (宕摄1-4鐸韵): 错(錯), 郭, 槨, 硌, 烙, 络(絡), 骆(駱), 珞, 落, 索, 托, 託, 柝, 昨, 阁(閣), 噩, 鹤(鶴), 貉, 乐(樂), 博, 搏, 膊, 铸(鑄), 莫, 漠, 薄, 凿(鑿), 幙, (宕摄2-4藥韵): 烁(爍), 若, 弱, 箬, 勺, 灼, 芍

(3) (山摄1-4曷韵): 阔(闊), (山摄2-4末韵): 撮, 掇, 夺(奪), 眣, 豁, 活, 濶, 脱, 拨(撥), 钵(鉢), 蹳, 钹(鈸), 抹, 末, 沫, 泼(潑), (山摄5-4薛韵): 说(說), 拙

(4) (遇攝1-1模韵): 謨(謨), 模, 芦(蘆), (遇攝1-2姥韵): 㧘(㧘), (遇攝1-3暮韵): 醋, (遇攝2-2語韵): 所, (遇攝2-3御韵): 著, (遇攝3-1虞韵): 儒

(5) (梗攝1-4陌韵): 貘, (梗攝2-4麥韵): 喴, 蟈(蟈), 获(獲), 画(畫), 劃, (梗攝3-4昔韵): 硕(碩)

(6) (江攝1-4覺韵): 朔, 棹, 捉, 桌, 浊(濁), 啄, 濯, 镯(鐲), 剥(剝), 驳(駁), 駮

(7) (效攝1-2皓韵): 宝(寶), (效攝1-3號韵): 报(報), (效攝2-3效韵): 棹

(8) (臻攝1-4没韵): (孛+頁), 饽(餑), 脖, 没(沒), (臻攝7-4物韵): 佛

(9) (通攝1-4屋韵): 缩(縮), (通攝3-4燭韵: 合口三等)劚

(10) (蟹攝2-1泰韵): 沬, (蟹攝5-1佳韵): 蜗(蝸)

(11) (假攝1-1麻韵): 蟆, 莎, 桨

(12) (曾攝1-4德韵): 或, 惑

(13) (流攝2-1尤韵): 谋(謀)

(14) (咸攝1-4合韵): 盒

33. 『한청문감』 중국어 운모 [u]의 내원

『한청문감』에 347개 한자가 [u]로 표기되었다. 이들은 모두『광운』"遇攝, 通攝, 臻攝, 流攝, 宕攝, 蟹攝, 止攝, 效攝, 深攝, 果攝, 江攝, 曾攝, 梗攝" 등 13개 섭의 31개 운모에서 왔다. 그 가운데의 대다수가 "遇攝, 通攝" 2개 섭에서 왔다.

『한청문감』 [u]가 현대중국어에서 다수가 "u"[u]로 발음되고, 소수가 "uo"[uo], "ao"[au], "ui"[ui], "ei"[ei], "o"[o], "e"[ə], "ou"[ou] 등으로 발음된다.

(1) (遇攝1-1模韵): 鹕, 餔, 都, 孤, 姑, 鸪(鴣), 菰, 菇, 蛄, 辜, 箍, 乎, 呼, 狐, 胡, 壶(壺), 葫, 湖, 瑚, 鹕(鶘), 糊, 餬, 鬍, 戏(戲), 枯, 卢(盧), 栌(櫨), 轳(轤),

鸬(鸕), 颅(顱), 炉(爐), 模, 奴, 弩(駑), 铺(鋪), 蒲, 舖, 苏(蘇), 酥, 图(圖), 茶, 徒, 途, 涂(塗), 酴, 駼, 乌(烏), 杇, 鸣(鳴), 吾, 梧, 蜈, 於, 租, (遇摄1-2姥韵): 补(補), 补(補), 部, 簿, 粗, 堵, 赌(賭), 杜, 肚, (羊+古), 估, 古, 股, 罟, 钴(鈷), 鼓, 虎, 琥, 户(戶), 扈, 苦, 卤, 鲁(魯), 橹, 努, 弩, 普, 谱(譜), 潽, 土, 吐, 五, 午, 伍, 仵, 祖, (遇摄1-3暮韵): 捕, 布, 步, 妒, 妬, 度, 渡, 镀(鍍), 蠹, 固, 故, 顾(顧), 僱, 护(護), 瓠, 库(庫), 袴, 辂, 路, 潞, 鹭(鷺), 露, 暮, 怒, 堡, 诉(訴), 素, 嗉, 兔, 恶(惡), 污, 误(誤), 悟, 惧, 汗, 胙, 祚, (遇摄2-1鱼韵): 鉏, 胪(臚), 疎, 疏, 初, 除, 锄(鋤), 储(儲), 书(書), 梳, 舒, 疎, 蔬, 诸(諸), 猪(豬), 楮(櫧), 如, 駕, (遇摄2-2语韵): 俎, 楮, 楚, 处(處), 黍, 鼠, 煮, 苧(苧), 贮(貯), 杵, (遇摄2-3御韵): 署, 薯, 恕, 庶, 助, 筯, (遇摄3-1虞韵): 夫, 麸(麩), 敷, 扶, 芙, 枎, 符, 诬(誣), 无(無), 毋, 厨(廚), 雏(雛), 躕(躕), 殳, 枢(樞), 输(輸), 朱, 洙, 珠, 硃, 蛛, 儒, (遇摄3-2麌韵): 抚(撫), 拊, 斧, 府, 俯, 辅(輔), 腑, 腐, 簠, 父, 庑(廡), 武, 鹉(鵡), 舞, 乳, 竖(竪), 豎, 主, 拄, 麈, 柱, (遇摄3-3遇韵): 付, 附, 驸(駙), 赋(賦), 傅, 鲋(鮒), 务(務), 雾(霧), 鹜(鶩), 孺, 戍, 树(樹), 数(數), 住, 注, 驻(駐), 蛀, 铸(鑄), 註

(2) (通摄1-4屋韵): 醭, 簇, 蹙, 独(獨), 读(讀), 渎(瀆), 犊(犢), 伏, 服, 幅, 辐(輻), 福, 蝠, 复(復), 腹, 覆, 縠(縠), 谷, 榖, 斛, 槲, 哭, 六, 陆(陸), 鹿, 禄(祿), 碌, 木, 目, 沐, 苜, 牧, 睦, 穆, 蹼, 扑(撲), 撲, 仆(僕), 肃(肅), 速, 宿, 秃, 屋, 族, 畜, 搐, 叔, 淑, 熟, 竹, 逐, 柷, 祝, 筑, 築, 肉, 粥, 妯, (通摄2-4沃韵): 督, 毒, 笃(篤), 鹄(鵠), 酷, (通摄3-4烛韵): 促, 录(錄), 绿(綠), 俗, 粟, 足, 触(觸), 趣, 辱, 蓐, 褥, 赎(贖), 属(屬), 蜀, 束, 鸀, 烛(燭)

(3) (臻摄1-4没韵): 猝, 骨, 鹘(鶻), 忽, 惚, (骨+出), 窟, 突, 杌, 没(沒), (臻摄6-4术韵): 出, 怵, 秫, 术(術), 述, 术, (臻摄7-4物韵): 不, 彿(彿), 拂, 物

(4) (流摄1-2厚韵): 母, 牡, 畝, (流摄1-3侯韵): 漱, 戊, (流摄2-1尤韵): 浮, (流摄2-2有韵): 负(負), 妇(婦), 阜, (流摄2-3宥韵): 副, 富

(5) (宕摄1-4铎韵): 薄, 幕, 蠖

(6) (蟹攝1-2海韵): 苔, (蟹攝3-1灰韵): 頹(頽)

(7) (效攝1-2皓韵): 堡, (效攝1-3號韵): 纛

(8) (深攝1-4緝韵): 入

(9) (果攝2-1戈韵): 锅(鍋)

(10) (止攝4-3未韵): 狒

(11) (江攝1-4覺韵): 璞

(12) (曾攝1-4德韵): 卜(蔔)

(13) (梗攝2-4麥韵): 核

34. 『한청문감』 중국어 운모 [ua]의 내원

『한청문감』에 39개 한자가 [ua]로 표기되었다. 이들은 모두『광운』 "假攝, 蟹攝, 山攝, 遇攝, 效攝, 果攝, 梗攝" 등 7개 섭의 15개 운모에서 왔다. 그 가운데의 대다수가 "假攝, 蟹攝, 山攝" 등 3개 섭에서 왔다.

『한청문감』 [ua]가 현대중국어에서 다수가 "ua"[ua]로 발음되고, 소수가 "u"[u], "uo"[uo], "uai"[uai] 등으로 발음된다.

(1) (假攝1-1麻韵): 瓜, 騧, 花, 華, 划, 华(華), 铧(鏵), 譁(譁), 夸(誇), 侉, 注, 撾, 窪, (假攝1-2馬韵): 剮(剮), 寡, 瓦, 踝, (假攝1-3禡韵): 化, 桦(樺), 胯, 跨

(2) (蟹攝5-3卦韵): 卦, 挂, 掛, 画(畫), (蟹攝6-1夬韵): 话(話), (蟹攝9-3霽韵): 罣

(3) (山攝3-4黠韵): 猾, 滑, 窫, (山攝4-4鎋韵): 刮, 刷, (山攝6-4月韵): 袜(襪)

(4) (遇攝1-1模韵): 劷, (遇攝2-1魚韵): 樗

(5) (效攝2-1肴韵): 抓, (咸攝3-4洽韵): 凹

(6) (果攝2-2果韵): 裹

(7) (梗攝2-4麥韵): 劃

35. 『한청문감』 중국어 운모 [uai]의 내원

『한청문감』에 15개 한자가 [uai]로 표기되었다. 이들은 모두『광운』“蟹攝, 止攝” 2개 섭의 9개 운모에서 왔다. 그 가운데 대다수가 “蟹攝”에서 오고 소부분이 “止攝”에서 왔다.

『한청문감』[uai]가 현대중국어에서 모두 “uai”[uai]로 발음된다.

    (1) (蟹攝2-1泰韵): 浍(澮), 脍(膾), (蟹攝3-3隊韵): 块(塊), (蟹攝4-1皆韵): 乖, 怀(懷), 淮, 槐, (蟹攝4-3怪韵): 怪, 恠, 坏(壞), (蟹攝5-2蟹韵): 拐, (蟹攝6-1夬韵): 快

    (2) (止攝1-2紙韵): 揣, (止攝2-1脂韵): 衰, (止攝2-3至韵): 率

36. 『한청문감』 중국어 운모 [uan]의 내원

『한청문감』에 94개 한자가 [uan]으로 표기되었다. 이들은 모두『광운』“山攝, 咸攝, 臻攝” 등 3개 섭의 15개 운모에서 왔다. 그 가운데의 절대다수가 “山攝”에서 왔다.

『한청문감』[uan]이 현대중국어에서 거의 모두가 “uan”[uan]으로 발음되고 한 개 글자가 “ün”[yn]으로 발음된다.

    (1) (山攝2-1桓韵): 揎(攇), 端, 观(觀), 官, 棺, 冠, 獾, 歡, 貛, 宽(寬), 栾(欒), 鸾(鸞), 銮(鑾), 狻, 酸, 貒, 团(團), 攒(攢), 躜, 剜, 豌, 完, (山攝2-2緩韵): 短, 断(斷), 缎(緞), 管, 缓(緩), 痪(瘓), 款, 暖, 煖, 缵(纘), 纂, 盌, 椀, 碗, (山攝2-3換韵): 鑹, 窜(竄), 攒(攢), 段, 椴, 馆(館), 贯(貫), 灌, 鹳(鸛), 磲, 罐, 换(換), 唤(喚), 乱(亂), 蒜, 彖, 鑽, 玩, (山攝2-4末韵): 撮, (山攝3-1山韵): 鳏(鰥), 纶(綸), (山攝4-1删韵): 关(關), 还(還), 环(環), 锾(鍰), 圜, 镮

(鐶), 弯(彎), 湾(灣), 顽(頑), (山攝4-2潸韵): 撰, (山攝4-3諫韵): 惯(慣), 宦, 患, 串, 涮, (山攝5-1仙韵): 川, 穿, 传(傳), 船, 椽, 橼, 专(專), (山攝5-2獮韵): 舛, 喘, 软(軟), 辗, 转(轉), 篆, (山攝5-3線韵): 恋(戀), 传(傳), 馔(饌), (山攝6-2阮韵): 挽, 晚, (山攝6-3願韵): 蔓, 万(萬)

(2) (咸攝3-3陷韵): 赚(賺)

(3) (臻攝7-1文韵): 勳

37.『한청문감』중국어 운모 [uaŋ]의 내원

『한청문감』에 53개 한자가 [uaŋ]으로 표기되었다. 이들은 모두 『광운』 "宕攝, 江攝, 梗攝" 등 3개 섭의 9개 운모에서 왔다. 그 가운데의 대다수가 "宕攝"에서 왔다.

『한청문감』[uaŋ]이 현대중국어에서 거의 모두가 "uang"[uaŋ]으로 발음된다.

(1) (宕攝1-1唐韵): 光, 荒, 慌, 皇, 黄(黃), 凰, 惶, 蝗, 磺, 簧, 鳇(鰉), 汪, (宕攝1-2蕩韵): 广(廣), 恍, 晃, 幌, 滉, 榥, (宕攝1-3宕韵): (糸+黃), 纩(纊), 旷(曠), (宕攝2-1陽韵): 筐, 狂, 框, 眶, 疮(瘡), 床, 牀, 霜, 庄(莊), 装(裝), 粧, 亡, 王, (宕攝2-2養韵): 恍, 爽, 网(網), 枉, 往, 辋(輞), (宕攝2-3漾韵): 诓(誆), 况(況), 壮(壯), 状(狀), 妄, 旺, 望

(2) (江攝1-1江韵): 窗, 幢, 双(雙), 桩(椿), (江攝1-3絳韵): 撞

(3) (梗攝1-1庚韵): 锽(鍠)

38.『한청문감』중국어 운모 [uə]의 내원

『한청문감』에 6개 한자가 [uə]로 표기되었다. 이들은 모두 『광운』 "果攝,

曾撮" 2개 섭의 3개 운모에서 왔다. 그 가운데의 절대다수가 "果撮"에서 오고한 개 글자가 曾撮에서 왔다.

『한청문감』 [uə]가 현대중국어에서 모두가 "uo"[uo]로 발음된다.

    (1) (果撮2-2果韵): 果, 菓, 裏, 火, (果撮2-3過韵): 过(過)

    (2) (曾撮1-4德韵): 国(國)

39. 『한청문감』 중국어 운모 [uəi]의 내원

『한청문감』에 4개 한자가 [uəi]로 표기되었다. 이들은 모두 『광운』 "蟹撮, 止撮" 2개 섭의 3개 운모에서 왔다. 그 가운데의 절대다수가 "蟹撮"에서 오고한 개 글자가 止撮에서 왔다.

『한청문감』 [uəi]가 현대중국어에서 모두가 "uei"("ui"로 축약) [uei]로 발음된다.

그러니 『한청문감』 운모 [uəi]가 소실되고, 대신 현대중국어 운모 "uei" [uei]가 생겨났다.

    (1) (止撮2-1脂韵): 追, 锥(錐), (止撮2-3至韵): 坠(墜)

    (2) (蟹撮7-1祭韵): 赘(贅)

40. 『한청문감』 중국어 운모 [uən]의 내원

『한청문감』에 4개 한자가 [uən]으로 표기되었다. 이들은 모두 『광운』 "臻撮"의 2개 운모에서 왔다. 이들이 『음운봉원』 등에서 [un]으로 표기된 점으로 보아 『한청문감』의 [uən]으로의 표기를 오기로 볼 수도 있겠으나 잠시 단독 운모로 취급한다.

『한청문감』 [uən]이 현대중국어에서 모두가 "uen"("un"으로 축약) [uən]
으로 발음된다.

    (1) (臻攝2-3恩韵): 论(論), (臻攝6-1諄韵): 伦(倫), 纶(綸), 囵(圇)

41. 『한청문감』 중국어 운모 [ui]의 내원

    『한청문감』에 117개 한자가 [ui]로 표기되었다. 이들은 모두『광운』"蟹攝,
止攝"의 17개 운모에서 왔다.

    『한청문감』 [ui]가 현대중국어에서 거의 모두가 "uei"("ui"로 축약) [uei]로
발음되고 6개 글자가 "ei"[ei]로 발음된다.

    그러니『한청문감』 중국어 운모 [ui]는 소실되고, 대신 현대중국어 운모
"uei"[uei]가 생겨났다.

    (1) (蟹攝2-1泰韵): 兑(兌), 会(會), 绘(繪), (蟹攝3-1灰韵): 催, 堆, 瑰, 灰, 回,
        廻, 茴, 迴, 蛔, 盔, 雷, 推, 颓(頹), 隈, 煨, 桅, (蟹攝3-2賄韵): 悔, 贿(賄),
        馁(餒), 腿, 猥, 罪, (蟹攝3-3隊韵): 队(隊), 对(對), 碓, 晦, 愦(憒), 碎, 退,
        (蟹攝7-1祭韵): 脆, 岁(歲), 卫(衛), 锐(銳), 睿, 税, (蟹攝8-1廢韵): 秽(穢),
        (蟹攝9-1齊韵): 圭, 奎, (蟹攝9-3霽韵): 桂, 惠, 慧, 蕙

    (2) (止攝1-1支韵): 规(規), 麾, 亏(虧), 窥(窺), 随(隨), 危, 为(爲), 吹, 垂, 陲,
        锤(錘), (止攝1-2紙韵): 跪, 毁, 髓, 委, 觜, 嘴, 捶, 蕊, (止攝1-3寘韵): 瑞,
        睡, 累, (止攝2-1脂韵): 龟(龜), 葵, 夔, 虽(雖), 帷, 惟, 鎚(鎚), 椎, 莲, 谁(誰),
        追, (止攝2-2旨韵): 癸, 晷, 簋, 揆, 水, 腺, 鵬, (止攝2-3至韵): 萃, 悴, 翠,
        柜(櫃), 篲, 愧, 类(類), 祟, 穗, 位, 醉, (止攝4-1微韵): 归(歸), 挥(揮), 辉(輝),
        威, 微, 薇, 违(違), 围(圍), 帏(幃), (止攝4-2尾韵): 鬼, 苇(葦), 尾, (止攝4-3
        未韵): 贵(貴), 讳(諱), 纬(緯), 未, 味, 畏, 胃, 蝟, 慰

42. 『한청문감』 중국어 운모 [un]의 내원

『한청문감』에 73개 한자가 [un]으로 표기되었다. 이들은 모두 『광운』 "臻攝"의 12개 운모에서 왔다.

『한청문감』[un]이 현대중국어에서 대다수가 "uen"("un"으로 축약) [uən]으로 발음된다.

그러니 『한청문감』 중국어 운모 [un]이 현대중국어 운모 "uen"[uən]으로 변하였다.

> (1) (臻攝1-1痕韵): 吞, (臻攝1-4没韵): 榲, (臻攝2-1魂韵): 村, 存, 敦, 墩, 撴,
> 擎, 蹲, 昏, 惛, 浑(渾), 馄(餛), 魂, 坤, 崑, 髠, 鶤, 孙(孫), 狲(猻), 湣, 屯,
> 饨(飩), 豚, 臀, 尊, 温(溫), 瘟, (臻攝2-2混韵): 沌, 炖, 囤, (车+衮), 滚(滾),
> 混, 捆, 緄, 损(損), 撙, 稳(穩), (臻攝2-3慁韵): 寸, 钝(鈍), 顿(頓), 困, 嫩,
> (臻攝3-3震韵): 蜃, (臻攝6-1諄韵): 春, 纯(純), 唇, 鹑(鶉), 輴, 皴, 伦(倫),
> 轮(輪), 肫, 遵, (臻攝6-2準韵): 笋, 筍, 榫, 蠢, 准, 準, (臻攝6-3稕韵): 闰
> (閏), 润(潤), 顺(順), 瞬, (臻攝7-1文韵): 荤(葷), 文, 纹(紋), 闻(聞), 蚊, (臻
> 攝7-2吻韵): 吻, (臻攝7-3問韵): 紊, 问(問)

43. 『한청문감』 중국어 운모 [uŋ]의 내원

『한청문감』에 128개 한자가 [uŋ]으로 표기되었다. 이들은 모두 『광운』 "通攝, 梗攝, 臻攝, 曾攝" 등 4개 섭의 13개 운모에서 왔다. 그 가운데의 절대 다수가 "通攝"에서 왔다.

『한청문감』[uŋ]이 현대중국어에서 절대다수가 "ong"[uŋ]으로 발음되고, 소부분이 "eng"[əŋ], "ueng"[uəŋ], "uang"[uaŋ]으로 발음된다.

(1) (通摄1-1東韵): 葱(蔥), 聰(驄), 聪(聰), 丛(叢), 东(東), 工, 弓, 公, 功, 攻, 宫(宮), 蚣, 躬, 烘, 红(紅), 虹, 鸿(鴻), 哄, 空, 涳, 珑(瓏), 胧(朧), 聋(聾), 笼(籠), 隆, 窿, 通, 同, 桐, 铜(銅), 童, 橦, 瞳, 筒, 棕, 椶, 充, 虫(蟲), 崇, 戎, 绒(絨), 融, 中, 忠, 终(終), 丰(豐), 风(風), 枫(楓), 疯(瘋), 翁, (通摄1-2董韵): 动(動), 孔, 拢(攏), 桶, 總, 总(總), (通摄1-3送韵): 冻(凍), 洞, 贡(貢), 弄, 送, 恸(慟), 痛, 糉, 铳(銃), 仲, 众(衆), 讽(諷), 凤(鳳), 甕, (通摄2-1冬韵): 琮, 冬, 农(農), 哝(噥), 脓(膿), 鬆, 宗, 鬃, (通摄2-3宋韵): 统(統), (通摄3-1鍾韵): 从(從), 恭, 供, 龙(龍), 浓(濃), 醲, 松, 颂(頌), 踪, 冲, 舂, 衝, 重, 茸, 容, 蓉, 锺(鍾), 鐘, 封, 峰, 葑, 锋(鋒), 豊, (通摄3-2腫韵): 拱, 恐, 陇(隴), 垅(壠), 垄(壟), 筅(聳), 宠(寵), 冗, 氄, 肿(腫), 冢, 種, 奉, (通摄3-3用韵): 共, 讼(訟), 从(從), 纵(縱), 重, 缝(縫), 俸

(2) (梗摄1-1庚韵): 荣(榮), (梗摄1-2梗韵): 矿(礦), (梗摄2-1耕韵): 轰(轟), 宏

(3) (臻摄6-2準韵): (毛+集)

(4) (曾摄1-1登韵): 薨

제5장

『한청문감』의 음절

음절(音节)은 말소리의 흐름 가운데에서 단독으로 발음할 수 있는 최소의 어음 단위이고, 음운이 조합되어 이루는 최소의 어음의 구조적 단위이다. 음절은 일반적으로 하나의 음운이거나 두 개 이상의 음운으로 구성된다. 예를 들면 "아(阿) [a]"는 하나의 음운으로 이루어진 음절이고, "나(那) [na]", "안(安) [an]"은 두 개의 음운으로 구성된 음절이며, "남(南) [nam]", "간(干) [gan]"은 세 개의 음운으로 구성된 음절이다.

어음은 모음과 자음으로 구분되는데 모음은 음절 구성의 핵심이다. 대다수 언어에서 자음은 음절을 구성하지 못한다. 다만 소수의 언어에서 자음 [m], [n], [l]가 음절을 이루기도 한다.

중국어 음절은 일반적으로 성모(声母)와 운모(韵母)가 조합되어 이루어지고, 운모로만 구성된 음절도 있다. 중국어 성모는 자음 또는 반자음으로 구성된 음운이다. 그러므로 중국어 성모는 홀로 음절을 이룰 수 없고 오직 운모와 조합되어야 음절을 이룰 수 있다. 중국어 운모는 모음 음소 또는 "모음+자음"으로 구성된 음운이므로 홀로 음절을 구성할 수 있다.

주지하다시피 중국어 음절은 성모와 운모 외에 또 성조(声调)가 있다. 중국어의 성모, 운모, 성조 세 가지는 음절 구성의 필수적인 요소이다. 왜냐하면 이 세 가지가 모두 뜻을 구별하는 작용을 하기 때문이다. 그러나 성모, 운모, 성조 세 가지는 그것을 구성하는 재료에 따라 성모, 운모를 하나의 유형으로 하고 성조를 다른 하나의 유형으로 구분하게 된다. 성모와 운모는 음소(音素)

를 재료로 하는 음운이고, 성조는 소리의 고저, 장단, 악센트를 재료로 하는 음운이다. 즉 성모와 운모는 소리의 성질에 따라 뜻이 달라지고, 성조는 소리의 높낮이와 강약 등에 따라 뜻이 달라진다. 그러므로 성모와 운모를 음질(音質) 음운이라 하고, 성조를 비음질 음운이라고 한다.

현대중국어에 400여 개의 음질 음절이 있다. 여기에 4개의 성조를 합치면 1326개의(모든 음질 음절마다 4개의 성조가 다 있는 것이 아니다. 어떤 음절은 하나의 성조만 있다.) 성모, 운모, 성조로 구성된 현대중국어 음절이 구성된다. 바꾸어 말하면 현대중국어에는 400여 개의 표음(表音) 음절과 1326개의 독음(读音) 음절이 존재한다.

이 세상에 불변하는 사물은 존재하지 않는다. 언어도 마찬가지로 부단히 변화된다. 언어와 사회는 밀접한 관계를 갖고 있으므로 사회의 변화가 언어의 변화를 일으키고, 사회의 변화가 언어에 반영되면서 사회와 언어는 함께 변화하는 관계에 놓이게 된다. 언어의 변화도 순서가 있는 사회적 현상이다. 일반적으로 언어의 세 가지 요소 가운데에서 어휘의 변화가 가장 빠르고 가장 직접적이며, 어휘의 변화가 어음과 문법의 변화를 이끌어내게 된다.

중국어의 어음변화가 먼저 성모와 운모의 변화로 나타나고, 이 변화가 음절 구조의 변화와 성조의 변화를 일으킨다. 때문에 중국어어음의 역사적 변화연구에서 성모와 운모의 변화연구와 함께 음절의 변화도 참답게 연구되어야 할 과제이다.

본 절에서는 이러한 관점에 따라 『한청문감』의 음절을 고찰하게 된다. 아래의 음절 분석에서는 『한청문감』 시기의 음질 음절의 상황과 그 이후의 변화에 대한 분석에 국한하게 되고 성조의 상황은 조사할 수 없기에 분석하지 못한다.

우리가 조사한 『한청문감』의 음절 총수는 437개로 현대중국어 음절수(410개)보다 27개가 더 많다. 그 가운데의 322개 음절이 현대중국어 음절과 일치하고, 115개 음절은 현대중국어에 없는 음절들이다.

아래에 『한청문감』의 음절 종류와 소속된 한자를 열거하게 된다. 독자들로 하여금 『한청문감』 음절의 변화 양상을 더 잘 요해하게 하기 위하여 『한청문감』 음절 발음 뒤에 현대중국어 발음을 표시하였다. 즉 화살표("→") 부호 왼쪽의 한글과 국제음성기호는 『한청문감』 음절의 발음이고, 오른쪽 괄호 안의 중국어 병음자모는 해당 음절의 현대중국어 발음이다. 그 뒤에 앞의 음절에 속하는 『한청문감』 한자들을 열거하였다. 한자 뒤 괄호안의 병음자모는 해당 글자의 현대중국어 발음 표기이다.

一. 아음(牙音) 음절자

1. 견모(見母) 음절자

개[kai]→(gai): 該(該), 陔, 垓, 改, 丐, 盖(蓋), 槩, 槩

간[kan]→(gan): 甘, 肝, 坩, 泔, 柑, 竿, 杆, 桿(桿), 干, 乾, 敢, 感, 赶, 趕, 橄, 幹

강[kaŋ]→(gang): 冈(岡), 刚(剛), 纲(綱), 钢(鋼), 缸

갸[kao]→(gāo): 高, 羔, 皋, 膏, 篙, 糕, 槁, 槀, 稿

거[kə]→(ge): 戈, 肐, 疙, 哥, 胳, 鸽(鴿), 搁(擱), 割, 歌, 挌, 革, 茖, 阁(閣), 格, 隔, 槅, 膈, 葛, 蛤, 各, 個, 箇

근[kən]→(gen): 根, 跟, 艮, 茛

긍[kəŋ]→(geng): 庚, 耕, 羹, 更, 梗, 粳(jīng), 胫(脛)(jìng)

구[kəu]→(gou): 勾, 沟(溝), 钩(鉤), 苟, 狗, 垢, 彀

기[ki]→(ji): 讥(譏), 击(擊), 叽(嘰), 饥(饑), 玑(璣), 机(機), 矶(磯), 鸡(鷄), 屐, 箕, 稽, 畿, 激, 羁(羈), 雞, 饑, 幾, 几, 奇, 及, 吉, 级(級), 急, 極(極), 棘, 己, 虮(蟣), 戟, 麂, 给(給), 计(計), 记(記), 伎, 纪(紀), 技, 忌, 季, 既, 继(繼), 悸,

寄, 髻, 骥(驥), 其

긴[kin]→(jin): 巾, 斤, 今, 金, 觔, 筋, 襟, 仅(僅), 昝(晉), 紧(緊), 锦(錦), 谨(謹), 槿, 近, 妗, 劲(勁), 禁, 噤

깅[kiŋ]→(jing): 茎(莖), 京, 经(經), 荆(荊), 惊(驚), 兢, 颈(頸), 景, 警, 径(徑), 竞, 敬, 獍, 镜(鏡), 矜(jīn), 更(gēng)

갸[kia]→(jia): 加, 枷, 痂, 家, 枷, 笳, 傢, 嘉, 夾, 莢(莢), 裌, 甲, 假, 价(價), 驾(駕), 架, 嫁

걔[kiai]→(jie): 街, 鲜, 解, 介, 戒, 芥, 诚(誡)

갼[kian]→(jian): 奸, 坚(堅), 肩, 艰(艱), 鳽, 拣(揀), 茧(繭), 俭(儉), 捡(撿), 检(檢), 减(減), 简(簡), 鱇, 鏒, 见(見), 件, 饯(餞), 建, 荐(薦), 贱(賤), 剑(劍), 健, 涧(澗), 谏(諫), 毽, 剑, 髃, 鐧, 鑑, 间(間), 监(監), (車+間)

걍[kiaŋ]→(jiang): 江, 豇, 僵, 薑, 殭, 礓, 疆, 韁, 讲(講), 膙, 降, 绛(絳), 糨

걊[kiao]→(jiao): 交, 郊, 浇(澆), 娇(嬌), 骄(驕), 蛟, 跤, 膠, 鹪, 狡, 饺(餃), 绞(絞), 搅(攪), 侥(僥), 叫, 轿(轎), 较(較), 教, 窖, 校

걔[kiəi]→(jie): 阶(階), 揭, 稭, 节(節), 劫, 诘(詰), 拮, 结(結), 碣, 竭, 潔, 桔, 解, 戒, 界, 疥

걀[kio]→(jiao): 角, 脚(腳), 觉(覺)

걒[kiu]→(jiu): 鸠(鳩), 究, 九, 久, 灸, 韭, 旧(舊), 臼, 咎, 救, 舅

귄[kiun]→(jün): 军(軍), 均, 君, 麏, 匀(勻), 俊, 郡, 窘(jiǒng)

귕[kiuŋ]→(jiong): 迥

권[kiuan]→(jüan): 捐, 鹃(鵑), 卷, 捲, 倦

궤[kiuəi]→(jüe): 撅, 决(決), 掘, 駃, 蕨, 橛, 憠, 镢(鐝), 蹶

귀[kiui]→(jü): 碟, 鸲, 篡, 车(車), 拘, 居, 驹(駒), 锔(鋦), 鞠, 局, 菊, 橘, 鹃, 矩, 举(舉), 巨, 句, 拒, 苣, 具, 距, 惧(懼), 锯(鋸), 駏, 據(據)

고[ko]→(guo): 郭, 啯, 聒, 锅(鍋), 蝈(蟈), 果, 椁, 裹, 过(過), 阁(閣)(gé)

구[ku]→(gu): 估, 咕, 孤, 姑, 鸪(鴣), 菰, 菇, 蛄, 辜, 箍, 穀(穀), 古, 谷, 股,

骨, 罟, 鼓, 穀, 鵠(鵠), 固, 故, 顾(顧), 僱, 钴(鈷), 锅(鍋)(guō)

군[kun]→(gun): (车+袞), 滚(滾), 棍

궁[kuŋ]→(gong): 工, 弓, 公, 功, 攻, 宫(宮), 恭, 蚣, 躬, 供, 拱, 共, 贡(貢), 矿(礦)(kuàng)

과[kua]→(gua): 刮, 騧, 剐(剮), 寡, 卦, 挂, 掛, 罣, 褂, 褁

괘[kuai]→(guai): 乖, 拐, 怪, 恠

관[kuan]→(guan): 关(關), 观(觀), 官, 棺, 鳏(鰥), 冠, 纶(綸), 馆(館), 管, 贯(貫), 惯(慣), 灌, 鹳(鸛), 礶, 罐

광[kuaŋ]→(guang): 光, 广(廣), (糸+黃)

궈[kuə]→(guo): 国(國), 果, 菓, 裹, 过(過)

귀[kui]→(gui): 归(歸), 圭, 龟(龜), 规(規), 瑰, 鬼, 癸, 晷, 簋, 柜(櫃), 贵(貴), 桂, 跪

2. 계모(溪母) 음절자

카[kʻa]→(ka): 喀, 卡

캐[kʻai]→(kai): 开(開), 凯(凱), 慨

칸[kʻan]→(kan): 勘, 龛(龕), 堪, 坎, 砍, 槛(檻), 看

캉[kʻaŋ]→(kang): 康, 慷, 糠, 扛, 亢, 抗, 炕

콰[kʻao]→(kao): 考, 烤, 靠

커[kʻə]→(ke): 苛, 柯, 颏(頦), 稞, 磕, 可, 渴, 刻, 客, 锞(錁), 齣

큰[kʻən]→(ken): 肯, 垦(墾), 恳(懇), 啃, 掯

킁[kʻəŋ]→(keng): 坑

큐[kʻəu]→(kou): 芤, 口, 叩, 扣, 寇, 蔻, 簆

키[kʻi]→(qi): 期, 欺, 器, 磎, 祁, 其, 奇, 祈, 祇, 畦, 崎, 骐(騏), 骑(騎), 琪, 棋, 碁, 旗, 麒, 乞, 岂(豈), 杞, 起, 启, 气(氣), 契, 弃, 寄(jì)

킨[kʻin]→(qin): 钦(欽), 芹, 琴, 禽, 勤, 檎

킹[kʻiŋ]→(qing): 轻(輕), 倾(傾), 卿, 顷(頃), 擎, 㷒, 庆(慶), 磬

캬[kʻia]→(qia): 掐, 帢, 恰

걔[kʻiai]→(kai): 楷

갼[kʻian]→(qian): 牵(牽), 铅(鉛), 谦(謙), 愆, 纤(縴), 钤(鈐), 钳(鉗), 乾, 遣, 嗛, 膁, 欠, 茮, 謇(jiǎn), 槛(檻)(jiàn), 槛(檻)(kǎn)

걍[kʻiaŋ]→(qiang): 腔, 蜣, 强(強), 痉(痙)(jìng), 降(jiàng)

갸[kʻiao]→(qiao): 敲, 矯, 蹺, 乔(喬), 荞(蕎), 桥(橋), 翘(翹), 巧, 窍(竅), 撬, (衤+敫)(hé)

걔[kʻiəi]→(qie): 茄, 怯, 挈, 慊

꾜[kʻio]→(ke): 壳(殼)

긔[kʻiu]→(qiu): 丘, 求, 虬(虯), 述, 球, 毬

균[kʻiun]→(qün): 裙, 羣, 群

귱[kʻiuŋ]→(qiong): 穷(窮), 穹, 琼(瓊)

꾄[kʻiuan]→(qüan): 圈, 权(權), 拳, 颧(顴), 犬, 畎, 劝(勸), 夯

꿰[kʻiuəi]→(qüe): 缺, 瘸

귀[kʻiui]→(qü): 岖(嶇), 驱(驅), 屈, 敺, 麹, 曲, 渠, 磲, 去, 距(jù), 倔(jué)

코[kʻo]→(ke): 科, 蝌, 课(課), 骒(騍), 锞(錁), 濶(kuò)

쿠[kʻu]→(ku): (骨+出), 枯, 哭, 窟, 苦, 库(庫), 袴, 裤(褲), 酷

쿤[kʻun]→(kun): 坤, 崑, 髡, 鹍, 捆, 綑, 困

쿵[kʻuŋ]→(kong): 空, 涳, 孔, 恐

콰[kʻua]→(kua): 夸(誇), 侉, 胯, 跨, 刳(kū)

콴[kʻuan]→(kuan): 宽(寬), 款

쾅[kʻuaŋ]→(kuang): 诓(誆), 筐, 狂, 纩(纊), 旷(曠), 框, 眶, 况(況)

쾌[kʻuai]→(kuai): 浍(澮), 块(塊), 快, 脍(膾)

퀴[kʻui]→(kui): 亏(虧), 盔, 窥(窺), 奎, 揆, 葵, 夔, 愦(憒), 愧

二. 설음(舌音) 음절자

1. 단모(端母) 음절자

다[ta]→(da): 搭, 嗒, 搭, 达(達), 答, 打, 大, 疸, 嗒(tà)

대[tai]→(dai): 呆, 獃, 代, 岱, 玳, 带(帶), 待, 怠, 袋, 戴, 大

단[tan]→(dan): 丹, 单(單), 耽, 箪(簞), 胆, 疸, 担, 膽, 禅(禪), 擔, 诞(誕), 淡, 弹(彈), 蛋, 鴠, 石

당[taŋ]→(dang): 当(當), 珰(璫), 铛(鐺), 裆(襠), 档(檔), 党(黨), 蕩(蕩), 挡(擋)

도[tao]→(dao): 刀, 叨, 捯, 导(導), 岛(島), 祷(禱), 搗(搗), 擣(擣), 到, 盗(盜), 道, 稻, 倒

더[tə]→(de): 得, 德

등[təŋ]→(deng): 灯(燈), 登, 蹬, 莑, 等, 戥, 凳, 瞪, 镫(鐙), 澄

두[təu]→(dou): 兜, 篼, 阧, 抖, 蚪, 斗, 豆, 逗, 痘, 鬪, 读(讀)

디[ti]→(di): 低, 隄, 堤, 滴, 氐, 荻, 敌(敵), 笛, 靓(覿), 翟, 鬏, 抵, 底, 地, 弟, 帝, 递(遞), 第, 蒂, 棣, 褅, 蔕, 逓, 的, 逷(tí), 悌(tì)

딩[tiŋ]→(ding): 丁, 仃, 叮, 钉(釘), 疔, 顶(頂), 鼎, 定, 椗, 锭(錠)

댠[tian]→(dian): 掂, 颠(顛), 癫(癲), 典, 点(點), 电(電), 甸, 坫, 店, 玷, 垫(墊), 钿(鈿), 淀, 奠, 殿, 靛, 癜

뎌[tiao]→(diao): 刁, 凋, 貂, 雕, 鵰, 吊, 钓(釣), 铫(銚), 调(調)

뎨[tiəi]→(die): 爹, 跌, 迭, 瓞, 揲, 牒, 碟, 蝶, 疊

두[tiu]→(diu): 丢(丟)

도[to]→(duo): 多, 哆, 掇, 夺(奪), 朵, 躲, 垛, 剁, 舵, 惰, 驮, 馱

두[tu]→(du): 都, 督, 嘟, 毒, 独(獨), 读(讀), 渎(瀆), 犊(犢), 笃(篤), 堵, 赌(賭), 杜, 肚, 妒, 妬, 度, 渡, 镀(鍍), 蠹

둔[tun]→(dun): 敦, 墩, 撤, 擎, 蹲, 沌, 炖, 钝(鈍), 顿(頓), 囤, 輴(chūn)

둥[tuŋ]→(dong): 东(東), 冬, 懂, 动(動), 冻(凍), 洞

똰[tuan]→(duan): 端, 短, 段, 断(斷), 缎(緞), 椴, 煅(煆)

뒤[tui] →(dui): 堆, 队(隊), 对(對), 兑(兌), 碓

2. 투모(透母) 음절자

타[t'a]→(ta): 他, 塌, 遢, 塔, 獭(獺), 榻, 踏, 緆, 蹋

태[t'ai]→(tai): 胎, 台, 抬, 苔, 臺, 擡, 薹, 太, 态(態), 泰

탄[t'an]→(tan): 掸(撣), 坍, 贪(貪), 摊(攤), 滩(灘), 瘫(癱), 坛(壇), 罈, 弹(彈), 昙(曇), 谈(談), 痰, 潭, 檀, 忐, 坦, 毯, 叹(嘆), 炭, 探, 歎

탕[t'aŋ]→(tang): 汤(湯), 镗(鏜), 逿, 唐, 堂, 棠, 塘, 樘, 膛, 糖, 螳, 倘, 烫(燙), 逿(dàng), 盪(dàng)

탸[t'ao]→(tao): 韬(韜), 縧, 逃, 桃, 萄, 啕, 淘, 讨(討), 套

터[t'ə]→(te): 忑, 特

틍[t'əŋ]→(teng): 疼, 腾(騰), 誊(謄), 縢, 藤, 籐

튀[t'əu]→(tou): 偷, 头(頭), 投, 骰, 透

티[t'i]→(ti): 剔, 梯, 踢, 提, 啼, 鹈(鵜), 缇(緹), 题(題), 蹄, 騠, 体(體), 軆, 屉, 剃, 涕, 替, 嚏, 蒂(dì)

팅[t'iŋ]→(ting): 厅(廳), 桯, 聽, 淳, 亭, 停, 葶, 挺, 梃, (身+廷), 汀

탼[t'ian]→(tian): 天, 添, 田, 畋, 恬, 甜, 填, 餂, 覥

탸[t'iao]→(tiao): 佻, 条(條), 苕, 调(調), 笤, 窕, 挑, 跳

톄[t'iəi]→(tie): 贴(貼), 铁(鐵), 帖

토[t'o]→(tuo): 托, 拖, 託, 脱, 馱, 駄, 陀, 沱, 驼(駝), 柁, 砣, 鼍(鼉), 铊(鉈), 妥, 庹, 唾

투[t'u]→(tu): 秃, 突, 图(圖), 荼, 徒, 途, 涂(塗), 酴, 駼, 土, 吐, 兔, 菟(dào)颓(頹)(túi)

툰[t'un]→(tun): 吞, 涒, 屯, 饨(飩), 豚, 臀, 褪

퉁[t'uŋ]→(tong): 通, 同, 苘, 桐, 铜(銅), 童, 橦, 瞳, 统(統), 桶, 筒, 恸(慟), 痛

퇀[t'uan]→(tuan): 团(團), 彖, (食+耑)

튀[t'ui]→(tui): 推, 颓(頹), 腿, 退

3. 니모(泥母) 음절자

나[na]→(na): 拏, 拿, 那, 呐, 纳(納), 衲, (口+奈)

내[nai]→(nai): 奶, 奈, 柰, 耐, 鼐

난[nan]→(nan): 男, 南, 难(難), 楠, 蝻

낭[naŋ]→(nang): 囊, 攮, (月+囊)

낟[nao]→(nao): 挠(撓), 硇, 铙(鐃), 猱, 恼(惱), 脑(腦), 瑙, 闹(鬧)

늬[nəi]→(nei): 内(內)

능[nəŋ]→(neng): 能

니[ni]→(ni): 呢, 尼, 泥, 霓, 麑, 拟(擬), 你, 逆, 匿, 腻(膩), 溺, 疟(瘧)(nüè)

닝[niŋ]→(ning): 宁(寧), 凝, 拧(擰), 佞, 泞(濘)

냔[nian]→(nian): 蔫, 年, 鲇(鮎), 黏, 粘, 辗(輾), 捻, 辇(輦), 撚, 碾, 念

냥[niaŋ]→(niang): 娘, 酿(釀)

냗[niao]→(niao): 鸟(鳥), 嬲, 尿

녜[niəi]→(nie): 捏, 臬, 涅, 镊(鑷), 孽, 摄(攝)

뇨[nio]→(nüe): 虐

뉴[niu]→(niu): 牛, 扭, 纽(紐), 钮(鈕), 繆, 谬(謬)

냔[nuan]→(nuan): 暖, 煖

뉘[niui]→(nü): 女

노[no]→(nuo): 挪, 懦

누[nu]→(nu): 弩(駑), 努, 弩, 怒

눈[nun]→(nen): 嫩(『한청문감』에 "뉜[nuin]"으로도 표음됨)

눙[nuŋ]→(nong): 农(農), 哝(噥), 浓(濃), 脓(膿), 醲

뉘[nui]→(nei): 馁(餒)

4. 래모(来母) 음절자

라[la]→(la): 拉, 邋, 喇, 腊(臘), 蜡(蠟), 辣, 蜊, 爉, 剌

래[lai]→(lai): 来(來), 徕(徠), 騋, 赖(賴), 癞(癩)

란[lan]→(lan): 拦(攔), 栏(欄), 婪, 蓝(藍), 褴(襤), 篮(籃), 瀾, 览(覽), 揽(攬), 缆(纜), 榄(欖), 懒(懶), 烂(爛), 滥(濫)

랑[laŋ]→(lang): 郎, 狼, 廊, 瑯, 榔, 螂, 朗, 浪, 踉(liàng)

랴[lao]→(lao): 捞(撈), 劳(勞), 窂, 唠(嘮), 老, 栳, 烙, 涝(澇), 酪, 络(絡)

러[lə]→(le): 勒, 肋

리[ləi]→(lei): 畾, 诔(誄), 垒(壘), 累, 泪(淚), 戾(lì)

릉[ləŋ]→(leng): 楞, 冷

루[ləu]→(lou): 搂(摟), 娄(婁), 偻(僂), 楼(樓), 耧(耬), 篓(簍), 陋, 漏

리[li]→(li): 狸, 离, 骊(驪), 梨, 犁, 鹂(鸝), 蜊, 璃, 狸, 黎, 罹, 鳌, 藜, 離, 蠡, 籬, 礼(禮), 李, 里, 娌, 理, 裡, 裏, 鲤(鯉), 力, 历(歷), 厉(厲), 立, 吏, 疠(癘), 丽(麗), 利, 沥(瀝), 例, 隶(隸), 荔, 栎(櫟), 俐, 莉, 栗, 猁, 笠, 粒, 痢, 癃

린[lin]→(lin): 临(臨), 淋, 獜, 鳞(鱗), 骥(驎), 麟, 廪(廩), 檩(檁), 吝

링[liŋ]→(ling): 伶, 灵(靈), 泠, 玲, 铃(鈴), 鸰(鴒), 凌, 陵, 聆, 菱, 蛉, 翎, 绫(綾), 零, 櫺, 领(領), 岭(嶺), 另, 令, (犭+靈)

랸[lian]→(lian): 连(連), 莲(蓮), 联(聯), 廉, 怜(憐), 臁, 镰(鐮), 簾, 琏(璉), 脸(臉), 敛(斂), 练(練), 殓(殮), 健, 楝, 炼(煉)

량[liaŋ]→(liang): 良, 凉, 梁, 粮, 梁, 樑, 量, 糧, 两(兩), 亮, 谅(諒), 晾

랸[liao]→(liao): 聊, 獠, 缭(繚), 鹩(鷯), 蟟, 镣(鐐), 钌(釕), 蓼, 瞭, 燎, 了, 撩, 料, 撂, 潦(lao)

래[liəi]→(lie): 咧, 列, 劣, 烈, 猎(獵), 裂

뢰[lio]→(lüe): 掠, 略

루[liu]→(liu): 留, 流, 琉, 旒, 骝(騮), 瑠, 榴, 遛, 柳, 绺(綹), 溜, 鹨(鷚)

로[lo]→(luo): 啰(囉), 罗(羅), 萝(蘿), 逻(邏), 锣(鑼), 箩(籮), 骡(騾), 螺, 儸, 瘰, 络(絡), 骆, 珞, 落, 硌, 烙, 芦(蘆)(lú), 掳(擄)(lŭ), 乐(樂)(lè)

루[lu]→(lu): 卢(盧), 枦(櫨), 轳(轤), 胪(臚), 鸬(鸕), 颅(顱), 爐(爐), 卤, 鲁(魯), 氇(氌), 橹, 陆(陸), 录(錄), 辂(輅), 鹿, 禄(祿), 碌, 路, 潞, 鹭(鷺), 露, 六(liù)

룬[lun]→(lun): 轮(輪), 伦(倫)(『한청문감』에서 "룬[luən]"으로도 표기)

룽[luŋ]→(long): 龙(龍), 珑(瓏), 胧(朧), 聋(聾), 笼(籠), 隆, 窿, 陇(隴), 垅(壟), 拢(攏), 垄(壟), 弄

란[luan]→(luan): 栾(欒), 銮(鑾), 乱(亂), 孪(孿), 鸾(鸞), 恋(戀)

뤼[liui]→(lü): 驴(驢), 榈(櫚), 吕(呂), 侣(侶), 屡(屢), 缕(縷), 褛(褸), 履, 律, 虑(慮), 菉(lù)

뤈[luən]→(lun): 囵(圇), 纶(綸), 论(論), 伦(倫)(『한청문감』에서 "룬[lun]"으로도 표기)

뤼[lui]→(lei): 雷, 缧, 鸓, 累, 类(類), 擂

三. 순음(脣音) 음절자

1. 방모(幫母) 음절자

바[pa]→(ba): 八, 巴, 叭, 疤, 笆, 吧, 拔, 跋, 魃, 把, 坝(壩), 弝, 罢(罷), 霸, 琶(pá)

배[pai]→(bai): 栢, 摆(擺), 败(敗), 拜, 稗

반[pan]→(ban): 班, 斑, 搬, 瘢, 蟹, 板, 版, 办(辦), 半, 拌, 绊(絆), 瓣, 扮

방[paŋ]→(bang): 帮(幫), 梆, 绑(綁), 榜, 棒, 傍, 谤(謗), 膀, 捧(pěng)

받[pao]→(bao): 包, 苞, 胞, 褒, 剥(剝), 雹, 薄, 饱(飽), 宝(寶), 保, 鸨(鴇), 葆, 报(報), 抱, 豹, 鲍(鮑), 骲, 暴, 爆, 煿(bó), 瀑(pù)

버[pə]→(bo): 拨(撥), 百, 薄, 伯, 帛, 泊, 脖, 箔, 檗, 栢, 白(bái), 北(běi)

븨[pəi]→(bei): 卑, 盃, 悲, 碑, 椑, 贝(貝), 狈(狽), 备(備), 背, 悖, 被, 辈(輩), 惫(憊), 誖, 褙, 婢(bì)

븐[pən]→(ben): 奔, 锛(錛), 本, 笨, 鐼(fén)

븡[pəŋ]→(beng): 绷(繃), 跰, 礄(pēng), 弸(péng)

비[pi]→(bi): 逼, 鼻, 比, 彼, 秕, 笔(筆), 鄙, 必, 毕(畢), 闭(閉), 庇, 哔(嗶), 陛, 敝, 裨, 弼, 跸(蹕), 碧, 蔽, 弊, 篦, 壁, 避, 璧, 辟

빈[pin]→(bin): 宾(賓), 槟(檳), 殡(殯), 鬓(鬢)

빙[piŋ]→(bing): 氷, 兵, 梹, 丙, 柄, 饼(餅), 禀(稟), 病, 屏, 並, 併, 病

뺀[pian]→(bian): 边(邊), 笾(籩), 蔿, 编(編), 蝙, 鳊, 鞭, 扁, 匾, 弁, 变(變), 便, 徧, 遍, 辨, 辩(辯), 辫(辮)

뺘[piao]→(biao): 标(標), 彪, 镖(鏢), 脿, 表, 裱, 剽, 鳔(鰾)

볘[piəi]→(bie)鳖, 别, 蟞, 鳖, 瘪

보[po]→(bo): 拨(撥), 波, 玻, 钵(鉢), 饽(餑), 剥(剝), 菠, (字+頁), 驳(駁), 钹(鈸), 脖, 博, 搏, 膊, 镈(鎛), 駮, 簸, 薄

부[pu]→(bu): 鷃, 补(補), 捕, 不, 布, 步, 部, 簿, 薄(bó), 卜(蔔)(bo)

2. 방모(滂母) 음절자

파[pʻa]→(pa): 扒, 杷, 爬, 耙, 跁, 琶, 帕, 怕

패[pʻai]→(pai): 拍, 排, 牌, 簰, 派

판[p'an]→(pan): 攀, 盘(盤), 蟠, 判, 叛

팡[p'aŋ]→(pang): 滂, 膀, 傍, 旁, 螃, 鳑(鰟), 胖

팡[p'ao]→(pao): 抛, 刨, 咆, 狍, 袍, 麅, 跑, 泡, 砲, 疱, 礮 胞(bāo)

퍼[p'ə]→(po): 迫, 珀, 破, 魄

피[p'əi]→(Pei): 陪, 培, 佩, 配, 轡(轡)

픈[p'ən]→(pen): 喷(噴), 歕, 盆

픙[p'əŋ]→(peng): 烹, 砰, 朋, 彭, 棚, 蓬, 鹏(鵬), 篷, 膨, 捧, 碰

푸[p'əu]→(pou): 剖

피[p'i]→(pi): 批, 纰(紕), 坯, 披, 劈, 皮, 枇, 毘, 琵, 脾, 罴(羆), 貔, (丕+鳥), 罢(罷), 疋, 匹, 痞, 癖, 屁, 僻

핀[p'in]→(pin): 贫(貧), 嫔(嬪), 苹(蘋), 品, 聘

핑[p'iŋ]→(ping): 平, 评(評), 屏, 瓶, 萍, 凭, 苹(蘋)(pín)

퍤[p'ian]→(pian): 偏, 篇, 翩, 便, 蹁, 片, 骗(騙)

퍅[p'iao]→(piao): 票, 飘(飄), 瓢, 漂

페[p'iəi]→(pie): 撇

포[p'o]→(po): 陂, 坡, 泼(潑), 婆, 簸, 破, 蹳(bō)

푸[p'u]→(pu): 舖, 扑(撲), 铺(鋪), 撲, 潽, 仆(僕), 菩, 葡, 蒲, 璞, 鏷, 普, 谱(譜), 氆, 堡, 鯆(bū), 醭(bú)

3. 명모(明母) 음절자

마[ma]→(ma): 妈(媽), 麻, 蔴, 嘛, 马(馬), 玛(瑪), 蚂(螞), 骂(罵), 禡

매[mai]→(mai): 埋, 买(買), 迈(邁), 卖(賣)

만[man]→(man): 馒(饅), 瞒(瞞), 鞔, 满(滿), 曼, 墁, 蔓, 幔, 漫, 慢, 缦(縵), 镘(鏝), 潀(潫)(mèn)

망[maŋ]→(mang): 忙, 芒, 忙, 茫, 莽, 蟒

마[mao]→(mao): 猫(貓), 毛, 茅, 旄, 锚(錨), 蝥, 卯, 昴, 茂, 冒, 帽, 瑁, 貌

머[mə]→(mo): 蘑, 抹, 末, 沫, 墨, 默, 脉(脈)(mài)

믜[məi]→(mci): 玫, 眉, 梅, 媒, 煤, 每, 美, 妹, 昧, 媚, 魅

믄[mən]→(men): 门(門), 们(們), 扪(捫), 闷(悶), 懑(懣)

믕[mən]→(meng): 蒙, 盟, 幪, 濛, 朦, 矇, 猛, 懵, 蠓, 孟, 梦(夢)

뮤[məu]→(mǒu): 某

미[mi]→(mi): 弥(彌), 迷, 糜, 醾, 醾, 米, 麋, 蜜, (麻+黍)(상하결합 구조)(mèi)

민[min]→(min): 民, 皿, 抿, 悯(憫), 敏

밍[miŋ]→(ming): 名, 明, 鸣(鳴), 茗, 冥, 铭(銘), 榠, 螟, 命, (魚+冥)

먄[mian]→(mian): 绵(綿), 棉, 免, 勉, 娩, 冕, 湎, 面, 麪, 麵

뫄[miao]→(miao): 苗, 描, 眇, 秒, 渺, 藐, 庙(廟)

메[miəi]→(mie): 灭(滅), 篾

모[mo]→(mo): 麽, 谟(謨), 模, 摩, 磨, 糢, 蘑, 抹, 末, 沫, 没(沒), 莫, 茉, 漠, 貘, 蟆(má), 沫(mèi), 谋(謀)(móu), 幙(mù)

무[mu]→(mu): 模, 母, 牡, 畂, 木, 目, 沐, 苜, 牧, 幕, 睦, 暮, 穆, 没(沒)(mò)

4. 비모(非母) 음절자

바[fa]→(fa): 乏, 伐, 罚(罰), 筏, 法, 珐(琺), 髮

반[fan]→(fan): 番, 幡, 藩, 翻, 旛, 繙, 凡, 蕃, 矾(礬), 烦(煩), 繁, 反, 返, 犯, 饭(飯), 泛, 贩(販), 範

방[faŋ]→(fang): 方, 坊, 防, 妨, 房, 彷, 访(訪), 纺(紡), 舫, 放

븨[fəi]→(fei): 飞(飛), 妃, 非, 肥, 榧, 翡, 吠, 肺, 废(廢), 费(費), 痢, 痱

븐[fən]→(fen): 分, 纷(紛), 坟(墳), 焚, 鼢, 鐼, 粉, 奋(奮), 忿, 粪(糞), 愤(憤)

븡[fəŋ]→(feng): 烽, 蜂, 逢, 缝(縫)

붛[fəu]→(fou): 否

보[fo]→(fo): 佛

부[fu]→(fu): 夫, 麸(麩), 敷, 伏, 扶, 芙, 拂, 枎, 彿(彿), 服, 浮, 符, 幅, 辐(輻), 福, 蝠, 袱, 抚(撫), 柎, 斧, 府, 俯, 辅(輔), 腑, 腐, 簠, 富, 父, 付, 负(負), 妇(婦), 附, 阜, 驸(駙), 复(復), 副, 赋(賦), 傅, 腹, 鲋(鮒), 覆, 狒(fèi), 补(補)(bǔ)

붕[fuŋ]→(feng): 丰(豐), 风(風), 枫(楓), 封, 疯(瘋), 峰, 葑, 锋(鋒), 丰, 讽(諷), 缝(縫), 凤(鳳), 奉, 俸

四. 치음(齒音) 음절자

1. 치두음(齒头音) 음절자

1) s[s]음 음절자

사[sa]→(sa): 洒(灑), 撒, 萨(薩)

새[sai]→(sai): 腮, 赛(賽)

산[san]→(san): 三, 伞(傘), 糁(糝), 馓, 散

상[saŋ]→(sang): 桑, 丧(喪), 嗓

솨[sao]→(sao): 骚(騷), 扫(掃), 嫂, 埽, 臊, 噪(zào), 燥(zào)

서[sə]→(se): 塞, 啬(嗇), 澀, 骰(tóu)

승[səŋ]→(seng): 僧

슈[səu]→(sou): 搜, 蒐, 馊(餿), 擞(擻), 薮(藪), 嗽, 瘦(shòu), 绉(縐)(zhòu)

쓰[sɿ]→(si): 司, 丝(絲), 私, 思, 鸶(鷥), 斯, 蛳(螄), 撕, 澌, 死, 似, 巳, 四, 寺, 兕, 祀, 泗, 驷(駟)

소[so]→(suo): 莎, 唆, 梭, 缩(縮), 簑, 索, 琐(瑣), 锁(鎖), 莎(shā), 桫(shā)

수[su]→(su): 苏(蘇), 酥, 俗, 诉(訴), 肃(肅), 素, 速, 粟, 嗉, 宿, 疎(shū), 疏(shū)

순[sun]-ˀ(sun): 孙(孫), 狲(猻), 损(損), 笋, 筍, 榫

숭[suŋ]→(song): 松, 鬆, 耸(聳), 讼(訟), 送, 颂(頌)

솬[suan]→(suan): 狻, 酸, 蒜

쉬[sui]→(sui): 尿, 虽(雖), 随(隨), 髓, 岁(歲), 祟, 碎, 穗, 彗(huì)

2) z[ts]음 음절자

자[tsa]→(za): 匝, 咂, 杂(雜), 咱

재[tsai]→(zai): 灾(災), 栽, 宰, 崽, 再, 在, 载(載)

잔[tsan]→(zan): 簪, 趱(趲), 暂(暫), 錾(鏨), 赞(贊), 拶(zā), 桚(zā)

장[tsaŋ]→(zang): 葳, 赃(臟), 牂, 髒, 葬, 脏(臟)

좌[tsao]→(zao): 槽, 遭, 糟, 凿(鑿), 早, 枣(棗), 蚤, 澡, 藻, 皂, 造, 噪, 燥, 躁, 竈, 曹(cáo)漕(cáo)

저[tsə]→(ze): 则(則), 责(責), 帻(幘), 窄(zhǎi), 恻(惻)(cè), 蠈(zéi)

즤[tsəi]→(zei): 贼(賊)

증[tsəŋ]→(zeng): 曾, 增, 憎, 矰, 缯(繒), 蹭(cèng)

쥬[tsəu]→(zou): 驺(騶), 陬, 走, 奏, 皱(皺)(zhòu)

즈[tsɿ]→(zi): 呰, 资(資), 缁(緇), 孳, 滋, 髭, 鹚, 子, 秭, 籽, 紫, 滓, 梓, 自, 字

조[tso]→(zuo): 左, 佐, 柞, 作, 坐, 座, 做, 莝(cuò), 凿(鑿)(záo)

주[tsu]→(zu): 砠, 租, 足, 族, 俎, 祖, 胙(zuò), 祚(zuò)

준[tsun]→(zun): 尊, 遵, 撙

중[tsuŋ]→(zong): 緫, 宗, 棕, 椶, 踪, 鬃, 总(總), 纵(縱), 糉, 从(從), 匆(cōng), 葱(蔥)(cōng), 琮(cóng)

쭨[tsuan]→(zuan): 攢(攛), 躜, 缵(纘), 篹, 鑽, 揝, 擇(攛), (cuān)
쮜[tsui]→(zui): 觜, 嘴, 罪, 醉, 悴(cuì)

3) c[ts']음 음절자

차[ts'a]→(ca): 擦
채[ts'ai]→(cai): 猜, 才, 材, 财(財), 裁, 纔, 采, 採, 彩, 綵(綵), 睬, 晒, 菜,
踹(chuài)
찬[ts'an]→(can): 叅, 残(殘), 惭(慚), 蠶, 灿(燦), 谗(讒)(chán), 巉(chán)
창[ts'aŋ]→(cang): 仓(倉), 苍(蒼), 舱(艙), 藏, 藏
찬[ts'ao]→(cao): 糙, (曹+少), 槽, 螬, 草
처[ts'ə]→(ce): 册(冊), 侧(側), 测(測), 策, 鹚(鶿)(cí), 拆(chè)
층[ts'əŋ]→(ceng): 层(層), (曾+刂)
츄[ts'əu]→(cou): 凑(湊)
즈[ts'ɿ]→(ci): 词(詞), 茈, 祠, 辞(辭), 慈, 磁, 雌, 鷀, 此, 跐, 次, 刺, 赐(賜),
呲, 疵, 嗣(sì), 髭(zī)
초[ts'o]→(cuo): 磋, 撮, 蹉, 矬, 挫, 错(錯), 醋(cù)
추[ts'u]→(cu): 粗, 促, 猝, 簇, 蹙, 鉏(chú)
춘[ts'un]→(cun): 村, 皴, 存, 寸
충[ts'uŋ]→(cong): 骢(驄), 聪(聰), 从(從), 丛(叢)
쭨[ts'uan]→(cuan): 鑹, 攒(攢), 窜(竄)
쮜[ts'ui]→(cui): 催, 脆, 萃, 翠

2. 정치음(正齒音) 음절자

1) shi[ʂ]음 음절자

샤[ʂa]→(sha): 杀(殺), 沙, 纱(紗), 砂, 煞, 杉, 傻

섀[ʂai]→(shai): 筛(篩), 晒, 曬, 㮐(sè)

샨[ʂan]→(shan): 山, 芟, 苫, 衫, 珊, 搧, 羶, 闪(閃), 疝, 扇, 善, 骟(騸), 缮(繕), 膳, 蟮, 鳝

샹[ʂaŋ]→(shang): 伤(傷), 商, 晌, 赏(賞), 上, 尚

샾[ʂao]→(shao): 烧(燒), 弰, 梢, 稍, 艄, 勺, 芍, 韶, 少, 哨, 颾(颼)(sōu)

셔[ʂə]→(she): 奢, 赊(賒), 猞, 舌, 蛇, 捨, 舍, 设(設), 社, 射, 涉, 赦, 麝, 折, 色(sè), 涩(澀)(sè), 瑟(sè)

션[ʂən]→(shen): 参(參), 申, 伸, 身, 深, 蔘, 神, 沈(瀋), 审(審), 婶(嬸), 魫, 肾(腎), 甚, 渗(滲), 慎, 愼, 糁(糝)(sǎn)

셩[ʂəŋ]→(sheng): 升, 生, 声(聲), 牲, 陞, 笙, 甥, 绳(繩), 省, 圣(聖), 胜(勝), 盛, 剩

셮[ʂəu]→(shou): 收, 手, 守, 首, 寿(壽), 受, 狩, 授, 兽(獸), 绶(綬)

쒸[ʂʅ]→(shi): 失, 师(師), 诗(詩), 虱, 狮(獅), 施, 屍, 湿(濕), 蓍, 十, 石, 时(時), 识(識), 实(實), 拾, 食, 蚀(蝕), 什, 史, 矢, 使, 始, 屎, 士, 氏, 示, 世, 仕, 市, 式, 势(勢), 事, 侍, 饰(飾), 试(試), 视(視), 柿, 是, 适(適), 室, 释(釋), 嗜, 筮, 誓, 謚, 鲥, 习(習)(xí), 殖(zhí)

쇼[ʂo]→(shuo): 说(說), 烁(爍), 朔, 硕(碩), 芍(sháo), 所(suǒ), 灼(zhuó)

슈[ʂu]→(shu): 殳, 书(書), 枢(樞), 叔, 梳, 淑, 舒, 疏, 输(輸), 蔬, 秫, 赎(贖), 熟, 黍, 属(屬), 署, 蜀, 鼠, 薯, 术(術), 戍, 束, 述, 树(樹), 竖(豎), 恕, 庶, 数(數), 漱, 竪, 鸀(zhú)

슌[ʂun]→(shun): 顺(順), 瞬, 纯(純)(chún), 唇(chún)

쉬[ʂua]→(shua): 刷, 耍

쉰[ʂuan]→(shuan): 闩(閂), 拴, 涮

솽[ʂuaŋ]→(shuang): 双(雙), 霜, 爽

쉐[ʂuai]→(shuai): 衰, 摔, 率

쉬[ʂui]→(shui): 谁(誰), 水, 税, 睡, 婿(xù), 瑞(ruì)

2) zh[tʂ]음 음절자

쟈[tʂa]→(zha): 扎, 柤, 喳, 楂, 渣, 劄, 樝, 札, 闸(閘), 铡(鍘), 炸, 乍, 诈(詐), 栅, 痄, 蚱, 榨, 泎(zé), 怍(zuò), 紮(zā)

재[tʂai]→(zhai): 斋(齋), 宅, 债(債), 寨, 豸(zhì)

쟌[tʂan]→(zhan): 占, 沾, 毡(氈), 粘, 詹, 谵(譫), 霑, 旃, 斩(斬), 盏(盞), 展, 辗(輾), 佔, 栈, 战, 站, 绽(綻), 蘸, 黏(nián), 暂(暫)(zàn), 鏨(zàn)

쟝[tʂaŋ]→(zhang): 张(張), 章, 漳, 璋, 樟, 蟑, 麞, 长(長), 涨(漲), 掌, 丈, 仗, 杖, 帐(帳), 账(賬)

쟈오[tʂao]→(zhao): 朝, 招, 昭, 爪, 找, 兆, 诏(詔), 笊, 棹, 照, 罩

져[tʂə]→(zhe): 螫, 遮, 折, 菥, 蛰(蟄), 摺, 辙(轍), 蜇, 者, 赭, 这(這), 蔗, 鹧(鷓), 泽(澤)(zé), 仄(zè)

젼[tʂən]→(zhen): 贞(貞), 针(針), 珍, 真, 砧, 斟, 榛, 箴, 鍼, 枕, 轸(軫), 疹, 胗, 阵(陣), 振, 赈(賑), 震, 镇(鎮), 鎭

졍[tʂəŋ]→(zheng): 争(爭), 挣, 征, 怔, 钲(鉦), 烝, 睁(睜), 筝(箏), 蒸, 徵, 整, 正, 证(証), 政, 症(癥)

쥬[tʂəu]→(zhou): 州, 诌(謅), 周, 洲, 週, 轴(軸), 箒, 肘, 纣(紂), 咒, 荮(葤), 杻(chǒu)

지°[tʂʅ]→(zhi): 祇, 之, 支, 芝, 枝, 知, 肢, 织(織), 栀(梔), 脂, 蜘, 执(執), 直, 姪, 值, 职(職), 止, 旨, 纸(紙), 祉, 指, 只, 枳, 徵, 至, 志, 誌, 制, 炙, 治,

致, 秩, 骛(鶩), 掷(擲), 痔, 智, , 痣, 滞(滯), 雉, 製

죠[tʂo]→(zhuo): 棹, 拙, 捉, 桌, 勺, 灼, 着, 浊(濁), 啄, 濯, 镯(鐲), 棹(zhào), 剐(zhǔ), 著(zhù)

쥬[tʂu]→(zhu): 朱, 洙, 珠, 诸(諸), 硃, 猪(豬), 蛛, 楮(櫧), 竹, 逐, 烛(燭), 术, 劚, 主, 拄, 煮, 麈, 助, 住, 贮(貯), 注, 驻(駐), 柷, 柱, 祝, 著, 蛀, 铸(鑄), 筑, 註, 筯, 築, 粥(zhōu), 妯(zhóu)

쥰[tʂun]→(zhun): 肫, 准, 準

즁[tʂuŋ]→(zhong): 中, 忠, 终(終), 锺(鍾), 鐘, 肿(腫), 冢, 種, 众(眾), 重, 仲

쥬ᅡ[tʂua]→(zhua): 抓

쥰[tʂuan]→(zhuan): 专(專), 砖(磚), 转(轉), 赚(賺), 撰, 篆, 馔(饌), 传(傳)

즁[tʂuaŋ]→(zhuang): 庄(莊), 桩(椿), 装(裝), 粧, 壮(壯), 状(狀), 撞

줴[tʂuəi]→(zhui): 追, 锥(錐), 坠(墜), 赘(贅)

3) ch[tʂʻ]음 음절자

챠[tʂʻa]→(cha): 叉, 权, 插, 茶, 查, 靫, 察, 衩, 汊, 岔, 差, 楂, 纹, 刹, 咤(zhà)

채[tʂʻai]→(chai): 差, 釵, 柴, 犲

챤[tʂʻan]→(chan): 挱(攙), 馋(饞), 禅(禪), 缠(纏), 蝉(蟬), 产(產), 谄(諂), 剗, 铲(鏟), 榉, 颤(顫), 鞿, 骣(驏)(zhàn)

챵[tʂʻaŋ]→(chang): 昌, 菖, 阊(閶), 娼, 鲳(鯧), 肠(腸), 尝(嘗), 常, 膓, 嚐(嚐), 场(場), 长(長), 厂(廠), 氅, 畅(暢), 倡, 昶, 唱

챠ᅩ[tʂʻao]→(chao): 抄, 超, 朝, 潮, 炒

쳐[tʂʻə]→(che): 车(車), 扯, 彻(徹), 掣, 册(冊)(cè), 策(cè), 拆(chāi)

쳔[tʂʻən]→(chen): 嗔, 臣, 尘(塵), 辰, 沉, 陈(陳), 宸, 晨, 衬(襯), 趁, 橙 (chéng)

청[tʂʻəŋ]→(cheng): 称(稱), 撑(撑), 頳, 樘, 成, 丞, 呈, 诚(誠), 承, 城, 宬, 乘, 珵, 程, 惩(懲), 澄, 逞, 秤, 掁, 盛

犨[tʂʻəu]→(chou): 抽, 紬, 酬, 稠, 愁, 筹(籌), 踌(躊), 讐, 丑, 瞅, 醜, 杻, 臭, 嗾(sŏu)

치°[tʂʻʅ]→(chi): 眵, 笞, 喫, 池, 驰(馳), 迟(遲), 持, 絺, 墀, 篪, 匙, 尺, 齿(齒), 耻(恥), 蚇, 叱, 赤, 勅, 翅, 鶒, 勑

쵸[tʂʻo]→(chuo): 戳

츄[tʂʻu]→(chu): 出, 初, 除, 厨(廚), 锄(鋤), 雏(雛), 蹰(躕), 杵, 楮, 储(儲), 楚, 处(處), 怵, 畜, 搐, 触(觸), 趗(cù)

츈[tʂʻun]→(chun): 春, 纯(純), 唇, 鹑(鶉), 蠢

츙[tʂʻuŋ]→(chong): 冲, 充, 舂, 衝, 虫(蟲), 崇, 重, 宠(寵), 铳(銃)

췌[tʂʻuai]→(chuai): 揣

촨[tʂʻuan]→(chuan): 川, 穿, 传(傳), 船, 椽, 舛, 喘, 串

촹[tʂʻuaŋ]→(chuang): 疮(瘡), 窗, 床, 牀, 幢, 幢, 闯(闖)

취[tʂʻui]→(chui): 吹, 垂, 捶, 搥, 腄, 锤(錘), 鎚(鎚), 椎

4) r[ʐ]음 음절자

샨[ʐan]→(ran): 然, 染

샹[ʐaŋ]→(rang): 穰, 瓤, 壤, 嚷, 让(讓)

샨[ʐao]→(rao): 扰(擾), 遶, 绕(繞)

셔[ʐə]→(re): 惹, 热(熱)

셔[ʐəu]→(rou): 柔, 揉

션[ʐən]→(ren): 稔, 刃, 认(認), 仞, 纫(紉)

싀[ʐʅ]→(ri): 日

신[ʐin]→(ren): 人, 壬, 仁, 釰, 任

쇼[ʐo]→(ruo): 若, 弱, 箬

슈[ʐu]→(ru): 如, 儒, 孺, 駕, 乳, 辱, 入, 蓐, 褥, 肉(ròu)

슌[ʐun]→(run): 闰(閏), 润(潤)

슝[ʐuŋ]→(rong): 戎, 茸, 荣(榮), 绒(絨), 容, 羢, 蓉, 融, 冗, 氄, (毛+集)

좐[ʐuan]→(ruan): 软(軟), 輭

쉬[ʐui]→(rui): 蕤, 蘂, 锐(銳), 睿

五. 설면음(舌面音) 음절자

1. x[ɕ]음 음절자

시[ɕi]→(xi): 夕, 西, 昔, 析, 息, 惜, 犀, 锡(錫), 膝, 习(習), 席, 袭(襲), 蓆, 媳, 洗, 细(細), 隙

신[ɕin]→(xin): 心, 辛, 新, 信, 顖, 讯(訊)(xùn)

싱[ɕiŋ]→(xing): 星, 猩, 腥, 醒, 擤, 性, 姓

샨[ɕian]→(xian): 仙, 先, 纤(纖), 秈, 鲜(鮮), 挦(撏), 狝(獮), 線

샹[ɕiaŋ]→(xiang): 相, 厢, 箱, 镶(鑲), 详(詳), 祥, 翔, 想, 象, 像, 橡

쌰[ɕiao]→(xiao): 消, 宵, 绡(綃), 萧(蕭), 硝, 销(銷), 箫(簫), 潇(瀟), 霄, 削, 小, 笑, 肖

섀[ɕiəi]→(xie): 些, 楔, 邪, 斜, 写(寫), 泻(瀉), 卸, 泄, 屑, 谢(謝)

쇼[ɕio]→(xiao): 削

싓[ɕiu]→(xiu): 修, 羞, 馐(饈), 朽, 秀, 袖, 绣(繡), 锈(銹), 嗅, 繡

슌[ɕiun]→(xün): 寻(尋), 巡, 循, 驯(馴), 训(訓), 讯(訊), 狗, 逊(遜), 巽

쒄[ɕiuan]→(xüan): 轩(軒), 宣, 揎, 萱, 喧, 玄, 悬(懸), 旋, 漩, 璿, 选(選), 眩, 楦, 镟

쒜[ɕiuəi]→(xüe): 雪

쒸[ɕiui]→(xü): 戌, 须(須), 鬚, 需, 徐, 序, 敍, 绪(緒), 续(續), 絮, 蓿

2. j[tɕ]음 음절자

지[tɕi]→(ji): 积(積), 绩(績), 跡, 蹟, 即, 集, 蒺, 嫉, 耤, 鹡(鶺), 籍, 挤(擠), 脊, 际(際), 济(濟), 祭, 稷, 鲫(鯽), 荠(薺)

진[tɕin]→(jin): 津, 尽(儘), 进(進), 晋(晉), 烬(燼), 浸, 盡

징[tɕiŋ]→(jing): 旌, 晶, 睛, 精, 井, 净(淨), 静(靜), 鹝

쟌[tɕian]→(jian): 尖, 笺(箋), 煎, 剪, 荐(薦), 贱(賤), 渐(漸), 溅(濺), 箭, 借

쟝[tɕiaŋ]→(jiang): 浆(漿), 桨(槳), 匠, 将(將), 酱(醬)

쟢[tɕiao]→(jiao): 椒, 焦, 鹪(鷦), 剿, 噍(jué)

쟤[tɕiəi]→(jie): 疖(癤), 接, 节(節), 捷, 睫, 截, 姐, 借

죄[tɕio]→(jüe): 爵

쥬[tɕiu]→(jiu): 揪, 酒, 就, 鹫(鷲)

쥰[tɕiun]→(jün): 俊, 郡, 峻, 骏(駿), 逡(qūn)

쮀[tɕiuəi]→(jüe): 绝(絕), 嗟

쮜[tɕiui]→(jü): 疽, 聚

3. q[tɕʻ]음 음절자

치[tɕʻi]→(qī): 七, 妻, 戚, 棲, 漆, 齐(齊), 脐(臍), 蛴(蠐), 砌, 螭(chī), 缉(緝)(jí)

친[tɕʻin]→(qin): 侵, 亲(親), 秦, 寝(寢), 沁

칭[tɕʻiŋ]→(qing): 青, 清, 鲭(鯖), 情, 晴, 请(請), 菁(jīng)

쟌[tɕʻian]→(qian): 千, 阡, 迁(遷), 杆, 佥(僉), 签(簽), 韆, 籤, 前, 钱(錢), 浅

(淺), 跹(躚)(xiān)

챵[tɕʻiaŋ]→(qiang): 枪(槍), 腔, 蜣, 鎗, 抢(搶), 呛(嗆), 跄(蹌), 强(強), 墙(墻), 蔷(薔), 樯(檣), 跄(蹌)

챠오[tɕʻiao]→(qiao): 锹(鍬), 憔, 樵, 瞧, 悄, 俏, 诮(誚), 峭, 鞘, 鹊(鵲)(què)

졔[tɕʻiəi]→(qie): 切, 且, 妾

최[tɕʻio]→(qüe): 雀, 鹊(鵲)(이 글자가 "qiāo"로도 발음됨)

추[tɕʻiu]→(qiu): 秋, 楸, 鹙(鶖), 鳅(鰍), 鞦, 䢷, 遒

쵄[tɕʻiuan]→(qüan): 全, 泉

취[tɕʻiui]→(qü): 蛆, 趋(趨), 取, 趣

六. 후음(喉音) [x] 음절자

하[xa]→(ha): 哈, 蛤

해[xai]→(hai): 孩, 颏(頦), 咳, 海, 醢, 亥, 害

한[xan]→(han): 憨, 含, 涵, 寒, 罕, 喊, 汉(漢), 汗, 旱, 釬, 翰, 瀚

항[xaŋ]→(hang): 夯, 行, 杭, 珩(héng)

하오[xao]→(hao): 蒿, 毫, 豪, 貉, 好, 号(號), 耗

허[xə]→(he): 哈, 合, 荷, 核, 鹖(鶡), 褐, 吓(嚇), 喝, 黑(hēi)

흔[xən]→(hen): 痕, 很, 狠, 恨

흥[xəŋ]→(heng): 亨, 哼, 恒(恆), 横(橫), 衡

후[xəu]→(hou): 侯, 喉, 猴, 睺, 瘊, 吼, 犼, 后, 厚, 後, 候

히[xi]→(xi): 吸, 希, 牺(犧), 稀, 嘻, 瀗, 喜, 戏(戲), 系, 隙, 戱, 繫

힝[xiŋ]→(xing): 兴(興), 刑, 形, 铏(鉶), 行, 杏, 幸, 性, 姓, 荇, 倖

햐[xia]→(xia): 虾(蝦), 瞎, 鰕, 匣, 狭(狹), 祫, 暇, 辖(轄), 螫, 霞, 騢, 下, 夏, 唬, 洽(qià)

해[xiai]→(xie): 械, 獬, 懈

핸[xian]→(xian): 枕, 闲(閑), 贤(賢), 弦, 咸, 衔(銜), 舷, 絃, 閒, 唎, 鹇(鷳), 嫌, 醎, 臧, 显(顯), 险(險), 苋(莧), 县(縣), 现(現), 限, 宪(憲), 陷, 馅(餡), 献(獻), 轩(軒)(xuān)

항[xiaŋ]→(xiang): 乡(鄉), 香, 享, 响(響), 饷(餉), 向, 项(項), 嚮, 降, 港(gǎng)

햔[xiao]→(xiao): 哮, 枭(梟), 骁(驍), 鸮(鴞), 殽, 晓(曉), 孝, 校, 效, 酵(jiào)

해[xiəi]→(xie): 歇, 蠍, 协(協), 脇, 鞋, 蟹, 解

횐[xio]→(xüe): 学(學), 谑(謔)

휸[xiu]→(xiu): 休, 朽, 嗅, 臭

휸[xiun]→(xün): 熏, 勋, 勳, 壎, 薰, 燻, 训(訓)

흉/훵[xiuŋ]→(xiong): 凶, 兄, 兇, 雄/胸, 匈, 熊

흰[xiuan]→(xüan): 鋗, 玄

훼[xiuəi]→(xüe): 靴, 穴, 血

휘[xiui]→(xü): 虚(虛), 虐, 驢, 许(許), 昈, 蓄

호[xo]→(he): 何, 和, 河, 盒, 貉, 鹤(鶴), →(huo): 活, 火, 伙, 夥, 或, 货(貨), 获(獲), 祸(禍), 惑, 画(畫)(huà), 劃(huà)

후[xu]→(hu): 乎, 呼, 忽, 惚, 戏(戲), 囫, 狐, 胡, 鬍, 壶(壺), 斛, 葫, 湖, 瑚, 鹕(鶘), 槲, 蝴, 糊, 鲰, 鹘(鶻), 虎, 琥, 户(戶), 护(護), 瓠, 扈, 核(hé), 蠖(huò)

훈[xun]→(hun): 昏, 荤(葷), 惛, 浑(渾), 馄(餛), 魂, 混

훙[xuŋ]→(hong): 轰(轟), 烘, 薨, 哄, 红(紅), 宏, 虹, 鸿(鴻)

화[xua]→(hua): 花, 華, 华(華), 划, 铧(鏵), 猾, 滑, 譁(譁), 化, 画(畫), 话(話), 桦(樺), 劃, 踝, 樗(chū)

환[xuan]→(huan): 獾, 歡, 貛, 还(還), 环(環), 锾(鍰), 圜, 镮(鐶), 缓(緩), 宦, 换(換), 唤(喚), 患, 痪(瘓)

황[xuaŋ]→(huang): 荒, 慌, 皇, 黄(黃), 凰, 惶, 锽(鍠), 蝗, 磺, 簧, 鳇(鰉),

悦, 恍, 晃, 谎(謊), 幌, 滉, 榥

　棵[xuai]→(huai): 怀(懷), 淮, 槐, 坏(壞)

　辉[xuə]-ˇ(huo): 火

　辉[xui]→(hui): 灰, 挥(揮), 辉(輝), 麾, 回, 廻, 茴, 迴, 蛔, 悔, 毁, 会(會), 讳(諱), 绘(繪), 贿(賄), 晦, 秽(穢), 惠, 慧, 蕙

七. 반모음(半元音) [w] 음절자

　와[wa]→(wa): 凹, 穵, 洼, 搲, 窪, 瓦, 袜(襪)(5개 影母, 1개 疑母, 1개 微母)
　완[wan]→(wan): 蔓, 弯(彎), 剜, 湾(灣), 豌, 完, 玩, 顽(頑), 挽, 盌, 晚, 椀, 碗, 万(萬)(7개 影母, 2개 疑母, 4개 微母, 1개 匣母)
　왕[wan]→(wang): 汪, 亡, 王, 网(網), 枉, 往, 辋(輞), 妄, 旺, 望(1개 影母, 5개 微母, 4개 云母)
　왜[oai]→(wai): 歪, 外(1개 影母, 1개 疑母)
　워[wə]→(wo): 倭, 窝(窩)(2개 影母)

八. 반모음(半元音) [j] 음절자

　야[ia]→(ya): 丫, 压(壓), 押, 鸦(鴉), 桠(椏), 鸭(鴨), 呀, 牙, 芽, 衙, 哑(啞), 雅, 讶(訝), 砑, 轧(軋)
　애[iai]→(ya)(ai)(ye): 厓(yá), 崖(yá), 涯(yá), 埃(āi), 挨(āi), 隘(ài), 椰(yē)
　얀[ian]→(yan): 咽, 胭, 烟(煙), 菸, 淹, 延, 严(嚴), 言, 炎, 沿, 研, 盐(鹽), 阎(閻), 筵, 颜(顏), 簷, 巖, 眼, 偃, 魇(魘), 鼹, 厌(厭), 砚(硯), 艳(艷), 宴, 验(驗), 酽(釅), 魇(魘), 鴈, 燕, 欻, 嚥, 涎, 蔫(niān)

양[iaŋ]→(yang): 央, 殃, 鸯(鴦), 秧, 扬(揚), 羊, 阳(陽), 杨(楊), 旸(暘), 佯, 洋, 颺, 养(養), 痒(癢), 样(樣), 漾

얃[iao]→(yao): 吆, 妖, 腰, 爻, 谣(謠), 摇(搖), 遥, 瑶, 鹞(鷂), 咬, 舀, 皵, 药(藥), 要, 靿, 耀

여[iə]→(ye): 噎, 野, 业(業), 叶(葉), 页(頁), 夜, 液, 射, 掖

연[iən]→(yin): 因, 阴(陰), 茵, 荫(蔭), 音, 吟, 银(銀), 淫, 寅, 霪, 尹, 引, 饮(飲), 隐(隱), 癮(癮), 印, 廕, 窨

요[io]→(yao): 窑(窯), 鑰, 约(約)(1개 影母, 2개 以母), (yue)乐(樂), 岳, 跃(躍), 嶽, 禴(3개 以母, 2개 疑母)

읻[iu]→(you): 优(優), 幽, 悠, 憂, 由, 犹(猶), 油, 遊, 游, 友, 有, 酉, 莠, 又, 右, 佑, 柚, 宥, 诱(誘), 釉

윤[iun]→(yün): 云(雲), 匀(勻), 芸, 耘, 蕓, 允, 陨(隕), 运(運), 韵(韻), 熨, 晕(暈)(1개 影母, 2개 以母, 8개 云母)

융[iuŋ]→(yong)/(rong): 拥(擁), 痈(癰), 庸, 雍, 壅, 甬, 勇, 涌, 踊, 用(4개 影母, 6개 以母) (rong): 蓉, 镕(鎔), 融

완[iuan]→(yüan): 鸢(鳶), 冤, 渊(淵), 元, 园(園), 员(員), 原, 圆(圓), 鼋(黿), 援, 猿, 源, 辕(轅), 橼(櫞), 远(遠), 怨, 院, 愿, 願, 缘(緣)

웨[iuəi]→(yüe): 哕(噦), 月, 刖, 钺(鉞), 阅(閱), 悦(悅), 越

위[iui]→(yü): 迂, 淤, 瘀, 於, 余, 于, 盂, 臾, 鱼(魚), 雩, 渔(漁), 隅, 逾, 榆, 虞, 愚, 舆(輿), 餘, 踰, 宇, 羽, 雨, 语(語), 敔, 與, 玉, 芋, 妪(嫗), 育, 狱(獄), 浴, 预(預), 欲, 谕(諭), 遇, 御, 鹆(鵒), 裕, 愈, 瑀, 豫, 禦, 鹬(鷸), 爩, 貙(chū), 役(yī), 疫(yì), 軟(yì), 尉(wei)

九. 제로성모(零声母) [ø] 음절자

아[a]→(a): 阿

애[ai]→(ai): 哀, 埃, 矮, 霭(靄), 艾, 爱(愛), 碍(礙)

안[an]→(an): 安, 鹌(鵪), 鞍, 岸, 按, 豻, 案, 暗

앙[aŋ]→(ang): 腌, 昂, 仰(yǎng)

오[ao]→(ao): 敖, 廒, 獒, 熬, 鳌(鰲), 鏖, 袄(襖), 傲, 奥(奧), 懊

어[ə]→(e): 阿, 讹(訛), 囮, 蛾, 额(額), 厄, 扼, 恶(惡)

은[ən]→(en): 恩

우[əu]→(ou): 讴(謳), 瓯(甌), 殴(毆), 瓯, 呕(嘔), 偶, 藕

을[ᴀ]→(er): 而, 儿(兒), 尔(爾), 耳, 饵(餌), 洱, 珥, 二, 刵, 贰(貳)(모두 "日母"
의 글자임)

이[i]→(yi): 椅, 犄, 一, 伊, 衣, 医(醫), 依, 揖, 仪(儀), 夷, 宜, 姨, 栘, 胰, 移,
遗(遺), 疑, 彝, 乙, 已, 以, 蚁(蟻), 倚, 亿(億), 义(義), 艺(藝), 议(議), 呓(囈),
译(譯), 易, 驿(驛), 舣, 益, 異, 逸, 意, 溢, 镒(鎰), 暟, 劓, 翳, 翼, 叶(葉)(yè),
射(yè)(15개 影母, 9개 疑母, 18개 以母)

잉[iŋ]→(ying): 英, 嘤(罌), 缨(纓), 璎(瓔), 樱(櫻), 鹦(鸚), 鹰(鷹), 应(應), 迎,
盈, 萤(螢), 营(營), 蝇(蠅), 颖(穎), 影, 瘿(癭), 映, 硬(9개 影母, 2개 疑母, 4개
以母, 1개 匣母)

오[o]→(e)(wo): 俄, 鹅(鵝), 蛾, 哦, 饿(餓), 阋(鬩), 噩, (wo)莴(萵), 蜗(蝸),
我, 卧(臥), 硪

우[u]→(wu): 於, 汙, 乌(烏), 污, 杇, 呜(嗚), 诬(誣), 屋, 无(無), 毋, 吾, 梧,
蜈, 五, 午, 伍, 忤, 武, 鹉(鵡), 舞, 戊, 务(務), 杌, 物, 误(誤), 悟, 恶, 雾(霧),
鹜(鶩), 恶(惡)(7개 影母, 11개 疑母, 10개 微母, 1개 明母)

운[un]→(wen): 温(溫), 榅, 瘟, 文, 纹(紋), 闻(聞), 蚊, 吻, 紊, 稳(穩), 问
(問)(4개 影母, 7개 微母)

웅[uŋ]→(weng): 翁, 甕(2개 影母)

위[ui]→(wei): 危, 威, 隈, 微, 煨, 薇, 为(爲), 违(違), 围(圍), 帏(幃), 桅, 帷, 惟, 苇(葦), 尾, 纬(緯), 委, 猥, 卫(衛), 未, 位, 味, 畏, 胃, 喂, 蝟, 慰(8개 影母, 2개 疑母, 8개 微母, 10개 云母)

상술한 음절들은 『한청문감』에 나타난 음절 전체의 수효일 뿐 근대중국어 음절 전체를 대표하지 못한다. 왜냐하면 『한청문감』에 당시 중국어에서 쓰인 소유의 한자들이 다 나타날 수 없기 때문이다.

우리가 만문 운서 『음운봉원(音韻逢源)』(首都师范大学出版社 1915)에서 『한청문감』에 나타나지 않은 음절 11개를 발견하였는데 예를 들면 아래의 음절들이다.

[tʂʻua]: 鸞, 頒(현대중국어에서 "chua"로 읽음)

[nua]: 胹, 妠, 豽(현대중국어에서 "na"로 읽음)

[tua]: 錣(현대중국어에서 "zhui"로 읽음), 窡(현대중국어에서 "zhuo"로 읽음)

[nə]: 呐, 讷(현대중국어에서 "na" 또는 "nə"로 읽음)

[təi]: 得(현대중국어에서 "de"로 읽음)

[pəu]: 抔(현대중국어에서 "pou"로 읽음), 捄(현대중국어에서 "pu"로 읽음)

[nəu]: 獳, 醹(현대중국어에서 "ru"로 읽음)

[xin]: 欣, 廞, 忻, 焮, 歆, 昕…(현대중국어에서 "xin"으로 읽음)

[ɕiuŋ]: 觲, 騂(현대중국어에서 "xing"으로 읽음)

[ʐˌəŋ]: 扔, 仍, 訥(현대중국어에서 "reng"으로 읽음)

[tɕiuan]: 腃(현대중국어에서 "juan"으로 읽음), 吮(현대중국어에서 "shun"으로 읽음)

『한청문감』에 나타난 것과 같은 누락 현상은『음운봉원(音韻逢源)』에서도 나타날 수 있는 것이다. 그러므로 근대중국어 음절 총수의 통계는 진일보의 심입되는 연구가 기대된다.

제6장

현대중국어 어음 내원

제1절 현대중국어 성모 내원

  본 절에서는 주로 현대중국어 성모의 내원을 고찰하게 된다. 현대중국어 성모의 총수는 24개로, 『한청문감』시기의 성모와 같다. 아래의 내원 해석에서 화살표 왼쪽의 음은 『광운』성모의 발음이고, 가운데의 음은 『한청문감』성모의 발음이고, 오른쪽의 음은 현대중국어 성모의 발음이다.

一. 순음 [p], [p'], [m], [f]의 내원

1. 현대중국어 성모 [p]의 내원

  幫母[p]/滂母[p']/並母[b]/非母[pf]→[p]→[p]:
  八, 巴, 疤…, 拌, 镖, 玻…, 步, 部, 簿…, 不…

2. 현대중국어 성모 [p']의 내원

  滂母[p']/幫母[p]/並母[b]/敷母[pf]→[p']→[p']:
  坯, 披, 劈…, 扒, 礕, 拼…, 贫, 嫔, 苹…, 捧…

3. 현대중국어 성모 [m]의 내원

明母[m]/微母[ɱ]→[m]→[m]:

麻, 埋, 冒…, 曼, 娩…

4. 현대중국어 성모 [f]의 내원

非母[pf]/敷母[pfʻ]/奉母[bv]→[f]→[f]:

发, 反, 方, 飞, 分, 风…, 翻, 妨, 费, 纷, 丰, 副…, 伐, 饭, 防, 肥, 焚, 凤, 服…

二. 설음 [t], [tʻ], [n], [l]의 내원

5. 현대중국어 성모 [t]의 내원

端母[t]/定母[d]/知母[tʅ]/澄母[dʅ]/從母[dz]/禪母[z]/疑母[ŋ]→[t]→[t]:

打, 丹, 刀…, 遞, 稻, 大…, 爹…, 瞪…, 蹲…, 石…, 獸…

6. 현대중국어 성모 [tʻ]의 내원

透母[tʻ]/定母[d]→[tʻ]→[tʻ]:

他, 太, 探…, 挑, 邊, 特…

7. 현대중국어 성모 [n]의 내원

泥母[n]/娘母[nʅ]/疑母[ŋ]/來母[l]/端母[t]/日母[nʐz]/影母[ø]→[n]→[n]:

那, 奈, 南…, 奶, 尼, 女…, 霓, 逆, 牛…, 碯, 輦(輦)…, 鸟(鳥)…, 蔫…, 懦…

8. 현대중국어 성모 [l]의 내원

來母[l]/端母[t]→[l]→[l]:
拉, 来, 兰…, 钌…

三. 치두음 [ts], [ts'], [s]의 내원

9. 현대중국어 성모 [ts]의 내원

精母[ʦ]/清母[ʦ']/從母[dz]/莊母[ʧ]/生母[ʃ]→[ʦ]→[ʦ]:
栽, 赞, 早…, 造…, 在, 自, 坐…, 责, 渾, 俎…, 崽…

10. 현대중국어 성모 [ts']의 내원

清母[ʦ']/從母[dz]/邪母[z]/精母[ʦ]/心母[s]/莊母[ʧ]/初母[ʧ']→[ʦ']→
[ts']:
猜, 灿, 此…, 才, 惭, 藏…, 词, 祠, 辞…, 蹙, 挫…, 赐…, 侧…, 册, 测, 策…

11. 현대중국어 성모 [s]의 내원

心母[s]/邪母[z]/生母[ʃ]→[s]→[s]:
萨, 塞, 散, 三…, 似, 松, 俗…, 洒, 嗇, 澀, 搜, …

四. 정치음 [tʂ], [tʂʻ], [ʂ], [ʐ]의 내원

12. 현대중국어 성모 [tʂ]의 내원

知母[ʈ]/澄母[ɖ]/莊母[ʧ]/章母[tɕ]/崇母[ʤ]/從母[dz]/娘母[n̠]/初母[ʧʻ]/
書母[ɕ]/禪母[z]/徹母[ʈʻ]→[tʂ]→[tʂ]:

展, 张, 中…, 丈, 纣, 直…, 扎, 斩, 抓…, 占, 章, 詹…, 寨, 助, 状…, 睁…,
粘…, 挣…, 螫…, 洙…, 祉…

13. 현대중국어 성모 [tʂʻ]의 내원

徹母[ʈʻ]/澄母[ɖ]/初母[ʧʻ]/崇母[ʤ]/昌母[tɕʻ]/禪母[z]/船母[dz]/章母[tɕ]/
生母[ʃ]/書母[ɕ]/知母[ʈ]/見母[k]→[tʂʻ]→[tʂʻ]:

彻(徹), 超, 抽…, 茶, 场, 除…, 衬(襯), 差, 初…, 查, 崇, 床…, 昌, 厂, 冲…,
禅, 常, 臣…, 乘, 船, 唇…, 颤, 捶…, 产, 檫…, 翅, 春…, 睡…, 吃, 喫, 串…

14. 현대중국어 성모 [ʂ]의 내원

生母[ʃ]/書母[ɕ]/船母[dz]/禪母[z]/崇母[ʤ]/心母[s]/昌母[tɕʻ]→[ʂ]→[ʂ]:

煞, 沙, 生…, 搧, 商, 声…, 舌, 剩, 食…, 善, 上, 市…, 士, 仕, 事…, 珊…,
沈, 枢…

15. 현대중국어 성모 [ʐ]의 내원

日母[n̠z]/以母[j]/雲母[ø]/娘母[n̠]→[ʐ]→[ʐ]:

然, 让, 惹, 热, 人…, 容, 蓉, 融, 锐…, 荣…, 纫…

五. 설면음 [tɕ], [tɕʻ], [ɕ]의 내원

16. 현대중국어 성모 [tɕ]의 내원

精母[ts]/從母[dz]/清母[tsʻ]/心母[s]/邪母[z]→[tɕ]→[tɕ]:

积, 祭, 尖, 焦, 津…, 集, 贱, 匠, 捷…, 疽…, 峻…, 烬…

17. 현대중국어 성모 [tɕʻ]의 내원

清母[tsʻ]/從母[dz]/心母[s]/精母[ts]/初母[tʃʻ][z]→[tɕʻ]→[tɕʻ]:

七, 千, 签, 枪, 切…, 齐, 前, 钱, 墙, 樵…, 棲, 鞘…, 籤, 雀, …, 鎗…

18. 현대중국어 성모 [ɕ]의 내원

心母[s]/邪母[z]/曉母[x]/匣母[ɣ]/生母[ʃ]/溪母[kʻ]→[ɕ]→[ɕ]:

西, 先, 相, 肖, 写, 新…, 习, 席, 详, 斜, 旋…, 轩(軒), 萱, 喧, 楦…, 悬, 眩…,
猩…, 隙…

六. 아후음 [k], [kʻ], [x]의 내원

19. 현대중국어 성모 [k]의 내원

見母[k]/群母[g]/溪母[kʻ]/匣母[ɣ]/曉母[x]→[k]→[k]:

改, 甘, 敢, 高, 哥…, 共, 拐, 柜…, 坩, 槁, 槁, 跪…, 缸…, 榖…

20. 현대중국어 성모 [kʻ]의 내원

溪母[kʻ]/見母[k]/群母[g]/曉母[x]/匣母[ɣ]→[kʻ]→[kʻ]:

喀, 开, 勘, 看, 康, 考…, 柯, 胯, 愦, 愧, 崑…, 诓, 狂, 揆, 葵…, 扛, 寇, 况…, 苛, 槛…

21. 현대중국어 성모 [x]의 내원

曉母[x]/匣母[ɣ]/影母[ø]/透母[tʻ]/疑母[ŋ]→[x]→[x]:

海, 汉, 好, 喝, 黑…, 孩, 含, 寒, 号, 合, 汗…, 秽, 蠖…, 痪…, 哈…

七. 반모음 [w], [j]의 내원

22. 현대중국어 성모 [w]의 내원

微母[m]/疑母[ŋ]/影母[ø]/雲母[ø]/匣母[ɣ]→[w]→[w]:

袜, 挽, 晚, 万, 蔓, 亡, 网, 辋, 妄…, 瓦, 玩, 顽, 外…, 窝, 洼, 弯, 剜, 湾…, 王, 往, 旺…, 完…

23. 현대중국어 성모 [j]의 내원

疑母[ŋ]/影母[ø]/雲母[ø]/以母[j]/→[j]→[j]:

牙, 严, 研, 仰, 咬, 业, 宜…, 压, 押, 咽, 烟, 央, 殃, 一…, 炎, 又, 于, 雨, 园, 员, 越, 云, …, 延, 艳, 羊, 阳, 窑, 摇…

八. 제로성모 [ø]의 내원

24. 현대중국어 성모 [ø]의 내원

疑母[ŋ]/影母[ø]/日母[n̠z]→[ø]→[ø]:

[a]阿, 哀, 安, 昂, 敖…, [ə]俄, 鹅, 扼, 而, 儿…, [o]讴, 瓯, 殴, 熰, 呕…

제2절 현대중국어 운모 내원

본 절에서는 『한청문감』으로부터 변화되어 형성된 현대중국어 운모를 정리하게 된다.

『한청문감』의 운모는 모두 43개이고 현대중국어 운모는 모두 37개이다. 그러니 현대중국어 운모가 『한청문감』 시기의 운모보다 6개 적어진 것이다. 이는 시대의 발전에 따라 언어가 점차 간소화되어 감을 말해준다.

우리는 일부분 운모의 변화과정을 더 잘 밝히기 위하여 『화음계몽언해(華音啓蒙諺解)』와 『화어유초(華語類抄)』 및 『음운봉원(音韵逢源)』과 『경음자휘(京音字彙)』에서 기록한 한자의 중국어 독음자료를 이용하여 대비 분석을 하게 된다.

『화음계몽언해』는 19세기 80년대에 한국 이응헌(李応憲)이 편찬한 중국어 회화독본 『화음계몽』을 한글로 번역한 책으로 역자와 간행 년대는 미상이다.

『화어유초』도 19세기 80년대에 나온 책으로 저자와 출판 년대가 미상의 중한 대역사전이다. 한국 충남대학 도서관에 소장된 『화어유초』 속에 『화음계몽언해』의 일부 내용이 들어가 있는 것으로 보아 『화음계몽언해』가 『화어유초』보다 먼저 출판되었을 수 있다. 이 두 책에서는 매개 한자의 중국어 독음을 한글로 기록해 놓았다. 기록된 중국어 발음은 당시의 북경 말이므로 19세기말 중국어 어음연구의 귀중한 참고자료가 된다.

『음운봉원(音韵逢源)』은 1840년 청나라 유은(裕恩)이 만문으로 한자의 중국어발음을 표음한 운서로 근대중국어어음 연구의 귀중한 자료이다.

『경음자휘(京音字彙)』는 왕박(王璞)이 1912년에 북경말을 기준으로 하여 편찬한 동음자전(同音字典)이다. 그러므로 이 책은 20세기 초 북경말 어음 연구의 귀중한 자료이다.

아래의 현대중국어 운모의 내원 표기에서 화살표 왼쪽은 『한청문감』의 발음이고 오른쪽은 현대중국어 발음이다. 운모의 내원 뒤의 "※"는 19세기 말까지 형성되지 않은 현대중국어 운모를 나타낸다.

一. [a]계열 운모 [a], [ai], [an], [aŋ], [ao]의 내원

1. 현대중국어 운모 "a"[a]의 내원

현대중국어 운모 "a"[a]의 거의 모두(115개 글자 가운데의 112개)가 『한청문감』의 [a]에서 오고, 3개가 『한청문감』의 [o]가 [a]로 변하였다.

상술한 상황은 현대중국어 운모 "a"[a]가 이미 『한청문감』시기에 형성되었음을 설명한다.

(1) [a]→"a"[a]

① (假攝1-1麻韵): 巴, 疤, 笆, 吧, 蛤, 麻, 蔴, 拏, 杷, 爬, 跁, 琶, 叉, 杈, 茶, 查, 差, 楂, 沙, 纱(紗), 砂, 租, 渣, 楂, 植, 洼, 撾, 窪, (假攝1-2馬韵): 把, 马(馬), 玛(瑪), 洒(灑), 厦(廈), 傻, 痄, 瓦, (假攝1-3禡韵): 坝(壩), 弝, 覇, 禡, 帕, 怕, 汊, 乍, 诈(詐), 咤, 榨

② (咸攝1-4合韵): 搭, 嗒, 撘, 答, 哈, 拉, 纳(納), 衲, 踏, 杂(雜) (咸攝2-4盍韵): 邋, 腊(臘), 蜡(蠟), 爉, 嗒, 塌, 遢, 塔, 榻, 蹋, (咸攝3-4洽韵): 挿, 劄, 凹, (咸攝7-4乏韵): 乏, 法

③ (山攝1-4曷韵): 达(達), 剌, 喇, 蝲, 撒, 萨(薩), 獭(獺), (山攝2-4末韵): 跋,

魃, (山摄3-4黠韵): 八, 叭, 拔, 察, 扒, 杀(殺), 煞, 紮, 扎, 札, 窀, (山摄4-4鎋

韵): 利, (山摄6-4月韵): 发(發), 伐, 罚(罰), 筏, 髪, 袜(襪)

④ (果摄1-1歌韵): 阿, 他, (果摄1-2哿韵): 那, (果摄1-3箇韵): 大, (口+奈)

⑤ (蟹摄5-1佳韵): 靫, (蟹摄5-2蟹韵): 罢(罷), (蟹摄5-3卦韵): 衩

⑥ (梗摄1-2梗韵): 打, (梗摄1-4陌韵): 喀, 蚱

⑦ (遇摄1-2姥韵): 妈(媽)

⑧ (臻摄1-4没韵): 呐

(2) [o]→"a"[a]

① (假摄1-1麻韵): 蟆, 莎, 粲

2. 현대중국어 운모 "ai"[ai]의 내원

현대중국어 운모 "ai"[ai]의 거의 모두(109개 글자 가운데의 102개)가 『한청
문감』의 [ai]에서 오고, 나머지 7개가 『한청문감』의 [ə]와 [iai]가 [ai]로 변하
였다.

상술한 상황은 현대중국어 운모 "ai"[ai]가 이미 『한청문감』 시기에 형성
되었음을 설명한다.

(1) [ai]→"ai"[ai]

① (蟹摄1-1哈韵): 哀, 埃, 猜, 才, 材, 财(財), 裁, 纔, 欸, 该(該), 陔, 垓, 孩,

颏(頦), 咳, 开(開), 颏(頦), 来(來), 徕(徠), 騋, 腮, 胎, 台, 抬, 苔, 臺, 擡,

薹, 灾(災), 栽, (蟹摄1-2海韵): 采, 採, 彩, 綵(綵), 待, 怠, 改, 海, 醢, 亥,

凯(凱), 宰, (蟹摄1-3代韵): 爱(愛), 碍(礙), 菜, 代, 岱, 玳, 袋, 戴, 概, 槩,

慨, 耐, 鼐, 赛(賽), 态(態), 载(載), 再, 在, (蟹摄2-1泰韵): 霭(靄), 艾, 大,

带(帶), 丐, 盖(蓋), 蓋, 害, 赖(賴), 癞(癩), 奈, 柰, 太, 泰, 外, (蟹摄4-1皆韵):

埋, 排, 崽, 豺, 斋(齋), (蟹摄4-3怪韵): 拜, (蟹摄5-1佳韵): 牌, 簰, 差, 釵,

柴, (蟹摄5-2蟹韵): 矮, 摆(擺), 奶, 买(買), (蟹摄5-3卦韵): 稗, 卖(賣), 派,

晒, 曬, 债(債), (蟹摄6-1夬韵): 败(敗), 迈(邁), 寨

② (梗摄1-4陌韵): 栢, 拍, 宅

(2) [iai]→"ai"[ai]

① (蟹摄1-1咍韵): 埃, (蟹摄4-2骇韵): 挨, 楷, (蟹摄5-3卦韵): 隘

(3) [ə]→"ai"[ai]

① (梗摄1-4陌韵): 白, 窄, 拆

3. 현대중국어 운모 "an"[an]의 내원

현대중국어 운모 "an"[an]은 모두(217개 글자 가운데의 216개)가 『한청문감』
의 [an]에서 왔다. 1개가 『한청문감』의 [ən]이 [an]으로 변하였다.

상술한 상황은 현대중국어 운모 "an"[an]이 이미 『한청문감』 시기에 형성
되었음을 설명한다.

(1) [an]→"an"[an]

① (山摄1-1寒韵): 安, 鞍, 豻, 残(殘), 丹, 单(單), 箪(簞), 肝, 竿, 杆, 干, 乾,

寒, 兰(蘭), 拦(攔), 栏(欄), 灡, 难(難), 掸(撣), 弹(彈), 摊(攤), 滩(灘), 坛(壇),

檀, 珊, (山摄1-2旱韵): 担, 疸, 诞(誕), 罕, 旱, 懒(懶), 伞(傘), 坦, 趱(趲),

(山摄1-3翰韵): 岸, 按, 案, 灿(燦), 掸(撣), 弹(彈), 鳱, 桿(桿), 幹, 汉(漢),

汗, 釬, 翰, 瀚, 看, 烂(爛), 散, 叹(嘆), 炭, 歎, 赞(贊), (山摄2-1桓韵): 瘢,

拌, 馒(饅), 瞒(瞞), 鞔, 蔓, 盘(盤), 蟠, 剜, 豌, 完, (山摄2-2缓韵): 满(滿),

潶(懣), 盌, 椀, 碗, (山摄2-3换韵): 半, 绊(絆), 墁, 幔, 漫, 缦(縵), 镘(鏝),

判, 叛, 玩, (山攝2-4末韻): 捴, 桫, (山攝3-1山韻): 山, (山攝3-2産韻): 产
(產), 铲(鏟), 榗, 盏(盞), 栈(棧), (山攝3-3襉韻): 办(辦), 瓣, 扮, 绽(綻), (山
攝4-1刪韻): 班, 斑, 蠜, 攀, 弯(彎), 湾(灣), 顽(頑), (山攝4-2潸韻): 板, 版,
(山攝4-3諫韻): 慢, 疝, (山攝5-1仙韻): 禅(禪), 缠(纏), 蝉(蟬), 然, 搧, 氊,
毡(氈), 旃, (山攝5-2獮韻): 善, 蟺, 鱓, 展, 辗(輾), (山攝5-3線韻): 颤(顫),
扇, 缮(繕), 膳, 战(戰), (山攝6-1元韻): 番, 蕃, 幡, 藩, 翻, 旛, 矾(礬), 烦(煩),
繁, 緐, (山攝6-2阮韻): 反, 返, 挽, 晚, (山攝6-3願韻): 饭(飯), 贩(販), 曼,
蔓, 万(萬)

② (咸攝1-1覃韻): 叅, 蠶, 耽, 含, 涵, 龛(龕), 堪, 嵁, 男, 南, 楠, 贪(貪), 昙(曇),
潭, 探, 簪, (咸攝1-2感韻): 感, 坎, (咸攝1-3勘韻): 暗, 勘, (咸攝2-1談韻):
惭(慚), 甘, 坩, 泔, 柑, 憨, 蓝(藍), 褴(襤), 篮(籃), 三, 谈(談), 痰, (咸攝2-2敢
韻): 胆(膽), 敢, 橄, 喊, 览(覽), 揽(攬), 榄(欖), 毯, (咸攝2-3闞韻): 擔, 淡,
缆(纜), 滥(濫), 鋻(鑒), 蹔, 暂(暫), (咸攝3-1咸韻): 谗(讒), 馋(饞), (咸攝3-2慊韻): 斩(斬), (咸攝3-3陷韻): 佔, 站, 蘸, (咸攝4-1
衔韻): 巉, 搀(攙), 芟, 衫, (咸攝5-1鹽韻): 黏, 苫, 沾, 粘, 詹, 霑, 占, (咸攝5-2
琰韻): 谄(諂), 染, 闪(閃), (咸攝5-3豔韻): 韂, (咸攝7-1凡韻): 凡, (咸攝7-2範
韻): 範(範), 犯, (咸攝7-3梵韻): 泛

③ (梗攝3-4昔韻): 石

(2) [ən]→"an"[an]

① (咸攝1-2感韻): 糁(糝)

4. 현대중국어 운모 "ang"[aŋ]의 내원

현대중국어 운모 "ang"[aŋ]은 138개 모두가 『한청문감』의 [aŋ]에서 왔다.
상술한 상황은 현대중국어 운모 "ang"[aŋ]이 이미 『한청문감』 시기에 형성되었음을 설명한다.

[aŋ]→"ang"[aŋ]

① (宕摄1-1唐韵): 昂, 帮(幫), 傍, 仓(倉), 苍(蒼), 藏, 藏, 当(當), 珰(璫), 铛(鐺), 裆(襠), 邅, 冈(岡), 刚(剛), 纲(綱), 钢(鋼), 行, 杭, 康, 糠, 郎, 狼, 廊, 瑯, 榔, 螂, 芒, 忙, 茫, 囊, 滂, 旁, 膀, 螃, 桑, 丧(喪), 汤(湯), 唐, 堂, 棠, 塘, 膛, 镗(鏜), 糖, 螳, 赃(臟), 牂, 汪, (宕摄1-2蕩韵): 榜, 档(檔), 党(黨), 荡(蕩), 盪, 慷, 朗, 莽, 蟒, 嗓, 傥, 髒, (宕摄1-3宕韵): 傍, 谤(謗), 挡(擋), 逿, 亢, 抗, 炕, 浪, 钖(鍚), 烫(燙), 脏(臟), 葬, (宕摄2-1陽韵): 方, 坊, 防, 妨, 房, 昌, 菖, 阊(閶), 娼, 鲳(鯧), 肠(腸), 尝(嘗), 常, 膓, 嚐(嚐), 场(場), 长(長), 穰, 瓤, 伤(傷), 商, 张(張), 章, 漳, 璋, 樟, 鬞, 亡, 王, (宕摄2-2養韵): 纺(紡), 彷, 厂(廠), 氅, 壤, 赏(賞), 长(長), 掌, 丈, 仗, 杖, 网(網), 枉, 往, 辋(輞), (宕摄2-3漾韵): 访(訪), 舫, 放, 畅(暢), 倡, 悢, 唱, 让(讓), 上, 尚, 涨(漲), 帐(帳), 账(賬), 障, 妄, 旺, 望

② (江摄1-1江韵): 梆, 缸, 棒, 扛

③ (通摄3-2腫韵): 捧

5. 현대중국어 운모 "ao"[au]의 내원

현대중국어 운모 "ao"[au]의 거의 모두(168개 글자 가운데의 160개)가 『한청문감』의 [ao]에서 오고, 8개가 『한청문감』의 [o], [u]가 "ao"[au]로 변하였다.
상술한 상황은 현대중국어 운모 "ao"[au]가 이미 『한청문감』 시기에 형성되었음을 설명한다.

(1) [ao]→"ao"[au]

① (效摄1-1豪韵): 敖, 獒, 熬, 鳌(鰲), 鏖, 褒, (曹+少), 曹, 漕, 槽, 螬, 刀, 高,

羔, 皋, 膏, 篙, 糕, 稿, 蒿, 毫, 豪, 捞(撈), 劳(勞), 牢, 唠(嘮), 毛, 旄, 猱,
袍, 皴, 骚(騷), 臊, 韬(韜), 縧, 逃, 桃, 萄, 陶, 淘, 槽, 遭, 糟, (效攝1-2皓韵):
袄(襖), 宝(寶), 保, 鸨(鴇), 葆, 抱, 草, 岛(島), 捯, 祷(禱), 擣(擣), 道, 稻,
槁, 槀, 好, 考, 老, 栳, 潦, 恼(惱), 脑(腦), 瑙, 扫(掃), 嫂, 婦, 讨(討), 早,
枣(棗), 蚤, 澡, 藻, 皂, 燥, (效攝1-3號韵): 傲, 奥(奧), 懊, 报(報), 暴, 糙,
导(導), 倒, 到, 盗(盜), 告, 诰(誥), 号(號), 耗, 靠, 涝(澇), 冒, 帽, 瑁, 套,
造, 噪, 躁, 竈, (效攝2-1肴韵)包, 苞, 胞, 猫(貓), 茅, 铙(鐃), 抛, 咆, 狍, 跑,
泡, 刨, 麅, 抄, 弰, 梢, 艄, (效攝2-2巧韵): 饱(飽), 鼥, 卯, 昴, 挠(撓), 炒,
爪, (效攝2-3效韵): 豹, 鉋(鉋), 爆, 貌, 闹(鬧), 砲, 疱, 礮, 稍, 哨, 勒, 筲,
罩, (效攝3-1宵韵): 朝, 招, 昭, 超, 潮, 烧(燒), 韶, (效攝3-2小韵): 扰(擾),
邈, 少, 兆, (效攝3-3笑韵): 绕(繞), 诏(詔), 照

② (宕摄1-4鐸韵): 烙, 酪, 络(絡), (宕摄2-4藥韵): 勺

③ (流攝1-3侯韵): 茂, (流攝2-1尤韵): 蝥

④ (江摄1-4覺韵): 雹, 剥(剝)

(2) [o]→"ao"[au]

① (效攝1-2皓韵): 宝(寶), (效攝1-3號韵): 报(報), (效攝2-3效韵): 棹

② (宕摄1-4鐸韵): 薄, 凿(鑿), (宕摄2-4藥韵): 芍

(3) [u]→"ao"[au]

① (效攝1-2皓韵): 堡, (效攝1-3號韵): 纛

二. [ə]계열 운모 [ə], [ei], [ən], [əŋ], [ɚ]의 내원

6. 현대중국어 운모 "e"[ə]의 내원

현대중국어 운모 "e"[ə]의 대다수(123개 글자 가운데의 98개)가 『한청문감』의 [ə]에서 오고, 전체의 20%인 25개가 『한청문감』의 [o], [a], [u], [ai], [iao], [io]가 "e"[ə]로 변하였다.

상술한 상황은 현대중국어 운모 "e"[ə]의 80%가 이미 『한청문감』 시기에 형성되었음을 설명한다.

(1) [ə]→"e"[ə]

① (梗攝1-4陌韻): 额(額), 茗, 挌, 格, 吓(嚇), 客, 泽(澤), 拆, (梗攝2-4麥韻): 蟇, 册(冊), 策, 厄, 扼, 革, 隔, 槅, 膈, 核, 脉(脈), 责(責), 帻(幘), (梗攝3-4昔韻): 螫

② (果攝1-1歌韻): 阿, 讹(訛), 蛾, 哥, 歌, 荷, 苛, 柯, (果攝1-2哿韻): 可, (果攝1-3箇韻): 個, 笴, 軻, (果攝2-1戈韻): 囮, 戈, 稞

③ (假攝1-1麻韻): 遮, 车(車), 奢, 蛇, (假攝1-2馬韻): 捨, 社, 惹, 者, 赭, (假攝1-3禡韻): 舍, 射, 赦, 麝, 蔗, 鹧(鷓)

④ (山攝1-4曷韻): 割, 葛, 喝, 鹖(鶡), 褐, 渴, (山攝5-4薛韻): 彻(徹), 掣, 热(熱), 舌, 设(設), 折, 折, 萨, 辙(轍)

⑤ (曾攝1-4德韻): 得, 德, 刻, 勒, 肋, 塞, 特, 则(則), (曾攝2-4職韻): 侧(側), 测(測), 恻(惻), 啬(嗇), 仄, 色

⑥ (咸攝1-4合韻): 哈, 合, 鸽(鴿), 蛤, (咸攝2-4盍韻): 磕, (咸攝5-4葉韻): 涉, 摺

⑦ (深攝1-4緝韻): 涩(澀), 蛰(蟄), 蛰, 溮

⑧ (宕攝1-4鐸韻): 恶(惡), 肟, 胳, 各

⑨ (蟹摄1-2海韵): 頯(頯)

⑩ (臻摄4-2櫛韵): 瑟

(2) [o]→"e"[ə]

① (果摄1-1歌韵): 俄, 鹅(鵝), 蛾, 哦, 何, 河, 搓, (果摄1-3箇韵): 饿(餓), (果摄2-1戈韵): 和, 科, 蝌, (果摄2-3過韵): 课(課)

② (宕摄1-4鐸韵): 阁(閣), 噩, 鹤(鶴), 貉, 乐(樂)

③ (山摄1-4曷韵): 阏(閼)

④ (咸攝1-4合韵): 盒

(3) [a]→"e"[ə]

① (山摄5-4薛韵): 蜇, (梗摄1-4陌韵): 咋

(4) [u]→"e"[ə]

① (梗摄2-4麥韵): 核

(5) [ai]→"e"[ə]

① (梗摄2-4麥韵): 楉

(6) [iao]→"e"[ə]

① (梗摄2-4麥韵): (礻+敫)

(7) [io]→"e"[ə]

① (江摄1-2講韵): 壳(殼)

7. 현대중국어 운모 "ei"[ei]의 내원※

현대중국어 운모 "ei"[ei]의 대다수(62개 글자 가운데의 51개)가 『한청문감』의 [əi]가 변하여 되고, 11개가 『한청문감』의 [ui], [ə], [o], [u]가 "ei"[ei]로 변하였다.

상술한 상황은 『한청문감』 시기에 현대중국어 운모 "ei"[ei]가 형성되지 않았음을 설명한다.

현대중국어에서 "ei"[ei]로 발음되는 한자들이 『화음계몽언해』와 『화어유초』에서의 발음은 아래와 같다.

(1) 운모 [əi]로 표기된 것

贝[pəi/pə], 备[pəi], 盃[pəi], 辈[pəi], 背[pəi], 北[pəi], 鞴[pəi], 被[pəi], 肺[fəi], 费[fəi], 飞[fəi], 妃[fəi], 肥[fəi], 给[kəi], 黑[xəi], 累[ləi], 雷[ləi], 肋[ləi], 妹[məi], 没[məi], 媒[məi], 眉[məi], 煤[məi], 梅[məi], 内[nəi], 陪[pʻəi], 赔[pʻəi]

(2) 운모 [i]/[u]로 표기된 것

卑[pi], 類[lu]

『음운봉원(音韵逢源)』(首都师范大学出版社. 2015)(315-318쪽)에서의 발음은 아래와 같다.

(1) 운모 [əi]로 표기된 것

[p]北, 贝, 卑, 被, 倍, 悲, 背, 備, 犕……

[pʻ]辔, 呸, 披, 丕, 邳, 伾, 秠……

[m]美, 眉, 媚, 袂, 魅, 楣, 湄, 瑂……

[f]非, 飞, 费, 肥, 妃, 菲, 霏, 匪, 斐, 肺, 沸……

[l]涙, 肋, 勒

[t]得, 德

『경음자휘』에서도 운모 [əi]로 표기되어 있는데 예를 들면 아래와 같다.

[kəi](500쪽): 给

[xəi](507쪽): 嘿, 黑

[təi](340쪽): 得

[ləi](386쪽): 磊, 類, 雷, 累, 壘, 涙, 儡, 勒, 礧, 耒, 擂

[nəi](392쪽): 内, 餒, 内, (食+委)

[p'əi](231쪽): 呸, 配, 陪, 佩, 赔, 胚, 培, 辔, 沛, 裴, 霈

[pəi](231쪽): 杯, 背, 北, 被, 悲, 輩, 卑, 備, 貝, 焙, 箄

[məi](241쪽): 美, 每, 没, 梅, 煤, 昧, 媚, 魅, 媒, 枚, 霉

[fəi](257쪽): 非, 妃, 肥, 沸, 飛, 匪, 廢, 腓, 扉, 蜚, 吠

[tsəi](278쪽): 賊

상술한 상황은 현대중국어 운모 "ei"[ei]가 20세기 10년대 이후에 형성되었음을 말해준다.

『한청문감』의 [əi]가 현대중국어의 "ei"[ei]로 변하려면 가운데 모음 [ə]가 앞모음 [e]로의 변화가 요구된다. 이 변화가 왜서? 언제? 일어났는가가 참답게 연구되어야 할 과제이다.

(1) [əi]→"ei"[ei]

① (止攝1-1支韵): 卑, 碑, 椑, (止攝1-2紙韵): 被, 婢, 累, (止攝2-1脂韵): 悲, 羆, 眉, (止攝2-2旨韵): 诔(誄), 壘(蠱), 美, (止攝2-3至韵): 备(備), 泪(涙),

媚, 魅, 彎(彎), (止攝4-1微韻): 飞(飛), 妃, 非, 肥, 痱, (止攝4-2尾韻): 榧,

(止攝4-3未韻): 翡, 费(費), 痢

② (蟹攝2-1泰韻): 贝(貝), 狈(狽), (蟹攝3-1灰韻): 盃, 玫, 梅, 媒, 煤, 陪, 培,

(蟹攝3-2賄韻): 每, (蟹攝3-3隊韻): 背, 悖, 辈(輩), 誖, 褙, 妹, 昧, 内(內),

佩, 配, (蟹攝4-3怪韻): 惫(憊), (蟹攝8-1廢韻): 吠, 肺, 废(廢)

③ (曾攝1-4德韻): 贼(賊)

(2) [ui]→"ei"[ei]

① (蟹攝3-1灰韻): 隈, 煨, 桅, (止攝1-3眞韻): 累, (止攝2-2旨韻): 㬎, 鸓

(3) [ə]→"ei"[ei]

① (曾攝1-4德韻): 北, 黑, 蟊

(4) [o]→"ei"[ei]

① (蟹攝2-1泰韻): 沫

(5) [u]→"ei"[ei]

① (止攝4-3未韻): 狒

8. 현대중국어 운모 "en"[ən]의 내원

현대중국어 운모 "en"[ən]의 대다수인 82개(총수의 83%)가 『한청문감』의 [ən]에서 오고, 17개(총수의 17%)가 『한청문감』의 [un], [in]이 변하여 이루어졌다.

상술한 상황은 현대중국어 운모 "en"[ən]의 다수가 이미 『한청문감』 시기에 형성되었음을 설명한다.

(1) [ən]→"en"[ən]

① (臻摄1-1痕韵): 恩, 根, 跟, 痕, (臻摄1-2很韵): 很, 垦(墾), 恳(懇), (臻摄1-3恨韵): 艮, 茛, 恨, (臻摄2-1魂韵): 奔, 门(門), 扪(捫), 喷(噴), 盆, 歆, (臻摄2-2混韵): 本, 笨, (臻摄2-3恩韵): 闷(悶), 懑(懣), (臻摄3-1真韵): 嗔, 臣, 尘(塵), 辰, 陈(陳), 宸, 晨, 纫(紉), 申, 伸, 身, 神, 珍, 真, 肾(腎), 胗, 轸(軫), 疹, 趁, 衬(襯), 刃, 认(認), 仞, 慎, 愼, 阵(陣), 振, 赈(賑), 震, 镇(鎮), 鎭, 榛, 分, 纷(紛), 坟(墳), 焚, 豮, 鐼, 粉, 愤(憤), 奋(奮), 忿, 粪(糞)

② (深摄1-1侵韵): 参(參), 沉, 深, 蔘, 针(針), 砧, 斟, 箴, 鍼, (深摄1-2寝韵): 稔, 沈(瀋), 审(審), 婶(嬸), 魫, 枕, (深摄1-3沁韵): 甚, 渗(滲)

③ (曾摄1-2等韵): 肯

④ (梗摄3-1清韵): 贞(貞)

(2) [un]→"en"[ən]

① (臻摄1-4没韵): 榲, (臻摄2-1魂韵): 温(溫), 瘟, (臻摄2-2混韵): 稳(穩) (臻摄3-3震韵): 蜃, (臻摄7-1文韵): 分, 荤(葷), 文, 纹(紋), 闻(聞), 蚊, (臻摄7-2吻韵): 吻, (臻摄7-3問韵): 紊, 问(問)

(3) [in]→"en"[ən]

① (深摄1-3沁韵): 任

② (臻摄3-1真韵): 人, 仁

9. 현대중국어 운모 "eng"[əŋ]의 내원

현대중국어 운모 "eng"[əŋ]의 절대다수인 102개(총수의 88%)가 『한청문감』의 [əŋ]에서 오고, 일부분인 15개(총수의 12%)가 『한청문감』의 [uŋ], [aŋ]이 변하여 이루어졌다.

상술한 상황은 현대중국어 운모 "eng"[əŋ]의 절대다수가 이미 『한청문감』 시기에 형성되었음을 설명한다.

(1) [əŋ]→"eng"[əŋ]

① (梗攝1-1庚韵): 庚, 羹, 更, 亨, 哼, 横(橫), 衡, 坑, 虻, 盟, 烹, 磞, 彭, 棚, 撑(撐), 樘, 生, 牲, 笙, 甥, (梗攝1-2梗韵): 梗, 冷, 猛, 省, (梗攝1-3映韵): 趼, 孟, 膨, 掌, 鋥, (梗攝2-1耕韵): 绷(繃), 耕, 弸, 研, 争(爭), 筝(箏), 挣, 橙, (梗攝3-1清韵): 赪, 成, 呈, 诚(誠), 城, 宬, 珵, 程, 盛, 声(聲), 怔, 钲(鉦), (梗攝3-2静韵): 逞, 睁(睜), 整, (梗攝3-3劲韵): 圣(聖), 盛, 正, 证(証), 政

② (曾攝1-1登韵): 层(層), 灯(燈), 登, 蹬, 恆(恆), 楞, 能, 朋, 鹏(鵬), 僧, 腾(騰), 誊(謄), 滕, 藤, 籐, 曾, 增, 憎, 罾, (曾攝1-2等韵): 莘, 等, (曾攝1-3嶝韵): 蹭, (曾+刂), 澄, 凳, 镫(鐙), (曾攝2-1蒸韵): 称(稱), 丞, 承, 乘, 惩(懲), 澄, 升, 陞, 绳(繩), 胜(勝), 征, 烝, 蒸, 症(癥), 徵, 缯(繒), (曾攝2-3證韵): 秤, 剩, 瞪

③ (通攝1-1東韵): 蒙, 濛, 濛, 朦, 曚, 蓬, 篷, 翁, (通攝1-2董韵): 懵, 蠓, (通攝1-3送韵): 梦(夢), 甕, (通攝2-1冬韵): 疼, (通攝3-1鍾韵): 烽, 蜂, 逢, (通攝3-2腫韵): 捧, (通攝3-3用韵): 缝(縫)

(2) [uŋ]→"eng"[əŋ]

① (通攝1-1東韵): 丰(豐), 风(風), 枫(楓), 疯(瘋), (通攝1-3送韵): 讽(諷), 凤(鳳), (通攝3-1鍾韵): 封, 峰, 葑, 锋(鋒), 豊, (通攝3-2腫韵): 奉, (通攝3-3用韵): 缝(縫), 俸

(3) [aŋ]→"eng"[əŋ]

① (梗攝1-1庚韵): 珩

10. 현대중국어 운모 "er"[ə]의 내원

현대중국어 운모 "er"[ə]은 모두(10개)가 『한청문감』의 [ə]에서 왔다.

상술한 상황은 현대중국어 운모 "er"[ə]이 이미 『한청문감』 시기에 형성되었음을 설명한다.

　　[ə]→"er"[ə]

　　① (止攝1-1支韵): 兒(兒), (止攝1-2紙韵): 尔(爾), (止攝2-3至韵): 二, 貳(貳),

　　　　(止攝3-1之韵): 而, (止攝 3-2止韵): 耳, 洱, (止攝 3-3志韵): 饵(餌), 珥, 刵

三. [i]계열 운모 [i], [ɿ], [ʅ], [ia], [iæn], [iaŋ], [iau], [ie], [in], [iŋ], [iuŋ], [iou]의 내원

11. 현대중국어 운모 "i"[i]의 내원

현대중국어 운모 "i"[i]의 거의 전부인 324개(총수의 98.8%)가 『한청문감』의 [i]에서 오고, 극소수인 4개(총수의 1.2%)가 『한청문감』의 [iui]와 [əi]가 변하여 이루어졌다.

상술한 상황은 현대중국어 운모 "i"[i]의 거의 전부가 이미 『한청문감』 시기에 형성되었음을 설명한다.

　　(1) [i]→"i"[i]

　　① (蟹攝3-1灰韵): 坏, (蟹攝7-1祭韵): 敝, 蔽, 弊, 际(際), 祭, 艺(藝), 呓(囈),

　　　　厉(厲), 例, (蟹攝9-1齊韵): 篦, 低, 隄, 堤, 氐, 鸡(鷄), 稽, 雞, 犁, 黎, 藜,

　　　　迷, 泥, 霓, 麑, 批, 妻, 棲, 齐(齊), 脐(臍), 畦, 蛴(蠐), 梯, 提, 啼, 遆, 递,

鹈(鵜), 缇(緹), 题(題), 蹄, 騠, 西, 犀, 磾, 鸂, (蟹摄9-2薺韵): 陛, 抵, 底,

递(遞), 济(濟), 荠(薺), 礼(禮), 米, 啓, 体(體), 醴, 悌, 洗, (蟹摄9-3霽韵):

闭(閉), 弟, 帝, 第, 蒂, 棣, 禘, 蔕, 挤(擠), 计(計), 继(繼), 髻, 隶(隸), 荔,

棣, 丽(麗), 繫, 緆, 契, 砌, 屉, 剃, 涕, 替, 系, 细(細), 暳, 翳

② (止摄1-1支韵): (麻+黍), 罢(罷), 裨, 螭, 犄, 羁(羈), 璃, 弥(彌), 麋, 醿, 醨,

披, 皮, 脾, 罴(羆), 奇, 离, 骊(驪), 鹂(鸝), 羅, 離, 蠡, 籬, 奇, 祇, 崎, 骑(騎),

牺(犧), 仪(儀), 宜, 移, 椅, 虵, (止摄1-2紙韵): 彼, 伎, 技, 妓, 靡, 蚁(蟻),

倚, (止摄1-3寘韵): 鼻, 避, 寄, 寄, 骑(騎), 戏(戲), 戱, 义(義), 议(議), (止摄

2-1脂韵): 呢, 尼, (丕+鳥), 纰(紕), 枇, 毘, 琵, 貔, 梨, 蜊, 祁, 伊, 夷, 姨,

桋, 胰, 遗(遺), 彝, (止摄2-2旨韵): 比, 秕, 鄙, 几, 麂, 痞, (止摄2-3至韵):

庇, 地, 季, 悸, 骥(驥), 利, 痢, 腻(膩), 屁, 弃, 器, 劓, (止摄3-1之韵): 箕,

狸, 貍, 釐, 期, 欺, 其, 骐(騏), 琪, 棋, 碁, 旗, 麒, 嘻, 医(醫), 疑, (止摄 3-2止

韵): 己, 纪(紀), 李, 里, 娌, 理, 裡, 裏, 鲤(鯉), 拟(擬), 你, 杞, 起, 喜, 已,

以, (止摄 3-3志韵): 记(記), 忌, 其, 吏, 异, 意, (止摄4-1微韵): 讥(譏), 叽(嘰),

饥(饑), 玑(璣), 机(機), 矶(磯), 畿, 饑, 幾, 祈, 希, 稀, 衣, 依, (止摄4-2尾韵):

虮(蟣), 岂(豈), (止摄4-3未韵): 既, 气(氣)

③ (梗摄1-4陌韵): 展, 戟, 逆, 隙, (梗摄3-4昔韵): 碧, 璧, 辟, 积(積), 耤, 鹡(鶺),

籍, 脊, 跡, 鲫(鯽), 蹟, 僻, 夕, 昔, 惜, 席, 蓆, 译(譯), 易, 驿(驛), 益, (梗摄4-4

錫韵): 壁, 的, 滴, 荻, 敌(敵), 笛, 觋(覡), 翟, 击(擊), 激, 绩(績), 溺, 劈, 癖,

僻, 戚, 剔, 踢, 析, 锡(錫), 历(歷), 苈(藶), 沥(瀝), 栎(櫟), 癧

④ (臻摄3-4質韵): 笔(筆), 必, 毕(畢), 哔(嗶), 弼, 跸(蹕), 吉, 蒺, 嫉, 栗, 蜜,

匹, 疋, 七, 漆, 日, 膝, 一, 乙, 逸, 溢, 镒(鎰), (臻摄5-4迄韵): 乞

⑤ (深摄1-4缉韵): 给(給), 缉(緝), 及, 级(級), 急, 集, 立, 笠, 粒, 袭(襲), 习(習),

吸, 揖

⑥ (曾摄2-4職韵): 逼, 即, 極(極), 棘, 稷, 匿, 息, 亿(億), 翼, 力

(2) [iui]→"ï"[i]

① (曾摄2-4職韵): 尉

② (梗摄3-4昔韵): 役, 疫

(3) [əi]→"ï"[i]

① (蟹摄9-3霽韵): 戾

12. 현대중국어 운모 "ï"[ɿ]의 내원

현대중국어 운모 "ï"[ɿ]의 모두(50개)가 『한청문감』의 [ɿ]에서 왔다.

상술한 상황은 현대중국어 운모 "ï"[ɿ]가 이미 『한청문감』 시기에 형성되었음을 설명한다.

[ɿ]→"ï"[ɿ]

① (止攝1-1支韵): 呲, 玼, 雌, 斯, 撕, 髭, (止攝1-2紙韵): 此, 跐, 紫, (止攝1-3寘韵): 疵, 刺, 賜(賜), 澌, (止攝2-1脂韵): 私, 蛳(螄), 咨, 资(資), 谘(諮), (止攝2-2旨韵): 死, 兕, 秭, (止攝2-3至韵): 次, 四, 泗, 驷(駟), 自, (止攝3-1之韵): 词(詞), 祠, 辞(辭), 慈, 磁, 鹚(鷀), 鷥, 司, 丝(絲), 思, 鷥(鷥), 缁(緇), 孳, 滋, 鶿, (止攝3-2止韵): 似, 巳, 祀, 子, 滓, 梓, (止攝 3-3志韵): 寺, 嗣, 字

13. 현대중국어 운모 "ï"[ʅ]의 내원

현대중국어 운모 "ï"[ʅ]의 거의 전부(110개)가 『한청문감』의 [ʅ]에서 오고, 1개가 [ai]가 변하여 이루어졌다.

상술한 상황은 현대중국어 운모 "ï"[ʅ]가 이미 『한청문감』 시기에 형성되었음을 설명한다.

(1) [ʅ]→"i" [ʅ]

① (止攝1-1支韵): 眵, 池, 驰(馳), 篪, 祇, 匙, 支, 枝, 知, 肢, 梔(梔), 蜘, 施, (止攝1-2紙韵): 只, 纸(紙), 枳, 氏, 是, (止攝1-3寘韵): 翅, 智, (止攝2-1脂韵): 师(師), 狮(獅), 屍, 蓍, 鸱(鴟), 迟(遲), 墀, 脂, (止攝2-2旨韵): 旨, 指, 雉, 矢, 屎, (止攝2-3至韵): 至, 致, 鸷(鷙), 示, 视(視), 嗜, 諡, (止攝3-1之韵): 笞, 持, 縒, 之, 芝, 诗(詩), 时(時), (止攝 3-2止韵): 齿, 耻(恥), 史, 使, 始, 士, 仕, 市, 止, 祉, 徵, 痔, (止攝 3-3志韵): 值, 志, 治, 痣, 誌, 事, 侍, 试(試), 殖

② (臻攝3-4質韵): 叱, 失, 实(實), 室, 姪, 秩, (臻攝4-2櫛韵): 虱, (臻攝5-4迄韵): 吃, 喫

③ (曾攝2-4職韵): 勑, 识(識), 食, 蚀(蝕), 式, 饰(飾), 餙, 织(織), 直, 职(職), 殖

④ (梗攝2-4麥韵): 勑, (梗攝3-4昔韵): 尺, 蚇, 赤, 石, 适(適), 释(釋), 炙, 掷(擲)

⑤ (蟹攝7-1祭韵): 世, 势(勢), 筮, 誓, 制, 滞(滯), 製

⑥ (深攝1-4緝韵): 什, 湿(濕), 十, 拾, 习(習), 执(執)

(2) [ai]→"i" [ʅ]

① (止攝1-2紙韵): 豸

14. 현대중국어 운모 "ia"[ia]의 내원

현대중국어 운모 "ia"[ia]의 거의 전부(50개)가 『한청문감』의 [ia]에서 오고, 3개가 [iai]가 변하여 이루어졌다.

상술한 상황은 현대중국어 운모 "ia"[ia]가 이미 『한청문감』 시기에 형성되었음을 설명한다.

(1) [ia]→"ia"[ia]

① (假攝1-1麻韵): 丫, 鸦(鴉), 桠(椏), 牙, 芽, 衙, 呀, 加, 枷, 痂, 家, 枷, 笳, 嘉, 虾(蝦), 鰕, 霞, 毹, (假攝1-2馬韵): 啞(啞), 雅, 下, 夏, 假, (假攝1-3禡韵): 讶(訝), 砑, 唬, 暇, 傢, 价(價), 驾(駕), 架, 嫁

② (咸攝3-4洽韵): 袷(袷), 夾(夾), 掐, 峇, 洽, 恰, 狭(狹), 祫, (咸攝4-4狎韵): 甲, 匣, 压(壓), 押, 鸭(鴨), (咸攝8-4帖韵): 荚(莢)

③ (山攝3-4黠韵): 轧(軋), (山攝4-4鎋韵): 瞎, 鳠, 辖(轄)

(2) [iai]→"ia"[ia]

① (蟹攝5-1佳韵): 厓, 崖, 涯

15. 현대중국어 운모 "ian"[iæn]의 내원※

현대중국어 운모 "ian"[iæn]의 거의 전부(190개)가 『한청문감』의 [ian]이 변하여 되고, 1개가 [iuan]이 변하여 이루어졌다.

상술한 상황은 『한청문감』 시기에 현대중국어 성모 "ian"[iæn]이 아직 형성되지 않았음을 의미한다. 왜냐하면 『한청문감』 시기의 운모 [ian]과 현대중국어 운모 "ian"[iæn]의 주요모음의 음가가 완전히 다르기 때문이다. 즉 『한청문감』 운모의 주요모음 [a]는 가운데 모음, 낮은 모음이고, 현대중국어 운모의 주요모음 [æ]는 앞 모음, 반 낮은 모음이므로 확연히 구별되는 두 가지 모음이다.

현대중국어에서 "ian"[iæn]으로 발음되는 한자들이 『음운봉원』(195-200쪽)에서 운모 [ian]으로 표기되었는데 예를 들면 아래와 같다.

[kian]: 堅, 间, 肩, 简, 建, 姦
[kʻian]: 欠, 牵, 乾, 遣, 歉, 谦

[ian]: 眼, 言, 研, 砚, 严, 彦, 岩

[tian]: 典, 电, 甸, 点, 殿, 掂, 巅

[t'ian]: 天, 田, 忝, 添, 甜, 钿, 腆

[nian]: 念, 年, 粘, 碾, 黏, 蹍, 輦

[pian]: 边, 便, 变, 编, 弁, 卞, 蝙

[p'ian]: 片, 篇, 骗, 翩, 扁, 偏, 蹁

[mian]: 面, 綿, 眠, 免, 缅, 棉, 眄

[tɕian]: 尖, 箭, 剪, 煎, 渐, 荐, 笺

[tɕ'ian]: 千, 前, 倩, 钱, 仟, 杄, 潜

[ɕian]: 先, 线, 仙, 跹, 铣, 鲜, 洗

[xian]: 现, 絃, 献, 贤, 險, 宪, 限

[lian]: 连, 脸, 廉, 联, 帘, 练, 鍊, 楝

현대중국어에서 "ian"[iæn]으로 발음되는 한자들이 『화음계몽언해』와 『화어유초』에서의 발음은 아래와 같다.

(1) 운모 [ian]으로 표기된 것
件[tɕian], 建[tɕian], 间[tɕian], 监[tɕian], 见[tɕian], 尖[tɕian], 贱[tɕian], 姦[tɕian], 肩[tɕian], 检[tɕian], 拣[tɕian], 剑[tɕian], 箭[tɕian], 癇[tɕian], 苋[tɕian], 眼[ian]

(2) 운모 [iən]으로 표기된 것
边[piən], 编[piən], 鞭[piən], 匾[piən], 便[piən], 辮[piən], 点[tiən], 典[tiən], 點[tiən], 甸[tiən], 店[tiən], 癲[tiən], 奠[tiən], 殿[tiən], 笕[giən], 连[liən], 憐[liən], 脸[liən], 练[liən], 鍊[liən], 联[liən], 奩[liən], 莲[liən], 镰[liən], 鰱[liən], 年[niən], 念[niən], 粘[niən], 撚[niən], 碾[niən], 偏[p'iən],

片[pʻiən], 千[tɕʻiən], 钱[tɕʻiən], 浅[tɕʻiən], 韆[tɕʻiən], 欠[tɕʻiən], 前
[tɕʻiən], 天[tʻiən], 添[tʻiən], 田[tʻiən], 填[tʻiən], 佃[tʻiən], 钿[tʻiən], 閒
[ɕiən], 嫌[ɕiən], 县[ɕiən], 现[ɕiən], 仙[ɕiən], 先[ɕiən], 鲜[ɕiən], 弦[ɕiən],
醎[ɕiən], 现[ɕiən], 县[ɕiən], 线[ɕiən], 献[ɕiən], 言[iən], 颜[iən], 眼[iən],
烟[iən], 盐[iən], 演[iən], 燕[iən], 醃[iən], 沿[iən], 簷[iən], 宴[iən], 鷰[iən]

(3) 운모 [uən]으로 표기된 것
絃[ɕuən], 宪[ɕuən], 繭[tɕuən]

(4) 운모 [iŋ]으로 표기된 것
靘[tiŋ]

현대중국어에서 "ian"[iæn]으로 발음되는 한자들이 『경음자휘』에서는 『화
어유초』의 발음과 마찬가지로 [ian]과 [iən]으로 분화되었다. 예를 들면 아
래와 같다.

(1) 운모 [ian]으로 표기된 것
[lian](399쪽): 連, 聯, 憐, 簾, 璉, 臉, 敛, 練, 戀, 殮, 楝, 煉
[tɕʻian](429쪽): 千, 前, 欠, 浅, 倩, 遷, 牵, 钱, 騫, 乾, 茜
[tɕian](432쪽): 尖, 间, 劍, 堅, 简, 监, 建, 見, 箭, 肩, 减
[ɕian](450쪽): 先, 现, 仙, 线, 鲜, 贤, 献, 絃, 羡, 宪, 衔

(2) 운모 [iən]으로 표기된 것
[iən](461쪽): 言, 燕, 眼, 研, 烟, 延, 宴, 演, 岩, 沿, 嚴, 妍
[tʻiən](376쪽): 天, 添, 田, 塡, 舔, 恬, 撱, 腆, 靦, 忝, 闐
[tiən](377쪽): 点, 店, 淀, 甸, 典, 佃, 奠, 垫, 电, 巅, 巅, 颠

[niən](394쪽): 年, 捻, 拈, 碾, 艅, 念, 蹂, 黏, 撵, 撚, 跈

[pʻiən](260쪽): 篇, 偏, 片, 翩, 骗, 扁, 胼, 谝, 梗, 騗

[piən](261쪽): 便, 編, 鞭, 弁, 卞, 辨, 匾, 遍, 蝙, 鳊, 緶

[miən](267쪽): 棉, 面, 眠, 免, 勉, 勔, 湎, 娩, 沔, 眄, 綿

우리는 위의 자료를 통하여 아래의 몇 가지를 알아낼 수 있다.

첫째, 『한청문감』 시기의 [ian]이 [ian]→[iən]→[iæn]으로의 변화과정을 거쳐 현대중국어의 [iæn]으로 되었다. 19세기 말부터 20세기 초 사이의 문헌에 [ian]과 [iən]이 공존해 있었다는 사실은 [ian]이 [iən]으로의 변화가 진행 중이었음을 설명한다. 그러니 [ian]→[iən]→[iæn] 변화의 완성은 20세기 10년대 이후의 일이라고 보아야 할 것이다.

둘째, 근대중국어에서 나타난 [ian]→[iən]→[iæn] 변화의 본질은 운모의 주요모음 [a]의 변화이다. 즉 [a]가 [a]→[ə]→[æ]의 두 개 단계의 변화를 가져온 것이다. 이 변화는 가운데 낮은 모음 [a]가 먼저 반 높은 가운데 모음 [ə]로 변하고, [ə]가 다시 앞 모음 반 낮은 모음 [æ]로 변하였다. 이러한 변화를 인기시킨 주요한 원인은 운모의 앞 모음 운두 [i]가 뒤의 모음을 앞으로 이끈 데 있다.

셋째, 중국어 견모(见母)의 구개음화가 폭넓게 진행되었다. 『한청문감』 시기에는 견모의 구개음화가 나타나지 않았으나 19세기 말에는 견모의 많은 한자들이 구개음으로 변하였고 20세기 10년대에는 견모의 구개음화가 완성되었다.

『한청문감』 운모 [ian]의 [a]가 현대중국어 운모 "ian"[iæn]의 [æ]로의 변화가 왜? 언제? 어떻게? 이루어졌는가가 참답게 연구되어야 할 과제이다.

(1) [ian]→"ian"[iæn]

① (山摄1-1寒韵): 奸, (山摄3-1山韵): 艰(艱), 闲(閑), 間, 鹇(鷳), (山摄3-2産

韵): 拣(揀), 简(簡), 限, 眼, (山摄3-3襇韵): 间(間), 苋(莧), (山摄4-1删韵): 颜(顔), (山摄4-3諫韵): 涧(澗), 谏(諫), 鐧, 鴈, (山摄5-1仙韵): 编(編), 鳊, 鞭, 便, 煎, 连(連), 联(聯), 绵(綿), 棉, 蔫, 偏, 篇, 翩, 迁(遷), 铅(鉛), 愆, 韉, 钱(錢), 乾, 仙, 秈, 鲜(鮮), 延, 沿, 筵, (山摄5-2獼韵): 辨, 辩(辯), 剪, 蹇, 件, 珄(璉), 免, 勉, 冕, 湎, 辇(輦), 辗(輾), 浅(淺), 遣, 狝(獮), (山摄5-3線韵): 弁, 变(變), 便, 褊, 遍, 饯(餞), 贱(賤), 濺(濺), 箭, 面, 碾, 骗(騙), 線, 涎, (山摄6-1元韵): 蔫, 言, (山摄6-2阮韵): 偃, 鷗, (山摄6-3願韵): 建, 健, 宪(憲), 献(獻), (山摄7-1先韵): 边(邊), 笾(籩), 萹, 蝙, 颠(顚), 癫(癲), 坚(堅), 肩, 笺(箋), 鹃(鵑), 莲(蓮), 怜(憐), 年, 蹁, 千, 阡, 杄, 牵(牽), 前, 纤(縴), 天, 田, 畋, 填, 先, 趼(趼), 贤(賢), 弦, 舷, 絃, 咽, 胭, 烟(煙), 烟(烟), 研, (山摄7-2銑韵): 扁, 匾, 辫(辮), 典, 茧(繭), 撚, 显(顯)

② (咸攝3-1咸韵): 喊, 咸, 醎, (咸攝3-2謙韵): 减(減), 鹻, 脸(臉), (咸攝3-3陷韵): 陷, (咸攝4-1銜韵): 衔(銜), 啣, 巖, (咸攝4-2檻韵): 槛(檻), (咸攝4-3鑑韵): 监(監), 鑑, (咸攝5-1鹽韵): 尖, 廉, 臁, 镰(鐮), 簾, 黏, 粘, 佥(僉), 签(簽), 钤(鈐), 钳(鉗), 籖, 纤(纖), 淹, 炎, 盐(鹽), 阎(閻), 簷, (咸攝5-2琰韵): 俭(儉), 捡(撿), 检(檢), 渐(漸), 敛(斂), 芡, 险(險), 魇(魘), (咸攝5-3豔韵): 殓(殮), 厌(厭), 艳(艷), 验(驗), 赝(贋), 燄, (咸攝6-1嚴韵): 枚, 严(嚴), (咸攝6-3釅韵): 酽(釅), (咸攝7-3梵韵): 剑(劍), 剱, 欠, (咸攝8-1添韵): 鲇(鮎), 谦(謙), 添, 恬, 甜, 嫌, (咸攝8-2忝韵): 点(點), 坫, 店, 玷, 垫(墊), 念, 餂, 嗛, 膁, (咸攝8-3标韵): 鼸, 僣, (咸攝8-4帖韵): 捻

③ (深摄1-1侵韵): 挦(撏)

④ (臻摄7-3問韵): 娩

(2) [iuan]→"ian"[iæn]

① (山摄5-3線韵): 恋(戀)

16. 현대중국어 운모 "iang"[iaŋ]의 내원

현대중국어 운모 "iang"[iaŋ]의 거의 전부(77개)가『한청문감』의 [iaŋ]에서 오고, 2개가 [aŋ]이 변하여 이루어졌다.

상술한 상황은 현대중국어 운모 "iang"[iaŋ]이 이미『한청문감』시기에 형성되었음을 설명한다.

(1) [iaŋ]→"iang"[iaŋ]

① (宕摄2-1陽韵): 浆(漿), 僵, 薑, 殭, 礓, 疆, 韁, 良, 凉, 梁, 粮, 粱, 糧, 娘, 枪(槍), 蜣, 强(強), 墙(墻), 蔷(薔), 樯(檣), 抢(搶), 呛(嗆), 乡(鄉), 相, 香, 厢, 箱, 镶(鑲), 详(詳), 祥, 翔, 央, 殃, 鸯(鴦), 秧, 扬(揚), 羊, 阳(陽), 杨(楊), 旸(暘), 佯, 洋, 颺, (宕摄2-2養韵): 桨(槳), 膙, 两(兩), 享, 响(響), 想, 象, 像, 橡, 养(養), 痒(癢), 漾, (宕摄2-3漾韵): 将(將), 匠, 酱(醬), 亮, 谅(諒), 量, 酿(釀), 跄(蹌), 饷(餉), 向, 嚮, 样(樣)

② (江摄1-1江韵): 江, 豇, 腔, 降, (江摄1-2講韵): 港, 讲(講), 项(項), (江摄1-3絳韵): 降, 绛(絳)

③ (梗摄1-1庚韵): 鎗

(2) [aŋ]→"iang"[iaŋ]

① (宕摄2-2養韵): 仰, (宕摄2-3漾韵): 踉

17. 현대중국어 운모 "iao"[iau]의 내원

현대중국어 운모 "iao"[iau]의 거의 전부(130개)가『한청문감』의 [iao]에서 오고, 6개가 [io]가 변하여 이루어졌다.

상술한 상황은 현대중국어 운모 "iao"[iau]가 이미『한청문감』시기에 형성되었음을 설명한다.

(1) [iao]-›"iao"[iau]

① (效攝2-1肴韵): 交, 郊, 蛟, 跤, 膠, 鵁, 哮, 殽, 敲, 鮹, 爻, (效攝2-2巧韵): 狡, 绞(絞), 搅(攪), 巧, 咬, 齩, (效攝2-3效韵): 饺(餃), 较(較), 教, 窖, 酵, 校, 孝, 校, 效, (效攝3-1宵韵): 标(標), 镖(鏢), 娇(嬌), 骄(驕), 椒, 焦, 鹪(鷦), 苗, 描, 飘(飄), 瓢, 橋, 蹻, 乔(喬), 荞(蕎), 桥(橋), 憔, 樵, 翘(翹), 鸮(鴞), 消, 宵, 绡(綃), 硝, 销(銷), 霄, 妖, 腰, 谣(謠), 摇(搖), 遥, 瑶, 鹞(鷂), (效攝 3-2小韵): 表, 鳔(鰾), 脿, 剽, 剿, 僚, 眇, 秒, 渺, 藐, 悄, 小, 舀, (效攝3-3笑 韵): 裱, 轿(轎), 庙(廟), 漂, 票, 俏, 诮(誚), 峭, 鞘, 肖, 笑, 要, 耀, (效攝4-1萧 韵): 刁, 凋, 貂, 雕, 鹏, 浇(澆), 聊, 獠, 缭(繚), 鹩(鷯), 蟟, 镣(鐐), 撬, 佻, 条(條), 苕, 调(調), 跳, 枭(梟), 骁(驍), 萧(蕭), 箫(簫), 潇(瀟), 吆, (效攝4-2篠 韵): 侥(僥), 了, 撩, 钉(釘), 蓼, 瞭, 鸟(鳥), 嬲, 挑, 窕, 晓(曉), (效攝4-3嘯韵): 吊, 钓(釣), 铫(銚), 调(調), 叫, 料, 尿, 窍(竅)

② (宕摄2-4藥韵): 削, 药(藥)

③ (流攝3-1幽韵): 彪

(2) [io]→"iao"[iau]

① (效攝2-3效韵): 觉(覺), (效攝3-1宵韵): 窑(窯), (效攝3-3笑韵): 约(約)

② (宕摄2-4藥韵): 脚(腳), 削, 鑰

③ (江摄1-4覺韵): 角

18. 현대중국어 운모 "ie"[ie]의 내원※

현대중국어 운모 "ie"[ie]의 내원이 비교적 복잡하다. 즉 『한청문감』의 [iəi], [iai], [iə], [i], [iuəi] 등이 현대에 이르러 "ie"[ie]로 변하였다.

현대중국어에서 "ie"[ie]로 발음된 한자 100개가 『한청문감』에 나타났다. 그 가운데의 77개가 『한청문감』의 [iəi]가 변화된 것이고, 11개가 [iai]가 변화된 것이고, 8개가 [iə]가 변화된 것이고, 3개가 [i]가 변화된 것이고, 1개가 [iuəi]가 변화된 것이다.

현대중국어에서 "ie"[ie]로 발음되는 한자들이 『화음계몽언해』와 『화어유초』에서의 발음은 아래와 같다.

(1) 운모 [əi]로 표기된 것
別[bəi], 爹[təi], 楪[təi], 帖[tʻəi/tʻiəi]

(2) 운모 [iə]로 표기된 것
蝶[tʻiə], 疊[tiə], 节[jiə], 接[jiə], 姐[jiə/jəi], 截[jiə], 结[jiə/[ji], 咧[liə], 劣[liə], 镊[niə], 茄[tɕʻiə], 貼[tʻiə], 铁[tʻiə], 歇[ɕiə], 写[ɕiə], 谢[ɕiə], 些[ɕiə], 蠍[ɕiə], 谢[ɕiə], 爷[iə], 野[iə], 夜[iə], 业[iə]

(3) 운모 [iəi]로 표기된 것
街[jiəi], 解[jiəi], 借[jiəi], 界[jiəi], 楷[jiəi], 拮[ji], 戒[ji/jiəi], 疥[jiəi], 芥[jiəi], 切[tɕʻiəi], 鞋[ɕiəi], 卸[ɕiəi], 恊[ɕiəi], 斜[ɕiəi/ɕiə], 血[ɕiəi], 叶[iəi/iə]

(4) 운모 [ə]/[ai]로 표기된 것
撇[pʻə], 蟹[xai]

현대중국어에서 "ie"[ie]로 발음되는 한자들이 『음운봉원』(343-348쪽)에서는 운모 [iə]로 표기되었다.

현대중국어에서 "ie"[ie]로 발음되는 한자들이 『경음자휘』에서는 운모

[iəi]로 표기되었다. 예를 들면 아래와 같다.

[iəi](468): 椰, 噎, 野, 業, 葉, 頁, 夜, 液, 射, 掖
[t'iəi](379): 貼, 鐵, 帖, 鋏, 飵, 餮, 驖, 帖
[tiəi](380): 爹, 跌, 迭, 眣, 牒, 碟, 蝶, 疊
[liəi](403): 咧, 列, 劣, 烈, 獵, 裂, 洌, 烮
[niəi](395): 捏, 臬, 涅, 钀, 孽, 聶, 躡
[p'iəi](266): 撇, 瞥, 苤, 擎, 澈, 蟞
[piəi](266): 鱉, 別, 彆, 憋, 鰵, 弼, 癟
[miəi](269): 滅, 篾, 乜, 咩, 搣, 蔑
[tɕ'iəi](440): 切, 茄, 且, 妾, 怯, 竊, 慊, 伽
[tɕiəi](441): 階, 癤, 接, 揭, 嗟, 街, 楷, 節, 劫
[ɕiəi](454): 協, 邪, 脅, 斜, 鞋, 寫, 瀉, 洩, 械, 謝

상술한 상황은 20세기 초까지 현대중국어의 운모 "ie"[ie]가 아직 형성되지 않았음을 설명한다. 현대중국어 운모 "ie"[ie]의 형성이 『한청문감』 운모 [iəi]의 가운데 모음 [ə]가 앞 모음 [e]로의 변화를 요구한다. 이 변화는 20세기 10년대 이후에 나타난 변화이다.

(1) [iəi]→"ie"[ie]
① (山摄5-4薛韵): 鱉, 別, 咧, 列, 劣, 烈, 裂, 灭(滅), 孽, 洩, (山摄6-4月韵): 揭, 碣, 竭, 歇, (山摄7-4屑韵): 蟞, 鱉, 跌, 迭, 眣, 疖(癤), 节(節), 拮, 结(結), 截, 潔, 桔, 篾, 捏, 臬, 涅, 撇, 切, 窃(竊), 挈, 缺, 铁(鐵), 楔, 屑
② (咸摄5-4葉韵): 接, 捷, 睫, 猎(獵), 镊(钀), 妾, (咸摄6-4業韵): 劫, 怯, 胁, (咸摄8-4帖韵): 撲, 牒, 蝶, 疊, 摄(攝), 慊, 帖, 贴(貼), 协(協)
③ (假摄1-1麻韵): 些, 邪, 斜, 爹, (假摄1-2馬韵): 姐, 且, 写(寫), (假摄1-3禡韵):

浮(瀉), 卸, 谢(謝), 借

④ (蟹攝4-1皆韵): 阶(階), 稭, (蟹攝4-3怪韵): 界, 疥, 戒, (蟹攝5-1佳韵): 鞋,

  (蟹攝5-2蟹韵): 蟹, 解, (蟹攝5-3卦韵): 解

⑤ (果攝2-1戈韵): 茄

⑥ (臻攝3-4質韵): 诘(詰)

(2) [iai]→"ie"[ie]

① (蟹攝4-1皆韵): 街, (蟹攝4-3怪韵): 介, 戒, 芥, 诚(誡), 械, (蟹攝5-2蟹韵):

  觧, 解, 獬, (蟹攝5-3卦韵): 懈

② (假攝1-1麻韵): 椰

(3) [iə]→"ie"[ie]

① (假攝1-1麻韵): 页(頁), (假攝1-2馬韵): 野, (假攝1-3禡韵): 夜

② (咸攝5-4葉韵): 叶(葉), (咸攝6-4業韵): 业(業)

③ (梗攝3-4昔韵): 掖, 液

④ (山攝7-4屑韵): 噎

(4) [i]→"ie"[ie]

① (假攝1-3禡韵): 射

② (咸攝5-4葉韵): 叶(葉)

③ (臻攝3-4質韵): 蛣(jié)

(5) [iuəi]→"ie"[ie]

① (假攝1-1麻韵): 嗟

19. 현대중국어 운모 "in"[in]의 내원

　현대중국어 운모 "in"[in]의 나수인 62개(75%)가 『한청문감』의 [in]에서 오고, 18개가 [iən]이, 1개가 [iŋ]이, 1개가 [an]이 변하여 이루어졌다.
　상술한 상황은 현대중국어 운모 "in"[in]이 이미 『한청문감』 시기에 형성되었음을 설명한다.

　(1) [in]→"in"[in]

　① (臻攝3-1眞韵): 宾(賓), 巾, 津, 邻(鄰), 獜, 鳞(鱗), 骥(驥), 麟, 民, 抿, 贫(貧), 嫔(嬪), 亲(親), 秦, 辛, 新, (臻攝3-2軫韵): 紧(緊), 盡, 悯(憫), 敏, (臻攝3-3震韵): 殡(殯), 鬓(鬢), 仅(僅), 进(進), 晋(晉), 烬(燼), 吝, 信, 顣, (臻攝5-1欣韵): 斤, 筋, 芹, 勤, (臻攝5-2隐韵): 卺(巹), 谨(謹), 槿, (臻攝5-3焮韵): 近

　② (深攝1-1侵韵): 今, 金, 襟, 林, 临(臨), 淋, 钦(欽), 侵, 琴, 禽, 檎, 壬, 心, (深攝1-2寢韵): 锦(錦), 廪(廩), 檁(檁), 品, 寝(寢), (深攝1-3沁韵): 妗, 浸, 禁, 噤, 沁

　③ (梗攝1-2梗韵): 皿, (梗攝3-3勁韵): 聘

　(2) [iən]→"in"[in]

　① (深攝1-1侵韵): 阴(陰), 荫(蔭), 音, 吟, 淫, 霪, (深攝1-2寢韵): 饮(飲), (深攝1-3沁韵): 窨, 廕

　② (臻攝3-1眞韵): 因, 茵, 银(銀), 寅, (臻攝3-2軫韵): 引, (臻攝3-3震韵): 印, (臻攝5-2隐韵): 隐(隱), 瘾(癮), (臻攝6-2準韵): 尹

　(3) [iŋ]→"in"[in]

　① (臻攝3-1眞韵): 苹(蘋)

(4) [an]→"in"[in]

① (梗摄2-1耕韵): 拼

20. 현대중국어 운모 "ing"[iŋ]의 내원

현대중국어 운모 "ing"[iŋ]의 거의 전부인 143개(98%)가 『한청문감』의 [iŋ]에서 오고, 2개가 [əŋ]이, 1개가 [iaŋ]이 변하여 이루어졌다.

상술한 상황은 현대중국어 운모 "ing"[iŋ]이 이미 『한청문감』 시기에 형성되었음을 설명한다.

(1) [iŋ]→"ing"[iŋ]

① (梗摄1-1庚韵): 兵, 京, 荆(荊), 惊(驚), 明, 鸣(鳴), 平, 评(評), 卿, 擎, 行, 猩, 英, 迎, (梗摄1-2梗韵): 丙, 病, 景, 警, 杏, 荇, 影, (梗摄1-3映韵): 柄, 病, 竞, 敬, 獍, 镜(鏡), 命, 庆(慶), 映, (梗摄2-1耕韵): 茎(莖), 罌(罌), 樱(櫻), 鹦(鸚), (梗摄2-2耿韵): 幸, 倖, (梗摄2-3静韵): 硬, (梗摄3-1清韵): 菁, 旌, 晶, 睛, 精, 鶺, 名, 轻(輕), 倾(傾), 清, 情, 晴, 顷(頃), 缨(纓), 瓔(瓔), 盈, 营(營), (梗摄3-2静韵): 饼(餅), 屏, 井, 颈(頸), 静(靜), 领(領), 岭(嶺), 请(請), 綗, 颖(穎), 瘦(瘦), (梗摄3-3勁韵): 倂, 净(淨), 令, 性, 姓, (梗摄4-1青韵): 丁, 仃, 叮, 疔, 钉(釘), 经(經), (犭+靈), 伶, 灵(靈), 泠, 玲, 铃(鈴), 鸰(鴒), 聆, 蛉, 翎, 零, 欞, 冥, 铭(銘), 榠, 螟, 宁(寧), 屏, 瓶, 萍, 青, 鲭(鯖), 厅(廳), 渟, 軽, 聽, 亭, 停, 葶, 星, 腥, 刑, 形, 铏(鉶), 萤(螢), (梗摄4-2迴韵): 並, 顶(頂), 鼎, 茗, (身+廷), 挺, 梃, 醒, (梗摄4-3徑韵): 定, 椗, 锭(錠), 徑(徑), 佞, 泞(濘), 磬, 汀

② (曾摄2-1蒸韵): 氷, 矜, 兢, 凌, 陵, 菱, 绫(綾), 凝, 憑, 兴(興), 鹰(鷹), 蝇(蠅), 应(應)

③ (深摄1-2寑韵): 禀(稟), 廪(廩)

④ (臻攝3-1真韵): 梫

(2) [əŋ]→"ing"[iŋ]
① (梗攝1-1庚韵): 粳, (梗攝4-3徑韵): 胫(脛)

(3) [iaŋ]→"ing"[iŋ]
① (梗攝3-2静韵): 痉(痙)

21. 현대중국어 운모 "iong"[iuŋ]의 내원

현대중국어 운모 "iong"[iuŋ]의 거의 전부인 21개(95%)가 『한청문감』의 [iuŋ]에서 오고, 1개가 [iun]이 변하여 이루어졌다.

상술한 상황은 현대중국어 운모 "iong"[iuŋ]이 이미 『한청문감』 시기에 형성되었음을 설명한다.

(1) [iuŋ]→"iong"[iuŋ]
① (通攝1-1東韵): 穷(窮), 穹, 雄, 融, 熊, (通攝3-1鍾韵): 凶, 兇, 镕(鎔), 痈(癰), 庸, 雍, 壅, (通攝3-2腫韵): 拥(擁), 甬, 勇, 涌, 踊, (通攝3-3用韵): 用
② (梗攝1-1庚韵): 兄, (梗攝3-1清韵): 琼(瓊), (梗攝4-2迥韵): 迥

(2) [iun]→"iong"[iuŋ]
① (臻攝3-2軫韵): 窘

22. 현대중국어 운모 "iou"("iu"로 축약) [iou]의 내원※

현대중국어 운모 "iou"[iou]의 거의 전부인 77개(98.8%)가 『한청문감』의

[iu]가 변하여 되고, 1개는 [i]가 변하여 이루어졌다.

상술한 상황은 현대중국어 운모 "iou"[iou]가 『한청문감』 시기에 아직 형성되지 않았음을 설명한다.

이들이 19세기 말의 『화음계몽언해』와 『화어유초』에서도 거의 모두가 [iu]로 발음되었는데 예를 들면 아래와 같다.

九[tɕiu], 酒[tɕiu], 韭[tɕiu], 灸[tɕiu], 舅[tɕiu], 旧[tɕiu], 就[tɕiu/tsu], 究[tɕiu], 留[liu], 流[liu], 琉[liu], 旒[liu], 驑[liu], 瑠[liu], 六[liu], 溜[liu], 牛[niu], 扭[niu], 纽[niu], 秋[tɕʻiu], 球[tɕʻiu], 囚[tɕʻiu], 毬[tɕʻiu], 蚯[kʻəu], 鞦[tɕʻiu], 修[ɕiu], 秀[ɕiu], 羞[ɕiu], 袖[ɕiu], 绣[ɕiu], 憂[iu], 遊[iu], 疣[iu], 莠[iu], 右[iu], 又[iu], 有[iu], 友[iu]

현대중국어에서 "iou"[iou]로 발음되는 한자들이 『음운봉원』(301-305쪽)과 『경음자휘』에서도 『한청문감』과 마찬가지로 운모 [iu]로 표기되었다.

『한청문감』에서 [iu]로 표기된 글자들은 3, 4등에 속하는 한자들로 모두가 운두(韵头) [i]를 갖고 있다. 이는 [iu]가 "iou"[iou]로 변하려면 모음 [u]가 [ou]로의 변화가 이루어져야 함을 의미한다. 이 변화가 19세기의 『음운봉원』, 『화어유초』 및 20세기 초의 『경음자휘』에서 나타나지 않았으니 20세기 10년대 이후에 나타난 변화로 보아야 할 것이다.

(1) [iu]→"iou"[iou]

① (流攝2-1尤韵): 鸠(鳩), 留, 流, 琉, 旒, 驑(騮), 瑠, 榴, 遛, 牛, 丘, 秋, 楸, 鹙(鶖), 鳅(鰍), 鞦, 求, 酋, 述, 球, 毬, 遒, 休, 修, 羞, 馐(饈), 优(優), 悠, 憂, 由, 犹(猶), 油, 遊, 游, (流攝2-2有韵): 九, 久, 灸, 韭, 酒, 臼, 咎, 舅, 柳, 绺(綹), 扭, 纽(紐), 钮(鈕), 朽, 友, 有, 酉, 莠, 诱(誘), 究, 旧(舊), 救, 就, 鹫(鷲), 溜, 鹨(鷚), 臭, 秀, 袖, 绣(繡), 锈(銹), 嗅, 繡, 又, 右, 佑, 柚,

宥, 釉, (流攝3-1幽韵): 虬(蚪), 幽, (流攝3-3幼韵): 谬(謬), 繆

(2) [i]→"iou"[iou]

① (流攝2-1尤韵): 邱

四. [o][u]계열 운모 [o], [uŋ], [ou], [u], [ua], [uai], [uan], [uaŋ], [uei], [uən], [uo]의 내원

23. 현대중국어 운모 "o"[o]의 내원

현대중국어 운모 "o"[o]의 내원은 비교적 복잡하다. 주요하게는 『한청문감』의 [o](36개), [ə](17개)가 변하여 되고, 개별적으로 [u](3개), [ao](1개), [i](1개)가 변하여 이루어졌다.

이들이 19세기 말의 『화음계몽언해』와 『화어유초』에서의 표기는 아래와 같다.

(1) 운모 [ə]로 표기된 것
籢[pə], 薄[pə], 潑[p'ə], 坡[p'ə], 婆[p'ə/p'o], 破[p'ə], 珀[p'ə], 抹[mə], 墨[mə]

(2) 운모 [o]로 표기된 것
玻[po], 拨[po], 脖[po], 摸[mo], 磨[mo], 沫[mo]

(3) 운모 [a][ai][ao][əi]로 표기된 것
膊[pa], 麼[ma], 伯[pai], 泊[pao], 箔[pao], 博[pao], 没[məi]

현대중국어의 순음 뒤에서 운모 "o"[o]로 발음되는 한자들이 『음운봉원』(327쪽)과 『경음자휘』에서의 표기는 모두 운모 [o]로 표기되었다.

상술한 사실들은 19세기 말까지 이들이 주로 [o], [ə] 두 가지로 표기되었음을 말해준다.

현대중국어 단모음 운모 "o"[o] 앞의 성모는 모두 순음(唇音)이다. 이들이 『한청문감』, 『화음계몽언해』, 『화어유초』 등에서 [ə]로의 표기는 [o]의 실제 발음에 가까운 발음으로 보게 된다. 왜냐하면 현대중국어 순음 뒤의 운모 "o"[o]는 입술의 원순정도가 높지 않은 원순모음으로 실제 발음이 [ə], [ɤ] 혹은 [uo]와 유사하기 때문이다.

우리가 보건대 『한청문감』 등의 모음 [o]는 원순정도가 높은 모음이고, [ə]는 현대중국어 순음 뒤의 운모 "o"[o]와 유사한 모음으로 원순도가 높은 [o]로부터 원순도가 낮은 현대중국어 모음 [ə], [ɤ], [uo] 등으로 과도하는 과정의 음이라고 인정된다. 그러니 『한청문감』 시기는 현대중국어의 운모 "o"[o]가 형성되기 시작되는 시기라고 보게 되고, 형성의 완성은 20세기 10년대 이후라고 인정하게 된다.

(1) [o]→"o"[o]

① (果攝2-1戈韵): 陂, 波, 玻, 菠, 麼, 摩, 磨, 坡, 婆, (果攝2-3過韵): 簸, 破

② (山攝2-4末韵): 拨(撥), 钵(鉢), 蹳, 钹(鈸), 抹, 末, 沫, 泼(潑)

③ (臻攝1-4没韵): (孛+頁), 饽(餑), 脖, 没(沒), (臻攝7-4物韵): 佛

④ (宕攝1-4鐸韵): 博, 搏, 膊, 铸(鎛), 莫, 漠

⑤ (江攝1-4覺韵): 剥(剝), 驳(駁), 駮

⑥ (遇攝1-1模韵): 谟(謨), 模

⑦ (梗攝1-4陌韵): 貘

(2) [ㅓ]→"o"[o]

① (梗摄1-4陌韵): 百, 栢, 伯, 帛, 迫, 珀, 魄

② (山摄2-4末韵): 拨(撥), 抹, 末, 沫

③ (宕摄1-4鐸韵): 薄, 泊, 箔

④ (曾摄1-4德韵): 墨, 默

⑤ (臻摄1-4没韵): 脖

(3) [u]→"o"[o]

① (臻摄1-4没韵): 没(沒)

② (宕摄1-4鐸韵): 薄

③ (曾摄1-4德韵): 卜(蔔)

(4) [ao]→"o"[o]

① (宕摄1-4鐸韵): 愽

(5) [i]→"o"[o]

① (梗摄2-4麥韵): 擘

24. 현대중국어 운모 "ong"[uŋ]의 내원

현대중국어 운모 "ong"[uŋ]의 전부인 111개(100%)가 『한청문감』의 [uŋ]에서 왔다.

상술한 상황은 현대중국어 운모 "ong"[uŋ]이 이미 『한청문감』 시기에 형성되었음을 설명한다.

[uŋ]→"ong"[uŋ]

① (通摄1-1東韵): 葱(蔥), 聪(聰), 聪(聰), 丛(叢), 东(東), 工, 弓, 公, 功, 攻, 宫(宮), 蚣, 躬, 烘, 红(紅), 虹, 鸿(鴻), 哄, 空, 涳, 珑(瓏), 胧(朧), 聋(聾), 笼(籠), 隆, 窿, 通, 同, 桐, 铜(銅), 童, 橦, 瞳, 筒, 棕, 椶, 充, 虫(蟲), 崇, 戎, 绒(絨), 融, 中, 忠, 终(終), (通摄1-2董韵): 动(動), 孔, 拢(攏), 桶, 總, 总(總), (通摄1-3送韵): 冻(凍), 洞, 贡(貢), 弄, 送, 㤚(慟), 痛, 糭, 铳(銃), 仲, 众(衆), (通摄2-1冬韵): 琮, 冬, 农(農), 哝(噥), 胧(膿), 鬆, 宗, 鬃, (通摄 2-3宋韵): 统(統), (通摄3-1鍾韵): 从(從), 恭, 供, 龙(龍), 浓(濃), 醲, 松, 颂(頌), 踪, 冲, 舂, 衝, 重, 茸, 容, 蓉, 锺(鍾), 鐘, (通摄3-2腫韵): 拱, 恐, 陇(隴), 垅(壠), 垄(壠), 耸(聳), 宠(寵), 冗, 氄, 肿(腫), 冢, 種, (通摄3-3用韵): 共, 讼(訟), 从(從), 纵(縱), 重

② (梗摄1-1庚韵): 荣(榮), (梗摄2-1耕韵): 轰(轟), 宏

③ (臻摄6-2準韵): (毛+集)

④ (曾摄1-1登韵): 薨

25. 현대중국어 운모 "ou"[ou]의 내원

현대중국어 운모 "ou"[ou]의 거의 전부인 104개(95%)가 『한청문감』의 [əu]에서 오고, 6개가 [u], [ə], [iao], [o] 등이 변하여 이루어졌다.

상술한 상황은 현대중국어 운모 "ou"[ou]가 이미 『한청문감』 시기에 형성되었음을 설명한다.

(1) [əu]→"ou"[ou]

① (流摄1-1侯韵): 兜, 篼, 沟(溝), 钩(鉤), 侯, 喉, 猴, 睺, 瘊, 娄(婁), 偻(僂), 楼(樓), 耧(耬), 搂(摟), 讴(謳), 瓯(甌), 怄, 呕(嘔), 偷, 头(頭), 投, 陬, (流摄 1-2厚韵): 㑳, 抖, 蚪, 斗, 苟, 狗, 垢, 吼, 扣, 后, 厚, 後, 口, 叩, 篓(簍), 某,

殿(殿), 偶, 藕, 剖, 㩵(撒), 蔽(籔), 戡, 走, 瘊, (流攝1-3候韵): 凑(湊), 豆,
逗, 鬪, 读(讀), 縠, 候, 茟, 扣, 寇, 蔻, 簆, 漏, 㽹, 透, 奏, (流攝2-1尤韵):
搜, 蒐, 馊(餿), 驺(騶), 抽, 紬, 酬, 稠, 愁, 筹(籌), 踌(躊), 讐, 柔, 揉, 收,
州, 诌(謅), 周, 洲, (流攝2-2有韵): 否, 丑, 醜, 杻, 手, 守, 首, 受, 绶(綬),
肘, 箒, 纣(紂), 荮(葤), (流攝2-3宥韵): 瘦, 绉(縐), 皱(皺), 寿(壽), 狩, 授,
兽(獸), 臭

② (通攝1-4屋韵): 轴(軸)

(2) [u]→"ou"[ou]
① (通攝1-4屋韵): 肉, 粥, 妯

(3) [ə]→"ou"[ou]
① (流攝1-1侯韵): 骰

(4) [iao]→"ou"[ou]
① (流攝2-3宥韵): 飕(颼)

(5) [o]→"ou"[ou]
① (流攝2-1尤韵): 谋(謀)

26. 현대중국어 운모 "u"[u]의 내원

현대중국어 운모 "u"[u]의 거의 전부인 335개(93%)가 『한청문감』의 [u]에
서 오고, 11개가 [o], [ua], [ao], [iui] 등이 변하여 이루어졌다.
상술한 상황은 현대중국어 운모 "u"[u]가 이미 『한청문감』 시기에 형성되
었음을 설명한다.

(1) [u]→"u"[u]

① (遇摄1-1模韵): 鶄, 舗, 都, 孤, 姑, 鸪(鴣), 菰, 菇, 蛄, 辜, 箍, 乎, 呼, 狐, 胡, 壶(壺), 葫, 湖, 瑚, 鹕(鶘), 糊, 餬, 鬍, 戏(戲), 枯, 卢(盧), 栌(櫨), 轳(轤), 鸬(鸕), 颅(顱), 炉(爐), 模, 奴, 驽(駑), 铺(鋪), 蒲, 舗, 苏(蘇), 酥, 图(圖), 荼, 徒, 途, 涂(塗), 酴, 駼, 乌(烏), 杇, 呜(嗚), 吾, 梧, 蜈, 於, 租, (遇摄1-2姥韵): 补(補), 补(補), 部, 簿, 粗, 堵, 赌(賭), 杜, 肚(羊+古), 估, 古, 股, 罟, 钴(鈷), 鼓, 虎, 琥, 户(戶), 扈, 苦, 卤, 鲁(魯), 橹, 努, 弩, 普, 谱(譜), 潽, 土, 吐, 五, 午, 伍, 仵, 祖, (遇摄1-3暮韵): 捕, 布, 步, 妒, 妬, 度, 渡, 镀(鍍), 蠹, 固, 故, 顾(顧), 僱, 护(護), 瓠, 库(庫), 袴, 轳, 路, 潞, 鹭(鷺), 露, 暮, 怒, 堡, 诉(訴), 素, 嗉, 兔, 恶(惡), 污, 误(誤), 悟, 惧, 汗, 胙, 祚, (遇摄2-1鱼韵): 鉏, 胪(臚), 疎, 疏, 初, 除, 锄(鋤), 储(儲), 书(書), 梳, 舒, 疎, 蔬, 诸(諸), 猪(豬), 楮(櫧), 如, 驾, (遇摄2-2語韵): 俎, 楮, 楚, 处(處), 黍, 鼠, 煮, 苎(苧), 贮(貯), 杵, (遇摄2-3御韵): 署, 薯, 恕, 庶, 助, 筯, (遇摄3-1虞韵): 夫, 麸(麩), 敷, 扶, 芙, 枎, 符, 诬(誣), 无(無), 毋, 厨(廚), 雏(雛), 蹰(躕), 殳, 枢(樞), 输(輸), 朱, 洙, 珠, 硃, 蛛, 儒, (遇摄3-2麌韵): 抚(撫), 拊, 斧, 府, 俯, 辅(輔), 腑, 腐, 簠, 父, 庑(廡), 武, 鹉(鵡), 舞, 乳, 竖(豎), 豎, 主, 拄, 麈, 柱, (遇摄3-3遇韵): 付, 附, 驸(駙), 赋(賦), 傅, 鲋(鮒), 务(務), 雾(霧), 鹜(鶩), 孺, 戍, 树(樹), 数(數), 住, 注, 驻(駐), 蛀, 铸(鑄), 註

② (通摄1-4屋韵): 醭, 簇, 蹙, 独(獨), 读(讀), 渎(瀆), 犊(犢), 伏, 服, 幅, 辐(輻), 福, 蝠, 复(復), 腹, 覆, 縠(縠), 谷, 穀, 斛, 槲, 哭, 六, 陆(陸), 鹿, 禄(祿), 碌, 木, 目, 沐, 苜, 牧, 睦, 穆, 幞, 扑(撲), 撲, 仆(僕), 肃(肅), 速, 宿, 秃, 屋, 族, 畜, 摍, 叔, 淑, 熟, 竹, 逐, 柷, 祝, 筑, 築, (通摄2-4沃韵): 督, 毒, 笃(篤), 鹄(鵠), 酷, (通摄3-4燭韵): 促, 录(錄), 绿(綠), 俗, 粟, 足, 触(觸), 趉, 辱, 蓐, 褥, 赎(贖), 属(屬), 蜀, 束, 鸀, 烛(燭)

③ (臻摄1-4没韵): 猝, 骨, 鹘(鶻), 鹘(鶻), 忽, 惚, (骨+出), 窟, 突, 杌, (臻摄6-4術韵): 出, 怵, 秫, 术(術), 述, 术, (臻摄7-4物韵): 不, 彿(彿), 拂, 物

④ (流攝1-2厚韵): 母, 牡, 畝, (流攝1-3侯韵): 漱, 戊, (流攝2-1尤韵): 浮, (流攝 2-2有韵): 负(負), 妇(婦), 阜, (流攝2-3宥韵): 副, 富

⑤ (蟹攝1-2海韵): 菩

⑥ (深攝1-4缉韵): 入

⑦ (宕攝1-4鐸韵): 幕

⑧ (江攝1-4覺韵): 璞

(2) [o]→"u"[u]

① (遇攝1-1模韵): 芦(蘆), (遇攝1-2姥韵): 挬(擄), (遇攝1-3暮韵): 醋, (遇攝2-3 御韵): 著

② (宕攝1-4鐸韵): 幙

③ (通攝3-4燭韵): 劚

(3) [ua]→"u"[u]

① (遇攝1-1模韵): 剖, (遇攝2-1魚韵): 樗

(4) [ao]→"u"[u]

① (通攝1-4屋韵): 瀑, (遇攝1-2姥韵): 磠(磠)

(5) [iui]→"u"[u]

① (遇攝3-1虞韵): 貙

27. 현대중국어 운모 "ua"[ua]의 내원

현대중국어 운모 "ua"[ua]의 거의 전부인 28개(93%)가 『한청문감』의 [ua] 에서 오고, 2개가 [o]가 변하여 이루어졌다.

상술한 상황은 현대중국어 운모 "ua"[ua]가 이미 『한청문감』 시기에 형성되었음을 설명한다.

(1) [ua]→"ua"[ua]

① (假攝1-1麻韵): 瓜, 騧, 花, 藰, 划, 华(華), 铧(鏵), 譁(譁), 夸(誇), 侉 kuā, (假攝1-2馬韵): 剐(剮), 寡, (假攝1-3禡韵): 化, 桦(樺), 胯, 跨

② (蟹攝5-3卦韵): 卦, 挂, 掛, 画(畫), (蟹攝6-1夬韵): 话(話), (蟹攝9-3霽韵): 罣

③ (山攝3-4黠韵): 猾, 滑, (山攝4-4鎋韵): 刮, 刷

④ (效攝2-1肴韵): 抓

⑤ (梗攝2-4麥韵): 劃

(2) [o]→"ua"[ua]

① (梗攝2-4麥韵): 画(畫), 劃

28. 현대중국어 운모 "uai"[uai]의 내원

현대중국어 운모 "uai"[uai]의 거의 전부인 15개(93.5%)가 『한청문감』의 [uai]에서 오고, 1개가 [o]가 변하여 이루어졌다.

상술한 상황은 현대중국어 운모 "uai"[uai]가 이미 『한청문감』 시기에 형성되었음을 설명한다.

(1) [uai]→"uai"[uai]

① (蟹攝2-1泰韵): 浍(澮), 脍(膾), (蟹攝3-3隊韵): 块(塊), (蟹攝4-1皆韵): 乖, 怀(懷), 淮, 槐, (蟹攝4-3怪韵): 怪, 恠, 坏(壞), (蟹攝5-2蟹韵): 拐, (蟹攝6-1夬韵): 快

② (止攝1-2紙韵): 揣, (止攝2-1脂韵): 衰, (止攝2-3至韵): 率

(2) [ua] ›"uai"[uai]

① (假攝1-2馬韵): 踝

29. 현대중국어 운모 "uan"[uan]의 내원

현대중국어 운모 "uan"[uan]의 거의 전부인 79개(98.7%)가 『한청문감』의 [uan]에서 오고, 1개가 [iuan]이 변하여 이루어졌다.

상술한 상황은 현대중국어 운모 "uan"[uan]이 이미 『한청문감』 시기에 형성되었음을 설명한다.

(1) [uan]→"uan"[uan]

① (山攝2-1桓韵): 㫪(攛), 端, 观(觀), 官, 棺, 冠, 獾, 歡, 貛, 宽(寬), 栾(欒), 鸾(鸞), 銮(鑾), 狻, 酸, 貒, 团(團), 攢(攢), 蹉, (山攝2-2緩韵): 短, 断(斷), 缎(緞), 管, 缓(緩), 痪(瘓), 款, 暖, 煖, 缵(纘), 纂, (山攝2-3换韵): 鑹, 审(竄), 攢(攢), 段, 椴, 馆(館), 贯(貫), 灌, 鹳(鸛), 礶, 罐, 换(換), 唤(喚), 乱(亂), 蒜, 彖, 鑽, (山攝2-4末韵): 撮, (山攝3-1山韵): 鳏(鰥), 纶(綸), (山攝4-1删韵): 关(關), 还(還), 环(環), 镮(鐶), 圜, 镮(鐶), (山攝4-2潸韵): 撰, (山攝4-3諫韵): 惯(慣), 宦, 患, 串, 涮, (山攝5-1仙韵): 川, 穿, 传(傳), 船, 椽, 橼, 专(專), (山攝5-2獮韵): 舛, 喘, 软(軟), 顓, 转(轉), 篆, (山攝5-3線韵): 恋(戀), 传(傳), 馔(饌)

② (咸攝3-3陷韵): 赚(賺)

(2) [iuan]→"uan"[uan]

① (山攝5-1仙韵): 挛(攣)

30. 현대중국어 운모 "uang"[uaŋ]의 내원

현대중국어 운모 "uang"[uaŋ]의 거의 전부인 42개(97.5%)가 『한청문감』의 [uaŋ]에서 오고, 1개가 [uŋ]이 변하여 이루어졌다.

상술한 상황은 현대중국어 운모 "uang"[uaŋ]이 이미 『한청문감』 시기에 형성되었음을 설명한다.

(1) [uaŋ]→"uang"[uaŋ]

① (宕摄1-1唐韵): 光, 荒, 慌, 皇, 黄(黃), 凰, 惶, 蝗, 磺, 簧, 鳇(鰉), (宕摄1-2蕩韵): 广(廣), 恍, 晃, 幌, 滉, 榥, (宕摄1-3宕韵): (糹+黄), 纩(纊), 旷(曠), (宕摄2-1陽韵): 筐, 狂, 框, 眶, 疮(瘡), 床, 牀, 霜, 庄(莊), 装(裝), 粧, (宕摄2-2養韵): 怳, 爽, (宕摄2-3漾韵): 诓(誆), 况(況), 壮(壯), 状(狀)

② (江摄1-1江韵): 窗, 幢, 双(雙), 桩(樁), (江摄1-3絳韵): 撞

③ (梗摄1-1庚韵): 鍠(鍠)

(2) [uŋ]→"uang"[uaŋ]

① (梗摄1-2梗韵): 矿(礦)

31. 현대중국어 운모 "uei"("ui"로 축약) [uei]의 내원※

현대중국어 운모 "uei"[uei]의 거의 전부인 111개(95%)가 『한청문감』의 [ui]가 변하여 되고, 5개가 운모 [uəi](4개), [iui](1개)가 변하여 이루어졌다.

상술한 상황은 『한청문감』 시기에 현대중국어 운모 "uei"[uei]가 아직 형성되지 않았음을 설명한다. 왜냐하면 현대중국어의 운모 "uei"[uei]는 3합 모음이고 『한청문감』의 운모 [ui]는 2합 모음이므로 음가가 다르기 때문이다.

『한청문감』의 중국어어음 표기에서 우리의 주의를 불러일으키는 것은

"追, 锥(錐), 坠(墜), 赘(贅)" 등 네 개 글자의 표음이다. 이 네 개 글자가 모두 지섭(止攝), 해섭(蟹攝)에 속하는 글자들이다. 지섭, 해섭에 속하는 글자의 대다수가 운모 [ui]로 표기되고, 이 네 개 글자만 [uəi]로 표기되었다. 그 가운데의 "追"자가 『한청문감』에서 운모 [uəi], [ui] 두 가지로 표기되었다. 이로부터 우리는 『한청문감』의 운모 [ui]가 [ui]→[uəi]→[uei]로의 변화과정을 거쳐 현대중국어 운모 "uei"[uei]로 되었다고 보게 된다. 위의 변화가 『한청문감』 시기에 시작되는데 다만 [ui]→[uəi]로의 변화가 시작되었을 뿐, [uəi]→[uei]로의 변화는 일어나지 않았다.

『한청문감』에서 운모 [ui]로 표기된 한자의 대다수가 『화음계몽언해』와 『화어유초』에서 의연히 운모 [ui]로 표기되는데 예를 들면 아래와 같다.

(1) 운모 [ui]로 표기된 것

吹[tʂʻui], 翠[tsʻui], 锤[tʂʻui], 槌[tʂʻui], 鎚[tʂʻui], 碓[tui], 对[tui], 队[tui], 归[kui], 贵[kui], 桂[kui], 龟[kui], 鬼[kui], 诡kui], 桧[kui], 回[xui], 廻[xui], 会[xui], 徽[xui], 灰[xui], 麾[xui], 蛔[xui], 亏[kʻui], 盔[kʻui], 葵[kʻui/kui], 谁[ʂui], 水[ʂui], 睡[ʂui], 岁[sui], 碎[sui], 随[sui], 税[ʂui], 穗[sui], 推[tʻui], 腿[tʻui], 退[tʻui], 蜕[tʻui], 为[ui], 围[ui], 位[ui], 味[ui], 委[ui], 薇[ui], 桅[ui], 苇[ui], 卫[ui], 未[ui], 嘴[zui], 罪[zui], 追[tʂui], 锥[tʂui], 坠[tʂui]

(2) 다른 운모로 표기된 것

瑰[ku], 柜[kuə], 跪[kuəi], 刽[kuəi], 愧[xoi], 尾[i]

상기의 한자들이 『음운봉원』(309-314쪽)에서도 운모 [ui]로 표기되었다.
이들이 『경음자휘』(1912)에 이르러 [uəi]와 [ui]로 분화되는데 예를 들면 아래와 같다.

(1) [uəi]로 표기된 것

[uəi](248쪽): 危, 威, 隈, 微, 煨, 薇, 爲, 違, 圍, 幃, 桅, 帷, 惟, 尾, 緯, 委, 衛, 未, 位, 味, 畏, 胃, 尉, 喂, 蝟, 慰

[kʻuəi](479쪽): 巋, 盔, 窺, 奎, 揆, 葵, 夔, 憒

[kuəi](481쪽): 歸, 圭, 龜, 規, 瑰, 鬼, 癸, 晷, 簋, 櫃, 貴, 桂, 跪

(2) [ui]로 표기된 것

[xui](489쪽): 徽, 灰, 彙, 回, 揮, 会, 悔, 蛔, 汇, 慧, 煇

[tʻui](300쪽): 推, 退, 煺, 骽, 腿, 頹, 遺, 蓷, 熥

[tui](301쪽): 兌, 碓, 堆, 懟, 憝, 隊, 對, 憨

[tsʻui](290쪽): 崔, 萃, 脆, 璀, 翠, 悴, 催, 淮

[tsui](291쪽): 最, 罪, 嘴, 醉, 蕞, 辠, 檇

[sui](295쪽): 尿, 隨, 岁, 睢, 虽, 碎, 穗, 髓, 绥

[tʂʻui](312쪽): 吹, 垂, 槌, 炊, 錘, 棰, 槌, 鎚

[tʂui](313쪽): 追, 錐, 縋, 坠, 缀, 骓, 硾, 佳

[ʂui](318쪽): 水, 谁, 睡, 税, 説, 帨, 脽

[ʐui](320쪽): 汭, 蕊, 鋭, 瑞, 睿, 芮, 叡, 蕤

이러한 상황은 20세기 10년대에도 현대중국어 운모 "uei"[uei]가 아직 형성되지 않았음을 설명하며, 현대중국어 운모 "uei"[uei]의 형성은 20세기 10년대 이후의 일임을 의미한다.

(1) [ui]→"uei"("ui"로 축약) [uei]

① (止攝1-1支韵): 規(规), 麾, 亏(虧), 窺(窥), 随(隨), 危, 为(爲), 吹, 垂, 脽, 锤(錘), (止攝1-2紙韵): 跪, 毁, 髓, 委, 觜, 嘴, 捶, 蘂, (止攝1-3寘韵): 瑞, 睡, (止攝2-1脂韵): 龟(龜), 葵, 夔, 虽(雖), 帷, 惟, 鎚(鎚), 椎, 蕤, 谁(誰),

追, (止攝2-2旨韵): 癸, 晷, 簋, 揆, 水, (止攝2-3至韵): 萃, 悴, 翠, 柜(櫃), 彗, 愧, 类(類), 祟, 穗, 位, 醉, (止攝4-1微韵): 归(歸), 挥(揮), 辉(輝), 威, 微, 薇, 违(違), 围(圍), 帏(幃), (止攝4-2尾韵): 鬼, 苇(葦), 尾, (止攝4-3未韵): 贵(貴), 讳(諱), 纬(緯), 未, 味, 畏, 胃, 蝟, 慰

② (蟹攝2-1泰韵): 兑(兌), 会(會), 绘(繪), (蟹攝3-1灰韵): 催, 堆, 瑰, 灰, 回, 廻, 茴, 迴, 蛔, 盔, 雷, 推, 颓(頹), (蟹攝3-2賄韵): 悔, 贿(賄), 馁(餒), 腿, 猥, 罪, (蟹攝3-3隊韵): 队(隊), 对(對), 碓, 晦, 惯(憒), 碎, 退, (蟹攝7-1祭韵): 脆, 岁(歲), 卫(衛), 锐(銳), 睿, 税, (蟹攝8-1廢韵): 秽(穢), (蟹攝9-1齊韵): 圭, 奎, (蟹攝9-3霽韵): 桂, 惠, 慧, 蕙

(2) [uəi]→"uei"("ui"로 축약) [uei]

① (止攝2-1脂韵): 追, 锥(錐), (止攝2-3至韵): 坠(墜)

② (蟹攝7-1祭韵): 赘(贅)

(3) [iui]→"uei"("ui"로 축약) [uei]

① (止攝4-3未韵): 尉

32. 현대중국어 운모 "uen"("un"으로 축약) [uən]의 내원※

현대중국어 운모 "uen"[uən]의 거의 전부인 69개(95.3%)가 『한청문감』의 운모 [un]이 변하여 되고, 4개가 운모 [uən]에서 왔다.

운모 [un]과 [uən]은 음가가 다른 부동한 운모이다. 『한청문감』에서 꼭 같은 진섭에 속한 "论(論), 伦(倫), 纶(綸), 囵(圇)" 4개의 글자가 [uən]으로의 표기를 어떻게 보아야 할지 단언하기 어려운 상황이다. 즉 [un]이 [uən]으로의 변화로 보아야 할지? 아니면 오기로 보아야 할지?

『한청문감』에서 운모 [un]으로 표기된 한자의 대다수가 『화음계몽언해』와

『화어유초』에서 의연히 운모 [un]으로 표기되는데 예를 들면 아래와 같다.

(1) 운모 [un]으로 표기된 것
春[tʂʻun], 唇[tʂʻun], 纯[tʂʻun], 蠢[tʂʻun], 鹑[tʂʻun], 村[tsʻun], 存[tsʻun], 寸[tsʻun], 顿[dun], 墩[dun], 踊[dun], 盹[dun], 滚[kun], 棍[kun], 荤[xun], 混[xun], 婚[xun], 昆[kʻun], 孙[sun], 笋[sun], 狲[sun], 筍[sun], 囤[tʻun], 臀[tʻun], 豚[tʻun], 文[un], 问[un], 稳[un], 纹[un], 吻[un], 蚊[un], 準[tʂun], 尊[tsun]

(2) 운모 [iun]으로 표기된 것
轮[liun], 囵[liun]

상기의 한자들이 『음운봉원』(231-234쪽)에서도 운모 [un]으로 표기되었다. 그러나 1912년의 『경음자휘』에 이르러 운모 [un]이 [uən]과 [un]으로 분화되는데 제로성모 뒤의 [un]이 [uən]으로 표기되고, 아후음, 설음, 치음 뒤의 운모는 [un]으로 표기되었다. 예를 들면 아래와 같다.

(1) 운모 [uən]으로 표기된 것
[uən](248쪽): 溫, 榅, 瘟, 文, 紋, 聞, 蚊, 吻, 紊, 穩, 問

(2) 운모 [un]으로 표기된 것
[kʻun](478쪽): 坤, 困, 堃, 昆, 壸, 梱, 髠, 蜫, 琨, 崑, 鯤
[kun](479쪽): 棍, 滚, 鯀, 輥, 衮
[xun](488쪽): 婚, 混, 魂, 珲, 昏, 荤, 浑, 混, 掍, 恩
[tʻun](299쪽): 吞, 屯, 余, 豚, 臀, 魨, 狁, 暾
[tun](300쪽): 盾, 顿, 敦, 墩, 盹, 蹲, 炖, 钝, 遁

[lun](323쪽): 伦, 崙, 論, 掄, 輪, 圇, 纶, 腀

[nun](326쪽): 嫩, 㛮

[ts'un](289쪽): 村, 刌, 存, 刌, 忖, 邨

[tsun](289쪽): 尊, 鱒, 樽, 撙, 捘, 譐, 罇, 俊

[sun](294쪽): 孙, 损, 隼, 狲, 飧, 隼, 笋, 筍, 榫

[tʂ'un](311쪽): 春, 唇, 纯, 鹑, 醇, 蠢, 椿, 漘

[tʂun](312쪽): 准, 肫, 諄, 凖, 屯, 訰

[ʂun](317쪽): 順, 舜, 楯, 蕣, 橓, 瞬

[ʐun](320쪽): 允, 閏, 潤, 蠕, 蝡

위의 자료는 20세기 10년대에 제로성모 뒤의 운모 [un]이 [uən]으로 변하였음을 말해준다.

(1) [un]→"uen"[uən]
① (臻摄1-1痕韵): 吞, (臻摄2-1魂韵): 村, 存, 敦, 墩, 撖, 擎, 蹲, 昏, 惛, 浑(渾), 馄(餛), 魂, 坤, 崑, 髡, 鶤, 孙(孫), 狲(猻), 涽, 屯, 饨(飩), 豚, 臀, 尊, 温(溫), 瘟, (臻摄2-2混韵): 沌, 炖, 囤, (车+衮), 滚(滾), 混, 捆, 緄, 损(損), 撙, 稳(穩), (臻摄2-3恩韵): 寸, 钝(鈍), 顿(頓), 困, 嫩, (臻摄6-1諄韵): 春, 纯(純), 唇, 鹑(鶉), 輴, 皴, 伦(倫), 轮(輪), 肫, 遵, (臻摄6-2凖韵): 笋, 筍, 榫, 蠢, 准, 凖, (臻摄6-3稕韵): 闰(閏), 润(潤), 顺(順), 瞬, (臻摄7-1文韵): 文, 纹(紋), 闻(聞), 蚊, (臻摄7-2吻韵): 吻, (臻摄7-3問韵): 紊, 问(問)

(2) [uən]→"uen"[uən]
① (臻摄2-3恩韵): 论(論), (臻摄6-1諄韵): 伦(倫), 纶(綸), 圇(圇)

33. 현대중국어 운모 "uo"[uo]의 내원※

현대중국어 운모 "uo"[uo]의 내원이 비교적 복잡하다. 현대중국어에서 운모 "uo"[uo]로 발음되는 한자가 『한청문감』에 나타난 것이 모두 117개이다. 그 가운데에서 『한청문감』의 운모 [o]로 표기된 것이 107개, 운모 [uə]로 표기된 것이 6개, 운모 [u]로 표기된 것이 2개, 운모 [ua]로 표기된 것이 1개, 운모 [iao]로 표기된 것이 1개이다.

그러니 『한청문감』에서 6개 글자가 현대중국어 발음과 같은 [uə]로 표기되고 절대다수가 [o]로 표기되었는데 이 [o]가 현대중국어의 "uo"[uo]로 변하였다. 이로부터 우리는 『한청문감』 시기는 현대중국어 운모 "uo"[uo]가 형성(5%)되기 시작한 시기이고 나머지의 절대다수는 『한청문감』 이후에 형성되었다는 결론을 내리게 된다.

『한청문감』에서 운모 [o]로 표기된 한자의 다수가 『화음계몽언해』와 『화어유초』에서도 의연히 [o]로 표기되었다. 예를 들면 아래와 같다.

(1) 운모 [uə]로 표기된 것
锅[guə], 国[guə], 过[guə], 果[guə], 郭[guə], 裹[guə], 菓[guə], 阔[huə], 拙[tʂʻuə], 窝[uə], 倭[uə], 卧[uə]

(2) 운모 [o]로 표기된 것
错[tsʻo], 撮[tsʻo], 剒[tsʻo], 锉[tsʻo], 搓[tsʻo], 矬[tsʻo], 挫[tsʻo], 多[to], 躲[to], 剁[to], 朵[to], 惰[tʻo], 夺[to], 垛[to], 活[ho], 火[ho], 货[ho], 货[ho], 夥[ho], 啰[lo], 罗[lo], 落[lo], 萝[lo], 骡[lo], 椤[lo], 络[lo], 骆[lo], 锣[lo], 挪[no], 嗦[so], 所[so], 锁[so], 索[so], 梭[so], 簑[so], 托[tʻo], 妥[tʻo], 驼[tʻo], 拖[tʻo], 脱[tʻo], 莴[o], 卓[tso], 昨[tso], 作[tso], 坐[tso], 座[tso], 左[tso], 佐[tso], 柞[tso]

(3) 다른 운모로 표기된 것

柁[t'a], 着[tṣao], 若[iao], 踱[tu], 螺[lu], 唾[t'u], 做[tsu], 说[ṣuiɔ]

이상의 69개 한자 가운데의 52개(75.3%)가 의연히 운모 [o]를 유지하고, 12개(17.4%)가 운모 [uə]로 변하였다. 이는 운모 [uə]의 비례가 『한청문감』보다 증가되었음을 의미한다.

상기 한자들이 『음운봉원』(325-330쪽)에서도 대부분 운모 [o]로 표기되고, 견모의 글자들이 동시에 운모 [u], [uə]로 표기되었다. 예를 들면 "锅, 果, 过, 国, 幗, 菓, 郭, 裹 ……" 등이다.

그러나 『경음자휘』(1912)에 이르러 새로운 변화가 나타나 운모 [uo]의 사용범위가 많이 확대되었다. 즉 제로성모와 성모 [k'], [k], [x], [n], [ʂ], [ʐ] 뒤에서 운모 [uo]가 쓰이고, 설음 [t'], [t], [l], 순음 [p'], [p], [m], [f], 치두음 [ts'], [ts], [s], 정치음 [tʂ'], [tʂ] 뒤에서는 운모 [o]가 쓰였다. 예를 들면 아래와 같다.

(1) 운모 [uo]로 표기된 것

[uo](251): 倭, 我, 卧, 窝, 握, 涡, 醒, 沃, 幄, 踒

[k'uo](482): 濶, 扩, 括, 廓, 濶, 鞹, 鞟, 适

[kuo](482): 郭, 咼, 鍋, 鍋, 蟈, 國, 果, 菓, 槨, 裹, 過

[xuo](490): 活, 火, 伙, 夥, 或, 貨, 獲, 禍, 惑, 豁

[nuo](326): 挪, 懦, 穤, 諾, 嬬, 糯, 儺, 娜, 儺, 糯

[ʂuo](318): 說, 爍, 朔, 碩, 妁, 束, 杓, 勺, 芍, 数

[ʐuo](321): 若, 弱, 篛, 焫, 楉, 蒻, 翁, 捼

(2) 운모 [o]로 표기된 것

[t'o](302): 托, 拖, 託, 脱, 駄, 陀, 沱, 駝, 柁, 砣, 鉈, 妥, 庹

[to](303): 多, 夺, 朵, 剁, 躲, 舵, 堕, 惰, 铎, 驮, 咄

[lo](324): 囉, 羅, 蘿, 邏, 鑼, 籮, 騾, 螺, 儸, 瘰, 駱

[pʻo](232): 坡, 潑, 婆, 迫, 珀, 破, 魄, 泙

[po](233): 撥, 波, 玻, 鉢, 餑, 剝, 菠, 百, 薄, 伯, 駁, 帛, 泊

[mo](242): 麼, 模, 摩, 磨, 抹, 末, 沫, 沒, 莫, 茉, 漠, 墨

[fo](258): 佛, 唪

[tsʻo](292): 搓, 磋, 撮, 蹉, 矬, 挫, 莝, 錯, 剉, 措, 撮

[tso](292): 昨, 左, 佐, 柞, 作, 坐, 怍, 胙, 祚, 座, 做

[so](296): 莎, 唆, 梭, 縮, 所, 索, 瑣, 鎖, 娑, 挲

[tʂʻo](313): 戳, 婥, 輟, 踔, 綽, 擉, 滗

[tʂo](314): 拙, 捉, 桌, 灼, 着, 濁, 啄, 濯, 鐲

　　그 이후 운모 [uə]/[uo]의 사용범위가 계속 확대되면서 성모 [tʻ], [t], [l], [tsʻ], [ts], [s], [tʂʻ], [tʂ] 등에로 파급되었다.

　　상술한 자료들은 근대중국어 운모 [o]가 18세기 70년대부터 운모 [uə]/[uo]로 변하기 시작하였으나 19세기 말에도 대부분 [o]로 발음되었음을 말해준다. 그 이후 20세기에 들어서면서 운모 "uo"[uo]의 사용범위가 확대되어 간다.

　　(1) [uə]→"uo"[uo]
　　① (果摄2-2果韵): 果, 菓, 裹, 火([uə], [o] 두 가지 소리로 표기됨), (果摄2-3 過韵): 过(過)
　　② (曾摄1-4德韵): 国(國)

　　(2) [o]→"uo"[uo]
　　① (果摄1-1歌韵): 磋, 蹉, 多, 啰(囉), 罗(羅), 萝(蘿), 锣(鑼), 箩(籮), 儸, 挪,

拖, 陀, 沱, 驼(駝), 柁, 馱, 馱, 鼍(鼉), (果摄1-2智韵): 舵, 我, 左, (果摄1-3箇
韵): 哆, 馱, 馱, 逻(邏), 佐, 作, (果摄2-1戈韵): 矬, 锅(鍋), 骡(騾), 螺, 莎,
唆, 梭, 簑, 硰, 嵩(髙), 倭, (果摄2-2果韵): 朵, 垛, 果, 裹, 火, 夥, 祸(禍),
瘰, 琐(瑣), 锁(鎖), 妥, (果摄2-3過韵): 挫, 莝, 剉, 惰, 过(過), 货(貨), 唾,
卧(臥), 坐, 座

② (蟹摄5-1佳韵): 蜗(蝸)

③ (宕摄1-4鐸韵): 错(錯), 郭, 椁, 硌, 烙, 络(絡), 骆(駱), 珞, 落, 索, 托, 託,
柞, 昨, (宕摄2-4藥韵): 烁(爍), 若, 弱, 箬, 勺, 灼

④ (山摄2-4末韵): 撮, 掇, 夺(奪), 聒, 豁, 活, 濶, 脱, (山摄5-4薛韵): 说(說),
拙

⑤ (江摄1-4覺韵): 朔, 棹, 捉, 桌, 浊(濁), 啄, 濯, 镯(鐲)

⑥ (梗摄2-4麥韵): 喔, 蝈(蟈), 获(獲), (梗摄3-4昔韵): 硕(碩)

⑦ (曾摄1-4德韵): 或, 惑

⑧ (遇摄2-2語韵): 所, (遇摄3-1虞韵): 懦

⑨ (通摄1-4屋韵): 缩(縮)

(3) [u]→"uo"[uo]

① (果摄2-1戈韵): 锅(鍋)

② (宕摄1-4鐸韵): 蠖

(4) [ua]→"uo"[uo]

① (果摄2-2果韵): 裹

(5) [a]→"uo"[uo]

① (宕摄1-4鐸韵): 怍

(6) [iao]→"uo"[uo]

① (果攝2-2果韵): 锁(鎖)

五. [y]계열 운모 [y], [yɛn], [ye], [yn]의 내원

34. 현대중국어 운모 "ü"[y]의 내원※

현대중국어 운모 "ü"[y]의 거의 전부인 112개(99%)가 『한청문감』의 운모 [iui]가 변하여 되고, 1개가 운모 [u]가 변하여 이루어졌다.

이러한 상황은 『한청문감』 시기에 현대중국어의 운모 "ü"[y]가 아직 형성되지 않았음을 설명한다.

19세기 말의 『화음계몽언해』와 『화어유초』에 이르러 아래와 같은 변화가 나타난다.

(1) 운모 [iui]로 표기된 것

拘[tɕiui], 举[tɕiui], 聚[tɕiui], 驹[tɕiui], 女[niui], 去[tɕʻiui], 取[tɕʻiui], 曲 [tɕʻiui], 虚[ɕiui], 徐[ɕiui], 绪[ɕiui], 鱼[iui], 与[iui], 雨[iui], 语[iui], 舆[iui], 玉[iui], 遇[iui], 御[iui], 渔[iui], 芋[iui], 狱[iui], 谕[iui], 吁[iui], 禦[iui]

(2) 운모 [iu]로 표기된 것

句[tɕiu], 钜[tɕiu], 苣[kiu], 蛆[tɕiu], 序[ɕiu], 絮[ɕiu], 豫[iu], 羽[iu], 楡[iu], 軍[tɕiun], 菨[tɕiun], 云[iun]

(3) 운모 [ui]로 표기된 것

矩[tɕui], 菊[kui], 橘[tɕui], 聚[tɕui], 菉[lui], 驴[lu/lui], 绿[lu/lui], 麯

[tɕʻui], 蛆[tɕʻui], 取[tɕʻui], 许[ɕui], 婿[ɕui], 尉[ui]

상술한 50사 가운데에서 50%인 25자가 의연히 운모 [iui]로 표기되고, 26%인 13자가 운모 [ui]로 표기되고, 24%인 12자가 운모 [iu]로 표기되었다.

상기 한자들이 『음운봉원』(379-384쪽)에서도 운모 [iui]와 [iu]로 표기되었다.

그러나 『경음자휘』(1912)에 이르러서는 운모 [y]가 산생되었다. 즉 제로성모와 성모 [n], [l], [tɕʻ], [tɕ], [ɕ] 뒤에서 운모 [y]가 쓰였다. 예를 들면 아래와 같다.

[iy](184쪽): 於, 与, 語, 宇, 雨, 玉, 育, 御, 喻, 羽, 域
[ly](161쪽): 侣, 律, 旅, 绿, 屡, 慮, 濾, 褛, 濾, 菉
[ny](161쪽): 女
[tɕʻy](179쪽): 区, 去, 曲, 趣, 娶, 趨, 瞿, 麯, 蛆
[tɕy](181쪽): 居, 俱, 巨, 据, 举, 句, 菊, 鞠, 聚, 剧
[ɕy](183쪽): 许, 序, 徐, 绪, 叙, 吁, 俗, 胥, 煦, 需

상술한 자료는 현대중국어 운모 "ü"[y]가 아래의 두 가지 도경을 통하여 이루어졌다고 할 수 있다. 하나의 도경은 [iui]→[ui]→[y]이고, 다른 하나의 도경은 [iui]→[iu]→[y]이다. [ui]가 [y]로의 축약은 자연스러운 변화로 쉽게 이해된다. 반면 [iu]가 [y]로의 변화는 과정이 요구된다. 이에 대해 이신괴(李新魁)가 논문 "근대한어개음의 발전(近代汉语介音的发展)"(『李新魁语言学论集』中华书局 1994年 197页)에서 아래와 같이 공식화 하였다. [iu]→[yu]→[yʙ]→[y] 이신괴는 이 변화과정에 대해 아래와 같이 해석하였다. 먼저 운두 [i]가 뒤의 모음 [u]의 영향을 받아 [y]로 변하고, 그 다음 [u]가 [y]의 영향을 받아 앞으로 이동하면서 [ʙ]로 변하고, 마지막에 [y]로 되었다고 하였다. 아울러

이 변화가 대개 17세기 말에 이루어졌다고 하였다. 이신괴의 상기 논술에서 [iu]가 [y]로의 변화과정 해석은 납득되지만 변화의 시기문제는 『한청문감』, 『화음계몽언해』, 『화어유초』, 『음운봉원』 등 문헌의 표기자료와 모순된다. 즉 상기 문헌들에서는 여전히 [iui], [ui], [iu] 세 가지로 표기되고 있어 아직 "ü"[y]로 변하지 않았다.

그러나 『경음자휘』의 자료는 20세기 초에 운모 [y]가 형성되었음을 말해준다. 『경음자휘』의 자료에서 설면음 성모 [tɕʻ], [tɕ], [ɕ] 뒤에서 운모 [y]가 쓰인 사실은 운모 [y]의 산생이 아후음 [kʻ], [k], [x]의 구개음화와 밀접한 관계가 있을 것으로 보인다.

(1) [iui]→"ü"[y]

① (遇攝2-1魚韵): 车(車), 居, 驴(驢), 桐(欄), 渠, 磲, 虚(虛), 虙, 驢, 於, 淤, 余, 鱼(魚), 渔(漁), 舆(輿), 餘, 疽, 蛆, 徐, (遇攝2-2語韵): 举(擧), 巨, 拒, 苣, 距, 駈, 吕(呂), 侣(侶), 女, 许(許), 语(語), 敔, 與, 禦, 序, 敍, 绪(緖), (遇攝2-3御韵): 锯(鋸), 据(據), 虑(慮), 去, 瘀, 预(預), 御, 豫, 絮, (遇攝3-1虞韵): 拘, 驹(駒), 岖(嶇), 驱(驅), 毆, 迂, 于, 盂, 臾, 雩, 隅, 逾, 榆, 虞, 愚, 踰, 趋(趨), 须(須), 需, 鬚, (遇攝3-2麌韵): 矩, 缕(縷), 昻, 宇, 羽, 雨, 愈, 聚, 取, (遇攝3-3遇韵): 句, 具, 惧(懼), 屡(屢), 芋, 姁(嫗), 谕(諭), 遇, 裕, 趣

② (通攝1-4屋韵): 鞠, 菊, 麴, 蓄, 育, 蓿, (通攝3-4燭韵)锔(鋦), 局, 菉, 曲, 玉, 狱(獄), 浴, 欲, 鹆(鵒), 瑀, 蓿, 续(續)

③ (臻攝6-4術韵): 橘, 律, 鹬(鷸), 戌, (臻攝7-4物韵): 屈, 欝

④ (蟹攝9-3霁韵): 婿

⑤ (止攝2-2旨韵): 履

⑥ (流攝1-1侯韵): 褛(褸)

(2) [u]→"ü"[y]

① (通攝3-4燭韵): 緑(綠)

35. 현대중국어 운모 "üan"[yæn]의 내원※

현대중국어 운모 "üan"[yæn]의 거의 전부인 50개(98%)가 『한청문감』의 운모 [iuan]이 변하여 되고, 1개가 운모 [ian]이 변하여 이루어졌다.

이러한 상황은 『한청문감』 시기에 현대중국어의 운모 "üan"[yæn]이 아직 형성되지 않았음을 설명한다. 19세기 말의 『화음계몽언해』와 『화어유초』에서 대부분 [iuən]으로 변하였다. 예를 들면 아래와 같다.

(1) 운모 [iuən]으로 표기된 것

眷[tɕiuən], 绢[tɕiuən], 捲[tɕiuən], 拳[tɕʻiuən], 全[tɕʻiuən], 圈[tɕʻiuən], 劝[tɕʻiuən], 旋[ɕiuən], 癬[ɕiən], 镟[ɕiuən], 眩[ɕiuən], 元[iuən], 员[iuən], 原[iuən], 圆[iuən], 远[iuən], 院[iuən], 鸳[iuən], 冤[iuən], 辕[iuən]

(2) 운모 [uən]/[iən]으로 표기된 것

怨[uən], 缘[iən]

상기 한자들이 『음운봉원』(201-205쪽)에서도 대부분 운모 [iuan]으로 표기되고, 일부가 [iun]으로 표기되었다.

상술한 사실은 19세기 말에도 운모 "üan"[yæn]이 아직 형성되지 않았음을 설명한다.

그러나 『경음자휘』(1912)에 이르러서는 운두 [y]가 산생되고, 운모 [yan]이 나타났다. 즉 제로성모와 성모 [l], [tɕʻ], [tɕ], [ɕ] 뒤에서 운모 [yan]이 쓰였다. 예를 들면 아래와 같다.

[yan](416쪽): 原, 元, 圓, 院, 远, 苑, 袁, 冤, 源, 愿, 願

[lyan](327쪽): 攣, 變, 孿

[tɕʻyan](405쪽): 圈, 全, 拳, 权, 泉, 夯, 銓, 犬, 荃

[tɕyan](406쪽): 卷, 娟, 眷, 捐, 倦, 绢, 捲, 蠲, 鹃

[ɕyan](412쪽): 选, 宣, 軒, 玄, 旋, 諠, 璇, 瑄, 炫

우리는 『한청문감』, 『화음계몽언해』, 『화어유초』, 『음운봉원』 등 문헌의 자료로부터 『한청문감』 운모 [iuan]이 [iuan]→[iuən]→[yæn]으로의 변화 과정을 거치었다는 결론을 내리게 된다.

이 변화과정에 아래의 두 가지 변화가 일어난다. 하나는 운두(韵头) [iu]가 [y]로의 변화이고, 다른 하나는 주요모음 [a]가 [a]→[ə]→[æ]로의 변화이다. 이 두 가지 변화는 교차적으로 일어나게 되는데, 먼저 모음 [a]가 [ə]로 변하고, 그 다음 운두 [iu]가 [y]로 변한다. 새로 생겨난 운두 [y]가 다시 뒤의 모음 [ə]를 앞으로 이끌어 앞 모음 [æ]로 되게 하면서 새로운 운모 [yæn]이 생겨난다. 상술한 변화의 완성은 20세기에 들어선 이후에 이루어졌다.

(1) [iuan]→"üan"[yæn]
① (山摄5-1仙韵): 捐, 权(權), 拳, 颧(顴), 鸢(鳶), 员(員), 圆(圓), 橼(櫞), 全, 泉, 宣, 揎, 旋, 漩, 璿, (山摄5-2獮韵): 卷, 捲, 选(選), (山摄5-3線韵): 倦, 绢(絹), 缘(緣), 院, 镟, (山摄6-1元韵): 圈, 冤, 元, 园(園), 原, 鼋(黿), 援, 猿, 源, 辕(轅), 轩(軒), 萱, 喧, (山摄6-2阮韵): 远(遠), (山摄6-3願韵): 劝(勸), 夯, 怨, 愿, 願, 楦, (山摄7-1先韵): 鹃(鵑), 鋗, 玄, 渊(淵), 悬(懸), (山摄7-2銑韵): 犬, 畎

(2) [ian]→"üan"[yæn]
① (山摄5-2獮韵): 癣(癬)

36. 현대중국어 운모 "üe"[ye]의 내원※

　현대중국어 운모 "üe"[ye]의 내원이 비교적 복잡하다. 현대중국어에서 운모 "üe"[ye]로 발음되는 한자가 『한청문감』에 나타난 것이 모두 40개이다. 그 가운데에서 『한청문감』의 운모 [iuəi]로 표기된 것이 22개, 운모 [io]로 표기된 것이 13개, 운모 [iao]로 표기된 것이 2개, 운모 [iui]로 표기된 것이 2개, 운모 [i]로 표기된 것이 1개이다.

　상술한 상황은 『한청문감』 시기에 현대중국어 운모 "üe"[ye]가 아직 형성되지 않았음을 설명한다. 여러 가지 발음 가운데에서 주로 다수를 차지하는 [iuəi]가 현대중국어의 운모 "üe"[ye]로 변하였다.

　이 변화는 아래의 두 가지 변화를 요구한다. 하나는 운두 [iu]가 [y]로의 변화이고, 다른 하나는 운모 [iuəi]의 주요모음 [ə]가 모음 [e]로의 변화이다. 운두 [iu]가 [y]로의 변화과정은 이미 앞의 "34. 현대중국어 운모 "ü"[y]의 내원"에서 밝히었다. [y]로 변한 운두가 뒤의 주요모음 [ə]를 [e]로 변하게 하였다고 보아야 한다.

　현대중국어에서 운모 "üe"[ye]로 된 한자들이 『화음계몽언해』와 『화어유초』에서의 표기는 아래와 같다.

　　(1) 운모 [iao]로 표기된 것
　　略[liao], 学[ɕiao], 乐[iao]

　　(2) 운모 [iuiə]로 표기된 것
　　瘸[tɕʻiuiə], 靴[ɕiuiə], 雪[ɕiuiə], 月[iuiə], 阅[iuiə]

　　(3) 기타의 운모로 표기된 것
　　蹶[tɕʻiuə], 决[tɕiui], 谲[kuəi]

위의 자료에서 아래의 두 가지 변화를 알아낼 수 있다. 하나는 『한청문감』의 [iuəi]가 [iuəi]→[iuiə]로의 변화를 가져오고, 『한청문감』의 [io]가 [io]→[iao]로의 변화를 가져왔다. 이로부터 우리는 『한청문감』의 [iuəi]가 [iuəi]→[iuiə]→[iuə]→[yə]→[ye]로의 변화를 가져왔다는 결론을 내리게 된다.

향희(向熹)가 『간명한어사(상)(简明汉语史)(上)』(341쪽)에서 아래와 같이 지적하였다.

"[io]가 [yɛ]로의 변화는 매우 늦게 나타난 일이다. 19세기 중엽 유은(裕恩)의 『음운봉원(音韵逢源)』(기원 1840년)에서 의연히 [yə]로 읽었다. 대개 19세기 말에 비로소 [yɛ]로 읽었다"고 하였다.

그런데 필자가 본 『음운봉원』(2015년 수도 사범대학 출판사에서 출판한 책)의 표음 자료는 향희의 해석과 완전히 다르다. 『음운봉원』(349-352쪽)에 나타난 현대중국어에서 "üe"[ye]로 읽히는 한자들의 발음은 아래와 같다.

厥[kiuyə], 缺[kʻiuyə], 月[iuyə], 绝[tɕiuyə], 雪[ɕiuyə], 靴[xiuyə], 悦[iuyə], 劣[liuyə]……

위의 자료에서 알 수 있듯이 우선 『음운봉원』의 운모는 [yə]가 아니라 [iuyə]이다. 또한 이 [iuyə]는 『화음계몽언해』, 『화어유초』의 운모 [iuiə]와 완전히 같다. 그리고 『한청문감』에서 운모 [io]로 표기된 한자 "学, 略, 乐" 등이 『음운봉원』(339-342쪽)에서는 운모 [yo], [iyo], [yao]로 표기되었다.

현대중국에서 운모 "üe"[ye]로 된 한자들이 『경음자휘』에서의 표기는 아래와 같다.

[yəi](420): 月, 曰, 约, 越, 躍, 悦, 乐, 阅, 岳, 刖, 粤
[lyəi](328): 掠, 略, 畧
[tɕʻyəi](409): 缺, 却, 确, 鹊, 瘸, 雀, 卻, 阙

[tɕyəi](410): 決, 绝, 掘, 厥, 角, 倔, 撅, 桷, 蹶

[ɕyəi](415): 学, 雪, 血, 穴, 靴, 削, 薛, 泬, 峃

이 자료는 19세기 말까지 쓰이던 운두 [iu]가 20세기 10년대에 이르러 운두 [y]로 변하였음을 말해주고 있다. 그러나 이 시기에 모음 [ə]가 [e]로의 변화는 일어나지 않았다.

상술한 자료들을 통하여 우리는 『한청문감』의 [iuəi]가 [iuəi]→[iuiə]→ [iuə]→[yə]→[ye]로의 변화를 거쳐 현대중국어의 운모 "üe"[ye]로 변하였으며, 이 변화의 완성은 20세기 10년대 이후의 일이라는 결론을 내리게 된다.

(1) [iuəi]→"üe"[ye]

① (山攝5-4薛韵): 绝(絕), 雪, 阅(閱), 悦(悅), (山攝6-4月韵): 撅, 掘, 蕨, 橛, 懋, 蹶, 哕(噦), 月, 刖, 钺(鉞), 越, (山攝7-4屑韵): 决(決), 駃, 穴, 血

② (果攝2-1戈韵): 靴, 瘸

③ (宕攝2-4藥韵): 镢(鐝)

(2) [io]→"üe"[ye]

① (宕攝2-4藥韵): 爵, 掠, 略, 虐, 雀, 鹊(鵲), 谑(謔), 跃(躍), 龠

② (江攝1-4覺韵): 学(學), 乐(樂), 岳, 嶽

(3) [iao]→"üe"[ye]

① (宕攝2-4藥韵): 嚼, 鹊(鵲)

(4) [iui]→"üe"[ye]

① (宕攝2-4藥韵): 簨

② (臻攝7-4物韵): 倔

(5) [i]→"üe"[ye]

① (宕攝2-4藥韵): 疟(瘧)

37. 현대중국어 운모 "ün"[yn]의 내원※

현대중국어 운모 "ün"[yn]의 거의 전부인 37개(95%)가『한청문감』의 운모 [iun]이 변하여 되고, 1개가 운모 [in]이 변하여 되고 1개가 운모 [uan]이 변하여 이루어졌다.

이러한 상황은『한청문감』시기에 현대중국어의 운모 "ün"[yn]이 아직 형성되지 않았음을 설명한다. 19세기 말의『화음계몽언해』와『화어유초』에서 대부분 [iun]으로 표기되고 일부가 [in]으로 변하였다. 예를 들면 아래와 같다.

(1) 운모 [iun]으로 표기된 것
军[tɕiun], 菖[tɕiun], 裙[tɕʻiun], 羣[tɕʻiun], 薰[ɕiun], 巡[ɕiun], 训[ɕiun], 云[iun], 运[iun]

(2) 운모 [in]으로 표기된 것
蕈[ɕin], 㵢[ɕin]

상기 한자들이『음운봉원』(247-251쪽)에서도 운모 [iun]으로 표기되었다.

그러나 운모 [iun]이 1912년의『경음자휘』에 이르러 운모 [yn]으로 변하였다. 예를 들면 아래와 같다.

[yn](419쪽): 云, 韵, 运, 孕, 陨, 允, 氲, 員, 匀, 醖
[lyn](327쪽): 掄, 淋

[tɕ'yn](408쪽): 群, 裙, 箘, 困, 羣,

[tɕyn](408쪽): 均, 军, 菌, 俊, 峻, 君, 郡, 駿, 鈞

[ɕyn](414쪽): 熏, 旬, 迅, 驯, 恂, 寻, 洵, 纁, 训

　　상술한 상황은 『한청문감』의 운모 [iun]의 20세기 10년대에 이르러 운모 [yn]으로 변하면서 현대중국어 운모 [yn]이 형성되었음을 말해준다.

　(1) [iun]→"ün"[yn]
　① (臻摄2-3慁韵): 逊(遜), 巽, (臻摄3-1真韵): 麕, (臻摄3-2軫韵): 陨(隕), (臻摄6-1諄韵): 均, 匀(勻), 逡, 巡, 循, 驯(馴), 匀(勻), (臻摄6-2準韵): 允, (臻摄6-3稕韵): 俊, 峻, 骏(駿), 狗, (臻摄7-1文韵): 军(軍), 君, 裙, 羣, 群, 熏, 勲, 薰, 爋, 云(雲), 芸, 耘, 蕓, (臻摄7-3問韵): 郡, 训(訓), 暈(暈), 运(運), 韵(韻), (臻摄7-4物韵): 熨
　② (山摄6-1元韵): 壎
　③ (深摄1-1侵韵): 寻(尋)

　(2) [in]→"ün"[yn]
　① (臻摄3-3震韵): 讯(訊)

　(3) [uan]→"ün"[yn]
　① (臻摄7-1文韵): 勲

　　이상에서 현대중국어 운모들의 내원을 밝히었다. 상술한 운모들의 상황을 귀납하면 아래와 같다.

　(1) 현대중국어의 운모는 모두 37개이다.

(2) 현대중국어 운모의 70%를 차지하는 운모 "a"[a], "ai"[ai], "an"[an], "ang"[aŋ], "ao"[au], "e"[ə], "en"[ən], "eng"[əŋ], "er"[ɚ], "i"[i], "i"[ʅ], "i"[ɿ], "ia"[ia], "iang"[iaŋ], "iao"[iau], "in"[in], "ing"[iŋ], "iong"[iuŋ], "ong"[uŋ], "o"[o], "ou"[ou], "u"[u], "ua"[ua], "uai"[uai], "uan"[uan], "uang"[uaŋ] 등 26개는 이미 18세기 70년대의 『한청문감』에서 형성되었다.

(3) 현대중국어 운모의 30%를 차지하는 운모 "ei"[ei], "ian"[iæn], "ie"[ie], "iou"[iou], "uei"[uei], "uen"[uən], "uo"[uo], "ü"[y], "üan"[yæn], "üe"[ye], "ün"[yn] 등 11개는 20세기에 들어선 이후에 형성이 완성된 것으로 보이는 운모들이다. 이들 가운데의 운모 "ei"[ei], "ian"[iæn], "ie"[ie], "uei"[uei]의 형성은 가운데 모음이 앞 모음으로의 변화와 관계되고, "ü"[y], "üan"[yæn], "üe"[ye], "ün"[yn]의 형성은 [iu]가 [y]로의 변화와 관계된다.

(4) 19세기 말부터 20세기 초 사이에 중국어에서 뒤의 모음이 앞으로 이동하는 모음 추이(推移) 현상이 나타났으며, 또한 이를 계기(契机)로 새로운 운모들이 생겨났을 것으로 추정된다.

제7장

『한청문감』 한자의
중국어 독음자료 휘집

본 장에서는 『한청문감』에 나타난 한자들의 중국어 독음자료를 휘집하였다.

一. 범례

1) 본 자료의 글자 배열순서는 중국어 병음의 배열순서로 되었다.

2) 연구의 편리를 위하여 매개 한자의 『광운(廣韻)』의 반절과 성조, 운모, 성모를 표시하였다.

3) 『광운』의 반절과 성조, 운모, 성모 자료는 중국의 『한어대사전(漢語大詞典)』과 『한어대자전(漢語大字典)』에서 인용하였다. 예를 들면 아래와 같다.

阿 『廣韻』烏何切, 平歌, 影。

4) 『한어대자전』에 『광운』의 반절표기가 없는 경우에는 자전의 다른 발음 표기를 인용하였다. 예를 들면 아래와 같다.

绑(綁) 『字彙』音榜

5) 『한어대자전』에 아무런 발음 표기도 없는 경우에는 한자 뒤에 『한청문감』의 중국어 독음을 표기하였다. 예를 들면 아래와 같다.

舱(艙) 창[tsʻaŋ](368 上)

6) 본 자료의 정리는 1자(字) 1음(音)을 원칙으로 하였기에 중국어 다음자(多音字)의 경우 하나의 『광운』음만 택하였다. 이로 인하여 일부 글자의 『광운』음 표기가 한자의 실제 음과 어긋날 수도 있으나 될수록 한자의 『한청문감』 실제 발음과 가까운 『광운』음을 택하였다.

비록 해당 글자의 『광운』음이 있으나 『한청문감』의 한자발음과 관계가 없을 경우에는 택하지 않았다. 예를 들면 "踹"자가 다음자로 ① chuǎn ② duàn ③ chuài 세 가지 발음이 있다. 그 가운데 "duàn"의 발음에만 『광운』음 "『廣韻』丁貫切, 去換, 端。"이 있고 다른 발음에는 없다. 그것이 『한청문감』 "踹"자의 발음 "chuài"와 관계없기에 자료정리에서 "踹"자 뒤에 『광운』 발음을 표기하지 않았다.

7) 매 글자 마지막 표음 뒤 괄호 안의 숫자와 "上, 下"는 연희대학교 동방연구소 간행으로 된 『한한청문감(韓漢淸文鑑)』의 쪽수와 판면이다.

8) 연구의 편리를 위하여 『한청문감』의 다음자(多音字)는 여러 가지 중국어 독음을 모두 수록하였다. 예를 들면 아래와 같다.

裹〔『廣韻』古火切, 上果, 見。〕고[ko](341 下)
裹〔『廣韻』古火切, 上果, 見。〕궈[kuə](326 上)
裹〔『廣韻』古火切, 上果, 見。〕과[kua](130 上)

9) 컴퓨터 한자 코드표에 없는 글자는 두 개 획이나 글자를 합쳐 표기하였다. 예를 들면 아래와 같다.

(月+囊) 낭[naŋ](441 上)

10) 제일 마지막의 부호 ??는 오자(誤字)로 의심됨을 나타낸다.

二. 본문

ā 阿〔『廣韻』烏何切, 平歌, 影。〕아[a](106 上)

āi 哀〔『廣韻』烏開切, 平咍, 影。〕애[ai](187 上)

āi 埃〔『廣韻』烏開切, 平咍, 影。〕얘[iai](24 下)

āi 埃〔『廣韻』烏開切, 平咍, 影。〕애[ai](302 上)

ǎi 挨〔『廣韻』於駭切, 上駭, 影。〕얘[iai](52 下)

ǎi 矮〔『廣韻』烏蟹切, 上蟹, 影。〕애[ai](154 下)

ǎi 靄(靄)〔『廣韻』於蓋切, 去泰, 影。〕애[ai](15 上)

ài 艾〔『廣韻』五蓋切, 去泰, 疑。〕애[ai](397 上)

ài 爱(愛)〔『廣韻』烏代切, 去代, 影。〕애[ai](161 上)

ài 隘〔『廣韻』烏懈切, 去卦, 影。〕얘[iai](262 下)

ài 碍(礙)〔『廣韻』五漑切, 去代, 疑。〕애[ai](248 下)

ān 安〔『廣韻』烏寒切, 平寒, 影。〕안[an](45 下)

ān 鹌(鵪)〔『龍龕手鑒』烏含切〕안[an](418 下)

ān 鞍〔『集韻』於寒切, 平寒, 影。〕안[an](133 下)

àn 岸〔『廣韻』五旰切, 去翰, 疑。〕안[an](31 下)

àn 按〔『廣韻』烏旰切, 去翰, 影。〕안[an](117 下)

àn 豻〔『廣韻』俄寒切, 平寒, 疑。〕안[an](424 上)

àn 案〔『廣韻』烏旰切, 去翰, 影。〕안[an](60 下)

àn 暗〔『廣韻』烏紺切, 去勘, 影。〕안[an](122 下)

āng 腌〔『廣韻』於嚴切, 平嚴, 影。〕앙[aŋ](237 下)

áng 昂〔『廣韻』五剛切, 平唐, 疑。〕앙[aŋ](299 下)

āo 凹〔『廣韻』烏洽切, 入洽, 影。〕와[wa](129 下)

áo 敖〔『廣韻』五勞切, 平豪, 疑。〕앟[ao](107 上)

áo 廒〔『字彙』五牢切〕앟[ao](267 上)

áo 獒〔『廣韻』五勞切, 平豪, 疑。〕앟[ao](469 上)

áo 熬〔『廣韻』五勞切, 平豪, 疑。〕앟[ao](384 下)

áo 鰲(鰲)〔『廣韻』五勞切, 平豪, 疑。〕앟[ao](315 下)

áo 鏖〔『廣韻』於刀切, 平豪, 影。〕앟[ao](110 下)

ǎo 袄(襖)〔『廣韻』烏皓切, 上皓, 影。〕앟[ao](335 上)

ào 傲〔『廣韻』五到切, 去號, 疑。〕앟[ao](223 上)

ào 奧(奧)〔『廣韻』烏到切, 去号, 影。〕앟[ao](286 上)

ào 懊〔『廣韻』烏到切, 去號, 影。〕앟[ao](185 下)

bā 八〔『廣韻』博拔切, 入黠, 幫。〕바[pa](34 上)

bā 巴〔『廣韻』伯加切, 平麻, 幫。〕바[pa](191 下)

bā 叭〔『集韻』普八切, 入黠, 滂。〕바[pa](381 下)

bā 疤〔『集韻』邦加切, 平麻, 幫。〕바[pa](220 下)

bā 笆〔『廣韻』伯加切, 平麻, 幫。〕바[pa](289 下)

bā 吧〔『廣韻』伯加切, 平麻, 幫。〕바[pa](222 上)

bá 拔〔『廣韻』蒲八切, 入黠, 並。〕바[pa](296 下)

bá 跋〔『廣韻』蒲撥切, 入末, 並。〕바[pa](95 上)

bá 魃〔『廣韻』蒲撥切, 入末, 並。〕바[pa](255 下)

bǎ 把〔『廣韻』博下切, 上馬, 幫。〕바[pa](131 上)

bà 坝(壩)〔『集韻』必駕切, 去禡, 幫。〕바[pa](453 上)

bà 弝 bà〔『廣韻』必駕切, 去禡, 幫。〕바[pa](129 下)

bà 罢(罷)〔『廣韻』薄蟹切, 上蟹, 並。〕바[pa](245 上)

bà 覇 〔『廣韻』必駕切, 去禡, 幫。〕바[pa](227 下)

bái 白 〔『廣韻』傍陌切, 入陌, 並。〕버[pə](324 上)

bǎi 栢 〔『廣韻』博陌切, 入陌, 幫。〕배[pai](415 下)

bǎi 摆(擺) 〔『廣韻』北買切, 上蟹, 幫。〕배[pai](443 上)

bài 败(敗) 〔『廣韻』薄邁切, 去夬, 並。〕배[pai](111 下)

bài 拜 〔『廣韻』博怪切, 去怪, 幫。〕배[pai](84 下)

bài 稗 〔『廣韻』傍卦切, 去卦, 並。〕배[pai](389 下)

bān 班 〔『廣韻』布還切, 平刪, 幫。〕반[pan](48 上)

bān 斑 〔『廣韻』布還切, 平刪, 幫。〕반[pan](399 下)

bān 搬 〔『字彙』音般〕반[pan](131 上)

bān 癍 〔『廣韻』薄官切, 平桓, 並。〕반[pan](152 上)

bān 螁 〔『廣韻』布還切, 平刪, 幫。〕반[pan](448 上)

bǎn 板 〔『廣韻』布綰切, 上潸, 幫。〕반[pan](369 上)

bǎn 版 〔『廣韻』布綰切, 上潸, 幫。〕반[pan](373 上)

bàn 办(辦) 〔『廣韻』蒲莧切, 去襉, 並。〕반[pan](66 上)

bàn 半 〔『廣韻』博漫切, 去換, 幫。〕반[pan](173 下)

bàn 拌 〔『廣韻』普官切, 平桓, 滂。〕반[pan](298 下)

bàn 绊(絆) 〔『廣韻』博慢切, 去換, 幫。〕반[pan](442 下)

bàn 瓣 〔『廣韻』蒲莧切, 去襉, 並。〕반[pan](400 下)

bàn 扮 〔『廣韻』晡幻切, 去襉, 幫。〕반[pan](337 上)

bāng 帮(幫) 〔『廣韻』博旁切, 平唐, 幫。〕방[paŋ](128 下)

bāng 梆 〔『廣韻』博江切, 平江, 幫。〕방[paŋ](128 上)

bǎng 绑(綁) 〔『字彙』音榜〕방[paŋ](68 下)

bǎng 榜 〔『廣韻』北朗切, 上蕩, 幫。〕방[paŋ](58 下)

bàng 棒 〔『廣韻』步項切, 上講, 並。〕방[paŋ](149 上)

bàng 傍 〔『廣韻』蒲浪切, 去宕, 並。〕방[paŋ](21 上)

bàng 谤(謗) 〔『廣韻』補曠切, 去宕, 幫。〕방[paŋ](234 下)

bǎng 膀 〔『廣韻』步光切, 平唐, 並。〕방[paŋ](147 下)

bāo 包 〔『廣韻』布交切, 平肴, 幫。〕봐[pao](341 下)

bāo 苞 〔『廣韻』布交切, 平肴, 幫。〕봐[pao](396 上)

bāo 胞 〔『廣韻』布交切, 平肴, 幫。〕퐈[pʻao](150 下)

bāo 褒 〔『廣韻』博毛切, 平豪, 幫。〕봐[pao](75 上)

bāo 剥(剝) 〔『廣韻』北角切, 入覺, 幫。〕봐[pao](372 上)

báo 雹 〔『廣韻』蒲角切, 入覺, 並。〕봐[pao](14 上)

báo 薄 〔『廣韻』傍各切, 入鐸, 並。〕보[po](346 上)

bǎo 饱(飽) 〔『廣韻』博巧切, 上巧, 幫。〕봐[pao](129 上)

bǎo 宝(寶) 〔『廣韻』博抱切, 上皓, 幫。〕볼[po](312 上)

bǎo 宝(寶) 〔『廣韻』博抱切, 上皓, 幫。〕봐[pao](381 上)

bǎo 保 〔『廣韻』博抱切, 上皓, 幫。〕봐[pao](183 下)

bǎo 鸨(鴇) 〔『廣韻』博抱切, 上皓, 幫。〕봐[pao](414 下)

bǎo 葆 〔『廣韻』博抱切, 上皓, 幫。〕봐[pao](74 下)

bǎo 堡 〔『廣韻』博抱切, 上皓, 幫。〕푸[pʻu](262 下)

bào 报(報) 〔『廣韻』博耗切, 去號, 幫。〕볼[po](271 上)

bào 报(報) 〔『廣韻』博耗切, 去號, 幫。〕봐[pao](60 하)

bào 抱 〔『廣韻』薄浩切, 上皓, 並。〕봐[pao](208 上)

bào 豹 〔『廣韻』北教切, 去效, 幫。〕봐[pao](426 下)

bào 鉋(鉋) 〔『廣韻』防教切, 去效, 並。〕봐[pao](309 下)

bào 骲 〔『廣韻』蒲巧切, 上巧, 並。〕봐[pao](125 上)

bào 暴 〔『廣韻』薄報切, 去號, 並。〕봐[pao](231 下)

bào 爆 〔『廣韻』北教切, 去效, 幫。〕봐[pao](354 下)

bēi 卑 〔『廣韻』府移切, 平支, 幫。〕븨[pəi](32 上)

bēi 盃 〔『廣韻』布回切, 平灰, 幫。〕븨[pəi](344 下)

bēi 悲〔『廣韻』府眉切, 平脂, 幫。〕븨[pəi](187 上)

bēi 碑〔『廣韻』彼為切, 平支, 幫。〕븨[pəi](87 上)

bēi 椑〔『廣韻』府移切, 平支, 幫。〕븨[pəi](461 下)

běi 北〔『廣韻』博墨切, 入德, 幫。〕버[pə](9 下)

bèi 贝(貝)〔『廣韻』博蓋切, 去泰, 幫。〕븨[pəi](34 上)

bèi 狈(狽)〔『廣韻』博蓋切, 去泰, 幫。〕븨[pəi](425 下)

bèi 备(備)〔『廣韻』平秘切, 去至, 並。〕븨[pəi](108 上)

bèi 背〔『廣韻』補妹切, 去隊, 幫。〕븨[pəi](116 上)

bèi 悖〔『廣韻』蒲昧切, 去隊, 並。〕븨[pəi](214 上)

bèi 被〔『廣韻』皮彼切, 上紙, 並。〕븨[pəi](67 下)

bèi 辈(輩)〔『廣韻』補妹切, 去隊, 幫。〕븨[pəi](138 下)

bèi 惫(憊)〔『廣韻』蒲拜切, 去怪, 並。〕븨[pəi](143 上)

bèi 誖〔『廣韻』蒲昧切, 去隊, 並。〕븨[pəi](143 下)

bèi 褙〔『集韻』補妹切, 去隊, 幫。〕븨[pəi](361 下)

bēn 奔〔『廣韻』博昆切, 平魂, 幫。〕븐[pən](146 上)

bēn 锛(錛)〔『餘文』博昆切。〕븐[pən](360 上)

běn 本〔『廣韻』布忖切, 上混, 幫。〕븐[pən](60 下)

bèn 笨〔『廣韻』蒲本切, 上混, 並。〕븐[pən](155 上)

bēng 绷(繃)〔『廣韻』北萌切, 平耕, 幫。〕븡[pəŋ](339 下)

bèng 迸〔『廣韻』北孟切, 去映, 幫。〕븡[pəŋ](447 上)

bī 逼〔『廣韻』彼側切, 入職, 幫。〕비[pi](227 下)

bí 鼻〔『廣韻』毗至切, 去寘, 並。〕비[pi](146 下)

bǐ 比〔『廣韻』卑履切, 上旨, 幫。〕비[pi](243 下)

bǐ 彼〔『廣韻』甫委切, 上紙, 幫。〕비[pi](250 下)

bǐ 秕〔『廣韻』卑履切, 上旨, 幫。〕비[pi](390 上)

bǐ 笔(筆)〔『廣韻』鄙密切, 入質, 幫。〕비[pi](103 上)

bǐ 鄙 〔『廣韻』方美切, 上旨, 幫。〕비[pi](209 下)

bì 必 〔『廣韻』卑吉切, 入質, 幫。〕비[pi](245 上)

bì 毕(畢) 〔『廣韻』卑吉切, 入質, 幫。〕비[pi](366 上)

bì 闭(閉) 〔『廣韻』博計切, 去霽, 幫。〕비[pi](205 上)

bì 庇 〔『廣韻』必至切, 去至, 幫。〕비[pi](161 下)

bì 哔(嗶) 〔『集韻』壁吉切, 入質, 幫。〕비[pi](319 上)

bì 陛 〔『廣韻』傍禮切, 上薺, 並。〕비[pi](87 下)

bì 敝 〔『廣韻』毗祭切, 去祭, 並。〕비[pi](353 下)

bì 婢 〔『廣韻』便俾切, 上紙, 並。〕븨[pəi](138 下)

bì 裨 〔『廣韻』必移切, 平支, 幫。〕비[pi](176 上)

bì 弼 〔『廣韻』房密切, 入質, 並。〕비[pi](74 下)

bì 跸(蹕) 〔『廣韻』卑吉切, 入質, 幫。〕비[pi](77 下)

bì 碧 〔『廣韻』彼役切, 入昔, 幫。〕비[pi](432 上)

bì 蔽 〔『廣韻』必袂切, 去祭, 幫。〕비[pi](363 下)

bì 弊 〔『廣韻』毗祭切, 去祭, 並。〕비[pi](68 下)

bì 篦 〔『廣韻』邊兮切, 平齊, 幫。〕비[pi](345 下)

bì 壁 〔『廣韻』北激切, 入錫, 幫。〕비[pi](10 下)

bì 避 〔『廣韻』毗義切, 去寘, 並。〕비[pi](214 上)

bì 璧 〔『廣韻』必益切, 入昔, 幫。〕비[pi](83 下)

bì 辟 〔『廣韻』必益切, 入昔, 幫。〕비[pi](76 上)

biān 边(邊) 〔『廣韻』布玄切, 平先, 幫。〕뺜[pian](330 下)

biān 笾(籩) 〔『廣韻』布玄切, 平先, 幫。〕뺜[pian](84 上)

biān 蝙 〔『廣韻』布玄切, 平先, 幫。〕뺜[pian](395 下)

biān 编(編) 〔『廣韻』卑連切, 平仙, 幫。〕뺜[pian](89 下)

biān 蝙 〔『廣韻』布玄切, 平先, 幫。〕뺜[pian](132 上)

biān 鳊 〔『廣韻』卑連切, 平仙, 幫。〕뺜[pian](444 上)

biān 鞭〔『廣韻』卑連切, 平仙, 幫。〕삔[pian](135 上)

biǎn 扁〔『廣韻』方典切, 上銑, 幫。〕삔[pian](355 下)

biǎn 匾〔『廣韻』方典切, 上銑, 幫。〕삔[pian](228 下)

biàn 弁〔『廣韻』皮變切, 去線, 並。〕삔[pian](455 下)

biàn 变(變)〔『廣韻』彼眷切, 去線, 幫。〕삔[pian](387 上)

biàn 便〔『廣韻』婢面切, 去線, 並。〕삔[pian](159 下)

biàn 徧〔『集韻』卑見切, 去線, 幫。〕삔[pian](177 下)

biàn 遍〔『廣韻』方見切, 去線, 幫。〕삔[pian](242 上)

biàn 辨〔『廣韻』符蹇切, 上獮, 並。〕삔[pian](57 下)

biàn 辩(辯)〔『廣韻』符蹇切, 上獮, 並。〕삔[pian](191 上)

biàn 辫(辮)〔『廣韻』薄泫切, 上銑, 並。〕삔[pian](145 下)

biāo 标(標)〔『廣韻』甫遙切, 平宵, 幫。〕뱌[piao](370 下)

biāo 彪〔『廣韻』甫烋切, 平幽, 幫。〕뱌[piao](424 下)

biāo 镖(鏢)〔『廣韻』撫招切, 平宵, 滂。〕뱌[piao](359 上)

biāo 膘〔『集韻』紕招切, 平宵, 滂。〕뱌[piao](439 下)

biǎo 表〔『廣韻』陂矯切, 上小, 幫。〕뱌[piao](104 下)

biǎo 裱〔『廣韻』方廟切, 去笑, 幫。〕뱌[piao](309 下)

biǎo 剽〔『集韻』俾小切, 上小, 幫。〕뱌[piao](372 上)

biào 鳔(鰾)〔『廣韻』苻少切, 上小, 並。〕뱌[piao](309 下)

biē 鱉〔『集韻』必列切, 入薛, 幫。〕볘[piəi](445 上)

bié 别〔『廣韻』皮列切, 入薛, 並。〕볘[piəi](63 上)

bié 蛂〔『集韻』蒲結切, 入屑, 並。〕볘[piəi](450 上)

bié 蹩〔『廣韻』蒲結切, 入屑, 並。〕볘[piəi](222 下)

biè 弊〔『廣韻』必袂切, 去祭, 幫。〕볘[piəi](117 下)

bīn 宾(賓)〔『廣韻』必鄰切, 平真, 幫。〕빈[pin](34 下)

bīn 槟(檳)〔『廣韻』必鄰切, 平真, 幫。〕빈[pin](391 下)

bìn 殯(殯) 〔『廣韻』必刃切, 去震, 幫。〕빈[pin](86 上)

bìn 鬢(鬢) 〔『廣韻』必刃切, 去震, 幫。〕빈[pin](145 下)

hīng 冰 〔『廣韻』筆陵切, 平蒸, 幫。〕빙[piŋ](22 下)

bīng 兵 〔『廣韻』甫明切, 平庚, 幫。〕빙[piŋ](107 上)

bīng 栟 〔『廣韻』必鄰切, 平真, 幫。〕빙[piŋ](257 上)

bǐng 丙 〔『廣韻』兵永切, 上梗, 幫。〕빙[piŋ](16 下)

bǐng 柄 〔『廣韻』陂病切, 去映, 幫。〕빙[piŋ](73 上)

bǐng 饼(餅) 〔『廣韻』必郢切, 上靜, 幫。〕빙[piŋ](380 上)

bǐng 禀(稟) 〔『廣韻』筆錦切, 上寑, 幫。〕빙[piŋ](157 上)

bǐng 病 〔『廣韻』兵永切, 上梗, 幫。〕빙[piŋ](451 下)

bǐng 屏 〔『廣韻』必郢切, 上靜, 幫。〕빙[piŋ](206 下)

bìng 並 〔『廣韻』蒲迥切, 上迥, 並。〕빙[piŋ](247 下)

bìng 併 〔『廣韻』畀政切, 去勁, 幫。〕빙[piŋ](200 下)

bìng 病 〔『廣韻』皮命切, 去映, 並。〕빙[piŋ](218 下)

bō 拨(撥) 〔『廣韻』北末切, 入末, 幫。〕보[po](326 上)

bō 拨(撥) 〔『廣韻』北末切, 入末, 幫。〕버[pə](70 下)

bō 波 〔『廣韻』博禾切, 平戈, 幫。〕보[po](30 上)

bō 玻 〔『廣韻』滂禾切, 平戈, 滂。〕보[po](313 上)

bō 钵(鉢) 〔『廣韻』北末切, 入末, 幫。〕보[po](311 上)

bō 饽(餑) 〔『廣韻』蒲沒切, 入沒, 並。〕보[po](379 下)

bō 剥(剝) 〔『廣韻』北角切, 入覺, 幫。〕보[po](365 下)

bō 菠 〔『集韻』逋禾切, 平戈, 幫。〕보[po](375 下)

bō 蹳 〔『集韻』北末切, 入末, 幫。〕포[pʻo](117 下)

bó (字+頁) 〔『廣韻』蒲沒切, 入沒, 並。〕보[po](117 下)

bó 百 〔『廣韻』博陌切, 入陌, 幫。〕버[pə](135 下)

bó 薄 〔『廣韻』傍各切, 入鐸, 並。〕버[pə](182 下)

bó 薄〔『廣韻』傍各切, 入鐸, 並。〕부[pu](322 上)

bó 伯〔『廣韻』博陌切, 入陌, 幫。〕버[pə](140 上)

bó 驳(駁)〔『廣韻』北角切, 入覺, 幫。〕보[po](64 上)

bó 帛〔『廣韻』傍陌切, 入陌, 並。〕버[pə](322 上)

bó 泊〔『廣韻』傍各切, 入鐸, 並。〕버[pə](282 上)

bó 铍(鈹)〔『廣韻』蒲撥切, 入末, 並。〕보[po](89 上)

bó 脖〔『廣韻』蒲沒切, 入沒, 並。〕보[po](436 下)

bó 脖〔『廣韻』蒲沒切, 入沒, 並。〕버[pə](441 上)

bó 博〔『廣韻』補各切, 入鐸, 幫。〕보[po](274 下)

bó 搏〔『廣韻』補合切, 入鐸, 幫。〕보[po](90 上)

bó 箔〔『廣韻』傍各切, 入鐸, 並。〕버[pə](314 上)

bó 膊〔『集韻』伯各切, 入鐸, 幫。〕보[po](432 上)

bó 煿〔『集韻』伯各切, 入鐸, 幫。〕밫[pao](385 下)

bó 铸(鎛)〔『廣韻』補各切, 入鐸, 幫。〕보[po](89 下)

bó 駮〔『廣韻』北角切, 入覺, 幫。〕보[po](424 上)

bò 檗〔『廣韻』博厄切, 入麥, 幫。〕버[pə](401 上)

bò 擘〔『廣韻』博厄切, 入麥, 幫。〕피[pʻi](365 下)

bò 簸〔『廣韻』補過切, 去過, 幫。〕보[po](296 上)

bò 栢〔『廣韻』博陌切, 入陌, 幫。〕버[pə](399 下)

bo 卜(蔔)〔『廣韻』蒲北切, 入德, 並。〕부[pu](375 上)

bū 鵏〔『廣韻』博孤切, 平模, 幫。〕부[pu](306 上)

bū 餔〔『廣韻』博孤切, 平模, 幫。〕푸[pʻu](341 下)

bú 醭〔『廣韻』普木切, 入屋, 滂。〕푸[pʻu](387 下)

bǔ (木+甫) 부[pu](328 下)??

bǔ 补(補)〔『廣韻』博古切, 上姥, 幫。〕부[pu](322 上)

bǔ 补(補)〔『廣韻』博古切, 上姥, 幫。〕푸[fu](56 下)

bǔ 捕 〔『廣韻』薄故切, 去暮, 並。〕부[pu](136 下)

bù 不 〔『廣韻』分勿切, 入物, 非。〕부[pu](247 下)

bù 布 〔『廣韻』博故切, 去暮, 幫。〕부[pu](321 下)

bù 步 〔『廣韻』薄故切, 去暮, 並。〕부[pu](435 下)

bù 部 〔『廣韻』裴古切, 上姥, 並。〕부[pu](280 上)

bù 簿 〔『廣韻』裴古切, 上姥, 並。〕부[pu](71 下)

cā 擦 〔『字彙』初戛切〕차[ts'a](422 上)

cāi 猜 〔『廣韻』倉才切, 平咍, 清。〕채[ts'ai](224 上)

cái 才 〔『廣韻』昨哉切, 平咍, 從。〕채[ts'ai](164 上)

cái 材 〔『廣韻』昨哉切, 平咍, 從。〕채[ts'ai](213 下)

cái 财(財) 〔『廣韻』昨哉切, 平咍, 從。〕채[ts'ai](311 下)

cái 裁 〔『廣韻』昨哉切, 平咍, 從。〕채[ts'ai](339 上)

cái 纔 〔『廣韻』昨哉切, 平咍, 從。〕채[ts'ai](144 下)

cǎi 采 〔『廣韻』倉宰切, 上海, 清。〕채[ts'ai](337 下)

cǎi 採 〔『廣韻』倉宰切, 上海, 清。〕채[ts'ai](431 上)

cǎi 彩 〔『廣韻』倉宰切, 上海, 清。〕채[ts'ai](324 下)

cǎi 綵(綵) 〔『廣韻』倉宰切, 上海, 清。〕채[ts'ai](81 上)

cǎi 睬 〔『字彙補』此宰切〕채[ts'ai](225 上)

cǎi 踩 채[ts'ai](200 上)

cài 菜 〔『廣韻』倉代切, 去代, 清。〕채[ts'ai](375 下)

cān 參 〔『廣韻』倉含切, 平覃, 清。〕찬[ts'an](50 上)

cán 残(殘) 〔『廣韻』昨干切, 平寒, 從。〕찬[ts'an](222 上)

cán 惭(慚) 〔『廣韻』昨甘切, 平談, 從。〕찬[ts'an](230 下)

cán 蠶 〔『廣韻』昨含切, 平覃, 從。〕찬[ts'an](459 下)

càn 灿(燦) 〔『廣韻』蒼案切, 去翰, 清。〕찬[ts'an](324 下)

cāng 仓(倉) 〔『廣韻』七岡切, 平唐, 清。〕창[ts'aŋ](267 上)

cāng 苍(蒼) 〔『廣韻』七岡切, 平唐, 清。〕창[tsʻaŋ](397 下)

cāng 舱(艙) 창[tsʻaŋ](368 上)

cāng 藏 〔『廣韻』昨郎切, 平唐, 從。〕창[tsʻaŋ](422 下)

cáng 藏 〔『廣韻』昨郎切, 平唐, 從。〕창[tsʻaŋ](214 上)

cāo 糙 〔『廣韻』七到切, 去號, 清。〕좌[tsʻao](239 下)

cáo (曹+少) 〔『類篇』財勞切, 平豪, 從。〕좌[tsʻao](352 下)

cáo 曹 〔『廣韻』昨勞切, 平豪, 從。〕좌[tsao](295 下)

cáo 漕 〔『廣韻』昨勞切, 平豪, 從。〕좌[tsao](53 上)

cáo 槽 〔『廣韻』昨勞切, 平豪, 從。〕좌[tsʻao](439 下)

cáo 螬 〔『廣韻』昨勞切, 平豪, 從。〕좌[tsʻao](450 上)

cǎo 草 〔『廣韻』采老切, 上皓, 清。〕좌[tsʻao](296 下)

cè 册(冊) 〔『廣韻』初革切, 入麥, 初。〕처[tsʻə](36 下)

cè 册(冊) 〔『廣韻』初革切, 入麥, 初。〕쳐[tʂʻə](62 下)

cè 侧(側) 〔『廣韻』阻力切, 入職, 莊。〕처[tsʻə](201 上)

cè 测(測) 〔『廣韻』初力切, 入職, 初。〕처[tsʻə](104 下)

cè 恻(惻) 〔『廣韻』初力切, 入職, 初。〕저[tsə](161 下)

cè 策 〔『廣韻』楚革切, 入麥, 初。〕쳐[tʂʻə](158 上)

cè 策 〔『廣韻』楚革切, 入麥, 初。〕처[tsʻə](95 上)

céng 层(層) 〔『廣韻』昨棱切, 平登, 從。〕층[tsʻəŋ](350 上)

cèng 蹭 〔『廣韻』千鄧切, 去嶝, 清。〕증[tsəŋ](354 上)

cèng(曾+刂) 〔『廣韻』千鄧切, 去嶝, 清。〕층[tsʻəŋ](120 上)

chā 叉 〔『廣韻』初牙切, 平麻, 初。〕챠[tʂʻa](131 上)

chā 杈 〔『廣韻』初牙切, 平麻, 初。〕챠[tʂʻa](404 上)

chā 挿 〔『廣韻』楚洽切, 入洽, 初。〕챠[tʂʻa](116 上)

chá 茶 〔『廣韻』宅加切, 平麻, 澄。〕챠[tʂʻa](278 上)

chá 查 〔『廣韻』鉏加切, 平麻, 崇。〕챠[tʂʻa](113 上)

chá 靫 〔『廣韻』楚佳切, 平佳, 初。〕챠[tʂ'a](134 下)

chá 察 〔『廣韻』初八切, 入黠, 初。〕챠[tʂ'a](57 上)

chà 衩 〔『廣韻』楚懈切, 去卦, 初。〕챠[tʂ'a](137 上)

chà 汊 〔『集韻』楚嫁切, 去禡, 初。〕챠[tʂ'a](29 下)

chà 岔 〔『字彙補』丑亞切〕챠[tʂ'a](149 上)

chā 差 〔『廣韻』初牙切, 平麻, 初。〕챠[tʂ'a](163 上)

chá 楂 〔『廣韻』鉏加切, 平麻, 崇。〕챠[tʂ'a](294 上)

chà 紁 〔『玉篇』初訝切。〕챠[tʂ'a](330 上)

chà 刹 〔『廣韻』初鎋切, 入鎋, 初。〕챠[tʂ'a](460 上)

chāi 差 〔『廣韻』楚佳切, 平佳, 初。〕채[tʂ'ai](136 上)

chāi 拆 〔『集韻』恥格切, 入陌, 徹。〕처[tʂ'ə](341 下)

chāi 釵 〔『廣韻』楚佳切, 平佳, 初。〕채[tʂ'ai](467 上)

chái 柴 〔『廣韻』士佳切, 平佳, 崇。〕채[tʂ'ai](30 上)

chái 豺 〔『廣韻』士皆切, 平皆, 崇。〕채[tʂ'ai](425 下)

chān 捵(攙) 〔『廣韻』楚銜切, 平銜, 初。〕챤[tʂ'an](298 上)

chán 谗(讒) 〔『廣韻』士咸切, 平咸, 崇。〕챤[tʂ'an](234 下)

chán 馋(饞) 〔『廣韻』士咸切, 平咸, 崇。〕챤[tʂ'an](382 下)

chán 禅(禪) 〔『廣韻』市連切, 平仙, 禪。〕챤[tʂ'an](263 下)

chán 缠(纏) 〔『廣韻』直連切, 平仙, 澄。〕챤[tʂ'an](364 下)

chán 蝉(蟬) 〔『廣韻』市連切, 平仙, 禪。〕챤[tʂ'an](466 下)

chán 巉 〔『廣韻』鋤銜切, 平銜, 崇。〕챤[tʂ'an](27 上)

chǎn 产(產) 〔『集韻』所簡切, 上產, 生。〕챤[tʂ'an](159 下)

chǎn 谄(諂) 〔『廣韻』丑琰切, 上琰, 徹。〕챤[tʂ'an](234 下)

chǎn 剷 〔『洪武正韻』楚簡切, 上產〕챤[tʂ'an](334 下)

chǎn 铲(鏟) 〔『廣韻』初限切, 上產, 初。〕챤[tʂ'an](346 下)

chǎn 樿 〔『集韻』所簡切, 上產, 生。〕챤[tʂ'an](463 上)

chàn 颤(顫) 〔『廣韻』之膳切, 去線, 章。〕챤[tʂʻan](25 下)

chàn 韂 〔『廣韻』昌豔切, 去豔, 昌。〕챤[tʂʻan](133 下)

chāng 昌 〔『廣韻』尺良切, 平陽, 昌。〕챵[tʂʻaŋ](467 下)

chāng 菖 〔『廣韻』尺良切, 平陽, 昌。〕챵[tʂʻaŋ](396 下)

chāng 阊(闓) 〔『廣韻』尺良切, 平陽, 昌。〕챵[tʂʻaŋ](451 上)

chāng 娼 〔『集韻』蚩良切, 平陽, 昌。〕챵[tʂʻaŋ](213 上)

chāng 鲳(鯧) 〔『廣韻』尺良切, 平陽, 昌。〕챵[tʂʻaŋ](445 下)

cháng 肠(腸) 〔『廣韻』直良切, 平陽, 澄。〕챵[tʂʻaŋ](373 上)

cháng 尝(嘗) 〔『廣韻』市羊切, 平陽, 禪。〕챵[tʂʻaŋ](81 下)

cháng 常 〔『廣韻』市羊切, 平陽, 禪。〕챵[tʂʻaŋ](190 上)

cháng 膓 〔『廣韻』直良切, 平陽, 澄。〕챵[tʂʻaŋ](150 下)

cháng 嚐(嚐) 〔『廣韻』市羊切, 平陽, 禪。〕챵[tʂʻaŋ](381 下)

cháng 场(場) 〔『廣韻』直良切, 平陽, 澄。〕챵[tʂʻaŋ](294 下)

cháng 长(長) 〔『廣韻』直良切, 平陽, 澄。〕챵[tʂʻaŋ](137 上)

chǎng 厂(廠) 〔『廣韻』昌兩切, 上養, 昌。〕챵[tʂʻaŋ](277 上)

chǎng 氅 〔『廣韻』昌兩切, 上養, 昌。〕챵[tʂʻaŋ](75 上)

chàng 畅(暢) 〔『廣韻』丑亮切, 去漾, 徹。〕챵[tʂʻaŋ](210 上)

chàng 倡 〔『廣韻』尺亮切, 去漾, 昌。〕챵[tʂʻaŋ](63 下)

chàng 悵 〔『廣韻』丑亮切, 去漾, 徹。〕챵[tʂʻaŋ](457 下)

chàng 唱 〔『廣韻』尺亮切, 去漾, 昌。〕챵[tʂʻaŋ](138 下)

chāo 抄 〔『廣韻』楚交切, 平肴, 初。〕챠[tʂʻao](69 下)

chāo 超 〔『廣韻』敕宵切, 平宵, 徹。〕챠[tʂʻao](416 上)

cháo 朝 〔『廣韻』直遙切, 平宵, 澄。〕챠[tʂʻao](37 下)

cháo 潮 〔『廣韻』直遙切, 平宵, 澄。〕챠[tʂʻao](29 上)

chǎo 炒 〔『廣韻』初爪切, 上巧, 初。〕챠[tʂʻao](385 下)

chē 车(車) 〔『廣韻』尺遮切, 平麻, 昌。〕쳐[tʂʻə](370 下)

chě 扯〔『正字通』昌者切〕쳐[tʂʻə](190 下)

chè 拆〔『集韻』恥格切, 入陌, 徹。〕쳐[tsʻə](365 下)

chè 彻(徹)〔『廣韻』丑列切, 入薛, 徹。〕쳐[tʂʻə](21 下)

chè 掣〔『廣韻』昌列切, 入薛, 昌。〕쳐[tʂʻə](176 上)

chēn 嗔〔『廣韻』昌真切, 平真, 昌。〕쳔[tʂʻən](210 上)

chén 臣〔『廣韻』植鄰切, 平真, 禪。〕쳔[tʂʻən](43 下)

chén 尘(塵)〔『廣韻』直珍切, 平真, 澄。〕쳔[tʂʻən](24 下)

chén 辰〔『廣韻』植鄰切, 平真, 禪。〕쳔[tʂʻən](11 下)

chén 沉〔『廣韻』直深切, 平侵, 澄。〕쳔[tʂʻən](32 上)

chén 陈(陳)〔『廣韻』直珍切, 平真, 澄。〕쳔[tʂʻən](63 下)

chén 宸〔『廣韻』植鄰切, 平真, 禪。〕쳔[tʂʻən](277 上)

chén 晨〔『廣韻』植鄰切, 平真, 禪。〕쳔[tʂʻən](49 下)

chèn 衬(襯)〔『廣韻』初覲切, 去震, 初。〕쳔[tʂʻən](132 上)

chèn 趁〔『廣韻』丑刃切, 去震, 徹。〕쳔[tʂʻən](210 上)

chēng 称(稱)〔『廣韻』處陵切, 平蒸, 昌。〕쳥[tʂʻəŋ](301 下)

chēng 撑(撐)〔『廣韻』丑庚切, 平庚, 徹。〕쳥[tʂʻəŋ](343 上)

chēng 頳〔『廣韻』丑貞切, 平清, 徹。〕쳥[tʂʻəŋ](463 下)

chēng 樘〔『廣韻』丑庚切, 平庚, 徹。〕쳥[tʂʻəŋ](370 上)

chéng 成〔『廣韻』是征切, 平清, 禪。〕쳥[tʂʻəŋ](22 下)

chéng 丞〔『廣韻』署陵切, 平蒸, 禪。〕쳥[tʂʻəŋ](53 上)

chéng 呈〔『廣韻』直貞切, 平清, 澄。〕쳥[tʂʻəŋ](95 上)

chéng 诚(誠)〔『廣韻』是征切, 平清, 禪。〕쳥[tʂʻəŋ](164 下)

chéng 承〔『廣韻』署陵切, 平蒸, 禪。〕쳥[tʂʻəŋ](63 上)

chéng 城〔『廣韻』是征切, 平清, 禪。〕쳥[tʂʻəŋ](262 上)

chéng 宬〔『廣韻』是征切, 平清, 禪。〕쳥[tʂʻəŋ](268 上)

chéng 乘〔『廣韻』食陵切, 平蒸, 船。〕쳥[tʂʻəŋ](180 上)

chéng 珵〔『廣韻』直貞切, 平清, 澄。〕쳥[tʂʻəŋ](460 下)

chéng 程〔『廣韻』直貞切, 平清, 澄。〕쳥[tʂʻəŋ](200 下)

chéng 懲(懲)〔『廣韻』直陵切, 平蒸, 澄。〕쳥[tʂʻəŋ](70 上)

chéng 澄〔『廣韻』直陵切, 平蒸, 澄。〕쳥[tʂʻəŋ](388 下)

chéng 橙〔『廣韻』宅耕切, 平耕, 澄。〕쳔[tʂʻən](391 下)

chěng 逞〔『廣韻』丑郢切, 上靜, 徹。〕쳥[tʂʻəŋ](225 下)

chèng 秤〔『廣韻』昌孕切, 去證, 昌。〕쳥[tʂʻəŋ](310 下)

chèng 牚〔『廣韻』他孟切, 去映, 徹。〕쳥[tʂʻəŋ](326 下)

chéng 盛〔『廣韻』是征切, 平清, 禪。〕쳥[tʂʻəŋ](302 上)

chī 吃〔『廣韻』居乞切, 入迄, 見。〕치[tʂʻʅ](382 上)

chī 鴟(鵄)〔『廣韻』處脂切, 平脂, 昌。〕치[tʂʻʅ](416 上)

chī 眵〔『廣韻』叱支切, 平支, 昌。〕치[tʂʻʅ](151 下)

chī 笞〔『廣韻』丑之切, 平之, 徹。〕치[tʂʻʅ](69 上)

chī 喫〔『廣韻』居乞切, 入迄, 見。〕치[tʂʻʅ](381 下)

chī 螭〔『廣韻』丑知切, 平支, 徹。〕치[tɕʻi](443 上)

chí 池〔『廣韻』直離切, 平支, 澄。〕치[tʂʻʅ](345 上)

chí 驰(馳)〔『廣韻』直離切, 平支, 澄。〕치[tʂʻʅ](263 上)

chí 迟(遲)〔『廣韻』直尼切, 平脂, 澄。〕치[tʂʻʅ](173 下)

chí 持〔『廣韻』直之切, 平之, 澄。〕치[tʂʻʅ](204 上)

chí 漦〔『廣韻』俟甾切, 平之, 崇。〕치[tʂʻʅ](151 上)

chí 墀〔『廣韻』直尼切, 平脂, 澄。〕치[tʂʻʅ](265 上)

chí 篪〔『廣韻』直離切, 平支, 澄。〕치[tʂʻʅ](91 下)

chí 匙〔『廣韻』是支切, 平支, 禪。〕치[tʂʻʅ](344 下)

chǐ 尺〔『廣韻』昌石切, 入昔, 昌。〕치[tʂʻʅ](352 上)

chǐ 齿(齒)〔『廣韻』昌里切, 上止, 昌。〕치[tʂʻʅ](154 上)

chǐ 耻(恥)〔『廣韻』敕里切, 上止, 徹。〕치[tʂʻʅ](230 下)

chǐ 虸 〔『廣韻』昌石切, 入昔, 昌。〕치⁰[tʂʻㄢ](447 上)

chǐ (月+多)〔『集韻』敞介切, 上紙, 昌。〕치⁰[tʂʻㄢ](237 下)??

chì 叱 〔『廣韻』昌栗切, 入質, 昌。〕치⁰[tʂʻㄢ](211 下)

chì 赤 〔『廣韻』昌石切, 入昔, 昌。〕치⁰[tʂʻㄢ](335 下)

chì 勑 〔『集韻』測革切, 入麥, 初。〕치⁰[tʂʻㄢ](36 下)

chì 翅 〔『廣韻』施智切, 去寘, 書。〕치⁰[tʂʻㄢ](122 下)

chì 鶒 〔『篇海類編』昌石切。〕치⁰[tʂʻㄢ](417 上)

chì 勅 〔『集韻』蓄力切, 入職, 徹。〕치⁰[tʂʻㄢ](268 上)

chōng 冲 〔『廣韻』尺容切, 平鍾, 昌。〕츙[tʂʻuŋ](164 上)

chōng 充 〔『廣韻』昌終切, 平東, 昌。〕츙[tʂʻuŋ](238 上)

chōng 春 〔『廣韻』書容切, 平鍾, 書。〕츙[tʂʻuŋ](467 下)

chōng 衝 〔『廣韻』尺容切, 平鍾, 昌。〕츙[tʂʻuŋ](109 上)

chóng 虫(蟲) 〔『廣韻』直弓切, 平東, 澄。〕츙[tʂʻuŋ](448 上)

chóng 崇 〔『廣韻』鋤弓切, 平東, 崇。〕츙[tʂʻuŋ](32 上)

chóng 重 〔『廣韻』直容切, 平鍾, 澄。〕츙[tʂʻuŋ](355 下)

chǒng 宠(寵) 〔『廣韻』丑隴切, 上腫, 徹。〕츙[tʂʻuŋ](161 上)

chòng 铳(銃) 〔『廣韻』充仲切, 去送, 昌。〕츙[tʂʻuŋ](308 下)

chōu 抽 〔『廣韻』丑鳩切, 平尤, 徹。〕쳐[tʂʻəu](218 上)

chóu 紬 〔『廣韻』直由切, 平尤, 澄。〕쳐[tʂʻəu](319 下)

chóu 酬 〔『廣韻』市流切, 平尤, 禪。〕쳐[tʂʻəu](175 上)

chóu 稠 〔『廣韻』直由切, 平尤, 澄。〕쳐[tʂʻəu](384 下)

chóu 愁 〔『廣韻』士尤切, 平尤, 崇。〕쳐[tʂʻəu](186 上)

chóu 筹(籌) 〔『廣韻』直由切, 平尤, 澄。〕쳐[tʂʻəu](176 上)

chóu 踌(躊) 〔『廣韻』直由切, 平尤, 澄。〕쳐[tʂʻəu](189 上)

chóu 讎 〔『廣韻』市流切, 平尤, 禅。〕쳐[tʂʻəu](211 上)

chǒu 丑 〔『廣韻』敕久切, 上有, 徹。〕쳐[tʂʻəu](17 上)

chǒu 瞅 쳐[tʂʻəu](208 上)

chǒu 醜 〔『廣韻』昌九切, 上有, 昌。〕쳐[tʂʻəu](255 下)

chǒu 杻 〔『廣韻』敕久切, 上有, 徹。〕쳐[tʂəu](69 上)

chòu 臭 〔『廣韻』尺救切, 去宥, 昌。〕쳐[tʂʻəu](398 下)

chū 出 〔『廣韻』赤律切, 入術, 昌。〕츄[tʂʻu](28 下)

chū 初 〔『廣韻』楚居切, 平魚, 初。〕츄[tʂʻu](19 下)

chū 樗 〔『集韻』抽居切, 平魚, 徹。〕화[xua](464 下)

chū 貙 〔『廣韻』敕俱切, 平虞, 徹。〕위[iui](468 下)

chú 除 〔『廣韻』直魚切, 平魚, 澄。〕츄[tʂʻu](112 下)

chú 厨(廚) 〔『廣韻』直誅切, 平虞, 澄。〕츄[tʂʻu](265 下)

chú 锄(鋤) 〔『廣韻』士魚切, 平魚, 崇。〕츄[tʂʻu](295 上)

chú 雏(雛) 〔『廣韻』仕于切, 平虞, 崇。〕츄[tʂʻu](430 下)

chú 蹰(躕) 〔『廣韻』直誅切, 平虞, 澄。〕츄[tʂʻu](189 上)

chú 鉏 〔『廣韻』士魚切, 平魚, 崇。〕주[tʂu](467 下)

chǔ 杵 〔『廣韻』昌與切, 上語, 昌。〕츄[tʂʻu](295 下)

chǔ 楮 〔『廣韻』丑呂切, 上語, 徹。〕츄[tʂʻu](401 上)

chǔ 储(儲) 〔『廣韻』直魚切, 平魚, 澄。〕츄[tʂʻu](276 下)

chǔ 楚 〔『廣韻』創舉切, 上語, 初。〕츄[tʂʻu](191 下)

chǔ 处(處) 〔『廣韻』昌與切, 上語, 昌。〕츄[tʂʻu](26 下)

chù 怵 〔『廣韻』丑律切, 入術, 徹。〕츄[tʂʻu](232 上)

chù 畜 〔『集韻』敕六切, 入屋, 徹。〕츄[tʂʻu](429 下)

chù 搐 〔『集韻』敕六切, 入屋, 徹。〕츄[tʂʻu](218 上)

chù 触(觸) 〔『廣韻』尺玉切, 入燭, 昌。〕츄[tʂʻu](23 上)

chuǎi 揣 〔『廣韻』初委切, 上紙, 初。〕춰[tʂʻuai](298 下)

chuài 踹 채[tʂʻai](117 下)

chuān 川 〔『廣韻』昌緣切, 平仙, 昌。〕챤[tʂʻuan](102 上)

chuān 穿〔『廣韻』昌緣切, 平仙, 昌。〕촨[tʂʻuan](335 上)

chuán 传(傳)〔『廣韻』直攣切, 平仙, 澄。〕춴[tʂʻuan](101 上)

chuán 船〔『廣韻』食川切, 平仙, 船。〕촨[tʂʻuan](367 上)

chuán 椽〔『廣韻』直攣切, 平仙, 澄。〕촨[tʂuan](266 上)

chuán 椽〔『廣韻』直攣切, 平仙, 澄。〕촨[tʂʻuan](286 下)

chuǎn 舛〔『廣韻』昌兗切, 上獮, 昌。〕촨[tʂʻuan](230 上)

chuǎn 喘〔『廣韻』昌兗切, 上獮, 昌。〕촨[tʂʻuan](216 上)

chuàn 串〔『廣韻』古患切, 去諫, 見。〕촨[tʂʻuan](312 上)

chuāng 疮(瘡)〔『廣韻』初良切, 平陽, 初。〕챵[tʂʻuaŋ](219 下)

chuāng 窓〔『集韻』初江切, 平江, 初。〕챵[tʂʻuaŋ](287 下)

chuáng 床〔『廣韻』士莊切, 平陽, 崇。〕챵[tʂʻuaŋ](346 上)

chuáng 牀〔『廣韻』士莊切, 平陽, 崇。〕챵[tʂʻuaŋ](309 上)

chuáng 幢〔『廣韻』宅江切, 平江, 澄。〕챵[tʂʻuaŋ](74 下)

chuǎng 闯(闖)〔『説文長箋』初亮切。〕챵[tʂʻuaŋ](110 下)

chuī 吹〔『廣韻』昌垂切, 平支, 昌。〕취[tʂʻui](306 上)

chuí 垂〔『廣韻』是為切, 平支, 禪。〕취[tʂʻui](364 上)

chuí 捶〔『廣韻』之累切, 上紙, 章。〕취[tʂʻui](70 上)

chuí 搥〔『字彙』直追切〕취[tʂʻui](66 下)

chuí 腄〔『廣韻』竹垂切, 平支, 知。〕취[tʂʻui](155 上)

chuí 锤(錘)〔『廣韻』直垂切, 平支, 澄。〕취[tʂʻui](311 上)

chuí 鎚(鎚)〔『廣韻』直追切, 平脂, 澄。〕취[tʂʻui](311 上)

chuí 椎〔『廣韻』直追切, 平脂, 澄。〕취[tʂʻui](85 上)

chūn 春〔『廣韻』昌脣切, 平諄, 昌。〕츈[tʂʻun](321 上)

chūn 輴〔『廣韻』丑倫切, 平諄, 徹。〕둔[tun](332 下)

chún 纯(純)〔『廣韻』常倫切, 平諄, 禪。〕츈[tʂʻun](251 上)

chún 纯(純)〔『廣韻』常倫切, 平諄, 禪。〕슌[ʂun](324 下)

chún 唇〔『廣韻』食倫切, 平諄, 船。〕슌[ʂun](146 下)

chún 唇〔『廣韻』食倫切, 平諄, 船。〕츈[tʂʻun](154 上)

chún 鹑(鶉)〔『廣韻』常倫切, 平諄, 禪。〕츈[tʂʻun](418 下)

chǔn 蠢〔『廣韻』尺尹切, 上準, 昌。〕츈[tʂʻun](239 下)

chuō 戳〔『篇海』側角切〕죠[tʂʻo](315 下)

cí 词(詞)〔『廣韻』似茲切, 平之, 邪。〕츠[tsʻͻ](191 下)

cí 茈〔『廣韻』疾移切, 平支, 從。〕츠[tsʻͻ](466 上)

cí 祠〔『廣韻』似茲切, 平之, 邪。〕츠[tsʻͻ](270 上)

cí 辞(辭)〔『廣韻』似茲切, 平之, 邪。〕츠[tsʻͻ](96 上)

cí 慈〔『廣韻』疾之切, 平之, 從。〕츠[tsʻͻ](161 下)

cí 磁〔『集韻』牆之切, 平之, 從。〕쓰[sͻ](27 下)

cí 磁〔『集韻』牆之切, 平之, 從。〕츠[tsʻͻ](355 下)

cí 雌〔『廣韻』此移切, 平支, 清。〕츠[tsʻͻ](422 上)

cí 鹚(鷀)〔『廣韻』疾之切, 平之, 從。〕처[tsʻə](416 上)

cí 鷥〔『廣韻』疾之切, 平之, 從。〕츠[tsʻͻ](467 下)

cǐ 此〔『廣韻』雌氏切, 上紙, 清。〕츠[tsʻͻ](246 上)

cǐ 跐〔『廣韻』雌氏切, 上紙, 清。〕츠[tsʻͻ](23 上)

cì 次〔『廣韻』七四切, 去至, 清。〕츠[tsʻͻ](105 下)

cì 刺〔『廣韻』七賜切, 去寘, 清。〕츠[tsʻͻ](446 下)

cì 赐(賜)〔『廣韻』斯義切, 去寘, 心。〕츠[tsʻͻ](113 上)

cì 呲〔『廣韻』疾移切, 平支, 從。〕츠[tsʻͻ](181 上)

cì 疵〔『廣韻』七賜切, 去寘, 清。〕츠[tsʻͻ](421 下)

cōng 匆 중[tsuŋ](206 下)

cōng 葱(蔥)〔『廣韻』倉紅切, 平東, 清。〕중[tsuŋ](375 下)

cōng 聪(聰)〔『廣韻』倉紅切, 平東, 清。〕충[tsʻuŋ](432 上)

cōng 聪(聰)〔『集韻』麤叢切, 平東, 清。〕충[tsʻuŋ](162 下)

cóng 从(從) 〔『廣韻』疾容切, 平鍾, 從。〕 충[tsʻuŋ](160 上)

cóng 丛(叢) 〔『廣韻』徂紅切, 平東, 從。〕 충[tsʻuŋ](403 下)

cóng 琮 〔『廣韻』藏宗切, 平冬, 從。〕 중[tsuŋ](83 下)

còu 湊(湊) 〔『廣韻』倉奏切, 去候, 清。〕 추[tsʻəu](180 上)

cū 粗 〔『廣韻』徂古切, 上姥, 從。〕 추[tsʻu](239 下)

cù 促 〔『廣韻』七玉切, 入燭, 清。〕 추[tsʻu](448 下)

cù 猝 〔『廣韻』倉沒切, 入沒, 清。〕 추[tsʻu](18 上)

cù 趣 〔『廣韻』七玉切, 入燭, 清。〕 츄[tʂʻu](440 下)

cù 醋 〔『廣韻』倉故切, 去暮, 清。〕 초[tsʻo](378 上)

cù 簇 〔『廣韻』千木切, 入屋, 清。〕 추[tsʻu](403 下)

cù 蹙 〔『廣韻』子六切, 入屋, 精。〕 추[tsʻu](186 上)

cuān 撺(攛) 〔『集韻』七丸切, 平桓, 清。〕 촨[tsuan](234 下)

cuān 鑹 〔『廣韻』七亂切, 去換, 清。〕 촨[tsʻuan](359 上)

cuán 攒(攢) 〔『廣韻』在玩切, 去換, 從。〕 촨[tsʻuan](298 下)

cuàn 窜(竄) 〔『廣韻』七亂切, 去換, 清。〕 촨[tsʻuan](339 下)

cuī 催 〔『廣韻』倉回切, 平灰, 清。〕 취[tsʻui](107 上)

cuì 脆 〔『廣韻』此芮切, 去祭, 清。〕 취[tsʻui](118 上)

cuì 萃 〔『廣韻』秦醉切, 去至, 從。〕 취[tsʻui](163 下)

cuì 悴 〔『廣韻』秦醉切, 去至, 從。〕 취[tsui](156 下)

cuì 翠 〔『廣韻』七醉切, 去至, 清。〕 취[tsʻui](324 上)

cūn 村 〔『廣韻』此尊切, 平魂, 清。〕 춘[tsʻun](239 下)

cūn 皴 〔『廣韻』七倫切, 平諄, 清。〕 춘[tsʻun](355 下)

cún 存 〔『廣韻』徂尊切, 平魂, 從。〕 춘[tsʻun](206 下)

cùn 寸 〔『廣韻』倉困切, 去慁, 清。〕 춘[tsʻun](351 下)

cuō 搓 〔『廣韻』七何切, 平歌, 清。〕 초[tsʻo](334 下)

cuō 磋 〔『廣韻』七何切, 平歌, 清。〕 초[tsʻo](361 上)

cuō 撮 〔『廣韻』倉括切, 入末, 清。〕초[tsʻo](456 上)

cuō 蹉 〔『廣韻』七何切, 平歌, 清。〕초[tsʻo](309 上)

cuó 矬 〔『廣韻』昨禾切, 平戈, 從。〕초[tsʻo](154 下)

cuò 挫 〔『廣韻』則臥切, 去過, 精。〕초[tsʻo](212 上)

cuò 莝 〔『廣韻』麤臥切, 去過, 清。〕조[tso](130 上)

cuò 错(錯) 〔『廣韻』倉各切, 入鐸, 清。〕초[tsʻo](230 上)

dā 搭 〔『集韻』德合切, 入合, 端。〕다[ta](356 下)

dā 嗒 〔『廣韻』都合切, 入合, 端。〕다[ta](439 上)

dā 塔 타[tʻa](252 下)??

dā 搭 〔『集韻』德合切, 入合, 端。〕다[ta](364 上)

dá 达(達) 〔『廣韻』唐割切, 入曷, 定。〕다[ta](170 上)

dá 答 〔『廣韻』都合切, 入合, 端。〕다[ta](170 上)

dǎ 打 〔『廣韻』德冷切, 上梗, 端。〕다[ta](307 下)

dà 大 〔『廣韻』唐佐切, 去箇, 定。〕다[ta](155 上)

da 疸 다[ta](222 下)

dāi 呆 대[tai](171 上)

dāi 獃 〔『廣韻』五來切, 平咍, 疑。〕대[tai](189 上)

dài 代 〔『廣韻』徒耐切, 去代, 定。〕대[tai](66 上)

dài 帒 〔『廣韻』徒耐切, 去代, 定。〕대[tai](348 上)

dài 玳 〔『集韻』待戴切, 去代, 定。〕대[tai](313 下)

dài 带(帶) 〔『廣韻』當蓋切, 去泰, 端。〕대[tai](330 上)

dài 待 〔『廣韻』徒亥切, 上海, 定。〕대[tai](165 下)

dài 怠 〔『廣韻』徒亥切, 上海, 定。〕대[tai](232 下)

dài 袋 〔『廣韻』徒耐切, 去代, 定。〕대[tai](132 上)

dài 戴 〔『廣韻』都代切, 去代, 端。〕대[tai](235 上)

dài 大 〔『廣韻』徒蓋切, 去泰, 定。〕대[tai](454 上)

dān 丹〔『廣韻』都寒切, 平寒, 端。〕단[tan](407 下)

dān 单(單)〔『廣韻』都寒切, 平寒, 端。〕단[tan](350 上)

dān 耽〔『廣韻』丁含切, 平覃, 端。〕단[tan](173 下)

dān 箪(簞)〔『廣韻』都寒切, 平寒, 端。〕단[tan](329 上)

dǎn 胆〔『廣韻』都敢切, 上敢, 端。〕단[tan](433 下)

dǎn 疸〔『廣韻』多旱切, 上旱, 端。〕단[tan](294 上)

dǎn 担〔『廣韻』多旱切, 上旱, 端。〕단[tan](120 上)

dǎn 膽〔『廣韻』都敢切, 上敢, 端。〕단[tan](189 下)

dàn 掸(撣)〔『廣韻』徒案切, 去翰, 定。〕단[tan](344 上)

dàn 擔〔『廣韻』都濫切, 去闞, 端。〕단[tan](168 上)

dàn 诞(誕)〔『廣韻』徒旱切, 上旱, 定。〕단[tan](457 下)

dàn 淡〔『廣韻』徒濫切, 去闞, 定。〕단[tan](9 上)

dàn 弹(彈)〔『廣韻』徒案切, 去翰, 定。〕단[tan](124 上)

dàn 蛋〔『字彙補』徒歎切〕단[tan](430 下)

dàn 鴠〔『廣韻』得按切, 去翰, 端。〕단[tan](418 上)

dàn 石〔『廣韻』常隻切, 入昔, 禪。〕단[tan](301 上)

dāng 当(當)〔『廣韻』都郎切, 平唐, 端。〕당[taŋ](183 上)

dāng 珰(璫)〔『廣韻』都郎切, 平唐, 端。〕당[taŋ](456 上)

dāng 铛(鐺)〔『廣韻』都郎切, 平唐, 端。〕당[taŋ](91 上)

dāng 裆(襠)〔『廣韻』都郎切, 平唐, 端。〕당[taŋ](148 下)

dǎng 档(欓)〔『廣韻』多朗切, 上蕩, 端。〕당[taŋ](62 下)

dǎng 党(黨)〔『廣韻』多朗切, 上蕩, 端。〕당[taŋ](141 上)

dàng 逿〔『廣韻』徒浪切, 去宕, 定。〕탕[tʻaŋ](98 下)

dàng 荡(蕩)〔『廣韻』徒朗切, 上蕩, 定。〕당[taŋ](207 上)

dàng 盪〔『廣韻』徒朗切, 上蕩, 定。〕탕[tʻaŋ](391 下)

dàng 挡(擋)〔『廣韻』丁郎切, 去宕, 端。〕당[taŋ](131 下)

dāo 刀 〔『廣韻』都牢切, 平豪, 端。〕 단[tao](125 下)

dāo 叨 단[tao](192 上)

dáo 捯 〔『集韻』睹老切, 上皓, 端。〕 단[tao](218 下)

dǎo 导(導) 〔『廣韻』徒到切, 去號, 定。〕 단[tao](54 上)

dǎo 岛(島) 〔『廣韻』都皓切, 上皓, 端。〕 단[tao](29 上)

dǎo 祷(禱) 〔『廣韻』都皓切, 上皓, 端。〕 단[tao](83 上)

dǎo 捣(搗) 〔『古今韻會舉要』睹老切, 上皓〕 단[tao](66 下)

dǎo 擣(擣) 〔『廣韻』都皓切, 上皓, 端。〕 단[tao](297 下)

dào 到 〔『廣韻』都導切, 去號, 端。〕 단[tao](22 下)

dào 盗(盜) 〔『廣韻』徒到切, 去號, 定。〕 단[tao](214 下)

dào 道 〔『廣韻』徒皓切, 上皓, 定。〕 단[tao](104 上)

dào 稻 〔『廣韻』徒皓切, 上皓, 定。〕 단[tao](277 上)

dào 倒 〔『廣韻』都導切, 去号, 端。〕 단[tao](118 上)

dào 纛 〔『廣韻』徒到切, 去號, 定。〕 투[tʻu](75 下)

dé 得 〔『廣韻』多則切, 入德, 端。〕 더[tə](168 上)

dé 德 〔『廣韻』多則切, 入德, 端。〕 더[tə](163 上)

dēng 灯(燈) 〔『廣韻』都滕切, 平登, 端。〕 등[təŋ](315 下)

dēng 登 〔『廣韻』都滕切, 平登, 端。〕 등[təŋ](38 上)

dēng 蹬 〔『集韻』都騰切, 平登, 端。〕 등[təŋ](181 下)

děng 薴 〔『廣韻』多肯切, 上等, 端。〕 등[təŋ](56 上)

děng 等 〔『廣韻』多肯切, 上等, 端。〕 등[təŋ](118 上)

děng 戥 등[təŋ](414 下)

dèng 凳 〔『廣韻』都鄧切, 去嶝, 端。〕 등[təŋ](343 下)

dèng 瞪 〔『廣韻』丈證切, 去證, 澄。〕 등[təŋ](188 下)

dèng 镫(鐙) 〔『廣韻』都鄧切, 去嶝, 端。〕 등[təŋ](133 下)

dèng 澄 〔『集韻』唐亘切, 去嶝, 定。〕 등[təŋ](348 下)

dī 低〔『廣韻』都溪切, 平齊, 端。〕디[ti](187 上)

dī 隄〔『廣韻』都奚切, 平齊, 端。〕디[ti](234 上)

dī 堤〔『廣韻』都奚切, 平齊, 端。〕디[ti](453 上)

dī 滴〔『廣韻』都歷切, 入錫, 端。〕디[ti](438 下)

dī 氐〔『廣韻』都奚切, 平齊, 端。〕디[ti](10 上)

dí 荻〔『廣韻』徒歷切, 入錫, 定。〕디[ti](396 下)

dí 敌(敵)〔『廣韻』徒歷切, 入錫, 定。〕디[ti](110 下)

dí 笛〔『廣韻』徒歷切, 入錫, 定。〕디[ti](91 下)

dí 觌(覿)〔『廣韻』徒歷切, 入錫, 定。〕디[ti](203 上)

dí 翟〔『廣韻』徒歷切, 入錫, 定。〕디[ti](78 下)

dí 髢 디[ti](338 上)

dǐ 抵〔『廣韻』都禮切, 上薺, 端。〕디[ti](117 下)

dǐ 底〔『廣韻』都禮切, 上薺, 端。〕디[ti](22 下)

dì 地〔『廣韻』徒四切, 去至, 定。〕디[ti](24 上)

dì 弟〔『廣韻』特計切, 去霽, 定。〕디[ti](140 下)

dì 帝〔『廣韻』都計切, 去霽, 端。〕디[ti](254 下)

dì 递(遞)〔『廣韻』徒禮切, 上薺, 定。〕디[ti](428 下)

dì 第〔『廣韻』特計切, 去霽, 定。〕디[ti](106 下)

dì 蒂〔『廣韻』都計切, 去霽, 端。〕디[ti](413 上)

dì 棣〔『廣韻』特計切, 去霽, 定。〕레[li:](393 下)

dì 棣〔『廣韻』特計切, 去霽, 定。〕디[ti](410 上)

dì 禘〔『廣韻』特計切, 去霽, 定。〕디[ti](81 下)

dì 蒂〔『廣韻』都計切, 去霽, 端。〕티[tʻi](350 上)

dì 遆〔『集韻』田黎切, 平齊, 定。〕디[ti](282 上)

dì 的〔『廣韻』都歷切, 入錫, 端。〕디[ti](213 上)

diān 掂〔『字彙』丁廉切〕댠[tian](301 下)

diān 颠(顛) 〔『廣韻』都年切, 平先, 端。〕댠[tian](436 上)

diān 癫(癲) 〔『廣韻』都年切, 平先, 端。〕댠[tian](181 下)

diǎn 典 〔『廣韻』多殄切, 上銑, 端。〕댠[tian](48 下)

diǎn 点(點) 〔『廣韻』多忝切, 上忝, 端。〕댠[tian](13 上)

diàn 电(電) 〔『廣韻』堂練切, 去霰, 定。〕댠[tian](12 下)

diàn 甸 〔『廣韻』堂練切, 去霰, 定。〕댠[tian](25 下)

diàn 坫 〔『廣韻』都念切, 去栝, 端。〕댠[tian](81 上)

diàn 店 〔『廣韻』都念切, 去栝, 端。〕댠[tian](300 上)

diàn 玷 〔『廣韻』多忝切, 上忝, 端。〕댠[tian](162 下)

diàn 垫(墊) 〔『廣韻』都念切, 去栝, 端。〕댠[tian](84 下)

diàn 钿(鈿) 〔『廣韻』堂練切, 去霰, 定。〕댠[tian](337 下)

diàn 淀 〔『廣韻』堂練切, 去霰, 定。〕댠[tian](29 上)

diàn 奠 〔『廣韻』堂練切, 去霰, 定。〕댠[tian](86 下)

diàn 殿 〔『廣韻』堂練切, 去霰, 定。〕댠[tian](278 上)

diàn 靛 〔『集韻』堂練切, 去霰, 定。〕댠[tian](365 上)

diàn 癜 〔『正字通』都見切〕댠[tian](152 下)

diāo 刁 〔『廣韻』都聊切, 平蕭, 端。〕댜오[tiao](68 上)

diāo 凋 〔『廣韻』都聊切, 平蕭, 端。〕댜오[tiao](405 下)

diāo 貂 〔『廣韻』都聊切, 平蕭, 端。〕댜오[tiao](333 下)

diāo 雕 〔『廣韻』都聊切, 平蕭, 端。〕댜오[tiao](361 上)

diāo 鵰 〔『廣韻』都聊切, 平蕭, 端。〕댜오[tiao](415 上)

diào 吊 〔『廣韻』多嘯切, 去嘯, 端。〕댜오[tiao](317 下)

diào 钓(釣) 〔『廣韻』多嘯切, 去嘯, 端。〕댜오[tiao](304 下)

diào 铞(銚) 〔『廣韻』徒弔切, 去嘯, 定。〕댜오[tiao](345 下)

diào 调(調) 〔『廣韻』徒弔切, 去嘯, 定。〕댜오[tiao](56 下)

diào (糸+弔) 〔『字彙補』得叫切。〕댜오[tiao](340 上)

diē 爹〔『廣韻』陟邪切, 平麻, 知。〕데[tiəi](140 上)

diē 跌〔『廣韻』徒結切, 入屑, 定。〕데[tiəi](23 下)

dié 迭〔『廣韻』徒結切, 入屑, 定。〕데[tiəi](457 上)

dié 瓞〔『廣韻』徒結切, 入屑, 定。〕데[tiəi](394 上)

dié 揲〔『廣韻』徒協切, 入帖, 定。〕데[tiəi](341 下)

dié 牒〔『廣韻』徒協切, 入帖, 定。〕데[tiəi](260 下)

dié 碟 데[tiəi](344 下)

dié 蝶〔『廣韻』徒協切, 入帖, 定。〕데[tiəi](467 上)

dié 疊〔『廣韻』徒協切, 入帖, 定。〕데[tiəi](438 上)

dīng 丁〔『廣韻』當經切, 平青, 端。〕딩[tiŋ](322 上)

dīng 仃〔『廣韻』當經切, 平青, 端。〕딩[tiŋ](183 上)

dīng 叮〔『廣韻』當經切, 平青, 端。〕딩[tiŋ](450 上)

dīng 钉(釘)〔『廣韻』當經切, 平青, 端。〕딩[tiŋ](310 下)

dīng 疔〔『集韻』當經切, 平青, 端。〕딩[tiŋ](219 上)

dǐng 顶(頂)〔『廣韻』都挺切, 上迥, 端。〕딩[tiŋ](122 上)

dǐng 鼎〔『廣韻』都挺切, 上迥, 端。〕딩[tiŋ](454 下)

dìng 定〔『廣韻』徒徑切, 去徑, 定。〕딩[tiŋ](157 上)

dìng 椗〔『集韻』丁定切, 去徑, 端。〕딩[tiŋ](368 下)

dìng 锭(錠)〔『廣韻』丁定切, 去徑, 端。〕딩[tiŋ](103 上)

diū 丢(丟)〔『俗字背篇』丁羞切。〕두[tiu](214 下)

dōng 东(東)〔『廣韻』德紅切, 平東, 端。〕둥[tuŋ](32 下)

dōng 冬〔『廣韻』都宗切, 平冬, 端。〕둥[tuŋ](118 下)

dǒng 懂〔『古今韻會舉要』睹動切〕둥[tuŋ](163 上)

dòng 动(動)〔『集韻』杜孔切, 上董, 定。〕둥[tuŋ](207 上)

dòng 冻(凍)〔『廣韻』多貢切, 去送, 端。〕둥[tuŋ](22 上)

dòng 洞〔『廣韻』徒弄切, 去送, 定。〕둥[tuŋ](27 下)

dōu 兜 〔『廣韻』當侯切, 平侯, 端。〕 듀[təu](132 上)

dōu 篼 〔『廣韻』當侯切, 平侯, 端。〕 듀[təu](304 上)

dǒu 阧 〔『廣韻』當口切, 上厚, 端。〕 듀[təu](27 上)

dǒu 抖 〔『廣韻』當口切, 上厚, 端。〕 듀[təu](422 上)

dǒu 蚪 〔『廣韻』當口切, 上厚, 端。〕 듀[təu](444 下)

dǒu 斗 〔『廣韻』當口切, 上厚, 端。〕 듀[təu](181 下)

dòu 豆 〔『廣韻』田候切, 去候, 定。]) 듀[təu](294 上)

dòu 逗 〔『廣韻』田候切, 去候, 定。〕 듀[təu](173 上)

dòu 痘 〔『字彙』大透切。〕 듀[təu](220 下)

dòu 鬪 〔『廣韻』都豆切, 去候, 端。〕 듀[təu](66 上)

dòu 读(讀) 〔『集韻』大透切, 去候, 定。〕 듀[təu](100 上)

dū 都 〔『廣韻』當孤切, 平模, 端。〕 두[tu](44 上)

dū 督 〔『廣韻』冬毒切, 入沃, 端。〕 두[tu](280 下)

dū 嘟 〔『龍龕手鑑』音都〕 두[tu](188 下)

dú 毒 〔『廣韻』徒沃切, 入沃, 定。〕 두[tu](238 上)

dú 独(獨) 〔『廣韻』徒谷切, 入屋, 定。〕 두[tu](139 下)

dú 读(讀) 〔『廣韻』徒谷切, 入屋, 定。〕 두[tu](45 下)

dú 渎(瀆) 〔『廣韻』徒谷切, 入屋, 定。〕 두[tu](223 下)

dú 犊(犢) 〔『廣韻』徒谷切, 入屋, 定。〕 두[tu](441 上)

dǔ 笃(篤) 〔『廣韻』冬毒切, 入沃, 端。〕 두[tu](100 下)

dǔ 堵 〔『廣韻』當古切, 上姥, 端。〕 두[tu](290 下)

dǔ 赌(賭) 〔『廣韻』當古切, 上姥, 端。〕 두[tu](259 上)

dù 杜 〔『廣韻』徒古切, 上姥, 定。〕 두[tu](409 上)

dù 肚 〔『廣韻』徒古切, 上姥, 定。〕 두[tu](133 下)

dù 妒 〔『廣韻』當故切, 去暮, 端。〕 두[tu](236 上)

dù 妬 〔『廣韻』當故切, 去暮, 端。〕 두[tu](236 上)

dù 度〔『廣韻』徒故切, 去暮, 定。〕두[tu](157 下)

dù 渡〔『廣韻』徒故切, 去暮, 定。〕두[tu](31 下)

dù 镀(鍍)〔『廣韻』徒故切, 去暮, 定。〕두[tu](361 上)

dù 蠹〔『廣韻』當故切, 去暮, 端。〕두[tu](448 上)

duān 端〔『廣韻』多官切, 平桓, 端。〕돤[tuan](162 上)

duǎn 短〔『廣韻』都管切, 上緩, 端。〕돤[tuan](154 上)

duàn 段〔『廣韻』徒玩切, 去換, 定。〕돤[tuan](357 下)

duàn 断(斷)〔『廣韻』都管切, 上緩, 端。〕돤[tuan](354 下)

duàn 缎(緞)〔『廣韻』徒管切, 上緩, 定。〕돤[tuan](319 上)

duàn 椴〔『廣韻』徒玩切, 去換, 定。〕돤[tuan](402 上)

duàn 煅(煆)〔『字彙』都玩切〕돤[tuan](359 上)

duī 堆〔『廣韻』都回切, 平灰, 端。〕뒤[tui](298 下)

duì 队(隊)〔『廣韻』徒對切, 去隊, 定。〕뒤[tui](108 下)

duì 对(對)〔『廣韻』都隊切, 去隊, 端。〕뒤[tui](86 下)

duì 兑(兌)〔『廣韻』杜外切, 去泰, 定。〕뒤[tui](96 下)

duì 碓〔『廣韻』都隊切, 去隊, 端。〕뒤[tui](295 下)

dūn 敦〔『廣韻』都昆切, 平魂, 端。〕둔[tun](321 下)

dūn 墩〔『廣韻』都昆切, 平魂, 端。〕둔[tun](290 上)

dūn 撴〔『集韻』都昆切, 平魂, 端。〕둔[tun](212 上)

dūn 撉〔『集韻』都昆切, 平魂, 端。〕둔[tun](117 上)

dūn 蹲〔『廣韻』徂尊切, 平魂, 從。〕둔[tun](80 上)

dùn 沌〔『廣韻』徒損切, 上混, 定。〕둔[tun](127 上)

dùn 炖〔『集韻』杜本切, 上混, 定。〕둔[tun](374 上)

dùn 钝(鈍)〔『廣韻』徒困切, 去慁, 定。〕둔[tun](239 下)

dùn 顿(頓)〔『廣韻』都困切, 去慁, 端。〕둔[tun](116 下)

dùn 囤〔『廣韻』徒損切, 上混, 定。〕둔[tun](348 上)

duō 多〔『廣韻』得何切, 平歌, 端。〕도[to](34 上)

duō 哆〔『廣韻』丁佐切, 去箇, 端。〕도[to](320 下)

duó 掇〔『廣韻』丁括切, 入末, 端。〕도[to](188 上)

duó 夺(奪)〔『廣韻』徒活切, 入末, 定。〕도[to](214 下)

duǒ 朵〔『廣韻』丁果切, 上果, 端。〕도[to](146 上)

duǒ 躲〔『字彙』丁可切〕도[to](214 上)

duǒ 垛〔『廣韻』徒果切, 上果, 定。〕도[to](299 上)

duò 剁〔『廣韻』都唾切, 去過, 端。〕도[to](360 上)

duò 舵〔『廣韻』徒可切, 上哿, 定。〕도[to](368 上)

duò 惰〔『廣韻』徒臥切, 去過, 定。〕도[to](231 下)

duò 馱〔『廣韻』唐佐切, 去箇, 定。〕도[to](438 下)

duò 駄〔『廣韻』唐佐切, 去箇, 定。〕도[to](438 下)

ē 阿〔『廣韻』烏何切, 平歌, 影。〕어[ə](106 上)

é 讹(訛)〔『廣韻』五何切, 平歌, 疑。〕어[ə](227 下)

é 囮〔『廣韻』五禾切, 平戈, 疑。〕어[ə](306 下)

é 俄〔『廣韻』五何切, 平歌, 疑。〕오[o](283 上)

é 鹅(鵝)〔『廣韻』五何切, 平歌, 疑。〕오[o](469 上)

é 蛾〔『廣韻』五何切, 平歌, 疑。〕오[o](219 上)

é 蛾〔『廣韻』五何切, 平歌, 疑。〕어[ə](449 上)

é 额(額)〔『廣韻』五陌切, 入陌, 疑。〕어[ə](34 下)

é 哦〔『廣韻』五何切, 平歌, 疑。〕오[o](100 上)

è 厄〔『廣韻』於革切, 入麥, 影。〕어[ə](42 下)

è 扼〔『集韻』乙革切, 入麥, 影。〕어[ə](109 下)

è 恶(惡)〔『廣韻』烏各切, 入鐸, 影。〕어[ə](209 下)

è 饿(餓)〔『廣韻』五個切, 去箇, 疑。〕오[o](184 上)

è 阏(閼)〔『廣韻』烏葛切, 入曷, 影。〕오[o](451 上)

è 噩〔『廣韻』五各切, 入鐸, 疑。〕오[o](451 下)

ēn 恩〔『廣韻』烏痕切, 平痕, 影。〕은[ən](175 上)

ér 而〔『廣韻』如之切, 平之, 日。〕을[ə](200 上)

ér 儿(兒)〔『廣韻』汝移切, 平支, 日。〕을[ə](179 上)

ěr 尔(爾)〔『廣韻』兒氏切, 上紙, 日。〕을[ə](42 上)

ěr 耳〔『廣韻』而止切, 上止, 日。〕을[ə](337 下)

ěr 饵(餌)〔『廣韻』仍吏切, 去志, 日。〕을[ə](303 上)

ěr 洱〔『廣韻』而止切, 上止, 日。〕을[ə](431 下)

ěr 珥〔『廣韻』仍吏切, 去志, 日。〕을[ə](9 上)

èr 二〔『廣韻』而至切, 去至, 日。〕을[ə](19 上)

èr 刵〔『廣韻』仍吏切, 去志, 日。〕을[ə](456 下)

èr 贰(貳)〔『廣韻』而至切, 去至, 日。〕을[ə](105 下)

fā 发(發)〔『廣韻』方伐切, 入月, 非。〕바[fa](30 上)

fá 乏〔『廣韻』房法切, 入乏, 奉。〕바[fa](204 上)

fá 伐〔『廣韻』房越切, 入月, 奉。〕바[fa](110 上)

fá 罚(罰)〔『廣韻』房越切, 入月, 奉。〕바[fa](69 下)

fá 筏〔『廣韻』房越切, 入月, 奉。〕바[fa](367 下)

fǎ 法〔『廣韻』方乏切, 入乏, 非。〕바[fa](131 下)

fà 珐(琺)바[fa](313 上)

fà 髮〔『廣韻』方伐切, 入月, 非。〕바[fa](143 上)

fān 番〔『廣韻』孚袁切, 平元, 敷。〕판[fan](318 下)

fān 幡〔『廣韻』孚袁切, 平元, 敷。〕판[fan](74 下)

fān 藩〔『廣韻』甫煩切, 平元, 非。〕판[fan](272 上)

fān 翻〔『廣韻』孚袁切, 平元, 敷。〕판[fan](205 上)

fān 旛〔『廣韻』孚袁切, 平元, 敷。〕판[fan](86 下)

fān 繙〔『廣韻』孚袁切, 平元, 敷。〕판[fan](268 下)

fán 凡〔『廣韻』符咸切, 平凡, 奉。〕봔[fan](302 下)

fán 蕃〔『廣韻』附袁切, 平元, 奉。〕봔[fan](461 上)

fán 矾(礬)〔『廣韻』附袁切, 平元, 奉。〕봔[fan](314 下)

fán 烦(煩)〔『廣韻』附袁切, 平元, 奉。〕봔[fan](186 上)

fán 繁〔『廣韻』附袁切, 平元, 奉。〕봔[fan](62 下)

fǎn 反〔『廣韻』府遠切, 上阮, 非。〕봔[fan](116 上)

fǎn 返〔『廣韻』府遠切, 上阮, 非。〕봔[fan](153 下)

fàn 犯〔『廣韻』防鍐切, 上范, 奉。〕봔[fan](69 下)

fàn 饭(飯)〔『廣韻』符万切, 去願, 奉。〕봔[fan](371 下)

fàn 泛〔『廣韻』浮梵切, 去梵, 敷。〕봔[fan](30 下)

fàn 贩(販)〔『廣韻』方願切, 去願, 非。〕봔[fan](299 上)

fàn 範〔『廣韻』防鍐切, 上范, 奉。〕봔[fan](58 下)

fāng 方〔『廣韻』府良切, 平陽, 非。〕방[faŋ](282 上)

fāng 坊〔『廣韻』府良切, 平陽, 非。〕방[faŋ](267 上)

fáng 防〔『廣韻』符方切, 平陽, 奉。〕방[faŋ](280 上)

fáng 妨〔『廣韻』敷方切, 平陽, 敷。〕방[faŋ](248 下)

fáng 房〔『廣韻』符方切, 平陽, 奉。〕방[faŋ](268 上)

fáng 彷〔『廣韻』妃兩切, 上養, 敷。〕방[faŋ](152 上)

fǎng 访(訪)〔『廣韻』敷亮切, 去漾, 敷。〕방[faŋ](172 下)

fǎng 纺(紡)〔『廣韻』妃兩切, 上養, 敷。〕방[faŋ](325 上)

fǎng 舫〔『廣韻』甫妄切, 去漾, 非。〕방[faŋ](367 上)

fàng 放〔『廣韻』甫妄切, 去漾, 非。〕방[faŋ](299 上)

fēi 飞(飛)〔『廣韻』甫微切, 平微, 非。〕븨[fəi](422 下)

fēi 妃〔『廣韻』芳非切, 平微, 敷。〕븨[fəi](34 下)

fēi 非〔『廣韻』甫微切, 平微, 非。〕븨[fəi](236 上)

féi 肥〔『廣韻』符非切, 平微, 奉。〕븨[fəi](225 下)

fěi 梐〔『廣韻』府尾切, 上尾, 非。〕븨[fəi](393 上)

fèi 翡〔『廣韻』扶沸切, 去未, 奉。〕븨[fəi](419 上)

fèi 吠〔『廣韻』符廢切, 去廢, 奉。〕븨[fəi](452 上)

fèi 肺〔『廣韻』芳廢切, 去廢, 敷。〕븨[fəi](150 上)

fèi 狒〔『廣韻』扶沸切, 去未, 奉。〕부[fu](468 下)

fèi 废(廢)〔『廣韻』方肺切, 去廢, 非。〕븨[fəi](292 下)

fèi 费(費)〔『廣韻』芳未切, 去未, 敷。〕븨[fəi](223 上)

fèi 疿〔『集韻』父沸切, 去未, 奉。〕븨[fəi](456 下)

fèi 疿〔『廣韻』符非切, 平微, 奉。〕븨[fəi](219 下)

fēn 分〔『廣韻』府文切, 平文, 非。〕분[fun](21 上)

fēn 分〔『廣韻』府文切, 平文, 非。〕븐[fən](225 上)

fēn 纷(紛)〔『廣韻』撫文切, 平文, 敷。〕븐[fən](206 下)

fén 坟(墳)〔『廣韻』符分切, 平文, 奉。〕븐[fən](86 上)

fén 焚〔『廣韻』符分切, 平文, 奉。〕븐[fən](317 上)

fén 豶〔『廣韻』符分切, 平文, 奉。〕븐[fən](427 下)

fén 鐼〔『廣韻』符分切, 平文, 奉。〕븐[pən](418 上)

fěn 粉〔『廣韻』方吻切, 上吻, 非。〕븐[fən](338 上)

fèn 奋(奮)〔『廣韻』方問切, 去問, 非。〕븐[fən](38 下)

fèn 忿〔『廣韻』匹問切, 去問, 敷。〕븐[fən](188 上)

fèn 粪(糞)〔『廣韻』方問切, 去問, 非。〕븐[fən](421 下)

fèn 愤(憤)〔『廣韻』房吻切, 上吻, 奉。〕븐[fən](189 上)

fēng 丰(豐)〔『廣韻』敷隆切, 平東, 敷。〕붕[fuŋ](19 上)

fēng 风(風)〔『廣韻』方戎切, 平東, 非。〕붕[fuŋ](16 上)

fēng 枫(楓)〔『廣韻』方戎切, 平東, 非。〕붕[fuŋ](402 下)

fēng 封〔『廣韻』府容切, 平鍾, 非。〕붕[fuŋ](37 上)

fēng 疯(瘋)〔『集韻』方馮切, 平東, 非。〕붕[fuŋ](215 下)

fēng 峰〔『廣韻』敷容切, 平鍾, 敷。〕봉-[fuŋ](26 下)

fēng 烽〔『廣韻』敷容切, 平鍾, 敷。〕봉-[fəŋ](316 下)

fēng 葑〔『廣韻』府容切, 平鍾, 非。〕봉-[fuŋ](376 下)

fēng 锋(鋒)〔『廣韻』敷容切, 平鍾, 敷。〕봉-[fuŋ](50 上)

fēng 蜂〔『廣韻』敷容切, 平鍾, 敷。〕봉-[fəŋ](448 下)

fēng 豊〔『廣韻』敷容切, 平鍾, 敷。〕봉-[fuŋ](277 上)

féng 逢〔『廣韻』符容切, 平鍾, 奉。〕봉-[fəŋ](228 上)

fěng 讽(諷)〔『廣韻』方鳳切, 去送, 非。〕봉-[fuŋ](191 下)

fèng 缝(縫)〔『廣韻』扶用切, 去用, 奉。〕봉-[fuŋ](27 下)

fèng 缝(縫)〔『廣韻』扶用切, 去用, 奉。〕봉-[fəŋ](339 下)

fèng 凤(鳳)〔『廣韻』馮貢切, 去送, 奉。〕봉-[fuŋ](77 下)

fèng 奉〔『廣韻』扶攏切, 上腫, 奉。〕봉-[fuŋ](37 下)

fèng 俸〔『廣韻』扶用切, 去用, 奉。〕봉-[fuŋ](269 上)

fó 佛〔『廣韻』符弗切, 入物, 奉。〕보-[fo](327 下)

fǒu 否〔『廣韻』方久切, 上有, 非。〕푸-[fəu](57 下)

fū 夫〔『廣韻』甫無切, 平虞, 非。〕부-[fu](37 下)

fū 麸(麩)〔『廣韻』芳無切, 平虞, 敷。〕부-[fu](151 下)

fū 敷〔『廣韻』芳無切, 平虞, 敷。〕부-[fu](457 下)

fú 伏〔『廣韻』房六切, 入屋, 奉。〕부-[fu](422 下)

fú 扶〔『廣韻』防無切, 平虞, 奉。〕부-[fu](409 上)

fú 芙〔『廣韻』防無切, 平虞, 奉。〕부-[fu](420 下)

fú 拂〔『廣韻』敷勿切, 入物, 敷。〕부-[fu](72 下)

fú 枎〔『廣韻』防無切, 平虞, 奉。〕부-[fu](465 上)

fú 彿(彿)〔『廣韻』敷勿切, 入物, 敷。〕부-[fu](152 上)

fú 服〔『廣韻』房六切, 入屋, 奉。〕부-[fu](330 下)

fú 浮〔『廣韻』縛謀切, 平尤, 奉。〕부-[fu](32 上)

fú 符〔『廣韻』防無切, 平虞, 奉。〕부-[fu](459 下)

fú 幅〔『廣韻』方六切, 入屋, 非。〕부-[fu](455 下)

fú 辐(輻)〔『廣韻』方六切, 入屋, 非。〕부-[fu](370 下)

fú 福〔『廣韻』方六切, 入屋, 非。〕부-[fu](159 上)

fú 蝠〔『廣韻』方六切, 入屋, 非。〕부-[fu](427 下)

fú 袱〔『字彙』房六切〕부-[fu](341 下)

fǔ 抚(撫)〔『廣韻』芳武切, 上麌, 敷。〕부-[fu](161 下)

fǔ 拊〔『廣韻』芳武切, 上麌, 敷。〕부-[fu](90 上)

fǔ 斧〔『廣韻』方矩切, 上麌, 非。〕부-[fu](308 下)

fǔ 府〔『廣韻』方矩切, 上麌, 非。〕부-[fu](53 上)

fǔ 俯〔『廣韻』方矩切, 上麌, 非。〕부-[fu](199 上)

fǔ 辅(輔)〔『廣韻』扶雨切, 上麌, 奉。〕부-[fu](43 下)

fǔ 腑〔『廣韻』方矩切, 上麌, 非。〕부-[fu](150 下)

fǔ 腐〔『廣韻』扶雨切, 上麌, 奉。〕부-[fu](376 上)

fǔ 簠〔『廣韻』方矩切, 上麌, 非。〕부-[fu](83 下)

fǔ 富〔『廣韻』方副切, 去宥, 非。〕부-[fu](159 上)

fù 父〔『廣韻』扶雨切, 上麌, 奉。〕부-[fu](140 上)

fù 付〔『廣韻』方遇切, 去遇, 非。〕부-[fu](61 上)

fù 负(負)〔『廣韻』房九切, 上有, 奉。〕부-[fu](297 上)

fù 妇(婦)〔『廣韻』房久切, 上有, 奉。〕부-[fu](213 上)

fù 附〔『廣韻』符遇切, 去遇, 奉。〕부-[fu](174 上)

fù 阜〔『廣韻』房久切, 上有, 奉。〕부-[fu](25 上)

fù 驸(駙)〔『廣韻』符遇切, 去遇, 奉。〕부-[fu](34 下)

fù 复(復)〔『廣韻』房六切, 入屋, 奉。〕부-[fu](211 下)

fù 副〔『廣韻』敷救切, 去宥, 敷。〕부-[fu](50 下)

fù 赋(賦)〔『廣韻』方遇切, 去遇, 非。〕부-[fu](94 下)

fù 傅〔『廣韻』方遇切, 去遇, 非。〕부[fu](37 上)

fù 腹〔『廣韻』方六切, 入屋, 非。〕부[fu](155 上)

fù 鮒(鲋)〔『廣韻』符遇切, 去遇, 奉。〕부[fu](446 上)

fù 覆〔『廣韻』芳福切, 入屋, 敷。〕부[fu](226 下)

gá 噶 가[ka](42 下)

gāi 该(該)〔『廣韻』古哀切, 平咍, 見。〕개[kai](209 上)

gāi 陔〔『廣韻』古哀切, 平咍, 見。〕개[kai](457 下)

gāi 垓〔『廣韻』古哀切, 平咍, 見。〕개[kai](106 上)

gǎi 改〔『廣韻』古亥切, 上海, 見。〕개[kai](64 上)

gài 丐〔『廣韻』古太切, 去泰, 見。〕개[kai](139 上)

gài 盖(蓋)〔『廣韻』古太切, 去泰, 見。〕개[kai](11 上)

gài 概〔『集韻』居代切, 去代, 見。〕개[kai](242 上)

gài 槩〔『廣韻』古代切, 去代, 見。〕개[kai](100 上)

gān 甘〔『廣韻』古三切, 平談, 見。〕간[kan](13 上)

gān 肝〔『廣韻』古寒切, 平寒, 見。〕간[kan](150 上)

gān 坩〔『廣韻』苦甘切, 平談, 溪。〕간[kan](313 下)

gān 泔〔『廣韻』古三切, 平談, 見。〕간[kan](442 下)

gān 柑〔『廣韻』古三切, 平談, 見。〕간[kan](391 下)

gān 竿〔『廣韻』古寒切, 平寒, 見。〕간[kan](74 下)

gān 杆〔『廣韻』居寒切, 去寒, 見。〕간[kan](352 上)

gān 桿(桿)〔『廣韻』古案切, 去翰, 見。〕간[kan](130 上)

gān 干〔『廣韻』古寒切, 平寒, 見。〕간[kan](16 下)

gān 乾〔『廣韻』古寒切, 平寒, 見。〕간[kan](373 下)

gǎn 敢〔『廣韻』古覽切, 上敢, 見。〕간[kan](160 下)

gǎn 感〔『廣韻』古禫切, 上感, 見。〕간[kan](215 下)

gǎn 赶〔『正字通』古覽切〕간[kan](303 上)

gǎn 赶〔『字彙』古旱切〕간[kan](119 上)

gǎn 橄〔『廣韻』古覽切, 上敢, 見。〕간[kan](392 上)

gàn 幹〔『廣韻』古案切, 去翰, 見。〕간[kan](164 上)

gāng 冈(岡)〔『廣韻』古郎切, 平唐, 見。〕강[kaŋ](26 上)

gāng 刚(剛)〔『廣韻』古郎切, 平唐, 見。〕강[kaŋ](167 下)

gāng 纲(綱)〔『廣韻』古郎切, 平唐, 見。〕강[kaŋ](58 上)

gāng 钢(鋼)〔『廣韻』古郎切, 平唐, 見。〕강[kaŋ](314 上)

gāng 缸〔『廣韻』下江切, 平江, 匣。〕강[kaŋ](321 下)

gǎng 港〔『廣韻』古項切, 上講, 見。〕향[xiaŋ](29 下)

gāo 高〔『廣韻』古勞切, 平豪, 見。〕쟌[kao](200 上)

gāo 羔〔『廣韻』古勞切, 平豪, 見。〕쟌[kao](333 下)

gāo 皋〔『廣韻』古勞切, 平豪, 見。〕쟌[kao](451 下)

gāo 膏〔『廣韻』古勞切, 平豪, 見。〕쟌[kao](257 上)

gāo 篙〔『廣韻』古勞切, 平豪, 見。〕쟌[kao](368 下)

gāo 糕〔『集韻』居勞切, 平豪, 見。〕쟌[kao](381 上)

gǎo 槁〔『廣韻』苦浩切, 上皓, 溪。〕쟌[kao](405 上)

gǎo 槀〔『集韻』苦浩切, 上晧, 溪。〕쟌[kao](98 上)

gǎo 稿〔『集韻』居勞切, 平豪, 見。〕쟌[kao](60 下)

gào 告〔『廣韻』古到切, 去號, 見。〕쟌[kao](67 上)

gào 诰(誥)〔『廣韻』古到切, 去號, 見。〕쟌[kao](36 下)

gē 戈〔『廣韻』古禾切, 平戈, 見。〕거[kə](126 上)

gē 肐〔『廣韻』古落切, 入鐸, 見。〕거[kə](164 下)

gē 疙 거[kə](215 下)

gē 哥〔『廣韻』古俄切, 平歌, 見。〕거[kə](417 下)

gē 胳〔『廣韻』古落切, 入鐸, 見。〕거[kə](148 上)

gē 鸽(鴿)〔『廣韻』古沓切, 入合, 見。〕거[kə](417 下)

gē 搁(擱) 거[kə](173 下)

gē 割 〔『廣韻』古達切, 入曷, 見。〕 거[kə](386 上)

gē 歌 〔『廣韻』古俄切, 平歌, 見。〕 거[kə](89 下)

gé 挌 〔『廣韻』古伯切, 入陌, 見。〕 거[kə](129 下)

gé 革 〔『廣韻』古核切, 入麥, 見。〕 거[kə](78 下)

gé 茖 〔『廣韻』古伯切, 入佰, 見。〕 거[kə](395 下)

gé 阁(閣) 〔『廣韻』古落切, 入鐸, 見。〕 고[ko](267 下)

gé 格 〔『廣韻』古伯切, 入陌, 見。〕 거[kə](82 上)

gé 隔 〔『廣韻』古核切, 入麥, 見。〕 거[kə](287 下)

gé 槅 〔『廣韻』古核切, 入麥, 見。〕 거[kə](364 下)

gé 膈 〔『廣韻』古核切, 入麥, 見。〕 거[kə](216 下)

gé 葛 〔『廣韻』古達切, 入曷, 見。〕 거[kə](321 上)

gé 蛤 〔『廣韻』古沓切, 入合, 見。〕 거[kə](444 下)

gè 各 〔『廣韻』古落切, 入鐸, 見。〕 거[kə](248 下)

gè 個 〔『廣韻』古賀切, 去箇, 見。〕 거[kə](170 上)

gè 箇 〔『廣韻』古賀切, 去箇, 見。〕 거[kə](105 下)

gēn 根 〔『廣韻』古痕切, 平痕, 見。〕 근[kən](146 下)

gēn 跟 〔『廣韻』古痕切, 平痕, 見。〕 근[kən](200 下)

gèn 艮 〔『廣韻』古恨切, 去恨, 見。〕 근[kən](96 下)

gèn 茛 〔『廣韻』古恨切, 去恨, 見。〕 근[kən](396 上)

gēng 庚 〔『廣韻』古行切, 平庚, 見。〕 긍[kəŋ](16 下)

gēng 耕 〔『廣韻』古莖切, 平耕, 見。〕 긍[kəŋ](25 下)

gēng 羹 〔『廣韻』古行切, 平庚, 見。〕 긍[kəŋ](374 上)

gēng 更 〔『廣韻』古行切, 平庚, 見。〕 깅[kiŋ](136 下)

gēng 更 〔『廣韻』古行切, 平庚, 見。〕 긍[kəŋ](65 下)

gěng 梗 〔『廣韻』古杏切, 上梗, 見。〕 긍[kəŋ](407 下)

gōng 工〔『集韻』古紅切, 平東, 見。〕궁[kuŋ](137 下)

gōng 弓〔『廣韻』居戎切, 平東, 見。〕궁[kuŋ](115 上)

gōng 公〔『廣韻』古紅切, 平東, 見。〕궁[kuŋ](140 上)

gōng 功〔『廣韻』古紅切, 平東, 見。〕궁[kuŋ](113 上)

gōng 攻〔『廣韻』古紅切, 平東, 見。〕궁[kuŋ](110 上)

gōng 宮(宫)〔『廣韻』居戎切, 平東, 見。〕궁[kuŋ](11 下)

gōng 恭〔『廣韻』九容切, 平鍾, 見。〕궁[kuŋ](151 下)

gōng 蚣〔『廣韻』古紅切, 平東, 見。〕궁[kuŋ](310 下)

gōng 躬〔『廣韻』居戎切, 平東, 見。〕궁[kuŋ](80 上)

gōng 供〔『廣韻』九容切, 平鍾, 見。〕궁[kuŋ](84 下)

gǒng 拱〔『廣韻』居悚切, 上腫, 見。〕궁[kuŋ](155 下)

gòng 共〔『廣韻』渠用切, 去用, 群。〕궁[kuŋ](166 下)

gòng 贡(貢)〔『廣韻』古送切, 去送, 見。〕궁[kuŋ](52 上)

gōu 勾〔『篇海』古侯切〕구[kəu](117 上)

gōu 沟(溝)〔『廣韻』古侯切, 平侯, 見。〕구[kəu](287 上)

gōu 钩(鉤)〔『廣韻』古侯切, 平侯, 見。〕구[kəu](304 下)

gǒu 苟〔『廣韻』古厚切, 上厚, 見。〕구[kəu](232 下)

gǒu 狗〔『廣韻』古厚切, 上厚, 見。〕구[kəu](121 上)

gòu 垢〔『廣韻』古厚切, 上厚, 見。〕구[kəu](352 下)

gòu 彀〔『廣韻』古候切, 去候, 見。〕구[kəu](174 下)

gū 估〔『廣韻』公戶切, 上姥, 見。〕구[ku](299 下)

gū 咕 구[ku](412 下)

gū 孤〔『廣韻』古胡切, 平模, 見。〕구[ku](139 下)

gū 姑〔『廣韻』古胡切, 平模, 見。〕구[ku](142 上)

gū 鸪(鴣)〔『廣韻』古胡切, 平模, 見。〕구[ku](419 下)

gū 菰〔『廣韻』古胡切, 平模, 見。〕구[ku](310 下)

gū 菇〔『集韻』攻乎切, 平模, 見。〕구[ku](376 上)

gū 蛄〔『廣韻』古胡切, 平模, 見。〕구[ku](448 下)

gū 辜〔『廣韻』古胡切, 平模, 見。〕구[ku](214 上)

gū 箍〔『廣韻』古胡切, 平模, 見。〕구[ku](347 下)

gǔ 毂(轂)〔『廣韻』古祿切, 入屋, 曉。〕구[ku](295 上)

gǔ (羊+古) 구[ku](320 下)

gǔ 古〔『廣韻』公戶切, 上姥, 見。〕구[ku](40 上)

gǔ 谷〔『廣韻』古祿切, 入屋, 見。〕구[ku](27 上)

gǔ 股〔『廣韻』公戶切, 上姥, 見。〕구[ku](334 上)

gǔ 骨〔『廣韻』古忽切, 入沒, 見。〕구[ku](149 上)

gǔ 罟〔『廣韻』公戶切, 上姥, 見。〕구[ku](463 上)

gǔ 鼓〔『廣韻』公戶切, 上姥, 見。〕구[ku](90 下)

gǔ 穀〔『廣韻』古祿切, 入屋, 見。〕구[ku](197 上)

gǔ 鹘(鶻)〔『廣韻』古忽切, 入沒, 見。〕후[xu](416 上)

gǔ 鹄(鵠)〔『集韻』姑沃切, 入沃, 見。〕구[ku](414 上)

gù 固〔『廣韻』古暮切, 去暮, 見。〕구[ku](34 下)

gù 故〔『廣韻』古暮切, 去暮, 見。〕구[ku](59 上)

gù 顾(顧)〔『廣韻』古暮切, 去暮, 見。〕구[ku](174 下)

gù 僱〔『廣韻』古暮切, 去暮, 見。〕구[ku](137 下)

gù 钴(鈷)〔『廣韻』公戶切, 上姥, 見。〕구[ku](345 下)

gu (舟+古) 구[ku](367 上)

guā 瓜〔『廣韻』古華切, 平麻, 見。〕과[kua](393 上)

guā 刮〔『廣韻』古頒切, 入鎋, 見。〕과[kua](15 下)

guā 騧〔『廣韻』古華切, 平麻, 見。〕과[kua](432 上)

guǎ 剐(剮)〔『廣韻』古瓦切, 上馬, 見。〕과[kua](213 上)

guǎ 寡〔『廣韻』古瓦切, 上馬, 見。〕과[kua](139 下)

guà 卦〔『廣韻』古賣切, 去卦, 見。〕궈[kua](97 上)

guà 挂〔『廣韻』古賣切, 去卦, 見。〕궈[kua](286 下)

guà 掛〔『廣韻』古賣切, 去卦, 見。〕궈[kua](342 下)

guà 罣〔『廣韻』古惠切, 去霽, 見。〕궈[kua](186 上)

guà 褂 궈[kua](328 下)

gua (木+卦) 궈[kua](328 下)??

guāi 乖〔『廣韻』古懷切, 平皆, 見。〕괘[kuai](238 下)

guǎi 拐〔『廣韻』求蟹切, 上蟹, 群。〕괘[kuai](343 下)

guài 怪〔『廣韻』古壞切, 去怪, 見。〕괘[kuai](211 下)

guài 恠〔『廣韻』古壞切, 去怪, 見。〕괘[kuai](68 上)

guān 关(關)〔『廣韻』古還切, 平刪, 見。〕관[kuan](218 下)

guān 观(觀)〔『廣韻』古丸切, 平桓, 見。〕관[kuan](81 上)

guān 官〔『廣韻』古丸切, 平桓, 見。〕관[kuan](283 下)

guān 棺〔『廣韻』古丸切, 平桓, 見。〕관[kuan](86 下)

guān 鳏(鰥)〔『廣韻』古頑切, 平山, 見。〕관[kuan](139 下)

guān 冠〔『廣韻』古丸切, 平桓, 見。〕관[kuan](455 上)

guān 纶(綸)〔『廣韻』古頑切, 平山, 見。〕관[kuan](455 下)

guǎn 馆(館)〔『廣韻』古玩切, 去換, 見。〕관[kuan](282 下)

guǎn 管〔『廣韻』古滿切, 上緩, 見。〕관[kuan](41 上)

guàn 贯(貫)〔『廣韻』古玩切, 去換, 見。〕관[kuan](192 下)

guàn 惯(慣)〔『廣韻』古患切, 去諫, 見。〕관[kuan](234 上)

guàn 灌〔『廣韻』古玩切, 去換, 見。〕관[kuan](220 下)

guàn 鹳(鸛)〔『廣韻』古玩切, 去換, 見。〕관[kuan](414 上)

guàn 礶〔『集韻』古玩切, 去換, 見。〕관[kuan](308 上)

guàn 罐〔『廣韻』古玩切, 去換, 見。〕관[kuan](347 下)

guāng 光〔『廣韻』古黃切, 平唐, 見。〕광[kuaŋ](8 下)

guǎng 广(廣)〔『廣韻』古晃切, 上蕩, 見。〕광[kuaŋ](25 上)

guī 归(歸)〔『廣韻』舉韋切, 平微, 見。〕귀[kui](41 下)

guī 圭〔『廣韻』古攜切, 平齊, 見。〕귀[kui](104 下)

guī 龟(龜)〔『廣韻』居追切, 平脂, 見。〕귀[kui](445 上)

guī 规(規)〔『廣韻』居隋切, 平支, 見。〕귀[kui](58 下)

guī 瑰〔『廣韻』公回切, 平灰, 見。〕귀[kui](323 下)

guǐ 鬼〔『廣韻』居偉切, 上尾, 見。〕귀[kui](215 下)

guǐ 癸〔『廣韻』居誄切, 上旨, 見。〕귀[kui](17 下)

guǐ 晷〔『廣韻』居洧切, 上旨, 見。〕귀[kui](105 上)

guǐ 簋〔『廣韻』居洧切, 上旨, 見。〕귀[kui](83 下)

guì 柜(櫃)〔『廣韻』求位切, 去至, 群。〕귀[kui](342 上)

guì 贵(貴)〔『廣韻』居胃切, 去未, 見。〕귀[kui](34 下)

guì 桂〔『廣韻』古惠切, 去霽, 見。〕귀[kui](409 下)

guì 跪〔『廣韻』去委切, 上紙, 溪。〕귀[kui](80 上)

gǔn (车+衮)〔『廣韻』古本切, 上混, 見。〕군[kun](295 上)

gǔn 滚(滾)〔『廣韻』古本切, 上混, 見。〕군[kun](385 上)

gùn 棍〔『正字通』古困切〕군[kun](348 上)

guō 郭〔『廣韻』古博切, 入鐸, 見。〕고[ko](262 上)

guō 啯〔『廣韻』古獲切, 入麥, 見。〕고[ko](185 下)

guō 聒〔『廣韻』古活切, 入末, 見。〕고[ko](238 上)

guō 锅(鍋)〔『廣韻』古禾切, 平戈, 見。〕고[ko](345 上)

guō 锅(鍋)〔『廣韻』古禾切, 平戈, 見。〕구[ku](348 上)

guō 蝈(蟈)〔『廣韻』古獲切, 入麥, 見。〕고[ko](448 上)

guó 国(國)〔『廣韻』古或切, 入德, 見。〕궈[kuə](34 上)

guǒ 果〔『廣韻』古火切, 上果, 見。〕고[ko](163 下)

guǒ 果〔『廣韻』古火切, 上果, 見。〕궈[kuə](344 下)

guǒ 菓〔『廣韻』古火切, 上果, 見。〕궈[kuə](324 上)

guǒ 椁〔『廣韻』古博切, 入鐸, 見。〕고[ko](86 下)

guǒ 裹〔『廣韻』古火切, 上果, 見。〕과[kua](130 上)

guǒ 裹〔『廣韻』古火切, 上果, 見。〕궈[kuə](326 上)

guǒ 裹〔『廣韻』古火切, 上果, 見。〕고[ko](341 下)

guò 过(過)〔『廣韻』古臥切, 去過, 見。〕궈[kuə](159 上)

guò 过(過)〔『廣韻』古臥切, 去過, 見。〕고[ko](200 上)

hā 哈〔『廣韻』五合切, 入合, 疑。〕하[xa](42 下)

há 蛤〔『廣韻』胡加切, 平麻, 匣。〕하[xa](444 下)

hái 孩〔『廣韻』戶來切, 平咍, 匣。〕해[xai](144 下)

hái 颏(頦)〔『廣韻』戶來切, 平咍, 匣。〕해[xai](147 上)

hái 咳〔『廣韻』戶來切, 平咍, 匣。〕해[xai](216 下)

hǎi 海〔『廣韻』呼改切, 上海, 曉。〕해[xai](407 下)

hǎi 醢〔『廣韻』呼改切, 上海, 曉。〕해[xai](274 下)

hài 亥〔『廣韻』胡改切, 上海, 匣。〕해[xai](17 上)

hài 害〔『廣韻』胡蓋切, 去泰, 匣。〕해[xai](236 上)

hān 憨〔『廣韻』呼談切, 平談, 曉。〕.한[xan](231 上)

hán 含〔『廣韻』胡男切, 平覃, 匣。〕.한[xan](383 下)

hán 涵〔『廣韻』胡男切, 平覃, 匣。〕.한[xan](161 上)

hán 寒〔『廣韻』胡安切, 平寒, 匣。〕.한[xan](184 下)

hǎn 罕〔『廣韻』呼旱切, 上旱, 曉。〕.한[xan](187 上)

hǎn 喊〔『廣韻』呼覽切, 上敢, 曉。〕.한[xan](187 上)

hàn 汉(漢)〔『廣韻』呼旰切, 去翰, 曉。〕.한[xan](248 下)

hàn 汗〔『廣韻』侯旰切, 去翰, 匣。〕.한[xan](151 上)

hàn 旱〔『廣韻』胡笴切, 上旱, 匣。〕.한[xan](19 上)

hàn 釬〔『廣韻』侯旰切, 去翰, 匣。〕.한[xan](361 上)

hàn 翰〔『廣韻』侯旴切, 去翰, 匣。〕.한[xan](275 上)

hàn 瀚〔『廣韻』侯旴切, 去翰, 匣。〕.한[xan](24 下)

hāng 夯〔『字彙』呼朗切〕항[xaŋ](300 上)

háng 行〔『廣韻』胡郎切, 平唐, 匣。〕항[xaŋ](164 上)

háng 杭〔『廣韻』胡郎切, 平唐, 匣。〕항[xaŋ](320 上)

hāo 蒿〔『廣韻』呼毛切, 平豪, 曉。〕핫[xao](369 下)

háo 毫〔『廣韻』胡刀切, 平豪, 匣。〕핫[xao](225 上)

háo 豪〔『廣韻』胡刀切, 平豪, 匣。〕핫[xao](227 下)

háo 貉 핫[xao](433 下)

hǎo 好〔『廣韻』呼皓切, 上皓, 曉。〕핫[xao](180 下)

hào 号(號)〔『廣韻』胡到切, 去號, 匣。〕핫[xao](123 上)

hào 耗〔『廣韻』呼到切, 去號, 曉。〕핫[xao](459 上)

hē 哈〔『集韻』呼合切, 入合, 曉。〕허[xə](386 下)

hé (礻+敫)〔『集韻』下革切, 入麥, 匣。〕캾[kʻiao](330 上)

hé 合〔『廣韻』侯閤切, 入合, 匣。〕허[xə](288 上)

hé 何〔『廣韻』胡歌切, 平歌, 匣。〕호[xo](245 上)

hé 和〔『廣韻』戶戈切, 平戈, 匣。〕호[xo](298 上)

hé 河〔『廣韻』胡歌切, 平歌, 匣。〕호[xo](29 下)

hé 荷〔『廣韻』胡歌切, 平歌, 匣。〕허[xə](331 上)

hé 核〔『廣韻』下革切, 入麥, 匣。〕후[xu](149 下)

hé 核〔『廣韻』下革切, 入麥, 匣。〕허[xə](392 下)

hé 盒〔『廣韻』侯閤切, 入合, 匣。〕호[xo](342 下)

hé 鶡(鶡)〔『廣韻』胡葛切, 入曷, 匣。〕허[xə](455 上)

hé 貉〔『廣韻』下各切, 入鐸, 匣。〕호[xo](307 下)

hè 褐〔『廣韻』胡葛切, 入曷, 匣。〕허[xə](320 下)

hè 鶴(鶴)〔『廣韻』下各切, 入鐸, 匣。〕호[xo](413 下)

hè 吓(嚇) 〔『廣韻』呼格切, 入陌, 曉。〕허[xə](189 下)

hè 喝 〔『廣韻』許葛切, 入曷, 曉。〕허[xə](383 下)

hēi 黑 〔『廣韻』呼北切, 入德, 曉。〕허[xə](324 上)

hén 痕 〔『廣韻』戶恩切, 平痕, 匣。〕흔[xən](221 下)

hěn 很 〔『廣韻』胡墾切, 上很, 匣。〕흔[xən](204 上)

hěn 狠 〔『篇海類編』下墾切〕흔[xən](190 下)

hèn 恨 〔『廣韻』胡艮切, 去恨, 匣。〕흔[xən](185 下)

hēng 亨 〔『廣韻』許庚切, 平庚, 曉。〕흥[xəŋ](96 下)

hēng 哼 〔『集韻』虛庚切, 平庚, 曉。〕흥[xəŋ](218 上)

héng 恆(恒) 〔『廣韻』胡登切, 平登, 匣。〕흥[xəŋ](106 上)

héng 珩 〔『廣韻』戶庚切, 平庚, 匣。〕항[xaŋ](460 下)

héng 橫(横) 〔『廣韻』戶盲切, 平庚, 匣。〕흥[xəŋ](32 下)

héng 衡 〔『廣韻』戶庚切, 平庚, 匣。〕흥[xəŋ](104 下)

hōng 轟(轟) 〔『廣韻』呼宏切, 平耕, 曉。〕훙[xuŋ](12 下)

hōng 烘 〔『廣韻』呼東切, 平東, 曉。〕훙[xuŋ](127 下)

hōng 薨 〔『廣韻』呼肱切, 平登, 曉。〕훙[xuŋ](85 下)

hōng 哄 〔『集韻』呼公切, 平東, 曉。〕훙[xuŋ](233 下)

hóng 红(紅) 〔『廣韻』戶公切, 平東, 匣。〕훙[xuŋ](323 下)

hóng 宏 〔『廣韻』戶萌切, 平耕, 匣。〕훙[xuŋ](157 下)

hóng 虹 〔『廣韻』戶公切, 平東, 匣。〕훙[xuŋ](14 上)

hóng 鸿(鴻) 〔『廣韻』戶公切, 平東, 匣。〕훙[xuŋ](414 上)

hóu 侯 〔『廣韻』戶鉤切, 平侯, 匣。〕후[xəu](453 下)

hóu 喉 〔『廣韻』戶鉤切, 平侯, 匣。〕후[xəu](153 上)

hóu 猴 〔『廣韻』戶鉤切, 平侯, 匣。〕후[xəu](426 下)

hóu 睺 〔『廣韻』戶鉤切, 平侯, 匣。〕후[xəu](10 上)

hóu 瘊 〔『廣韻』戶鉤切, 平侯, 匣。〕후[xəu](219 下)

hǒu 吼 〔『廣韻』呼后切, 上厚, 曉。〕 후[xəu](215 上)

hǒu 犼 〔『集韻』許后切, 上厚, 曉。〕 후[xəu](424 上)

hòu 后 〔『廣韻』胡口切, 上厚, 匣。〕 후[xəu](254 下)

hòu 厚 〔『廣韻』胡口切, 上厚, 匣。〕 후[xəu](329 上)

hòu 後 〔『廣韻』胡口切, 上厚, 匣。〕 후[xəu](436 下)

hòu 候 〔『廣韻』胡遘切, 去候, 匣。〕 후[xəu](202 上)

hū 乎 〔『廣韻』戶吳切, 平模, 匣。〕 후[xu](246 上)

hū 呼 〔『廣韻』荒烏切, 平模, 曉。〕 후[xu](172 上)

hū 忽 〔『廣韻』呼骨切, 入沒, 曉。〕 후[xu](203 下)

hū 惚 〔『廣韻』呼骨切, 入沒, 曉。〕 후[xu](172 上)

hū 戏(戲) 〔『廣韻』荒烏切, 平模, 曉。〕 후[xu](169 上)

hú 囫 〔『字彙』戶骨切〕 후[xu](355 上)

hú 狐 〔『廣韻』戶吳切, 平模, 匣。〕 후[xu](426 下)

hú 胡 〔『廣韻』戶吳切, 平模, 匣。〕 후[xu](378 上)

hú 鬍 〔『廣韻』戶吳切, 平模, 匣。〕 후[xu](147 上)

hú 壺(壺) 〔『廣韻』戶吳切, 平模, 匣。〕 후[xu](105 上)

hú 斛 〔『廣韻』胡谷切, 入屋, 匣。〕 후[xu](301 上)

hú 葫 〔『廣韻』戶吳切, 平模, 匣。〕 후[xu](375 上)

hú 湖 〔『廣韻』戶吳切, 平模, 匣。〕 후[xu](29 上)

hú 瑚 〔『廣韻』戶吳切, 平模, 匣。〕 후[xu](312 下)

hú 鶘(鵠) 〔『廣韻』戶吳切, 平模, 匣。〕 후[xu](458 上)

hú 槲 〔『廣韻』胡谷切, 入屋, 匣。〕 후[xu](464 下)

hú 蝴 〔『正字通』洪吾切〕 후[xu](449 上)

hú 糊 〔『廣韻』戶吳切, 平模, 匣。〕 후[xu](229 下)

hú 餬 〔『廣韻』戶吳切, 平模, 匣。〕 후[xu](183 上)

hú 鶻(鶻) 〔『廣韻』戶骨切, 入沒, 匣。〕 후[xu](415 下)

hǔ 虎〔『廣韻』呼古切, 上姥, 曉。〕후[xu](123 下)

hǔ 琥〔『廣韻』呼古切, 上姥, 曉。〕후[xu](83 下)

hù 户(戶)〔『廣韻』侯古切, 上姥, 匣。〕후[xu](280 上)

hù 护(護)〔『廣韻』胡誤切, 去暮, 匣。〕후[xu](174 下)

hù 瓠〔『廣韻』胡誤切, 去暮, 匣。〕후[xu](375 上)

hù 扈〔『廣韻』侯古切, 上姥, 匣。〕후[xu](42 上)

huā 花〔『廣韻』呼瓜切, 平麻, 曉。〕화[xua](321 上)

huā 華〔『廣韻』呼瓜切, 平麻, 曉。〕화[xua](152 下)

huā 华(華)〔『廣韻』呼瓜切, 平麻, 曉。〕화[xua](76 上)

huá 划〔『廣韻』戶花切, 平麻, 匣。〕화[xua](367 下)

huá 铧(鏵)〔『廣韻』戶花切, 平麻, 匣。〕화[xua](294 下)

huá 猾〔『廣韻』戶八切, 入黠, 匣。〕화[xua](234 上)

huá 滑〔『廣韻』戶八切, 入黠, 匣。〕화[xua](234 上)

huá 譁(譁)〔『廣韻』呼瓜切, 平麻, 曉。〕화[xua](259 上)

huà 化〔『廣韻』呼霸切, 去禡, 曉。〕화[xua](158 下)

huà 画(畫)〔『廣韻』胡卦切, 去卦, 匣。〕화[xua](128 上)

huà 画(畫)〔『廣韻』胡麥切, 入麥, 匣。〕호[xo](98 下)

huà 话(話)〔『廣韻』下快切, 去夬, 匣。〕화[xua](190 上)

huà 桦(樺)〔『廣韻』胡化切, 去禡, 匣。〕화[xua](342 下)

huà 劃〔『廣韻』胡麥切, 入麥, 匣。〕화[xua](221 下)

huà 劃〔『廣韻』呼麥切, 入麥, 曉。〕호[xo](386 上)

huái 怀(懷)〔『廣韻』戶乖切, 平皆, 匣。〕홰[xuai](186 上)

huái 淮〔『廣韻』戶乖切, 平皆, 匣。〕홰[xuai](76 下)

huái 槐〔『廣韻』戶乖切, 平皆, 匣。〕홰[xuai](314 下)

huái 踝〔『廣韻』胡瓦切, 上馬, 匣。〕화[xua](149 下)

huài 坏(壞)〔『廣韻』胡怪切, 去怪, 匣。〕홰[xuai](365 下)

huān 獾 〔『廣韻』呼官切, 平桓, 曉。〕 환[xuan](307 下)

huān 歡 〔『廣韻』呼官切, 平桓, 曉。〕 환[xuan](396 下)

huān 貛 〔『廣韻』呼官切, 平桓, 曉。〕 환[xuan](426 下)

huán 还(還) 〔『廣韻』戶關切, 平刪, 匣。〕 환[xuan](82 下)

huán 环(環) 〔『廣韻』戶關切, 平刪, 匣。〕 환[xuan](79 下)

huán 锾(鍰) 〔『廣韻』戶關切, 平刪, 匣。〕 환[xuan](69 下)

huán 圜 〔『廣韻』戶關切, 平刪, 匣。〕 환[xuan](265 下)

huán 镮(鐶) 〔『廣韻』戶關切, 平刪, 匣。〕 환[xuan](253 上)

huǎn 缓(緩) 〔『廣韻』胡管切, 上緩, 匣。〕 환[xuan](173 上)

huàn 宦 〔『廣韻』胡慣切, 去諫, 匣。〕 환[xuan](39 下)

huàn 换(換) 〔『廣韻』胡玩切, 去換, 匣。〕 환[xuan](176 下)

huàn 唤(喚) 〔『廣韻』火貫切, 去換, 曉。〕 환[xuan](172 上)

huàn 患 〔『廣韻』胡慣切, 去諫, 匣。〕 환[xuan](186 上)

huàn 痪(瘓) 〔『廣韻』吐緩切, 上緩, 透。〕 환[xuan](215 下)

huāng 荒 〔『廣韻』呼光切, 平唐, 曉。〕 황[xuaŋ](316 下)

huāng 慌 〔『集韻』呼光切, 平唐, 曉。〕 황[xuaŋ](184 上)

huáng 皇 〔『廣韻』胡光切, 平唐, 匣。〕 황[xuaŋ](34 下)

huáng 黄(黄) 〔『廣韻』胡光切, 平唐, 匣。〕 황[xuaŋ](323 上)

huáng 凰 〔『廣韻』胡光切, 平唐, 匣。〕 황[xuaŋ](413 下)

huáng 惶 〔『廣韻』胡光切, 平唐, 匣。〕 황[xuaŋ](189 上)

huáng 锽(鍠) 〔『廣韻』戶盲切, 平庚, 匣。〕 황[xuaŋ](75 上)

huáng 蝗 〔『廣韻』胡光切, 平唐, 匣。〕 황[xuaŋ](448 上)

huáng 磺 〔『集韻』胡光切, 平唐, 匣。〕 황[xuaŋ](314 下)

huáng 簧 〔『廣韻』胡光切, 平唐, 匣。〕 황[xuaŋ](93 上)

huáng 鳇(鰉) 〔『集韻』胡光切, 平唐, 匣。〕 황[xuaŋ](443 下)

huǎng 恍 〔『廣韻』許昉切, 上養, 曉。〕 황[xuaŋ](172 上)

huǎng 恍 〔『集韻』虎晃切, 上蕩, 曉。〕황[xuaŋ](226 下)

huǎng 晃 〔『廣韻』胡廣切, 上蕩, 匣。〕황[xuaŋ](171 下)

huǎng 谎(謊) 〔『龍龕手鑑』呼光反。〕황[xuaŋ](121 下)

huǎng 幌 〔『廣韻』胡廣切, 上蕩, 匣。〕황[xuaŋ](300 下)

huàng 滉 〔『廣韻』胡廣切, 上蕩, 匣。〕황[xuaŋ](30 下)

huàng 榥 〔『廣韻』胡廣切, 上蕩, 匣。〕황[xuaŋ](207 下)

huàng (糸+黄)〔『廣韻』胡曠切, 去宕, 匣。〕광[kuaŋ](322 下)

huī 灰 〔『廣韻』呼恢切, 平灰, 曉。〕휘[xui](362 下)

huī 挥(揮) 〔『廣韻』許歸切, 平微, 曉。〕휘[xui](55 下)

huī 辉(輝) 〔『廣韻』許歸切, 平微, 曉。〕휘[xui](452 下)

huī 麾 〔『廣韻』許為切, 平支, 曉。〕휘[xui](48 上)

huí 回 〔『廣韻』戶恢切, 平灰, 匣。〕휘[xui](43 上)

huí 廻 〔『廣韻』戶恢切, 平灰, 匣。〕휘[xui](15 下)

huí 茴 〔『廣韻』戶恢切, 平灰, 匣。〕휘[xui](378 上)

huí 迴 〔『廣韻』戶恢切, 平灰, 匣。〕휘[xui](61 下)

huí 蛔 〔『集韻』胡隈切, 平灰, 匣。〕휘[xui](449 下)

huǐ 悔 〔『廣韻』呼罪切, 上賄, 曉。〕휘[xui](97 上)

huǐ 毁 〔『廣韻』許委切, 上紙, 曉。〕휘[xui](234 下)

huì 会(會) 〔『廣韻』黃外切, 去泰, 匣。〕휘[xui](29 下)

huì 讳(諱) 〔『廣韻』許貴切, 去未, 曉。〕휘[xui](256 上)

huì 绘(繪) 〔『廣韻』黃外切, 去泰, 匣。〕휘[xui](364 下)

huì 贿(賄) 〔『廣韻』呼罪切, 上賄, 曉。〕휘[xui](68 上)

huì 彗 〔『廣韻』徐醉切, 去至, 邪。〕쉬[sui](11 下)

huì 晦 〔『廣韻』荒內切, 去隊, 曉。〕휘[xui](143 下)

huì 秽(穢) 〔『廣韻』於廢切, 去廢, 影。〕휘[xui](237 下)

huì 惠 〔『廣韻』胡桂切, 去霽, 匣。〕휘[xui](161 下)

huì 慧〔『廣韻』胡桂切, 去霽, 匣。〕휘[xui](162 下)

huì 蕙〔『廣韻』胡桂切, 去霽, 匣。〕휘[xui](407 上)

hūn 昏〔『廣韻』呼昆切, 平魂, 曉。〕훈[xun](218 下)

hūn 荤(葷)〔『廣韻』許云切, 平文, 曉。〕훈[xun](374 下)

hūn 惛〔『廣韻』呼昆切, 平魂, 曉。〕훈[xun](63 上)

hún 浑(渾)〔『廣韻』戶昆切, 平魂, 匣。〕훈[xun](30 上)

hún 馄(餛)〔『廣韻』戶昆切, 平魂, 匣。〕훈[xun](380 上)

hún 魂〔『廣韻』戶昆切, 平魂, 匣。〕훈[xun](256 上)

hùn 混〔『廣韻』胡本切, 上混, 匣。〕훈[xun](238 下)

huó 活〔『廣韻』戶括切, 入末, 匣。〕호[xo](306 下)

huǒ 火〔『廣韻』呼果切, 上果, 曉。〕호[xo](316 下)

huǒ 火〔『廣韻』呼果切, 上果, 曉。〕휘[xuə](456 下)

huǒ 伙 호[xo](284 下)

huǒ 夥〔『廣韻』胡果切, 上果, 匣。〕호[xo](299 下)

huò 或〔『廣韻』胡國切, 入德, 匣。〕호[xo](224 下)

huò 货(貨)〔『廣韻』呼臥切, 去過, 曉。〕호[xo](239 下)

huò 获(獲)〔『廣韻』胡麥切, 入麥, 匣。〕호[xo](208 上)

huò 祸(禍)〔『廣韻』胡果切, 上果, 匣。〕호[xo](459 上)

huò 惑〔『廣韻』胡國切, 入德, 匣。〕호[xo](233 下)

huò 蠖〔『廣韻』烏郭切, 入鐸, 影。〕후[xu](447 下)

huò 豁〔『廣韻』呼括切, 入末, 曉。〕호[xo](222 下)

jī 讥(譏)〔『廣韻』居依切, 平微, 見。〕기[ki](191 下)

jī 击(擊)〔『廣韻』古歷切, 入錫, 見。〕기[ki](110 下)

jī 叽(嘰)〔『廣韻』居依切, 平微, 見。〕기[ki](319 上)

jī 饥(饑)〔『廣韻』居依切, 平微, 見。〕기[ki](19 上)

jī 玑(璣)〔『廣韻』居依切, 平微, 見。〕기[ki](104 下)

jī 机(機) 〔『廣韻』居依切, 平微, 見。〕 기[ki](325 下)

jī 矶(磯) 〔『廣韻』居依切, 平微, 見。〕 기[ki](453 下)

jī 鸡(鷄) 〔『廣韻』古奚切, 平齊, 見。〕 기[ki](196 下)

jī 积(積) 〔『廣韻』資昔切, 入昔, 精。〕 지[tɕi](238 上)

jī 屐 〔『廣韻』奇逆切, 入陌, 群。〕 기[ki](332 下)

jí 缉(緝) 〔『集韻』即入切, 入緝, 精。〕 치[tɕ'i](339 下)

jī 箕 〔『廣韻』居之切, 平之, 見。〕 기[ki](92 下)

jī 稽 〔『廣韻』古奚切, 平齊, 見。〕 기[ki](269 上)

jī 畿 〔『廣韻』渠希切, 平微, 群。〕 기[ki](273 下)

jī 激 〔『廣韻』古歷切, 入錫, 見。〕 기[ki](210 下)

jī 羁(羈) 〔『廣韻』居宜切, 平支, 見。〕 기[ki](65 下)

jī 雞 〔『廣韻』古奚切, 平齊, 見。〕 기[ki](416 上)

jī 饑 〔『廣韻』居依切, 平微, 見。〕 기[ki](184 上)

jī 幾 〔『廣韻』居依切, 平微, 見。〕 기[ki](105 下)

jī 几 〔『廣韻』居履切, 上旨, 見。〕 기[ki](349 上)

jī 绩(績) 〔『廣韻』則歷切, 入錫, 精。〕 지[tɕi](325 上)

jī 跡 〔『廣韻』資昔切, 入昔, 精。〕 지[tɕi](221 下)

jī 蹟 〔『廣韻』資昔切, 入昔, 精。〕 지[tɕi](352 下)

jī 奇 〔『廣韻』居宜切, 平支, 見。〕 기[ki](96 下)

jí 及 〔『廣韻』其立切, 入緝, 群。〕 기[ki](208 下)

jí 吉 〔『廣韻』居質切, 入質, 見。〕 기[ki](20 下)

jí 级(級) 〔『廣韻』居立切, 入緝, 見。〕 기[ki](56 上)

jí 即 〔『廣韻』子力切, 入職, 精。〕 지[tɕi](18 上)

jí 急 〔『廣韻』居立切, 入緝, 見。〕 기[ki](206 上)

jí 極(極) 〔『廣韻』渠力切, 入職, 群。〕 기[ki](106 上)

jí 棘 〔『廣韻』紀力切, 入職, 見。〕 기[ki](403 上)

jí 集〔『廣韻』秦入切, 入緝, 從。〕지[tɕi](450 下)

jí 蒺〔『廣韻』秦悉切, 入質, 從。〕지[tɕi](111 上)

jí 嫉〔『廣韻』秦悉切, 入質, 從。〕지[tɕi](236 上)

jí 耤〔『廣韻』秦昔切, 入昔, 從。〕지[tɕi](292 上)

jí 鶺(鶺)〔『集韻』資昔切, 入昔, 精。〕지[tɕi](419 下)

jí 籍〔『廣韻』秦昔切, 入昔, 從。〕지[tɕi](263 上)

jǐ 己〔『廣韻』居理切, 上止, 見。〕기[ki](147 下)

jǐ 虮(蟣)〔『廣韻』居狶切, 上尾, 見。〕기[ki](450 上)

jǐ 挤(擠)〔『廣韻』子計切, 去霽, 精。〕지[tɕi](128 上)

jǐ 脊〔『廣韻』資昔切, 入昔, 精。〕지[tɕi](150 上)

jǐ 戟〔『廣韻』几劇切, 入陌, 見。〕기[ki](73 上)

jǐ 麂〔『廣韻』居履切, 上旨, 見。〕기[ki](425 下)

jǐ 给(給)〔『廣韻』居立切, 入緝, 見。〕기[ki](37 上)

jì 计(計)〔『廣韻』古詣切, 去霽, 見。〕기[ki](234 上)

jì 记(記)〔『廣韻』居吏切, 去志, 見。〕기[ki](36 上)

jì 伎〔『廣韻』渠綺切, 上紙, 群。〕기[ki](115 下)

jì 纪(紀)〔『廣韻』居理切, 上止, 見。〕기[ki](142 下)

jì 技〔『廣韻』渠綺切, 上紙, 群。〕기[ki](259 上)

jì 忌〔『廣韻』渠記切, 去志, 群。〕기[ki](193 上)

jì 际(際)〔『廣韻』子例切, 去祭, 精。〕지[tɕi](85 下)

jì 妓〔『廣韻』渠綺切, 上紙, 群。〕기[ki](213 上)

jì 季〔『廣韻』居悸切, 去至, 見。〕기[ki](410 上)

jǐ 济(濟)〔『廣韻』子禮切, 上薺, 精。〕지[tɕi](284 上)

jì 既〔『集韻』居氣切, 去未, 見。〕기[ki](250 上)

jì 继(繼)〔『廣韻』古詣切, 去霽, 見。〕기[ki](141 上)

jì 祭〔『廣韻』子例切, 去祭, 精。〕지[tɕi](82 上)

jì 悸〔『廣韻』其季切, 去至, 群。〕기[ki](189 上)

jì 寄〔『廣韻』居義切, 去寘, 見。〕키[kʻi](170 上)

jì 寄〔『廣韻』居義切, 去寘, 見。〕기[ki](98 下)

jì 稷〔『廣韻』子力切, 入職, 精。〕지[tɕi](254 下)

jì 鯽(鰂)〔『廣韻』資昔切, 入昔, 精。〕지[tɕi](444 上)

jì 髻〔『廣韻』古詣切, 去霽, 見。〕기[ki](145 下)

jì 驥(骥)〔『廣韻』几利切, 去至, 見。〕기[ki](431 下)

jì 其〔『集韻』居吏切, 去志, 見。〕기[ki](245 下)

jì 荠(薺)〔『廣韻』徂禮切, 上薺, 從。〕지[tɕi](377 下)

jiā 加〔『廣韻』古牙切, 平麻, 見。〕가[kia](335 上)

jiā 枷〔『廣韻』古牙切, 平麻, 見。〕갸[kia](69 上)

jiā 痂〔『廣韻』古牙切, 平麻, 見。〕가[kia](220 上)

jiā 家〔『廣韻』古牙切, 平麻, 見。〕갸[kia](259 下)

jiā 枒〔『集韻』居牙切, 平麻, 見。〕갸[kia](295 上)

jiā 笳〔『廣韻』古牙切, 平麻, 見。〕갸[kia](92 上)

jiā 傢〔『集韻』居迓切, 去禡, 見。〕갸[kia](284 下)

jiā 嘉〔『廣韻』古牙切, 平麻, 見。〕갸[kia](169 上)

jiā 夾〔『廣韻』古洽切, 入洽, 見。〕갸[kia](306 下)

jiá 荚(莢)〔『廣韻』古協切, 入帖, 見。〕갸[kia](404 下)

jiá 袷〔『廣韻』古洽切, 入洽, 見。〕갸[kia](329 上)

jiǎ 甲〔『廣韻』古狎切, 入狎, 見。〕갸[kia](40 下)

jiǎ 假〔『廣韻』古疋切, 上馬, 見。〕갸[kia](333 上)

jià 价(價)〔『廣韻』古訝切, 去禡, 見。〕갸[kia](299 下)

jià 驾(駕)〔『廣韻』古訝切, 去禡, 見。〕갸[kia](78 下)

jià 架〔『廣韻』古訝切, 去禡, 見。〕갸[kia](349 下)

jià 嫁〔『廣韻』古訝切, 去禡, 見。〕캬[kʻia](19 下)

jià 嫁〔『廣韻』古訝切, 去禡, 見。〕갸[kia](213 下)

jiān 尖〔『廣韻』子廉切, 平鹽, 精。〕쟨[tɕian](125 上)

jiān 奸〔『廣韻』古寒切, 平寒, 見。〕걘[kian](234 上)

jiān 坚(堅)〔『廣韻』古賢切, 平先, 見。〕걘[kian](22 上)

jiān 肩〔『廣韻』古賢切, 平先, 見。〕걘[kian](147 下)

jiān 艰(艱)〔『廣韻』古閑切, 平山, 見。〕걘[kian](182 上)

jiān 笺(箋)〔『廣韻』則前切, 平先, 精。〕쟨[tɕian](102 上)

jiān 煎〔『廣韻』子仙切, 平仙, 精。〕쟨[tɕian](384 下)

jiān 鵳〔『廣韻』古賢切, 平先, 見。〕걘[kian](468 上)

jiǎn 拣(揀)〔『廣韻』古限切, 上產, 見。〕걘[kian](57 下)

jiǎn 茧(繭)〔『廣韻』古典切, 上銑, 見。〕걘[kian](319 上)

jiǎn 俭(儉)〔『廣韻』巨險切, 上琰, 群。〕걘[kian](166 下)

jiǎn 捡(撿)〔『集韻』居奄切, 上琰, 見。〕걘[kian](296 下)

jiǎn 检(檢)〔『廣韻』居奄切, 上琰, 見。〕걘[kian](53 下)

jiǎn 减(減)〔『廣韻』古斬切, 上豏, 見。〕걘[kian](156 下)

jiǎn 剪〔『廣韻』即淺切, 上獮, 精。〕쟨[tɕian](301 上)

jiǎn 简(簡)〔『廣韻』古限切, 上產, 見。〕걘[kian](65 下)

jiǎn 蹇〔『廣韻』九輦切, 上獮, 見。〕캰[kʻian](469 下)

jiǎn 鹻〔『廣韻』古斬切, 上豏, 見。〕걘[kian](219 下)

jiǎn 錽〔『字彙』古斬切。〕걘[kian](361 上)

jiàn 见(見)〔『廣韻』古電切, 去霰, 見。〕걘[kian](171 下)

jiàn 件〔『廣韻』其輦切, 上獮, 群。〕걘[kian](134 下)

jiàn 饯(餞)〔『廣韻』才線切, 去線, 從。〕걘[kian](394 上)

jiàn 建〔『廣韻』居万切, 去願, 見。〕걘[kian](38 上)

jiàn 荐(薦)〔『廣韻』作甸切, 去霰, 精。〕쟨[tɕian](294 下)

jiàn 贱(賤)〔『廣韻』才線切, 去線, 從。〕쟨[tɕian](213 上)

jiàn 剑(劍) 〔『廣韻』居欠切, 去梵, 見。〕걘[kian](279 上)

jiàn 健 〔『廣韻』渠建切, 去願, 群。〕걘[kian](118 下)

jiàn 涧(澗) 〔『廣韻』古晏切, 去諫, 見。〕걘[kian](106 上)

jiàn 渐(漸) 〔『廣韻』慈染切, 上琰, 從。〕쟌[tɕian](144 下)

jiàn 谏(諫) 〔『廣韻』古晏切, 去諫, 見。〕걘[kian](70 下)

jiàn 毽 〔『字彙補』經電切〕걘[kian](261 上)

jiàn 溅(濺) 〔『廣韻』子賤切, 去線, 精。〕쟌[tɕian](28 下)

jiàn 箭 〔『廣韻』子賤切, 去線, 精。〕쟌[tɕian](125 上)

jiàn 劒 〔『廣韻』居欠切, 去梵, 見。〕걘[kian](279 上)

jiān 鰜 〔『集韻』古念切, 去㮇, 見。〕걘[kian](150 上)

jiàn 鐧 〔『廣韻』古晏切, 去諫, 見。〕걘[kian](126 上)

jiàn 鑑 〔『廣韻』格懺切, 去鑑, 見。〕걘[kian](185 下)

jiàn 槛 (檻) 〔『廣韻』胡黤切, 上檻, 匣。〕걘[kʻian](287 上)

jiàn 僭 〔『廣韻』子念切, 去㮇, 精。〕쟌[tɕian](233 上)

jiàn 间(間) 〔『類篇』居莧切, 去襇, 見。〕걘[kian](18 上)

jiàn 监(監) 〔『廣韻』格懺切, 去鑑, 見。〕걘[kian](49 上)

jiàn (車+間) 〔『龍龕手鑑』古晏反。〕걘[kian](370 上)

jiāng (月+畺) 걍[kiaŋ](222 下)??

jiāng 江 〔『廣韻』古雙切, 平江, 見。〕걍[kiaŋ](452 下)

jiāng 豇 〔『廣韻』古雙切, 平江, 見。〕걍[kiaŋ](390 上)

jiāng 浆(漿) 〔『廣韻』即良切, 平陽, 精。〕쟝[tɕiaŋ](221 上)

jiāng 僵 〔『廣韻』居良切, 平陽, 見。〕걍[kiaŋ](184 下)

jiāng 薑 〔『廣韻』居良切, 平陽, 見。〕걍[kiaŋ](323 上)

jiāng 殭 〔『廣韻』居良切, 平陽, 見。〕걍[kiaŋ](220 上)

jiāng 礓 〔『廣韻』居良切, 平陽, 見。〕걍[kiaŋ](28 上)

jiāng 疆 〔『廣韻』居良切, 平陽, 見。〕걍[kiaŋ](263 上)

jiāng 疆 〔『廣韻』居良切, 平陽, 見。〕걍[kiaŋ](134 上)

jiǎng 讲(講) 〔『廣韻』古項切, 上講, 見。〕걍[kiaŋ](190 上)

jiǎng 桨(槳) 〔『廣韻』即兩切, 上養, 精。〕쟝[tɕiaŋ](368 下)

jiǎng 膙 〔『廣韻』居兩切, 上養, 見。〕걍[kiaŋ](221 上)

jiàng 匠 〔『廣韻』疾亮切, 去漾, 從。〕쟝[tɕiaŋ](137 下)

jiàng 降 〔『廣韻』古巷切, 去絳, 見。〕걍[kiaŋ](14 下)

jiàng 降 〔『廣韻』古巷切, 去絳, 見。〕컁[kʻiaŋ](57 上)

jiàng 将(將) 〔『廣韻』子亮切, 去漾, 精。〕쟝[tɕiaŋ](175 下)

jiàng 绛(絳) 〔『廣韻』古巷切, 去絳, 見。〕걍[kiaŋ](456 上)

jiàng 酱(醬) 〔『廣韻』子亮切, 去漾, 精。〕쟝[tɕiaŋ](378 上)

jiàng 糨 〔『篇海』其亮切〕걍[kiaŋ](240 下)

jiāo 交 〔『廣韻』古肴切, 平肴, 見。〕걒[kiao](66 上)

jiāo 郊 〔『廣韻』古肴切, 平肴, 見。〕걒[kiao](81 下)

jiāo 浇(澆) 〔『廣韻』古堯切, 平蕭, 見。〕걒[kiao](349 下)

jiāo 娇(嬌) 〔『廣韻』舉喬切, 平宵, 見。〕걒[kiao](179 上)

jiāo 骄(驕) 〔『廣韻』舉喬切, 平宵, 見。〕걒[kiao](225 下)

jiāo 椒 〔『廣韻』即消切, 平宵, 精。〕쟢[tɕiao](378 上)

jiāo 蛟 〔『廣韻』古肴切, 平肴, 見。〕걒[kiao](443 上)

jiāo 焦 〔『廣韻』即消切, 平宵, 精。〕쟢[tɕiao](461 上)

jiāo 跤 〔『廣韻』口交切, 平肴, 溪。〕걒[kiao](116 下)

jiāo 膠 〔『廣韻』古肴切, 平肴, 見。〕걒[kiao](24 下)

jiāo 鹪(鷦) 〔『廣韻』即消切, 平宵, 精。〕쟢[tɕiao](419 下)

jiāo 鹪 〔『廣韻』古肴切, 平肴, 見。〕걒[kiao](415 上)

jiǎo 角 〔『廣韻』古岳切, 入覺, 見。〕괴[kio](123 下)

jiǎo 狡 〔『廣韻』古巧切, 上巧, 見。〕걒[kiao](234 上)

jiǎo 饺(餃) 〔『集韻』居效切, 去效, 見。〕걒[kiao](381 上)

jiǎo 绞(絞)〔『廣韻』古巧切, 上巧, 見。〕걒[kiao](69 下)

jiǎo 脚(腳)〔『廣韻』居勺切, 入薬, 見。〕괖[kio](117 下)

jiǎo 搅(攪)〔『廣韻』古巧切, 上巧, 見。〕걒[kiao](16 上)

jiǎo 剿〔『集韻』子小切, 上小, 精。〕좌[tɕiao](112 下)

jiǎo 侥(僥)〔『集韻』吉了切, 上篠, 見。〕걒[kiao](177 下)

jiào 叫〔『廣韻』古弔切, 去嘯, 見。〕걒[kiao](196 下)

jiào 觉(覺)〔『廣韻』古孝切, 入覺, 見。〕괖[kio](178 上)

jiào 轿(轎)〔『廣韻』渠廟切, 去笑, 群。〕걒[kiao](78 下)

jiào 较(較)〔『廣韻』古孝切, 去效, 見。〕걒[kiao](259 上)

jiào 教〔『廣韻』古孝切, 去效, 見。〕걒[kiao](54 上)

jiào 窖〔『廣韻』古孝切, 去效, 見。〕걒[kiao](290 上)

jiào 酵〔『廣韻』古孝切, 去效, 見。〕햐[xiao](378 下)

jiào 校〔『廣韻』古孝切, 去效, 見。〕걒[kiao](53 下)

jiē 阶(階)〔『廣韻』古諧切, 平皆, 見。〕걔[kiəi](266 上)

jiē 疖(癤)〔『廣韻』子結切, 入屑, 精。〕쟤[tɕiəi](405 上)

jiē 接〔『廣韻』即葉切, 入葉, 精。〕쟤[tɕiəi](176 下)

jiē 揭〔『廣韻』居竭切, 入月, 見。〕걔[kiəi](365 上)

jiē 嗟〔『廣韻』子邪切, 平麻, 精。〕줴[tɕiuəi](186 下)

jiē 街〔『廣韻』古諧切, 平皆, 見。〕걔[kiai](272 上)

jiē 稭〔『廣韻』古諧切, 平皆, 見。〕걔[kiəi](298 下)

jié 节(節)〔『廣韻』子結切, 入屑, 精。〕쟤[tɕiəi](166 下)

jié 劫〔『廣韻』居怯切, 入業, 見。〕걔[kiəi](111 下)

jié 诘(詰)〔『廣韻』去吉切, 入質, 溪。〕걔[kiəi](191 上)

jié 拮〔『廣韻』古屑切, 入屑, 見。〕걔[kiəi](167 上)

jié 结(結)〔『廣韻』古屑切, 入屑, 見。〕걔[kiəi](22 上)

jié 捷〔『廣韻』疾葉切, 入葉, 從。〕쟤[tɕiəi](163 下)

jié 蛣 〔『廣韻』去吉切, 入質, 溪。〕기[ki](448 下)

jié 睫 〔『廣韻』即葉切, 入葉, 精。〕졔[tɕiəi](146 上)

jié 截 〔『廣韻』昨結切, 入屑, 從。〕졔[tɕiəi](372 下)

jié 碣 〔『廣韻』其謁切, 入月, 群。〕걔[kiəi](87 上)

jié 竭 〔『廣韻』其謁切, 入月, 群。〕걔[kiəi](164 下)

jié 潔 〔『廣韻』古屑切, 入屑, 見。〕걔[kiəi](162 下)

jié 桔 〔『廣韻』古屑切, 入屑, 見。〕걔[kiəi](410 下)

jiě 姐 〔『廣韻』茲野切, 上馬, 精。〕졔[tɕiəi](141 下)

jiě 觧 〔『廣韻』佳買切, 上蟹, 見。〕걔[kiai](188 上)

jiě 解 〔『廣韻』佳買切, 上蟹, 見。〕걔[kiai](70 下)

jiè 解 〔『廣韻』古隘切, 去卦, 見。〕걔[kiəi](23 上)

jiè 介 〔『廣韻』古拜切, 去怪, 見。〕걔[kiai](399 上)

jiè 戒 〔『廣韻』古拜切, 去怪, 見。〕걔[kiai](212 上)

jiè 戒 〔『廣韻』古拜切, 去怪, 見。〕걔[kiəi](70 上)

jiè 芥 〔『廣韻』古拜切, 去怪, 見。〕걔[kiai](375 下)

jiè 界 〔『廣韻』古拜切, 去怪, 見。〕걔[kiəi](263 上)

jiè 疥 〔『廣韻』古拜切, 去怪, 見。〕걔[kiəi](219 下)

jiè 诫(誡) 〔『廣韻』古拜切, 去怪, 見。〕걔[kiai](94 下)

jiè 借 〔『廣韻』子夜切, 去禡, 精。〕졔[tɕiəi](191 下)

jīn 巾 〔『廣韻』居銀切, 平真, 見。〕긴[kin](455 下)

jīn 斤 〔『廣韻』舉欣切, 平欣, 見。〕긴[kin](301 下)

jīn 今 〔『廣韻』居吟切, 平侵, 見。〕긴[kin](18 下)

jīn 金 〔『廣韻』居吟切, 平侵, 見。〕긴[kin](311 下)

jīn 觔 〔『龍龕手鑑』音斤〕긴[kin](89 下)

jīn 津 〔『廣韻』將鄰切, 平真, 精。〕진[tɕin](451 上)

jīn 矜 〔『廣韻』居陵切, 平蒸, 見。〕깅[kiŋ](225 上)

jīn 筋〔『廣韻』舉欣切, 平欣, 見。〕긴[kin](148 下)

jīn 襟〔『廣韻』居吟切, 平侵, 見。〕긴[kin](330 上)

jǐn 仅(僅)〔『廣韻』渠遴切, 去震, 群。〕긴[kin](175 下)

jǐn 卺(卺)〔『廣韻』居隱切, 上隱, 見。〕긴[kin](80 下)

jǐn 紧(緊)〔『廣韻』居忍切, 上軫, 見。〕긴[kin](218 下)

jǐn 锦(錦)〔『廣韻』居飲切, 上寢, 見。〕긴[kin](102 上)

jǐn 谨(謹)〔『廣韻』居隱切, 上隱, 見。〕긴[kin](165 上)

jǐn 槿〔『廣韻』居隱切, 上隱, 見。〕긴[kin](409 上)

jǐn 尽(儘)〔『字彙』子忍切〕진[tɕin](159 上)

jìn 进(進)〔『廣韻』即刃切, 去震, 精。〕진[tɕin](72 上)

jìn 近〔『廣韻』巨靳切, 去焮, 群。〕긴[kin](200 下)

jìn 妗〔『集韻』巨禁切, 去沁, 群。〕긴[kin](142 上)

jìn 劲(勁)긴[kin](251 上)

jìn 晋(晉)〔『廣韻』即刃切, 去震, 精。〕진[tɕin](35 上)

jìn 烬(燼)〔『廣韻』徐刃切, 去震, 邪。〕진[tɕin](316 下)

jìn 浸〔『廣韻』子鴆切, 去沁, 精。〕진[tɕin](240 下)

jìn 禁〔『廣韻』居蔭切, 去沁, 見。〕긴[kin](68 下)

jìn 盡〔『廣韻』慈忍切, 上軫, 從。〕진[tɕin](112 下)

jìn 噤〔『廣韻』巨禁切, 去沁, 群。〕긴[kin](184 下)

jīng 茎(莖)〔『廣韻』戶耕切, 平耕, 匣。〕깅[kiŋ](466 下)

jīng 京〔『廣韻』舉卿切, 平庚, 見。〕깅[kiŋ](280 上)

jīng 经(經)〔『廣韻』古靈切, 平青, 見。〕깅[kiŋ](93 下)

jīng 荆(荊)〔『廣韻』舉卿切, 平庚, 見。〕깅[kiŋ](403 上)

jīng 菁〔『廣韻』子盈切, 平清, 精。〕칭[tɕʻiŋ](375 下)

jīng 旌〔『廣韻』子盈切, 平清, 精。〕깅[kiŋ](412 上)??

jīng 旌〔『廣韻』子盈切, 平清, 精。〕징[tɕiŋ](75 上)

jīng 惊(驚) 〔『廣韻』舉卿切, 平庚, 見。〕 깅[kiŋ](189 上)

jīng 晶 〔『廣韻』子盈切, 平清, 精。〕 징[tɕiŋ](313 上)

jīng 睛 〔『廣韻』子盈切, 平清, 精。〕 징[tɕiŋ](312 下)

jīng 粳 〔『廣韻』古行切, 平庚, 見。〕 긍[kəŋ](389 上)

jīng 兢 〔『廣韻』居陵切, 平蒸, 見。〕 깅[kiŋ](177 下)

jīng 精 〔『廣韻』子盈切, 平清, 精。〕 징[tɕiŋ](311 下)

jǐng 井 〔『廣韻』子郢切, 上靜, 精。〕 징[tɕiŋ](448 上)

jǐng 颈(頸) 〔『廣韻』居郢切, 上靜, 見。〕 깅[kiŋ](149 上)

jǐng 景 〔『廣韻』居影切, 上梗, 見。〕 깅[kiŋ](251 下)

jǐng 警 〔『廣韻』居影切, 上梗, 見。〕 깅[kiŋ](77 下)

jìng 胫(脛) 〔『廣韻』胡定切, 去徑, 匣。〕 긍[kəŋ](434 下)

jìng 净(淨) 〔『廣韻』疾政切, 去勁, 從。〕 징[tɕiŋ](337 下)

jìng 徑(徑) 〔『廣韻』古定切, 去徑, 見。〕 깅[kiŋ](202 上)

jìng 痙(痙) 〔『廣韻』巨郢切, 上靜, 群。〕 캉[kʼiaŋ](439 下)

jìng 竞 〔『廣韻』居慶切, 去映, 見。〕 깅[kiŋ](203 下)

jìng 敬 〔『廣韻』居慶切, 去映, 見。〕 깅[kiŋ](165 上)

jìng 静(靜) 〔『廣韻』疾郢切, 上靜, 從。〕 징[tɕiŋ](97 上)

jìng 獍 〔『廣韻』居慶切, 去映, 見。〕 깅[kiŋ](469 上)

jìng 镜(鏡) 〔『廣韻』居慶切, 去映, 見。〕 깅[kiŋ](338 下)

jīng 鶄 〔『廣韻』子盈切, 平清, 精。〕 징[tɕiŋ](415 上)

jiǒng 迥 〔『廣韻』戶頂切, 上迥, 匣。〕 걍[kiuŋ](353 上)

jiǒng 窘 〔『廣韻』渠隕切, 上軫, 群。〕 귄[kiun](182 下)

jiū 鸠(鳩) 〔『廣韻』居求切, 平尤, 見。〕 긱[kiu](197 上)

jiū 究 〔『廣韻』居祐切, 去宥, 見。〕 긱[kiu](100 下)

jiū 揪 〔『字彙』即尤切〕 쥑[tɕiu](67 上)

jiǔ 九 〔『廣韻』舉有切, 上有, 見。〕 긱[kiu](106 上)

jiǔ 久 〔『廣韻』舉有切, 上有, 見。〕긛[kiu](218 下)

jiǔ 灸 〔『廣韻』舉有切, 上有, 見。〕긛[kiu](257 下)

jiǔ 韭 〔『廣韻』舉有切, 上有, 見。〕긛[kiu](375 下)

jiǔ 酒 〔『廣韻』子酉切, 上有, 精。〕짂[tɕiu](345 上)

jiù 旧(舊) 〔『廣韻』巨救切, 去宥, 群。〕긛[kiu](352 下)

jiù 臼 〔『廣韻』其九切, 上有, 群。〕긛[kiu](401 上)

jiù 咎 〔『廣韻』其九切, 上有, 群。〕긛[kiu](186 下)

jiù 救 〔『廣韻』居祐切, 去宥, 見。〕긛[kiu](210 下)

jiù 就 〔『廣韻』疾就切, 去宥, 從。〕짂[tɕiu](205 上)

jiù 舅 〔『廣韻』其九切, 上有, 群。〕긛[kiu](141 下)

jiù 鹫(鷲) 〔『廣韻』疾僦切, 去宥, 從。〕짂[tɕiu](468 上)

jū 车(車) 〔『廣韻』九魚切, 平魚, 見。〕귀[kiui](270 下)

jū 拘 〔『廣韻』舉朱切, 平虞, 見。〕귀[kiui](223 上)

jū 居 〔『廣韻』九魚切, 平魚, 見。〕귀[kiui](161 上)

jū 驹(駒) 〔『廣韻』舉朱切, 平虞, 見。〕귀[kiui](432 下)

jū 疽 〔『廣韻』七余切, 平魚, 清。〕췌[tɕiui](219 上)

jū 锔(鋦) 〔『廣韻』居玉切, 入燭, 見。〕귀[kiui](134 下)

jū 鞠 〔『廣韻』居六切, 入屋, 見。〕귀[kiui](80 上)

jú 局 〔『廣韻』渠玉切, 入燭, 群。〕귀[kiui](234 上)

jú 菊 〔『廣韻』居六切, 入屋, 見。〕귀[kiui](411 上)

jú 橘 〔『廣韻』居聿切, 入術, 見。〕귀[kiui](391 下)

jú 鶪 〔『龍龕手鑒』古覓切〕귀[kiui](418 上)

jǔ 矩 〔『廣韻』俱雨切, 上麌, 見。〕귀[kiui](58 下)

jǔ 举(舉) 〔『廣韻』居許切, 上語, 見。〕귀[kiui](226 上)

jù 巨 〔『廣韻』其呂切, 上語, 群。〕귀[kiui](159 上)

jù 句 〔『廣韻』九遇切, 去遇, 見。〕귀[kiui](100 上)

jù 拒〔『廣韻』其呂切, 上語, 群。〕귀[kiui](211 下)

jù 苣〔『廣韻』其呂切, 上語, 群。〕귀[kiui](377 下)

jù 具〔『廣韻』其遇切, 去遇, 群。〕귀[kiui](56 下)

jù 距〔『廣韻』其呂切, 上語, 群。〕귀[kiui](104 下)

jù 距〔『廣韻』其呂切, 上語, 群。〕귀[kʻiui](421 下)

jù 懼(懼)〔『廣韻』其遇切, 去遇, 群。〕귀[kiui](188 下)

jù 锯(鋸)〔『廣韻』居御切, 去御, 見。〕귀[kiui](360 上)

jù 駏〔『廣韻』其呂切, 上語, 群。〕귀[kiui](432 下)

jù 聚〔『廣韻』慈庾切, 上麌, 從。〕쮜[tɕiui](159 上)

jù 據(據)〔『廣韻』居御切, 去御, 見。〕귀[kiui](109 下)

juān 捐〔『廣韻』與專切, 平仙, 以。〕괂[kiuan](269 下)

juān 鹃(鵑)〔『廣韻』古玄切, 平先, 見。〕괂[kiuan](409 上)

juǎn 卷〔『廣韻』居轉切, 上獮, 見。〕괂[kiuan](98 上)

juǎn 捲〔『廣韻』居轉切, 上獮, 見。〕괂[kiuan](15 下)

juàn 倦〔『廣韻』渠卷切, 去線, 群。〕괂[kiuan](167 上)

juàn 绢(絹)〔『廣韻』吉掾切, 去線, 見。〕괂[kiuan](320 上)

juē 撅〔『廣韻』居月切, 入月, 見。〕궤[kiuəi](360 下)

jué 嚼〔『廣韻』在爵切, 入藥, 從。〕쟢[tɕiao](382 上)

jué 决(決)〔『廣韻』古穴切, 入屑, 見。〕궤[kiuəi](30 下)

jué 绝(絕)〔『廣韻』情雪切, 入薛, 從。〕쮜[(112 下)

jué 掘〔『廣韻』其月切, 入月, 群。〕궤[kiuəi](30 下)

jué 駃〔『廣韻』古穴切, 入屑, 見。〕궤[kiuəi](432 下)

jué 蕨〔『廣韻』居月切, 入月, 見。〕궤[kiuəi](377 上)

jué 橛〔『廣韻』其月切, 入月, 群。〕궤[kiuəi](310 下)

jué 憠〔『廣韻』居月切, 入月, 見。〕궤[kiuəi](188 上)

jué 镢(钁)〔『廣韻』居縛切, 入藥, 見。〕궤[kiuəi](310 上)

jué 爵 〔『廣韻』即略切, 入藥, 精。〕죠[tɕio](55 下)

jué 蹶 〔『廣韻』居月切, 入月, 見。〕궤[kiuəi](433 上)

jué 倔 〔『廣韻』衢物切, 入物, 群。〕귀[kiui](231 下)

jūn 军(軍) 〔『廣韻』舉云切, 平文, 見。〕군[kiun](34 上)

jūn 均 〔『廣韻』居勻切, 平諄, 見。〕군[kiun](175 上)

jūn 君 〔『廣韻』舉云切, 平文, 見。〕군[kiun](34 下)

jūn 麕 〔『廣韻』居筠切, 平真, 見。〕˚군[kiun](425 下)

jūn 匀(勻) 〔『集韻』規倫切, 平諄, 見。〕군[kiun](300 下)

jùn 俊 〔『廣韻』子峻切, 去稕, 精。〕쥰[tɕiun](163 下)

jùn 郡 〔『廣韻』渠運切, 去問, 群。〕군[kiun](35 上)

jùn 峻 〔『廣韻』私閏切, 去稕, 心。〕쥰[tɕiun](26 下)

jùn 骏(駿) 〔『廣韻』子峻切, 去稕, 精。〕쥰[tɕiun](431 上)

kā 喀 〔『廣韻』苦格切, 入陌, 溪。〕카[kʻa](151 上)

kǎ 卡 카[kʻa](382 下)

kāi 开(開) 〔『廣韻』苦哀切, 平咍, 溪。〕캐[kʻai](354 下)

kǎi 凯(凱) 〔『廣韻』苦亥切, 上海, 溪。〕캐[kʻai](113 上)

kǎi 慨 〔『廣韻』苦蓋切, 去代, 溪。〕캐[kʻai](168 上)

kǎi 楷 〔『廣韻』苦駭切, 上駭, 溪。〕캐[kʻiai](99 下)

kān 勘 〔『廣韻』苦紺切, 去勘, 溪。〕칸[kʻan](67 下)

kān 龛(龕) 〔『廣韻』口含切, 平覃, 溪。〕칸[kʻan](252 下)

kān 堪 〔『廣韻』口含切, 平覃, 溪。〕칸[kʻan](425 下)

kǎn 坎 〔『廣韻』苦感切, 上感, 溪。〕칸[kʻan](117 上)

kǎn 砍 〔『篇海』苦感切〕칸[kʻan](359 下)

kǎn 槛(檻) 갼[kʻian](287 上)

kàn 看 〔『廣韻』苦旰切, 去翰, 溪。〕칸[kʻan](171 下)

kāng 康 〔『廣韻』苦岡切, 平唐, 溪。〕캉[kʻaŋ](143 上)

kāng 慷 〔『廣韻』苦朗切, 上蕩, 溪。〕캉[kʻaŋ](168 上)

kāng 糠 〔『廣韻』苦岡切, 平唐, 溪。〕캉[kʻaŋ](316 上)

káng 扛 〔『集韻』虎項切, 上講, 曉。〕캉[kʻaŋ](297 上)

kàng 亢 〔『廣韻』苦浪切, 去宕, 溪。〕캉[kʻaŋ](19 上)

kàng 抗 〔『廣韻』苦浪切, 去宕, 溪。〕캉[kʻaŋ](225 下)

kàng 炕 〔『廣韻』苦浪切, 去宕, 溪。〕캉[kʻaŋ](317 下)

kǎo 考 〔『廣韻』苦浩切, 上晧, 溪。〕캎[kʻao](56 下)

kǎo 烤 캎[kʻao](317 上)

kào 靠 〔『廣韻』苦到切, 去號, 溪。〕캎[kʻao](174 上)

kē 苛 〔『廣韻』胡歌切, 平歌, 匣。〕커[kʻə](236 下)

kē 柯 〔『廣韻』古俄切, 平歌, 見。〕커[kʻə](403 上)

kē 科 〔『廣韻』苦禾切, 平戈, 溪。〕코[kʻo](267 上)

kē 颏(頦) 〔『廣韻』古亥切, 上海, 見。〕커[kʻə](333 下)

kē 稞 〔『廣韻』苦禾切, 平戈, 溪。〕커[kʻə](389 下)

kē 磕 〔『廣韻』苦盍切, 入盍, 溪。〕커[kʻə](202 下)

kē 蝌 〔『廣韻』苦禾切, 平戈, 溪。〕코[kʻo](444 下)

ké 壳(殼) 〔『集韻』克講切, 上講, 溪。〕쾨[kʻio](95 下)

kě 可 〔『廣韻』枯我切, 上哿, 溪。〕커[kʻə](161 下)

kě 渴 〔『廣韻』苦曷切, 入曷, 溪。〕커[kʻə](184 上)

kè 刻 〔『廣韻』苦得切, 入德, 溪。〕커[kʻə](234 下)

kè 客 〔『廣韻』苦格切, 入陌, 溪。〕커[kʻə](270 上)

kè 课(課) 〔『廣韻』苦臥切, 去過, 溪。〕코[kʻo](281 上)

kè 骒(騍) 〔『正字通』苦臥切〕코[kʻo](432 下)

kè 锞(錁) 코[kʻo](312 上)

kè 锞(錁) 커[kʻə](86 下)

kè 齣 〔『集韻』口箇切, 去箇, 溪。〕커[kʻə](382 上)

kěn 肯〔『廣韻』苦等切, 上等, 溪。〕큰[kʻən](204 下)

kěn 垦(墾)〔『廣韻』康很切, 上很, 溪。〕큰[kʻən](292 下)

kěn 恳(懇)〔『廣韻』康很切, 上很, 溪。〕큰[kʻən](177 上)

kěn 啃 큰[kʻən](439 上)

kèn 掯 큰[kʻən](212 上)

kēng 坑〔『廣韻』客庚切, 平庚, 溪。〕킁[kʻəŋ](289 上)

kōng 空〔『廣韻』苦紅切, 平東, 溪。〕쿵[kʻuŋ](350 上)

kōng 涳〔『廣韻』苦紅切, 平東, 溪。〕쿵[kʻuŋ](388 下)

kǒng 孔〔『廣韻』康董切, 上董, 溪。〕쿵[kʻuŋ](146 下)

kǒng 恐〔『廣韻』丘隴切, 上腫, 溪。〕쿵[kʻuŋ](189 上)

kōu 劜〔『集韻』墟侯切, 平候, 溪。〕쿠[kʻəu](153 上)

kǒu 口〔『廣韻』苦后切, 上厚, 溪。〕쿠[kʻəu](355 上)

kòu 叩〔『廣韻』苦后切, 上厚, 溪。〕쿠[kʻəu](80 上)

kòu 扣〔『廣韻』苦候切, 去候, 溪。〕쿠[kʻəu](113 下)

kòu 寇〔『廣韻』苦候切, 去候, 溪。〕쿠[kʻəu](453 下)

kòu 蔻〔『廣韻』呼漏切, 去候, 曉。〕쿠[kʻəu](326 上)

kòu 筬〔『廣韻』苦候切, 去候, 溪。〕쿠[kʻəu](326 上)

kū (骨+出)〔『集韻』苦骨切, 入沒, 溪。〕쿠[kʻu](432 上)

kū 刳〔『廣韻』苦胡切, 平模, 溪。〕콰[kʻua](360 下)

kū 枯〔『廣韻』苦胡切, 平模, 溪。〕쿠[kʻu](404 上)

kū 哭〔『廣韻』空谷切, 入屋, 溪。〕쿠[kʻu](187 上)

kū 窟〔『廣韻』苦骨切, 入沒, 溪。〕쿠[kʻu](355 上)

kǔ 苦〔『廣韻』康杜切, 上姥, 溪。〕쿠[kʻu](182 下)

kù 库(庫)〔『廣韻』苦故切, 去暮, 溪。〕쿠[kʻu](285 上)

kù 袴〔『廣韻』苦故切, 去暮, 溪。〕쿠[kʻu](123 下)

kù 裤(褲) 쿠[kʻu](330 上)

kù 酷〔『廣韻』苦沃切, 入沃, 溪。〕쿠[kʻu](231 下)

kuā 夸(誇)〔『廣韻』苦瓜切, 平麻, 溪。〕콰[kʻua](225 下)

kuā 侉〔『集韻』枯瓜切, 平麻, 溪。〕콰[kʻua](370 上)

kuà 胯〔『廣韻』苦化切, 去禡, 溪。〕콰[kʻua](149 下)

kuà 跨〔『廣韻』苦化切, 去禡, 溪。〕콰[kʻua](199 上)

kuài 浍(澮)〔『廣韻』古外切, 去泰, 見。〕쾌[kʻuai](29 下)

kuài 块(塊)〔『廣韻』苦對切, 去隊, 溪。〕쾌[kʻuai](374 下)

kuài 快〔『廣韻』苦夬切, 去夬, 溪。〕쾌[kʻuai](179 下)

kuài 脍(膾)〔『廣韻』古外切, 去泰, 見。〕쾌[kʻuai](374 上)

kuān 宽(寬)〔『廣韻』苦官切, 平桓, 溪。〕콴[kʻuan](155 上)

kuǎn 款〔『廣韻』苦管切, 上緩, 溪。〕콴[kʻuan](225 上)

kuāng 诓(誆)〔『廣韻』渠放切, 去漾, 群。〕쾅[kʻuaŋ](234 上)

kuāng 筐〔『廣韻』去王切, 平陽, 溪。〕쾅[kʻuaŋ](348 下)

kuáng 狂〔『廣韻』巨王切, 平陽, 群。〕쾅[kʻuaŋ](226 上)

kuàng 纩(纊)〔『廣韻』苦謗切, 去宕, 溪。〕쾅[kʻuaŋ](456 上)

kuàng 旷(曠)〔『廣韻』苦謗切, 去宕, 溪。〕쾅[kʻuaŋ](25 上)

kuàng 矿(礦)〔『廣韻』古猛切, 上梗, 見。〕궁[kuŋ](27 上)

kuàng 框〔『廣韻』去王切, 平陽, 溪。〕쾅[kʻuaŋ](287 上)

kuàng 眶〔『廣韻』去王切, 平陽, 溪。〕쾅[kʻuaŋ](146 上)

kuàng 况(況)〔『廣韻』許訪切, 去漾, 曉。〕쾅[kʻuaŋ](250 上)

kuī 亏(虧)〔『廣韻』去為切, 平支, 溪。〕퀴[kʻui](175 上)

kuī 盔〔『廣韻』苦回切, 平灰, 溪。〕퀴[kʻui](122 上)

kuī 窥(窺)〔『廣韻』去隨切, 平支, 溪。〕퀴[kʻui](228 上)

kuí 奎〔『廣韻』苦圭切, 平齊, 溪。〕퀴[kʻui](10 下)

kuí 揆〔『廣韻』求癸切, 上旨, 群。〕퀴[kʻui](68 上)

kuí 葵〔『廣韻』渠追切, 平脂, 群。〕퀴[kʻui](411 下)

kuí 夔〔『廣韻』渠追切, 平脂, 群。〕퀴[kʻui](469 上)

kuì 愦(憒)〔『廣韻』古對切, 去隊, 見。〕퀴[kʻui](143 下)

kuì 愧〔『廣韻』俱位切, 去至, 見。〕퀴[kʻui](230 下)

kūn 坤〔『廣韻』苦昆切, 平魂, 溪。〕쿤[kʻun](457 下)

kūn 崑〔『廣韻』古渾切, 平魂, 見。〕쿤[kʻun](432 上)

kūn 髡〔『廣韻』苦昆切, 平魂, 溪。〕쿤[kʻun](456 下)

kūn 鶤〔『廣韻』古渾切, 平魂, 見。〕훈[xun](467 下)

kǔn 捆〔『集韻』苦本切, 上混, 溪。〕쿤[kʻun](298 下)

kǔn 綑〔『集韻』苦本切, 上混, 溪。〕쿤[kʻun](437 下)

kùn 困〔『廣韻』苦悶切, 去慁, 溪。〕쿤[kʻun](205 上)

kuò 濶〔『廣韻』苦括切, 入末, 溪。〕코[kʻo](232 下)

lā 拉〔『廣韻』盧合切, 入合, 來。〕라[la](115 上)

lā 邋〔『廣韻』盧盍切, 入盍, 來。〕라[la](232 下)

lǎ 喇〔『集韻』郎達切, 入曷, 來。〕라[la](40 下)

là 腊(臘)〔『廣韻』盧盍切, 入盍, 來。〕라[la](20 上)

là 蜡(蠟)〔『廣韻』盧盍切, 入盍, 來。〕라[la](316 上)

là 辢〔『篇海類编』郎達切。〕라[la](387 上)

là 蝲〔『廣韻』盧達切, 入曷, 來。〕라[la](448 下)

là 爉〔『集韻』力盍切, 入盍, 來。〕라[la](284 下)

là 剌〔『廣韻』盧達切, 入曷, 來。〕라[la](386 上)

lái 来(來)〔『廣韻』落哀切, 平咍, 來。〕래[lai](200 下)

lái 徕(徠)〔『廣韻』落哀切, 平咍, 來。〕래[lai](432 上)

lái 騋〔『廣韻』落哀切, 平咍, 來。〕래[lai](432 上)

lài 赖(賴)〔『廣韻』落蓋切, 去泰, 來。〕래[lai](235 下)

lài 癞(癩)〔『廣韻』落蓋切, 去泰, 來。〕래[lai](440 上)

lán 兰(蘭)〔『廣韻』落干切, 平寒, 來。〕란[lan](406 下)

lán 拦(攔) 〔『廣韻』落干切, 平寒, 來。〕 란[lan](302 下)

lán 栏(欄) 〔『廣韻』落干切, 平寒, 來。〕 란[lan](289 下)

lán 婪 〔『廣韻』盧含切, 平覃, 來。〕 란[lan](237 上)

lán 蓝(藍) 〔『廣韻』魯甘切, 平談, 來。〕 란[lan](40 下)

lán 褴(襤) 〔『廣韻』魯甘切, 平談, 來。〕 란[lan](182 下)

lán 篮(籃) 〔『廣韻』魯甘切, 平談, 來。〕 란[lan](48 上)

lán 澜 〔『集韻』郎干切, 平寒, 來。〕 란[lan](238 上)

lǎn 览(覽) 〔『廣韻』盧敢切, 上敢, 來。〕 란[lan](95 下)

lǎn 揽(攬) 〔『廣韻』盧敢切, 上敢, 來。〕 란[lan](148 下)

lǎn 缆(纜) 〔『廣韻』盧瞰切, 去闞, 來。〕 란[lan](369 上)

lǎn 榄(欖) 〔『廣韻』盧敢切, 上敢, 來。〕 란[lan](392 上)

lǎn 懒(懶) 〔『廣韻』落旱切, 上旱, 來。〕 란[lan](321 下)

làn 烂(爛) 〔『廣韻』郎旰切, 去翰, 來。〕 란[lan](324 下)

làn 滥(濫) 〔『廣韻』盧瞰切, 去闞, 來。〕 란[lan](177 下)

láng 郎 〔『廣韻』魯當切, 平唐, 來。〕 랑[laŋ](47 上)

láng 狼 〔『廣韻』魯當切, 平唐, 來。〕 랑[laŋ](196 上)

láng 廊 〔『廣韻』魯當切, 平唐, 來。〕 랑[laŋ](286 上)

láng 瑯 〔『廣韻』魯當切, 平唐, 來。〕 랑[laŋ](313 上)

láng 榔 〔『廣韻』魯當切, 平唐, 來。〕 랑[laŋ](308 上)

láng 螂 〔『廣韻』魯當切, 平唐, 來。〕 랑[laŋ](448 上)

lǎng 朗 〔『廣韻』盧黨切, 上蕩, 來。〕 랑[laŋ](9 下)

làng 浪 〔『廣韻』來宕切, 去宕, 來。〕 랑[laŋ](30 上)

lāo 捞(撈) 〔『廣韻』魯刀切, 平豪, 來。〕 랃[lao](388 上)

láo 劳(勞) 〔『廣韻』魯刀切, 平豪, 來。〕 랃[lao](186 上)

láo 牢 〔『廣韻』魯刀切, 平豪, 來。〕 랃[lao](358 上)

láo 唠(嘮) 〔『集韻』郎刀切, 平豪, 來。〕 랃[lao](192 上)

lǎo 老〔『廣韻』盧皓切, 上皓, 來。〕랃[lao](142 下)

lǎo 栳〔『廣韻』盧皓切, 上皓, 來。〕랃[lao](349 上)

lǎo 潦〔『廣韻』盧皓切, 上皓, 來。〕럍[liao](232 下)

lào 烙〔『廣韻』盧各切, 入鐸, 來。〕랃[lao](309 下)

lào 涝(澇)〔『廣韻』郎到切, 去號, 來。〕랃[lao](19 上)

lào 酪〔『廣韻』盧各切, 入鐸, 來。〕랃[lao](379 上)

lào 络(絡)〔『廣韻』盧各切, 入鐸, 來。〕랃[lao](348 上)

lè 乐(樂)〔『廣韻』盧各切, 入鐸, 來。〕로[lo](179 下)

lè 勒〔『廣韻』盧則切, 入德, 來。〕러[lə](227 下)

lè 肋〔『廣韻』盧則切, 入德, 來。〕러[lə](149 上)

léi 雷〔『廣韻』魯回切, 平灰, 來。〕뤼[lui](12 下)

léi 纍〔『廣韻』力追切, 平脂, 來。〕릐[ləi](338 上)

lěi 膘〔『集韻』魯水切, 上旨, 來。〕뤼[lui](155 上)

lěi 诔(誄)〔『廣韻』力軌切, 上旨, 來。〕릐[ləi](95 下)

lěi 垒(壘)〔『廣韻』力軌切, 上旨, 來。〕릐[ləi](438 下)

lěi 鸓〔『廣韻』力軌切, 上旨, 來。〕뤼[lui](427 下)

lěi 累〔『廣韻』力委切, 上紙, 來。〕릐[ləi](212 上)

lèi 累〔『廣韻』良偽切, 去寘, 來。〕뤼[lui](63 上)

lèi 泪(淚)〔『廣韻』力遂切, 去至, 來。〕릐[ləi](187 下)

lèi 类(類)〔『廣韻』力遂切, 去至, 來。〕뤼[lui](142 下)

lèi 擂〔『古今韻會舉要』盧對切, 去隊。〕뤼[lui](311 上)

léng 楞〔『廣韻』魯登切, 平登, 來。〕릉[ləŋ](356 上)

lěng 冷〔『廣韻』魯打切, 上梗, 來。〕릉[ləŋ](384 上)

lí 狸〔『廣韻』里之切, 平之, 來。〕레[li](307 上)

lí 离〔『廣韻』呂支切, 平支, 來。〕레[li](96 下)

lí 骊(驪)〔『廣韻』呂支切, 平支, 來。〕레[li](452 下)

lí 梨 〔『廣韻』力脂切, 平脂, 來。〕 레[li](400 上)

lí 犁 〔『廣韻』郎奚切, 平齊, 來。〕 레[li](294 下)

lí 鸝(鸝) 〔『廣韻』回支切, 平支, 來。〕 레[li](418 下)

lí 蜊 〔『廣韻』力脂切, 平脂, 來。〕 레[li](446 下)

lí 璃 〔『廣韻』呂支切, 平支, 來。〕 리[li](313 上)

lí 貍 〔『廣韻』里之切, 平之, 來。〕 레[li](426 下)

lí 黎 〔『廣韻』郎奚切, 平齊, 來。〕 레[li](8 上)

lí 罹 〔『廣韻』呂知切, 平支, 來。〕 레[li](456 上)

lí 釐 〔『廣韻』里之切, 平之, 來。〕 레[li](301 下)

lí 藜 〔『廣韻』郎奚切, 平齊, 來。〕 레[li](377 上)

lí 離 〔『廣韻』呂支切, 平支, 來。〕 레[li](188 下)

lí 蠡 〔『廣韻』呂支切, 平支, 來。〕 레[li](397 下)

lí 籬 〔『廣韻』呂支切, 平支, 來。〕 레[li](363 下)

lǐ 礼(禮) 〔『廣韻』盧啟切, 上薺, 來。〕 레[li](80 下)

lǐ 李 〔『廣韻』良士切, 上止, 來。〕 레[li](393 上)

lǐ 里 〔『廣韻』良士切, 上止, 來。〕 레[li](349 下)

lǐ 娌 〔『廣韻』良士切, 上止, 來。〕 레[li](149 下)

lǐ 理 〔『廣韻』良士切, 上止, 來。〕 레[li](162 上)

lǐ 裡 〔『廣韻』良士切, 上止, 來。〕 레[li](247 下)

lǐ 裏 〔『廣韻』良士切, 上止, 來。〕 레[li](117 上)

lǐ 鯉(鯉) 〔『廣韻』良士切, 上止, 來。〕 레[li](443 下)

lì 力 〔『廣韻』林直切, 入職, 來。〕 레[li](204 上)

lì 历(歷) 〔『廣韻』郎擊切, 入錫, 來。〕 레[li](53 下)

lì 厉(厲) 〔『廣韻』力制切, 去祭, 來。〕 레[li](236 下)

lì 立 〔『廣韻』力入切, 入緝, 來。〕 레[li](199 上)

lì 吏 〔『廣韻』力置切, 去志, 來。〕 레[li](271 上)

lì 苈(蘺) 〔『廣韻』郎擊切, 入錫, 來。〕 레[li](398 上)

lì 丽(麗) 〔『廣韻』郎計切, 去霽, 來。〕 레[li](321 上)

lì 利 〔『廣韻』力至切, 去至, 來。〕 레[li](183 下)

lì 沥(瀝) 〔『廣韻』郎擊切, 入錫, 來。〕 레[li](314 下)

lì 例 〔『廣韻』力制切, 去祭, 來。〕 레[li](282 下)

lì 戾 〔『廣韻』郎計切, 去霽, 來。〕 릐[ləi](231 下)

lì 隶(隸) 〔『廣韻』郎計切, 去霽, 來。〕 레[li](136 下)

lì 荔 〔『廣韻』郎計切, 去霽, 來。〕 레[li](393 下)

lì 栎(櫟) 〔『廣韻』郎擊切, 入錫, 來。〕 레[li](464 下)

lì 俐 〔『龍龕手鑒』音利〕 레[li](144 上)

lì 莉 〔『字彙』鄰溪切〕 레[li](410 上)

lì 栗 〔『廣韻』力質切, 入質, 來。〕 레[li](433 下)

lì 猁 레[li](426 下)

lì 笠 〔『廣韻』力入切, 入緝, 來。〕 레[li](456 上)

lì 粒 〔『廣韻』力入切, 入緝, 來。〕 레[li](293 上)

lì 痢 〔『廣韻』力至切, 去至, 來。〕 레[li](215 上)

lì 綟 〔『廣韻』郎計切, 去霽, 來。〕 리[li](464 下)

lì 癘 〔『廣韻』郎擊切, 入錫, 來。〕 레[li](221 上)

lì 璃 〔『玉篇』力堤切〕 레[li](313 上)

lián 连(連) 〔『廣韻』力延切, 平仙, 來。〕 랸[lian](102 上)

lián 莲(蓮) 〔『廣韻』落賢切, 平先, 來。〕 랸[lian](408 上)

lián 联(聯) 〔『廣韻』力延切, 平仙, 來。〕 랸[lian](192 下)

lián 廉 〔『廣韻』力鹽切, 平鹽, 來。〕 랸[lian](162 下)

lián 憐(憐) 〔『廣韻』落賢切, 平先, 來。〕 랸[lian](161 下)

lián 臁 〔『廣韻』離鹽切, 平鹽, 來。〕 랸[lian](373 上)

lián 镰(鐮) 〔『廣韻』力鹽切, 平鹽, 來。〕 랸[lian](295 上)

lián 簾〔『廣韻』力鹽切, 平鹽, 來。〕랸[lian](128 上)

liǎn 璉(璉)〔『廣韻』力展切, 上獮, 來。〕랸[lian](454 下)

liǎn 脸(臉)〔『廣韻』力減切, 上豏, 來。〕랸[lian](155 上)

liǎn 敛(斂)〔『廣韻』良冉切, 上琰, 來。〕랸[lian](65 上)

liàn 练(練)〔『廣韻』郎甸切, 去霰, 來。〕랸[lian](166 上)

liàn 恋(戀)〔『廣韻』力卷切, 去線, 來。〕ᵒ롼[luan](180 下)

liàn 恋(戀)〔『廣韻』力卷切, 去線, 來。〕쿤[liuan](206 下)

liàn 殓(殮)〔『廣韻』力驗切, 去豔, 來。〕랸[lian](86 上)

liàn 健〔『廣韻』郎甸切, 去霰, 來。〕랸[lian](469 上)

liàn 楝〔『廣韻』郎甸切, 去霰, 來。〕랸[lian](408 下)

liàn 煉(煉)〔『集韻』郎甸切, 去霰, 來。〕랸[lian](359 上)

liáng 良〔『廣韻』呂張切, 平陽, 來。〕량[liaŋ](165 上)

liáng 凉〔『廣韻』呂張切, 平陽, 來。〕량[liaŋ](327 上)

liáng 梁〔『廣韻』呂張切, 平陽, 來。〕량[liaŋ](252 下)

liáng 粮〔『廣韻』呂張切, 平陽, 來。〕량[liaŋ](374 下)

liáng 梁〔『廣韻』呂張切, 平陽, 來。〕량[liaŋ](389 下)

liáng 樑〔『字彙』龍張切〕량[liaŋ](347 下)

liáng 量〔『廣韻』力讓切, 去漾, 來。〕량[liaŋ](157 下)

liáng 糧〔『廣韻』呂張切, 平陽, 來。〕량[liaŋ](290 下)

liǎng 两(兩)〔『廣韻』良獎切, 上養, 來。〕량[liaŋ](29 下)

liàng 亮〔『廣韻』力讓切, 去漾, 來。〕량[liaŋ](8 上)

liàng 谅(諒)〔『廣韻』力讓切, 去漾, 來。〕량[liaŋ](162 上)

liàng 晾〔『字彙補』里樣切〕량[liaŋ](373 下)

liàng 踉〔『廣韻』力讓切, 去漾, 來。〕랑[laŋ](23 下)

liáo 聊〔『廣韻』落蕭切, 平蕭, 來。〕럇[liao](156 下)

liáo 獠〔『廣韻』落蕭切, 平蕭, 來。〕럇[liao](428 上)

liáo 缭(繚)〔『廣韻』落蕭切, 平蕭, 來。〕랴오[liao](317 上)

liáo 鷯(鷯)〔『廣韻』落蕭切, 平蕭, 來。〕랴오[liao](419 下)

liáo 蟟〔『廣韻』落蕭切, 平蕭, 來。〕랴오[liao](448 下)

liáo 镣(鐐)〔『廣韻』落蕭切, 平蕭, 來。〕랴오[liao](69 上)

liǎo 钌(釕)〔『廣韻』都了切, 上篠, 端。〕랴오[liao](288 上)

liǎo 蓼〔『廣韻』盧鳥切, 上篠, 來。〕랴오[liao](412 下)

liǎo 瞭〔『廣韻』盧鳥切, 上篠, 來。〕랴오[liao](171 上)

liǎo 燎〔『廣韻』力小切, 上小, 來。〕랴오[liao](386 下)

liǎo 了〔『廣韻』盧鳥切, 上篠, 來。〕랴오[liao](334 上)

liǎo 撩〔『廣韻』盧鳥切, 上篠, 來。〕랴오[liao](116 下)

liào 料〔『廣韻』力弔切, 去嘯, 來。〕랴오[liao](321 上)

liào 撂 랴오[liao](209 上)

liè 咧〔『集韻』力櫱切, 入薛, 來。〕례[liəi](358 上)

liè 列〔『廣韻』良薛切, 入薛, 來。〕례[liəi](118 下)

liè 劣〔『廣韻』力輟切, 入薛, 來。〕례[liəi](433 上)

liè 烈〔『廣韻』良薛切, 入薛, 來。〕례[liəi](162 上)

liè 猎(獵)〔『廣韻』良涉切, 入葉, 來。〕례[liəi](118 下)

liè 裂〔『廣韻』良薛切, 入薛, 來。〕례[liəi](355 下)

lín 邻(鄰)〔『廣韻』力珍切, 平真, 來。〕린[lin](263 上)

lín 林〔『廣韻』力尋切, 平侵, 來。〕린[lin](38 上)

lín 临(臨)〔『廣韻』力尋切, 平侵, 來。〕린[lin](178 上)

lín 淋〔『廣韻』力尋切, 平侵, 來。〕린[lin](388 下)

lín 獜〔『廣韻』力珍切, 平真, 來。〕린[lin](76 上)

lín 鳞(鱗)〔『廣韻』力珍切, 平真, 來。〕린[lin](62 下)

lín 驎〔『廣韻』力珍切, 平真, 來。〕린[lin](431 下)

lín 麟〔『廣韻』力珍切, 平真, 來。〕린[lin](423 下)

lǐn 廪(廩) 〔『廣韻』力稔切, 上寢, 來。〕 링[liŋ](374 下)

lǐn 廪(廩) 〔『廣韻』力稔切, 上寢, 來。〕 린[lin](52 下)

lǐn 檩(檁) 〔『集韻』力錦切, 上寢, 來。〕 린[lin](286 下)

lìn 吝 〔『廣韻』良刃切, 去震, 來。〕 린[lin](166 下)

líng 伶 〔『廣韻』郎丁切, 平青, 來。〕 링[liŋ](164 上)

líng 灵(靈) 〔『廣韻』郎丁切, 平青, 來。〕 링[liŋ](163 上)

líng 泠 〔『廣韻』郎丁切, 平青, 來。〕 링[liŋ](382 下)

líng 玲 〔『廣韻』郎丁切, 平青, 來。〕 링[liŋ](134 下)

líng 铃(鈴) 〔『廣韻』郎丁切, 平青, 來。〕 링[liŋ](85 上)

líng 鸰(鴒) 〔『廣韻』郎丁切, 平青, 來。〕 링[liŋ](419 下)

líng 凌 〔『廣韻』力膺切, 平蒸, 來。〕 링[liŋ](22 下)

líng 陵 〔『廣韻』力膺切, 平蒸, 來。〕 링[liŋ](26 上)

líng 聆 〔『廣韻』郎丁切, 平青, 來。〕 링[liŋ](171 下)

líng 菱 〔『廣韻』力膺切, 平蒸, 來。〕 링[liŋ](393 下)

líng 蛉 〔『廣韻』郎丁切, 平青, 來。〕 링[liŋ](449 上)

líng 翎 〔『廣韻』郎丁切, 平青, 來。〕 링[liŋ](130 下)

líng 绫(綾) 〔『廣韻』力膺切, 平蒸, 來。〕 링[liŋ](320 上)

líng 零 〔『廣韻』郎丁切, 平青, 來。〕 링[liŋ](353 下)

líng 櫺 〔『廣韻』郎丁切, 平青, 來。〕 링[liŋ](288 上)

lǐng 领(領) 〔『廣韻』良郢切, 上靜, 來。〕 링[liŋ](41 上)

lǐng 嶺(嶺) 〔『廣韻』良郢切, 上靜, 來。〕 링[liŋ](453 上)

lìng 另 〔『五音集韻』郎定切, 去徑〕 링[liŋ](353 上)

lìng 令 〔『廣韻』力政切, 去勁, 來。〕 링[liŋ](58 下)

ling (犭+靈) 〔『廣韻』郎丁切, 平青, 來。〕 링[liŋ](426 上)

liú 留 〔『廣韻』力求切, 平尤, 來。〕 류[liu](206 下)

liú 流 〔『廣韻』力求切, 平尤, 來。〕 류[liu](207 上)

liú 琉〔『集韻』力求切, 平尤, 來。〕류[liu](283 上)

liú 旒〔『廣韻』力求切, 平尤, 來。〕류[liu](456 上)

liú 騮(騮)〔『廣韻』力求切, 平尤, 來。〕류[liu](434 上)

liú 瑠〔『廣韻』力求切, 平尤, 來。〕류[liu](313 上)

liú 榴〔『廣韻』力求切, 平尤, 來。〕류[liu](391 下)

liú 遛〔『廣韻』力求切, 平尤, 來。〕류[liu](173 上)

liǔ 柳〔『廣韻』力久切, 上有, 來。〕류[liu](401 下)

liǔ 绺(綹)〔『廣韻』力久切, 上有, 來。〕류[liu](357 上)

liù 六〔『廣韻』力竹切, 入屋, 來。〕루[lu](106 上)

liù 溜〔『廣韻』力救切, 去宥, 來。〕류[liu](332 下)

liù 鹨(鷚)〔『廣韻』力救切, 去宥, 來。〕류[liu](416 下)

lóng 龙(龍)〔『廣韻』力鍾切, 平鍾, 來。〕룽[luŋ](74 上)

lóng 珑(瓏)〔『廣韻』盧紅切, 平東, 來。〕룽[luŋ](125 下)

lóng 胧(朧)〔『廣韻』盧紅切, 平東, 來。〕룽[luŋ](8 上)

lóng 聋(聾)〔『廣韻』盧紅切, 平東, 來。〕룽[luŋ](192 上)

lóng 笼(籠)〔『廣韻』盧紅切, 平東, 來。〕룽[luŋ](345 下)

lóng 隆〔『廣韻』力中切, 平東, 來。〕룽[luŋ](453 上)

lóng 窿〔『廣韻』力中切, 平東, 來。〕룽[luŋ](22 下)

lǒng 陇(隴)〔『廣韻』力踵切, 上腫, 來。〕룽[luŋ](287 上)

lǒng 垄(壟)〔『廣韻』力踵切, 上腫, 來。〕룽[luŋ](293 上)

lǒng 拢(攏)〔『廣韻』力董切, 上董, 來。〕룽[luŋ](119 下)

lǒng 垄(壟)〔『廣韻』力踵切, 上腫, 來。〕룽[luŋ](292 上)

lòng 弄〔『廣韻』盧貢切, 去送, 來。〕룽[luŋ](333 下)

lōu 搂(摟)〔『廣韻』落侯切, 平侯, 來。〕루[ləu](335 下)

lóu 娄(婁)〔『廣韻』落侯切, 平侯, 來。〕루[ləu](10 下)

lóu 偻(僂)〔『廣韻』落侯切, 平侯, 來。〕루[ləu](153 上)

lóu 楼(樓) 〔『廣韻』落侯切, 平侯, 來。〕 루[ləu](264 下)

lóu 楼(樓) 〔『廣韻』落侯切, 平侯, 來。〕 루[ləu](295 上)

lǒu 篓(簍) 〔『廣韻』郎斗切, 上厚, 來。〕 루[ləu](348 下)

lòu 陋 〔『字彙』盧豆切〕 루[ləu](153 上)

lòu 漏 〔『廣韻』盧候切, 去候, 來。〕 루[ləu](177 上)

lú 卢(盧) 〔『廣韻』落胡切, 平模, 來。〕 루[lu](253 上)

lú 芦(蘆) 〔『廣韻』落胡切, 平模, 來。〕 로[lo](127 下)

lú 栌(櫨) 〔『廣韻』落胡切, 平模, 來。〕 루[lu](464 下)

lú 轳(轤) 〔『廣韻』落胡切, 平模, 來。〕 루[lu](295 上)

lú 胪(臚) 〔『廣韻』力居切, 平魚, 來。〕 루[lu](276 上)

lú 鸬(鸕) 〔『廣韻』落胡切, 平模, 來。〕 루[lu](416 上)

lú 颅(顱) 〔『廣韻』落胡切, 平模, 來。〕 루[lu](146 上)

lú 炉(爐) 〔『廣韻』落胡切, 平模, 來。〕 루[lu](84 下)

lǔ 掳(擄) 〔『廣韻』郎古切, 上姥, 來。〕 로[lo](66 下)

lǔ 卤 〔『廣韻』郎古切, 上姥, 來。〕 루[lu](71 下)

lǔ 鲁(魯) 〔『廣韻』郎古切, 上姥, 來。〕 루[lu](41 下)

lǔ 碯 〔『集韻』籠五切, 上姥, 來。〕 낟[nao](314 下)

lǔ 橹(艣) 〔『篇海』郎古切〕 루[lu](320 下)

lǔ 櫓 〔『廣韻』郎古切, 上姥, 來。〕 루[lu](463 上)

lù 陆(陸) 〔『廣韻』力竹切, 入屋, 來。〕 루[lu](176 下)

lù 录(錄) 〔『廣韻』力玉切, 入燭, 來。〕 루[lu](61 上)

lù 辂(輅) 〔『廣韻』洛故切, 去暮, 來。〕 루[lu](78 上)

lù 菉 〔『廣韻』力玉切, 入燭, 來。〕 뤼[liui](390 上)

lù 鹿 〔『廣韻』盧谷切, 入屋, 來。〕 루[lu](196 上)

lù 禄(祿) 〔『集韻』盧谷切, 入屋, 來。〕 루[lu](36 下)

lù 碌 〔『廣韻』盧谷切, 入屋, 來。〕 루[lu](228 下)

lù 路〔『廣韻』洛故切, 去暮, 來。〕루[lu](264 上)

lù 潞〔『廣韻』洛故切, 去暮, 來。〕루[lu](319 下)

lù 鹭(鷺)〔『廣韻』洛故切, 去暮, 來。〕루[lu](76 上)

lù 露〔『廣韻』洛故切, 去暮, 來。〕루[lu](14 上)

lú 驴(驢)〔『廣韻』力居切, 平魚, 來。〕뤼[liui](196 上)

lú 榈(櫚)〔『廣韻』力居切, 平魚, 來。〕뤼[liui](403 下)

lǔ 吕(呂)〔『廣韻』力舉切, 上語, 來。〕뤼[liui](88 下)

lǔ 侣(侶)〔『廣韻』力舉切, 上語, 來。〕뤼[liui](420 上)

lǚ 屡(屢)〔『廣韻』良遇切, 去遇, 來。〕뤼[liui](196 下)

lǚ 缕(縷)〔『廣韻』力主切, 上麌, 來。〕뤼[liui](22 上)

lǚ 褛(褸)〔『廣韻』落侯切, 平侯, 來。〕뤼[liui](182 下)

lǚ 履〔『廣韻』力几切, 上旨, 來。〕뤼[liui](56 上)

lù 律〔『廣韻』呂卹切, 入術, 來。〕뤼[liui](49 下)

lù 虑(慮)〔『廣韻』良倨切, 去御, 來。〕뤼[liui](158 上)

lù 绿(綠)〔『廣韻』力玉切, 入燭, 來。〕루[lu](324 上)

luán 栾(欒)〔『廣韻』落官切, 平桓, 來。〕롼[luan](102 下)

luán 銮(鑾)〔『廣韻』落官切, 平桓, 來。〕롼[luan](48 上)

luàn 乱(亂)〔『廣韻』郎段切, 去換, 來。〕롼[luan](63 上)

luán 挛(攣)〔『廣韻』呂員切, 平仙, 來。〕롼[liuan](185 上)

luán 鸾(鸞)〔『廣韻』落官切, 平桓, 來。〕롼[luan](74 上)

lüè 掠〔『廣韻』離灼切, 入藥, 來。〕뢰[lio](214 下)

lüè 略〔『廣韻』離灼切, 入藥, 來。〕뢰[lio](199 上)

lún 伦(倫)〔『廣韻』力迍切, 平諄, 來。〕룬[luən](162 上)

lún 伦(倫)〔『廣韻』力迍切, 平諄, 來。〕룬[lun](34 下)

lún 囵(圇)〔『篇海』音倫〕룬[luən](355 下)

lún 纶(綸)〔『廣韻』力迍切, 平諄, 來。〕룬[luən](163 下)

lún 轮(輪) 〔『廣韻』力迍切, 平諄, 來。〕룬[lun](117 上)

lùn 论(論) 〔『廣韻』盧困切, 去慁, 來。〕륀[luən](190 上)

luó 啰(囉) 〔『廣韻』魯何切, 平歌, 來。〕로[lo](320 下)

luó 罗(羅) 〔『廣韻』魯何切, 平歌, 來。〕로[lo](410 下)

luó 萝(蘿) 〔『廣韻』魯何切, 平歌, 來。〕로[lo](375 上)

luó 逻(邏) 〔『廣韻』郎佐切, 去箇, 來。〕로[lo](59 上)

luó 锣(鑼) 〔『廣韻』魯何切, 平歌, 來。〕로[lo](90 下)

luó 箩(籮) 〔『廣韻』魯何切, 平歌, 來。〕로[lo](348 下)

luó 骡(騾) 〔『廣韻』落戈切, 平戈, 來。〕로[lo](432 下)

luó 螺 〔『廣韻』落戈切, 平戈, 來。〕로[lo](445 上)

luó 儸 〔『廣韻』魯何切, 平歌, 來。〕로[lo](283 上)

luǒ 瘰 〔『廣韻』郎果切, 上果, 來。〕로[lo](221 上)

luò 络(絡) 〔『廣韻』盧各切, 入鐸, 來。〕로[lo](307 下)

luò 骆(駱) 〔『廣韻』盧各切, 入鐸, 來。〕로[lo](419 下)

luò 珞 〔『廣韻』盧各切, 入鐸, 來。〕로[lo](328 上)

luò 落 〔『廣韻』盧各切, 入鐸, 來。〕로[lo](173 下)

luò 硌 〔『廣韻』盧各切, 入鐸, 來。〕로[lo](341 下)

luò 烙 〔『廣韻』盧各切, 入鐸, 來。〕로[lo](340 上)

mā 妈(媽) 〔『廣韻』莫補切, 上姥, 明。〕마[ma](254 下)

má 麻 〔『廣韻』莫霞切, 平麻, 明。〕마[ma](322 下)

má 蔴 〔『廣韻』莫霞切, 平麻, 明。〕마[ma](320 下)

má 蟆 〔『廣韻』莫霞切, 平麻, 明。〕모[mo](197 上)

má 嘛 마[ma](138 上)

mǎ 马(馬) 〔『廣韻』莫下切, 上馬, 明。〕마[ma](432 下)

mǎ 玛(瑪) 〔『集韻』母下切, 上馬, 明。〕마[ma](313 上)

mǎ 蚂(螞) 〔『玉篇』莫下切〕마[ma](448 下)

mà 骂(罵) 〔『龍龕手鑑』莫駕反〕 마[ma](212 下)

mà 禡 〔『廣韻』莫駕切, 去禡, 明。〕 마[ma](81 下)

mái 埋 〔『廣韻』莫皆切, 平皆, 明。〕 매[mai](110 上)

mǎi 买(買) 〔『廣韻』莫蟹切, 上蟹, 明。〕 매[mai](137 下)

mài 迈(邁) 〔『廣韻』莫話切, 去夬, 明。〕 매[mai](199 下)

mài 卖(賣) 〔『廣韻』莫懈切, 去卦, 明。〕 매[mai](137 下)

mài 脉(脈) 〔『集韻』莫獲切, 入麥, 明。〕 머[mə](150 下)

mán 馒(饅) 〔『廣韻』母官切, 平桓, 明。〕 만[man](380 下)

mán 瞒(瞞) 〔『廣韻』母官切, 平桓, 明。〕 만[man](170 下)

mán 鞔 〔『廣韻』母官切, 平桓, 明。〕 만[man](150 上)

mǎn 满(滿) 〔『廣韻』莫旱切, 上緩, 明。〕 만[man](30 下)

màn 曼 〔『廣韻』無販切, 去願, 微。〕 만[man](465 下)

màn 墁 〔『廣韻』莫半切, 去換, 明。〕 만[man](31 上)

màn 蔓 〔『廣韻』母官切, 平桓, 明。〕 만[man](375 下)

màn 幔 〔『廣韻』莫半切, 去換, 明。〕 만[man](84 下)

màn 漫 〔『廣韻』莫半切, 去換, 明。〕 만[man](14 下)

màn 慢 〔『廣韻』謨晏切, 去諫, 明。〕 만[man](202 上)

màn 缦(縵) 〔『廣韻』莫半切, 去換, 明。〕 만[man](133 上)

màn 镘(鏝) 〔『廣韻』莫半切, 去換, 明。〕 만[man](362 下)

māng 牤 망[maŋ](440 下)

máng 芒 〔『廣韻』莫郎切, 平唐, 明。〕 망[maŋ](255 上)

máng 忙 〔『廣韻』莫郎切, 平唐, 明。〕 망[maŋ](206 上)

máng 茫 〔『廣韻』莫郎切, 平唐, 明。〕 망[maŋ](171 下)

mǎng 莽 〔『廣韻』模朗切, 上蕩, 明。〕 망[maŋ](191 下)

mǎng 蟒 〔『廣韻』模朗切, 上蕩, 明。〕 망[maŋ](320 上)

māo 猫(貓) 〔『廣韻』莫交切, 平肴, 明。〕 묘[mao](416 上)

máo 毛〔『廣韻』莫袍切, 平豪, 明。〕마[mao](435 上)

máo 茅〔『廣韻』莫交切, 平肴, 明。〕마[mao](362 下)

máo 旄〔『廣韻』莫袍切, 平豪, 明。〕마[mao](128 上)

máo 锚(錨)〔『玉篇』眉遼切〕마[mao](368 下)

máo 蝥〔『廣韻』莫浮切, 平尤, 明。〕마[mao](448 上)

mǎo 卯〔『廣韻』莫飽切, 上巧, 明。〕마[mao](17 上)

mǎo 昴〔『廣韻』莫飽切, 上巧, 明。〕마[mao](10 下)

mào 茂〔『廣韻』莫候切, 去候, 明。〕마[mao](403 下)

mào 冒〔『廣韻』莫報切, 去號, 明。〕마[mao](227 上)

mào 帽〔『廣韻』莫報切, 去號, 明。〕마[mao](327 上)

mào 瑁〔『廣韻』莫報切, 去號, 明。〕마[mao](313 下)

mào 貌〔『廣韻』莫教切, 去效, 明。〕마[mao](152 上)

méi 玫〔『集韻』謨杯切, 平灰, 明。〕믜[məi](323 下)

méi 眉〔『廣韻』武悲切, 平脂, 明。〕믜[məi](418 下)

méi 梅〔『廣韻』莫杯切, 平灰, 明。〕믜[məi](406 下)

méi 媒〔『廣韻』莫杯切, 平灰, 明。〕믜[məi](306 上)

méi 煤〔『廣韻』莫杯切, 平灰, 明。〕믜[məi](317 下)

měi 每〔『廣韻』武罪切, 上賄, 明。〕믜[məi](250 下)

měi 美〔『廣韻』無鄙切, 上旨, 明。〕믜[məi](152 下)

mèi 沫〔『廣韻』莫貝切, 去泰, 明。〕모[mo](30 上)

mèi 妹〔『廣韻』莫佩切, 去隊, 明。〕믜[məi](141 下)

mèi 昧〔『廣韻』莫佩切, 去隊, 明。〕믜[məi](229 下)

mèi 媚〔『廣韻』明祕切, 去至, 明。〕믜[məi](235 上)

mèi 魅〔『廣韻』明祕切, 去至, 明。〕믜[məi](255 下)

mèi (麻+黍)〔『廣韻』靡為切, 平支, 明。〕미[mi](389 上)

mén 门(門)〔『廣韻』莫奔切, 平魂, 明。〕믄[mən](287 上)

mén 们(們) 〔『字彙補』莫奔切〕 믄[mən](243 下)

mén 扪(捫) 〔『廣韻』莫奔切, 平魂, 明。〕 믄[mən](385 上)

mèn 闷(悶) 〔『廣韻』莫困切, 去慁, 明。〕 믄[mən](186 上)

mèn 㦖(㦖) 〔『廣韻』莫旱切, 上緩, 明。〕 만[man](155 下)

mèn 㦖(㦖) 〔『廣韻』莫困切, 去慁, 明。〕 믄[mən](231 下)

méng 虻 〔『集韻』眉耕切, 平庚, 明。〕 믕[məŋ](449 下)

méng 蒙 〔『廣韻』莫紅切, 平東, 明。〕 믕[məŋ](40 下)

méng 盟 〔『廣韻』武兵切, 平庚, 明。〕 믕[məŋ](108 下)

méng 懞 〔『廣韻』莫紅切, 平東, 明。〕 믕[məŋ](336 上)

méng 濛 〔『廣韻』莫紅切, 平東, 明。〕 믕[məŋ](13 上)

méng 朦 〔『廣韻』莫紅切, 平東, 明。〕 믕[məŋ](222 上)

méng 矇 〔『廣韻』莫紅切, 平東, 明。〕 믕[məŋ](153 上)

měng 猛 〔『廣韻』莫杏切, 上梗, 明。〕 믕[məŋ](198 下)

měng 懵 〔『廣韻』莫孔切, 上董, 明。〕 믕[məŋ](229 上)

měng 蠓 〔『廣韻』莫孔切, 上董, 明。〕 믕[məŋ](449 下)

mèng 孟 〔『廣韻』莫更切, 去映, 明。〕 믕[məŋ](94 上)

mèng 梦(夢) 〔『廣韻』莫鳳切, 去送, 明。〕 믕[məŋ](205 下)

mí 弥(彌) 〔『廣韻』武移切, 平支, 明。〕 미[mi](51 下)

mí 迷 〔『廣韻』莫兮切, 平齊, 明。〕 미[mi](70 上)

mí 麋 〔『廣韻』靡為切, 平支, 明。〕 미[mi](374 上)

mí 醿 〔『廣韻』忙皮切, 平支, 明。〕 미[mi](409 下)

mí 醾 〔『集韻』忙皮切, 平支, 明。〕 미[mi](409 下)

mǐ 米 〔『廣韻』莫禮切, 上薺, 明。〕 미[mi](297 下)

mǐ 靡 〔『廣韻』文彼切, 上紙, 明。〕 미[mi](396 上)

mì 蜜 〔『廣韻』彌畢切, 入質, 明。〕 미[mi](322 上)

mián 绵(綿) 〔『廣韻』武延切, 平仙, 明。〕 먠[mian](322 下)

mián 棉〔『廣韻』武延切, 平仙, 明。〕먄[mian](329 上)

miǎn 免〔『廣韻』亡辨切, 上獮, 明。〕먄[mian](70 上)

miǎn 勉〔『廣韻』亡辨切, 上獮, 明。〕먄[mian](167 上)

miǎn 娩〔『廣韻』亡運切, 去問, 微。〕먄[mian](178 上)

miǎn 冕〔『廣韻』亡辨切, 上獮, 明。〕먄[mian](454 下)

miǎn 湎〔『廣韻』彌兖切, 上獮, 明。〕먄[mian](223 下)

miàn 面〔『廣韻』彌箭切, 去線, 明。〕먄[mian](148 下)

miàn 麪〔『廣韻』莫甸切, 去霰, 明。〕먄[mian](446 上)

miàn 麵〔『廣韻』莫甸切, 去霰, 明。〕먄[mian](298 上)

miáo 苗〔『廣韻』武瀌切, 平宵, 明。〕먚[miao](293 下)

miáo 描〔『廣韻』武儦切, 平宵, 明。〕먚[miao](81 上)

miǎo 眇〔『廣韻』亡沼切, 上小, 明。〕먚[miao](222 上)

miǎo 秒〔『廣韻』亡沼切, 上小, 明。〕먚[miao](21 上)

miǎo 渺〔『廣韻』亡沼切, 上小, 明。〕먚[miao](302 上)

miǎo 藐〔『廣韻』亡沼切, 上小, 明。〕먚[miao](152 下)

miào 庙(廟)〔『廣韻』眉召切, 去笑, 明。〕먚[miao](108 下)

miè 灭(滅)〔『廣韻』亡列切, 入薛, 明。〕몌[miəi](112 下)

miè 篾〔『廣韻』莫結切, 入屑, 明。〕몌[miəi](342 下)

mín 民〔『廣韻』彌鄰切, 平真, 明。〕민[min](135 下)

mǐn 皿〔『廣韻』武永切, 上梗, 明。〕민[min](342 上)

mǐn 抿〔『集韻』眉貧切, 平真, 明。〕민[min](153 下)

mǐn 悯(憫)〔『廣韻』眉殞切, 上軫, 明。〕민[min](161 下)

mǐn 敏〔『廣韻』眉殞切, 上軫, 明。〕민[min](163 下)

míng 名〔『廣韻』武并切, 平清, 明。〕밍[miŋ](168 下)

míng 明〔『廣韻』武兵切, 平庚, 明。〕밍[miŋ](8 上)

míng 鸣(鳴)〔『廣韻』武兵切, 平庚, 明。〕밍[miŋ](196 下)

míng 茗〔『廣韻』莫迥切, 上迥, 明。〕밍[miŋ](377 下)

míng 冥〔『廣韻』莫經切, 平青, 明。〕밍[miŋ](464 下)

míng 铭(銘)〔『廣韻』莫經切, 平青, 明。〕밍[miŋ](94 下)

míng 榠〔『廣韻』莫經切, 平青, 明。〕밍[miŋ](462 上)

míng 螟〔『廣韻』莫經切, 平青, 明。〕밍[miŋ](448 上)

mìng 命〔『廣韻』眉病切, 去映, 明。〕밍[miŋ](110 下)

ming (魚+冥) 밍[miŋ](446 上)

miù 繆〔『廣韻』靡幼切, 去幼, 明。〕뉴[niu](239 下)

miù 谬(謬)〔『廣韻』靡幼切, 去幼, 明。〕뉴[niu](235 下)

mó 麽〔『集韻』眉波切, 平戈, 明。〕모[mo](170 上)

mó 谟(謨)〔『廣韻』莫胡切, 平模, 明。〕모[mo](94 上)

mó 模〔『廣韻』莫胡切, 平模, 明。〕모[mo](366 上)

mó 摩〔『廣韻』莫婆切, 平戈, 明。〕모[mo](208 上)

mó 磨〔『廣韻』莫婆切, 平戈, 明。〕모[mo](297 下)

mó 糢 모[mo](36 下)

mó 蘑 머[mə](310 下)

mó 蘑 모[mo](376 上)

mǒ 抹〔『廣韻』莫撥切, 入末, 明。〕모[mo](87 上)

mǒ 抹〔『廣韻』莫撥切, 入末, 明。〕머[mə](98 上)

mò 末〔『廣韻』莫撥切, 入末, 明。〕머[mə](106 下)

mò 末〔『廣韻』莫撥切, 入末, 明。〕모[mo](18 下)

mò 沫〔『廣韻』莫撥切, 入末, 明。〕모[mo](151 上)

mò 沫〔『廣韻』莫撥切, 入末, 明。〕머[mə](188 上)

mò 没(沒)〔『廣韻』莫勃切, 入没, 明。〕무[mu](231 上)

mò 没(沒)〔『廣韻』莫勃切, 入没, 明。〕모[mo](239 上)

mò 莫〔『廣韻』慕各切, 入鐸, 明。〕모[mo](224 下)

mò 茉〔『正字通』彌葛切〕모[mo](410 上)

mò 漠〔『廣韻』慕各切, 入鐸, 明。〕모[mo](302 上)

mò 墨〔『廣韻』莫北切, 入德, 明。〕머[mə](103 上)

mò 默〔『廣韻』莫北切, 入德, 明。〕머[mə](158 上)

mò 貘〔『廣韻』莫白切, 入陌, 明。〕모[mo](425 上)

móu 谋(謀)〔『廣韻』莫浮切, 平尤, 明。〕모[mo](158 上)

mǒu 某〔『廣韻』莫厚切, 上厚, 明。〕믇[məu](19 下)

mú 模〔『廣韻』莫胡切, 平模, 明。〕무[mu](152 上)

mǔ 母〔『廣韻』莫厚切, 上厚, 明。〕무[mu](141 下)

mǔ 牡〔『廣韻』莫厚切, 上厚, 明。〕무[mu](407 下)

mǔ 畝〔『廣韻』莫厚切, 上厚, 明。〕무[mu](292 上)

mù 木〔『廣韻』莫卜切, 入屋, 明。〕무[mu](465 上)

mù 目〔『廣韻』莫六切, 入屋, 明。〕무[mu](221 上)

mù 沐〔『廣韻』莫卜切, 入屋, 明。〕무[mu](337 上)

mù 苜〔『廣韻』莫六切, 入屋, 明。〕무[mu](397 下)

mù 牧〔『廣韻』莫六切, 入屋, 明。〕무[mu](407 下)

mù 幕〔『廣韻』慕各切, 入鐸, 明。〕무[mu](136 下)

mù 睦〔『廣韻』莫六切, 入屋, 明。〕무[mu](166 上)

mù 幙〔『廣韻』慕各切, 入鐸, 明。〕모[mo](363 上)

mù 暮〔『廣韻』莫故切, 去暮, 明。〕무[mu](8 上)

mù 穆〔『廣韻』莫六切, 入屋, 明。〕무[mu](265 下)

ná 拏〔『廣韻』女加切, 平麻, 娘。〕나[na](176 下)

ná 拿 나[na](208 上)

nǎ 那〔『廣韻』奴可切, 上哿, 泥。〕나[na](250 下)

nà 呐〔『集韻』奴骨切, 入没, 泥。〕나[na](110 上)

nà 纳(納)〔『廣韻』奴答切, 入合, 泥。〕나[na](75 上)

nà 衲〔『廣韻』奴答切, 入合, 泥。〕나[na](340 上)

nà (口+奈)〔『集韻』乃箇切, 去箇, 泥。〕나[na](91 下)

nǎi 奶〔『廣韻』奴蟹切, 上蟹, 娘。〕내[nai](140 上)

nài 奈〔『廣韻』奴帶切, 去泰, 泥。〕내[nai](391 上)

nài 奈〔『廣韻』奴帶切, 去泰, 泥。〕내[nai](465 下)

nài 耐〔『廣韻』奴代切, 去代, 泥。〕내[nai](161 下)

nài 鼐〔『廣韻』奴代切, 去代, 泥。〕내[nai](454 下)

nán 男〔『廣韻』那含切, 平覃, 泥。〕난[nan](83 上)

nán 南〔『廣韻』那含切, 平覃, 泥。〕난[nan](269 上)

nán 难(難)〔『廣韻』那干切, 平寒, 泥。〕난[nan](62 下)

nán 楠〔『廣韻』那含切, 平覃, 泥。〕난[nan](400 下)

nǎn 蝻 난[nan](448 上)

náng (月+囊) 낭[naŋ](441 上)

náng 囊〔『廣韻』奴當切, 平唐, 泥。〕낭[naŋ](148 上)

nǎng 攮〔『字彙』乃黨切〕낭[naŋ](126 上)

náo 挠(撓)〔『廣韻』奴巧切, 上巧, 娘。〕냐[nao](349 上)

náo 硇〔『玉篇』女玉切。〕냐[nao](460 下)

náo 铙(鐃)〔『廣韻』女交切, 平肴, 娘。〕냐[nao](88 上)

náo 猱〔『廣韻』奴刀切, 平豪, 泥。〕냐[nao](468 下)

nǎo 恼(惱)〔『廣韻』奴皓切, 上皓, 泥。〕냐[nao](188 上)

nǎo 脑(腦)〔『廣韻』奴皓切, 上皓, 泥。〕냐[nao](132 下)

nǎo 瑙〔『集韻』乃老切, 上皓, 泥。〕냐[nao](313 上)

nào 闹(鬧)〔『廣韻』奴教切, 去效, 娘。〕냐[nao](226 下)

něi 馁(餒)〔『廣韻』奴罪切, 上賄, 泥。〕뉘[nui](184 上)

nèi 内(內)〔『廣韻』奴對切, 去隊, 娘。〕늬[nəi](43 下)

nèn 嫩〔『廣韻』奴困切, 去恩, 泥。〕눈[nun](404 下)

nèn 嫩〔『廣韻』奴困切, 去恩, 泥。〕눈[nuin](452 下)

néng 能〔『廣韻』奴登切, 平登, 泥。〕능[nəŋ](229 上)

ní 呢〔『廣韻』女夷切, 平脂, 娘。〕니[ni](224 下)

ní 尼〔『廣韻』女夷切, 平脂, 娘。〕니[ni](138 上)

ní 泥〔『廣韻』奴低切, 平齊, 泥。〕니[ni](362 下)

ní 霓〔『廣韻』五稽切, 平齊, 疑。〕니[ni](74 下)

ní 麑〔『廣韻』五稽切, 平齊, 疑。〕니[ni](424 上)

nǐ 拟(擬)〔『廣韻』魚紀切, 上止, 疑。〕니[ni](68 上)

nǐ 你〔『集韻』乃里切, 上止, 泥。〕니[ni](243 下)

nì 逆〔『廣韻』宜戟切, 入陌, 疑。〕니[ni](216 下)

nì 匿〔『廣韻』女力切, 入職, 泥。〕니[ni](214 下)

nì 腻(膩)〔『廣韻』女利切, 去至, 娘。〕니[ni](383 上)

nì 溺〔『廣韻』奴歷切, 入錫, 泥。〕니[ni](223 下)

niān 蔫〔『廣韻』謁言切, 平元, 影。〕얀[ian](294 上)

niān 蔫〔『廣韻』於乾切, 平仙, 影。〕냔[nian](413 上)

nián 年〔『廣韻』奴顛切, 平先, 泥。〕냔[nian](18 下)

nián 鲇(鮎)〔『廣韻』奴兼切, 平添, 泥。〕냔[nian](444 上)

nián 黏〔『廣韻』女廉切, 平鹽, 娘。〕.쟌[tʂan](128 下)

nián 黏〔『廣韻』女廉切, 平鹽, 娘。〕냔[nian](384 下)

nián 粘〔『廣韻』女廉切, 平鹽, 娘。〕냔[nian](24 下)

niǎn 辗(輾)〔『集韻』尼展切, 上獮, 娘。〕냔[nian](297 下)

niǎn 捻〔『廣韻』奴協切, 入帖, 泥。〕냔[nian](130 下)

niǎn 辇(輦)〔『廣韻』力展切, 上獮, 來。〕냔[nian](78 下)

niǎn 撚〔『廣韻』乃殄切, 上銑, 泥。〕냔[nian](339 上)

niǎn 碾〔『廣韻』女箭切, 去線, 娘。〕냔[nian](295 下)

niàn 念〔『廣韻』奴店切, 去栝, 泥。〕냔[nian](278 上)

niàn 舱〔『字彙』奴店切。〕낸[nian](137 下)

niáng 娘〔『廣韻』女良切, 平陽, 娘。〕냥[niaŋ](142 上)

niàng 酿(釀)〔『廣韻』女亮切, 去漾, 娘。〕냥[niaŋ](378 下)

niǎo 鸟(鳥)〔『廣韻』都了切, 上篠, 端。〕냐오[niao](419 下)

niǎo 嬝〔『廣韻』女鳥切, 上篠, 泥。〕냐오[niao](201 上)

niào 尿〔『廣韻』奴弔切, 去嘯, 泥。〕냐오[niao](439 下)

niē 捏〔『廣韻』奴結切, 入屑, 泥。〕내[niəi](113 下)

niè 臬〔『廣韻』五結切, 入屑, 疑。〕내[niəi](311 上)

niè 涅〔『廣韻』奴結切, 入屑, 泥。〕내[niəi](324 下)

niè 镊(鑷)〔『廣韻』尼輒切, 入葉, 娘。〕내[niəi](339 上)

niè 孽〔『廣韻』魚列切, 入薛, 疑。〕내[niəi](185 下)

niè 摄(攝)〔『廣韻』奴愜切, 入帖, 泥。〕내[niəi](133 上)

níng 宁(寧)〔『廣韻』奴丁切, 平青, 泥。〕닁[niŋ](319 下)

níng 凝〔『廣韻』魚陵切, 平蒸, 疑。〕닁[niŋ](15 上)

níng 拧(擰)〔『字彙補』泥耕切〕닁[niŋ](116 下)

nìng 佞〔『廣韻』乃定切, 去徑, 泥。〕닁[niŋ](190 上)

nìng 泞(濘)〔『廣韻』乃定切, 去徑, 泥。〕닁[niŋ](25 下)

niú 牛〔『廣韻』語求切, 平尤, 疑。〕뉴[niu](441 上)

niǔ 扭〔『廣韻』女久切, 上有, 娘。〕뉴[niu](63 上)

niǔ 纽(紐)〔『廣韻』女久切, 上有, 娘。〕뉴[niu](36 上)

niǔ 钮(鈕)〔『廣韻』女久切, 上有, 娘。〕뉴[niu](330 上)

nóng 农(農)〔『廣韻』奴冬切, 平冬, 泥。〕눙[nuŋ](137 上)

nóng 哝(噥)〔『廣韻』奴冬切, 平冬, 泥。〕눙[nuŋ](185 下)

nóng 浓(濃)〔『廣韻』女容切, 平鍾, 娘。〕눙[nuŋ](386 下)

nóng 脓(膿)〔『廣韻』奴冬切, 平冬, 泥。〕눙[nuŋ](220 上)

nóng 醲〔『廣韻』女容切, 平鍾, 娘。〕눙[nuŋ](378 下)

nòng 弄〔『廣韻』盧貢切, 去送, 來。〕룽[luŋ](365 下)

nú 奴〔『廣韻』乃都切, 平模, 泥。〕누[nu](138 下)

nú 駑(駑)〔『廣韻』乃都切, 平模, 泥。〕누[nu](227 下)

nǔ 努〔『廣韻』奴古切, 上姥, 泥。〕누[nu](222 下)

nǔ 弩〔『廣韻』奴古切, 上姥, 泥。〕누[nu](124 上)

nù 怒〔『廣韻』乃故切, 去暮, 泥。〕누[nu](187 下)

nǚ 女〔『廣韻』尼呂切, 上語, 娘。〕뉘[niui](142 上)

nuǎn 暖〔『廣韻』乃管切, 上緩, 泥。〕난[nuan](8 下)

nuǎn 煖〔『廣韻』乃管切, 上緩, 泥。〕난[nuan](369 下)

nüè 疟(瘧)〔『廣韻』魚約切, 入藥, 疑。〕니[ni](215 上)

nüè 虐〔『廣韻』魚約切, 入藥, 疑。〕뇨[nio](236 上)

nuó 挪〔『廣韻』諾何切, 平歌, 泥。〕노[no](175 上)

nuò 懦〔『廣韻』人朱切, 平虞, 日。〕노[no](228 下)

ōu 讴(謳)〔『廣韻』烏侯切, 平侯, 影。〕우[əu](89 下)

ōu 瓯(甌)〔『廣韻』烏侯切, 平侯, 影。〕우[əu](393 上)

ōu 殴(毆)〔『廣韻』烏后切, 上厚, 影。〕우[əu](66 上)

ōu 熰〔『集韻』烏侯切, 平侯, 影。〕우[əu](317 上)

ōu 呕(嘔)〔『廣韻』烏侯切, 平侯, 影。〕우[əu](216 下)

ǒu 偶〔『廣韻』五口切, 上厚, 疑。〕우[əu](203 下)

ǒu 藕〔『廣韻』五口切, 上厚, 疑。〕우[əu](379 上)

pā 扒〔『廣韻』博拔切, 入黠, 幫。〕파[pʻa](346 上)

pá 杷〔『廣韻』蒲巴切, 平麻, 並。〕파[pʻa](409 上)

pá 爬〔『廣韻』蒲巴切, 平麻, 並。〕파[pʻa](398 上)

pá 耙〔『正字通』必駕切〕파[pʻa](295 上)

pá 鈀〔『廣韻』蒲巴切, 平麻, 並。〕파[pʻa](210 下)

pá 琶〔『廣韻』蒲巴切, 平麻, 並。〕파[pʻa](149 上)

pá 琶〔『廣韻』蒲巴切, 平麻, 並。〕바[pa](92 上)

pà 帕〔『集韻』普駕切, 去禡, 滂。〕파[pʻa](331 上)

pà 怕〔『廣韻』普駕切, 去禡, 滂。〕파[pʻa](186 下)

pāi 拍〔『廣韻』普伯切, 入陌, 滂。〕패[pʻai](92 上)

pái 排〔『廣韻』步皆切, 平皆, 並。〕패[pʻai](72 上)

pái 牌〔『廣韻』薄佳切, 平佳, 並。〕패[pʻai](260 上)

pái 簰〔『集韻』蒲街切, 平佳, 並。〕패[pʻai](305 上)

pài 派〔『廣韻』匹卦切, 去卦, 滂。〕패[pʻai](175 下)

pān 攀〔『廣韻』普班切, 平刪, 滂。〕판[pʻan](226 下)

pán 盘(盤)〔『廣韻』薄官切, 平桓, 並。〕판[pʻan](220 上)

pán 蟠〔『廣韻』薄官切, 平桓, 並。〕판[pʻan](456 下)

pàn 判〔『廣韻』普半切, 去換, 滂。〕판[pʻan](53 下)

pàn 叛〔『廣韻』薄半切, 去換, 並。〕판[pʻan](213 下)

pāng 滂〔『廣韻』普郎切, 平唐, 滂。〕팡[pʻaŋ](13 下)

pāng 膀〔『集韻』鋪郎切, 平唐, 滂。〕팡[pʻaŋ](357 上)

páng 傍〔『廣韻』步光切, 平唐, 並。〕팡[pʻaŋ](26 下)

páng 旁〔『廣韻』步光切, 平唐, 並。〕팡[pʻaŋ](32 下)

páng 螃〔『廣韻』步光切, 平唐, 並。〕팡[pʻaŋ](446 下)

páng 鰟(鰟) 팡[pʻaŋ](443 下)

pàng 胖 팡[pʻaŋ](155 上)

pāo 抛〔『廣韻』匹交切, 平肴, 滂。〕팧[pʻao](209 上)

páo 刨〔『集韻』蒲交切, 平爻, 並。〕팧[pʻao](355 下)

páo 咆〔『廣韻』薄交切, 平肴, 並。〕팧[pʻao](433 上)

Páo 狍〔『廣韻』薄交切, 平肴, 並。〕팧[pʻao](196 上)

páo 袍〔『廣韻』薄褒切, 平豪, 並。〕팧[pʻao](253 上)

Páo 麅〔『集韻』蒲交切, 平爻, 並。〕팧[pʻao](425 下)

pǎo 跑 〔『廣韻』薄交切, 平肴, 並。〕 퐈[pʻao](436 上)

pào 泡 〔『廣韻』匹交切, 平肴, 滂。〕 퐈[pʻao](221 上)

pào 砲 〔『集韻』披教切, 去效, 滂。〕 퐈[pʻao](458 上)

pào 疱 〔『集韻』披教切, 去效, 滂。〕 퐈[pʻao](219 上)

pào 礮 〔『廣韻』匹皃切, 去效, 滂。〕 퐈[pʻao](127 上)

Péi 陪 〔『廣韻』薄回切, 平灰, 並。〕 픠[pʻəi](80 下)

Péi 培 〔『廣韻』薄回切, 平灰, 並。〕 픠[pʻəi](293 下)

pèi 佩 〔『廣韻』蒲昧切, 去隊, 並。〕 픠[pʻəi](337 上)

pèi 配 〔『廣韻』滂佩切, 去隊, 滂。〕 픠[pʻəi](128 下)

pèi 轡(轡) 〔『廣韻』兵媚切, 去至, 幫。〕 픠[pʻəi](134 下)

pēn 喷(噴) 〔『廣韻』普魂切, 平魂, 滂。〕 픈[pʻən](349 下)

pēn 歕 〔『廣韻』普魂切, 平魂, 滂。〕 픈[pʻən](431 下)

pén 盆 〔『廣韻』蒲奔切, 平魂, 並。〕 픈[pʻən](347 上)

pēng 烹 〔『集韻』披庚切, 平庚, 滂。〕 픙[pʻəŋ](385 下)

pēng 硼 〔『集韻』披庚切, 平庚, 滂。〕 븡[pəŋ](360 上)

pēng 研 〔『集韻』披耕切, 平耕, 滂。〕 픙[pʻəŋ](388 上)

péng 朋 〔『廣韻』步崩切, 平登, 並。〕 픙[pʻəŋ](142 下)

péng 彭 〔『廣韻』薄庚切, 平庚, 並。〕 픙[pʻəŋ](350 上)

péng 棚 〔『廣韻』薄庚切, 平庚, 並。〕 픙[pʻəŋ](341 上)

péng 蓬 〔『廣韻』薄紅切, 平東, 並。〕 픙[pʻəŋ](398 下)

péng 鹏(鵬) 〔『廣韻』步崩切, 平登, 並。〕 픙[pʻəŋ](413 下)

péng 篷 〔『廣韻』薄紅切, 平東, 並。〕 픙[pʻəŋ](367 下)

péng 膨 〔『廣韻』蒲孟切, 去映, 並。〕 픙[pʻəŋ](216 上)

péng 弸 〔『廣韻』薄萌切, 平耕, 並。〕 븡[pəŋ](307 下)

pěng 捧 〔『廣韻』敷奉切, 上腫, 敷。〕 픙[pʻəŋ](208 上)

pěng 捧 〔『廣韻』敷奉切, 上腫, 敷。〕 방[paŋ](311 上)

pèng 碰 픙[pʻəŋ](114 上)

pèng 碰 풍[pʻuŋ](208 上)

pī 批〔『廣韻』匹迷切, 平齊, 滂。〕피[pʻi](64 上)

pī 纰(紕)〔『廣韻』匹夷切, 平脂, 滂。〕피[pʻi](365 下)

pī 坯〔『廣韻』芳杯切, 平灰, 滂。〕피[pʻi](362 上)

pī 披〔『廣韻』敷羈切, 平支, 滂。〕피[pʻi](131 上)

pī 劈〔『廣韻』普擊切, 入錫, 滂。〕피[pʻi](111 下)

pí 皮〔『廣韻』符羈切, 平支, 並。〕피[pʻi](333 下)

pí 枇〔『廣韻』房脂切, 平脂, 並。〕피[pʻi](409 上)

pí 毘〔『廣韻』房脂切, 平脂, 並。〕피[pʻi](253 上)

pí 琵〔『廣韻』房脂切, 平脂, 並。〕피[pʻi](92 上)

pí 脾〔『廣韻』符支切, 平支, 並。〕피[pʻi](448 下)

pí 羆(羆)〔『廣韻』彼為切, 平支, 幫。〕피[pʻi](424 下)

pí 貔〔『廣韻』房脂切, 平脂, 並。〕피[pʻi](425 上)

pí (丕+鳥)〔『廣韻』符悲切, 平脂, 並。〕피[pʻi](468 下)

pí 罷(罷)〔『廣韻』符羈切, 平支, 並。〕피[pʻi](225 上)

pǐ 疋〔『廣韻』譬吉切, 入質, 滂。〕피[pʻi](318 上)

pǐ 匹〔『廣韻』譬吉切, 入質, 滂。〕피[pʻi](80 下)

pǐ 痞〔『廣韻』符鄙切, 上旨, 並。〕피[pʻi](215 上)

pǐ 癖〔『廣韻』普擊切, 入錫, 滂。〕피[pʻi](204 上)

pì 屁〔『廣韻』匹寐切, 去至, 滂。〕피[pʻi](434 下)

pì 僻〔『廣韻』普擊切, 入錫, 滂。〕피[pʻi](234 下)

pì 僻〔『廣韻』芳辟切, 入昔, 滂。〕비[pi](290 上)

piān 偏〔『廣韻』芳連切, 平仙, 滂。〕퍤[pʻian](234 下)

piān 篇〔『廣韻』芳連切, 平仙, 滂。〕퍤[pʻian](95 下)

piān 翩〔『廣韻』芳連切, 平仙, 滂。〕퍤[pʻian](207 下)

pián 便〔『廣韻』房連切, 平仙, 並。〕퍤[pʻian](177 上)

pián 蹁〔『廣韻』部田切, 平先, 並。〕퍤[pʻian](207 下)

piàn 片〔『廣韻』普麵切, 去霰, 滂。〕퍤[pʻian](354 上)

piàn 骗(騙)〔『集韻』匹羨切, 去線, 滂。〕퍤[pʻian](233 下)

piāo 票〔『集韻』毗召切, 去笑, 並。〕퍞[pʻiao](62 上)

piāo 飘(飄)〔『廣韻』撫招切, 平宵, 滂。〕퍞[pʻiao](202 上)

piáo 瓢〔『廣韻』符霄切, 平宵, 並。〕퍞[pʻiao](346 上)

piǎo 漂〔『廣韻』匹妙切, 去笑, 滂。〕퍞[pʻiao](302 上)

piě 撇〔『集韻』匹蔑切, 入屑, 滂。〕퍠[pʻiəi](187 下)

pīn 拼〔『廣韻』北萌切, 平耕, 幫。〕팬[pʻan](167 下)

pín 贫(貧)〔『廣韻』符巾切, 平真, 並。〕핀[pʻin](182 上)

pín 嫔(嬪)〔『廣韻』符真切, 平真, 並。〕핀[pʻin](34 下)

pín 苹(蘋)〔『廣韻』符真切, 平真, 並。〕핑[pʻiŋ](397 上)

pǐn 品〔『廣韻』丕飲切, 上寝, 滂。〕핀[pʻin](265 上)

pìn 聘〔『廣韻』匹正切, 去勁, 滂。〕핀[pʻin](80 下)

píng 平〔『廣韻』符兵切, 平庚, 並。〕핑[pʻiŋ](284 上)

píng 评(評)〔『廣韻』符兵切, 平庚, 並。〕핑[pʻiŋ](47 下)

píng 屏〔『廣韻』薄經切, 平青, 並。〕핑[pʻiŋ](363 下)

píng 瓶〔『廣韻』薄經切, 平青, 並。〕핑[pʻiŋ](346 下)

píng 萍〔『廣韻』薄經切, 平青, 並。〕핑[pʻiŋ](397 上)

píng 憑〔『廣韻』夫冰切, 平蒸, 並。〕핑[pʻiŋ](192 上)

pō 陂〔『集韻』逋禾切, 平戈, 滂。〕포[pʻo](27 上)

pō 坡〔『廣韻』滂禾切, 平戈, 滂。〕포[pʻo](31 上)

pō 泼(潑)〔『集韻』普活切, 入末, 滂。〕포[pʻo](66 下)

pó 婆〔『廣韻』薄波切, 平戈, 並。〕포[pʻo](140 上)

pǒ 筬 포[pʻo](348 下)

pò 迫〔『廣韻』博陌切, 入陌, 幫。〕퍼[p‘ə](231 上)

pò 珀〔『廣韻』普伯切, 入陌, 滂。〕퍼[p‘ə](312 下)

pò 破〔『廣韻』普過切, 去過, 滂。〕포[p‘o](336 下)

pò 魄〔『廣韻』普伯切, 入陌, 滂。〕퍼[p‘ə](151 上)

pōu 剖〔『廣韻』普后切, 上厚, 滂。〕푸[p‘əu](365 上)

pū 舖〔『廣韻』普胡切, 平模, 滂。〕푸[p‘u](183 上)

pū 扑(撲)〔『廣韻』普木切, 入屋, 滂。〕푸[p‘u](422 上)

pū 铺(鋪)〔『廣韻』普胡切, 平模, 滂。〕푸[p‘u](128 下)

pū 撲〔『廣韻』普木切, 入屋, 滂。〕푸[p‘u](116 下)

pū 潽〔『集韻』皮五切, 上姥, 滂。〕푸[p‘u](385 上)

pú 仆(僕)〔『廣韻』蒲木切, 入屋, 並。〕푸[p‘u](138 下)

pú 菩〔『廣韻』薄亥切, 上海, 並。〕푸[p‘u](313 下)

pú 葡〔『韻學集成』薄胡切〕푸[p‘u](394 下)

pú 蒲〔『廣韻』薄胡切, 平模, 並。〕푸[p‘u](397 上)

pú 璞〔『廣韻』匹角切, 入覺, 滂。〕푸[p‘u](27 下)

pú 幞〔『廣韻』博木切, 入屋, 幫。〕푸[p‘u](455 下)

pǔ 普〔『廣韻』滂古切, 上姥, 滂。〕푸[p‘u](242 上)

pǔ 谱(譜)〔『廣韻』博古切, 上姥, 幫。〕푸[p‘u](60 下)

pǔ 氆〔『龍龕手鑒』匹古切〕푸[p‘u](320 下)

pù 瀑〔『廣韻』蒲木切, 入屋, 並。〕밧[pao](30 上)

pù 堡〔『廣韻』普故切, 去暮, 滂。〕푸[p‘u](262 下)

pu (月+美(pu)) 푸[p‘u](421 上)??

qī 七〔『廣韻』親吉切, 入質, 清。〕치[tɕ‘i](106 上)

qī 妻〔『廣韻』七稽切, 平齊, 清。〕치[tɕ‘i](142 上)

qī 戚〔『廣韻』倉歷切, 入錫, 清。〕치[tɕ‘i](141 下)

qī 期〔『廣韻』渠之切, 平之, 群。〕키[k‘i](177 下)

qī 欺〔『廣韻』去其切, 平之, 溪。〕키[kʻi](233 下)

qī 棲〔『廣韻』先稽切, 平齊, 心。〕치[tɕʻi](422 下)

qī 漆〔『廣韻』親吉切, 入質, 清。〕치[tɕʻi](364 下)

qī 器〔『廣韻』去冀切, 去至, 溪。〕키[kʻi](342 上)

qī 磎〔『廣韻』苦奚切, 平齊, 溪。〕키[kʻi](427 下)

qí 齐(齊)〔『廣韻』徂奚切, 平齊, 從。〕치[tɕʻi](354 上)

qí 祁〔『廣韻』渠脂切, 平脂, 群。〕키[kʻi](321 上)

qí 其〔『廣韻』渠之切, 平之, 群。〕키[kʻi](250 上)

qí 奇〔『廣韻』渠羈切, 平支, 群。〕키[kʻi](107 下)

qí 祈〔『廣韻』渠希切, 平微, 群。〕키[kʻi](177 下)

qí 祇〔『廣韻』巨支切, 平支, 群。〕키[kʻi](177 下)

qí 脐(臍)〔『廣韻』徂奚切, 平齊, 從。〕치[tɕʻi](328 上)

qí 畦〔『廣韻』戶圭切, 平齊, 匣。〕키[kʻi](292 上)

qí 崎〔『廣韻』去奇切, 平支, 溪。〕키[kʻi](25 上)

qí 骐(騏)〔『廣韻』渠之切, 平之, 群。〕키[kʻi](423 下)

qí 骑(騎)〔『廣韻』渠羈切, 平支, 群。〕키[kʻi](438 上)

qí 骑(騎)〔『廣韻』奇寄切, 去寘, 群。〕기[ki](438 下)

qí 琪〔『廣韻』渠之切, 平之, 群。〕키[kʻi](465 上)

qí 棋〔『集韻』渠之切, 平之, 群。〕키[kʻi](259 下)

qí 蛴(蠐)〔『廣韻』徂奚切, 平齊, 從。〕치[tɕʻi](450 上)

qí 碁〔『廣韻』渠之切, 平之, 群。〕키[kʻi](260 上)

qí 旗〔『廣韻』渠之切, 平之, 群。〕키[kʻi](41 下)

qí 麒〔『廣韻』渠之切, 平之, 群。〕키[kʻi](423 下)

qǐ 乞〔『廣韻』去訖切, 入迄, 溪。〕키[kʻi](139 上)

qǐ 岂(豈)〔『廣韻』袪狶切, 上尾, 溪。〕키[kʻi](245 下)

qǐ 杞〔『廣韻』墟里切, 上止, 溪。〕키[kʻi](401 下)

qǐ 起〔『廣韻』墟里切, 上止, 溪。〕키[kʻi](317 上)

qǐ 啓〔『廣韻』康禮切, 上薺, 溪。〕키[kʻi](95 上)

qì 气(氣)〔『廣韻』去旣切, 去未, 溪。〕키[kʻi](15 上)

qì 契〔『廣韻』苦計切, 去霽, 溪。〕키[kʻi](299 下)

qì 砌〔『廣韻』七計切, 去霽, 淸。〕치[tɕʻi](362 下)

qì 棄〔『廣韻』詰利切, 去至, 溪。〕키[kʻi](206 下)

qiā 掐〔『廣韻』苦洽切, 入洽, 溪。〕캬[kʻia](67 上)

qià 恰〔『廣韻』苦洽切, 入洽, 溪。〕캬[kʻia](456 上)

qià 洽〔『廣韻』侯夾切, 入洽, 匣。〕햐[xia](457 下)

qià 恰〔『廣韻』苦洽切, 入洽, 溪。〕캬[kʻia](203 上)

qiān 千〔『廣韻』蒼先切, 平先, 淸。〕챤[tɕʻian](262 下)

qiān 阡〔『廣韻』蒼先切, 平先, 淸。〕챤[tɕʻian](254 上)

qiān 迁(遷)〔『廣韻』七然切, 平仙, 淸。〕챤[tɕʻian](207 上)

qiān 杆〔『廣韻』蒼先切, 平先, 淸。〕챤[tɕʻian](399 下)

qiān 佥(僉)〔『廣韻』七廉切, 平鹽, 淸。〕챤[tɕʻian](55 下)

qiān 牵(牽)〔『廣韻』苦堅切, 平先, 溪。〕캰[kʻian](190 下)

qiān 铅(鉛)〔『廣韻』與專切, 平仙, 以。〕캰[kʻian](260 上)

qiān 谦(謙)〔『廣韻』苦兼切, 平添, 溪。〕캰[kʻian](165 下)

qiān 签(簽)〔『集韻』千廉切, 平鹽, 淸。〕챤[tɕʻian](60 下)

qiān 愆〔『廣韻』去乾切, 平仙, 溪。〕캰[kʻian](275 下)

qiān 韆〔『廣韻』七然切, 平仙, 淸。〕챤[tɕʻian](261 上)

qiān 籤〔『廣韻』七廉切, 平鹽, 精。〕챤[tɕʻian](254 上)

qiān 纤(縴)〔『廣韻』苦堅切, 平先, 溪。〕캰[kʻian](340 上)

qián 钤(鈐)〔『廣韻』巨淹切, 平鹽, 群。〕캰[kʻian](36 上)

qián 前〔『廣韻』昨先切, 平先, 從。〕챤[tɕʻian](50 上)

qián 钱(錢)〔『廣韻』昨仙切, 平仙, 從。〕챤[tɕʻian](312 上)

qiǎn 钳(鉗)〔『廣韻』巨淹切, 平鹽, 群。〕걘[kʻian](308 上)

qián 乾〔『廣韻』渠焉切, 平仙, 群。〕걘[kʻian](457 下)

qiǎn 浅(淺)〔『廣韻』七演切, 上獮, 清。〕쟌[tɕʻian](115 上)

qiǎn 遣〔『廣韻』去演切, 上獮, 溪。〕걘[kʻian](176 上)

qiǎn 嗛〔『廣韻』苦簟切, 上忝, 溪。〕걘[kʻian](421 下)

qiǎn 膁〔『廣韻』苦簟切, 上忝, 溪。〕걘[kʻian](333 下)

qiàn 欠〔『廣韻』去劍切, 去梵, 溪。〕걘[kʻian](439 下)

qiàn 芡〔『廣韻』巨險切, 上琰, 群。〕걘[kʻian](393 下)

qiāng 枪(槍)〔『廣韻』七羊切, 平陽, 清。〕챵[tɕʻiaŋ](111 上)

qiāng 腔〔『廣韻』苦江切, 平江, 溪。〕컁[kʻiaŋ](155 下)

qiāng 蜣〔『廣韻』去羊切, 平陽, 溪。〕컁[kʻiaŋ](448 下)

qiāng 鎗〔『廣韻』楚庚切, 平庚, 初。〕챵[tɕʻiaŋ](127 下)

qiāng 抢(搶)〔『廣韻』七羊切, 平陽, 清。〕챵[tɕʻiaŋ](214 下)

qiāng 呛(嗆)〔『集韻』千羊切, 平陽, 清。〕챵[tɕʻiaŋ](382 下)

qiāng 跄(蹌)〔『廣韻』七羊切, 平陽, 清。〕창[tsʻaŋ](201 上)

qiáng 强(強)〔『廣韻』巨良切, 平陽, 群。〕컁[kʻiaŋ](227 上)

qiáng 墙(牆)〔『廣韻』在良切, 平陽, 從。〕챵[tɕʻiaŋ](288 下)

qiáng 蔷(薔)〔『廣韻』在良切, 平陽, 從。〕챵[tɕʻiaŋ](409 下)

qiáng 樯(檣)〔『廣韻』在良切, 平陽, 從。〕챵[tɕʻiaŋ](369 上)

qiàng 跄(蹌)〔『集韻』七亮切, 去漾, 清。〕챵[tɕʻiaŋ](23 下)

qiāo 锹(鍬)〔『字彙』此遙切〕쟈[tɕʻiao](310 上)

qiāo 敲〔『廣韻』口交切, 平肴, 溪。〕걈[kʻiao](89 上)

qiāo 磽〔『廣韻』去遙切, 平宵, 溪。〕걈[kʻiao](339 下)

qiāo 蹺〔『廣韻』去遙切, 平宵, 溪。〕걈[kʻiao](92 下)

qiáo 乔(喬)〔『廣韻』巨嬌切, 平宵, 群。〕걈[kʻiao](133 上)

qiáo 荞(蕎)〔『廣韻』巨嬌切, 平宵, 群。〕걈[kʻiao](390 下)

qiáo 桥(橋) 〔『廣韻』巨嬌切, 平宵, 群。〕걓[kʻiao](263 下)

qiáo 憔 〔『廣韻』昨焦切, 平宵, 從。〕챂[tɕʻiao](156 下)

qiáo 樵 〔『廣韻』昨焦切, 平宵, 從。〕챂[tɕʻiao](137 下)

qiáo 瞧 〔『字彙』慈消切〕챂[tɕʻiao](171 上)

qiáo 翘(翹) 〔『廣韻』渠遙切, 平宵, 群。〕걓[kʻiao](266 上)

qiǎo 巧 〔『廣韻』苦絞切, 上巧, 溪。〕걒[kʻiao](234 上)

qiǎo 悄 〔『廣韻』親小切, 上小, 清。〕챂[tɕʻiao](251 上)

qiào 俏 〔『廣韻』七肖切, 去笑, 清。〕챂[tɕʻiao](224 上)

qiào 诮(誚) 〔『廣韻』才笑切, 去笑, 從。〕챂[tɕʻiao](191 上)

qiào 峭 〔『廣韻』七肖切, 去笑, 清。〕챂[tɕʻiao](27 上)

qiào 窍(竅) 〔『廣韻』苦弔切, 去嘯, 溪。〕걓[kʻiao](146 下)

qiào 撬 〔『集韻』牽么切, 平蕭, 溪。〕걓[kʻiao](207 下)

qiào 鞘 〔『廣韻』私妙切, 去笑, 心。〕챂[tɕʻiao](131 下)

qiē 切 〔『廣韻』千結切, 入屑, 清。〕쳬[tɕʻiəi](386 上)

qié 茄 〔『廣韻』求迦切, 平戈, 群。〕켸[kʻiəi](375 上)

qiě 且 〔『廣韻』七也切, 上馬, 清。〕쳬[tɕʻiəi](249 下)

qiè 妾 〔『廣韻』七接切, 入葉, 清。〕쳬[tɕʻiəi](140 上)

qiè 怯 〔『廣韻』去劫切, 入業, 溪。〕켸[kʻiəi](155 下)

qiè 窃(竊) 〔『廣韻』千結切, 入屑, 清。〕쳬[tɕiəi](214 下)

qiè 挈 〔『廣韻』苦結切, 入屑, 溪。〕켸[kʻiəi](49 下)

qiè 慊 〔『集韻』詰叶切, 入帖, 溪。〕켸[kʻiəi](356 下)

qīn 钦(欽) 〔『廣韻』去金切, 平侵, 溪。〕킨[kʻin](49 上)

qīn 侵 〔『廣韻』七林切, 平侵, 清。〕친[tɕʻin](237 上)

qīn 亲(親) 〔『廣韻』七人切, 平真, 清。〕친[tɕʻin](139 下)

qín 芹 〔『廣韻』巨斤切, 平欣, 群。〕킨[kʻin](377 下)

qín 秦 〔『廣韻』匠鄰切, 平真, 從。〕친[tɕʻin](414 下)

qín 琴〔『廣韻』巨金切, 平侵, 群。〕킨[kʻin](92 上)

qín 禽〔『廣韻』巨金切, 平侵, 群。〕킨[kʻin](302 下)

qín 勤〔『廣韻』巨斤切, 平欣, 群。〕킨[kʻin](167 上)

qín 檎〔『廣韻』巨金切, 平侵, 群。〕킨[kʻin](393 上)

qǐn 寝(寢)〔『廣韻』七稔切, 上寝, 清。〕친[tɕʻin](205 上)

qìn 沁〔『廣韻』七鴆切, 去沁, 清。〕친[tɕʻin](433 下)

qīng 青〔『廣韻』倉經切, 平青, 清。〕칭[tɕʻiŋ](73 下)

qīng 轻(輕)〔『廣韻』去盈切, 平清, 溪。〕킹[kʻiŋ](210 下)

qīng 倾(傾)〔『廣韻』去營切, 平清, 溪。〕킹[kʻiŋ](212 下)

qīng 卿〔『廣韻』去京切, 平庚, 溪。〕킹[kʻiŋ](45 上)

qīng 清〔『廣韻』七情切, 平清, 清。〕칭[tɕʻiŋ](271 上)

qīng 鲭(鯖)〔『廣韻』倉涇切, 平青, 清。〕칭[tɕʻiŋ](443 下)

qīng 顷(頃)〔『廣韻』去營切, 平清, 溪。〕킹[kʻiŋ](292 下)

qíng 情〔『廣韻』疾盈切, 平清, 從。〕칭[tɕʻiŋ](175 上)

qíng 晴〔『廣韻』疾盈切, 平清, 從。〕칭[tɕʻiŋ](13 下)

qíng 擎〔『廣韻』渠京切, 平庚, 群。〕킹[kʻiŋ](279 上)

qǐng 请(請)〔『廣韻』七靜切, 上靜, 清。〕칭[tɕʻiŋ](381 下)

qǐng 綮〔『廣韻』去潁切, 上靜, 溪。〕킹[kʻiŋ](396 上)

qìng 庆(慶)〔『廣韻』丘敬切, 去映, 溪。〕킹[kʻiŋ](75 上)

qìng 磬〔『廣韻』苦定切, 去徑, 溪。〕킹[kʻiŋ](90 上)

qióng 穷(窮)〔『廣韻』渠弓切, 平東, 群。〕큥[kʻiuŋ](191 下)

qióng 穹〔『廣韻』去宮切, 平東, 溪。〕큥[kʻiuŋ](265 上)

qióng 琼(瓊)〔『廣韻』渠營切, 平清, 群。〕큥[kʻiuŋ](460 下)

qiū 丘〔『廣韻』去鳩切, 平尤, 溪。〕칶[kʻiu](265 下)

qiū 邱〔『廣韻』去鳩切, 平尤, 溪。〕키[kʻi](26 上)

qiū 秋〔『廣韻』七由切, 平尤, 清。〕챸[tɕʻiu](408 上)

qiū 楸〔『廣韻』七由切, 平尤, 清。〕취[tɕʻiu](402 上)

qiū 鹙(鶖)〔『廣韻』七由切, 平尤, 清。〕취[tɕʻiu](414 下)

qiū 鳅(鰍)〔『廣韻』七由切, 平尤, 清。〕취[tɕʻiu](444 下)

qiū 鞦〔『廣韻』七由切, 平尤, 清。〕취[tɕʻiu](134 下)

qiú 求〔『廣韻』巨鳩切, 平尤, 群。〕칸[kʻiu](177 上)

qiú 虬(虯)〔『廣韻』渠幽切, 平幽, 群。〕칸[kʻiu](432 上)

qiú 酋〔『廣韻』自秋切, 平尤, 從。〕취[tɕʻiu](423 下)

qiú 述〔『廣韻』巨鳩切, 平尤, 群。〕칸[kʻiu](420 上)

qiú 球〔『廣韻』巨鳩切, 平尤, 群。〕칸[kʻiu](338 下)

qiú 毬〔『廣韻』巨鳩切, 平尤, 群。〕칸[kʻiu](260 下)

qiú 遒〔『廣韻』自秋切, 平尤, 從。〕취[tɕʻiu](454 上)

qū 岖(嶇)〔『廣韻』豈俱切, 平虞, 溪。〕퀴[kʻiui](25 上)

qū 驱(驅)〔『廣韻』豈俱切, 平虞, 溪。〕퀴[kʻiui](206 下)

qū 屈〔『廣韻』區勿切, 入物, 溪。〕퀴[kʻiui](421 下)

qū 蛆〔『廣韻』七余切, 平魚, 清。〕쥐[tɕʻiui](450 上)

qū 趋(趨)〔『廣韻』七逾切, 平虞, 清。〕쥐[tɕʻiui](202 下)

qū 毆〔『廣韻』豈俱切, 平虞, 溪。〕퀴[kʻiui](118 下)

qū 麯〔『集韻』丘六切, 入屋, 溪。〕퀴[kʻiui](390 下)

qū 曲〔『廣韻』丘玉切, 入燭, 溪。〕퀴[kʻiui](73 上)

qú 渠〔『廣韻』強魚切, 平魚, 群。〕퀴[kʻiui](431 下)

qú 磲〔『廣韻』強魚切, 平魚, 群。〕귀[kiui](312 下)

qú 鸜〔『字彙補』其俱切。〕귀[kiui](417 下)

qǔ 取〔『廣韻』七庾切, 上麌, 清。〕쥐[tɕʻiui](365 下)

qù 去〔『廣韻』丘倨切, 去御, 溪。〕퀴[kʻiui](354 下)

qù 趣〔『廣韻』七句切, 去遇, 清。〕쥐[tɕʻiui](231 上)

quān 圈〔『集韻』去爰切, 平元, 溪。〕콴[kʻiuan](98 下)

quán 权(權) 〔『廣韻』巨員切, 平仙, 群。〕 쿈[kʻiuan](58 上)

quán 全 〔『廣韻』疾緣切, 平仙, 從。〕 쮠[tɕʻiuan](355 下)

quán 泉 〔『廣韻』疾緣切, 平仙, 從。〕 쮠[tɕʻiuan](29 下)

quán 拳 〔『廣韻』巨員切, 平仙, 群。〕 권[kiuan](432 上)

quán 拳 〔『廣韻』巨員切, 平仙, 群。〕 쿈[kʻiuan](66 下)

quán 颧(顴) 〔『廣韻』巨員切, 平仙, 群。〕 쿈[kʻiuan](146 上)

quǎn 犬 〔『廣韻』苦泫切, 上銑, 溪。〕 쿈[kʻiuan](428 下)

quǎn 畎 〔『廣韻』姑泫切, 上銑, 見。〕 쿈[kʻiuan](29 下)

quàn 劝(勸) 〔『廣韻』去願切, 去願, 溪。〕 쿈[kʻiuan](81 上)

quàn 券 〔『廣韻』去願切, 去願, 溪。〕 쿈[kʻiuan](183 下)

quē 缺 〔『廣韻』苦穴切, 入屑, 溪。〕 퀘[kʻiuəi](351 下)

qué 瘸 〔『廣韻』巨靴切, 平戈, 群。〕 퀘[kʻiuəi](440 下)

què 雀 〔『廣韻』即略切, 入藥, 精。〕 쵀[tɕʻio](420 上)

què 鹊(鵲) 〔『廣韻』七雀切, 入藥, 清。〕 챠[tɕʻiao](196 下)

què 鹊(鵲) 〔『廣韻』七雀切, 入藥, 清。〕 쵀[tɕʻio](417 下)

qūn 逡 〔『廣韻』七倫切, 平諄, 清。〕 쿤[tɕiun](460 上)

qún 裙 〔『廣韻』渠云切, 平文, 群。〕 쿤[kʻiun](329 上)

qún 羣 〔『廣韻』渠云切, 平文, 群。〕 쿤[kʻiun](197 上)

qún 群 〔『廣韻』渠云切, 平文, 群。〕 쿤[kʻiun](350 下)

rán 然 〔『廣韻』如延切, 平仙, 日。〕 샨[ʐan](353 上)

rǎn 染 〔『廣韻』而琰切, 上琰, 日。〕 샨[ʐan](240 下)

ráng 穰 〔『廣韻』汝陽切, 平陽, 日。〕 샹[ʐaŋ](398 下)

ráng 瓤 〔『廣韻』汝陽切, 平陽, 日。〕 샹[ʐaŋ](393 下)

rǎng 壤 〔『廣韻』如兩切, 上養, 日。〕 샹[ʐaŋ](106 上)

rǎng 嚷 샹[ʐaŋ](190 下)

ràng 让(讓) 〔『廣韻』人樣切, 去漾, 日。〕 샹[ʐaŋ](161 下)

rǎo 扰(擾) 〔『廣韻』而沼切, 上小, 日。〕 샾[z̺ao](210 下)

rǎo 遶 〔『廣韻』而沼切, 上小, 日。〕 샾[z̺ao](200 下)

rào 绕(繞) 〔『廣韻』人要切, 去笑, 日。〕 샾[z̺ao](364 下)

rě 惹 〔『廣韻』人者切, 上馬, 日。〕 셔[z̺ə](210 下)

rè 热(熱) 〔『廣韻』如列切, 入薛, 日。〕 셔[z̺ə](165 下)

rén 人 〔『廣韻』如鄰切, 平真, 日。〕 신[z̺in](243 下)

rén 壬 〔『廣韻』如林切, 平侵, 日。〕 신[z̺in](16 下)

rén 仁 〔『廣韻』如鄰切, 平真, 日。〕 신[z̺in](161 下)

rén 魜 〔『玉篇』而真切〕 신[z̺in](445 上)

rěn 稔 〔『廣韻』如甚切, 上寢, 日。〕 션[z̺nə](294 上)

rèn 刃 〔『廣韻』而振切, 去震, 日。〕 션[z̺nə](126 下)

rèn 认(認) 〔『廣韻』而振切, 去震, 日。〕 션[z̺ən](171 上)

rèn 仞 〔『廣韻』而振切, 去震, 日。〕 션[z̺ən](351 下)

rèn 任 〔『廣韻』汝鴆切, 去沁, 日。〕 신[z̺in](251 上)

rèn 纫(紉) 〔『廣韻』女鄰切, 平真, 娘。〕 션[z̺ən](339 下)

rì 日 〔『廣韻』人質切, 入質, 日。〕 싀[z̺ʅ](20 下)

róng (毛+集) 〔『廣韻』而尹切, 上準, 日。〕 슝[z̺uŋ](334 上)

róng 戎 〔『廣韻』如融切, 平東, 日。〕 슝[z̺uŋ](107 上)

róng 茸 〔『廣韻』而容切, 平鍾, 日。〕 슝[z̺uŋ](428 上)

róng 荣(榮) 〔『廣韻』永兵切, 平庚, 云。〕 슝[z̺uŋ](431 上)

róng 绒(絨) 〔『廣韻』如融切, 平東, 日。〕 슝[z̺uŋ](323 上)

róng 容 〔『廣韻』餘封切, 平鍾, 以。〕 슝[z̺uŋ](350 上)

róng 羢 〔『字彙補』而容切〕 슝[z̺uŋ](336 下)

róng 蓉 〔『廣韻』餘封切, 平鍾, 以。〕 융[iuŋ](409 上)

róng 蓉 〔『廣韻』餘封切, 平鍾, 以。〕 슝[z̺uŋ](420 下)

róng 镕(鎔) 〔『廣韻』餘封切, 平鍾, 以。〕 융[iuŋ](359 下)

róng 融〔『廣韻』以戎切, 平東, 以。〕슝[ʐuŋ](101 上)

róng 融〔『廣韻』以戎切, 平東, 以。〕융[iuŋ](23 上)

rǒng 冗〔『廣韻』而隴切, 上腫, 日。〕슝[ʐuŋ](239 上)

rǒng 氄〔『廣韻』而隴切, 上腫, 日。〕슝[ʐuŋ](421 上)

róu 柔〔『廣韻』耳由切, 平尤, 日。〕셕[ʐəu](164 下)

róu 揉〔『廣韻』耳由切, 平尤, 日。〕셕[ʐəu](258 上)

ròu 肉〔『廣韻』如六切, 入屋, 日。〕슈[ʐu](372 上)

rú 如〔『廣韻』人諸切, 平魚, 日。〕슈[ʐu](157 下)

rú 儒〔『廣韻』人朱切, 平虞, 日。〕슈[ʐu](136 上)

rú 孺〔『廣韻』而遇切, 去遇, 日。〕슈[ʐu](143 下)

rú 駑〔『廣韻』人諸切, 平魚, 日。〕슈[ʐu](418 下)

rǔ 乳〔『廣韻』而主切, 上麌, 日。〕슈[ʐu](140 上)

rǔ 辱〔『廣韻』而蜀切, 入燭, 日。〕슈[ʐu](160 下)

rù 入〔『廣韻』人執切, 入緝, 日。〕슈[ʐu](110 下)

rù 蓐〔『廣韻』而蜀切, 入燭, 日。〕슈[ʐu](179 上)

rù 褥〔『廣韻』而蜀切, 入燭, 日。〕슈[ʐu](336 上)

ruǎn 软(軟)〔『廣韻』而兗切, 上獮, 日。〕숸[ʐuan](204 上)

ruǎn 輭〔『廣韻』而兗切, 上獮, 日。〕숸[ʐuan](129 上)

ruí 蕤〔『廣韻』儒隹切, 平脂, 日。〕쉬[ʐui](88 下)

ruǐ 蘂〔『廣韻』如累切, 上紙, 日。〕쉬[ʐui](408 下)

ruì 锐(銳)〔『廣韻』以芮切, 去祭, 以。〕쉬[ʐui](108 下)

ruì 瑞〔『廣韻』是偽切, 去寘, 禪。〕쉬[sui](409 下)

ruì 睿〔『廣韻』以芮切, 去祭, 以。〕쉬[ʐui](163 上)

rùn 闰(閏)〔『廣韻』如順切, 去稕, 日。〕슌[ʐun](19 上)

rùn 润(潤)〔『廣韻』如順切, 去稕, 日。〕슌[ʐun](156 上)

ruò 若〔『廣韻』而灼切, 入藥, 日。〕쇼[ʐo](224 下)

ruò 弱〔『廣韻』而灼切, 入藥, 日。〕쇼[ʐo](155 下)

ruò 箬〔『廣韻』而灼切, 入藥, 日。〕쇼[ʐo](407 上)

sǎ 洒(灑)〔『廣韻』砂下切, 上馬, 生。〕사[sa](87 上)

sǎ 撒〔『集韻』桑曷切, 入曷, 心。〕사[sa](113 下)

sà 萨(薩)〔『廣韻』桑割切, 入曷, 心。〕사[sa](252 下)

sāi 腮〔『廣韻』蘇來切, 平咍, 心。〕새[sai](146 上)

sài 赛(賽)〔『廣韻』先代切, 去代, 心。〕새[sai](259 上)

sān 三〔『廣韻』蘇甘切, 平談, 心。〕산[san](282 下)

sǎn 伞(傘)〔『廣韻』蘇旱切, 上旱, 心。〕산[san](73 下)

sǎn 糁(糝)〔『廣韻』桑感切, 上感, 心。〕션[ʂən](390 下)

sǎn 馓〔『廣韻』蘇遭切, 平豪, 心。〕산[san](380 下)

sàn 散〔『廣韻』蘇旰切, 去翰, 心。〕산[san](214 上)

sāng 桑〔『廣韻』息郎切, 平唐, 心。〕상[saŋ](409 上)

sāng 丧(喪)〔『廣韻』息郎切, 平唐, 心。〕상[saŋ](459 下)

sǎng 嗓〔『集韻』寫朗切, 上蕩, 心。〕상[saŋ](434 下)

sāo 骚(騷)〔『廣韻』蘇遭切, 平豪, 心。〕쇼[sao](307 下)

sǎo 扫(掃)〔『廣韻』蘇老切, 上皓, 心。〕쇼[sao](344 上)

sǎo 嫂〔『廣韻』蘇老切, 上皓, 心。〕쇼[sao](142 上)

sǎo 埽〔『廣韻』蘇老切, 上皓, 心。〕쇼[sao](31 下)

sāo 臊〔『廣韻』蘇遭切, 平豪, 心。〕쇼[sao](215 下)

sè 塞〔『廣韻』蘇則切, 入德, 心。〕서[sə](223 上)

sè 色〔『廣韻』所力切, 入職, 生。〕셔[ʂə](324 下)

sè 栜〔『廣韻』山責切, 入麥, 生。〕새[ʂai](402 下)

sè 涩(澀)〔『廣韻』色立切, 入緝, 生。〕셔[ʂə](386 下)

sè 啬(嗇)〔『廣韻』所力切, 入職, 生。〕서[sə](166 下)

sè 瑟〔『廣韻』所櫛切, 入櫛, 生。〕셔[ʂə](92 上)

sè 澀〔『廣韻』色立切, 入緝, 生。〕서[sə](357 上)

sēng 僧〔『廣韻』蘇增切, 平登, 心。〕승[səŋ](50 上)

shā 杀(殺)〔『廣韻』所八切, 入黠, 生。〕샤[ʂa](112 上)

shā 沙〔『廣韻』所加切, 平麻, 生。〕샤[ʂa](16 上)

shā 纱(紗)〔『廣韻』所加切, 平麻, 生。〕샤[ʂa](320 下)

shā 砂〔『廣韻』所加切, 平麻, 生。〕샤[ʂa](314 上)

shā 莎〔『集韻』師加切, 平麻, 生。〕소[so](396 下)

shā 桬〔『廣韻』所加切, 平麻, 生。〕소[so](463 下)

shā 煞〔『廣韻』所八切, 入黠, 生。〕샤[ʂa](364 下)

shā 杉 샤[ʂa](400 上)

shǎ 傻〔『廣韻』沙瓦切, 上馬, 生。〕샤[ʂa](192 上)

shà 厦(廈)〔『廣韻』胡雅切, 上馬, 匣。〕햐[xia](265 下)

shāi 筛(篩)〔『玉篇』所街切〕새[ʂai](298 上)

shài 晒〔『廣韻』所賣切, 去卦, 生。〕새[ʂai](294 上)

shài 曬〔『廣韻』所賣切, 去卦, 生。〕새[ʂai](156 上)

shān 山〔『廣韻』所閒切, 平山, 生。〕.샨[ʂan](26 上)

shān 芟〔『廣韻』所銜切, 平銜, 生。〕.샨[ʂan](296 下)

shān 苫〔『廣韻』失廉切, 平鹽, 書。〕.샨[ʂan](362 上)

shān 衫〔『廣韻』所銜切, 平銜, 生。〕.샨[ʂan](237 下)

shān 珊〔『廣韻』蘇干切, 平寒, 心。〕.샨[ʂan](312 下)

shān 搧〔『集韻』尸連切, 平仙, 書。〕.샨[ʂan](203 上)

shān 羶〔『廣韻』式連切, 平仙, 書。〕.샨[ʂan](386 下)

shǎn 闪(閃)〔『廣韻』失冉切, 上琰, 書。〕.샨[ʂan](13 上)

shàn 疝〔『廣韻』所晏切, 去諫, 生。〕.샨[ʂan](215 上)

shàn 扇〔『廣韻』式戰切, 去線, 書。〕.샨[ʂan](74 上)

shàn 善〔『廣韻』常演切, 上獮, 禪。〕.샨[ʂan](164 上)

shàn 骟(騸) 〔『字彙』式戰切〕.샨[ʂan](432 下)

shàn 缮(繕) 〔『廣韻』時戰切, 去線, 禪。〕.샨[ʂan](271 下)

shàn 膳 〔『廣韻』時戰切, 去線, 禪。〕.샨[ʂan](278 上)

shàn 蟺 〔『廣韻』常演切, 上獮, 禪。〕.샨[ʂan](449 下)

shàn 鱔 〔『廣韻』常演切, 上獮, 禪。〕.샨[ʂan](444 上)

shāng 伤(傷) 〔『廣韻』式羊切, 平陽, 書。〕샹[ʂaŋ](120 下)

shāng 商 〔『廣韻』式羊切, 平陽, 書。〕샹[ʂaŋ](88 上)

shǎng 晌 〔『篇海』始兩切〕샹[ʂaŋ](292 下)

shǎng 赏(賞) 〔『廣韻』書兩切, 上養, 書。〕샹[ʂaŋ](35 下)

shàng 上 〔『廣韻』時亮切, 去漾, 禪。〕샹[ʂaŋ](200 上)

shàng 尚 〔『廣韻』時亮切, 去漾, 禪。〕샹[ʂaŋ](48 下)

shāo 烧(燒) 〔『廣韻』式招切, 平宵, 書。〕쌰[ʂao](25 上)

shāo 弰 〔『廣韻』所交切, 平肴, 生。〕쌰[ʂao](128 下)

shāo 梢 〔『廣韻』所交切, 平肴, 生。〕쌰[ʂao](375 上)

shāo 稍 〔『廣韻』所教切, 去效, 生。〕쌰[ʂao](134 下)

shāo 艄 〔『集韻』師交切, 平爻, 生。〕쌰[ʂao](368 上)

sháo 勺 〔『廣韻』市若切, 入藥, 禪。〕쌰[ʂao](346 上)

sháo 芍 〔『廣韻』市若切, 入藥, 禪。〕쇼[ʂo](410 下)

sháo 韶 〔『廣韻』市昭切, 平宵, 禪。〕쌰[ʂao](462 下)

shǎo 少 〔『廣韻』書沼切, 上小, 書。〕쌰[ʂao](18 上)

shào 哨 〔『集韻』所教切, 去效, 生。〕쌰[ʂao](124 下)

shē 奢 〔『廣韻』式車切, 平麻, 書。〕셔[ʂə](223 上)

shē 赊(賒) 〔『字彙』詩遮切〕셔[ʂə](300 上)

shē 猞 셔[ʂə](426 下)

shé 舌 〔『廣韻』食列切, 入薛, 船。〕셔[ʂə](147 上)

shé 蛇 〔『廣韻』食遮切, 平麻, 船。〕셔[ʂə](443 上)

shě 捨〔『廣韻』書冶切, 上馬, 書。〕셔[ʂə](236 上)

shè 舍〔『廣韻』始夜切, 去禡, 書。〕셔[ʂə](136 上)

shè 设(設)〔『廣韻』識列切, 入薛, 書。〕셔[ʂə](81 上)

shè 社〔『廣韻』常者切, 上馬, 禪。〕셔[ʂə](419 上)

shè 射〔『廣韻』神夜切, 去禡, 船。〕셔[ʂə](113 下)

shè 涉〔『廣韻』時攝切, 入葉, 禪。〕셔[ʂə](353 上)

shè 赦〔『廣韻』始夜切, 去禡, 書。〕셔[ʂə](35 下)

shè 麝〔『廣韻』神夜切, 去禡, 船。〕셔[ʂə](403 下)

shé 折〔『廣韻』常列切, 入薛, 禪。〕셔[ʂə](354 上)

shēn 参(參)〔『廣韻』所今切, 平侵, 生。〕션[ʂən](10 下)

shēn 申〔『廣韻』失人切, 平真, 書。〕션[ʂən](17 上)

shēn 伸〔『廣韻』失人切, 平真, 書。〕션[ʂən](205 上)

shēn 身〔『廣韻』失人切, 平真, 書。〕션[ʂən](199 上)

shēn 深〔『廣韻』式針切, 平侵, 書。〕션[ʂən](120 下)

shēn 蔘〔『廣韻』所今切, 平侵, 生。〕션[ʂən](62 上)

shén 神〔『廣韻』食鄰切, 平真, 船。〕션[ʂən](82 下)

shěn 沈(瀋)〔『廣韻』昌枕切, 上寑, 昌。〕션[ʂən](452 下)

shěn 审(審)〔『廣韻』式荏切, 上寑, 書。〕션[ʂən](67 下)

shěn 婶(嬸)〔『集韻』式荏切, 上寑, 書。〕션[ʂən](140 上)

shěn 魫〔『廣韻』式荏切, 上寑, 書。〕션[ʂən](315 下)

shèn 肾(腎)〔『廣韻』時忍切, 上軫, 禪。〕션[ʂən](150 下)

shèn 甚〔『廣韻』時鴆切, 去沁, 禪。〕션[ʂən](245 下)

shèn 渗(滲)〔『廣韻』所禁切, 去沁, 生。〕션[ʂən](28 下)

shèn 慎〔『廣韻』時刃切, 去震, 禪。〕션[ʂən](165 下)

shèn 愼〔『廣韻』時刃切, 去震, 禪。〕션[ʂən](277 上)

shēng 升〔『廣韻』識蒸切, 平蒸, 書。〕셩[ʂəŋ](9 上)

shēng 生〔『廣韻』所庚切, 平庚, 生。〕셩[ʂəŋ](144 上)

shēng 声(聲)〔『廣韻』書盈切, 平清, 書。〕셩[ʂəŋ](14 下)

shēng 牲〔『廣韻』所庚切, 平庚, 生。〕셩[ʂəŋ](438 上)

shēng 陞〔『廣韻』識蒸切, 平蒸, 書。〕셩[ʂəŋ](71 下)

shēng 笙〔『廣韻』所庚切, 平庚, 生。〕셩[ʂəŋ](89 上)

shēng 甥〔『廣韻』所庚切, 平庚, 生。〕셩[ʂəŋ](142 上)

shéng 绳(繩)〔『廣韻』食陵切, 平蒸, 船。〕셩[ʂəŋ](275 下)

shěng 省〔『廣韻』所庚切, 上梗, 生。〕셩[ʂəŋ](166 下)

shèng 圣(聖)〔『廣韻』式正切, 去勁, 書。〕셩[ʂəŋ](466 下)

shèng 胜(勝)〔『廣韻』識蒸切, 平蒸, 書。〕셩[ʂəŋ](111 下)

shèng 盛〔『廣韻』承正切, 去勁, 禪。〕셩[ʂəŋ](457 上)

shèng 剩〔『廣韻』實證切, 去證, 船。〕셩[ʂəŋ](351 上)

shī 失〔『廣韻』式質切, 入質, 書。〕에[ʂɿ](230 上)

shī 师(師)〔『廣韻』疏夷切, 平脂, 生。〕에[ʂɿ](138 上)

shī 诗(詩)〔『廣韻』書之切, 平之, 書。〕에[ʂɿ](98 上)

shī 虱〔『廣韻』所櫛切, 入櫛, 生。〕에[ʂɿ](450 上)

shī 狮(獅)〔『廣韻』疏夷切, 平脂, 生。〕에[ʂɿ](424 上)

shī 施〔『廣韻』式支切, 平支, 書。〕에[ʂɿ](254 下)

shī 屍〔『廣韻』式脂切, 平脂, 書。〕에[ʂɿ](86 上)

shī 湿(濕)〔『廣韻』失入切, 入緝, 書。〕에[ʂɿ](25 上)

shī 蓍〔『廣韻』式脂切, 平脂, 書。〕에[ʂɿ](395 上)

shí 十〔『廣韻』是執切, 入緝, 禪。〕에[ʂɿ](19 上)

shí 石〔『廣韻』常隻切, 入昔, 禪。〕에[ʂɿ](28 上)

shí 时(時)〔『廣韻』市之切, 平之, 禪。〕에[ʂɿ](18 上)

shí 识(識)〔『廣韻』賞職切, 入職, 書。〕에[ʂɿ](229 下)

shí 实(實)〔『廣韻』神質切, 入質, 船。〕에[ʂɿ](174 下)

shí 拾〔『廣韻』是執切, 入緝, 禪。〕 에[ʂɿ](337 上)

shí 食〔『廣韻』乘力切, 入職, 船。〕 에[ʂɿ](147 下)

shí 蚀(蝕)〔『廣韻』乘力切, 入職, 船。〕 에[ʂɿ](237 上)

shí 什〔『廣韻』是執切, 入緝, 禪。〕 에[ʂɿ](444 下)

shǐ 史〔『廣韻』疏士切, 上止, 生。〕 에[ʂɿ](44 上)

shǐ 矢〔『廣韻』式視切, 上旨, 書。〕 에[ʂɿ](125 下)

shǐ 使〔『廣韻』疏士切, 上止, 生。〕 에[ʂɿ](101 上)

shǐ 始〔『廣韻』詩止切, 上止, 書。〕 에[ʂɿ](59 下)

shǐ 屎〔『廣韻』式視切, 上旨, 書。〕 에[ʂɿ](151 下)

shì 士〔『廣韻』鉏里切, 上止, 崇。〕 에[ʂɿ](45 下)

shì 氏〔『廣韻』承紙切, 上紙, 禪。〕 에[ʂɿ](141 上)

shì 示〔『廣韻』神至切, 去至, 船。〕 에[ʂɿ](61 上)

shì 世〔『廣韻』舒制切, 去祭, 書。〕 에[ʂɿ](43 下)

shì 仕〔『廣韻』鉏里切, 上止, 崇。〕 에[ʂɿ](38 上)

shì 市〔『廣韻』時止切, 上止, 禪。〕 에[ʂɿ](191 上)

shì 式〔『廣韻』賞職切, 入職, 書。〕 에[ʂɿ](137 下)

shì 势(勢)〔『廣韻』舒制切, 去祭, 書。〕 에[ʂɿ](180 上)

shì 事〔『廣韻』鉏吏切, 去志, 崇。〕 에[ʂɿ](59 上)

shì 侍〔『廣韻』時吏切, 去志, 禪。〕 에[ʂɿ](48 上)

shì 饰(飾)〔『廣韻』賞職切, 入職, 書。〕 에[ʂɿ](134 下)

shì 试(試)〔『廣韻』式吏切, 去志, 書。〕 에[ʂɿ](57 上)

shì 视(視)〔『廣韻』常利切, 去至, 禪。〕 에[ʂɿ](225 上)

shì 柿〔『龍龕手鑒』音士〕 에[ʂɿ](391 上)

shì 是〔『廣韻』承紙切, 上紙, 禪。〕 에[ʂɿ](68 上)

shì 适(適)〔『廣韻』施隻切, 入昔, 書。〕 에[ʂɿ](180 上)

shì 室〔『廣韻』式質切, 入質, 書。〕 에[ʂɿ](34 下)

shì 释(釋) 〔『廣韻』施隻切, 入昔, 書。〕예[ʂๅ](71 上)

shì 嗜 〔『廣韻』常利切, 去至, 禪。〕예[ʂๅ](180 上)

shì 筮 〔『廣韻』時制切, 去祭, 禪。〕예[ʂๅ](97 上)

shì 誓 〔『廣韻』時制切, 去祭, 禪。〕예[ʂๅ](212 下)

shì 謚 〔『廣韻』神至切, 去至, 船。〕예[ʂๅ](37 上)

shì 餙 〔『廣韻』賞職切, 入職, 書。〕예[ʂๅ](191 上)

shì 殖 〔『集韻』仕吏切, 去志, 崇。〕예[ʂๅ](86 上)

shōu 收 〔『廣韻』式州切, 平尤, 書。〕샫[ʂəu](296 下)

shǒu 手 〔『廣韻』書九切, 上有, 書。〕샫[ʂəu](199 上)

shǒu 守 〔『廣韻』書九切, 上有, 書。〕샫[ʂəu](108 上)

shǒu 首 〔『廣韻』書九切, 上有, 書。〕샫[ʂəu](17 下)

shòu 寿(壽) 〔『廣韻』承咒切, 去宥, 禪。〕샫[ʂəu](143 上)

shòu 受 〔『廣韻』殖酉切, 上有, 禪。〕샫[ʂəu](159 上)

shòu 狩 〔『廣韻』舒救切, 去宥, 書。〕샫[ʂəu](118 下)

shòu 授 〔『廣韻』承咒切, 去宥, 禪。〕샫[ʂəu](54 上)

shòu 兽(獸) 〔『廣韻』舒救切, 去宥, 書。〕샫[ʂəu](120 下)

shòu 绶(綬) 〔『廣韻』殖酉切, 上有, 禪。〕샫[ʂəu](36 上)

shòu 瘦 〔『廣韻』所祐切, 去宥, 生。〕슈[səu](155 下)

shū 殳 〔『廣韻』市朱切, 平虞, 禪。〕슈[ʂu](73 上)

shū 书(書) 〔『廣韻』傷魚切, 平魚, 書。〕슈[ʂu](93 下)

shū 枢(樞) 〔『廣韻』昌朱切, 平虞, 昌。〕슈[ʂu](402 下)

shū 叔 〔『廣韻』式竹切, 入屋, 書。〕슈[ʂu](140 下)

shū 梳 〔『廣韻』所葅切, 平魚, 生。〕슈[ʂu](124 上)

shū 淑 〔『廣韻』殊六切, 入屋, 禪。〕슈[ʂu](38 下)

shū 舒 〔『廣韻』傷魚切, 平魚, 書。〕슈[ʂu](157 下)

shū 疎 〔『廣韻』所葅切, 平魚, 生。〕슈[ʂu](232 下)

shū 疎〔『廣韻』所葅切, 平魚, 生。〕슈[ʂu](404 上)

shū 疏〔『廣韻』所葅切, 平魚, 生。〕슈[ʂu](13 上)

shū 输(輸)〔『廣韻』式朱切, 平虞, 書。〕슈[ʂu](259 下)

shū 蔬〔『廣韻』所葅切, 平魚, 生。〕슈[ʂu](374 下)

shú 秫〔『廣韻』食聿切, 入術, 船。〕슈[ʂu](389 下)

shú 赎(贖)〔『廣韻』神蜀切, 入燭, 船。〕슈[ʂu](69 下)

shú 熟〔『廣韻』殊六切, 入屋, 禪。〕슈[ʂu](166 上)

shǔ 黍〔『廣韻』舒呂切, 上語, 書。〕슈[ʂu](389 下)

shǔ 属(屬)〔『廣韻』市玉切, 入燭, 禪。〕슈[ʂu](24 下)

shǔ 署〔『廣韻』常恕切, 去御, 禪。〕슈[ʂu](274 下)

shǔ 蜀〔『廣韻』市玉切, 入燭, 禪。〕슈[ʂu](411 下)

shǔ 鼠〔『廣韻』舒呂切, 上語, 書。〕슈[ʂu](427 下)

shǔ 薯〔『廣韻』常恕切, 去御, 禪。〕슈[ʂu](393 下)

shù 術〔『廣韻』食聿切, 入術, 船。〕슈[ʂu](255 下)

shù 戍〔『廣韻』傷遇切, 去遇, 書。〕슈[ʂu](108 上)

shù 束〔『廣韻』書玉切, 入燭, 書。〕슈[ʂu](131 下)

shù 述〔『廣韻』食聿切, 入術, 船。〕슈[ʂu](98 上)

shù 树(樹)〔『廣韻』常句切, 去遇, 禪。〕슈[ʂu](405 上)

shù 竖(竪)〔『廣韻』臣庾切, 上麌, 禪。〕슈[ʂu](209 上)

shù 恕〔『廣韻』商署切, 去御, 書。〕슈[ʂu](162 上)

shù 庶〔『廣韻』商署切, 去御, 書。〕슈[ʂu](283 上)

shù 数(數)〔『廣韻』色句切, 去遇, 生。〕슈[ʂu](105 下)

shù 漱〔『廣韻』蘇奏切, 去候, 生。〕슈[ʂu](240 下)

shù 豎〔『廣韻』臣庾切, 上麌, 禪。〕슈[ʂu](32 下)

shuā 刷〔『廣韻』數刮切, 入鎋, 生。〕솨[ʂua](346 下)

shuǎ 耍〔『字彙』沙雅切〕솨[ʂua](181 下)

shuāi 衰〔『廣韻』所追切, 平脂, 生。〕쉐[ʂuai](143 下)

shuāi 摔〔『篇海類編』山律切〕쉐[ʂuai](188 上)

shuài 率〔『廣韻』所類切, 去至, 生。〕쉐[ʂuai](232 下)

shuān 闩(閂)〔『字彙補』數還切〕쉰[ʂuan](287 下)

shuān 拴 쉰[ʂuan](439 上)

shuàn 涮〔『廣韻』生患切, 去諫, 生。〕쉰[ʂuan](31 下)

shuāng 双(雙)〔『廣韻』所江切, 平江, 生。〕솽[ʂuaŋ](350 上)

shuāng 霜〔『廣韻』色莊切, 平陽, 生。〕솽[ʂuaŋ](14 下)

shuǎng 爽〔『廣韻』疏兩切, 上養, 生。〕솽[ʂuaŋ](164 上)

shuí 谁(誰)〔『廣韻』視隹切, 平脂, 禪。〕쉬[ʂui](244 上)

shuǐ 水〔『廣韻』式軌切, 上旨, 書。〕쉬[ʂui](28 下)

shuì 税〔『廣韻』所芮切, 去祭, 書。〕쉬[ʂui](65 上)

shuì 睡〔『廣韻』是僞切, 去寘, 禪。〕쉬[ʂui](205 下)

shùn 顺(順)〔『廣韻』食閏切, 去稕, 船。〕슌[ʂun](160 上)

shùn 瞬〔『廣韻』舒閏切, 去稕, 書。〕슌[ʂun](460 上)

shuō 说(說)〔『廣韻』失爇切, 入薛, 書。〕쇼[ʂo](192 上)

shuò 烁(爍)〔『廣韻』書藥切, 入藥, 書。〕쇼[ʂo](153 下)

shuò 朔〔『廣韻』所角切, 入覺, 生。〕쇼[ʂo](20 下)

shuò 硕(碩)〔『廣韻』常隻切, 入昔, 禪。〕쇼[ʂo](34 下)

sī 司〔『廣韻』息茲切, 平之, 心。〕쓰[sɿ](279 上)

sī 丝(絲)〔『廣韻』息茲切, 平之, 心。〕쓰[sɿ](319 上)

sī 私〔『廣韻』息夷切, 平脂, 心。〕쓰[sɿ](162 下)

sī 思〔『廣韻』息茲切, 平之, 心。〕쓰[sɿ](157 上)

sī 鸶(鷥)〔『集韻』新茲切, 平之, 心。〕쓰[sɿ](414 上)

sī 斯〔『廣韻』息移切, 平支, 心。〕쓰[sɿ](41 上)

sī 蛳(螄)〔『廣韻』疏夷切, 平脂, 生。〕쓰[sɿ](445 上)

sī 撕〔『集韻』相支切, 平支, 心。〕쓰[sๅ](428 下)

sī 澌〔『廣韻』斯義切, 去寘, 心。〕쓰[sๅ](22 下)

sǐ 死〔『廣韻』息姊切, 上旨, 心。〕쓰[sๅ](112 下)

sì 似〔『廣韻』詳里切, 上止, 邪。〕쓰[sๅ](152 上)

sì 巳〔『廣韻』詳里切, 上止, 邪。〕쓰[sๅ](17 上)

sì 四〔『廣韻』息利切, 去至, 心。〕쓰[sๅ](242 下)

sì 寺〔『廣韻』祥吏切, 去志, 邪。〕쓰[sๅ](276 上)

sì 兕〔『廣韻』徐姊切, 上旨, 邪。〕쓰[sๅ](424 下)

sì 祀〔『廣韻』詳里切, 上止, 邪。〕쓰[sๅ](81 下)

sì 泗〔『廣韻』息利切, 去至, 心。〕쓰[sๅ](457 下)

sì 驷(駟)〔『廣韻』息利切, 去至, 心。〕쓰[sๅ](48 上)

sì 嗣〔『廣韻』祥吏切, 去志, 邪。〕즈[tsʻๅ](141 上)

sōng 松〔『廣韻』祥容切, 平鐘, 邪。〕숭[suŋ](314 下)

sōng 鬆〔『廣韻』私宗切, 平冬, 心。〕숭[suŋ](225 上)

sǒng 聳(竦)〔『廣韻』息拱切, 上腫, 心。〕숭[suŋ](199 上)

sòng 讼(訟)〔『廣韻』似用切, 去用, 邪。〕숭[suŋ](67 上)

sòng 送〔『廣韻』蘇弄切, 去送, 心。〕숭[suŋ](258 上)

sòng 颂(頌)〔『廣韻』餘封切, 平鍾, 以。〕숭[suŋ](94 下)

sōu 搜〔『廣韻』所鳩切, 平尤, 生。〕수[səu](59 上)

sōu 蒐〔『廣韻』所鳩切, 平尤, 生。〕수[səu](118 下)

sōu 馊(餿)〔『集韻』疏鳩切, 平尤, 生。〕수[səu](387 上)

sōu 飕(颼)〔『集韻』所救切, 去宥, 生。〕샤[ṣao](13 下)

sǒu 嗾〔『廣韻』蘇后切, 上厚, 心。〕쳐[tʂʻəu](121 上)

sǒu 擞(擻)〔『廣韻』蘇后切, 上厚, 心。〕수[səu](226 下)

sǒu 薮(藪)〔『廣韻』蘇后切, 上厚, 心。〕수[səu](316 下)

sòu 嗽〔『廣韻』蘇奏切, 去候, 心。〕）수[səu](216 下)

sū 苏(蘇)〔『廣韻』素姑切, 平模, 心。〕수[su](363 下)

sū 酥〔『廣韻』素姑切, 平模, 心。〕수[su](387 下)

sú 俗〔『廣韻』似足切, 入燭, 邪。〕수[su](232 下)

sù 诉(訴)〔『廣韻』桑故切, 去暮, 心。〕수[su](170 上)

sù 肃(肅)〔『廣韻』息逐切, 入屋, 心。〕수[su](8 上)

sù 素〔『廣韻』桑故切, 去暮, 心。〕수[su](73 下)

sù 速〔『廣韻』桑谷切, 入屋, 心。〕수[su](173 上)

sù 粟〔『廣韻』相玉切, 入燭, 心。〕수[su](411 下)

sù 嗉〔『廣韻』桑故切, 去暮, 心。〕수[su](421 上)

sù 宿〔『廣韻』息逐切, 入屋, 心。〕수[su](77 上)

suān 狻〔『廣韻』素官切, 平桓, 心。〕숸[suan](424 上)

suān 酸〔『廣韻』素官切, 平桓, 心。〕숸[suan](377 下)

suàn 蒜〔『廣韻』蘇貫切, 去換, 心。〕숸[suan](377 下)

suī 尿〔『六書故』息遺切〕쉬[sui](150 下)

suī 虽(雖)〔『廣韻』息遺切, 平脂, 心。〕쉬[sui](247 下)

suí 随(隨)〔『廣韻』旬為切, 平支, 邪。〕쉬[sui](228 上)

suǐ 髓〔『廣韻』息委切, 上紙, 心。〕쉬[sui](150 上)

suì 岁(歲)〔『廣韻』相銳切, 去祭, 心。〕쉬[sui](432 下)

suì 祟〔『廣韻』雖遂切, 去至, 心。〕쉬[sui](258 上)

suì 碎〔『廣韻』蘇內切, 去隊, 心。〕쉬[sui](353 下)

suì 穗〔『廣韻』徐醉切, 去至, 邪。〕쉬[sui](294 上)

sūn 孙(孫)〔『廣韻』思渾切, 平魂, 心。〕순[sun](141 上)

sūn 狲(猻)〔『廣韻』思渾切, 平魂, 心。〕순[sun](426 下)

sǔn 损(損)〔『廣韻』蘇本切, 上混, 心。〕순[sun](236 上)

sǔn 笋〔『廣韻』思尹切, 上準, 心。〕순[sun](376 下)

sǔn 筍〔『廣韻』思尹切, 上準, 心。〕순[sun](288 上)

sǔn 桻 〔『集韻』聳尹切, 上準, 心。〕 순[sun](360 下)

suō 莎 〔『廣韻』蘇禾切, 平戈, 心。〕 소[so](396 下)

suō 唆 〔『廣韻』蘇禾切, 平戈, 心。〕 소[so](234 下)

suō 梭 〔『集韻』蘇禾切, 平戈, 心。〕 소[so](116 上)

suō 缩(縮) 〔『廣韻』所六切, 入屋, 生。〕 소[so](232 上)

suō 簑 〔『廣韻』蘇禾切, 平戈, 心。〕 소[so](329 下)

suǒ 所 〔『廣韻』疏舉切, 上語, 生。〕 쇼[ʂo](281 下)

suǒ 索 〔『廣韻』蘇各切, 入鐸, 心。〕 소[so](208 下)

suǒ 琐(瑣) 〔『廣韻』蘇果切, 上果, 心。〕 소[so](239 上)

suǒ 锁(鎖) 〔『廣韻』蘇果切, 上果, 心。〕 소[so](290 下)

suǒ 锁(鎖) 〔『廣韻』蘇果切, 上果, 心。〕 샨[ɕiao](77 下)

tā 他 〔『廣韻』託何切, 平歌, 透。〕 타[tʻa](244 下)

tā 铊(鉈) 토[tʻo](300 下)

tā 塌 〔『集韻』託盍切, 入盍, 透。〕 타[tʻa](154 上)

tā 遢 〔『廣韻』吐盍切, 入盍, 透。〕 타[tʻa](237 下)

tǎ 塔 〔『廣韻』吐盍切, 入盍, 透。〕 타[tʻa](398 下)

tǎ 獭(獺) 〔『廣韻』他達切, 入曷, 透。〕 타[tʻa](426 下)

tà 榻 〔『廣韻』吐盍切, 入盍, 透。〕 타[tʻa](369 下)

tà 踏 〔『廣韻』他合切, 入合, 透。〕 타[tʻa](264 上)

tà 縚 〔『古今韻會舉要』託合切。〕 타[tʻa](340 上)

tà 蹋 〔『集韻』徒盍切, 入盍, 定。〕 타[tʻa](223 上)

tà 嗒 〔『廣韻』吐盍切, 入盍, 透。〕 다[ta](381 下)

tāi 胎 〔『廣韻』土來切, 平咍, 透。〕 태[tʻai](178 上)

tái 台 〔『廣韻』土來切, 平咍, 透。〕 태[tʻai](290 上)

tái 抬 〔『廣韻』徒哀切, 平咍, 定。〕 태[tʻai](102 上)

tái 苔 〔『廣韻』徒哀切, 平咍, 定。〕 태[tʻai](397 上)

tái 臺〔『廣韻』徒哀切, 平咍, 定。〕태[tʻai](295 下)

tái 擡〔『廣韻』徒哀切, 平咍, 定。〕태[tʻai](297 下)

tái 薹〔『廣韻』徒哀切, 平咍, 定。〕태[tʻai](266 上)

tài 太〔『廣韻』他蓋切, 去泰, 透。〕태[tʻai](37 上)

tài 态(態)〔『廣韻』他代切, 去代, 透。〕태[tʻai](154 下)

tài 泰〔『廣韻』他蓋切, 去泰, 透。〕태[tʻai](457 下)

tān 撣(撢)〔『集韻』他干切, 平寒, 透。〕탄[tʻan](181 下)

tān 坍〔『篇海類編』他酣切〕탄[tʻan](31 下)

tān 贪(貪)〔『廣韻』他含切, 平覃, 透。〕탄[tʻan](223 下)

tān 摊(攤)〔『廣韻』他干切, 平寒, 透。〕탄[tʻan](296 下)

tān 滩(灘)〔『廣韻』他干切, 平寒, 透。〕탄[tʻan](30 下)

tān 瘫(癱)〔『字彙』他丹切〕탄[tʻan](204 上)

tán 坛(壇)〔『廣韻』徒干切, 平寒, 定。〕탄[tʻan](254 下)

tán 罈 탄[tʻan](346 下)

tán 弹(彈)〔『廣韻』徒干切, 平寒, 定。〕탄[tʻan](89 上)

tán 昙(曇)〔『廣韻』徒含切, 平覃, 定。〕탄[tʻan](462 上)

tán 谈(談)〔『廣韻』徒甘切, 平談, 定。〕탄[tʻan](190 上)

tán 痰〔『廣韻』徒甘切, 平談, 定。〕탄[tʻan](151 上)

tán 潭〔『廣韻』徒含切, 平覃, 定。〕탄[tʻan](452 上)

tán 檀〔『廣韻』徒干切, 平寒, 定。〕탄[tʻan](402 下)

tǎn 忐〔『字彙』吐敢切〕탄[tʻan](228 上)

tǎn 坦〔『廣韻』他但切, 上旱, 透。〕탄[tʻan](242 上)

tǎn 毯〔『廣韻』吐敢切, 上敢, 透。〕탄[tʻan](321 上)

tàn 叹(嘆)〔『廣韻』他旦切, 去翰, 透。〕탄[tʻan](186 下)

tàn 炭〔『廣韻』他旦切, 去翰, 透。〕탄[tʻan](315 上)

tàn 探〔『廣韻』他含切, 平覃, 透。〕탄[tʻan](52 上)

tàn 歎〔『廣韻』他旦切, 去翰, 透。〕탄[tʻan](95 下)

tāng 汤(湯)〔『廣韻』吐郎切, 平唐, 透。〕탕[tʻaŋ](374 上)

tāng 铛(鐺)〔『廣韻』吐郎切, 平唐, 透。〕탕[tʻaŋ](91 上)

táng 遢〔『集韻』徒郎切, 平唐, 定。〕탕[tʻaŋ](115 下)

táng 唐〔『廣韻』徒郎切, 平唐, 定。〕탕[tʻaŋ](224 上)

táng 堂〔『廣韻』徒郎切, 平唐, 定。〕탕[tʻaŋ](140 下)

táng 棠〔『廣韻』徒郎切, 平唐, 定。〕탕[tʻaŋ](408 上)

táng 塘〔『廣韻』徒郎切, 平唐, 定。〕탕[tʻaŋ](271 上)

táng 樘〔『玉篇』達郎切〕탕[tʻaŋ](111 上)

táng 膛〔『集韻』他郎切, 平唐, 透。〕탕[tʻaŋ](152 下)

táng 糖〔『廣韻』徒郎切, 平唐, 定。〕탕[tʻaŋ](381 上)

táng 螗〔『廣韻』徒郎切, 平唐, 定。〕탕[tʻaŋ](448 上)

tǎng 倘〔『集韻』坦朗切, 上蕩, 透。〕탕[tʻaŋ](245 下)

tàng 烫(燙)〔『廣韻』他浪切, 去宕, 透。〕탕[tʻaŋ](221 上)

tàng 铴(鐋)〔『廣韻』他浪切, 去宕, 透。〕당[taŋ](311 下)

tāo 韬(韜)〔『廣韻』土刀切, 平豪, 透。〕탸[tʻao](158 上)

tāo 縧〔『廣韻』土刀切, 平豪, 透。〕탸[tʻao](331 下)

táo 逃〔『廣韻』徒刀切, 平豪, 定。〕탸[tʻao](214 上)

táo 桃〔『廣韻』徒刀切, 平豪, 定。〕탸[tʻao](392 下)

táo 萄〔『廣韻』徒刀切, 平豪, 定。〕탸[tʻao](394 下)

táo 嗃〔『廣韻』徒刀切, 平豪, 定。〕탸[tʻao](145 上)

táo 淘〔『集韻』徒刀切, 平豪, 定。〕탸[tʻao](359 下)

tǎo 讨(討)〔『廣韻』他浩切, 上皓, 透。〕탸[tʻao](191 上)

tào 套〔『集韻』叨號切, 去號, 透。〕탸[tʻao](233 下)

tè 忑〔『字彙』胎德切〕터[tʻə](228 上)

tè 特〔『廣韻』徒得切, 入德, 定。〕터[tʻə](42 上)

téng 疼〔『廣韻』徒冬切, 平冬, 定。〕틍[tʻəŋ](217 下)

téng 腾(騰)〔『廣韻』徒登切, 平登, 定。〕틍[tʻəŋ](422 上)

téng 謄(謄)〔『廣韻』徒登切, 平登, 定。〕틍[tʻəŋ](98 下)

téng 滕〔『廣韻』徒登切, 平登, 定。〕틍[tʻəŋ](448 上)

téng 藤〔『廣韻』徒登切, 平登, 定。〕틍[tʻəŋ](403 下)

téng 籐〔『廣韻』徒登切, 平登, 定。〕틍[tʻəŋ](107 下)

tī 剔〔『廣韻』他歷切, 入錫, 透。〕티[tʻi](309 上)

tī 梯〔『廣韻』土雞切, 平齊, 透。〕티[tʻi](310 下)

tī 踢〔『廣韻』他歷切, 入錫, 透。〕티[tʻi](259 上)

tí 提〔『廣韻』杜奚切, 平齊, 定。〕티[tʻi](297 上)

tí 啼〔『廣韻』杜奚切, 平齊, 定。〕티[tʻi](196 下)

tí 遆〔『集』田黎切, 平齊, 定。〕디[ti](153 下)

tí 鶗(鶙)〔『廣韻』杜奚切, 半齊, 定。〕티[tʻi](468 上)

tí 緹(緹)〔『廣韻』杜奚切, 平齊, 定。〕티[tʻi](134 上)

tí 题(題)〔『廣韻』杜奚切, 平齊, 定。〕티[tʻi](97 下)

tí 蹄〔『廣韻』杜奚切, 平齊, 定。〕티[tʻi](435 上)

tí 騠〔『廣韻』杜奚切, 平齊, 定。〕티[tʻi](432 下)

tǐ 体(體)〔『廣韻』他禮切, 上薺, 透。〕티[tʻi](212 下)

tǐ 軆〔『廣韻』他禮切, 上薺, 透。〕티[tʻi](70 下)

tì 屉〔『集韻』他計切, 去霽, 透。〕티[tʻi](343 上)

tì 剃〔『廣韻』他計切, 去霽, 透。〕티[tʻi](334 下)

tì 涕〔『廣韻』他計切, 去霽, 透。〕티[tʻi](151 下)

tì 悌〔『廣韻』徒禮切, 上薺, 定。〕디[tʻi](161 上)

tì 替〔『廣韻』他計切, 去霽, 透。〕티[tʻi](175 下)

tì 嚏〔『玉篇』丁計切〕티[tʻi](216 下)

tiān 天〔『廣韻』他前切, 平先, 透。〕탼[tʻian](266 下)

tiān 添〔『廣韻』他兼切, 平添, 透。〕턘[tʻian](218 下)

tián 田〔『廣韻』徒年切, 平先, 定。〕턘[tʻian](292 上)

tián 畋〔『廣韻』徒年切, 平先, 定。〕턘[tʻian](118 下)

tián 恬〔『廣韻』徒兼切, 平添, 定。〕턘[tʻian](231 上)

tián 甜〔『廣韻』徒兼切, 平添, 定。〕턘[tʻian](386 下)

tián 填〔『廣韻』徒年切, 平先, 定。〕턘[tʻian](358 下)

tiǎn 餂〔『集韻』他點切, 上忝, 透。〕턘[tʻian](382 上)

tiǎn 覥〔『龍龕手鑑』他典反。〕턘[tʻian](239 下)

tiāo 佻〔『廣韻』吐彫切, 平蕭, 透。〕턒[tʻiao](226 上)

tiáo 条(條)〔『廣韻』徒聊切, 平蕭, 定。〕턒[tʻiao](421 下)

tiáo 苕〔『廣韻』徒聊切, 平蕭, 定。〕턒[tʻiao](389 下)

tiáo 调(調)〔『廣韻』徒聊切, 平蕭, 定。〕턒[tʻiao](121 上)

tiáo 笤〔『字彙』笛聊切。〕턒[tʻiao](344 上)

tiǎo 窕〔『廣韻』徒了切, 上篠, 定。〕턒[tʻiao](152 下)

tiǎo 挑〔『廣韻』徒了切, 上篠, 定。〕턒[tʻiao](114 上)

tiào 跳〔『廣韻』徒聊切, 平蕭, 定。〕턒[tʻiao](83 上)

tiē 贴(貼)〔『廣韻』他協切, 入帖, 透。〕테[tʻiəi](60 上)

tiě 铁(鐵)〔『廣韻』他結切, 入屑, 透。〕테[tʻiəi](131 上)

tiè 帖〔『廣韻』他協切, 入帖, 透。〕테[tʻiəi](60 上)

tīng 厅(廳)〔『廣韻』他丁切, 平青, 透。〕팅[tʻiŋ](280 下)

tīng 桯〔『廣韻』他丁切, 平青, 透。〕팅[tʻiŋ](132 上)

tīng 聽〔『廣韻』他丁切, 平青, 透。〕팅[tʻiŋ](80 上)

tíng 渟〔『廣韻』特丁切, 平青, 定。〕팅[tʻiŋ](28 下)

tíng 亭〔『廣韻』特丁切, 平青, 定。〕팅[tʻiŋ](275 下)

tíng 停〔『廣韻』特丁切, 平青, 定。〕팅[tʻiŋ](86 上)

tíng 葶〔『廣韻』特丁切, 平青, 定。〕팅[tʻiŋ](398 上)

tǐng 挺〔『廣韻』徒鼎切, 上迥, 定。〕팅[tʻiŋ](204 下)

tǐng 梃〔『廣韻』徒鼎切, 上迥, 定。〕팅[tʻiŋ](421 下)

tǐng (身+廷)〔『廣韻』他鼎切, 上迥, 透。〕팅[tʻiŋ](152 下)

tìng 汀〔『廣韻』他定切, 去徑, 透。〕팅[tʻiŋ](452 下)

tōng 通〔『廣韻』他紅切, 平東, 透。〕퉁[tʻuŋ](100 下)

tóng 同〔『廣韻』徒紅切, 平東, 定。〕퉁[tʻuŋ](352 下)

tóng 茼〔『字彙』徒紅切〕퉁[tʻuŋ](375 下)

tóng 桐〔『廣韻』徒紅切, 平東, 定。〕퉁[tʻuŋ](463 下)

tóng 铜(銅)〔『廣韻』徒紅切, 平東, 定。〕퉁[tʻuŋ](313 下)

tóng 童〔『廣韻』徒紅切, 平東, 定。〕퉁[tʻuŋ](138 下)

tóng 橦〔『廣韻』徒紅切, 平東, 定。〕퉁[tʻuŋ](464 上)

tóng 瞳〔『廣韻』徒紅切, 平東, 定。〕퉁[tʻuŋ](146 上)

tǒng 统(統)〔『廣韻』他綜切, 去宋, 透。〕퉁[tʻuŋ](44 下)

tǒng 桶〔『廣韻』他孔切, 上董, 透。〕퉁[tʻuŋ](347 下)

tǒng 筒〔『廣韻』徒紅切, 平東, 定。〕퉁[tʻuŋ](316 下)

tòng 恸(慟)〔『廣韻』徒弄切, 去送, 定。〕퉁[tʻuŋ](187 下)

tòng 痛〔『廣韻』他貢切, 去送, 透。〕퉁[tʻuŋ](217 上)

tōu 偷〔『廣韻』託侯切, 平侯, 透。〕특[tʻəu](171 下)

tóu 头(頭)〔『廣韻』度侯切, 平侯, 定。〕특[tʻəu](137 上)

tóu 投〔『廣韻』度侯切, 平侯, 定。〕특[tʻəu](259 上)

tóu 骰〔『廣韻』度侯切, 平侯, 定。〕서[sə](260 上)

tǒu 黈〔『廣韻』天口切, 上厚, 透。〕특[tʻəu](456 上)

tòu 透〔『廣韻』他候切, 去候, 透。〕특[tʻəu](120 上)

tū 秃〔『廣韻』他谷切, 入屋, 透。〕투[tʻu](222 上)

tū 突〔『廣韻』陀骨切, 入沒, 定。〕투[tʻu](110 下)

tú 图(圖)〔『廣韻』同都切, 平模, 定。〕투[tʻu](278 上)

tú 茶〔『廣韻』同都切, 平模, 定。〕투[tʻu](451 下)

tú 徒〔『廣韻』同都切, 平模, 定。〕투[tʻu](247 下)

tú 途〔『廣韻』同都切, 平模, 定。〕투[tʻu](263 下)

tú 涂(塗)〔『廣韻』同都切, 平模, 定。〕투[tʻu](229 下)

tú 酴〔『廣韻』同都切, 平模, 定。〕투[tʻu](409 下)

tú 鵌〔『廣韻』同都切, 平模, 定。〕투[tʻu](469 下)

tǔ 土〔『廣韻』他魯切, 上姥, 透。〕투[tʻu](24 下)

tǔ 吐〔『廣韻』他魯切, 上姥, 透。〕투[tʻu](151 上)

tù 兔〔『廣韻』湯故切, 去暮, 透。〕투[tʻu](131 上)

tuān 貒〔『廣韻』他端切, 平桓, 透。〕퇀[tuan](426 下)

tuán (食+耑)〔『龍龕手鑑』徒端反。〕퇀[tʻuan](379 下)

tuán 团(團)〔『廣韻』度官切, 平桓, 定。〕퇀[tʻuan](318 上)

tuàn 彖〔『廣韻』通貫切, 去換, 透。〕퇀[tʻuan](96 上)

tuī 推〔『廣韻』他回切, 平灰, 透。〕튀[tʻui](240 上)

túi 頹(頺)〔『廣韻』杜回切, 平灰, 定。〕튀[tʻui](155 上)

túi 頹(頺)〔『廣韻』杜回切, 平灰, 定。〕투[tʻu](414 下)

tuǐ 腿〔『廣韻』吐猥切, 上賄, 透。〕튀[tʻui](149 下)

tuì 退〔『廣韻』他內切, 去隊, 透。〕튀[tʻui](232 上)

tūn 吞〔『廣韻』吐根切, 平痕, 透。〕툰[tʻun](187 上)

tūn 涒〔『廣韻』他昆切, 平魂, 透。〕툰[tʻun](451 下)

tún 屯〔『廣韻』徒渾切, 平魂, 定。〕툰[tʻun](263 上)

tún 饨(飩)〔『廣韻』徒渾切, 平魂, 定。〕툰[tʻun](380 上)

tún 豚〔『廣韻』徒渾切, 平魂, 定。〕툰[tʻun](429 下)

tún 臀〔『廣韻』徒渾切, 平魂, 定。〕툰[tʻun](182 上)

tùn 褪〔『字彙』吐困切〕툰[tʻun](355 上)

tuō 托〔『集韻』闥各切, 入鐸, 透。〕토[tʻo](90 上)

tuō 拖〔『廣韻』託何切, 平歌, 透。〕토[tʻo](85 下)

tuō 託〔『廣韻』他各切, 入鐸, 透。〕토[tʻo](177 下)

tuō 脱〔『廣韻』他括切, 入末, 透。〕토[tʻo](70 上)

tuó 馱〔『廣韻』徒河切, 平歌, 定。〕토[tʻo](369 下)

tuó 駄〔『廣韻』徒河切, 平歌, 定。〕토[tʻo](133 上)

tuó 陀〔『廣韻』徒河切, 平歌, 定。〕토[tʻo](86 下)

tuó 沱〔『廣韻』徒河切, 平歌, 定。〕토[tʻo](13 下)

tuó 驼(駝)〔『廣韻』徒河切, 平歌, 定。〕토[tʻo](432 下)

tuó 柁〔『集韻』唐何切, 平歌, 定。〕토[tʻo](361 上)

tuó 砣〔『集韻』徒禾切, 平戈, 定。〕토[tʻo](325 上)

tuó 鼉(鼉)〔『廣韻』徒河切, 平歌, 定。〕토[tʻo](445 上)

tuó 铊(鉈) 토[tʻo](300 下)

tuǒ 妥〔『廣韻』他果切, 上果, 透。〕토[tʻo](224 上)

tuǒ 庹〔『餘文』徒河切〕토[tʻo](352 上)

tuò 唾〔『廣韻』湯臥切, 去過, 透。〕토[tʻo](72 下)

wā 凹〔『廣韻』烏洽切, 入洽, 影。〕와[wa](129 下)

wā 穵〔『廣韻』烏八切, 入黠, 影。〕와[wa](339 上)

wā 洼〔『廣韻』烏瓜切, 平麻, 影。〕와[wa](431 下)

wā 搲〔『集韻』烏瓜切, 平麻, 影。〕와[wa](359 上)

wā 窪〔『廣韻』烏瓜切, 平麻, 影。〕와[wa](146 下)

wǎ 瓦〔『廣韻』五寡切, 上馬, 疑。〕와[wa](363 上)

wà 袜(襪)〔『廣韻』望發切, 入月, 微。〕와[wa](332 上)

wāi 歪〔『字彙』烏乖切〕왜[wai](222 下)

wài 外〔『廣韻』五會切, 去泰, 疑。〕왜[wai](117 上)

wàn 蔓〔『廣韻』無販切, 去願, 微。〕완[wan](394 上)

wān 弯(彎)〔『廣韻』烏關切, 平刪, 影。〕완[wan](360 下)

wān 剜〔『廣韻』一丸切, 平桓, 影。〕완[wan](309 上)

wān 湾(灣)〔『廣韻』烏關切, 平刪, 影。〕완[wan](26 下)

wān 豌〔『廣韻』一丸切, 平桓, 影。〕완[wan](390 上)

wán 完〔『廣韻』胡官切, 平桓, 匣。〕완[wan](366 上)

wán 玩〔『廣韻』五換切, 去換, 疑。〕완[wan](179 下)

wán 顽(頑)〔『廣韻』五還切, 平刪, 疑。〕완[wan](181 下)

wǎn 挽〔『廣韻』無遠切, 上阮, 微。〕완[wan](294 下)

wǎn 盌〔『廣韵』烏管切, 上緩, 影。〕완[wan](289 上)

wǎn 晚〔『廣韻』無遠切, 上阮, 微。〕완[wan](21 上)

wǎn 椀〔『廣韵』烏管切, 上緩, 影。〕완[wan](344 上)

wǎn 碗〔『廣韵』烏管切, 上緩, 影。〕완[wan](344 下)

wàn 万(萬)〔『廣韻』無販切, 去願, 微。〕완[wan](105 上)

wāng 汪〔『廣韻』烏光切, 平唐, 影。〕왕[waŋ](187 下)

wáng 亡〔『廣韻』武方切, 平陽, 微。〕왕[waŋ](85 下)

wáng 王〔『廣韻』雨方切, 平陽, 云。〕왕[waŋ](48 下)

wǎng 网(網)〔『廣韻』文兩切, 上養, 微。〕왕[waŋ](303 下)

wǎng 枉〔『廣韻』紆往切, 上養, 影。〕왕[waŋ](67 下)

wǎng 往〔『廣韻』于兩切, 上養, 云。〕왕[waŋ](203 下)

wǎng 辋(輞)〔『廣韻』文兩切, 上養, 微。〕왕[waŋ](370 下)

wàng 妄〔『廣韻』巫放切, 去漾, 微。〕왕[waŋ](226 下)

wàng 旺〔『廣韻』于放切, 去漾, 云。〕왕[waŋ](159 上)

wàng 望〔『廣韻』巫放切, 去漾, 微。〕왕[waŋ](177 下)

wēi 危〔『廣韻』魚為切, 平支, 疑。〕위[ui](26 下)

wēi 威〔『廣韻』於非切, 平微, 影。〕위[ui](167 下)

wēi 隈〔『廣韻』烏恢切, 平灰, 影。〕위[ui](392 上)

wēi 微〔『廣韻』無非切, 平微, 微。〕위[ui](171 下)

wēi 煨 〔『廣韻』烏恢切, 平灰, 影。〕 위[ui](316 下)

wēi 薇 〔『廣韻』無非切, 平微, 微。〕 위[ui](408 下)

wéi 为(爲) 〔『廣韻』遠支切, 平支, 云。〕 위[ui](251 上)

wéi 违(違) 〔『廣韻』雨非切, 平微, 云。〕 위[ui](214 上)

wéi 围(圍) 〔『廣韻』雨非切, 平微, 云。〕 위[ui](119 上)

wéi 帏(幃) 〔『廣韻』雨非切, 平微, 云。〕 위[ui](336 下)

wéi 桅 〔『廣韻』五灰切, 平灰, 疑。〕 위[ui](405 上)

wéi 帷 〔『廣韻』洧悲切, 平脂, 云。〕 위[ui](341 上)

wéi 惟 〔『廣韻』以追切, 平脂, 以。〕 위[ui](350 上)

wěi 苇(葦) 〔『廣韻』于鬼切, 上尾, 云。〕 위[ui](414 下)

wěi 尾 〔『廣韻』無匪切, 上尾, 微。〕 위[ui](191 上)

wěi 纬(緯) 〔『廣韻』于貴切, 去未, 云。〕 위[ui](104 上)

wěi 委 〔『廣韻』於詭切, 上紙, 影。〕 위[ui](228 下)

wěi 猥 〔『廣韻』烏賄切, 上賄, 影。〕 위[ui](238 下)

wèi 卫(衛) 〔『廣韻』于歲切, 去祭, 云。〕 위[ui](48 上)

wèi 未 〔『廣韻』無沸切, 去未, 微。〕 위[ui](143 下)

wèi 位 〔『廣韻』于愧切, 去至, 云。〕 위[ui](264 下)

wèi 味 〔『廣韻』無沸切, 去未, 微。〕 위[ui](386 下)

wèi 畏 〔『廣韻』於胃切, 去未, 影。〕 위[ui](228 上)

wèi 胃 〔『廣韻』于貴切, 去未, 云。〕 위[ui](150 下)

wèi 尉 〔『廣韻』於胃切, 去未, 影。〕 위[iui](54 上)

wèi 喂 〔『玉篇』於韋切〕 위[ui](439 上)

wèi 蝟 〔『集韻』于貴切, 去未, 云。〕 위[ui](427 上)

wèi 慰 〔『廣韻』於胃切, 去未, 影。〕 위[ui](70 下)

wēn 温(溫) 〔『廣韻』烏渾切, 平魂, 影。〕 운[un](164 下)

wēn 榅 〔『集韻』烏没切, 入没, 影。〕 운[un](462 上)

wēn 瘟〔『集韻』烏昆切, 平魂, 影。〕운[un](215 上)

wén 文〔『廣韻』無分切, 平文, 微。〕운[un](100 下)

wén 纹(紋)〔『廣韻』無分切, 平文, 微。〕운[un](30 上)

wén 闻(聞)〔『廣韻』無分切, 平文, 微。〕운[un](172 上)

wén 蚊〔『廣韻』無分切, 平文, 微。〕운[un](336 上)

wěn 吻〔『廣韻』武粉切, 上吻, 微。〕운[un](265 下)

wěn 紊〔『廣韻』亡運切, 去問, 微。〕운[un](62 下)

wěn 稳(穩)〔『廣韻』烏本切, 上混, 影。〕운[un](200 上)

wèn 问(問)〔『廣韻』亡運切, 去問, 微。〕운[un](169 下)

wēng 翁〔『廣韻』烏紅切, 平東, 影。〕웅[uŋ](142 下)

wèng 甕〔『廣韻』烏貢切, 去送, 影。〕웅[uŋ](262 下)

wō 莴(萵)〔『集韻』烏禾切, 平戈, 影。〕오[o](377 下)

wō 倭〔『廣韻』烏禾切, 平戈, 影。〕워[uə](318 下)

wō 窝(窩)〔『字彙』烏禾切〕워[uə](148 上)

wō 窝(窩)〔『字彙』烏禾切〕오[o](341 下)

wō 蜗(蝸)〔『廣韻』古蛙切, 平佳, 見。〕오[o](447 下)

wǒ 我〔『廣韻』五可切, 上哿, 疑。〕오[o](243 上)

wò 卧(臥)〔『廣韻』五貨切, 去過, 疑。〕오[o](204 下)

wò 硪 오[o](310 上)

wū 於〔『廣韻』哀都切, 平模, 影。〕우[u](169 上)

wū 汙〔『廣韻』烏路切, 去暮, 影。〕우[u](237 下)

wū 乌(烏)〔『廣韻』哀都切, 平模, 影。〕우[u](401 上)

wū 污〔『廣韻』烏路切, 去暮, 影。〕우[u](152 上)

wū 杇〔『廣韻』哀都切, 平模, 影。〕후[xu](405 下)

wū 呜(嗚)〔『廣韻』哀都切, 平模, 影。〕우[u](187 上)

wū 诬(誣)〔『廣韻』武夫切, 平虞, 微。〕우[u](234 下)

wū 屋〔『廣韻』烏谷切, 入屋, 影。〕우[u](288 下)

wú 无(無)〔『廣韻』武夫切, 平虞, 微。〕우[u](244 下)

wú 毋〔『廣韻』武夫切, 平虞, 微。〕우[u](455 下)

wú 吾〔『廣韻』五乎切, 平模, 疑。〕우[u](78 上)

wú 梧〔『廣韻』五乎切, 平模, 疑。〕우[u](400 上)

wú 蜈〔『廣韻』五乎切, 平模, 疑。〕우[u](310 下)

wǔ 五〔『廣韻』疑古切, 上姥, 疑。〕우[u](77 上)

wǔ 午〔『廣韻』疑古切, 上姥, 疑。〕우[u](20 上)

wǔ 伍〔『廣韻』疑古切, 上姥, 疑。〕우[u](108 下)

wǔ 仵〔『廣韻』疑古切, 上姥, 疑。〕우[u](136 下)

wǔ 庑(廡)〔『廣韻』文甫切, 上麌, 微。〕부[fu](265 下)

wǔ 武〔『廣韻』文甫切, 上麌, 微。〕우[u](75 上)

wǔ 鹉(鵡)〔『廣韻』文甫切, 上麌, 微。〕우[u](417 上)

wǔ 舞〔『廣韻』文甫切, 上麌, 微。〕우[u](101 上)

wù 戊〔『廣韻』莫候切, 去候, 明。〕우[u](16 下)

wù 务(務)〔『廣韻』亡遇切, 去遇, 微。〕우[u](279 下)

wù 杌〔『廣韻』五忽切, 入沒, 疑。〕우[u](343 下)

wù 物〔『廣韻』文弗切, 入物, 微。〕우[u](296 下)

wù 误(誤)〔『廣韻』五故切, 去暮, 疑。〕우[u](230 上)

wù 悟〔『廣韻』五故切, 去暮, 疑。〕우[u](163 上)

wù 悮〔『廣韻』五故切, 去暮, 疑。〕우[u](167 上)

wù 雾(霧)〔『廣韻』亡遇切, 去遇, 微。〕우[u](12 下)

wù 骛(鶩)〔『廣韻』亡遇切, 去遇, 微。〕우[u](469 上)

wù 恶(惡)〔『廣韻』烏路切, 去暮, 影。〕우[u](209 下)

xī 夕〔『廣韻』祥易切, 入昔, 邪。〕시[ɕi](20 上)

xī 西〔『廣韻』先稽切, 平齊, 心。〕시[ɕi](32 下)

xī 吸〔『廣韻』許及切, 入緝, 曉。〕히[xi](151 上)

xī 希〔『廣韻』香衣切, 平微, 曉。〕히[xi](177 下)

xī 昔〔『廣韻』思積切, 入昔, 心。〕시[ɕi](18 下)

xī 析〔『廣韻』先擊切, 入錫, 心。〕시[ɕi](451 上)

xī 牺(犧)〔『廣韻』許羈切, 平支, 曉。〕히[xi](274 上)

xī 息〔『廣韻』相即切, 入職, 心。〕시[ɕi](183 下)

xī 惜〔『廣韻』思積切, 入昔, 心。〕시[ɕi](180 上)

xī 稀〔『廣韻』香衣切, 平微, 曉。〕히[xi](384 下)

xī 犀〔『廣韻』先稽切, 平齊, 心。〕시[ɕi](424 下)

xī 锡(錫)〔『廣韻』先擊切, 入錫, 心。〕시[ɕi](314 上)

xī 嘻〔『廣韻』許其切, 平之, 曉。〕히[xi](180 下)

xī 膝〔『廣韻』息七切, 入質, 心。〕시[ɕi](198 上)

xī 谿〔『廣韻』苦奚切, 平齊, 溪。〕히[xi](417 上)

xí 习(習)〔『廣韻』似入切, 入緝, 邪。〕시[ɕi](100 上)

xí 习(習)〔『廣韻』似入切, 入緝, 邪。〕씨[s͈ɿ](47 上)

xí 席〔『廣韻』祥易切, 入昔, 邪。〕시[ɕi](81 上)

xí 袭(襲)〔『廣韻』似入切, 入緝, 邪。〕시[ɕi](44 下)

xí 蓆〔『廣韻』祥易切, 入昔, 邪。〕시[ɕi](336 下)

xí 媳〔『字彙』思積切〕시[ɕi](140 下)

xǐ 洗〔『廣韻』先禮切, 上薺, 心。〕시[ɕi](240 上)

xǐ 喜〔『廣韻』虛里切, 上止, 曉。〕히[xi](179 下)

xì 戏(戲)〔『廣韻』香義切, 去寘, 曉。〕히[xi](181 下)

xì 系〔『廣韻』胡計切, 去霽, 匣。〕히[xi](35 下)

xì 细(細)〔『廣韻』蘇計切, 去霽, 心。〕시[ɕi](13 上)

xì 隙〔『廣韻』綺戟切, 入陌, 溪。〕히[xi](214 上)

xì 隙〔『廣韻』綺戟切, 入陌, 溪。〕시[ɕi](9 上)

xì 戲 〔『廣韻』香義切, 去寘, 曉。〕 히[xi](182 上)

xì 繫 〔『廣韻』胡計切, 去霽, 匣。〕 히[xi](179 上)

xiā 虾(蝦) 〔『集韻』虛加切, 平麻, 曉。〕 햐[xia](197 上)

xiā 瞎 〔『廣韻』許轄切, 入舝, 曉。〕 햐[xia](222 上)

xiā 鰕 〔『廣韻』胡加切, 平麻, 匣。〕 햐[xia](444 下)

xiá 匣 〔『廣韻』胡甲切, 入狎, 匣。〕 햐[xia](342 下)

xiá 狹(狹) 〔『廣韻』侯夾切, 入洽, 匣。〕 햐[xia](330 下)

xiá 袷 〔『廣韻』侯夾切, 入洽, 匣。〕 햐[xia](81 下)

xiá 暇 〔『廣韻』胡駕切, 去禡, 匣。〕 햐[xia](17 下)

xiá 辖(轄) 〔『廣韻』胡瞎切, 入舝, 匣。〕 햐[xia](212 上)

xiá 蜡 〔『集韻』下瞎切, 入鎋, 匣。〕 햐[xia](449 下)

xiá 霞 〔『廣韻』胡加切, 平麻, 匣。〕 햐[xia](12 上)

xiá 騢 〔『廣韻』胡加切, 平麻, 匣。〕 햐[xia](432 上)

xià 下 〔『廣韻』胡雅切, 上馬, 匣。〕 햐[xia](80 下)

xià 夏 〔『廣韻』胡雅切, 上馬, 匣。〕 햐[xia](321 上)

xià 唬 〔『廣韻』呼訝切, 去禡, 曉。〕 햐[xia](189 上)

xiān 仙 〔『廣韻』相然切, 平仙, 心。〕 쎤[ɕian](75 下)

xiān 先 〔『廣韻』蘇前切, 平先, 心。〕 쎤[ɕian](17 下)

xiān 纤(纖) 〔『廣韻』息廉切, 平鹽, 心。〕 쎤[ɕian](302 上)

xiān 枚 〔『廣韻』虛嚴切, 平嚴, 曉。〕 햔[xian](310 上)

xiān 秈 〔『廣韻』相然切, 平仙, 心。〕 쎤[ɕian](389 上)

xiān 跹(躚) 〔『廣韻』蘇前切, 平先, 心。〕 쵄[tɕʻian](207 下)

xiān 鲜(鮮) 〔『廣韻』相然切, 平仙, 心。〕 쎤[ɕian](412 下)

xián 闲(閑) 〔『廣韻』戶間切, 平山, 匣。〕 햔[xian](139 上)

xián 贤(賢) 〔『廣韻』胡田切, 平先, 匣。〕 햔[xian](163 下)

xián 弦 〔『廣韻』胡田切, 平先, 匣。〕 햔[xian](113 下)

xián 挦(撏) 〔『廣韻』徐林切, 平侵, 邪。〕샨[ɕian](334 下)

xián 咸 〔『廣韻』胡讒切, 平咸, 匣。〕햔[xian](462 下)

xián 衔(銜) 〔『廣韻』戶監切, 平銜, 匣。〕햔[xian](55 下)

xián 舷 〔『廣韻』胡田切, 平先, 匣。〕햔[xian](368 上)

xián 絃 〔『廣韻』胡田切, 平先, 匣。〕햔[xian](93 上)

xián 閑 〔『集韻』何間切, 平山, 匣。〕햔[xian](193 上)

xián 啣 〔『廣韻』戶監切, 平銜, 匣。〕햔[xian](421 下)

xián 鹇(鷳) 〔『廣韻』戶閒切, 平山, 匣。〕햔[xian](414 上)

xián 嫌 〔『廣韻』戶兼切, 平添, 匣。〕햔[xian](224 上)

xián 醎 〔『廣韻』胡讒切, 平咸, 匣。〕햔[xian](378 上)

xián 臧 〔『廣韻』五咸切, 平咸, 疑。〕햔[xian](426 上)

xiǎn 狝(獮) 〔『廣韻』息淺切, 上獮, 心。〕샨[ɕian](118 下)

xiǎn 显(顯) 〔『廣韻』呼典切, 上銑, 曉。〕햔[xian](197 下)

xiǎn 险(險) 〔『廣韻』虛檢切, 上琰, 曉。〕햔[xian](27 上)

xiàn 苋(莧) 〔『廣韻』侯襇切, 去襇, 匣。〕햔[xian](377 上)

xiàn 县(縣) 〔『廣韻』黃絢切, 去霰, 匣。〕햔[xian](53 下)

xiàn 现(現) 〔『廣韻』胡甸切, 去霰, 匣。〕햔[xian](14 上)

xiàn 限 〔『廣韻』胡簡切, 上產, 匣。〕햔[xian](65 上)

xiàn 宪(憲) 〔『廣韻』許建切, 去願, 曉。〕햔[xian](37 下)

xiàn 陷 〔『廣韻』戶韽切, 去陷, 匣。〕햔[xian](25 下)

xiàn 馅(餡) 〔『字彙』乎鑑切〕햔[xian](381 上)

xiàn 献(獻) 〔『廣韻』許建切, 去願, 曉。〕햔[xian](83 上)

xiàn 线(線) 〔『廣韻』私箭切, 去線, 心。〕샨[ɕian](319 上)

xiāng 乡(鄉) 〔『廣韻』許良切, 平陽, 曉。〕향[xiaŋ](57 上)

xiāng 相 〔『廣韻』息良切, 平陽, 心。〕썅[ɕiaŋ](152 上)

xiāng 香 〔『廣韻』許良切, 平陽, 曉。〕향[xiaŋ](314 下)

xiāng 廂〔『廣韻』息良切, 平陽, 心。〕샹[ɕiaŋ](285 下)

xiāng 箱〔『廣韻』息良切, 平陽, 心。〕샹[ɕiaŋ](80 下)

xiāng 镶(鑲)〔『廣韻』息良切, 平陽, 心。〕샹[ɕiaŋ](40 上)

xiáng 详(詳)〔『廣韻』似羊切, 平陽, 邪。〕샹[ɕiaŋ](100 下)

xiáng 祥〔『廣韻』似羊切, 平陽, 邪。〕샹[ɕiaŋ](158 下)

xiáng 翔〔『廣韻』似羊切, 平陽, 邪。〕샹[ɕiaŋ](75 下)

xiǎng 享〔『廣韻』許兩切, 上養, 曉。〕향[xiaŋ](168 下)

xiǎng 响(響)〔『廣韻』許兩切, 上養, 曉。〕향[xiaŋ](193 下)

xiǎng 饷(餉)〔『廣韻』式亮切, 去漾, 書。〕향[xiaŋ](269 下)

xiǎng 想〔『廣韻』息兩切, 上養, 心。〕샹[ɕiaŋ](157 上)

xiàng 向〔『廣韻』許亮切, 去漾, 曉。〕향[xiaŋ](197 下)

xiàng 项(項)〔『廣韻』胡講切, 上講, 匣。〕향[xiaŋ](122 上)

xiàng 象〔『廣韻』徐兩切, 上養, 邪。〕샹[ɕiaŋ](97 上)

xiàng 像〔『廣韻』徐兩切, 上養, 邪。〕샹[ɕiaŋ](224 下)

xiàng 橡〔『廣韻』徐兩切, 上養, 邪。〕샹[ɕiaŋ](402 下)

xiàng 嚮〔『廣韻』許亮切, 去漾, 曉。〕향[xiaŋ](55 上)

xiáng 降〔『廣韻』下江切, 平江, 匣。〕향[xiaŋ](113 上)

xiāo 哮〔『廣韻』許交切, 平肴, 曉。〕햗[xiao](433 上)

xiāo 枭(梟)〔『廣韻』古堯切, 平蕭, 見。〕햗[xiao](468 上)

xiāo 骁(驍)〔『廣韻』古堯切, 平蕭, 見。〕햗[xiao](277 下)

xiāo 鸮(鴞)〔『廣韻』于嬌切, 平宵, 云。〕햗[xiao](416 上)

xiāo 消〔『廣韻』相邀切, 平宵, 心。〕쌷[ɕiao](70 下)

xiāo 宵〔『廣韻』相邀切, 平宵, 心。〕쌷[ɕiao](21 上)

xiāo 绡(綃)〔『廣韻』相邀切, 平宵, 心。〕쌷[ɕiao](358 上)

xiāo 萧(蕭)〔『廣韻』蘇彫切, 平蕭, 心。〕쌷[ɕiao](182 下)

xiāo 硝〔『廣韻』相邀切, 平宵, 心。〕쌷[ɕiao](314 下)

xiāo 销(銷) 〔『廣韻』相邀切, 平宵, 心。〕쌰[ɕiao](318 上)

xiāo 箫(簫) 〔『廣韻』蘇彫切, 平蕭, 心。〕쌰[ɕiao](91 下)

xiāo 潇(瀟) 〔『集韻』先彫切, 平蕭, 心。〕쌰[ɕiao](13 下)

xiāo 霄 〔『廣韻』相邀切, 平宵, 心。〕쌰[ɕiao](410 下)

xiāo 削 〔『廣韻』息約切, 入藥, 心。〕쌰[ɕiao](334 下)

xiāo 削 〔『廣韻』息約切, 入藥, 心。〕쇼[ɕio](360 上)

xiáo 殽 〔『廣韻』胡茅切, 平肴, 匣。〕햪[xiao](374 下)

xiǎo 小 〔『廣韻』私兆切, 上小, 心。〕쌰[ɕiao](144 上)

xiǎo 晓(曉) 〔『廣韻』馨晶切, 上篠, 曉。〕햪[xiao](172 上)

xiào 孝 〔『廣韻』呼教切, 去效, 曉。〕햪[xiao](160 上)

xiào 校 〔『廣韻』胡教切, 去效, 匣。〕햪[xiao](50 下)

xiào 笑 〔『廣韻』私妙切, 去笑, 心。〕쌰[ɕiao](181 上)

xiào 效 〔『廣韻』胡教切, 去效, 匣。〕햪[xiao](100 下)

xiào 肖 〔『廣韻』私妙切, 去笑, 心。〕쌰[ɕiao](235 下)

xiē 些 〔『廣韻』寫邪切, 平麻, 心。〕새[ɕiəi](244 上)

xiē 楔 〔『廣韻』先結切, 入屑, 心。〕새[ɕiəi](360 上)

xiē 歇 〔『廣韻』許竭切, 入月, 曉。〕해[xiəi](202 下)

xiē 蠍 〔『字彙』許謁切。〕해[xiəi](449 上)

xié 协(協) 〔『廣韻』胡頰切, 入帖, 匣。〕해[xiəi](49 下)

xié 邪 〔『廣韻』似嗟切, 平麻, 邪。〕새[ɕiəi](234 下)

xié 胁 〔『廣韻』許業切, 入業, 曉。〕해[xiəi](122 下)

xié 斜 〔『廣韻』似嗟切, 平麻, 邪。〕새[ɕiəi](153 上)

xié 鞋 〔『廣韻』戶佳切, 平佳, 匣。〕해[xiəi](332 下)

xiě 写(寫) 〔『廣韻』悉姐切, 上馬, 心。〕새[ɕiəi](98 下)

xiè 泻(瀉) 〔『廣韻』司夜切, 去禡, 心。〕새[ɕiəi](215 下)

xiè 卸 〔『廣韻』司夜切, 去禡, 心。〕새[ɕiəi](129 上)

xiè 洩 〔『集韻』私列切, 入薛, 心。〕 세[ɕiəi](197 下)

xiè 屑 〔『廣韻』先結切, 入屑, 心。〕 세[ɕiəi](228 下)

xiè 械 〔『廣韻』胡介切, 去怪, 匣。〕 해[xiai](122 上)

xiè 谢(謝) 〔『廣韻』辭夜切, 去禡, 邪。〕 세[ɕiəi](82 上)

xiè 獬 〔『廣韻』胡買切, 上蟹, 匣。〕 해[xiai](423 下)

xiè 懈 〔『廣韻』古隘切, 去卦, 見。〕 해[xiai](438 下)

xiè 蟹 〔『廣韻』胡買切, 上蟹, 匣。〕 해[xiəi](305 下)

xiè 解 〔『廣韻』胡買切, 上蟹, 匣。〕 해[xiəi](233 上)

xīn 心 〔『廣韻』息林切, 平侵, 心。〕 신[ɕin](157 下)

xīn 辛 〔『廣韻』息鄰切, 平真, 心。〕 신[ɕin](16 下)

xīn 新 〔『廣韻』息鄰切, 平真, 心。〕 신[ɕin](352 上)

xìn 信 〔『廣韻』息晉切, 去震, 心。〕 신[ɕin](38 下)

xìn 顖 〔『廣韻』息呰切, 去震, 心。〕 신[ɕin](145 下)

xīng 星 〔『廣韻』桑經切, 平青, 心。〕 싱[ɕiŋ](9 下)

xīng 猩 〔『廣韻』所庚切, 平庚, 生。〕 싱[ɕiŋ](320 下)

xīng 腥 〔『廣韻』桑經切, 平青, 心。〕 싱[ɕiŋ](386 下)

xīng 兴(興) 〔『廣韻』虛陵切, 平蒸, 曉。〕 힝[xiŋ](159 上)

xíng 刑 〔『廣韻』戶經切, 平青, 匣。〕 힝[xiŋ](74 下)

xíng 形 〔『廣韻』戶經切, 平青, 匣。〕 힝[xiŋ](152 上)

xíng 铏(鉶) 〔『廣韻』戶經切, 平青, 匣。〕 힝[xiŋ](84 上)

xíng 行 〔『廣韻』戶庚切, 平庚, 匣。〕 힝[xiŋ](165 上)

xǐng 醒 〔『廣韻』蘇挺切, 上迥, 心。〕 싱[ɕiŋ](205 下)

xǐng 擤 〔『詳校篇海』呼梗切〕 싱[ɕiŋ](151 下)

xìng 杏 〔『廣韻』何梗切, 上梗, 匣。〕 힝[xiŋ](391 上)

xìng 幸 〔『廣韻』胡耿切, 上耿, 匣。〕 힝[xiŋ](210 上)

xìng 性 〔『廣韻』息正切, 去勁, 心。〕 싱[ɕiŋ](157 上)

xìng 姓 〔『廣韻』息正切, 去勁, 心。〕싱[ɕiŋ](141 上)

xìng 荇 〔『廣韻』何梗切, 上梗, 匣。〕힝[xiŋ](397 上)

xìng 倖 〔『廣韻』胡耿切, 上耿, 匣。〕힝[xiŋ](177 下)

xiōng 凶 〔『廣韻』許容切, 平鍾, 曉。〕흉[xiuŋ](83 上)

xiōng 兄 〔『廣韻』許榮切, 平庚, 曉。〕흉[xiuŋ](138 上)

xiōng 兇 〔『廣韻』許容切, 平鍾, 曉。〕흉[xiuŋ](236 上)

xiōng 胸 황[xiuŋ](372 下)

xiōng 胸 흉[xiuŋ](372 下)

xiōng 胷 황[xiuŋ](134 上)

xiōng 胷 흉[xiuŋ](134 上)

xióng 雄 〔『廣韻』羽弓切, 平東, 云。〕흉[xiuŋ](430 下)

xióng 熊 〔『廣韻』羽弓切, 平東, 匣。〕황[xiuŋ](424 下)

xióng 熊 〔『廣韻』羽弓切, 平東, 匣。〕흉[xiuŋ](424 下)

xiū 休 〔『廣韻』許尤切, 平尤, 曉。〕휘[xiu](207 上)

xiū 修 〔『廣韻』息流切, 平尤, 心。〕싀[ɕiu](45 下)

xiū 羞 〔『廣韻』息流切, 平尤, 心。〕싀[ɕiu](230 下)

xiū 饈(饈) 〔『集韻』思留切, 平尤, 心。〕싀[ɕiu](274 下)

xiǔ 朽 〔『廣韻』許久切, 上有, 曉。〕휘[xiu](365 上)

xiù 秀 〔『廣韻』息救切, 去宥, 心。〕싀[ɕiu](294 上)

xiù 袖 〔『廣韻』似祐切, 去宥, 邪。〕싀[ɕiu](329 下)

xiù 绣(繡) 〔『廣韻』息救切, 去宥, 心。〕싀[ɕiu](431 下)

xiù 锈(銹) 〔『集韻』息救切, 去宥, 心。〕싀[ɕiu](30 上)

xiù 嗅 〔『廣韻』許救切, 去宥, 曉。〕휘[xiu](302 下)

xiù 繡 〔『廣韻』息救切, 去宥, 心。〕싀[ɕiu](343 下)

xiù 臭 〔『集韻』許救切, 去宥, 曉。〕휘[xiu](450 上)

xū 戌 〔『廣韻』辛聿切, 入術, 心。〕쉬[ɕiui](17 上)

xū 须(須)〔『廣韻』相俞切, 平虞, 心。〕쉬[ɕiui](351 上)

xū 鬚〔『廣韻』相俞切, 平虞, 心。〕쉬[ɕiui](143 上)

xū 虛(虚)〔『廣韻』朽居切, 平魚, 曉。〕휘[xiui](233 上)

xū 虗〔『廣韻』朽居切, 平魚, 曉。〕휘[xiui](350 上)

xū 需〔『廣韻』相俞切, 平虞, 心。〕쉬[ɕiui](249 上)

xū 驢〔『廣韻』朽居切, 平魚, 曉。〕휘[xiui](432 下)

xú 徐〔『廣韻』似魚切, 平魚, 邪。〕쉬[ɕiui](109 下)

xǔ 许(許)〔『廣韻』虛呂切, 上語, 曉。〕휘[xiui](174 下)

xǔ 冔〔『廣韻』況羽切, 上麌, 曉。〕휘[xiui](454 下)

xù 序〔『廣韻』徐呂切, 上語, 邪。〕쉬[ɕiui](94 下)

xù 敍〔『廣韻』徐呂切, 上語, 邪。〕쉬[ɕiui](113 上)

xù 绪(緒)〔『廣韻』徐呂切, 上語, 邪。〕쉬[ɕiui](228 上)

xù 续(續)〔『廣韻』似足切, 入燭, 邪。〕쉬[ɕiui](176 下)

xù 絮〔『廣韻』息據切, 去御, 心。〕쉬[ɕiui](143 上)

xù 婿〔『廣韻』蘇計切, 去霽, 心。〕쉬[ʂui](142 上)

xù 蓄〔『廣韻』許竹切, 入屋, 曉。〕휘[xiui](297 上)

xù 蓿〔『廣韻』息逐切, 入屋, 心。〕쉬[ɕiui](397 下)

xuān 鋗〔『廣韻』火玄切, 平先, 曉。〕환[xiuan](345 上)

xuān 轩(軒)〔『廣韻』虛言切, 平元, 曉。〕弲[ɕiuan](156 上)

xuān 轩(軒)〔『廣韻』虛言切, 平元, 曉。〕햔[xian](286 上)

xuān 宣〔『廣韻』須緣切, 平仙, 心。〕弲[ɕiuan](221 上)

xuān 揎〔『廣韻』須緣切, 平仙, 心。〕弲[ɕiuan](66 上)

xuān 萱〔『廣韻』況袁切, 平元, 曉。〕弲[ɕiuan](412 上)

xuān 喧〔『廣韻』況袁切, 平元, 曉。〕弲[ɕiuan](190 下)

xuán 玄〔『廣韻』胡涓切, 平先, 匣。〕환[xiuan](141 上)

xuán 悬(懸)〔『廣韻』胡涓切, 平先, 匣。〕弲[ɕiuan](26 下)

xuán 旋〔『廣韻』似宣切, 平仙, 邪。〕쒄[ɕiuan](304 上)

xuán 漩〔『集韻』旬宣切, 平仙, 邪。〕쒄[ɕiuan](30 上)

xuán 璿〔『廣韻』似宣切, 平仙, 邪。〕쒄[ɕiuan](104 下)

xuǎn 选(選)〔『廣韻』思兗切, 上獮, 心。〕쒄[ɕiuan](57 下)

xuǎn 癣(癬)〔『廣韻』息淺切, 上獮, 心。〕쒄[ɕian](219 下)

xuàn 眩〔『廣韻』黃練切, 去霰, 匣。〕쒄[ɕiuan](216 下)

xuàn 楦〔『集韻』呼願切, 去願, 曉。〕쒄[ɕiuan](86 上)

xuàn 鏇〔『廣韻』辝戀切, 去線, 邪。〕쒄[ɕiuan](360 下)

xuē 靴〔『廣韻』許[月+(日+匕)]切, 平戈, 曉。〕훼[xiuəi](332 下)

xué 穴〔『廣韻』胡決切, 入屑, 匣。〕훼[xiuəi](27 下)

xué 学(學)〔『廣韻』胡覺切, 入覺, 匣。〕횐[xio](283 下)

xuě 雪〔『廣韻』相絕切, 入薛, 心。〕쉐[ɕiuəi](14 下)

xuè 血〔『廣韻』呼決切, 入屑, 曉。〕훼[xiuəi](374 上)

xuè 谑(謔)〔『廣韻』虛約切, 入藥, 曉。〕횐[xio](181 下)

xūn 熏〔『廣韻』許云切, 平文, 曉。〕훤[xiun](237 下)

xūn 勋〔『廣韻』許云切, 平文, 曉。〕훤[xiun](268 下)

xūn 勳〔『廣韻』許云切, 平文, 曉。〕훤[xuan](41 上)

xūn 壎〔『廣韻』況袁切, 平元, 曉。〕훤[xiun](91 下)

xūn 薰〔『廣韻』許云切, 平文, 曉。〕훤[xiun](15 下)

xūn 燻〔『廣韻』許云切, 平文, 曉。〕훤[xiun](317 上)

xún 寻(尋)〔『廣韻』徐林切, 平侵, 邪。〕쓘[ɕiun](210 下)

xún 巡〔『廣韻』詳遵切, 平諄, 邪。〕쓘[ɕiun](59 上)

xún 循〔『廣韻』詳遵切, 平諄, 邪。〕쓘[ɕiun](165 上)

xún 驯(馴)〔『廣韻』詳遵切, 平諄, 邪。〕쓘[ɕiun](278 下)

xùn 训(訓)〔『廣韻』許運切, 去問, 曉。〕훤[xiun](94 上)

xùn 讯(訊)〔『廣韻』息晉切, 去震, 心。〕신[ɕin](67 下)

xùn 狗〔『廣韻』辭閏切，去稕，邪。〕슌[ɕiun](68 上)

xùn 逊(遜)〔『廣韻』蘇困切，去㤗，心。〕슌[ɕiun](165 下)

xùn 巽〔『廣韻』蘇困切，去㤗，心。〕슌[ɕiun](96 下)

yā 丫〔『廣韻』於加切，平麻，影。〕야[ia](148 上)

yā 压(壓)〔『廣韻』烏甲切，入狎，影。〕야[ia](210 下)

yā 押〔『廣韻』烏甲切，入狎，影。〕야[ia](134 上)

yā 鸦(鴉)〔『廣韻』於加切，平麻，影。〕야[ia](417 下)

yā 桠(椏)〔『廣韻』於加切，平麻，影。〕야[ia](404 下)

yā 鸭(鴨)〔『廣韻』烏甲切，入狎，影。〕야[ia](417 上)

yā 呀〔『廣韻』五加切，平麻，疑。〕야[ia](248 下)

yá 牙〔『廣韻』五加切，平麻，疑。〕야[ia](147 上)

yá 芽〔『廣韻』五加切，平麻，疑。〕야[ia](376 上)

yá 厓〔『廣韻』五佳切，平佳，疑。〕애[iai](31 上)

yá 崖〔『廣韻』五佳切，平佳，疑。〕애[iai](27 上)

yá 涯〔『廣韻』五佳切，平佳，疑。〕애[iai](8 下)

yá 衙〔『廣韻』五加切，平麻，疑。〕야[ia](279 下)

yǎ 哑(啞)〔『廣韻』烏下切，上馬，影。〕야[ia](222 上)

yǎ 雅〔『廣韻』五下切，上馬，疑。〕야[ia](94 下)

yà 讶(訝)〔『廣韻』吾駕切，去禡，疑。〕야[ia](189 上)

yà 砑〔『廣韻』吾駕切，去禡，疑。〕야[ia](130 下)

yà 轧(軋)〔『廣韻』烏黠切，入黠，影。〕야[ia](311 上)

yān 咽〔『廣韻』烏前切，平先，影。〕얀[ian](147 上)

yān 胭〔『廣韻』烏前切，平先，影。〕얀[ian](338 下)

yān 烟(煙)〔『廣韻』烏前切，平先，影。〕얀[ian](317 上)

yān 菸〔『字彙』因肩切〕얀[ian](398 上)

yān 淹〔『廣韻』央炎切，平鹽，影。〕얀[ian](32 上)

yán 延〔『廣韻』以然切，平仙，以。〕얀[ian](457 上)

yán 严(嚴)〔『廣韻』語(韋+斂)切，平嚴，疑。〕얀[ian](22 上)

yán 言〔『廣韻』語軒切，平元，疑。〕얀[ian](231 上)

yán 炎〔『廣韻』于廉切，平鹽，云。〕얀[ian](21 下)

yán 沿〔『廣韻』與專切，平仙，以。〕얀[ian](29 上)

yán 研〔『廣韻』五堅切，平先，疑。〕얀[ian](298 上)

yán 盐(鹽)〔『廣韻』余廉切，平鹽，以。〕얀[ian](282 上)

yán 阎(閻)〔『廣韻』余廉切，平鹽，以。〕얀[ian](255 上)

yán 筵〔『廣韻』以然切，平仙，以。〕얀[ian](80 上)

yán 颜(顔)〔『廣韻』五姦切，平刪，疑。〕얀[ian](323 上)

yán 簷〔『廣韻』余廉切，平鹽，以。〕얀[ian](264 下)

yán 巖〔『廣韻』五銜切，平銜，疑。〕얀[ian](108 上)

yǎn 眼〔『廣韻』五限切，上產，疑。〕얀[ian](52 上)

yǎn 偃〔『廣韻』於巘切，上阮，影。〕얀[ian](427 下)

yǎn 魇(魘)〔『廣韻』於琰切，上琰，影。〕얀[ian](205 下)

yǎn 鶠〔『廣韻』於巘切，上阮，影。〕얀[ian](467 下)

yàn 厌(厭)〔『廣韻』於豔切，去豔，影。〕얀[ian](383 上)

yàn 砚(硯)〔『廣韻』吾甸切，去霰，疑。〕얀[ian](103 上)

yàn 艳(艷)〔『廣韻』以贍切，去豔，以。〕얀[ian](412 下)

yàn 宴〔『廣韻』於甸切，去霰，影。〕.얀[ian](80 上)

yàn 验(驗)〔『廣韻』魚窆切，去豔，疑。〕얀[ian](175 上)

yàn 酽(釅)〔『廣韻』魚欠切，去釅，疑。〕얀[ian](379 上)

yàn 厣(厴)〔『廣韻』於豔切，去豔，影。〕얀[ian](236 下)

yàn 鴈〔『廣韻』五晏切，去諫，疑。〕얀[ian](122 下)

yàn 燕〔『廣韻』於甸切，去霰，影。〕얀[ian](377 下)

yàn 焱〔『廣韻』以贍切，去豔，以。〕얀[ian](317 上)

yàn 嚥〔『廣韻』於甸切, 去霰, 影。〕안[ian](382 下)

yàn 涎〔『廣韻』予線切, 去線, 以。〕얀[ian](180 上)

yāng 央〔『廣韻』於良切, 平陽, 影。〕양[iaŋ](177 上)

yāng 殃〔『廣韻』於良切, 平陽, 影。〕양[iaŋ](85 下)

yāng 鸯(鴦)〔『廣韻』於良切, 平陽, 影。〕양[iaŋ](417 上)

yāng 秧〔『廣韻』於良切, 平陽, 影。〕양[iaŋ](182 上)

yáng 扬(揚)〔『廣韻』與章切, 平陽, 以。〕양[iaŋ](168 下)

yáng 羊〔『廣韻』與章切, 平陽, 以。〕양[iaŋ](314 上)

yáng 阳(陽)〔『廣韻』與章切, 平陽, 以。〕양[iaŋ](97 上)

yáng 杨(楊)〔『廣韻』與章切, 平陽, 以。〕양[iaŋ](391 上)

yáng 旸(暘)〔『廣韻』與章切, 平陽, 以。〕양[iaŋ](8 下)

yáng 佯〔『廣韻』與章切, 平陽, 以。〕양[iaŋ](225 上)

yáng 洋〔『廣韻』與章切, 平陽, 以。〕양[iaŋ](319 上)

yáng 颺〔『廣韻』與章切, 平陽, 以。〕양[iaŋ](294 下)

yǎng 仰〔『廣韻』魚兩切, 上養, 疑。〕앙[aŋ](152 下)

yǎng 养(養)〔『廣韻』餘兩切, 上養, 以。〕양[iaŋ](107 上)

yǎng 痒(癢)〔『廣韻』餘兩切, 上養, 以。〕양[iaŋ](349 上)

yàng 样(樣)〔『集韻』弋亮切, 去漾, 以。〕양[iaŋ](242 下)

yàng 漾〔『集韻』以兩切, 上養, 以。〕양[iaŋ](8 下)

yāo 吆〔『集韻』伊堯切, 平蕭, 影。〕얀[iao](299 下)

yāo 妖〔『廣韻』於喬切, 平宵, 影。〕얀[iao](238 下)

yāo 腰〔『廣韻』於霄切, 平宵, 影。〕얀[iao](60 下)

yáo 爻〔『廣韻』胡茅切, 平肴, 匣。〕얀[iao](96 下)

yáo 窑(窯)〔『廣韻』餘招切, 平宵, 以。〕요[io](27 下)

yáo 谣(謠)〔『廣韻』餘昭切, 平宵, 以。〕얀[iao](190 上)

yáo 摇(搖)〔『廣韻』餘昭切, 平宵, 以。〕얀[iao](368 下)

yáo 遥〔『廣韻』餘昭切, 平宵, 以。〕얃[iao](453 上)

yáo 瑶〔『廣韻』餘昭切, 平宵, 以。〕얃[iao](460 下)

yáo 餚〔『廣韻』胡茅切, 平肴, 匣。〕핟[xiao](381 下)

yáo 鷂(鴟)〔『廣韻』餘昭切, 平宵, 以。〕얃[iao](415 上)

yǎo 咬〔『集韻』五巧切, 上巧, 疑。〕얃[iao](428 下)

yǎo 舀〔『廣韻』以沼切, 上小, 以。〕얃[iao](388 上)

yǎo 齩〔『集韻』五巧切, 上巧, 疑。〕얃[iao](428 下)

yào 药(藥)〔『廣韻』以灼切, 入藥, 以。〕얃[iao](257 上)

yào 要〔『廣韻』於笑切, 去笑, 影。〕얃[iao](174 上)

yào 勒〔『廣韻』於教切, 去效, 影。〕얃[iao](332 上)

yào 耀〔『廣韻』弋照切, 去笑, 以。〕얃[iao](171 下)

yào 鑰〔『廣韻』以灼切, 入藥, 以。〕요[io](50 上)

yào 约(約)〔『廣韻』於略切, 入藥, 影。〕요[io](63 下)

yē 椰〔『廣韻』以遮切, 平麻, 以。〕얘[iai](344 下)

yē 噎〔『廣韻』烏結切, 入屑, 影。〕여[iə](215 下)

yě 野〔『廣韻』羊者切, 上馬, 以。〕여[iə](376 下)

yè 业(業)〔『廣韻』魚怯切, 入業, 疑。〕여[iə](46 下)

yè 叶(葉)〔『廣韻』與涉切, 入葉, 以。〕여[iə](28 上)

yè 叶(葉)〔『廣韻』與涉切, 入葉, 以。〕이[i](379 下)

yè 页(頁)〔『廣韻』以遮切, 平麻, 以。〕여[iə](103 下)

yè 夜〔『廣韻』羊謝切, 去禡, 以。〕여[iə](21 上)

yè 液〔『廣韻』羊益切, 入昔, 以。〕여[iə](150 上)

yè 射〔『廣韻』羊謝切, 去禡, 以。〕이[i](88 下)

yè 掖〔『廣韻』羊益切, 入昔, 以。〕여[iə](335 下)

yī 役〔『廣韻』營隻切, 入昔, 以。〕위[iui](137 上)

yī 椅〔『廣韻』於離切, 平支, 影。〕이[i](336 上)

yī 犄 〔『廣韻』於離切, 平支, 影。〕이[i](109 上)

yī 一 〔『廣韻』於悉切, 入質, 影。〕이[i](102 下)

yī 伊 〔『廣韻』於脂切, 平脂, 影。〕이[i](407 上)

yī 衣 〔『廣韻』於希切, 平微, 影。〕이[i](335 上)

yī 医(醫) 〔『廣韻』於其切, 平之, 影。〕이[i](49 下)

yī 依 〔『廣韻』於希切, 平微, 影。〕이[i](174 上)

yī 揖 〔『廣韻』伊入切, 入緝, 影。〕이[i](80 上)

yí 仪(儀) 〔『廣韻』魚羈切, 平支, 疑。〕이[i](34 下)

yí 夷 〔『廣韻』以脂切, 平脂, 以。〕이[i](88 下)

yí 宜 〔『廣韻』魚羈切, 平支, 疑。〕이[i](300 上)

yí 姨 〔『廣韻』以脂切, 平脂, 以。〕이[i](141 下)

yí 栘 〔『廣韻』以脂切, 平脂, 以。〕이[i](463 下)

yí 胰 〔『廣韻』以脂切, 平脂, 以。〕이[i](373 上)

yí 移 〔『廣韻』弋支切, 平支, 以。〕이[i](198 上)

yí 遗(遺) 〔『廣韻』以追切, 平脂, 以。〕이[i](177 上)

yí 疑 〔『廣韻』語其切, 平之, 疑。〕이[i](224 上)

yí 彝 〔『廣韻』以脂切, 平脂, 以。〕이[i](275 下)

yǐ 乙 〔『廣韻』於筆切, 入質, 影。〕이[i](10 上)

yǐ 已 〔『廣韻』羊己切, 上止, 以。〕이[i](249 下)

yǐ 以 〔『廣韻』羊己切, 上止, 以。〕이[i](250 下)

yǐ 蚁(蟻) 〔『廣韻』魚倚切, 上紙, 疑。〕이[i](449 下)

yǐ 倚 〔『廣韻』於綺切, 上紙, 影。〕이[i](145 上)

yì 亿(億) 〔『廣韻』於力切, 入職, 影。〕이[i](106 上)

yì 义(義) 〔『廣韻』宜寄切, 去寘, 疑。〕이[i](39 上)

yì 艺(藝) 〔『廣韻』魚祭切, 去祭, 疑。〕이[i](181 下)

yì 议(議) 〔『廣韻』宜寄切, 去寘, 疑。〕이[i](63 下)

yì 呓(囈) 〔『廣韻』魚祭切, 平祭, 疑。〕이[i](205 下)

yì 译(譯) 〔『廣韻』羊益切, 入昔, 以。〕이[i](50 下)

yì 易 〔『廣韻』羊益切, 入昔, 以。〕이[i](93 下)

yì 驿(驛) 〔『廣韻』羊益切, 入昔, 以。〕이[i](263 上)

yì 疫 〔『廣韻』營隻切, 入昔, 以。〕위[iui](215 上)

yí 貤 〔『廣韻』余支切, 平支, 以。〕이[i](37 上)

yì 益 〔『廣韻』伊昔切, 入昔, 影。〕이[i](451 下)

yì 異 〔『廣韻』羊吏切, 去志, 以。〕이[i](256 上)

yì 逸 〔『廣韻』夷質切, 入質, 以。〕이[i](179 下)

yì 意 〔『廣韻』於記切, 去志, 影。〕이[i](165 上)

yì 溢 〔『廣韻』夷質切, 入質, 以。〕이[i](30 下)

yì 歝 〔『廣韻』與職切, 入職, 以。〕위[iui](362 下)

yì 镒(鎰) 〔『廣韻』夷質切, 入質, 以。〕이[i](300 下)

yì 瞖 〔『廣韻』於計切, 去霽, 影。〕이[i](9 下)

yì 劓 〔『廣韻』魚器切, 去至, 疑。〕이[i](456 下)

yì 翳 〔『廣韻』於計切, 去霽, 影。〕이[i](222 上)

yì 翼 〔『廣韻』與職切, 入職, 以。〕이[i](11 上)

yīn 因 〔『廣韻』於真切, 平真, 影。〕연[iən](247 上)

yīn 阴(陰) 〔『廣韻』於金切, 平侵, 影。〕연[iən](12 上)

yīn 茵 〔『廣韻』於真切, 平真, 影。〕연[iən](397 下)

yīn 荫(蔭) 〔『集韻』於金切, 平侵, 影。〕연[iən](241 下)

yīn 音 〔『廣韻』於金切, 平侵, 影。〕연[iən](193 下)

yín 吟 〔『廣韻』魚金切, 平侵, 疑。〕연[iən](100 上)

yín 银(銀) 〔『廣韻』語巾切, 平真, 疑。〕연[iən](434 上)

yín 淫 〔『廣韻』餘針切, 平侵, 以。〕연[iən](223 下)

yín 寅 〔『廣韻』翼真切, 平真, 以。〕연[iən](17 上)

yín 霪〔『廣韻』餘針切, 平侵, 以。〕연[iən](13 下)

yǐn 尹〔『廣韻』余準切, 上準, 以。〕연[iən](53 上)

yǐn 引〔『廣韻』余忍切, 上軫, 以。〕연[iən](101 上)

yǐn 饮(飲)〔『廣韻』於錦切, 上寢, 影。〕연[iən](383 下)

yǐn 隐(隱)〔『廣韻』於謹切, 上隱, 影。〕연[iən](171 下)

yǐn 瘾(癮)〔『集韻』倚謹切, 上隱, 影。〕연[iən](439 下)

yìn 印〔『廣韻』於刃切, 去震, 影。〕연[iən](380 上)

yìn 廕〔『廣韻』於禁切, 去沁, 影。〕연[iən](45 上)

yìn 窨〔『廣韻』於禁切, 去沁, 影。〕연[iən](289 下)

yīng 英〔『廣韻』於驚切, 平庚, 影。〕잉[iŋ](163 下)

yīng 罂(罌)〔『廣韻』烏莖切, 平耕, 影。〕잉[iŋ](411 下)

yīng 缨(纓)〔『廣韻』於盈切, 平清, 影。〕잉[iŋ](122 上)

yīng 璎(瓔)〔『廣韻』於盈切, 平清, 影。〕잉[iŋ](328 上)

yīng 樱(櫻)〔『廣韻』烏莖切, 平耕, 影。〕잉[iŋ](392 下)

yīng 鹦(鸚)〔『廣韻』烏莖切, 平耕, 影。〕잉[iŋ](417 上)

yīng 鹰(鷹)〔『廣韻』於陵切, 平蒸, 影。〕잉[iŋ](305 下)

yīng 应(應)〔『廣韻』於陵切, 平蒸, 影。〕잉[iŋ](89 下)

yíng 迎〔『廣韻』語京切, 平庚, 疑。〕잉[iŋ](80 下)

yíng 盈〔『廣韻』以成切, 平清, 以。〕잉[iŋ](349 下)

yíng 萤(螢)〔『廣韻』戶扃切, 平青, 匣。〕잉[iŋ](449 上)

yíng 营(營)〔『廣韻』余傾切, 平清, 以。〕잉[iŋ](109 下)

yíng 蝇(蠅)〔『廣韻』余陵切, 平蒸, 以。〕잉[iŋ](449 上)

yǐng 颖(穎)〔『廣韻』庾頃切, 平静, 以。〕잉[iŋ](283 上)

yǐng 影〔『廣韻』於丙切, 上梗, 影。〕잉[iŋ](266 上)

yǐng 瘿(癭)〔『廣韻』於郢切, 上静, 影。〕잉[iŋ](222 下)

yìng 映〔『廣韻』於敬切, 去映, 影。〕잉[iŋ](312 下)

yìng 硬〔『廣韻』五爭切, 去諍, 疑。〕잉[iŋ](388 上)

yōng 拥(擁)〔『廣韻』於隴切, 上腫, 影。〕융[iuŋ](63 上)

yōng 痈(癰)〔『廣韻』於容切, 平鍾, 影。〕융[iuŋ](440 上)

yōng 庸〔『廣韻』餘封切, 平鍾, 以。〕융[iuŋ](227 下)

yōng 雍〔『廣韻』於容切, 平鍾, 影。〕융[iuŋ](72 下)

yōng 壅〔『廣韻』於容切, 平鐘, 影。〕융[iuŋ](358 下)

yǒng 甬〔『廣韻』余隴切, 上腫, 以。〕융[iuŋ](265 上)

yǒng 勇〔『廣韻』余隴切, 上腫, 以。〕융[iuŋ](167 下)

yǒng 涌〔『廣韻』余隴切, 上腫, 以。〕융[iuŋ](383 下)

yǒng 踴〔『集韻』尹竦切, 上腫, 以。〕융[iuŋ](199 下)

yòng 用〔『廣韻』余頌切, 去用, 以。〕융[iuŋ](111 下)

yōu 优(優)〔『廣韻』於求切, 平尤, 影。〕워[iu](161 下)

yōu 幽〔『廣韻』於虯切, 平幽, 影。〕워[iu](290 上)

yōu 悠〔『廣韻』以周切, 平尤, 以。〕워[iu](193 下)

yōu 憂〔『廣韻』於求切, 平尤, 影。〕워[iu](189 上)

yóu 由〔『廣韻』以周切, 平尤, 以。〕워[iu](106 下)

yóu 犹(猶)〔『廣韻』以周切, 平尤, 以。〕워[iu](224 上)

yóu 油〔『廣韻』以周切, 平尤, 以。〕워[iu](373 上)

yóu 遊〔『廣韻』以周切, 平尤, 以。〕워[iu](119 上)

yōu 游〔『廣韻』以周切, 平尤, 以。〕워[iu](207 上)

yǒu 友〔『廣韻』云久切, 上有, 云。〕워[iu](142 下)

yǒu 有〔『廣韻』云久切, 上有, 云。〕워[iu](158 下)

yǒu 酉〔『廣韻』與久切, 上有, 以。〕워[iu](17 上)

yǒu 莠〔『廣韻』與久切, 上有, 以。〕워[iu](395 下)

yòu 又〔『廣韻』于救切, 去宥, 云。〕워[iu](115 上)

yòu 右〔『廣韻』于救切, 去宥, 云。〕워[iu](33 上)

yòu 佑〔『廣韻』于救切, 去宥, 云。〕읶[iu](159 上)

yòu 柚〔『廣韻』余救切, 去宥, 以。〕읶[iu](392 上)

yòu 宥〔『廣韻』于救切, 去宥, 云。〕읶[iu](70 上)

yòu 诱(誘)〔『廣韻』與久切, 上有, 以。〕읶[iu](233 下)

yòu 釉〔『集韻』余救切, 去宥, 以。〕읶[iu](313 上)

yū 迂〔『廣韻』羽俱切, 平虞, 云。〕위[iui](226 上)

yū 淤〔『廣韻』央居切, 平魚, 影。〕위[iui](30 下)

yū 瘀〔『廣韻』依倨切, 去御, 影。〕위[iui](440 上)

yú 於〔『廣韻』央居切, 平魚, 影。〕위[iui](18 上)

yú 余〔『廣韻』以諸切, 平魚, 以。〕위[iui](451 下)

yú 于〔『廣韻』羽俱切, 平虞, 云。〕위[iui](223 下)

yú 盂〔『廣韻』羽俱切, 平虞, 云。〕위[iui](72 下)

yú 臾〔『廣韻』羊朱切, 平虞, 以。〕위[iui](460 上)

yú 鱼(魚)〔『廣韻』語居切, 平魚, 疑。〕위[iui](305 上)

yú 雩〔『廣韻』羽俱切, 平虞, 云。〕위[iui](81 下)

yú 渔(漁)〔『廣韻』語居切, 平魚, 疑。〕위[iui](302 上)

yú 隅〔『廣韻』遇俱切, 平虞, 疑。〕위[iui](32 下)

yú 逾〔『廣韻』羊朱切, 平虞, 以。〕위[iui](65 下)

yú 榆〔『廣韻』羊朱切, 平虞, 以。〕위[iui](376 上)

yú 虞〔『廣韻』遇俱切, 平虞, 疑。〕위[iui](277 下)

yú 愚〔『廣韻』遇俱切, 平虞, 疑。〕위[iui](233 下)

yú 舆(輿)〔『廣韻』以諸切, 平魚, 以。〕위[iui](78 下)

yú 餘〔『廣韻』以諸切, 平魚, 以。〕위[iui](351 上)

yú 踰〔『廣韻』羊朱切, 平虞, 以。〕위[iui](200 上)

yǔ 宇〔『廣韻』王矩切, 上麌, 云。〕위[iui](451 下)

yǔ 羽〔『廣韻』王矩切, 上麌, 云。〕위[iui](74 下)

yǔ 雨〔『廣韻』王矩切, 上麌, 云。〕 위[iui](13 下)

yǔ 语(語)〔『廣韻』魚巨切, 上語, 疑。〕 위[iui](192 上)

yǔ 敔〔『廣韻』魚巨切, 上語, 疑。〕 위[iui](91 上)

yǔ 與〔『廣韻』余呂切, 上語, 以。〕 위[iui](210 上)

yù 玉〔『廣韻』魚欲切, 入燭, 疑。〕 위[iui](460 下)

yù 芋〔『廣韻』王遇切, 去遇, 云。〕 위[iui](376 下)

yù 妪(嫗)〔『廣韻』衣遇切, 去遇, 影。〕 위[iui](143 上)

yù 育〔『廣韻』余六切, 入屋, 以。〕 위[iui](107 上)

yù 狱(獄)〔『廣韻』魚欲切, 入燭, 疑。〕 위[iui](271 下)

yù 浴〔『廣韻』余蜀切, 入燭, 以。〕 위[iui](337 上)

yù 预(預)〔『廣韻』羊洳切, 去御, 以。〕 위[iui](17 下)

yù 欲〔『廣韻』余蜀切, 入燭, 以。〕 위[iui](228 上)

yù 谕(諭)〔『廣韻』羊戍切, 去遇, 以。〕 위[iui](35 下)

yù 遇〔『廣韻』牛具切, 去遇, 疑。〕 위[iui](209 上)

yù 御〔『廣韻』牛倨切, 去御, 疑。〕 위[iui](48 上)

yù 鹆(鵒)〔『廣韻』余蜀切, 入燭, 以。〕 위[iui](417 下)

yù 裕〔『廣韻』羊戍切, 去遇, 以。〕 위[iui](159 下)

yù 愈〔『廣韻』以主切, 上麌, 以。〕 위[iui](258 下)

yù 瑀〔『廣韻』魚欲切, 入燭, 疑。〕 위[iui](415 上)

yù 豫〔『廣韻』羊洳切, 去御, 以。〕 위[iui](224 上)

yù 禦〔『廣韻』魚巨切, 上語, 疑。〕 위[iui](54 下)

yù 鹬(鷸)〔『廣韻』餘律切, 入術, 以。〕 위[iui](455 上)

yù 鬱〔『廣韻』纡物切, 入物, 影。〕 위[iui](186 上)

yuān 鸢(鳶)〔『廣韻』與專切, 平仙, 以。〕 완[iuan](76 上)

yuān 冤〔『廣韻』於袁切, 平元, 影。〕 완[iuan](67 下)

yuān 渊(淵)〔『廣韻』烏玄切, 平先, 影。〕 완[iuan](28 下)

yuán 元〔『廣韻』愚袁切, 平元, 疑。〕완[iuan](20 上)

yuán 园(園)〔『廣韻』雨元切, 平元, 云。〕완[iuan](137 上)

yuán 员(員)〔『廣韻』王權切, 平仙, 云。〕완[iuan](52 下)

yuán 原〔『廣韻』愚袁切, 平元, 疑。〕완[iuan](145 上)

yuán 圆(圓)〔『廣韻』王權切, 平仙, 云。〕완[iuan](356 上)

yuán 鼋(黿)〔『廣韻』愚袁切, 平元, 疑。〕완[iuan](445 上)

yuán 援〔『廣韻』雨元切, 平元, 云。〕완[iuan](107 下)

yuán 猿〔『廣韻』雨元切, 平元, 云。〕완[iuan](426 上)

yuán 源〔『廣韻』愚袁切, 平元, 疑。〕완[iuan](29 下)

yuán 辕(轅)〔『廣韻』雨元切, 平元, 云。〕완[iuan](370 上)

yuán 橼(櫞)〔『廣韻』與專切, 平仙, 以。〕완[iuan](391 下)

yuǎn 远(遠)〔『廣韻』雲阮切, 上阮, 云。〕완[iuan](75 上)

yuàn 怨〔『廣韻』於願切, 去願, 影。〕완[iuan](185 下)

yuàn 院〔『廣韻』王眷切, 去線, 云。〕완[iuan](277 上)

yuàn 愿〔『廣韻』魚怨切, 去願, 疑。〕완[iuan](82 下)

yuàn 願〔『廣韻』魚怨切, 去願, 疑。〕완[iuan](180 上)

yuàn 缘(緣)〔『廣韻』以絹切, 去線, 以。〕완[iuan](59 上)

yuē 哕(噦)〔『廣韻』於月切, 入月, 影。〕웨[iuəi](216 上)

yuè 乐(樂)〔『廣韻』五角切, 入覺, 疑。〕요[io](87 下)

yuè 月〔『廣韻』魚厥切, 入月, 疑。〕웨[iuəi](178 下)

yuè 刖〔『廣韻』魚厥切, 入月, 疑。〕웨[iuəi](456 下)

yuè 岳〔『廣韻』五角切, 入覺, 疑。〕요[io](76 下)

yuè 钺(鉞)〔『廣韻』王伐切, 入月, 云。〕웨[iuəi](78 上)

yuè 阅(閱)〔『廣韻』弋雪切, 入薛, 以。〕웨[iuəi](108 下)

yuè 悦(悅)〔『廣韻』弋雪切, 入薛, 以。〕웨[iuəi](179 下)

yuè 跃(躍)〔『廣韻』以灼切, 入藥, 以。〕요[io](428 下)

yuè 越 〔『廣韻』王伐切, 入月, 云。〕웨[iuəi](223 上)

yuè 嶽 〔『廣韻』五角切, 入覺, 疑。〕요[io](26 上)

yuè 禴 〔『廣韻』以灼切, 入藥, 以。〕요[io](81 下)

yuè 籰 〔『廣韻』王縛切, 入藥, 云。〕귀[kiui](326 下)

yún 云(雲) 〔『廣韻』王分切, 平文, 云。〕윤[iun](12 上)

yún 勻(匀) 〔『廣韻』羊倫切, 平諄, 以。〕윤[iun](175 上)

yún 芸 〔『廣韻』王分切, 平文, 云。〕윤[iun](395 下)

yún 耘 〔『廣韻』王分切, 平文, 云。〕윤[iun](293 下)

yún 蕓 〔『廣韻』王分切, 平文, 云。〕윤[iun](376 下)

yǔn 允 〔『廣韻』余準切, 上準, 以。〕윤[iun](46 上)

yǔn 陨(隕) 〔『廣韻』于敏切, 上軫, 云。〕윤[iun](11 下)

yùn 运(運) 〔『廣韻』王問切, 去問, 云。〕윤[iun](176 下)

yùn 韵(韻) 〔『廣韻』王問切, 去問, 云。〕윤[iun](193 下)

yùn 熨 〔『廣韻』紆物切, 入物, 影。〕윤[iun](311 上)

yùn 晕(暈) 〔『廣韻』王問切, 去問, 云。〕윤[iun](216 下)

zā 匝 〔『字彙』作答切〕자[tsa](145 下)

zā 咂 〔『龍龕手鑒』子荅切〕자[tsa](179 上)

zā 拶 〔『廣韻』姊末切, 入末, 精。〕잔[tsan](68 下)

zā 紮 〔『廣韻』側八切, 入黠, 莊。〕쟈[tʂa](336 下)

zā 栍 〔『廣韻』姊末切, 入末, 精。〕잔[tsan](68 下)

zá 杂(雜) 〔『廣韻』徂合切, 入合, 從。〕자[tsa](251 上)

zá 咱 〔『俗字背篇』子葛切〕자[tsa](244 上)

zāi 灾(災) 〔『廣韻』祖才切, 平咍, 精。〕재[tsai](210 上)

zāi 栽 〔『廣韻』祖才切, 平咍, 精。〕재[tsai](155 下)

zǎi 宰 〔『廣韻』作亥切, 上海, 精。〕재[tsai](454 上)

zǎi 崽 〔『廣韻』山皆切, 平皆, 生。〕재[tsai](426 下)

zài 再〔『廣韻』作代切, 去代, 精。〕재[tsai](242 下)

zài 在〔『廣韻』昨代切, 去代, 從。〕재[tsai](164 上)

zài 載(載)〔『廣韻』作代切, 去代, 精。〕재[tsai](106 上)

zān 簪〔『廣韻』作含切, 平覃, 精。〕잔[tsan](287 下)

zǎn 趱(趲)〔『廣韻』藏旱切, 上旱, 從。〕잔[tsan](358 下)

zàn 暂(暫)〔『廣韻』藏濫切, 去闞, 從。〕.쟌[tʂan](18 上)

zàn 鏨(鏨)〔『廣韻』藏濫切, 去闞, 從。〕잔[tsan](309 上)

zàn 赞(贊)〔『廣韻』則旰切, 去翰, 精。〕잔[tsan](72 上)

zàn 蹔〔『廣韻』藏濫切, 去闞, 從。〕쟌[tʂan](249 下)

záng 蔵〔『龍龕手鑑』則郎反。〕장[tsaŋ](252 下)

zāng 赃(臟)〔『廣韻』則郎切, 平唐, 精。〕장[tsaŋ](237 下)

zāng 牂〔『廣韻』則郎切, 平唐, 精。〕장[tsaŋ](451 上)

zǎng 駔〔『廣韻』子朗切, 上蕩, 精。〕장[tsaŋ](352 下)

zàng 葬〔『廣韻』則浪切, 去宕, 精。〕장[tsaŋ](86 上)

zàng 脏(臟)〔『集韻』才浪切, 去宕, 從。〕장[tsaŋ](150 下)

zāo 槽〔『廣韻』作曹切, 平豪, 精。〕좌[tsao](371 下)

zāo 遭〔『廣韻』作曹切, 平豪, 精。〕좌[tsao](85 下)

zāo 糟〔『廣韻』作曹切, 平豪, 精。〕좌[tsao](149 下)

záo 凿(鑿)〔『廣韻』在各切, 入鐸, 從。〕조[tso](305 上)

zǎo 早〔『廣韻』子皓切, 上皓, 精。〕좌[tsao](20 下)

zǎo 枣(棗)〔『廣韻』子皓切, 上皓, 精。〕좌[tsao](392 上)

zǎo 蚤〔『廣韻』子皓切, 上皓, 精。〕좌[tsao](450 上)

zǎo 澡〔『廣韻』子皓切, 上皓, 精。〕좌[tsao](32 上)

zǎo 藻〔『廣韻』子皓切, 上皓, 精。〕좌[tsao](397 上)

zào 皂〔『廣韻』昨早切, 上皓, 從。〕좌[tsao](403 上)

zào 造〔『廣韻』七到切, 去號, 清。〕좌[tsao](158 下)

zào 噪〔『廣韻』蘇到切, 去號, 心。〕샾[sao](196 下)

zào 燥〔『廣韻』蘇老切, 上皓, 心。〕샾[sao](240 下)

zào 躁〔『廣韻』則到切, 去號, 精。〕쫘[tsao](231 上)

zào 竈〔『廣韻』則到切, 去號, 精。〕쫘[tsao](254 下)

zé 则(則)〔『廣韻』子德切, 入德, 精。〕저[tsə](247 上)

zé 责(責)〔『廣韻』側革切, 入麥, 莊。〕저[tsə](211 下)

zé 泎〔『廣韻』鋤陌切, 入陌, 崇。〕쟈[tʂa](384 上)

zé 泽(澤)〔『廣韻』場伯切, 入陌, 澄。〕져[tʂə](25 上)

zé 幘(幘)〔『廣韻』側革切, 入麥, 莊。〕저[tsə](456 上)

zè 仄〔『廣韻』阻力切, 入職, 莊。〕져[tʂə](193 下)

zéi 贼(賊)〔『廣韻』昨則切, 入德, 從。〕즤[tsəi](112 上)

zéi 蠌〔『廣韻』昨則切, 入德, 從。〕저[tsə](448 下)

zěn 怎〔『字彙』子沈切〕즌[tsən](245 上)

zēng 曾〔『廣韻』作滕切, 平登, 精。〕증[tsəŋ](139 下)

zēng 增〔『廣韻』作滕切, 平登, 精。〕증[tsəŋ](52 下)

zēng 憎〔『廣韻』作滕切, 平登, 精。〕증[tsəŋ](209 下)

zēng 罾〔『廣韻』作滕切, 平登, 精。〕증[tsəŋ](304 上)

zēng 鋥〔『廣韵』除更切, 去映, 澄。〕쳥[tsʻəŋ](362 上)

zēng 缯(繒)〔『廣韻』疾陵切, 平蒸, 從。〕증[tsəŋ](326 上)

zhá 扎〔『廣韻』側八切, 入黠, 莊。〕쟈[tʂa](111 上)

zhā 柤〔『廣韻』側加切, 平麻, 莊。〕쟈[tʂa](462 上)

zhā 嗏 쟈[tʂa](419 下)

zhā 楂〔『音韻闡微』菑鴉切〕쟈[tʂa](92 上)

zhā 渣〔『廣韻』側加切, 平麻, 莊。〕쟈[tʂa](310 下)

zhā 劄〔『廣韻』竹洽切, 入洽, 知。〕쟈[tʂa](61 上)

zhā 樝〔『廣韻』側加切, 平麻, 莊。〕쟈[tʂa](462 上)

zhá 札〔『廣韻』側八切, 入黠, 莊。〕쟈[tʂa](331 下)

zhá 闸(閘)〔『篇海類編』直甲切〕쟈[tʂa](263 下)

zhá 铡(鍘)〔『字彙』士戞切〕쟈[tʂa](310 上)

zhá 炸 쟈[tʂa](362 上)

zhà 乍〔『廣韻』鋤駕切, 去禡, 崇。〕쟈[tʂa](188 下)

zhà 诈(詐)〔『廣韻』側駕切, 去禡, 莊。〕쟈[tʂa](234 上)

zhà 栅〔『廣韻』測戟切。〕쟈[tʂa](289 下)

zhà 咤〔『廣韻』陟駕切, 去禡, 知。〕챠[tʂ'a](210 下)

zhà 痄〔『廣韻』側下切, 上馬, 莊。〕쟈[tʂa](216 上)

zhà 蚱〔『廣韻』側伯切, 入陌, 莊。〕쟈[tʂa](450 上)

zhà 榨〔『廣韻』側駕切, 去禡, 莊。〕쟈[tʂa](347 下)

zhāi 斋(齋)〔『廣韻』側皆切, 平皆, 莊。〕재[tʂai](253 下)

zhái 宅〔『廣韻』場伯切, 入陌, 澄。〕재[tʂai](258 上)

zhǎi 窄〔『廣韻』側伯切, 入陌, 莊。〕저[tʂə](330 下)

zhài 债(債)〔『廣韻』側賣切, 去卦, 莊。〕재[tʂai](183 下)

zhài 寨〔『廣韻』犲夬切, 去夬, 崇。〕재[tʂai](109 上)

zhān 占〔『廣韻』職廉切, 平鹽, 章。〕쟌[tʂan](83 上)

zhān 沾〔『廣韻』張廉切, 平鹽, 知。〕쟌[tʂan](237 下)

zhān 毡(氈)〔『廣韻』諸延切, 平仙, 章。〕쟌[tʂan](320 下)

zhān 粘〔『廣韻』女廉切, 平鹽, 娘。〕쟌[tʂan](303 下)

zhān 粘〔『廣韻』女廉切, 平鹽, 娘。〕.쟌[tʂan](361 下)

zhān 詹〔『廣韻』職廉切, 平鹽, 章。〕쟌[tʂan](46 上)

zhān 谵(譫)〔『廣韻』章盍切, 入盍, 章。〕쟌[tʂan](205 下)

zhān 霑〔『廣韻』張廉切, 平鹽, 知。〕.쟌[tʂan](13 下)

zhān 旃〔『廣韻』諸延切, 平仙, 章。〕.쟌[tʂan](464 下)

zhǎn 斩(斬)〔『廣韻』側減切, 上豏, 莊。〕쟌[tʂan](69 下)

zhǎn 盏(盞) 〔『廣韻』阻限切, 上產, 莊。〕쟌[tʂan](316 上)

zhǎn 展 〔『廣韻』知演切, 上獮, 知。〕쟌[tʂan](65 下)

zhǎn 辗(輾) 〔『廣韻』知演切, 上獮, 知。〕.쟌[tʂan](186 上)

zhàn 佔 〔『集韻』陟陷切, 去陷, 知。〕쟌[tʂan](236 下)

zhàn 栈(棧) 〔『廣韻』士限切, 上產, 崇。〕쟌[tʂan](263 上)

zhàn 战(戰) 〔『廣韻』之膳切, 去線, 章。〕.쟌[tʂan](329 上)

zhàn 站 〔『廣韻』陟陷切, 去陷, 知。〕.쟌[tʂan](199 上)

zhàn 绽(綻) 〔『廣韻』丈莧切, 去襉, 澄。〕쟌[tʂan](210 下)

zhàn 蘸 〔『廣韻』莊陷切, 去陷, 莊。〕쟌[tʂan](134 上)

zhàn 骣(驏) 〔『字彙』鉏版切〕챤[tʂʻan](116 上)

zhāng 张(張) 〔『廣韻』陟良切, 平陽, 知。〕쟝[tʂaŋ](206 下)

zhāng 章 〔『廣韻』諸良切, 平陽, 章。〕쟝[tʂaŋ](457 上)

zhāng 漳 〔『廣韻』諸良切, 平陽, 章。〕쟝[tʂaŋ](318 下)

zhāng 璋 〔『廣韻』諸良切, 平陽, 章。〕쟝[tʂaŋ](83 下)

zhāng 樟 〔『廣韻』諸良切, 平陽, 章。〕쟝[tʂaŋ](400 下)

zhāng 蟑 쟝[tʂaŋ](447 下)

zhāng 麞 〔『廣韻』諸良切, 平陽, 章。〕쟝[tʂaŋ](425 下)

zhǎng 长(長) 〔『廣韻』知丈切, 上養, 知。〕쟝[tʂaŋ](34 上)

zhǎng 涨(漲) 〔『廣韻』知亮切, 去漾, 知。〕쟝[tʂaŋ](28 下)

zhǎng 掌 〔『廣韻』諸兩切, 上養, 章。〕쟝[tʂaŋ](121 下)

zhàng 丈 〔『廣韻』直兩切, 上養, 澄。〕쟝[tʂaŋ](141 下)

zhàng 仗 〔『廣韻』直兩切, 上養, 澄。〕쟝[tʂaŋ](78 上)

zhàng 杖 〔『廣韻』直兩切, 上養, 澄。〕쟝[tʂaŋ](69 上)

zhàng 帐(帳) 〔『廣韻』知亮切, 去漾, 知。〕쟝[tʂaŋ](336 上)

zhàng 账(賬) 〔『廣韻』知亮切, 去漾, 知。〕쟝[tʂaŋ](300 上)

zhàng 障 〔『廣韻』之亮切, 去漾, 章。〕쟝[tʂaŋ](174 上)

zhāo 朝〔『廣韻』陟遙切, 平宵, 知。〕좌[tʂao](21 上)

zhāo 招〔『廣韻』止遙切, 平宵, 章。〕좌[tʂao](113 上)

zhāo 昭〔『廣韻』止遙切, 平宵, 章。〕좌[tʂao](265 下)

zhǎo 爪〔『廣韻』側絞切, 上巧, 莊。〕좌[tʂao](421 下)

zhǎo 找 좌[tʂao](172 下)

zhào 兆〔『廣韻』治小切, 上小, 澄。〕좌[tʂao](106 上)

zhào 诏(詔)〔『廣韻』之少切, 去笑, 章。〕좌[tʂao](275 上)

zhào 笊〔『廣韻』側教切, 去效, 莊。〕좌[tʂao](346 上)

zhào 棹〔『廣韻』直教切, 去效, 澄。〕죠[tʂo](336 下)

zhào 照〔『廣韻』之少切, 去笑, 章。〕좌[tʂao](108 上)

zhào 罩〔『廣韻』都教切, 去效, 知。〕좌[tʂao](123 上)

zhē 螫〔『廣韻』施隻切, 入昔, 書。〕져[tʂə](217 下)

zhē 蜇〔『廣韻』陟列切, 入薛, 知。〕쟈[tʂa](450 上)

zhē 遮〔『廣韻』正奢切, 平麻, 章。〕져[tʂə](14 上)

zhé 折〔『廣韻』旨熱切, 入薛, 章。〕져[tʂə](212 上)

zhé 菥〔『集韻』之熱切, 入薛, 章。〕져[tʂə](377 下)

zhé 蛰(蟄)〔『廣韻』直立切, 入緝, 澄。〕져[tʂə](443 上)

zhé 摺〔『廣韻』之涉切, 入葉, 章。〕져[tʂə](339 下)

zhé 辙(轍)〔『廣韻』直列切, 入薛, 澄。〕져[tʂə](263 下)

zhé 蟄〔『廣韻』直立切, 入緝, 澄。〕져[tʂə](443 下)

zhě 者〔『廣韻』章也切, 上馬, 章。〕져[tʂə](136 上)

zhě 赭〔『廣韻』章也切, 上馬, 章。〕져[tʂə](313 下)

zhè 这(這)〔『增韻』止也切, 上馬〕져[tʂə](246 下)

zhè 蔗〔『廣韻』之夜切, 去禡, 章。〕져[tʂə](393 下)

zhè 鹧(鷓)〔『廣韻』之夜切, 去禡, 章。〕져[tʂə](419 下)

zhēn 贞(貞)〔『廣韻』陟盈切, 平清, 知。〕.젼[tʂən](96 下)

zhēn 针(針)〔『廣韻』職深切, 平侵, 章。〕.젼[tʂən](124 下)

zhēn 珍〔『廣韻』陟鄰切, 平真, 知。〕.젼[tʂən](274 下)

zhēn 真〔『廣韻』職鄰切, 平真, 章。〕.젼[tʂən](169 上)

zhēn 砧〔『廣韻』知林切, 平侵, 知。〕.젼[tʂən](308 上)

zhēn 斟〔『廣韻』職深切, 平侵, 章。〕.젼[tʂən](81 上)

zhēn 榛〔『廣韻』側詵切, 平臻, 莊。〕.젼[tʂən](365 上)

zhēn 箴〔『廣韻』職深切, 平侵, 章。〕.젼[tʂən](94 下)

zhēn 鍼〔『廣韻』職深切, 平侵, 章。〕.젼[tʂən](309 下)

zhěn 枕〔『廣韻』章荏切, 上寑, 章。〕.젼[tʂən](149 上)

zhěn 轸(軫)〔『廣韻』章忍切, 上軫, 章。〕.젼[tʂən](93 上)

zhěn 疹〔『廣韻』章忍切, 上軫, 章。〕.젼[tʂən](254 下)

zhěn 胗〔『廣韻』章忍切, 上軫, 章。〕.젼[tʂən](257 上)

zhèn 阵(陣)〔『廣韻』直刃切, 去震, 澄。〕.젼[tʂən](15 下)

zhèn 振〔『廣韻』章刃切, 去震, 章。〕.젼[tʂən](38 上)

zhèn 赈(賑)〔『廣韻』章刃切, 去震, 章。〕.젼[tʂən](175 上)

zhèn 震〔『廣韻』章刃切, 去震, 章。〕.젼[tʂən](96 下)

zhèn 镇(鎮)〔『廣韻』陟刃切, 去震, 知。〕.젼[tʂən](26 上)

zhèn 鎭〔『廣韻』陟刃切, 去震, 知。〕.젼[tʂən](34 上)

zhēng 争(爭)〔『廣韻』側莖切, 平耕, 章。〕증[tʂəŋ](237 上)

zhēng 争(爭)〔『廣韻』側莖切, 平耕, 章。〕졍[tʂəŋ](66 上)

zhēng 挣〔『集韻』初耕切, 平耕, 初。〕졍[tʂən](118 上)

zhēng 征〔『廣韻』陟陵切, 平蒸, 知。〕졍[tʂən](65 上)

zhēng 怔〔『廣韻』諸盈切, 平清, 章。〕졍[tʂəŋ](189 上)

zhēng 钲(鉦)〔『廣韻』諸盈切, 平清, 章。〕졍[tʂəŋ](90 下)

zhēng 烝〔『廣韻』煮仍切, 平蒸, 章。〕졍[tʂəŋ](81 下)

zhēng 睁(睜)〔『廣韻』疾郢切, 上静, 從。〕졍[tʂəŋ](153 上)

zhēng 筝(箏)〔『廣韻』側莖切, 平耕, 莊。〕졍[tʂəŋ](92 上)

zhēng 蒸〔『廣韻』煮仍切, 平蒸, 章。〕졍[tʂəŋ](345 下)

zhēng 徵〔『廣韻』陟陵切, 平蒸, 知。〕졍[tʂəŋ](38 上)

zhěng 整〔『廣韻』之郢切, 上靜, 章。〕졍[tʂəŋ](21 上)

zhèng 正〔『廣韻』之盛切, 去勁, 章。〕졍[tʂəŋ](162 上)

zhèng 证(証)〔『廣韻』之盛切, 去勁, 章。〕졍[tʂəŋ](67 下)

zhèng 政〔『廣韻』之盛切, 去勁, 章。〕졍[tʂəŋ](268 下)

zhèng 症(癥)〔『廣韻』陟陵切, 平蒸, 知。〕졍[tʂəŋ](215 上)

zhī 祇〔『集韻』章移切, 平支, 章。〕지⁰[tʂʅ](193 上)

zhī 之〔『廣韻』止而切, 平之, 章。〕지⁰[tʂʅ](456 下)

zhī 支〔『廣韻』章移切, 平支, 章。〕지⁰[tʂʅ](141 上)

zhī 芝〔『廣韻』止而切, 平之, 章。〕지⁰[tʂʅ](73 下)

zhī 枝〔『廣韻』章移切, 平支, 章。〕지⁰[tʂʅ](493 下)

zhī 知〔『廣韻』陟離切, 平支, 知。〕지⁰[tʂʅ](53 上)

zhī 肢〔『廣韻』切, 平支, 章。〕지⁰[tʂʅ](428 上)

zhī 织(織)〔『廣韻』之翼切, 入職, 章。〕지⁰[tʂʅ](304 下)

zhī 栀(梔)〔『廣韻』章移切, 平支, 章。〕지⁰[tʂʅ](409 上)

zhī 脂〔『廣韻』旨夷切, 平脂, 章。〕지⁰[tʂʅ](338 下)

zhī 蜘〔『廣韻』陟離切, 平支, 知。〕지⁰[tʂʅ](449 上)

zhí 执(執)〔『廣韻』之入切, 入緝, 章。〕지⁰[tʂʅ](240 上)

zhí 直〔『廣韻』除力切, 入職, 澄。〕지⁰[tʂʅ](202 上)

zhí 姪〔『廣韻』直一切, 入質, 澄。〕지⁰[tʂʅ](140 下)

zhí 值〔『廣韻』直吏切, 去志, 澄。〕지⁰[tʂʅ](299 下)

zhí 职(職)〔『廣韻』之翼切, 入職, 章。〕지⁰[tʂʅ](55 下)

zhí 殖〔『廣韻』常職切, 入職, 禪。〕싀[ʂʅ](86 上)??

zhǐ 止〔『廣韻』諸市切, 上止, 章。〕지⁰[tʂʅ](226 上)

zhǐ 旨〔『廣韻』職雉切，上旨，章。〕지⁰[tʂʅ](35 下)

zhǐ 纸(紙)〔『廣韻』諸氏切，上紙，章。〕지⁰[tʂʅ](102 上)

zhǐ 祉〔『廣韻』敕里切，上止，徹。〕지⁰[tʂʅ](158 下)

zhǐ 指〔『廣韻』職雉切，上旨，章。〕지⁰[tʂʅ](147 下)

zhǐ 只〔『廣韻』諸氏切，上紙，章。〕지⁰[tʂʅ](216 上)

zhǐ 枳〔『廣韻』諸氏切，上紙，章。〕지⁰[tʂʅ](462 上)

zhǐ 徵〔『廣韻』陟里切，上止，知。〕지⁰[tʂʅ](88 上)

zhì 至〔『廣韻』脂利切，去至，章。〕지⁰[tʂʅ](70 上)

zhì 志〔『廣韻』職吏切，去志，章。〕지⁰[tʂʅ](157 下)

zhì 誌〔『廣韻』職吏切，去志，章。〕지⁰[tʂʅ](95 上)

zhì 豸〔『廣韻』池爾切，上紙，澄。〕재[tʂai](423 下)

zhì 制〔『廣韻』征例切，去祭，章。〕지⁰[tʂʅ](84 上)

zhì 炙〔『廣韻』之石切，入昔，章。〕지⁰[tʂʅ](103 上)

zhì 治〔『廣韻』直吏切，去志，澄。〕지⁰[tʂʅ](257 上)

zhì 致〔『廣韻』陟利切，去至，知。〕지⁰[tʂʅ](165 下)

zhì 秩〔『廣韻』直一切，入質，澄。〕지⁰[tʂʅ](43 下)

zhì 鸷(鷙)〔『廣韻』脂利切，去至，章。〕지⁰[tʂʅ](415 上)

zhì 掷(擲)〔『廣韻』直炙切，入昔，澄。〕지⁰[tʂʅ](208 下)

zhì 痔〔『廣韻』直里切，上止，澄。〕지⁰[tʂʅ](219 下)

zhì 智〔『廣韻』知義切，去寘，知。〕지⁰[tʂʅ](162 下)

zhì 痣〔『廣韻』職吏切，去志，章。〕지⁰[tʂʅ](152 上)

zhì 滞(滯)〔『廣韻』直例切，去祭，澄。〕지⁰[tʂʅ](173 下)

zhì 雉〔『廣韻』直几切，上旨，澄。〕지⁰[tʂʅ](74 上)

zhì 製〔『廣韻』征例切，去祭，章。〕지⁰[tʂʅ](285 上)

zhōng 中〔『廣韻』陟弓切，平東，知。〕즁[tʂuŋ](120 下)

zhōng 忠〔『廣韻』陟弓切，平東，知。〕즁[tʂuŋ](162 上)

zhōng 终(終) 〔『廣韻』職戎切, 平東, 章。〕즁[tʂuŋ](366 上)

zhōng 锺(鍾) 〔『廣韻』職容切, 平鍾, 章。〕즁[tʂuŋ](88 下)

zhōng 鐘 〔『廣韻』職容切, 平鍾, 章。〕즁[tʂuŋ](195 上)

zhǒng 肿(腫) 〔『廣韻』之隴切, 上腫, 章。〕즁[tʂuŋ](221 上)

zhǒng 冢 〔『廣韻』知隴切, 上腫, 知。〕즁[tʂuŋ](453 下)

zhǒng 種 〔『廣韻』之隴切, 上腫, 章。〕즁[tʂuŋ](293 上)

zhǒng 众(衆) 〔『廣韻』之仲切, 去送, 章。〕즁[tʂuŋ](141 上)

zhòng 重 〔『廣韻』柱用切, 去用, 澄。〕즁[tʂuŋ](70 上)

zhòng 仲 〔『廣韻』直眾切, 去送, 澄。〕즁[tʂuŋ](462 上)

zhōu 州 〔『廣韻』職流切, 平尤, 章。〕죡[tʂəu](53 下)

zhōu 诌(謅) 〔『集韻』甾尤切, 平尤, 莊。〕죡[tʂəu](192 上)

zhōu 周 〔『廣韻』職流切, 平尤, 章。〕죡[tʂəu](104 上)

zhōu 洲 〔『廣韻』職流切, 平尤, 章。〕죡[tʂəu](135 下)

zhōu 週 〔『玉篇』職由切〕죡[tʂəu](18 下)

zhōu 粥 〔『廣韻』之六切, 入屋, 章。〕쥬[tʂu](383 下)

zhóu 妯 〔『廣韻』直六切, 入屋, 澄。〕쥬[tʂu](140 下)

zhóu 轴(軸) 〔『廣韻』直六切, 入屋, 澄。〕죡[tʂəu](93 上)

zhóu 箒 〔『廣韻』之九切, 上有, 章。〕죡[tʂəu](344 上)

zhǒu 肘 〔『廣韻』陟柳切, 上有, 知。〕죡[tʂəu](147 下)

zhòu 纣(紂) 〔『廣韻』除柳切, 上有, 澄。〕죡[tʂəu](325 上)

zhòu 咒 죡[tʂəu](253 下)

zhòu 绉(縐) 〔『廣韻』側救切, 去宥, 莊。〕슈[səu](319 下)

zhòu 荮(葤) 〔『廣韻』除柳切, 上有, 澄。〕죡[tʂəu](121 下)

zhòu 皱(皺) 〔『廣韻』側救切, 去宥, 莊。〕즈[tsəu](143 上)

zhū 朱 〔『廣韻』章俱切, 平虞, 章。〕쥬[tʂu](407 上)

zhū 洙 〔『廣韻』市朱切, 平虞, 禪。〕쥬[tʂu](457 下)

zhū 珠〔『廣韻』章俱切, 平虞, 章。〕쥬[tʂu](153 下)

zhū 诸(諸)〔『廣韻』章魚切, 平魚, 章。〕쥬[tʂu](101 上)

zhū 硃〔『廣韻』章俱切, 平虞, 章。〕쥬[tʂu](314 上)

zhū 猪(豬)〔『廣韻』陟魚切, 平魚, 知。〕쥬[tʂu](429 下)

zhū 蛛〔『廣韻』陟輸切, 平虞, 知。〕쥬[tʂu](449 上)

zhū 楮(櫧)〔『廣韻』章魚切, 平魚, 章。〕쥬[tʂu](464 下)

zhú 竹〔『廣韻』張六切, 入屋, 知。〕쥬[tʂu](363 下)

zhú 逐〔『廣韻』直六切, 入屋, 澄。〕쥬[tʂu](206 下)

zhú 烛(燭)〔『廣韻』之欲切, 入燭, 章。〕쥬[tʂu](316 上)

zhú 鸀〔『廣韻』之欲切, 入燭, 章。〕슈[ʂu](415 上)

zhú 术〔『廣韻』直律切, 入術, 澄。〕쥬[tʂu](397 上)

zhǔ 劚〔『廣韻』陟玉切, 入燭, 知。〕죠[tʂo](309 上)

zhǔ 主〔『廣韻』之庾切, 上麌, 章。〕쥬[tʂu](81 上)

zhǔ 拄〔『廣韻』知庾切, 上麌, 知。〕쥬[tʂu](201 下)

zhǔ 煮〔『廣韻』章與切, 上語, 章。〕쥬[tʂu](384 下)

zhǔ 麈〔『廣韻』之庾切, 上麌, 章。〕쥬[tʂu](425 上)

zhù 苎(苧)〔『廣韻』直呂切, 上語, 澄。〕쥬[tʂu](322 下)

zhù 助〔『廣韻』床據切, 去御, 崇。〕쥬[tʂu](174 下)

zhù 住〔『廣韻』持遇切, 去遇, 澄。〕쥬[tʂu](382 下)

zhù 贮(貯)〔『廣韻』丁呂切, 上語, 知。〕쥬[tʂu](297 上)

zhù 注〔『廣韻』中句切, 去遇, 知。〕쥬[tʂu](95 上)

zhù 驻(駐)〔『廣韻』中句切, 去遇, 知。〕쥬[tʂu](108 上)

zhù 柷〔『廣韻』之六切, 入屋, 章。〕쥬[tʂu](91 上)

zhù 柱〔『廣韻』直主切, 上麌, 澄。〕쥬[tʂu](286 下)

zhù 祝〔『廣韻』之六切, 入屋, 章。〕쥬[tʂu](258 上)

zhù 著〔『廣韻』陟慮切, 去御, 知。〕죠[tʂo](63 下)

zhù 蛀〔『廣韻』之戍切, 去遇, 章。〕쥬[tʂu](450 上)

zhù 铸(鑄)〔『廣韻』之戍切, 去遇, 章。〕쥬[tʂu](270 下)

zhú 筑〔『廣韻』張六切, 入屋, 知。〕쥬[tʂu](92 上)

zhù 註〔『廣韻』中句切, 去遇, 知。〕쥬[tʂu](71 下)

zhù 筯〔『廣韵』遲倨切, 去御, 澄。〕쥬[tʂu](382 上)

zhù 築〔『廣韻』張六切, 入屋, 知。〕쥬[tʂu](362 下)

zhuā 抓〔『廣韻』側交切, 平肴, 莊。〕쥬[tʂua](223 下)

zhuān 专(專)〔『廣韻』職緣切, 平仙, 章。〕.줜[tʂuan](100 下)

zhuān 砖(磚)〔『篇海類編』朱緣切。〕.줜[tʂuan](200 上)

zhuǎn 转(轉)〔『廣韻』陟兗切, 上獮, 知。〕.줜[tʂuan](207 下)

zhuàn 赚(賺)〔『集韻』直陷切, 去陷, 澄。〕.줜[tʂuan](237 上)

zhuàn 撰〔『廣韻』雛鯇切, 上潸, 崇。〕.줜[tʂuan](45 下)

zhuàn 篆〔『廣韻』持兗切, 上獮, 澄。〕.줜[tʂuan](99 上)

zhuàn 馔(饌)〔『廣韻』士戀切, 去線, 崇。〕.줜[tʂuan](375 上)

zhuàn 传(傳)〔『廣韻』知戀切, 去線, 知。〕.줜[tʂuan](96 上)

zhuāng 庄(莊)〔『廣韻』側羊切, 平陽, 莊。〕쟝[tʂuaŋ](137 上)

zhuāng 桩(樁)〔『廣韻』都江切, 平江, 知。〕쟝[tʂuaŋ](422 下)

zhuāng 装(裝)〔『廣韻』側羊切, 平陽, 莊。〕쟝[tʂuaŋ](335 上)

zhuāng 粧〔『廣韻』側羊切, 平陽, 莊。〕쟝[tʂuaŋ](233 上)

zhuàng 壮(壯)〔『廣韻』側亮切, 去漾, 莊。〕쟝[tʂuaŋ](118 上)

zhuàng 状(狀)〔『廣韻』鋤亮切, 去漾, 崇。〕쟝[tʂuaŋ](52 上)

zhuàng 撞〔『廣韻』直絳切, 去絳, 澄。〕쟝[tsuaŋ](191 下)

zhuàng 撞〔『廣韻』直絳切, 去絳, 澄。〕쟝[tʂuaŋ](67 上)

zhuī 追〔『廣韻』陟隹切, 平脂, 知。〕쥐[tʂui](112 上)

zhuī 追〔『廣韻』陟隹切, 平脂, 知。〕줴[tʂuəi](383 上)

zhuī 锥(錐)〔『廣韻』職追切, 平脂, 章。〕줴[tʂuəi](309 下)

zhuì 坠(墜) 〔『廣韻』直類切, 去至, 澄。〕줴[tʂuəi](254 上)

zhuì 贅(贅) 〔『廣韻』之芮切, 去祭, 章。〕줴[tʂuəi](142 上)

zhūn 肫 〔『廣韻』章倫切, 平諄, 章。〕쥰[tʂun](167 上)

zhǔn 准 〔『廣韻』之尹切, 上準, 章。〕쥰[tʂun](64 下)

zhǔn 準 〔『廣韻』之尹切, 上準, 章。〕쥰[tʂun](146 下)

zhuō 棹 〔『類篇』直角切, 入覺, 澄。〕죠[tʂo](336 下)

zhuō 拙 〔『廣韻』職悅切, 入薛, 章。〕죠[tʂo](228 下)

zhuō 捉 〔『廣韻』側角切, 入覺, 莊。〕죠[tʂo](302 下)

zhuō 桌 〔『廣韻』竹角切, 入覺, 知。〕죠[tʂo](343 上)

zhuó 勺 〔『廣韻』之若切, 入藥, 章。〕죠[tʂo](301 上)

zhuó 灼 〔『廣韻』之若切, 入藥, 章。〕쇼[ʂo](11 下)

zhuó 灼 〔『廣韻』之若切, 入藥, 章。〕죠[tʂo](403 上)

zhuó 着 죠[tʂo](248 上)

zhuó 浊(濁) 〔『廣韻』直角切, 入覺, 澄。〕죠[tʂo](194 上)

zhuó 啄 〔『廣韻』竹角切, 入覺, 知。〕죠[tʂo](418 上)

zhuó 濯 〔『廣韻』直角切, 入覺, 澄。〕죠[tʂo](240 下)

zhuó 镯(鐲) 〔『廣韻』直角切, 入覺, 澄。〕죠[tʂo](338 上)

zī 咨 〔『廣韻』即夷切, 平脂, 精。〕즈[tsɿ](61 上)

zī 资(資) 〔『廣韻』即夷切, 平脂, 精。〕즈[tsɿ](147 下)

zī 缁(緇) 〔『廣韻』側持切, 平之, 莊。〕즈[tsɿ](456 上)

zī 孳 〔『廣韻』子之切, 平之, 精。〕즈[tsɿ](430 下)

zī 滋 〔『廣韻』子之切, 平之, 精。〕즈[tsɿ](101 上)

zī 髭 〔『廣韻』即移切, 平支, 精。〕즈[tsɿ](147 上)

zī 鶅 〔『廣韻』側持切, 平之, 莊。〕즈[tsɿ](416 下)

zǐ 子 〔『廣韻』即里切, 上止, 精。〕즈[tsɿ](289 下)

zǐ 秭 〔『廣韻』將几切, 上旨, 精。〕즈[tsɿ](106 上)

zǐ 籽 〔『龍龕手鑒』音子〕ᅎ[tsɿ](293 上)

zǐ 紫 〔『廣韻』將此切, 上紙, 精。〕ᅎ[tsɿ](73 下)

zǐ 滓 〔『廣韻』阻史切, 上止, 莊。〕ᅎ[tsɿ](24 下)

zǐ 梓 〔『廣韻』即里切, 上止, 精。〕ᅎ[tsɿ](400 下)

zì 自 〔『廣韻』疾二切, 去至, 從。〕ᅎ[tsɿ](105 上)

zì 字 〔『廣韻』疾置切, 去志, 從。〕ᅎ[tsɿ](99 上)

zōng 總 〔『廣韻』作孔切, 上董, 精。〕중[tsuŋ](372 下)

zōng 宗 〔『廣韻』作冬切, 平冬, 精。〕중[tsuŋ](43 下)

zōng 棕 〔『廣韵』子紅切, 平東, 精。〕중[tsuŋ](323 下)

zōng 椶 〔『廣韵』子紅切, 平東, 精。〕중[tsuŋ](403 下)

zōng 踪 〔『廣韻』即容切, 平鍾, 精。〕중[tsuŋ](244 下)

zōng 鬃 〔『廣韻』藏宗切, 平冬, 從。〕중[tsuŋ](434 上)

zǒng 总(總) 〔『廣韻』作孔切, 上董, 精。〕중[tsuŋ](54 下)

zòng 纵(縱) 〔『廣韻』子用切, 去用, 精。〕중[tsuŋ](241 下)

zòng 糭 〔『廣韻』作弄切, 去送, 精。〕중[tsuŋ](380 上)

zòng 从(從) 〔『廣韻』疾用切, 去用, 從。〕중[tsuŋ](140 下)

zōu 驺(騶) 〔『廣韻』側鳩切, 平尤, 莊。〕ᅐ[tsəu](423 下)

zōu 陬 〔『廣韻』子侯切, 平侯, 精。〕ᅐ[tsəu](451 下)

zǒu 走 〔『廣韻』子苟切, 上厚, 精。〕ᅐ[tsəu](201 下)

zòu 奏 〔『廣韻』則候切, 去候, 精。〕ᅐ[tsəu](89 上)

zū 砠 주[tsu](313 上)

zū 租 〔『廣韻』則吾切, 平模, 精。〕주[tsu](285 上)

zú 足 〔『廣韻』即玉切, 入燭, 精。〕주[tsu](175 下)

zú 族 〔『廣韻』昨木切, 入屋, 從。〕주[tsu](141 上)

zǔ 俎 〔『廣韻』側呂切, 上語, 莊。〕주[tsu](84 上)

zǔ 祖 〔『廣韻』則古切, 上姥, 精。〕주[tsu](139 下)

zuān 攢(攢) 〔『集韻』祖官切, 平桓, 精。〕촨[tsuan](65 上)

zuān 躦 〔『集韻』徂丸切, 平桓, 從。〕촨[tsuan](428 下)

zuǎn 纘(纉) 〔『廣韻』作管切, 上緩, 精。〕촨[tsuan](338 上)

zuǎn 纂 〔『廣韻』作管切, 上緩, 精。〕촨[tsuan](50 下)

zuàn 鑽 〔『廣韻』子筭切, 去換, 精。〕촨[tsuan](235 下)

zuàn 揝 〔『廣韻』子括切, 入末, 精。〕촨[tsuan](208 上)

zuǐ 觜 〔『廣韻』即委切, 上紙, 精。〕쥐[tsui](10 下)

zuǐ 嘴 〔『集韻』祖委切, 上紙, 精。〕쥐[tsui](154 上)

zuì 罪 〔『廣韻』徂賄切, 上賄, 從。〕쥐[tsui](213 下)

zuì 醉 〔『廣韻』將遂切, 去至, 精。〕쥐[tsui](201 上)

zūn 尊 〔『廣韻』祖昆切, 平魂, 精。〕준[tsun](160 下)

zūn 遵 〔『廣韻』將倫切, 平諄, 精。〕준[tsun](160 上)

zǔn 撙 〔『廣韻』茲損切, 上混, 精。〕준[tsun](166 下)

zuó 昨 〔『廣韻』在各切, 入鐸, 從。〕조[tso](20 下)

zuǒ 左 〔『廣韻』臧可切, 上哿, 精。〕조[tso](247 上)

zuǒ 佐 〔『廣韻』則箇切, 去箇, 精。〕조[tso](41 上)

zuò 柞 〔『廣韻』在各切, 入鐸, 從。〕조[tso](365 上)

zuò 作 〔『廣韻』則箇切, 去箇, 精。〕조[tso](98 上)

zuò 坐 〔『廣韻』徂臥切, 去過, 從。〕조[tso](198 上)

zuò 怍 〔『廣韻』在各切, 入鐸, 從。〕쟈[tʂa](189 上)

zuò 胙 〔『廣韻』昨誤切, 去暮, 從。〕주[tsu](48 下)

zuò 祚 〔『廣韻』昨誤切, 去暮, 從。〕주[tsu](82 上)

zuò 座 〔『廣韻』徂臥切, 去過, 從。〕조[tso](264 下)

zuò 做 〔『字彙』子賀切〕조[tso](358 下)

최희수(崔羲秀)

중국 연변대학교 조선언어문학학과를 졸업하고 동 대학교 석사과정을 수료한 후, 동 대학교 조선어학과 교수로 정년퇴임하였다. 중국 국가철학사회과학 기금항목 평심위원·중국 조선어학회 비서장·중국 한국어교육학회 부회장 등을 역임하였으며, 중화인민공화국 우수교사 칭호·한국 동숭학술연구상·한국정부 문화상 등을 받았다.

저서로『조선어 한자음 연구』,『한국어 기초문법』,『한한어음 대비』,『중국 조선족 언어 연구』(공저),『한어음운학 통론』(공저),『한국어 실용 문법』(공저),『한국어 어음훈련 교정』(공저), 각종 한국어 교과서와「15세기 조선어모음체계에 대하여」,「조선민족 전설에서의 누르하치」등 논문 수십 편이 있다.

『한청문감』 근대중국어 어음 연구

초판 1쇄 인쇄 2022년 9월 10일
초판 1쇄 발행 2022년 9월 20일

지은이 최희수(崔羲秀)
펴낸이 이대현
편집 이태곤 권분옥 임애정 강윤경
디자인 안혜진 최선주 이경진 | **마케팅** 박태훈 안현진
펴낸곳 도서출판 역락 | **등록** 1999년 4월 19일 제303-2002-000014호
주소 서울시 서초구 동광로46길 6-6 문창빌딩 2층(우06589)
전화 02-3409-2060(편집부), 2058(영업부) | **팩스** 02-3409-2059
전자우편 youkrack@hanmail.net | **홈페이지** www.youkrackbooks.com

ISBN 979-11-6742-366-5 93710